财经法治

SELECTED ARBITRATION CASES
OF
EQUITY TRANSFER

VOLUME 2

股权转让
仲裁案例精选

（下卷）

中国国际经济贸易仲裁委员会 编
China International Economic and Trade Arbitration Commission

法律出版社
LAW PRESS·CHINA

目　　录

下　　卷

第三部分　以投资、融资为目的的股权转让仲裁案例

第四部分　涉及特殊限制的股权转让仲裁案例

第三部分　以投资、融资为目的的股权转让仲裁案例

案例十三　中国A研究院公司、自然人B与中国C投资公司股权转让争议仲裁案

中国国际经济贸易仲裁委员会(以下简称贸仲)根据申请人中国A研究院公司(以下简称第一申请人)和被申请人中国C投资公司(以下简称被申请人)于2012年9月3日签订的《中国C投资公司与中国A研究院公司之股份转让协议》(以下简称《股份转让协议》),以及第一申请人、第二申请人自然人B(以下简称第二申请人,两名申请人以下合称申请人)和被申请人于2012年9月3日签订的《中国C投资公司与中国A研究院公司及自然人B之股份转让补充协议》(以下简称《补充协议》)中的仲裁条款,以及申请人于2015年4月24日提交的书面仲裁申请,受理了上述合同项下的本争议仲裁案。

一、案　　情

(一)申请人的仲裁申请

被申请人与第一申请人于2012年9月3日签署了《股份转让协议》,约定:第一申请人以每股人民币10元的价格向被申请人转让第一申请人持有的中国D生物公司(以下简称目标公司)的1000万股股份,同日,申请人与被申请人签署了《补充协议》,根据《补充协议》第3.1.4条的规定,被申请人受让前述股权的前提之一是,第一申请人将其持有的目标公司不低于3000万股股份(占目标公司股份的8.33%)质押给被申请人,完成该等股份的质押登记手续,获得工商局出具的股份质押登记证明文件并提交给被申请人。

2012年9月3日第一申请人作为出质人与作为质权人的被申请人签署了《质押协议》,对第一申请人将其持有的目标公司3000万股股份质押给被申请人的具体事项作出了约定。

2012年9月股权转让完毕。

截至2015年3月第一申请人已经履行上述协议约定之义务,第一申请人再催告被申请人按《补充协议》第9.3.2条"如果甲方(第一申请人)在本协议项下的全部义务已经履行完毕,或者甲方未履行本协议项下的部分义务但投资方(被申请人)已经放弃主张其相应权利且甲方在本协议项下的其他义务已履行完毕,投资方应及时协助甲方解除本协议第3.1.4条约定的股份质押登记手续"的约定协助第一申请人解除股份质押登记手续,但被申请人一直拒绝协助。

《补充协议》第12.1条规定:"若本协议的任何一方违反本协议的任何约定,则构成违约";第13.2.2条规定:"任一方发生违约行为并在30天内不予更正的,守约方有权单方解除本协议";第17.5.1条规定:"本协议为《股份转让协议》之补充协议,本协议与《股份转让协议》为一个不可分割的整体。"因此,被申请人未按照《补充协议》第9.3.2条的约定协助申请人解除股份质押登记手续,被申请人违约,且申请人之合同约定义务已经履行完毕,所以依据我国《合同法》之相关规定,本案《股份转让协议》及《补充协议》应当终止,股权质押应当解除。因被申请人拒绝解除股权质押,导致第一申请人可能遭受股价损失,被申请人应予赔偿。综上所述,被申请人违约,应承担违约责任。

鉴于此,申请人提出仲裁请求如下:

1.终止第一申请人与被申请人于2012年9月3日签署的《股份转让协议》和第一申请人、第二申请人与被申请人于2012年9月3日签署的《补充协议》;

2.被申请人配合第一申请人办理股权质押的解除手续,若逾期未协助,则由申请人自行办理;

3.被申请人赔偿申请人的经济损失;

4.被申请人承担申请人因本案支出的律师费人民币30万元及本案仲裁费。

（二）申请人的代理意见

1. 双方签订的协议合法有效

《股份转让协议》、《补充协议》和《股份质押协议》是各方当事人的真实意思表示，内容不违反法律，所以，上述协议合法有效，对各方均有约束力。

2. 申请人依约已履行其全部义务，被申请人已实现其协议项下的全部权利

（1）申请人在协议下的义务（被申请人的权利）

表1

序号	申请人的义务对应为被申请人的权利	
	权利及义务	权利享有和义务履行条件和时间
1	股东权利《补充协议》第2.4条	条件：支付完成股份转让款； 已实现
2	获取质押担保权《补充协议》第3.1.4条	已实现
3	获得业绩承诺及补偿的权利《补充协议》第5条	承诺期：2012年度、2013年度、2014年度，如果在2014年度之前完成合格上市，不再享有该权利，言下之意为，如果未在2014年度之前提前合格上市，则自此起到2014年12月31日仍享有该权利。 业绩补偿以书面通知申请人的方式行使。因此，被申请人享有该特殊业绩承诺及补偿权的期限为公司2014年12月31日合格上市之前
4	股份回购权《补充协议》第6条	条件一：在2014年12月31日之前，目标公司未能在国内证券交易所挂牌交易；（《补充协议》第6.1.1条） 回购权行使时间和方式：2014年12月31日至2015年1月31日；方式：书面的方式；被申请人未行使。 条件二：目标公司2012～2014年的任何一个年度实际实现的经审计净利润低于承诺净利润的80%；（《补充协议》第6.1.2条） 回购权行使时间和方式：被申请人在收到各年度（2012年、2013年、2014年）审计报告后1个月内；方式：书面的形式；该条件未成就，被申请人不享有此条件下的回购权。 条件三：第一申请人严重违反本协议项下的任何承诺、陈述及/或保证；（《补充协议》第6.1.3条）

续表

序号	申请人的义务对应为被申请人的权利	
	权利及义务	权利享有和义务履行条件和时间
		回购权行使时间和方式：被申请人知道第一申请人违反协议项下承诺、陈述或保证之日起1个月；方式：书面形式，综观本条整体规定，股份回购权的行使都是与公司合格上市2014年12月31日有关，不难得出，协议项下的承诺、陈述、保证也均为2014年12月31日之前申请人对被申请人所作的承诺、陈述和保证。(详见下文论述) 条件四：第一申请人在被申请人尽职调查中，存在重大过错、虚假陈述或隐瞒；(《补充协议》第6.1.4条) 回购权行使时间和方式：被申请人在知道上述情形之日起1个月内行使；方式：书面形式；本次投资尽职调查工作已完成，被申请人已付款并成为目标公司股东，因此，该条件未成就，被申请人不享有该条件下的股份回购权，即使享有该权利，其行使时间也为公司合格上市2014年12月31日之前。 条件五：在目标公司合格上市申请明确收到中国证监会的否决通知或意见的情况下，第一申请人可向被申请人提出回购的申请通知，经被申请人同意，可按照本协议第6.4条计算收购价款，提前执行回购。如果被申请人不同意提前回购，第一申请人仍需按照本协议第6.1条履行回购义务。(《补充协议》第6.5条) 回购权行使时间和方式：被申请人行使该回购权的条件是在目标公司合格上市提前未予批准，而提前行使该权利。现该条件未成就，被申请人不享有该权利，即使享有，其行使期限也在公司合格上市2014年12月31日之前。 条件六：如果公司的控股股东或其他上市公司决定通过合并的方式实现公司合格上市，在公司就该等合格上市召开的董事会、股东会会议上，甲方应促使其委派的董事或其自身应与被申请人的投票结果保持一致。如果甲方或其委派的董事的投票与被申请人的投票不一致，并且导致公司在该等董事会、股东会上的所决议事项的结果与被申请人投票结果不一致，则被申请人有权依据本协议第6.1.3条的规定要求甲方一次性收购其所持有的公司股份。(《补充协议》第17.6条) 回购权行使时间和方式：该条件下被申请人享有股份回购权的行使条件和时间是，目标公司在2014年12月31日合格上市，现在时间已经过而条件未成就，因此，被申请人不享有该条件下的股份回购权

续表

序号	申请人的义务对应为被申请人的权利	
	权利及义务	权利享有和义务履行条件和时间
5	优先出让股份权《补充协议》第7条	行使时间:根据该条的约定“股份转让不得影响公司合格上市之目的”可知,在目标公司2014年12月31日合格上市之前,申请人对外转让股份时被申请人享有该权利
6	获取反摊薄补偿金的权利《补充协议》第8条	行使条件:在第三方受让股份低于投资价格时,被申请人享有以书面通知的形式,获取反摊薄补偿金的权利。根据上述第7条的约定,该权利的行使时间也为目标公司2014年12月31日合格上市之前
7	获取公司资料的权利《补充协议》第10条	根据该条“公司合格上市前,甲方应促使公司……提供下列资料”的约定,可知被申请人享有该权利的期限为公司2014年12月31日合格上市之前
8	获得公司分配利润权《补充协议》第11条	根据该条“从2013年起至公司合格上市当年止……”约定可知,被申请人享有该特殊获取公司分配利润的权利的时间为公司2014年12月31日合格上市之前,在此之后,若被申请人仍享有公司股权,则其享有的是普通股东的分红权
9	投资义务《补充协议》第2条	根据《补充协议》的约定,第一申请人将其持有目标公司1000万股,占公司注册资本2.778%的股份转让给被申请人,被申请人根据本协议的条件和条款以每股人民币10元的价格向第一申请人支付股份转让款,共计人民币10,000万元。 现被申请人已依约向第一申请人支付了上述款项,履行了其投资义务
10	解除股份质押登记手续的义务《补充协议》第9.3.2条	根据《补充协议》第9.3.2条的约定:“如果甲方在本协议项下的全部义务已经履行完毕,或者甲方未履行本协议项下的部分义务但被申请人已经放弃主张其相应权利且甲方在本协议项下的其他义务已履行完毕,被申请人应及时协助甲方解除本协议第3.1.4条约定的股份质押登记手续。” 被申请人未履行该义务
11	其他义务《补充协议》第9.3.3条	协助第一申请人和目标公司的发展的义务

双方协议项下的承诺、陈述、保证全部体现在《补充协议》第3条、第5条、

第9条这3个条款中,详细说明如下:

第3条为申请人向被申请人在投资前提条件上的承诺、陈述和保证。由于双方已完成投资(对此双方无争议),因此,申请人作出的该承诺、陈述和保证也就履行完毕。申请人没有违反此约定。

第5条为申请人向被申请人在业绩上的承诺和保证,分别承诺目标公司2012年度、2013年度、2014年度的净利润,并保证如不能实现给予被申请人以业绩补偿。该业绩补偿内容执行期间至迟至2014年12月31日,协议未约定在此之后申请人对被申请人的承诺和补偿,被申请人无权依据协议向申请人主张该权利。

第9条为申请人向被申请人一般的陈述与保证,根据该条约定,第9.2条主要体现的是申请人的陈述和保证。第9.2.1条至第9.2.8条的约定,都是针对协议项下的转让股份作出的陈述和保证,在股份转让完成,被申请人已成为目标公司股东,且在支付股份转让款后,该陈述和保证也均已实现。第9.2.9条约定"甲方将尽一切努力促使公司完成合格上市事宜"。从协议上下文和条款整体性角度考虑,该条都是关于公司合格上市之前的事宜的约定,即关于被申请人获得申请人转让涉案股份的事宜,最后一条约定的是合格上市,很明显该合格上市与协议前述关于此的含义是一致的,即该合格上市日也指的是2014年12月31日。因此,在2014年12月31日经过之后,申请人不再对该陈述、保证负有任何的协议义务,也就不存在违反该义务而构成违约的情形。

(2)2014年12月31日为双方协议约定的目标公司合格上市最后期限,是申请人在协议项下义务履行期限的一个重要的时间节点

从上述协议内容可以看出,协议条款均围绕一条逻辑主线展开,即被申请人投资目标公司—被申请人获得目标公司股份—被申请人完成投资—目标公司经营(被申请人从中获取收益)—目标公司合格上市(被申请人获取投资回报)。

围绕该主线,协议约定内容大致可分为三个阶段:第一,股份转让阶段;第二,股份转让后至目标公司合格上市阶段;第三,目标公司合格上市后或者未合

格上市后阶段。

在第一阶段中，双方协议项下的权利义务均履行完毕。

在第二阶段中，为了保障被申请人投资权益，协议赋予了被申请人大量的特殊权利，而该等权利的主要目的就是实现被申请人在投资后公司合格上市前的投资回报，从而实现顺利过渡，在实现第三阶段的目标公司合格上市后，获取更大的利益。同时，协议双方就不能在规定期限合格上市也作了相应的救济规定，即目标公司未能如期合格上市则赋予被申请人要求申请人回购股份的权利，从而同样地实现协议目的。因此，经过目标公司的上市或者被申请人行使股份回购权，被申请人获益的目的实现，协议中约定的第二阶段的其他特殊权利失去其存在的价值，或者说经过上市程序的严格要求上述权利根据协议约定已不存在（《补充协议》第17.8条），从而使双方上述协议主要义务全部履行完毕，被申请人的全部权利得以实现。

在第三阶段中，则是对目标公司合格上市后或者未合格上市后的情形的处理。

①双方签署协议约定条款表明合格上市期限截至2014年12月31日。

根据上述协议约定，协议条款（《补充协议》第5.2.4条、第6.1.1条、第7.4条、第9.2.9条、第10.1条、第11.1条、第17.6条、第17.8条）均约定了在“公司合格上市”或者“公司合格上市之前”，可见该合同的主要目的就是通过上市实现双方收益。此外，从协议关于业绩承诺和补偿年度（2012～2014年）（《补充协议》第5条、《补充协议》第6.1.2条）的约定来看，双方协议约定的合格上市期限就是截至2014年12月31日。

根据常理，被申请人作为股权受让方，其购买申请人转让的股份，就是为了获取投资回报，而且希望通过目标公司上市获取最大限度的投资回报。为此，被申请人投资一定是有期限的，不可能不约定投资（目标公司上市）的期限，而让目标公司长期处于非上市状态，这样不但实现不了其投资收益的目的，还有可能导致其资金受到束缚。以此为出发点，双方签订的协议里大量的以2014

年12月31日为时间节点,且在《补充协议》第6.1.1条明确表明公司在2014年12月31日合格上市,这些约定只能说明一点,那就是双方在签订协议时,共同约定的合格上市日为2014年12月31日,如果在该期限届至而未能上市,则双方只能通过另一种途径——股份回购,来实现投资收益了。

如果目标公司在2014年12月31日未能合格上市,那么此后,被申请人享有要求申请人一次性回购涉案股份的权利,若被申请人行使该股份回购权后,则其不再是目标公司股东,之后目标公司是否上市均与其无关,也就谈不上获取收益,更谈不上享有协议项下的其他特殊权利了。

综上所述,2014年12月31日为双方协议约定的目标公司合格上市的日期,也是确定协议下各方权利义务的一个重要时间节点。

②被申请人投资国际医疗基金的存续期截止期限表明:协议约定的2014年12月31日为合格上市最后期符合被申请人的投资需求。

申请人经查询了解到,被申请人系于2009年10月12日其股东对外投资设立国际医疗基金而设立的公司,该基金募集资金达人民币27亿元,而该基金存续期为7年(被申请人存续最后期限为2016年10月12日)。也就是说,在2016年10月12日该基金要清盘回笼资金,被申请人将面临解散。在此情况下,被申请人受让目标公司股份进行本次投资,其投资期限必然要受到该基金的影响,即投资期限不会超过2016年10月12日。这一事实印证了被申请人在本次投资约定的合格上市期截至2014年12月31日,以便为其2016年清盘基金留下必要和足够的期限。协议中关于合格上市期限的约定也符合被申请人的投资需求。

(3)申请人已履行协议项下义务,没有任何违约行为;被申请人协议项下全部权利均已实现;且因目标公司未在2014年12月31日前合格上市,被申请人在此后不再享有协议中约定的特殊股东权利

如上所述,被申请人协议项下的全部权利为:股东权利、获取质押担保权、获得业绩承诺及补偿的权利、股份回购权、优先出让股份权、获取反摊薄补偿金

的权利、获取公司资料的权利、获得公司分配利润权。该等权利的享有主要目的只有一个,那就是保障被申请人投资目标公司的投资收益,实现双方共同赢利,该目的也是上述协议的最终目的。

①被申请人已享有其股东权利。

根据目标公司工商登记可知,被申请人已为目标公司股东,且实际享有股东权利。在此方面,申请人没有违约行为。

②申请人履行质押担保义务,被申请人实现其质押担保权。

根据《股权出质设立登记通知书》可知,申请人已依约完成了涉案股权的质押登记手续,履行了该义务,因此,被申请人也实际享有了该权利。在此方面,申请人没有违约行为。

③申请人已经依约向被申请人支付业绩补偿款,履行了相应义务。

根据《申请人对被申请人 2013、2014 年度业绩补偿的证明》,在目标公司 2013 年度、2014 年度未达到申请人向被申请人承诺的净利润业绩后,被申请人向申请人发出书面支付业绩补偿的通知后,申请人分别于 2014 年 12 月 24 日、2015 年 7 月 8 日向被申请人支付了上述两个年度的业绩补偿款,被申请人在庭审中对此已予确认,申请人在此方面无违约行为。

④申请人已履行通知被申请人回购涉案股份的义务,被申请人拒绝行使回购权,在股份回购期限到期后,被申请人不再享有该权利。

根据《补充协议》第 6 条和第 17.6 条的约定,被申请人行使股份回购权(相对于申请人来说为履行回购义务)的条件有 6 种情形,被申请人在该等情形下行使其股份回购权,可以实现其投资收益的目的。而通过上述分析可知,条件一至条件五都在《补充协议》第 6 条里规定,且行使的时间最晚截至 2014 年 12 月 31 日。

但 2014 年 12 月 31 日后,被申请人并未向申请人发出要求申请人回购股份的书面通知。不仅如此,被申请人于 2015 年 4 月 9 日至 6 月 30 日期间,对外转让了其持有的目标公司股份(涉案股份),获得大额股份转让款。因股权回购的标的应是申请人转让的全部股份数而不是其中的一部分，被申请人出售上述股份的行为也表明：被申请人不会再要求申请人回购股份，也不能再要求行使该权利。

此外，2015 年 3 月 3 日申请人向被申请人发出《致中国 C 投资公司的申明函》，表明被申请人可行使股份回购权，并表明如果被申请人不申请回购，应予以解除股权质押登记手续，但被申请人拒绝回购。

综上所述，被申请人既以实际行为默示的表示其不行使股份回购权，也以明示的方式表示其不行使股份回购权，根据协议，被申请人已不再享有该请求权。

无论如何，申请人在此方面并不存在违约行为。

⑤被申请人优先出让股份与获取反摊薄补偿金的权利在 2014 年 12 月 31 日之后不再享有。

根据《补充协议》第 7.4 条“股份转让不得影响公司合格上市之目的”的约定可知，在目标公司 2014 年 12 月 31 日合格上市之前，申请人对外转让股份时被申请人享有该权利。从另一角度来分析，如果目标公司上市后，在过了我国《公司法》规定的禁售期后，各股东的股票是可以自由出售的，不存在优先出让权的问题。

而获取反摊薄补偿金的权利是在申请人有上述股份转让行为，并且转让价低于其投资价格时才享有的一项权利。在本案中，被申请人并没有证据证明申请人对外转让股份的价格低于其投资价格，所以，被申请人的主张没有依据。申请人在此方面不存在违约行为。

⑥在获取公司资料方面，申请人没有违约行为。

根据《补充协议》第 10 条的约定：“在目标公司合格上市前，甲方（申请人）应促使公司向投资方（被申请人）按下列条款提供下列资料。”

如上所述，双方协议约定的合格上市期限为 2014 年 12 月 31 日之前，在该期限经过之后，申请人便无此义务。而且，被申请人作为目标公司的股东，完全可以通过公司法赋予其的权利获取目标公司的资料。

无论如何，被申请人并未证明申请人在此方面存在违约行为。

⑦申请人依约履行了分配利润的义务，被申请人已经享有获得公司分配利润权。

根据《目标公司2014年度权益分配证明》，申请人已经依约履行了促使公司向被申请人分配公司利润的义务，被申请人该权利已经实现。申请人没有违约行为。

综上所述，被申请人协议项下的全部权利均得以实现，申请人相应的义务也均已履行完毕，不存在任何违约行为。被申请人关于申请人违约的主张没有依据，而且在庭审中，被申请人关于申请人违约的主张的措辞也只是“可能违约”及“存在违约之可能”，但其并没有证据证明申请人违约的实际存在。

3. 被申请人未履行其解除涉案股份质押登记手续的义务，构成违约

如上所述，被申请人协议项下的主要义务为投资义务（《补充协议》第2条）、解除股份质押登记手续的义务（《补充协议》第9.3.2条）和其他义务（《补充协议》第9.3.3条）。

现被申请人已完成投资，并且已经实现其协议项下的全部权利（据上论述，其已经放弃其股份回购权），在满足其履行解除涉案股份质押登记手续义务的条件下，被申请人迟迟不予解除，严重地损害了申请人方的合法权益，构成违约。这是毋庸置疑的。

具体理由说明如下：

(1)被申请人股份质押担保目的和范围均已实现，应予以解除质押登记手续。

根据《股份质押协议》约定股权质押担保的范围，为被申请人在《股份转让协议》中的全部权利，具体担保范围包括但不限于：

①在《股份转让协议》约定的被申请人受让目标公司的股份行为无法完成或实现时，第一申请人应承担的违约责任；

②第一申请人根据《股份转让协议》约定应向被申请人支付的相应款项及其因违反《股份转让协议》而应向被申请人支付的违约金等款项以及其实现前述权利的相关费用等。

该股份质押的目的就是保障被申请人在本次股权投资中的权益的实现。

如上所述,在被申请人以明示以及默示的方式放弃其股份回购权的情况下,被申请人协议项下的全部权利均已实现,《股份质押协议》约定的担保范围也就全部实现。

而申请人的义务也均已履行完毕,申请人不存在违约行为,无须承担任何违约责任,在此情形下,股份质押的目的已实现。解除股份质押的条件已经成就。被申请人理应及时办理解除质押的手续。

(2)被申请人在满足约定解除涉案股份质押登记手续条件下,未依约予以解除,构成违约。

①根据协议约定被申请人有义务解除质押手续。

如上所述,被申请人应协助申请人解除对涉案股份的质押手续。

②解除质押手续的条件已成就。

被申请人解除质押手续的条件为:

条件一:申请人在《股份转让补充协议》项下的全部义务已经履行完毕;

条件二:申请人未履行《股份转让补充协议》项下的部分义务但被申请人已经放弃主张其相应权利且申请人在该协议项下的其他义务已履行完毕。

根据协议约定,上述解除质押手续条件为选择性条件,只要满足上述条件之一,被申请人就应履行其解除股份质押登记手续的义务。

第一,申请人未履行协议项下的部分义务但被申请人已经放弃主张其相应权利。

如上所述,申请人依约履行了除股份回购义务外的其他所有协议项下的义务,就该义务,被申请人相应的权利为股份回购权(《补充协议》第6条、第17.6条)。在本案中,被申请人在已满足上述其行使股份回购权条件和经申请人也积极地告知、催促的情形下，被申请人仍然以明示以及默示的方式放弃行使该权利，且至今其仍未行使该权利，根据上述约定，被申请人满足该解除股份质押登记手续条件。

第二，申请人在该协议项下的其他义务已履行完毕。

如上所述，申请人已经履行了其协议项下的所有其他义务，不存在任何违约行为。

综合上述约定，被申请人完全满足其履行解除涉案股份质押登记手续的条件，依约应予以解除，而且申请人也已发函的形式向被申请人主张，催促被申请人履行该义务，但是被申请人至今未予解除，构成违约。

(3)被申请人拒绝行使股份回购权，其成为目标公司股东，丧失股份质押的目的，应当予以解除。

根据《补充协议》第17.8条的约定，被申请人根据本协议第3.1.4条、第5条、第6条、第8条、第11.2条和第17.6条项下享有的特殊权利，若不符合法律、法规、规范性文件以及中国证监会对合格上市条件要求的，被申请人应同意在合格上市申报时自动无条件中止该等权利，并配合解除本协议第3.1.4条约定的质押登记事项；如果合格上市申报被撤回或申报未获中国证监会批准的，或未能在国内证券交易所挂牌交易的，被申请人所享有的该等权利立即自动恢复，无须征得本协议其他方当事人同意，并且甲方应在前述事项较早发生日的7个工作日内重新办理本协议第3.1.4条约定的质押登记事项。被申请人该权利的中止不影响本协议其他条款的效力。特别地，被申请人在本协议第6条项下所享有的要求甲方履行的股份回购权在2014年12月31日与合格上市申报被撤回或申报未获中国证监会批准或未能在国内证券交易所挂牌交易的较早发生日为准自动恢复。

被申请人享有上述特殊权利的目的是保证实现其合同目的，即通过股权投资获得收益回报。结合上述协议条款的约定可知，协议保障被申请人收益回报的途径为：一是协议约定之股份回购；二是上述约定之公司上市。即被申请人可以通过该两条途径之一实现其投资回报，现目标公司未合格上市，被申请人无法通过该途径实现其投资收益的目的，因此，在协议中，其可以通过行使股份回购权来实现，但是被申请人拒绝行使股份回购权，放弃了该权利，其自行选择了协议之外的其他途径，即自行对外转让涉案股份，被申请人的该行为主要后果如下：

①在目标公司股权价值远远高于回购价格的情况下，被申请人放弃行使股份回购权，表明其已经放弃了其通过股权回购方式实现其投资收益的最基本合同目的。

②放弃股份回购，即意味着被申请人选择自己为目标公司之普通股东，按照我国《公司法》和《公司章程》的规定享有股东权利和义务。

③放弃股份回购，即意味着被申请人放弃了通过协议约定之股权回购方式收回股权投资及其收益的可能。

④放弃股权回购，也意味着被申请人不能再以合同义务要求或限制第一申请人的权利和义务，双方之间仅是我国《公司法》和《公司章程》调整的普通股东关系，不再有协议中约定的“特殊股东关系”，第一申请人也没有必要为被申请人的投资回报继续提供担保。

实际上，自目标公司挂牌“新三板”起，目标公司股权价值远远高于其投资价值和回购价值，此时被申请人选择自行对外转让涉案股份，就是为了实现其投资获益的目的，而在此情况下，被申请人的该目的已经实现，并可获得更丰厚的投资回报。且自此成为目标公司普通股东，不再享有协议项下的特殊权利，《股份质押协议》也就失去了担保的目的和意义，应予以解除。

综上所述，从合同约定的角度来看，被申请人负有解除股份质押手续的义务，且已满足合同约定的其履行解除股份质押手续义务的条件，其应予以解除。从合法性和合理性的角度来看，双方签订协议之目的就是获得投资收益，而股份质押的目的就是进一步保障该投资和收益，而如上所述，被申请人投资回报得以实现，且被申请人协议项下的权利已全部实现。在被申请人拒绝股份回购后，其已成为目标公司大股东，实际享有股东权利。因此，无论从协议约定还是从合法性、合理性角度来看，被申请人不予解除股份质押手续不合理，更是违反合同约定构成违约，依约应向申请人承担违约责任。

4. 被申请人依约应向申请人承担违约责任

如上所述，申请人就各方签订之协议项下的义务已经履行完毕，不存在任何违约行为，但是申请人在应该履行其义务且有条件履行其义务的情况下不予履行，根据协议约定，构成违约，依约应向申请人承担违约责任。

(1)依法解除各方之间的协议。

我国《合同法》第93条规定："当事人协商一致，可以解除合同。当事人可以约定一方解除合同的条件。解除合同的条件成就时，解除权人可以解除合同。"

《补充协议》第9.3.2条约定："如果甲方在本协议项下的全部义务已经履行完毕，或者甲方未履行本协议项下的部分义务但投资方已经放弃主张其相应权利且甲方在本协议项下的其他义务已履行完毕，投资方应及时协助甲方解除本协议第3.1.4条约定的股份质押登记手续。"

《补充协议》第13.2条约定："本协议在下列情况下解除：经协议各方当事人协商一致解除；任一方发生违约行为并在30日内不予更正的，守约方有权单方解除本协议。本协议被解除后，不影响一方当事人要求支付违约金和赔偿损失的权利。"

如上所述，被申请人在满足协议约定解除股份质押登记手续条件下，未依约及时协助甲方予以解除股份质押登记手续构成违约。根据协议约定，申请人有权单方解除协议，并请求被申请人承担违约赔偿责任。

(2)被申请人应解除涉案股份质押登记手续。

我国《合同法》第107条规定："当事人一方不履行合同义务或者履行合同义务不符合约定的，应当承担继续履行、采取补救措施或者赔偿损失等违约责任。"

被申请人违反协议约定未履行其解除涉案股份质押登记手续的义务构成违约,且该义务在法律上和事实上都可以继续履行,根据我国《合同法》第 110 条的规定,申请人有权请求被申请人继续履行该义务,即及时协助甲方解除涉案股份质押登记手续。

5. 结论

综上所述,被申请人在双方协议约定的全部权利均已实现且协议投资收益目的得以实现的情形下违反协议约定,未及时解除涉案股份质押登记手续,构成违约,依法、依约应向申请人承担违约责任。

(三)被申请人综述意见

1.《股份转让协议》及其《补充协议》为双方的真实意思表示,合法有效。

2. 申请人擅自转让股份,严重违反《补充协议》的约定,如果解除股权质押,被申请人的权益将面临极大风险。

被申请人从最近目标公司公布的 2015 年半年度报告中得知,第一申请人未通知被申请人擅自对外转让目标公司股份 5,539,000 股,第二申请人未通知被申请人擅自对外转让目标公司股份 11,089,000 股。

被申请人与申请人在《补充协议》第 7 条约定,第一申请人向任何第三方转让其持有的目标公司股份时,被申请人有权选择是否按相同的价格及条件优先于第一申请人将其持有目标公司的股份转让给同一受让方。如被申请人选择按相同的价格及条件优先于第一申请人将其持有目标公司的股份转让给同一受让方的,第一申请人应保证受让方以相同价格及条件购买申请人的股份。第一申请人上述擅自对外转让股份的行为损害了被申请人根据该条享有的优先转让股份的权利,属于严重的违约行为。被申请人要求第一申请人如实披露其具体转让的受让方和转让价格,被申请人根据第一申请人的披露保留采取进一步法律措施的权利。

被申请人与申请人在《补充协议》第 8 条约定,如第一申请人和/或其关联方向第三方转让其持有的公司股份的价格比被申请人在本协议项下的投资价格低的,第一申请人应以现金方式根据公式补偿被申请人的价差。根据《补充协议》第1条的约定,第二申请人作为第一申请人的实际控制人为第一申请人的关联方。第二申请人擅自对外转让股份的行为导致被申请人无法行使本条约定的权利。公开渠道的信息显示,目标公司股份存在多笔低价转让的交易,最低交易额达到人民币0.01元。被申请人虽暂时无法查询并确定具体交易方就是申请人,但是结合申请人擅自对外转让股份的行为,被申请人有理由怀疑申请人存在低价对外转让的行为。如申请人低价对外转让股份,被申请人有权依据《补充协议》第8条反摊薄措施的约定要求第一申请人支付补偿金。

另外,由于申请人存在未通知被申请人即擅自转让股份的违约行为,被申请人有理由相信如果解除了股权质押,被申请人的权利将面临无法得到保证的极大风险。

3. 申请人尚有大量义务未履行完毕,无权要求被申请人解除股权质押登记,更无权要求终止协议。

申请人主张,其已经履行了《补充协议》项下的全部权利,根据《补充协议》第9.3.2条的约定,以及我国《合同法》第91条、第93条、第94条的约定,申请人有权要求被申请人解除股权质押,并且终止《股份转让协议》及《补充协议》。被申请人对此不能认同。

(1)截至目前,在《补充协议》项下申请人尚有以下义务未履行完毕,申请人是否履行该等义务对于被申请人影响巨大。

①股份回购义务

被申请人与申请人在《补充协议》第6条约定,如发生:1)目标公司未能在2014年12月31日前在国内证券交易所挂牌交易;2)目标公司2012~2014年的任何一个年度实际实现的经审计净利润低于承诺净利润的80%;3)第一申请人严重违反协议项下的任何承诺、陈述及/或保证;4)第一申请人在被申请人及/或被申请人聘请的专业顾问对本次投资进行的尽职调查中,向被申请人及/或被申请人聘请的专业顾问提供的信息存在重大错误、虚假陈述或隐瞒，则被申请人有权要求第一申请人收购被申请人持有的目标公司股份。

被申请人与申请人在《补充协议》第9.2.9条约定，第一申请人将尽一切努力促使目标公司完成合格上市事宜。第17.6条约定，如果目标公司的控股股东或其他上市公司决定通过合并的方式实现目标公司合格上市，在目标公司就该等合格上市召开的董事会、股东会会议上，第一申请人应促使其委派的董事或其自身应与投资方的投票结果保持一致。如果第一申请人或其委派的董事的投票与投资方的投票不一致，并且导致目标公司在该等董事会、股东会上的所决议事项的结果与投资方投票结果不一致，则投资方有权依据本协议第6.1.3条的规定要求第一申请人次性收购其所持有的目标公司股份。

根据上述规定，被申请人在约定的5种情形发生时有权要求第一申请人收购被申请人持有的股份。

被申请人提请仲裁庭注意，《补充协议》第6.1.4条中约定的“2014年12月31日之后1个月以内”只是被申请人可以行使第6.1.1条对应的回购权的时间。《补充协议》第6.1.4条明确约定被申请人未在该时间内行使股份回购权仅是放弃根据第6.1.1条要求股权回购的权利，该时间并非对于其他情形下被申请人行使股份回购权的时间限制，更不是申请人所谓的被申请人丧失全部股份回购权利的时间。

被申请人基于自身的商业考虑，并没有在第6.1.1条和第6.1.2条约定的情形发生时行使回购权，但是至少并不影响申请人依据第6.1.3条、第6.1.4条和第17.6条的约定向要求第一申请人回购股份的权利。被申请人也从来没有放弃行使股份回购的权利。事实上，被申请人近期才得知，申请人存在未告知被申请人擅自对外转让股份的行为（上文已有详细说明，此处不再赘述）。该行为属于第6.1.3条的约定的第一申请人严重违反本协议项下的任何承诺、陈述及/或保证的行为，被申请人有权基于第6.1.3条的约定行使股份回购权。

②股权转让保证义务

被申请人与申请人在《补充协议》第7条约定,第一申请人向任何第三方转让其持有的目标公司股份时,被申请人有权选择是否按相同的价格及条件优先于第一申请人将其持有目标公司的股份转让给同一受让方。如被申请人选择按相同的价格及条件优先于第一申请人将其持有目标公司的股份转让给同一受让方的,第一申请人应保证受让方以相同价格及条件购买被申请人的股份。

对此,申请人认为,该约定实际上赋予了被第一申请人特殊股东的权利,鉴于被申请人已经放弃了股权回购的权利,被申请人也不能再享受该特殊股东的权利,否则违反公司法的相关规定。被申请人认为申请人的该主张混淆概念、逻辑混乱。如前所述,被申请人并未放弃股份回购的权利。本条约定被申请人享有的优先转让股份的权利,是被申请人依据《补充协议》对于申请人享有的合同权利,该约定真实有效,对于《补充协议》各方具有约束力,与目标公司和目标公司的其他股东毫无关系,更不涉及公司的内部治理。申请人主张该约定违反公司法毫无依据。

第一申请人作为目标公司的第二大股东,在之前已经在未告知被申请人的情况下擅自进行股份转让,在今后仍有可能进行股份转让,被申请人有权主张优先购买权及要求被申请人保证受让方以相同价格及条件优先购买申请人的股份。

③反摊薄义务

被申请人与申请人在《补充协议》第8条约定,如第一申请人和/或其关联方向第三方转让其持有的目标公司股份的价格比被申请人在本协议项下的投资价格低的,第一申请人应以现金方式根据公式补偿被申请人的价差。

被申请人认为,申请人之前已经擅自对外转让股份,合计超过1600万股,申请人至今未告知被申请人其对外转让的具体价格,如果其对外转让价格低于被申请人的投资价格,则被申请人将有权要求第一申请人予以补偿。同时,第一申请人作为目标公司的第二大股东，第二申请人及第二申请人的配偶作为第一申请人的关联方，在今后仍有可能以低于被申请人投资价格的价格向第三方转让其持有的目标公司股份，届时第一申请人仍有义务向被申请人支付补偿金。

④利润分配义务

被申请人与申请人在《补充协议》第11条约定，目标公司自2013年至合格上市当年，每一会计年度的5月30日前将可供股东分配利润的至少30%进行分配；如目标公司未按时、足额分配利润，则第一申请人应在相应会计年度的6月10日之前将相当于目标公司可供股东分配利润的30%按照持股比例将被申请人应享有的金额以现金方式支付给被申请人。

申请人认为，目标公司未能在2014年12月31日之前合格上市，今后也不可能上市，双方的权利义务在2014年12月31日已经终止。被申请人无法认同申请人的观点。

《股份转让协议》及《补充协议》未对上市的时间作出任何限制，申请人所谓2014年12月31日为上市的最后期限毫无依据。作为专业的投资者和被投资者，各方完全清楚上市的难度和不确定性，不可能对于上市时间作一个严格的规定，即使有这样的约定，也不可能不在协议中明确加以体现。事实上，根据《补充协议》第9.2.9条的约定，第一申请人将尽一切努力促使目标公司完成合格上市事宜。《补充协议》第17.8条之约定，即使为了上市的目的暂时中止申请人在《补充协议》项下享有的部分权利，如果目前公司未能在2014年12月31日之前获得上市，被申请人在本协议项下享有的权利是自动恢复而不是终止。

另外，申请人提出的所谓2016年10月被申请人基金将到期，合同不可能再延续的说法没有依据。基金即使到期，完全可以通过展期、权利义务转让的方式继续享有本合同项下的权利和履行本协议项下的义务，故基金到期时间与本案无关。

被申请人认为，鉴于目前目标公司仍未合格上市，第一申请人仍有义务推动目标公司分配利润，且在目标公司未按时、足额分配利润时，第一申请人仍有义务向被申请人支付该等金额。

(2)《补充协议》约定的解除质押条件尚未满足，申请人无权要求解除质押。

如前所述，申请人目前尚未履行完毕全部义务，其仍需根据协议继续履行相关义务。《补充协议》第9.3.2条约定，"如果甲方（第一申请人）在本协议项下的全部义务已经履行完毕，或者甲方（第一申请人）未履行本协议项下的部分义务但投资方（被申请人）已经放弃主张其相应权利且甲方（第一申请人）在本协议项下的其他义务已履行完毕，投资方（被申请人）应及时协助甲方（第一申请人）解除本协议第3.1.4条约定的股权质押登记手续"。因此，被申请人认为，申请人在尚未履行完毕全部义务且被申请人尚未放弃其权利的情况下，无权要求被申请人解除股权质押登记。

(3)申请人无权要求终止《股份转让协议》和《补充协议》。

本案被申请人已经完全履行了《股份转让协议》和《补充协议》项下的全部义务，且在本案项下没有任何违约行为，而申请人还有多项义务尚未履行完毕，申请人无权依据我国《合同法》第91条、第93条、第94条的规定终止协议。

4. 质押担保范围仍然存在，申请人无权要求解除质押。

在庭审过程中，申请人主张其质押的3000万股股份的担保范围仅为《补充协议》项下的违约金，被申请人认为该主张是对于《股份质押协议》的曲解，被申请人对于该主张不予认可。

首先，质押股份的担保范围包含《补充协议》。《股份质押协议》"鉴于"部分明确约定："为确保《股份转让协议》以及不时对其进行的修订、合并、补充、更新或替代的文件（以下合称为《股份转让协议》）项下乙方（被申请人）权利的实现，切实保障乙方（被申请人）的受让股份行为，甲方（第一申请人）愿意为乙方（被申请人）在《股份转让协议》项下的权利提供股份质押担保"，因此，

《股份质押协议》中使用的"《股份转让协议》"这一表述既包含《股份转让协议》本身,也包含《补充协议》。

其次,股份质押的担保范围为《股份转让协议》及《补充协议》中的全部权利。《股份质押协议》第1条明确约定,"本协议项下所担保的权利为乙方(被申请人)在《股份转让协议》项下的全部权利",其后该条又对于全部权利的具体情形作了进一步的约定,即"具体担保范围包括但不限于:(1)在《股份转让协议》约定的投资方(本协议乙方)受让目标公司的股份行为无法完成或实现时,甲方(第一申请人)应承担的违约责任;(2)甲方(第一申请人)根据《股份转让协议》约定应向乙方(被申请人)支付的相应款项及其因违反《股份转让协议》而应向乙方(被申请人)支付的违约金等款项以及乙方(被申请人)实现前述权利的相关费用等"。《股份质押协议》第6条约定:"如果甲方(第一申请人)未按约定履行其在《股份转让协议》项下的义务,则乙方(被申请人)有权行使上述出质股份的质押权利,并有权按照法定程序以本协议项下的全部或部分出质股份折价抵偿,或者以拍卖、变卖出质股份的价款优先受偿或其他法律、法规允许的其他实现质权的方式以实现质权,具体执行形式由甲方选择,并保证将甲方在《股份转让协议》项的应付款项、违约金、实现债权的费用等费用向乙方清偿完毕,以使乙方在《股份转让协议》项下的全部权利得以实现。"结合上述条文来看,担保范围就是《股份转让协议》及其《补充协议》中被申请人的全部权利。第一申请人应当向申请人支付的违约金仅仅是担保范围中的一种情形,这个从该条中的具体用词如"包括但不限于""违约金等款项"等可以显示出来。《补充协议》项下除违约金外的被申请人的其他权利也属于担保范围以内。

最后,第一申请人在担保范围内的义务尚未履行完毕,申请人无权要求解除股权质押。根据《补充协议》的约定,被申请人至少还有股份回购、股份有限转让、反摊薄、利润分配等义务未履行,而且未履行的义务涉及金额巨大。申请人要求解除质押的依据不存在,如果解除质押将无法保障被申请人的权益。

5. 质押股权价值持续处于波动之中，如果解除质押，被申请人的权益将无法保障。

申请人还主张3000万股的质押股份按照最近成交价计算，其价值人民币数亿元，被申请人无权质押价值如此巨大的股份。被申请人认为申请人该主张明显误导仲裁庭，被申请人无法认同。

合同的履行是一个持续过程，众所周知，股权的价格并非一成不变而是不断波动的，其可能因为协议履行过程中发生的各种事件而大幅变化。中国的资本市场尚不成熟，以目标公司自新三板挂牌以来的收盘价为例，自2015年1月1日至8月20日，目标公司的股份收盘价最高达到每股人民币40.78元，最低仅为每股人民币5.48元，其波动幅度接近8倍。如果按照每股人民币5.48元的最低值计算，质押股份的价值根本不足以补偿申请人需要支付被申请人的款项和可能给被申请人造成的损失。因此，被申请人提请仲裁庭注意，不能以某一个时间点的价格来判断质押股份的价格，更不能以此来判断股份质押是否应当解除。根据《补充协议》及《股份质押协议》的约定，质押股份作为一个整体共同担保被申请人在《补充协议》项下全部权利的实现，其目前时点的价值与其能实际为被申请人提供的担保价值根本不是一个概念，更不是解除质押的条件或者考虑因素。申请人以目前时点的股份价格来主张质押股份价值过高是对各方协议约定的误读，其主张没有任何依据。

另外，虽然目前被申请人卖出了部分目标公司的股份，但这仅是被申请人正常的商业交易行为，被申请人完全有可能再次买入目标公司股份，而且上述交易并不违反各方协议的约定，申请人以被申请人卖出部分股份为由要求解除股份质押也毫无依据。

故质押股份价值只是一个不断变化的数字，不能成为解除质押的理由，如果以此为由解除股份质押，被申请人的合法权益将无法保障。

6. 申请人无权要求被申请人赔偿损失和承担其支出的费用。

对于申请人请求的经济损失，第一申请人一直未能明确具体金额，而且开庭时经仲裁庭询问,其当庭表示撤回该项仲裁请求,本案不再主张。

对于申请人请求的律师费,其未提供委托代理协议和律师费实际支出凭证,无法证明其已经实际支出,开庭时经仲裁庭询问,申请人表示另案主张。

在庭审过程中,申请人主张第一申请人的股权为其在职员工和退休员工所有,如果不解除质押,将给其员工利益造成巨大损失。被申请人认为,第一申请人曾于2011年1月17日出具《承诺函》承诺,第一申请人已经解除了与其员工及外部自然人之间的全部股份代持关系,第一申请人没有再为他人或者委托他人持有目标公司的股份,故第一申请人主张其与职工之间存在股份代持并非事实。退一步讲,即使存在股份代持,也是第一申请人与其员工的内部关系,与本案无关。

本案各方在2012年9月3日基于各自的商业判断和考虑,自愿达成了本案协议的内容,各方应当遵守各自的承诺和法律的规定履行协议。在本案中,各方都是理性的商业主体,不存在所谓的弱势一方。申请人的利益固然需要保护,被申请人作为国有资产的利益同样需要受到保护。被申请人的证据可以证明,在本案协议履行过程中,是申请人屡次不遵守协议,擅自对外转让股份,构成违约,被申请人没有任何违约行为。

(四)申请人对被申请人综述意见的反驳意见

本案关键时间点为2014年12月31日,该时间点的经过对双方权利义务影响重大。被申请人直接主张申请人未履行协议义务等,而就该问题避而不谈,其各项主张均不成立。

申请人认为,被申请人在综述意见中所述的申请人尚有大量协议约定之义务(如股份回购义务、股份转让保证义务、反摊薄义务、利润分配义务)未履行,该观点系其对协议目的、协议整体条文的片面理解,并不正确。申请人除股份回购义务外的其余全部义务均已履行完毕,被申请人已通过明示和默示的方式放弃其股份回购权,申请人无须再履行此义务。因此,申请人就协议约定的全部义务已履行完毕,被申请人协议项下的全部权利均已实现,股份质押担保范围亦均已实现,无继续质押的意义,符合解除质押登记手续的条件,依约、依法应予以解除。

1. 2014年12月31日系本案关键,该时间点的经过,导致双方权利义务发生重大变化

从协议整体性和双方投资收益性的角度分析,股份转让协议及其补充协议约定的目标公司合格上市最后期限为2014年12月31日,之后未合格上市,双方通过股份回购的途径实现投资收益,自此被申请人不再享有协议项下的特殊权利。

根据投资领域通常做法,投资者通过股份收购的方式进行项目投资,其获取收益的途径主要有3种:一是协议约定利润保障(此为投资过渡期);二是通过退出机制实现投资收益(此为投资退出期),退出机制通常包括股份回购、公司上市;三是继续持有股份成为普通股东。在本案中,协议双方也遵循了这样的通常做法。综观协议上下文,从协议整体性分析,协议多条款(《补充协议》第5.2.4条、第6.1.1条、第7.4条、第9.2.9条、第10.1条、第11.1条、第17.6条、第17.8条)均有"公司合格上市"或者"公司合格上市之前"的表述,可见该合同的主要目的就是通过上市实现双方收益。与此相对应,协议多条款约定被申请人享有权利的期限截至2014年12月31日(2014年度)[《补充协议》第5条约定:业绩补偿条款,业绩补偿年度为2012年度至2014年度(2014年12月31日之前)、《补充协议》第6.1.2条:2012年至2014年经审计净利润]。综上所述,不难判断双方协议约定的公司合格上市最后期限为2014年12月31日,在此期限经过后,被申请人不再享有协议项下的特殊权利,而是进入退出清算期,即被申请人可以通过股份回购的途径实现协议目的,获取收益。

在本案中,协议约定被申请人获得投资回报的第二个途径就是股份回购,但是,被申请人以明示(电子邮件的方式)和默示的方式(自行出售行为)放弃了其股份回购权,因此,被申请人放弃了通过该途径实现其投资收益的目的。

同时,其自己通过交易行为出售了大量涉案股份,进一步表明其选择成为目标公司普通股东,作为公司普通股东,只享有我国《公司法》和公司章程规定的权利,不再享有协议项下的特殊权利。

综上所述,2014 年 12 月 31 日为双方协议约定的目标公司合格上市的日期,是一个确定的日期而非不确定、无期限的,而且该日期也是确定协议下各方权利义务的一个重要时间节点,在该时间点经过后,被申请人将不再享有协议项下的任何特殊权利。

2. 本案协议是有期限的,并非申请人所称的协议期限不确定,申请人该观点是错误的,也是不合理的

正如被申请人在《综述意见》中所称的,作为专业的投资者和被投资者,各方完全清楚上市的难度和不确定性,投资者不可能也不会让其资金长期地投放在一个无限期的项目之中,这不符合投资周期性和回报性的特点,更不符合上述投资领域的通常做法。作为一个合格的投资者,不会也不可能让其资金闲置,由此不难得出,本案协议约定投资期限是确定的,目标公司上市期限也是确定的,而非如申请人所述的无期限。

在此前提下,被申请人主张《补充协议》第 9.2.9 条约定,申请人将尽一切努力促使目标公司完成合格上市;《补充协议》第 17.8 条约定之权利自动恢复而无期限,是错误的,是对协议条文意思的曲解。而事实上,并非如被申请人主张的目标公司上市是无期限的,而且其权利恢复也应是自未获批准上市之日起至 2014 年 12 月 31 日止,即目标公司合格上市的最后期限为 2014 年 12 月 31 日。

3. 被申请人主张的申请人有大量协议义务未履行的观点是错误的,是对协议整体性的理解错误,是不正确、不成立的

申请人协议项下的全部义务以及被申请人协议项下全部权利的履行和享有都是有条件的,而在本案中,该条件或是未成就或是不符合行使条件,并非被申请人所谓的申请人有大量义务未履行,被申请人的该观点是错误的。

(1)申请人在被申请人放弃行使股份回购权的情形下,不再负有股份回购义务。

提请仲裁庭注意,该股份回购权的行使是有条件、方式和时间限制的。此外,此处申请人回购股份是一次性回购被申请人所持有的股份(《补充协议》第6.1条约定:甲方同意,在出现下述任何一种情形时,在符合当时法律法规要求的情况下,除投资方事先书面同意外,投资方均有权要求甲方一次性收购其所持有的公司股份),并非指在被申请人擅自处理后的剩余股份。

被申请人认为,其在《补充协议》第6.1.1条和第6.1.2条约定情形发生时未行使股份回购权,不影响其依据第6.1.3条、第6.1.4条和第17.6条约定行使股份回购权。其也从来没有放弃行使股份回购的权利。

被申请人的该主张系对协议内容的错误理解。第6.1.3条约定的股份回购权行使条件是在2014年12月31日之前申请人违反协议项下的承诺、陈述、保证,而非申请人主张的"该时间并非对于其他情形下被申请人行使股份回购权的时间限制"。在此条件下,被申请人主张申请人未履行股份回购义务,没有根据。而第6.1.4条约定的股份回购权行使条件是在被申请人尽职调查中出现约定的情形,现本次投资早已完成,尽职调查工作早已完毕,不存在该情形,被申请人也就无权依据该约定行使股份回购权。

《补充协议》第17.6条约定的股份回购权行使条件为目标公司在2014年12月31日合格上市后,出现该条约定之情形。现在目标公司在2014年12月31日未能上市,即该条件未成就,被申请人不能以未发生的事实为依据来主张其仍然享有该条件下的股份回购权,被申请人的此种主张,系逻辑混乱,是对协议内容的片面认识。

此外,被申请人以明示和默示的方式放弃行使股份回购权,其后其不再享有该权利。

综上所述,被申请人在未考虑其股份回购权行使条件的情形下,毫无根据地认为申请人仍负有股份回购的义务,该主张是错误的。

(2)被申请人主张申请人未履行股份转让保证义务的观点是错误的,进而依此主张申请履行反摊薄义务是无依据的。

如上所述,2014年12月31日为目标公司合格上市最后期限,也是协议约定的各项权利义务享有和行使的最后期限或者重要节点。在此前提下,协议约定之股份转让保证义务的履行期限也应是在2014年12月31日之前。被申请人在无证据证明申请人在此之前转让股份的情况下,毫无根据地主张申请人违反该义务,是不成立的。

被申请人进而依此主张申请人履行反摊薄义务,更是毫无根据的。

(3)被申请人主张申请人未履行利润分配义务的观点是错误的。

如上所述,被申请人享有协议项下特殊权利之利润分配权利的时限为自2013年起至目标公司合格上市(2014年12月31日)。也就是说,被申请人至多享有2013年度和2014年度的利润分配权。而被申请人在主张申请人应无限期地完成目标公司合格上市的前提下,进而要求申请人无限期地履行利润分配义务,该主张显然是不符合协议约定的,也是不合理的。

4. 股份质押解除条件满足,股份质押协议目的实现,依法应解除对涉案股份的质押登记手续

被申请人主张申请人未履行股份回购、股份转让保证、反摊薄、利润分配义务,进而据此主张其不满足股份质押解除条件,股份质押担保范围仍然存在。如上所述,被申请人的该主张系无根据的,是错误的。

被申请人在满足协议约定解除股份质押登记手续的条件,且股份质押担保范围均已实现而不存在的情形下,拒不解除对涉案股份的质押登记手续,构成违约,严重地损害了申请人的合法权益。

综上所述,被申请人应依法解除对涉案股份的质押登记手续。

5. 特别声明

申请人特别声明:被申请人在本案整个过程中,都以未发生的事实或者未来可能发生的事实为依据进而主观地臆断其权益可能遭受损失,并且其也多次

以股份质押价值是一个变化的数值,并以最低值来估算股份价值,进而主张可能对其造成损失等。被申请人作为一个专业的投资者,应该清楚地了解投资是有风险的,其不能将所有的风险都转嫁给申请人,更不能在无任何其他合理理由的情况下,牵强地以此为由而拒不解除涉案股份质押登记手续,被申请人的这种做法完全是在毫无根据的条件下,以损害他人利益来规避自己投资风险的行为,是不合理的,不应该由申请人来承担。

被申请人的上述主观臆断及所有主张,均是在其认为本案协议期限是不确定的前提下得出的,完全无视仲裁庭确定的案件争议点之2014年12月31日对本案的影响。实际上,据上所述,本案协议的各方作出选择的一个重要时间点就是2014年12月31日,被申请人作为专业投资者,具备的通常的投资常识,但是其为了将投资风险转嫁于申请人,故意无视该时间点,毫无根据地认为本案协议期限是不确定的,进而得出申请人存在大量义务未履行的错误结论和主张,被申请人这种以损害申请人的利益为代价,规避其投资风险的行为,显然是不合理的,也是不合法的。

此外,被申请人认为,申请人无权要求其赔偿损失和承担相应费用。被申请人的该观点是错误的,双方签订协议合法有效,在其违反协议约定不予解除涉案股份质押登记手续的情形下,依法应承担违约责任,申请人有权依约、依法向被申请人主张赔偿损失,承担违约责任。只是申请人本着双方友好合作、善意履行合同的原则,给被申请人一个空间,以实现双方顺利解决问题,并非被申请人所主张。

(五)被申请人的补充综述意见

1.所谓2014年12月31日为目标公司合格上市的截止期限是申请人的单方解读,毫无依据。2014年12月31日之后被申请人依然享有合同约定的权利。

申请人主张,2014年12月31日为双方协议约定的目标公司合格上市的截止日期,因目标公司未在2014年12月31日之前上市,被申请人此后不再享有协议中约定的特殊权利。被申请人认为申请人的该主张毫无依据,显然是对于双方协议约定的误读。

(1)《补充协议》中未对合格上市的截止期限进行约定。

首先,双方《补充协议》中没有任何一个条款约定合格上市的期限截至2014年12月31日,在《补充协议》中提到"合格上市"的表述时均未对合格上市的期限加以约定。《补充协议》第9.2.9条中,申请人保证将尽一切努力促使目标公司完成合格上市事宜,该条中亦未约定合格上市的期限。申请人称,《补充协议》第6.1.1条明确表明目标公司在2014年12月31日合格上市,但第6.1.1条约定的只是被申请人可行使股份回购权的一种情形,与目标公司合格上市的截止期限毫无关系。

其次,申请人称,从常理上讲,协议各方"不可能不约定投资(目标公司上市)的期限"。但被申请人认为,申请人的上述推论恰恰不符合常理。作为专业的投资者和被投资者,协议各方完全清楚上市的难度和不确定性,上市的期限不是协议各方所能决定的,也不可能对于上市截止期限作一个严格的规定,申请人的推论完全违背正常的商业逻辑。退一步讲,如果各方确实存在关于合格上市的截止期限的明确约定,那么对于如此重要的时间点各方应当在《补充协议》中进行明确的约定,而不需要根据协议上下文进行所谓的推论和解读。所以,从常理上讲,协议各方不可能约定2014年12月31日这么一个明确的时间点作为目标公司合格上市的截止期限。事实上,《补充协议》中涉及2014年12月31日作为时间点的条款均为被申请人可以行使其权利或者申请人应当履行其义务的约定,是为了督促申请人履行促进目标公司合格上市的义务而设定的时间期限。现申请人将2014年12月31日单方解读为目标公司合格上市的截止期限显然属于偷换概念、推卸责任。

再次,从《补充协议》中的各项约定可以看出,"2014年12月31日"这一时间点和"合格上市"的时间点有明确的区分,根本不是同一个概念。例如,《补充协议》第5条的业绩承诺及补偿措施中约定业绩承诺的截止期限是2014年,但《补充协议》第11条利润分配约定的期限却是截至目标公司“合格上市当年止”，按照申请人的逻辑，如果合格上市的期限就是2014年12月31日，那各方当事人为何不直接约定利润分配截至2014年，而约定“合格上市当年止”？再如，《补充协议》第17.8条约定：“特别地，投资方（被申请人）在本协议第六条项下所享有的要求甲方（第一申请人）履行的股份回购权在2014年12月31日与合格上市申报被撤回或申报未获中国证监会批准或未能在国内证券交易所挂牌交易的较早发生日为准自动恢复。”按照申请人的逻辑，此处就根本没有必要约定“2014年12月31日”，因为如果合格上市的截止期限就是2014年12月31日，即意味着合格上市申报的未获批准的期限肯定早于2014年12月31日，再约定一个“2014年12月31日”显然重复且没有意义。而各方之所以在《补充协议》第17.8条作上述的约定，恰恰是因为合格上市的期限无法明确，合格上市可能早于2014年12月31日，也有可能晚于2014年12月31日，但绝对不是截至2014年12月31日。

最后，被申请人基金存续期间与本案无关，更与所谓的合格上市期限无关。基金即使到期，完全可以通过展期、权利义务转让的方式继续享有本合同项下的权利和履行本协议项下的义务。被申请人不认可也无法理解基金目前的存续期间与目标公司的合格上市期限为2014年12月31日之间有任何关系。

(2)2014年12月31日之后被申请人依然享有合同约定的权利。

申请人主张，因目标公司未能在2014年12月31日前合格上市，被申请人在此之后不再享有协议中约定的权利。被申请人对于申请人的该主张无法认可。

首先，如前所述，双方并未就合格上市的期限进行约定，被申请人在补充协议项下，仍然享有股份回购、股份优先转让、反摊薄、利润分配等权利，申请人主张被申请人在2014年12月31日之后不享有上述权利没有任何依据。被申请人再次强调，《补充协议》第6.1.4条明确约定，被申请人未在2014年12月31日之后的1个月内行使回购权，仅能视为放弃依据《补充协议》第6.1.1条的约定行使股份回购的权利,不能视为被申请人放弃了其他约定情形下行使股份回购的权利。事实上,本案各方根据《补充协议》第17.2条进一步约定,一方不执行本协议项下的任何权利、权力或特权不得视为对该等权利、权利或特权的放弃。申请人关于被申请人未在2014年12月31日后1个月内行使第6.1.1条情形下的股份回购权利即视为放弃了全部股份回购权利的主张明显与《补充协议》第17.2条的明确约定相悖。被申请人并未放弃在其他情形下回购股份的权利,更不可能放弃其他的合同权利。

其次,《补充协议》第17.8条约定,为了上市的目的,被申请人可同意中止根据《补充协议》享有的特殊权利或者解除了股权质押,如目标公司未能成功上市,则被申请人所享有的权利立即自动恢复,申请人应当重新办理股份质押。由该规定可以看出,被申请人在《补充协议》项下享有的权利与目标公司上市没有必然关系,目标公司没有合格上市,被申请人继续享有权利,并且有权继续质押申请人的股份。

再次,申请人不顾事实,否认其存在违约行为。在申请人《代理意见》中,申请人至少认可在2014年12月31日之前被申请人享有《补充协议》第7条关于股份优先转让的权利和第8条约定的反摊薄的权利,但面对申请人在2014年未告知被申请人即擅自对外转让5,539,000股目标公司股份的事实,申请人竟宣称其不存在违约行为。被申请人认为申请人的主张与其承认的事实自相矛盾,明显是在推卸责任。同时,申请人至今拒不向被申请人披露其对外转让股份的具体价格和受让人身份信息,导致被申请人无法判断是否行使《补充协议》第6.1.3条约定情形项下股份回购的权利及《补充协议》项下的其他权利。申请人的上述不诚信行为再次证明,如果解除了股权质押,被申请人的权利将面临无法得到保证的极大风险。

最后,各方均认可《补充协议》合法有效,其约定对于各方具有法律约束力,各方均应当按照约定履行协议,而不是毫无依据地随意解释合同。被申请人注意到,申请人在庭审中以及庭后《代理意见》中反复强调一个逻辑,就是被申请人的合同目的只有一个，就是获得投资收益，而过了2014年12月31日后已经达不到目的，故被申请人享有的合同权利也终止了。被申请人对于申请人的上述解读无法认可。被申请人提请仲裁庭注意，《补充协议》项下被申请人享有的所有权利均是作为投资方向目标公司投入人民币10,000万元的对价，其全部权利作为一个整体构成被申请人的合同目的，任何一项权利受到损害均可能导致被申请人的合同目的无法实现，任何片面的对被申请人的合同目的进行解读的做法被申请人均无法接受。

2. 申请人请求要求解除股权质押的前提条件尚未成就。

本案中双方争议的焦点其实只有一个，即申请人要求解除股权质押的条件是否成就。对此，申请人认为其符合《补充协议》第3.1.4条约定的条件二，即申请人未履行《补充协议》项下的部分义务但被申请人已经放弃主张其相应权利且申请人在该协议项下的其他义务已履行完毕。被申请人对此无法认可。

如前所述，被申请人并未放弃《补充协议》项下要求股份回购的权利。同时，申请人未通知被申请人擅自对外转让股份，其应当向被申请人履行披露和补偿义务，但是经被申请人多次要求，申请人至今拒绝披露其对外转让股份的情况。另外，申请人至少还有股份回购、反摊薄、股份优先转让保证、利润分配、合格上市投票、促使合格上市等义务尚未履行完毕，申请人要求解除股权质押的条件没有成就，其无权要求解除股份质押。相应地，也无权以被申请人违约为由要求解除整份《补充协议》。

（六）申请人对被申请人补充综述意见的反驳意见

1. 被申请人对协议整体性理解错误，孤立地认为协议期限是不确定的，该观点是错误的。

申请人再次强调，本案目标公司合格上市最后期限截至2014年12月31日，被申请人协议约定之特殊权利在该期限过后，进入下一阶段，即投资退出期，在该期间被申请人不再享有协议项下的特殊权利，这是协议条文的基本之意，也是对协议整体性的正确理解。

（1）协议投资期限及目标公司合格上市期限确定应考虑投资双方所处的投资领域和投资目的，这也是双方协议签署的背景。

被申请人作为专业的投资者，清楚地知道投资领域的常理，即投资后在一定期限内获取一定收益，该收益可通过多种途径实现，而该类利益的实现一定是有期限的，不可能是遥遥无期的或者是不确定的。该期限的确定可以通过协议条文确切地约定也可以通过协议上下条文予以确定，并非如被申请人所主张的必须通过条文明确约定，没有约定就表明协议期限是不确定的，这是对本案协议的错误理解，更是对订立协议一般常理的错误、牵强理解，因此，被申请人的该主张是严重错误的。

被申请人认为，协议各方完全清楚公司上市的难度和不确定性，上市的期限不是协议各方所能决定的。也正因如此，作为投资方的被申请人不可能将其资金长期的投放在一个无投资回报的项目中，其一定会设置公司上市的期限及公司未能上市时的退出机制。因此，无论通过上述两种方式的任何一种，本案协议的投资期限和目标公司合格上市的期限一定是确定的，即 2014 年 12 月 31 日。

（2）被申请人认为其存续期间与本案期限的确定无关，该观点系对申请人意思的曲解，是错误的。

被申请人基金存续期间是一个在本案协议签署时已经确定的事实，双方对此均清楚，作为一个合格的投资者，其明知其存续最后期限为 2016 年 10 月，在进行投资时不可能不考虑其到期后对所投资项目的影响，这正好也是本案协议约定 2014 年 12 月 31 日为其投资期限和目标公司合格上市之日对此因素的间接反映。虽然如被申请人所主张的，其后可以通过展期、权利义务转让等方式得以维继，但是这只是后续事宜，并不能否认该事实系其投资前的一个考量因素，而且其事前也不可能对此不予以考虑，这也是符合投资领域的基本逻辑的。

因此，被申请人认为的事实与本案无关，对本案协议签署背景的故意规避也是其未从协议整体理解协议之意的表现。

（3）对本案协议的理解应联系上下条文的逻辑结构，被申请人孤立地从单个条文理解协议之意是错误的。

被申请人在其《补充综述意见》中开篇就提出，“双方《补充协议》中没有任何一个条款约定合格上市的期限截至2014年12月31日，在《补充协议》中提到合格上市的表述时均未对合格上市的期限加以约定……”由此可见，被申请人并未从协议整体逻辑结构对协议约定进行理解，此系严重错误的。

协议多个条文表述被申请人的权利享有期限或者是权利行使期限起算点为2014年12月31日，该约定的逻辑结构为被申请人享有协议项下的特殊权利截止期限为2014年12月31日，该期限经过后，进入投资退出期，被申请人进而通过退出机制获取投资回报。被申请人不顾协议条文中的上述逻辑，完全不考虑上述条文中两种机制设置的区别、适用的不同条件和内在联系，孤立地曲解协议条文，是错误的，其观点也是毫无理由的，不应予以采纳。

2. 被申请人在其《补充综述意见》中的观点系对申请人意思的曲解，是错误的。

被申请人认为，“各方之所以在《补充协议》第17.8条有上述的约定，恰恰是因为合格上市的期限无法明确，合格上市可能早于2014年12月31日，也有可能晚于2014年12月31日，但绝对不是截至2014年12月31日”。该理解系对申请人观点的曲解，也是对协议整体意思的片面理解。

《补充协议》第17.8条约定：“投资方根据本协议第3.1.4条、第5条、第6条、第8条、第11.2条和第17.6条项下享有的特殊权利，若不符合法律、法规、规范性文件以及中国证监会对合格上市条件要求的，投资方应同意在合格上市申报时自动无条件中止该等权利，并配合解除本协议第3.1.4条约定的质押登记事项；如果合格上市申报被撤回或申报未获中国证监会批准的，或未能在国内证券交易所挂牌交易的，投资方所享有的该等权利立即自动恢复，无须征得本协议其他方当事人同意，并且甲方应在前述事项较早发生日的7个工作日内重新办理本协议第3.1.4条约定的质押登记事项。投资方该权利的中止不影响本协议其他条款的效力。特别地，投资方在本协议第6条项下所享有的要求甲方履行的股份回购权,在2014年12月31日与合格上市申报被撤回或申报未获中国证监会批准或未能在国内证券交易所挂牌交易的较早发生日为准自动恢复。"

该条款约定之目的系保障被申请人通过退出机制来获得其投资回报,且该条文最后约定的实质含义为,在合格上市申报被撤回或申报未获中国证监会批准或未能在国内证券交易所挂牌交易后,被申请人的股份回购权自行恢复,并非如被申请人的上述理解,被申请人的该理解系对协议条文意思的曲解。

二、仲裁庭意见

本仲裁庭经过开庭审理,认真听取了申请人及被申请人在庭审中发表的意见,并审阅了本案有关材料,对本案所涉争议发表如下仲裁庭意见。

(一)本案主要事实

仲裁庭经审理后,查明本案事实如下。

1.2012年9月3日第一申请人与被申请人签署了本案《股份转让协议》,双方同意第一申请人将其持有目标公司1000万股,占公司注册资本2.778%的股份转让给被申请人,被申请人以每股人民币10元的价格向第一申请人支付股份转让款,共计人民币10,000万元。同时,《股份转让协议》第5.1条约定:"本协议的任何修改、变更、补充应经协议双方另行协商,并就修改、变更、补充事项共同签署书面协议后方可生效。本协议的任何修改、变更、补充性文件均与本协议为一个不可分割的整体,并与本协议具有同等法律效力。"

2.鉴于被申请人与第一申请人签订了上述《股份转让协议》,同日,第一、第二申请人与被申请人签署了《补充协议》,各方约定了如下事项。

(1)投资前提。

《补充协议》第3.1.4条约定,被申请人支付股份转让款的义务的前提条件之一,为第一申请人将其持有的目标公司不低于3000万股股份(占目标公司股份的8.33%)质押给被申请人,完成该等股份的质押登记手续,获得工商局出具的股份质押登记证明文件并提交给被申请人。

(2)业绩承诺及补偿措施。

《补充协议》第5.1条对业绩承诺进行了约定,第一申请人作为目标公司的重要创始股东之一,其承诺和保证公司2012年度、2013年度和2014年度的净利润分别不得少于人民币43,000万元、人民币50,000万元和人民币55,000万元。第5.2条对补偿措施进行了约定,第5.2.1条约定,若目标公司在利润保证年度内任一年度实际实现的净利润低于对应年度承诺净利润,则第一申请人应当于每年向被申请人提供现金补偿;第5.2.2条约定,被申请人依据上述第5.2.1条的约定要求第一申请人以现金方式进行补偿的,应以书面方式发出通知,第一申请人应当在被申请人的书面通知发出之日起的30日内,将应予支付的补偿金汇入被申请人指定的银行账户;第5.2.3条约定,为避免歧义,2012~2014年中如果公司某一年度的实际净利润低于当年承诺净利润,且在该年度的12月31日时被申请人尚持有目标公司股份的,则无论下一年度中被申请人是否仍持有目标公司股份,第一申请人应根据上述约定履行该年度业绩补偿义务;第5.2.4条约定,为避免歧义,如果公司于2013~2014年完成合格上市,则自合格上市当年开始,上述约定的业绩承诺及现金补偿内容不再执行。

(3)股份回购机制。

《补充协议》第6.1条约定,第一申请人同意,在出现下述任何一种情形时,在符合当时法律法规要求的情况下,除被申请人事先书面同意外,被申请人均有权要求第一申请人一次性收购其所持有的目标公司股份:

第6.1.1条规定:在2014年12月31日之前,公司未能在国内证券交易所挂牌交易;

第6.1.2条规定:公司2012~2014年的任何一个年度实际实现的经审计净利润低于承诺净利润的80%;

第6.1.3条规定:第一申请人严重违反协议项下的任何承诺、陈述及/或

保证;

第6.1.4条规定:第一申请人在被申请人及/或被申请人聘请的专业顾问对本次投资进行的尽职调查中,向被申请人及/或被申请人聘请的专业顾问提供的信息存在重大错误、虚假陈述或隐瞒。

如果出现上述第6.1.1条的情形,则被申请人有权在2014年12月31日后的1个月内的任何时间行使其上述权利;如果被申请人在2014年12月31日后的1个月内没有发出要求第一申请人收购被申请人持有的公司股份的书面通知,则被申请人放弃依据本协议第6.1.1条要求要求第一申请人收购其持有的目标公司股份的权利。

如果出现上述第6.1.2条的情形,则被申请人有权在收到公司2012~2014年各年度审计报告后1个月内的任何时间行使其上述权利,如果被申请人在收到公司2012~2014年某一年度审计报告后的1个月内没有发出要求第一申请人收购其持有的目标公司股份的书面通知,则被申请人放弃因该年度实际实现的经审计净利润低于承诺净利润的80%的原因而要求第一申请人收购其持有的目标公司股份的权利,但若下年度发生第6.1.2条规定的情形,被申请人仍有权行使回购权,依此类推。

如果出现上述第6.1.3条的情形,则被申请人有权在其知道第一申请人严重违反本协议项下的任何承诺、陈述及/或保证之日后1个月内的任何时间行使其上述权利,如果被申请人在其知道第一申请人有严重违反本协议项下的任何承诺、陈述及/或保证之日后1个月内没有发出要求第一申请人收购其持有的目标公司股份的书面通知,则被申请人放弃因第一申请人的该特定违约行为而依据本协议第6.1.3条而要求第一申请人收购其持有的目标公司股份的权利(但若此后被申请人知道第一申请人仍有其他严重违反本协议项下的任何承诺、陈述及/或保证的行为后,被申请人仍有权在其知悉后的1个月要求第一申请人按本协议的约定收购被申请人持有的目标公司股份,依此类推),但该项权利的放弃并不影响被申请人因第一申请人发生第6.1.3条的行为而要求第一申请人承担违约、损害赔偿责任的权利。

如果出现上述第6.1.4条约定的情形,则被申请人有权在其知道第一申请人提供信息存在重大错误、虚假陈述或隐瞒之日后1个月内的任何时间行使其上述权利,如果被申请人在其知道第一申请人提供的信息存在重大错误、虚假陈述或隐瞒之日后1个月内没有发出要求第一申请人收购被申请人持有的目标公司股份的书面通知,则被申请人放弃因甲方提供的该信息存在重大错误、虚假陈述或隐瞒的该特定违约行为依据本协议第6.1.4条而要求第一申请人收购其持有的目标公司股份的权利(但若此后被申请人知道第一申请人提供的信息仍存在其他重大错误、虚假陈述或隐瞒后,被申请人仍有权在知悉后的1个月要求第一申请人按本协议的约定收购被申请人持有的公司股份,依此类推),但该项权利的放弃并不影响被申请人因第一申请人发生第6.1.4条的行为而要求第一申请人承担违约、损害赔偿责任的权利。

《补充协议》第6.5条约定,在目标公司合格上市申请明确收到中国证监会的否决通知或意见的情况下,第一申请人可向被申请人提出回购的申请通知,经被申请人同意,可按照本协议第6.4条计算收购价款,提前执行回购。如果被申请人不同意提前回购,第一申请人仍需按照本协议第6.1条履行回购义务。

(4)股份转让约定。

《补充协议》第7条约定,第一申请人向任何第三方转让其持有的公司股份时,被申请人有权选择是否按相同的价格及条件优先于第一申请人将其持有目标公司的股份转让给同一受让方。被申请人选择按相同的价格及条件优先于第一申请人转让其股份给同一受让方的,第一申请人应保证该受让方以相同价格及条件购买被申请人的股份。上述约定的转让股份,包括但不限于直接或间接出售、转让或以其他方式处置公司的任何股份或任何股份所对应的股份收益权。

(5)反摊薄措施。

《补充协议》第8条约定,如第一申请人和/或其关联方向第三方转让其持有的公司股份,在符合本协议第7条约定的情形下,该第三方受让股份基于的投资价格比被申请人在本协议项下的投资价格低的，第一申请人应以现金方式补偿被申请人的投资价差。

(6)投资方的陈述和保证。

《补充协议》第9.3.2条约定，如果第一申请人在本协议项下的全部义务已经履行完毕，或者第一申请人未履行本协议项下的部分义务但被申请人已经放弃主张其相应权利且第一申请人在本协议项下的其他义务已履行完毕，被申请人应及时协助第一申请人解除本协议第3.1.4条约定的股份质押登记手续。

(7)利润分配。

《补充协议》第11条约定，本次投资完成后，第一申请人应推动目标公司将可供分配利润按以下约定分配给股东："11.1从2013年起至目标公司合格上市当年止，每一会计年度的5月30日前，按照目标公司经审计后的上一会计年的(该'上一会计年度'应包含2012年以及公司合格上市前一年)的可供股东分配的利润的至少30%进行分配，被申请人根据持股比例获得分配；11.2如公司未能根据第11.1条的规定按时、足额分配利润，则第一申请人应在相应会计年度的6月10日前将相当于目标公司经审计后的上一会计年度的可供股东分配利润的30%中的被申请人按其持股比例应享有的金额以现金转账方式支付给被申请人。"

(8)违约及其责任。

《补充协议》第12条约定，本协议生效后，各方应按照本协议的规定全面、适当、及时地履行其义务及约定，若本协议的任何一方违反本协议的任何约定，则构成违约；第一申请人未按本协议第5条、第6条、第8条和第11.2条的约定支付补偿金、收购价款、投资价差及利润分配的，每延期1日，按其应付该等金额的万分之五向投资方支付违约金。

(9)协议的变更、解除。

《补充协议》第13.2条约定，本协议在下列情况下解除：一是第13.2.1条约定的，经协议各方当事人协商一致解除；二是第13.2.2条约定的，任一方发生违约行为并在30日内不予更正的，守约方有权单方解除本协议。

(10)合格上市投票事宜。

《补充协议》第17.6条约定，如果目标公司的控股股东或其他上市公司决定通过合并的方式实现公司合格上市，在公司就该等合格上市召开的董事会、股东会会议上，第一申请人应促使其委派的董事或其自身应与被申请人的投票结果保持一致，如果第一申请人或其委派的董事的投票结果与被申请人的投票不一致，并且导致公司在该等董事会、股东会上的所决议事项的结果与被申请人投票结果不一致，则被申请人有权依据本协议第6.1.3条的规定要求第一申请人一次性收购其所持有的目标公司股份。

《补充协议》还对相关手续的办理、资料提供、保密、协议生效和其他双方之间的权利义务进行了约定。

3. 同日，为确保本案《股份转让协议》以及不时对其进行的修订、合并、补充、更新或替代的文件(合称《股份转让协议》)项下被申请人权利的实现，切实保障被申请人的受让股份行为，第一申请人作为出质人与作为质权人的被申请人签署了《质押协议》，第一申请人将其所持目标公司3000万股股份(占公司股份的8.33%)作为质押标的质押给被申请人，双方同意，如目标公司因配股、股份拆分、资本公积金转增等方式导致出质股份发生变动，则因其变动而相应增加的股份应作为本协议项下的质押标的，并作为出质股份的一部分。质押协议第1条约定，本协议项下所担保的权利为被申请人在《股份转让协议》项下的全部权利，具体担保范围包括但不限于：(1)在《股份转让协议》约定的被申请人受让目标公司的股份行为无法完成或实现时，第一申请人应承担的违约责任；(2)第一申请人根据《股份转让协议》约定应向被申请人支付的相应款项及其因违反《股份转让协议》而应向被申请人支付的违约金等款项以及被申请人实现前述权利的相关费用等。

4. 上述协议签订后，第一申请人依约将其所持目标公司1000万股(占目标公司注册资本2.778%)的股份转让给被申请人，被申请人依约向第一申请人支付了转让款。

5.2012年9月6日第一申请人将其所持目标公司3000万股股份出质给被申请人并办理了股权出质设立登记手续。

6.2015年3月3日申请人向被申请人发出《致中国C投资公司的申明函》,申明其可行使股份回购权,并表明如果被申请人不申请回购,应予以解除股权质押登记手续。被申请人对《致中国C投资公司的申明函》的真实性无异议,对其关联性及证明目的不认可。

7.2015年4月12日中国D生物公司董秘向被申请人致函,表明希望被申请人尽快办理目标公司3000万股股权质押的事项。被申请人对该函件的真实性无异议,对其关联性和证明目的不认可。

8.2014年12月24日第一申请人向被申请人支付了业绩补偿款人民币近270万元;2015年7月8日第一申请人向被申请人支付了业绩补偿款人民币近300万元。

9.证券简称为D公司的《证券持有人名册》上被申请人的总持股比例为2.663056%。被申请人对《证券持有人名册》的真实性无异议,对其关联性及证明目的不认可。

10.2015年3月25日中国D生物公司发布了《中国D生物公司2014年度权益分派实施公告》。被申请人对《中国D生物公司2014年度权益分派实施公告》的真实性及证明目的无异议、对其关联性不认可。

(二)本案双方当事人争议焦点

综观本案双方的争议事项,围绕双方的仲裁主张,仲裁庭认为,可从以下两方面对本案争议焦点进行论述:

1.本案《股份转让协议》及《补充协议》是否符合合同终止的情形;

2.被申请人应否配合第一申请人办理股权质押的解除手续。

对于本案上述争议焦点,仲裁庭发表意见如下。

1.本案《股份转让协议》及《补充协议》是否符合合同终止的情形。

仲裁庭认为,合同的权利义务终止,是指依法生效的合同,因具备法定情形和当事人约定的情形,合同债权、债务归于消灭,债权人不再享有合同权利,债务人也不必再履行合同义务。依据我国《合同法》第91条的规定,合同权利义务终止的情形包括债务已经按照约定履行、合同解除、债务相互抵销、债务人依法将标的物提存、债权人免除债务、债权债务同归于一人、法律规定或者当事人约定终止的其他情形。

具体到本案而言,综观申请人所发表的意见,仲裁庭认为,申请人此项仲裁请求更为确切地表达是由于出现合同终止的法定事由,申请人意在通过行使法定权利使合同的权利义务终止。申请人认为本案所涉《股份转让协议》及《补充协议》终止所依据的法定事由为:(1)债务已经按照约定履行,申请人在其所发表的意见中均表示其在本案《股份转让协议》及《补充协议》项下的义务已经履行完毕;(2)合同解除,申请人援引我国《合同法》第93条关于合同的约定解除的规定及《补充协议》第9.3.2条及第13.2条的约定,意在通过行使合同约定解除权的方式解除本案所涉《股份转让协议》及《补充协议》。

因此,仲裁庭认为,本案《股份转让协议》及《补充协议》是否符合合同终止的情形,需要从以下几个方面进行分析:第一,申请人在《股份转让协议》及《补充协议》项下应该履行哪些义务事项,该等义务事项是否已经履行完毕;第二,申请人在《补充协议》项下应该履行哪些义务事项,该等义务事项是否已经履行完毕;被申请人是否存在违约行为。

(1)第一申请人在本案《股份转让协议》及《补充协议》项下应该履行哪些义务事项,该等义务事项是否已经履行完毕。

围绕"申请人是否已经履行完毕本案《股份转让协议》及《补充协议》项下的义务"的问题,本案双方当事人均发表了分析意见,阐明了各自的观点。仲裁庭认为,为剖析上述问题,需要对以下三点问题进行分析:第一,《股份转让协议》以及《补充协议》的关系;第二,第一申请人在本案《股份转让协议》及《补充协议》项下应该履行哪些义务事项;第三,第一申请人在本案《股份转让协议》及《补充协议》项下所负的义务事项是否已经履行。

第一点,《股份转让协议》以及《补充协议》的关系。

仲裁庭认为,对于该问题的分析,关系《股份转让协议》与《补充协议》是否为一个不可分割的整体,仲裁庭是否需要就《股份转让协议》与《补充协议》项下第一申请人所负的合同义务事项进行整体、全面地考量进而确定申请人应履行义务事项的范围及其对该等义务事项的履行情况。

本案《股份转让协议》第 5.1 条约定:"本协议的任何修改、变更、补充应经协议双方另行协商,并就修改、变更、补充事项共同签署书面协议后方可生效。本协议包括对本协议的任何修改、变更、补充性文件,本协议的任何修改、变更、补充性文件均与本协议为一个不可分割的整体,并与本协议具有同等法律效力。"

同时,《补充协议》第 17.5 条约定:"本协议为《股份转让协议》(本案《股份转让协议》)之补充协议,本协议与《股份转让协议》为一个不可分割的整体,并与《股份转让协议》具有同等法律效力。如果《股份转让协议》与本协议存在冲突或矛盾的地方以及《股份转让协议》未约定的内容,以本协议约定内容为准。"

仲裁庭认为,从上述约定均可以认定本案《股份转让协议》及《补充协议》为一个不可分割的整体,第一申请人在本案《股份转让协议》及《补充协议》项下所负义务事项也应全面、整体地进行考量,第一申请人须按约定全面履行。

第二点及第三点,第一申请人在本案《股份转让协议》及《补充协议》项下应该履行哪些义务事项;第一申请人在本案《股份转让协议》及《补充协议》项下所负的义务事项是否已经履行。

仲裁庭认为,在本案中,第一申请人所负合同义务的履行情况,需要结合本案《股份转让协议》及《补充协议》是否约定了履行期限进行考察,仲裁庭将首先对该问题进行分析。

对于此项问题,申请人认为,《补充协议》的诸多条款中均使用了"合格上市""合格上市之前""合格上市当年"等时间表述,而从关于业绩承诺和补偿的年度为 2012 ~ 2014 年度的约定来看,合格上市的期限就是截至 2014 年 12 月

31日，因此，该期限是申请人在协议项下义务履行期限的一个重要的时间节点，对此被申请人不予认可。

仲裁庭认为，综观本案《股份转让协议》及《补充协议》的各项条款，仅《补充协议》中对“合格上市”进行了释义但并未对合格上市的截止日期作出约定，且从《补充协议》第17.8条“被申请人在本协议第六条项下所享有的要求第一申请人履行的股份回购权在2014年12月31日与合格上市申报被撤回或申报未获中国证监会批准或未能在国内证券交易所挂牌交易的较早发生日为准自动恢复”的约定来看，“2014年12月31日”甚至可能是被申请人回购权自动恢复的时间点。因此，仲裁庭认为，在双方并未约定本案《股份转让协议》及《补充协议》项下有关义务的履行期限，亦未就合格上市的截止期限作出明确约定，且本案《股份转让协议》及《补充协议》相关表述并不足以认定2014年12月31日为合同履行期限的前提下，申请人意在通过固化2014年12月31日为合同履行期限并依此主张2014年12月31日双方权利义务终止的意见，缺乏合同及事实依据，仲裁庭不予采纳。

基于仲裁庭的前述分析意见，同时，依据本案《股份转让协议》及《补充协议》的约定，仲裁庭将就第一申请人在本案《股份转让协议》及《补充协议》项下应履行的主要义务事项及履行情况列表于下文：

表2

序号	主要义务	合同条款	合同约定及履行情况
1	股份转让	《股份转让协议》第1.1条《补充协议》第2.1条	《股份转让协议》第1.1条及《补充协议》第2.1条均约定，第一申请人将其持有的目标公司1000万股，占目标公司注册资本2.778%的股份转让给被申请人，被申请人以每股人民币10元的价格向第一申请人支付股份转让款，共计人民币10,000万元。 仲裁庭认为，第一申请人已将其所持目标公司1000万股，占目标公司注册资本2.778%的股份转让给被申请人，被申请人向第一申请人支付了股份转让款，双方对此均无异议。第一申请人的该项义务已经履行完毕

续表

序号	主要义务	合同条款	合同约定及履行情况
2	股份转让相关手续的办理(包括提供质押担保并完成质押登记手续)	《股份转让协议》第2条 《补充协议》第3条 《补充协议》第4条	《股份转让协议》第2条,《补充协议》第3条、第4条约定,由第一申请人负责办理本次股份转让的相关手续,并体现被申请人的持股数及持股比例(包括但不限于公司章程、股东名册的修改等);第一申请人应促使目标公司在本协议签署后10个工作日内办理完毕本协议第3.1.2条、第3.1.3条、第3.1.4条所述手续。 仲裁庭认为,2012年9月6日第一申请人将其所持目标公司3000万股股份出质给被申请人并办理了股权出质设立登记手续且双方对此并无异议,第一申请人的该项义务已经履行完毕
3	业绩补偿	《补充协议》第5条	《补充协议》第5.1条对业绩承诺进行了约定,第一申请人作为目标公司的重要创始股东之一,其承诺和保证公司2012年度、2013年度和2014年度的净利润分别不得少于人民币43,000万元、人民币50,000万元和人民币55,000万元。 第5.2条对补偿措施进行了约定,第5.2.1条约定:若目标公司在利润保证年度内任一年度实际实现的净利润低于对应年度承诺净利润,则第一申请人应当于每年向被申请人提供现金补偿;第5.2.2条约定:被申请人依据上述第5.2.1条约定要求第一申请人以现金方式进行补偿的,应以书面方式发出通知,第一申请人应当在被申请人的书面通知发出之日起的30日内,将应予支付的补偿金汇入被申请人指定的银行账户;第5.2.3条约定:为避免歧义,2012年至2014年中,如果公司某一年度的实际净利润低于当年承诺净利润,且在该年度的12月31日时被申请人尚持有目标公司股份的,则无论下一年度中被申请人是否仍持有目标公司股份,第一申请人应根据上述约定履行该年度业绩补偿义务;第5.2.4条约定:为避免歧义,如果公司于2013~2014年完成合格上市,则自合格上市当年开始,上述约定的业绩承诺及现金补偿内容不再执行。 仲裁庭认为,该项所约定的业绩补偿范围应为2012年度、2013年度及2014年度相应业绩,且申请人提交的证据10表明其已履行了该项义务,该证据显示:

续表

序号	主要义务	合同条款	合同约定及履行情况
			2014 年 12 月 24 日第一申请人向被申请人支付了业绩补偿款人民币 266.44 万元;2015 年 7 月 8 日第一申请人向被申请人支付了业绩补偿款人民币近 300 万元。鉴于被申请人对该证据的真实性及证明目的均无异议。第一申请人的该项义务已履行完毕
4	股份回购	《补充协议》第 6 条 《补充协议》第 17.6 条	第一申请人的股份回购义务主要体现在以下三部分。 (1)股份回购机制。 《补充协议》第 6 条约定,第一申请人同意,在出现下述任何一种情形时,在符合当时法律法规要求的情况下,除被申请人事先书面同意外,被申请人均有权要求第一申请人次性收购其所持有的目标公司股份: 第 6.1.1 条约定:在 2014 年 12 月 31 日之前,公司未能在国内证券交易所挂牌交易。如果出现该情形,被申请人有权在 2014 年 12 月 31 日后的 1 个月内的任何时间通过向第一申请人发出书面通知的方式行使上述权利,未发出书面通知则被申请人放弃依据该情形行使回购权。 第 6.1.2 条约定:公司 2012 ~ 2014 年的任何一个年度实际实现的经审计净利润低于承诺净利润的 80%。如果出现该情形,被申请人有权在收到公司 2012 ~ 2014 年各年度审计报告后 1 个月内任何时间通过向第一申请人发出书面通知的方式行使上述权利,如未发出书面通知则被申请人放弃依据该情形行使回购权。 第 6.1.3 条约定:第一申请人严重违反协议项下的任何承诺、陈述及/或保证。如果出现该情形,被申请人有权在其知道第一申请人严重违反本协议项下的任何承诺、陈述及/或保证之日后 1 个月内的任何时间通过向第一申请人发出书面通知的方式行使上述权利,如未发出书面通知则被申请人放弃依据该情形行使回购权(但若此后被申请人知道第一申请人仍有其他严重违反本协议项下的任何承诺、陈述及/或保证的行为后,被申请人仍有权在其知悉

续表

序号	主要义务	合同条款	合同约定及履行情况
			后的1个月要求第一申请人按本协议的约定收购被申请人持有的公司股份,依此类推),但该项权利的放弃并不影响被申请人因第一申请人发生该情形而要求第一申请人承担违约、赔偿责任的权利。 第6.1.4条约定:第一申请人在被申请人及/或被申请人聘请的专业顾问对本次投资进行的尽职调查中,向被申请人及/或被申请人聘请的专业顾问提供的信息存在重大错误、虚假陈述或隐瞒。如果出现该情形,被申请人有权在其知道第一申请人提供的信息存在重大错误、虚假陈述或隐瞒之日后1个月内的任何时间通过向第一申请人发出书面通知的方式行使上述权利,如未发出书面通知则被申请人放弃依据该情形行使回购权(但若此后被申请人知道第一申请人提供的信息存在重大错误、虚假陈述或隐瞒后,被申请人仍有权在其知悉后的1个月要求第一申请人按本协议的约定收购被申请人持有的公司股份,依此类推),但该项权利的放弃并不影响被申请人因第一申请人发生该情形而要求第一申请人承担违约、赔偿责任的权利。 仲裁庭认为,上述第6.1.1条、第6.1.2条所约定的被申请人行使回购权的条件均明确了行使的期限,分别为“2014年12月31日后的1个月内”及“被申请人在收到公司2012~2014年各年度审计报告后1个月内”,被申请人在该期限内未依据该两项约定行使回购权,不能再依据该两项所述情形向第一申请人主张回购其所持股份。 而上述第6.1.3条、第6.1.4条所约定的被申请人行使回购权的条件并未约定履行期限,被申请人未依据该两项所述情形向第一申请人主张回购其所持股份,并不影响此后被申请人知道该两项情形后向第一申请人主张该权利,且该项权利的放弃并不影响被申请人因第一申请人发生该情形而要求第一申请人承担违约、赔偿责任的权利。

续表

序号	主要义务	合同条款	合同约定及履行情况
			(2)《补充协议》第6.5条约定,在目标公司合格上市申请明确收到中国证监会的否决通知或意见的情况下,第一申请人可向被申请人提出回购的申请通知,经被申请人同意,可按照本协议第6.4条计算收购价款,提前执行回购,如果被申请人不同意提前回购,第一申请人仍需按照本协议第6.1条履行回购义务。 仲裁庭认为,无论该项约定的事项是否已成就,该条均赋予了被申请人依据《补充协议》第6.1条行使股权回购的权利且未约定履行期限,被申请人仍可据此依据第6.1.3条、第6.1.4条向第一申请人主张权利。 (3)《补充协议》第17.6条约定,如果目标公司的控股股东或其他上市公司决定通过合并的方式实现公司合格上市,在公司就该等合格上市召开的董事会、股东会会议上,第一申请人应促使其委派的董事或其自身应与被申请人的投票结果保持一致,如果第一申请人或其委派的董事的投票结果与被申请人的投票不一致,并且导致公司在该等董事会、股东会上的所决议事项的结果与被申请人投票结果不一致,则被申请人有权依据本协议第6.1.3条的规定要求第一申请人次性收购其所持有的目标公司股份。 仲裁庭认为,该条并未约定履行期限,目标公司尚未合格上市,如果目标公司的控股股东或其他上市公司决定通过合并的方式实现公司合格上市,在公司就该等合格上市召开的董事会、股东会会议上,第一申请人仍负有应促使其委派的董事或其自身应与被申请人的投票结果保持一致的义务,如果不一致,被申请人仍有权依据第6.1.3条的规定要求第一申请人履行回购义务。

续表

序号	主要义务	合同条款	合同约定及履行情况
5	股份优先转让的保证	《补充协议》第7条	《补充协议》第7条约定,第一申请人向任何第三方转让其持有的公司股份时,被申请人有权选择是否按相同的价格及条件优先于第一申请人将其持有目标公司的股份转让给同一受让方。被申请人选择按相同的价格及条件优先于第一申请人转让其股份给同一受让方的,第一申请人应保证该受让方以相同价格及条件购买被申请人的股份。上述约定的转让股份包括但不限于直接或间接出售、转让或以其他方式处置公司的任何股份或任何股份所对应的股份收益权。 仲裁庭认为,该条并未约定履行期限,不能排除今后可能发生第一申请人向任何第三方转让其持有的目标公司股份的情况,届时被申请人仍享有依据该项约定要求第一申请人保证被申请人的股份优先转让的权利,同时第一申请人有义务保证受让方以相同价格及条件购买被申请人的股份
6	反摊薄补偿	《补充协议》第8条	《补充协议》第8条约定,如第一申请人和/或其关联方向第三方转让其持有的公司股份,在符合本协议第7条约定的情形下,该第三方受让股份基于的投资价格比被申请人在本协议项下的投资价格低的,第一申请人应以现金方式补偿被申请人的投资价差。 仲裁庭认为,该条并未约定履行期限,不能排除第一申请人在今后可能以低于被申请人的投资价格的价格向第三方转让其所持目标公司股份的情况,如果发生该等情形,第一申请人仍负有以现金方式补偿被申请人的投资价差的义务

续表

序号	主要义务	合同条款	合同约定及履行情况
7	推动目标公司分配利润	《补充协议》第11条	《补充协议》第11条约定,本次投资完成后,第一申请人应推动目标公司将可供分配利润按以下约定分配给股东。 第11.1条约定:从2013年起至目标公司合格上市当年止,每一会计年度的5月30日前,按照目标公司经审计后的上一会计年的(该"上一会计年度"应包含2012年以及公司合格上市前一年)的可供股东分配的利润的至少30%进行分配,被申请人根据持股比例获得分配; 第11.2条约定:如公司未能根据第11.1条的规定按时、足额分配利润,则第一申请人应在相应会计年度的6月10日前将相当于目标公司经审计后的上一会计年度的可供股东分配利润的30%中的被申请人按期持股比例应享有的金额以现金转账方式支付给被申请人。 仲裁庭认为,本条约定的履行期限为从2013年起至目标公司合格上市当年止,目标公司尚未合格上市,因此第一申请人仍有义务推动目标公司分配利润,且在目标公司未能按时、足额分配利润时,第一申请人负有按约定向被申请人支付相应款项的义务
8	提供资料	《补充协议》第10条	《补充协议》第10条约定,目标公司合格上市前,第一申请人应促使公司应向被申请人提供财务报表等资料。 仲裁庭认为,本条约定的履行期限为目标公司合格上市前,目标公司尚未合格上市,第一申请人承诺促使目标公司完成合格上市,在目标公司合格上市前,第一申请人仍应负有该项义务
9	本案《股份转让协议》及《补充协议》约定的其他义务,仲裁庭不再列举		

鉴于仲裁庭的上述分析意见,仲裁庭认为,第一申请人在本案《股份转让协议》及《补充协议》项下所负义务尚未全部履行完毕,第一申请人不能依据其已履行完毕全部合同义务的理由主张合同终止,合同双方仍应按照约定履行各自的义务。

(2)第二申请人在《补充协议》项下应该履行哪些义务事项,该等义务事项是否已经履行完毕。

仲裁庭认为,本案《补充协议》对第二申请人在《补充协议》项下应履行的义务事项进行了明确约定,仲裁庭就此及履行情况列表于下文:

表3

序号	主要义务	合同条款	合同约定及履行情况
1	连带担保	《补充协议》第17.7条	《补充协议》第17.7条约定,第二申请人同意并确认为第一申请人在本协议项下的义务承担连带担保责任

仲裁庭认为,在第一申请人尚未履行完毕本案《股份转让协议》及《补充协议》项下合同义务的情况下,第二申请人对第一申请人合同义务的履行,仍负有连带保证责任。

(3)被申请人是否存在违约行为。

仲裁庭认为,被申请人是否存在违约行为,是能否导致本案《股份转让协议》及《补充协议》终止的另一个关键事由。

仲裁庭注意到,本案申请人在其代理意见中援引《补充协议》第9.3.2条及第13.2条的约定提出解除合同,认为被申请人在满足协议约定解除股份质押登记手续条件下,未依约及时协助甲方予以解除股份质押登记手续,构成违约,申请人有权单方解除本案《股份转让协议》。对此,仲裁庭就需要对上述两项合同约定对应的合同解除条件是否已经成就进行分析。

依据《补充协议》第9.3.2条的约定,如果第一申请人在本协议项下的全部义务已经履行完毕,或者第一申请人未履行本协议项下的部分义务但被申请人已经放弃主张其相应权利且第一申请人在本协议项下的其他义务已履行完毕,被申请人应及时协助第一申请人解除本协议第3.1.4条约定的股份质押登记手续。

同时,依据《补充协议》第13.2条约定,本协议在下列情况下解除:一是第

13.2.1条约定,经协议各方当事人协商一致解除;二是第13.2.2条约定,任一方发生违约行为并在30天内不予更正的,守约方有权单方解除本协议。

仲裁庭认为,从上述第9.3.2条约定的内容来看,上述两项合同约定对应的合同解除条件是否已经成就,除考察第一申请人的合同履行情况外,还须考察被申请人的合同义务事项有哪些及其履行情况。对于第一申请人的合同履行情况,仲裁庭已于上文进行论述,不再赘述。仲裁庭将于下文分析被申请人的合同义务事项有哪些及其履行情况。

依据本案《股份转让协议》及《补充协议》的约定,仲裁庭将被申请人的主要合同义务及履行情况列表于下文:

表4

序号	主要义务	合同条款	合同约定及履行情况
1	支付股份转让价款	《股份转让协议》第1.1条《补充协议》第2.1条	《股份转让协议》第1.1条及《补充协议》第2.1条均约定,第一申请人将其持有的目标公司1000万股,占目标公司注册资本2.778%的股份转让给被申请人,被申请人以每股人民币10元的价格向第一申请人支付股份转让款,共计人民币10,000万元
2	解除股份质押登记	《补充协议》第9.3.2条	《补充协议》第9.3.2条约定,如果第一申请人在本协议项下的全部义务已经履行完毕,或者第一申请人未履行本协议项下的部分义务但被申请人已经放弃主张其相应权利且第一申请人在本协议项下的其他义务已履行完毕,被申请人应及时协助第一申请人解除本协议第3.1.4条约定的股份质押登记手续

仲裁庭认为,被申请人主要负有上述两项合同义务,其中,第1项支付股份转让价款的义务已履行完毕,双方对此无异议;对于第2项解除股份质押登记义务,基于仲裁庭的前述分析意见,申请人所负合同义务尚未履行完毕,被申请人亦未放弃向申请人主张相应权利,该项义务履行的条件未成就。

因此,在不存在本案《补充协议》第9.3.2条约定的合同解除情形且无证据显示被申请人存在违反本案合同义务的其他违约行为的情况下,本案申请人无权依据《补充协议》第9.3.2条及第13.2条的约定单方提出解除合同,仲裁庭对此予以认定。

综上所述,在第一、第二申请人均未履行完毕合同义务,且被申请人不存在违约行为的情况下,本案《股份转让协议》及《补充协议》不存在《合同法》规定的合同权利义务终止的法定事由,双方均应按照本案《股份转让协议》及《补充协议》的约定继续履行各自的合同义务。

2.被申请人应否配合第一申请人办理股权质押的解除手续。

仲裁庭认为,对于该项焦点问题的分析主要有以下几点:《质押协议》所担保的主债权;质押担保的范围;被申请人协助第一申请人办理解除股权质押的条件。

(1)《质押协议》所担保的主债权。

仲裁庭注意到,本案《质押协议》约定:"鉴于……为确保本案《股份转让协议》以及不时对其进行的修订、合并、补充、更新或替代的文件(合称'《股份转让协议》')项下被申请人权利的实现,切实保障被申请人的受让股份行为,第一申请人作为出质人与作为质权人的被申请人签署了质押协议。"仲裁庭认为,从《质押协议》的上述表述及仲裁庭于上文对本案《股份转让协议》及《补充协议》为一个不可分割的整体的关系的认定,可以确认本案《股份转让协议》及《补充协议》项下的债权系质押协议所担保的主债权。

(2)质押担保的范围。

关于质押担保范围如何确定,我国《担保法》及《物权法》均规定,质权合同应当规定质押担保的范围。

对此,仲裁庭援引本案《质押协议》第1条的约定,即本协议项下所担保的权利为乙方(被申请人)在《股份转让协议》项下的全部权利,具体担保范围包括但不限于:①在《股份转让协议》约定的投资方(本协议乙方)受让目标公司的股份行为无法完成或实现时,甲方(第一申请人)应承担的违约责任;②甲方根据《股份转让协议》约定应向乙方支付的相应款项及其因违反《股份转让协议》而应向乙方支付的违约金等款项以及乙方实现前述权利的相关费用等。

仲裁庭认为,《质押协议》明确约定所担保的范围是本案《股份转让协议》及《补充协议》项下被申请人所享有的全部权利的实现,且本案《股份转让协议》及《补充协议》是一个不可分割的整体。因此,该担保范围应是一个整体的责任范围,即第一申请人全部合同义务的履行。

(3)被申请人协助第一申请人办理解除股权质押的条件。

仲裁庭认为,现第一申请人所负合同义务尚未履行完毕,同时,《质押协议》并未约定双方可以按照申请人的合同义务的履行程度依比例进行分割。因此,在《质押协议》并未约定可根据第一申请人的合同义务履行情况调整担保数额、第一申请人也没有提出调整担保物比例请求的情况下,第一申请人提出的解除股权质押的请求,与合同约定以及申请人的义务约定相冲突,被申请人协助第一申请人办理解除股权质押的条件未成就,申请人的该项仲裁请求无法得到仲裁庭的支持。

(三)关于申请人的仲裁请求

1. 关于申请人提出的第1项仲裁请求。

如上所述,仲裁庭认为,申请人请求裁决终止第一申请人与被申请人所签订的本案《股份转让协议》,终止第一、第二申请人与被申请人所签《补充协议》的请求,不符合《合同法》规定的合同终止的法定情形,仲裁庭对该项请求不予支持。

2. 关于申请人提出的第2项仲裁请求。

如上所述,仲裁庭认为,《质押协议》所担保的主债权中申请人所负的合同义务尚未履行完毕,仲裁庭对该项请求不予支持。

3. 关于申请人提出的第3项仲裁请求。

申请人认为,因为被申请人拒绝履行解除股份质押登记手续,申请人未能在股票最高值时出售股票获取最大利益,股票减值损失初步计算为人民币5.7亿元;另被申请人实际转让股票137万股的实际转让价及尚持有目标公司约863万股的目前交易平均价,与《补充协议》约定的回购价格相差分别为人民币

2712.6 万元及人民币 7448 万元，该价差都应为申请人的实际损失。在庭审中，申请人的代理人表示该项请求的具体数额与申请人确认后以书面方式确认，但一直未明确具体数额。

基于仲裁庭对申请人前两项仲裁请求的支持情况，首先，申请人未明确第 3 项仲裁请求的具体数额；其次，被申请人协助第一申请人办理解除股权质押手续的条件未成就；再次，双方并未就被申请人对外转让所持目标公司股份的行为作出限制性约定，被申请人也不负有必须将其所持目标公司股份回售给第一申请人的义务；最后，无证据显示被申请人存在其他违约行为。因此，申请人要求被申请人赔偿申请人的经济损失无法律及事实依据。

综上所述，仲裁庭对该项请求不予支持。

4. 关于申请人提出的第 4 项仲裁请求。

根据对申请人请求的支持情况，仲裁庭对申请人要求被申请人承担因本案支出的律师费人民币 30 万元及本案仲裁费的仲裁请求不予支持。

（四）关于本案仲裁费

依据 2015 年 1 月 1 日起施行的《中国国际经济贸易仲裁委员会仲裁规则》第 52 条的规定，鉴于本案的责任认定以及仲裁请求的支持情况，仲裁庭认为本案的仲裁费用应由申请人自行承担。

（五）仲裁庭特别说明

本案的分析、认定，已经充分考虑申请人和被申请人提出的全部意见。在本裁决书中没有全部援引、逐个分析申请人、被申请人所提的意见或证据，并不影响仲裁庭就有关争议作出前述分析、认定和本案的裁决。

三、裁　　决

根据上述事实与理由，仲裁庭裁决如下：

1. 驳回申请人全部仲裁请求。

2. 本案仲裁费由申请人全额承担，与申请人已缴纳的仲裁预付款相冲抵。

本裁决为终局裁决，自作出之日起生效。

案例评析

【关键词】

合同终止；弃权；合同目的解释

【焦点问题】

股权投资协议中，目标公司未按期上市又约定有回购条款的，如何认定出让人义务的履行情况。

【焦点评析】

该案的基本案情是，第一申请人（股权出让人/出质人）与被申请人（股权受让人/质权人）订立有《股权转让协议》，约定第一申请人以约定价格向被申请人转让其持有的旨在未来证券交易所上市的目标公司1000万股股份（目标公司仲裁申请前在“新三板”挂牌交易），随后第一、第二申请人与被申请人又签订了《股权转让协议》的《补充协议》，约定了第一申请人须将其持有的目标公司3000万股份出质给被申请人，并约定了目标公司业绩承诺、回购机制、股份优先转让保证、反摊薄补偿、推动目标公司利润分配、资料提供等知情权保障等股权投资事项，其中，部分股份回购条件设计了行权期限——特定公历日后1个月内以通知方式行使回购权，否则视为放弃；其余事项未明确约定期限。此外，《补充协议》约定了第二申请人为第一申请人的义务承担连带担保责任。

为具体执行《股权转让协议》及其《补充协议》,第一申请人(出质人)与被申请人(质权人)随后签署了前述3000万股的《质押协议》,约定该担保股权用于担保被申请人在股权转让协议及其补充协议下全部权利的实现以及未实现时的违约责任等。

截至该案仲裁受理时(已过前述公历日近4个自然月),目标公司未完成证券交易所上市,股权转让已完成过户登记,质押股权已完成质押登记。根据协议中有效的仲裁条款,申请人提出仲裁请求,要求终止股权转让协议及其补充协议,要求被申请人配合第一申请人办理股权质押解押,要求赔偿损失费用等。

现结合该案案情及法律适用焦点问题,评述如下。

一、合同终止与合同解除

申请人仲裁请求首先为终止合同,在申请书与庭审中又多次主张被申请人拒绝协助解除质押构成违约,又援引合同中"任一方发生违约行为并在30日内不予更正的,守约方有权单方解除本协议"的条款主张申请人单方解除合同。

实际上合同终止与合同解除存在区别。我国《民法典》颁布实施之前,我国1999年《合同法》中一些条款实际发挥传统民法中"债总"的功用。例如,我国《合同法》第91条名为"合同权利义务终止",其条款实为所谓清偿、抵销、免除、混同等债权债务终止的一般性事由与合同解除的杂糅。我国理论与实务界习惯将合同解除分为协议解除与解除权解除,[①]前者实际为另立协议,其目的意思直接指向消灭在先确立的其他合同权利义务关系,属当事人处分债权之意思自治范畴;解除权解除又因权利来源,分为法定解除权与意定解除权两种,前者就我国《合同法》总则而言专指第94条之规定,后者则是指当事人预先在合

① 有时还会掺入解除条件,合同作为法律行为的一种,自可附加解除条件,条件成就合同失其效力,条件成就无须通知等行权手段,亦不能不正当地通过行为促成条件或阻碍条件,显然有别于单方形成权之解除权解除,根本上同协议解除,均属法律行为合意自治范畴,唯合意自治生成时间不同。而我国《合同法》第93条第2款之规定,混用条件与解除权,不妥。

同中约定的解除权。在解除权解除之论证中,其逻辑层级一般如图1所示:

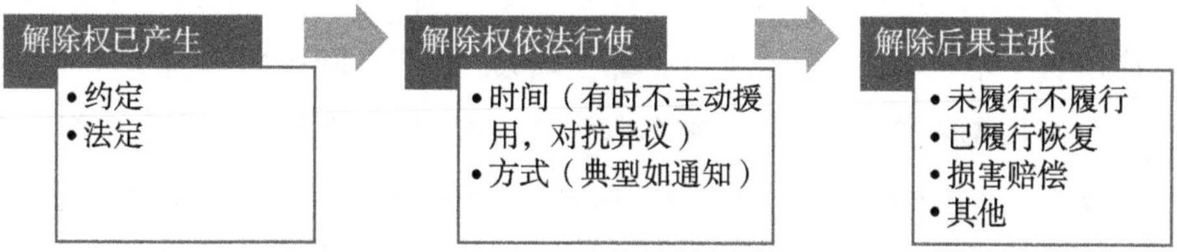

图1

在该案中,申请人第2项请求为解除设定担保的股权之质押,并无要求退还股权、恢复原状等表述,鉴于股权转让协议一般非继续性债权债务,故申请人有意或无意"混同"终止与解除,并未关注或主张解除或终止后的双方债权债务关系的清理与结算,而是指向寻求论证,其逻辑如图2所示:

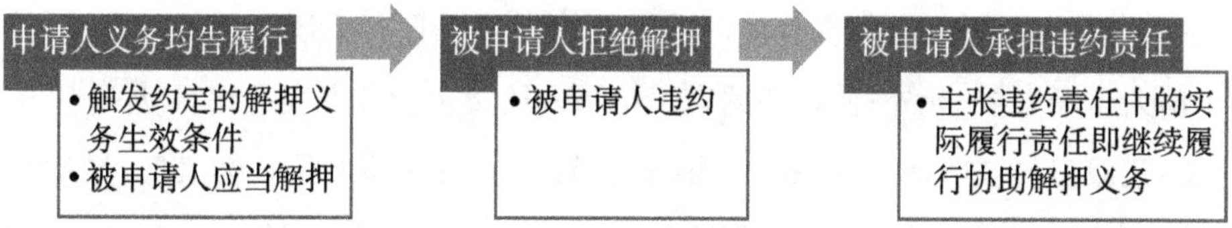

图2

故而解除或终止之仲裁申请堪称"迷惑"。该案核心争议点,应为申请人义务是否依约全部履行。申请人约定义务的主要来源系《股权转让协议》与其《补充协议》的一般性与特殊性的权利义务安排。在庭审中,双方对申请人一般性的股权转让义务(含过户、股权质押及相关登记等)的完成均无争议,对于股权回购等特殊性义务是否履行存在较大争议。下面将对这些争议进行分析。

二、弃权

民事权利得由权利人进行法律上的处分,如转让、设定担保、让渡并设立信托或抛弃不予行使。除非涉及公共利益或法律禁止性规定,处分权人得依照其意愿处分,或设定处分的限制与约束。就相对人之间的权利义务,一方权利之放弃构成相对方义务之免除,如当事人就其享有的民事权利约定了存续期间并约定期间经过发生弃权之效果，亦应遵从意思自治原则予以认可。

该案中申请人与被申请人协议约定了股权回购机制，其中明确约定，出现未能按期挂牌交易，特定年份低于承诺业绩，违背承诺、陈述及/或保证，尽调文件存在重大错误、虚假陈述或隐瞒等情形之一时，被申请人均有权要求第一申请人收购其所持有的目标公司股份，且明确表述为被申请人的"回购权"。就未能按期挂牌交易，在特定年份低于承诺业绩等回购权机制中，明确约定行权时间——特定自然日后1个月内不行使视为放弃。该案中被申请人就确定行权期限的两项回购权均未按期行使，构成弃权，申请人免除回购义务，被申请人丧失以前述两项事由要求申请人按约定价格买回的回购权。

但就一个交易的各项权利义务而言，部分权利的放弃与义务的免除，不构成对其他权利的抛弃，亦不构成全部合同义务的履行完毕。该案中除两个明确定有期限的回购权外，仍有其他两项未与特定公历日有牵连关系的回购权，被申请人未予弃权；此外，协议还约定了申请人还负担合并方案一致行动义务、优先转让股份与被申请人的保证义务、代价转让股份摊薄股价补偿义务、推动目标公司分配股利给被申请人及保障被申请人知情权等材料提供义务等，对应被申请人各项权利，被申请人未予抛弃。

鉴于上述分析意见，本案仲裁庭认为，第一申请人在该案《股份转让协议》及《补充协议》项下所负义务尚未全部履行完毕，不能依据其已履行完毕全部合同义务的理由主张合同终止，合同双方仍应按照约定履行各自的义务。进而推之，被申请人解押义务条件未成就，自然也不存在被申请人违约与违约责任承担的问题。最终仲裁庭驳回了申请人的仲裁请求。

三、合同解释

在该案庭审过程中，申请人与被申请人均倾力援引、证成各自对股权投资与退出机制所理解的所谓"商业惯例"，申请人多次主张，被申请人投资者不可能也不会让其资金长期投放在一个无限期的项目之中，这也不符合投资周期性和回报性的特点，更不符合上述"投资领域的通常做法"，不会也不可能让其资金闲置,该案协议约定投资期限是确定的,目标公司上市期限也是确定的;根据“常理”,被申请人作为股权受让方,其购买申请人转让的股份,就是为了获取投资回报,而且希望通过目标公司上市获取最大限度的投资回报。为此,被申请人投资一定是有期限的,不可能不约定投资(目标公司上市)的期限,而让目标公司长期处于非上市状态,这样不但实现不了其投资收益的目的,还有可能导致其资金受到束缚。以此为出发点,申请人希望将协议权利义务履行与存续阶段跟特定自然日关联,进而引向被申请人弃权与申请人义务履行完毕的结论。

但被申请人认为,申请人的上述推论恰恰不符合常理。作为“专业的投资者和被投资者”,协议各方完全清楚上市的难度和不确定性,上市的期限不是协议各方所能决定的,也不可能对于上市截止期限作一个严格的规定,申请人的推论完全违背正常的“商业逻辑”。申请人与被申请人各执一词,都企望以所谓商业惯例影响合同解释,支撑各自立场上之主张。

任何庭审机构,对于产生纠纷的合同,均面临合同解释的必要任务,在一定意义上,这是大陆法系涵摄方法论的必要条件。因为原则上民事权利与义务,私法自治优先,当事人就各自私法交往所作的表述为权利义务的合约、章程、合伙协议、遗嘱等自治方案在当事人之间首先构成了产生纠纷时的自治性规范。法庭或仲裁庭,必须先以这些自治方案作为首要法源,探寻各自的权利义务安排并以此裁判。虽然近年来商事审判或仲裁越来越强调行业与商事惯例在合同解释与法律适用上的重要性,但脱离合同文本与文义本身空泛的论证说明交易惯例或商事惯例显然是无源之水,信马由缰,尤其对于实践情况变化多端的商事交易,也尤其是在法律规范本身仍处于不断发展中的某些特别领域,比如,该案所涉的股权投资与股权回购安排,不同投资阶段与类型,诸如风投、天使、PE等就在诸多交易安排上,包括风险控制措施上存在差异;不同轮次投资安排的风险与风险控制亦各有区别。何况中国股权投资市场更新不断,优先股、科创板、精选层等新生事物如雨后春笋,退出通道的设计也要对应拟挂牌市场本身特性(如是否有转板要求、交易清淡应对等)有不同条款与措施安排。不同主体、不同交易结构、不同投资对象,根据各自需求、估值体系与风险特征,其所设计与追求的风险控制(包括退出机制)的安排,自然各有不同。另诸如“回购权”等权利,其本身的法律性质、行权方式、时效适用、期限利益平衡等问题立法未有清晰定义,理论与司法实务界亦有所争议,故目前最合理与稳妥的作为仍然是,求诸意思自治与意思自治的成果——合约本身。

【结语】

该案争议所涉股权转让协议及质押协议等,实为股权投资实现、增信、退出等一揽子交易安排的表现形式。申请人转让1000万股,设立3000万股质押作为担保措施,只要不存在违背公序良俗、违反公共利益或法律强制性效力规定的触碰司法干预红线的情况,其所为合同目的、商业逻辑就体现在文本等证据所表述的交易安排与交易结构本身——其中各有需求与关切,撮合折中形成合意。就是否履约的判断,首先应在合理妥当解释合同的前提下,探求最贴合双方合意的法源,结合证据与庭审认定之事实,综合判定。

变化着的、生机勃勃的股权投资市场,对法律专业服务者提出了更高要求。实际上,该案中当事人在股权转让协议等合同中如若借鉴严谨与成熟的弃权条款(No Waiver/Waiver),尤其是“对部分权利未行使、延期行使对本权利与/或其他权利与条款的有效性与可执行性未有影响”等表述,可能对避免陷入烦冗的文义与体系解释,对提升裁判效率、节省当事人经济成本,意义重大。

(案例评析人:杨　光)

案例十四　中国A投资中心、中国B投资中心、中国C投资公司与中国D制药公司、自然人E、自然人F股权争议仲裁案

中国国际经济贸易仲裁委员会（以下简称贸仲）根据申请人中国A投资中心（以下简称A中心）、中国B投资中心（以下简称B中心）、中国C投资公司（以下简称C公司，以下统称3名申请人或申请人）与被申请人中国D制药公司（以下简称D公司）、自然人E、自然人F（以下统称3名被申请人或被申请人）于2011年2月签订的《增资扩股协议》中的仲裁条款以及申请人于2012年8月29日向贸仲提交的仲裁申请书，受理了上述协议项下的争议仲裁案。

一、案　　情

申请人称：

2011年2月申请人作为甲方（投资人）与被申请人（注：被申请人D公司为乙方，其余为丙方。丙方均为乙方股东，其中被申请人E、F为乙方实际控制人）签订《增资扩股协议》（以下简称协议），该协议第3.2.1条第1项、第2项约定：被申请人——D公司将其注册资本由原来的人民币2.25亿元增加至人民币2.3余亿元，注册资本的增加额为960余万元，其中，申请人本轮增资共需支付的投资款合计人民币24,000万元，本次增资的每股认购价格为人民币24.89元。申请人以现金形式向D公司增资人民币24,000万元，占投资后D公司股权比例的4.1095%，其中，960余万元计入注册资本，其余计入资本

公积。

此外，协议第6.1条约定：D公司、实际控制人个别及共同地向投资人作出以下陈述、保证和承诺：……(1)D公司是根据中国法律合法组建并有效存续的股份有限公司，有权根据其营业执照、章程或有关批准文件经营其业务，并履行其作为本协议一方的每一项承诺下的所有义务……第6.3.4条约定：D公司和实际控制人应尽其最大努力促使所有的承诺和成交条件得到满足。

协议签订后，申请人按照约定将全部增资款汇入D公司的指定账户，完成了协议项下的增资义务。但是，D公司2011年度的净利润仅为人民币1.87亿元，远低于其在协议中承诺的利润数额，根据协议第5.4.1条的约定，D公司应当向申请人补偿投资款人民币5780余万元。同时，根据协议第6.1条中D公司实际控制人所作的承诺，其他被申请人应当与D公司共同向申请人补偿上述投资款。

申请人在获知D公司的利润数据后，就净利润低于约定利润承诺的补偿问题多次与被申请人联系，但被申请人一直未予回复。故申请人依据协议中仲裁条款的约定向仲裁委员会提起仲裁。

申请人的仲裁请求如下：

1.请求依法裁决被申请人支付申请人投资补偿款人民币5780余万元；

2.被申请人支付申请人律师费人民币20万元；

3.被申请人向申请人偿付为办理案件所支出的其他费用人民币10万元；

4.由被申请人承担本案仲裁费用。

被申请人D公司答辩称：

1.申请人逾期向仲裁委员会申请仲裁，存在法律上的瑕疵

根据《增资扩股协议》第10.1条的约定：任何因本协议的解释或履行而产生的争议，均应首先通过友好协商方式加以解决。如协商未果，则任何一方有权在该等争议发生后60天内将争议提交贸仲，并依据其届时有效的仲裁规则仲裁解决。

由该条约定可以看出，任何一方有权提起仲裁的时间是在争议发生后60天内，而申请人和答辩人就补偿款发生争议的时间在2012年1月，申请人应该在D公司2012年3月31日上报上市材料前申请仲裁，现申请人在2012年8月29日才向仲裁委员会提出仲裁，明显不符合增资协议的约定。

2.《增资扩股协议》第5.4条属于无效条款

《增资扩股协议》第5.4.1条约定：公司（指答辩人，下同）承诺2011年经审计的税后净利润不低于人民币3.5亿元，如果公司2011年经审计的税后净利润低于人民币3.5亿元，公司愿意以实际的税后净利润为基础，按"投资估值"中约定的投资市盈率16倍进行计算，给予投资人现金补偿。补偿金额的计算标准：补偿金额＝人民币56亿元/人民币3.5亿元×（2011年经审计后实际净利润低于人民币3.5亿元的部分）×投资人持有公司股份的比例。

答辩人认为，《增资扩股协议》第5.4条属于对赌条款，该条款内容违反了法律的强制性规定，根据我国《合同法》第52条的有关规定，该对赌条款属于无效条款，不具有法律效力，应依法确认无效。

3.答辩人对无效条款的约定不承担补偿责任

因《增资扩股协议》第5.4条无效，对无效的条款，答辩人没有义务履行，申请人也无权要求答辩人履行，因此，申请人要求答辩人承担补偿责任没有法律依据。

4.《增资扩股协议》第5.4条即使有效，答辩人也不承担补偿责任

理由是根据申请人的承诺，答辩人不具备支付补偿款的条件。

2011年1月17日申请人A中心曾对答辩人作出如下承诺：在2012年3月31日前，为不影响答辩人申报上市的工作，其在保留业绩补偿追溯权的前提下，暂不要求答辩人履行利润补偿义务；在答辩人成功上市之后6个月内，答辩人按《增资扩股协议》第5.4条"业绩承诺"中涉及的利润补偿条款向承诺人履行利润补偿义务。

2011年1月18日，中国G公司和自然人H代表申请人B中心、C公司曾

对答辩人作出以下承诺:在2012年3月31日前,如《增资扩股协议》第5.4条"业绩承诺"中涉及的利润补偿条件满足时,为不影响答辩人申报上市的工作,承诺人在保留B中心和C公司业绩补偿追溯权的前提下,暂不要求答辩人履行利润补偿义务;如果答辩人的上市申报在2013年6月30日前未获得中国证监会批准,在承诺人和答辩人共同确认被承诺人上市失败的前提下,答辩人将在上市失败当日按《增资扩股协议》第5.4条"业绩承诺"中涉及利润补偿条款履行相关义务,同时,在《增资扩股协议》第5.6条"退出安排"中被承诺人回购价款应扣除业绩补偿款。该承诺书还载明:若B中心和C公司违背本承诺书中承诺人的承诺而擅自向答辩人提出补偿要求,承诺人承诺将由承诺人先行垫付补偿款,待答辩人上市申报被中国证监会否决或成功上市后,由承诺人向被承诺人实施追溯补偿。

从以上承诺可以看出,A中心要求答辩人支付补偿款的时间是在答辩人成功上市6个月内,B中心和C公司要求答辩人支付补偿款的前提是,答辩人在2013年6月30日其前未获中国证监会批准,由答辩人和G公司、H共同确认上市失败。

因此,3名申请人要求答辩人支付补偿款没有事实根据。同时,B中心和C公司在未满足承诺条件时向答辩人主张权利,属于擅自向答辩人提出补偿要求,根据承诺书,应由G公司、H先行垫付补偿款。

综上所述,申请人要求答辩人支付投资补偿款没有事实和法律依据,请仲裁委员会依法驳回申请人的仲裁请求,维护答辩人的合法权益。

被申请人E答辩称:

1. 申请人逾期向仲裁委员会申请仲裁,存在法律上的瑕疵

根据《增资扩股协议》第10.1条的约定:任何因本协议的解释或履行而产生的争议,均应首先通过友好协商方式加以解决。如协商未果,则任何一方有权在该等争议发生后60天内,将争议提交贸仲,并依据其届时有效的仲裁规则仲裁解决。

由该条约定可以看出,任何一方有权提起仲裁的时间是在争议发生后60天内,而申请人和D公司就补偿款发生争议的时间在2012年1月,申请人应该在D公司2012年3月31日上报上市材料前提起仲裁,现申请人在2012年8月29日才向仲裁委员会提出仲裁,明显不符合增资协议的约定。

2.《增资扩股协议》第5.4条的履行与否与答辩人无关

《增资扩股协议》第5.4条约定:公司(D公司,下同)承诺2011年经审计的税后净利润不低于人民币3.5亿元,如果公司2011年经审计的税后净利润低于人民币3.5亿元,公司愿意以实际的税后净利润为基础,按"投资估值"中约定的投资市盈率16倍进行计算,给予投资人现金补偿。补偿金额的计算标准:补偿金额=人民币56亿元/人民币3.5亿元×(2011年经审计后实际净利润低于人民币3.5亿元的部分)×投资人持有公司股份的比例。另外,申请人给D公司出具的有关支付补偿款的承诺书中也没有要求答辩人承担补偿责任的任何意思。

因此,可以看出,对赌的双方主体是公司和申请人,答辩人对该对赌条款没有发生任何权利义务,无论对赌条款是否有效,申请人均无权要求答辩人承担补偿责任。

3.《增资扩股协议》第5.4条属于无效条款

答辩人认为,《增资扩股协议》第5.4条属于对赌条款,该条款内容违反了法律的强制性规定,根据我国《合同法》第52条的有关规定,该对赌条款属于无效条款,不具有法律效力,应依法确认无效。

4.《增资扩股协议》中没有答辩人支付补偿款或对补偿款承担保证责任的任何约定

《增资扩股协议》第6.1.1条是主体资格和业务经营的约定,第6.3.4条"D公司和实际控制人应尽其最大努力促使所有的承诺和成交条件得到满足"的规定,属于督促条款、敬业条款,不是责任承担条款,也不属于保证条款,增资协议中没有任何条款约定实际控制人对对赌条款承担保证责任。

综上所述，仲裁委员会不应受理此案，申请人要求答辩人支付投资补偿款没有事实和法律依据，请仲裁委员会依法驳回申请人的仲裁请求，维护答辩人的合法权益。

被申请人F也进行了书面答辩，其答辩与被申请人E的上述答辩内容相同。

3名被申请人共同向申请人提出仲裁反请求。其后，被申请人E和F撤回其仲裁反请求，被申请人D公司修改了其仲裁反请求。

被申请人D公司最终提出的仲裁反请求如下：

1. 请求确认《增资扩股协议》第5.4条和第5.6条为无效条款，由申请人继续履行股东义务；

2. 请求裁决由申请人赔偿因其违约给被申请人D公司无法申报上市造成的损失近人民币2100万元；

3. 请求裁决由申请人支付被申请人D公司律师费共计人民币120万元；

4. 请求裁决申请仲裁费用和反请求仲裁费用均由申请人全部承担。

就被申请人的答辩意见，申请人提出如下反驳。

1. 被申请人关于申请人逾期申请仲裁的答辩主张不能成立。理由如下：首先，本案《增资扩股协议》第10.1条关于“争议发生后六十天内”提交仲裁解决的规定，应是打印错误。“六十天内”应为“六十天后”，系关于仲裁前协商期的约定，这也符合商事主体缔结仲裁协议的惯例和本案当事人的缔约本意。其次，退一步讲，申请人已经在争议发生的60日内提出了仲裁申请。

2. 关于《增资扩股协议》第5.4条是否无效及被申请人是否应当承担补偿责任的问题，申请人意见如下。

(1)“对赌条款”的正确解读。

“对赌条款”的正确名称应为“价格调整机制”或“定价调整机制”，是由Valuation Adjustment Mechanism（VAM）翻译而来。在私募股权投资基金（Private Equity，PE）行业，这种条款是非常常见的，但是，并无任何合同条款被正式冠以“对赌条款”的称谓。“对赌条款”本身并非一个法律概念,而是一个俗称。这一俗称有一定的误导性,因为这种条款与通常理解上的“赌”或“赌博”不存在任何关系,因而根本不存在违法性的问题。

从“价格调整机制”的名称来看,这一机制的原理类似买卖合同中单价确定而数量不定时“多退少补”的机制,是一种特殊的股权买卖交易模式。鉴于目标公司的高成长性,投资人根据目标公司在交易当期所描述的“未来业绩”而非其他价值评估方法确定目标公司的估值及投资人所认购股份的价格;同时,为使交易对双方公平,与目标公司约定,以目标公司未来的实际业绩对当期约定的股份价格进行调整,并据实结算、多退少补。在这一交易模式中,双方谈妥的是价值估值(市盈率倍率),基数(税后净利润)仅来自双方预计,并设定了随基数变化的调节机制。该制度使原本在当期难以达成的交易得以成就,并通过调节手段,实现交易双方缔约时的真实目的(其重点即目标公司的股权价格),同时,达到了保证交易公平和促进交易流通的目的。

(2)业绩对赌计算公式及本案对照分析。

在私募股权投资基金行业,通常需要考虑如下数据:①预估未来业绩(暂定)×倍率(合同约定)=公司估值(暂定);②投资款(确定)÷公司估值(暂定)=持股比例(暂定);③当实际未来业绩<预估未来业绩时,相当于签约时公司估值高于实际价值。如果投资人继续持有相同股份时,相当于多支付了入股资金,这时就要发生价值调整。

在本案申请人与被申请人的股权交易中,双方谈妥,并一致认可D公司(目标公司)的市盈率倍率为16倍。D公司根据其经营发展作出了业绩(在投资时点预估的下一年度净利润)承诺,即“2011年经审计的税后利润不低于人民币3.5亿元”,并根据双方一致认可的市盈率倍率计算出公司估值为人民币56亿元(业绩×市盈率倍率=公司估值)。也就是说,在D公司2011年税后利润不低于人民币3.5亿元的情况下,公司的价值是能够达到人民币56亿元(人民币3.5亿元×16=人民币56亿元)的。

也正是在这一前提下，双方确定了投资方的持股比例，即新增入股比例计算公式：投资金额÷公司估值＝持股比例。例如，人民币2.4亿元÷人民币56亿元＝4.28%。

在这一交易中，只有市盈率倍率是固定的，而公司业绩和公司的市值都是不确定的，为了保证交易继续进行下去，双方商定了一个价格调整机制。举例来说，如果公司2011年业绩减一半，即税后利润为人民币1.75亿元，16倍市盈率倍率的约定不变，则公司估值为人民币28亿元；反之，如业绩增加1倍达到人民币7亿元，16倍市盈率倍率不变，则公司估值为人民币112亿元。

在业绩减半的情况下，投资人继续持有4.28%股份，相当于投资人多支付了1倍价格。于是双方协商了一个调整机制解决，即退还投资人人民币1.2亿元现金，则人民币1.2亿元÷人民币28亿元＝4.28%，这是与双方商定的股权价格相匹配的。

(3)投资人主张退还的款项在法律上不属于目标公司的财产。

在类似交易中，可以选择两种付款方式：一是投资人先支付全部投资款，在达不到约定的市盈率倍率情况下，由目标公司把投资人多付的相应款项退回（多退少补）；二是按合同订立时目标公司业绩支付一部分投资款，在目标公司业绩达到约定的市盈率倍率情况下，再支付剩余的款项（补足差额）。

不同付款方式并不影响调整部分款项的性质，而后者更直观地体现该部分调整款项不属于目标公司的财产。

在本案中，投资人（申请人）先行支付的人民币2.4亿元投资款之中，除少部分直接成为目标公司（D公司）的注册资本外，多余款项的性质待定，待目标公司的下一年度业绩确定后再转为目标公司的资本公积金或由目标公司退还投资人。在此之前，该部分款项虽然在目标公司账上，但不属于目标公司的财产（实际为负债），因而当目标公司根据价值调整条款向投资人退款时并不存在侵犯目标公司或其他债权人权益的可能性。

本案价值调整条款不同于固定收益的约定，其与目标公司经营业绩挂钩，双方互相补偿的约定正体现了投资人与目标公司的风险共担，而多退少补的交易方式则是在此类交易中惯常使用的一种付款方式而已。由于在业绩未达到之前，投资人多付的这部分投资款记为企业负债，而不是企业的资产，不属于企业对外承担民事责任的财产范围。故该条款不侵害公司其他债权人利益。

因此，申请人认为，《增资扩股协议》第5.4条的约定是双方当事人的真实意思表示，并不违反任何法律或行政法规的强制性规定，是合法有效的合同条款，双方均应按照该约定履行。被申请人的答辩理由无事实及法律依据，其应当按照约定履行补偿责任。

(4)缔约主体具备完全民事行为能力。

本案申请人为投资人，通过私募形式对非上市企业进行权益性投资，在交易实施过程中附带考虑了将来的退出机制，即通过上市、并购或管理层回购等方式，出售持股获利。

而被申请人为专业的、国内规模较大的制药企业，具有缔约的行为能力，其在签订该协议时应当对企业在约定年限的盈利水平作出符合现实的预期判断，其也正是基于对自身盈利水平的判断才作出相应的意思表示，并基于此与申请人签订《增资扩股协议》，因此，应当受该意思表示的约束。反之，如果被申请人明知自己的盈利能力达不到投资人投资所需要的条件(市盈率倍率固定)，而作出虚假的承诺，这与诈骗何异？

综上所述，被申请人关于《增资扩股协议》第5.4条无效的答辩理由不能成立，其应当按照约定履行补偿(实为退款)义务。

3. 关于被申请人以申请人承诺作为免责的抗辩理由不成立。

被申请人称，即便《增资扩股协议》第5.4条约定有效，被申请人也没有补偿义务，理由如下：

申请人A中心于2011年1月17日承诺，在2012年3月31日前，为不影响被申请人上市申报，申请人在保留业绩追诉权的前提下，暂不要求被申请人履行利润补偿义务；在被申请人成功上市后6个月内，被申请人按《增资扩股协议》第5.4条的约定履行补偿义务。

申请人B中心和C公司于2011年1月18日承诺，在2012年3月31日前，如《增资扩股协议》第5.4条利润补偿条件满足时，为不影响被申请人上市申报工作，B中心和C公司在保留业绩补偿追诉权的前提下，暂不要求被申请人履行补偿义务；若被申请人的上市申报在2013年6月30日前未获证监会批准，在B中心、C公司和被申请人共同确认上市失败的前提下，被申请人在上市失败当日按《增资扩股协议》约定履行补偿义务。

由于补偿的前提是被申请人在2013年6月30日前未获中国证监会批准，并由被申请人和承诺人共同确认上市失败，故申请人的主张没有事实依据。

对此，申请人认为，上述承诺生效的前提是被申请人在2012年3月31日完成上市申报工作，但被申请人并未提供充分的证据证明其已在该日期前完成申报工作，故该承诺并未生效，被申请人不能据此抗辩和不履行补偿义务。

综上所述，被申请人的抗辩理由均无事实和法律依据，请仲裁委员会依法审查，作出公正裁决。

就申请人的反驳意见，被申请人在代理意见中陈述如下。

1. 关于本案的基本事实。

2011年2月D公司为上市进行了第二次增资扩股，并与B中心、A中心、C公司等6家投资机构（以下简称投资人）以及包括E、F在内的11名D公司原有股东（E、F为D公司实际控制人）共同签订《增资扩股协议》。增资协议的增资内容是6家投资机构一次性对D公司现金投资人民币24,000万元，占投资后公司股权比例的4.1095%（人民币24,000万元中的960万余元为新增注册资本，剩余注入资本公积金）。投资后，D公司注册资本从人民币2.25亿元增加至人民币2.3余亿元，其中，B中心现金增资人民币240余万元，占投资后公司股权比例的1.03%，A中心以现金形式增资人民币近121万元，占投资后公司股权比例的0.51%，C公司以现金形式增资人民币近161万元，占投资后公司股权比例的0.68%。

3家投资人合计以现金形式增资人民币520余万元，占投资后公司股权比例的2.226%。

受经济危机影响，D公司2011年税后净利润完成了人民币1.88亿元，没有达到增资协议约定的经营业绩。因中国证监会要求公司上市必须清理对赌条款，2012年1月7日，D公司发函至6家投资人，要求在取消对赌条款的增资补充协议中签字，以便申报上市，但B中心、A中心、C公司则要求按照对赌条款先确定补偿方案并执行后再配合上市工作，各方协商不成，从而导致提起仲裁。

2.《增资扩股协议》中第5.4条经营业绩条款违反法律的强制性规定，应属无效条款。

(1)《增资扩股协议》中业绩对赌条款的内容。

投资人要求D公司支付其投资补偿款人民币5780余万元的仲裁请求依据是《增资扩股协议》中第5.4条经营业绩条款的约定，该条款在业内俗称"业绩对赌条款"。《增资扩股协议》第5.4.1条约定：公司承诺2011年经审计的税后净利润不低于人民币3.5亿元，如果低于3.5亿元，公司愿意以实际的税后净利润为基础，按"投资估值"中约定的投资市盈率16倍进行计算，给予投资人现金补偿。补偿金额的计算标准：补偿金额=人民币56亿元/人民币3.5亿元×(2011年经审计后实际净利润低于人民币3.5亿元的部分)×投资人持有公司股份的比例。

(2)该业绩对赌条款因违反强制性法律规定中的效力性规范而无效。

首先，该条款是股东滥用股东权利，损害公司利益、债权人利益和未来上市后中小股东的利益。

被申请人认为，投资人选择目标公司作为对赌对象时，如果公司对赌失败，将给公司带来非正常经营的大额债务。在公司上市前该条款履行时，将损害目标公司利益及其背后的利益相关者尤其是债权人的利益。若为了上市该条款暂不履行，待公司上市后履行的，不仅会损害上述利益相关方的利益还将导致按照募集说明书规定的本应用于公司扩大再生产或者减少公司财务成本等特定用途的中小股东投资资金因公司履行本条款而进入风险投资人的口袋,这还将损害未来公司上市后中小股东的利益。根据我国《公司法》第 20 条的规定,即“公司股东应当遵守法律、行政法规和公司章程,依法行使股东权利,不得滥用股东权利损害公司或者其他股东的利益;不得滥用公司法人独立地位和股东有限责任损害公司债权人的利益。公司股东滥用股东权利给公司或者其他股东造成损失的,应当依法承担赔偿责任。公司股东滥用公司法人独立地位和股东有限责任,逃避债务,严重损害公司债权人利益的,应当对公司债务承担连带责任”。

被申请人声称,其上述观点与最高人民法院(2012)民提字第 11 号对苏州工业园区海富投资有限公司诉甘肃世恒有色资源再利用有限公司(以下简称世恒公司)、香港迪亚有限公司(以下简称迪亚公司)、陆波公司增资纠纷一案再审判决中判决股东与公司对赌无效理由中的观点一致。

其次,该条款侵犯了公司法确认的公司法人独立财产权,违反了资本维持、资本减少限制原则而无效。

《增资扩股协议》第 3.2.1 条“增资价格及增资价款”条款第 2 款约定:6 家投资人应以现金形式向公司增资人民币 24,000 万元,占增资后公司注册资本的 4.1095%,其中,人民币 960 余万元计入注册资本,其余计入资本公积;第 5.1.1 条“利润分配”约定:各方一致同意,自本次 6 家投资人增资扩股的工商变更完成之日起,D 公司的资本公积金、盈余公积金和未分配利润(包括累积未分配利润)由增资完成后的所有在册股东按各自的股权比例共同享有。

由此可见,股东投资公司的所有资金都属于公司的资产,包括注册资本和资本公积金,未经法定程序,股东不能取得公司资产。我国 2005 年《公司法》第 178 条规定:“公司需要减少注册资本时,必须编制资产负债表及财产清单。公司应当自作出减少注册资本决议之日起十日内通知债权人,并于三十日内在报纸上公告。债权人自接到通知书之日起三十日内,未接到通知书的自公告之日起四十五日内,有权要求公司清偿债务或者提供相应的担保。公司减资后的注册资本不得低于法定的最低限额。”

依据我国《公司法》的规定,股份有限公司的股东只能通过以下法律途径之一依法取得公司资产:①股东与公司之间开展对价公允、程序严谨、信息透明、合法合理的关联交易;②股东依照2005年《公司法》第167条第4款规定的利润分配顺序,依法取得公司分配的股利;③股东在公司清算时依照2005年《公司法》第187条规定的公司剩余财产分配顺序,依法取得公司剩余财产;④股东在2005年《公司法》第143条规定的法定股份回购的情形下,请求公司回购该股东所持股份。而《增资扩股协议》第5.4条的约定不属于上述合法途径的任何一种情形。因此,倘若股份有限公司的股东在缺乏明确法律授权的情况下取得公司资产,则必然导致公司资本和资产的减少,均属无效行为。

最后,《增资扩股协议》第5.4条的对赌约定是一种股东变相抽逃出资的行为。

为巩固公司资本与资产的信用基础,我国2005年《公司法》不仅在第36条明文禁止股东抽逃出资,而且在第201条规定了抽逃出资的法律责任:“公司的发起人、股东在公司成立后,抽逃其出资的,由公司登记机关责令改正,处以所抽逃出资金额百分之五以上百分之十五以下的罚款。”

为增强前述条款的可操作性和可诉性,最高人民法院《关于适用中华人民共和国公司法若干问题的规定(三)》第12条以列举加兜底条款的形式,详细列举了抽逃出资的下述不法行为:公司成立后,公司、股东或者公司债权人以相关股东的行为符合下列情形之一且损害公司权益为由,请求认定该股东抽逃出资的,人民法院应予支持:(1)将出资款项转入公司账户验资后又转出;(2)通过虚构债权债务关系将其出资转出;(3)制作虚假财务会计报表虚增利润进行分配;(4)利用关联交易将出资转出;(5)其他未经法定程序将出资抽回的行为。由此可见,《增资扩股协议》第5.4条明显属于未经法定程序将出资抽回的行为,属于无效条款。

总而言之,《增资扩股协议》第 5.4 条因违反强制性法律规定中的效力性规范而归于无效。

契约自由、契约严守与契约正义是现代合同法的三大基石。但契约自由不得被滥用,更不得被用于践踏契约正义。根据我国《合同法》第 52 条之规定,违反法律、行政法规的强制性规定的合同无效。最高人民法院《关于适用中华人民共和国合同法若干问题的解释(二)》第 14 条又将我国《合同法》第 52 条中的"强制性规定"解释为效力性强制性规定。

在本案中,投资人通过增资扩股行为成为 D 公司的新股东,其投入 D 公司的作价出资财产已转化为公司的资产,并以此作为对价取得了 D 公司的股东资格。作为公司的股东,申请人本应自觉遵守资本维持原则和资本减少限制原则以及为巩固公司资本与资产信用基础而设计的强制性法律规定。

但依照《增资扩股协议》第 5.4 条之约定,如果 D 公司 2011 年经审计的税后净利润低于人民币 3.5 亿元,D 公司愿以实际的税后净利润为基础,按"投资估值"中约定的投资市盈率 16 倍进行计算,给予投资人现金补偿。投资人获取此种现金补偿的行为既非源于公平、真实、合法的关联交易,也非源于股东的分红权,亦非源于股东的剩余财产分取权,更非源于股东的股份回购请求权。由于该对赌条款未将通知与保护债权人作为申请人从 D 公司取得巨额补偿款的必经程序,因此,也不属于我国 2005 年《公司法》第 178 条允许的注册资本减少行为。

本案中的《增资扩股协议》第 5.4 条约定的对赌条款违反了我国 2005 年《公司法》第 36 条和第 201 条的效力性强制性法律规定,违背了公司法的资本维持原则和资本不变原则,违反了股东平等原则,动摇了公司的资本信用基础,削弱了公司的可持续经营能力,损害了其他股东和债权人的合法权益,构成了股东变相抽逃出资的行为。

综上所述,本案《增资扩股协议》第 5.4 条约定在 D 公司完不成业绩时给予投资人现金补偿的行为是一种股东变相抽逃出资的行为,因违反强制性法律规定中的效力性规范而归于无效。

3.3家投资人违反承诺，要求D公司支付补偿款没有事实和法律依据。

根据民法的禁反言原则，被申请人认为，根据投资人的为不影响被申请人申报上市工作而暂不要求被申请人履行利润补偿义务等相关承诺，无论业绩对赌条款的效力如何，现阶段投资人均无权要求D公司支付补偿款。

4.《增资扩股协议》第5.6条也是无效条款。

《增资扩股协议》第5.6条约定的是有关D公司未能上市时由D公司按年投资收益率单利10%的价款回购股份的对赌约定，不属于《公司法》允许的股份回购的法定情形，违反了资本维持原则，是无效条款。

我国2005年《公司法》第36条规定："公司成立后，股东不得抽逃出资。"第143条例外允许股份有限公司在法定情形下回购自己的股份，但是该条款仅限定列举了股份回购的4种法定情形，而未设概括性规定或者兜底条款。因此，除上述4种法定情形外，股份有限公司无权擅自回购自己的股份，股东也无权请求公司违法回购股权。

相比之下，本案《增资扩股协议》第5.6条约定的对赌条款并不属于我国2005年《公司法》第143条规定的下述法定例外情形：(1)减少公司注册资本；(2)与持有本公司股份的其他公司合并；(3)将股份奖励给本公司职工；(4)股东因对股东大会作出的公司合并、分立决议持异议，要求公司收购其股份。

公司欲减少其注册资本，必须严格遵守股东平等原则，严格遵守我国2005年《公司法》第178条规定的法定条件与程序，包括但不限于通知与保护债权人的法定程序。在本案中，《增资扩股协议》第5.6条约定，D公司在未能上市时由D公司按年投资收益率单利10%的价款回购股份的对赌条款不属于依法减少注册资本的行为，也不是法律允许公司回购股份的情形。因此，该条款亦违反了法律强制性规定，是无效条款。

5.部分条款无效不影响整个《增资扩股协议》的有效性。

投资人是专业的风险投资公司，有财会、法律、评估、行业研究、金融等方面的专业人才,也有丰富的上市前公司风险投资的经验。投资人的专业人才团队和相关中介服务机构在增资前,对D公司各方面作了详细的尽职调查,D公司对投资人提供了全面真实的公司资料和信息,D公司没有进行任何虚构事实、隐瞒真相的行为,无任何信息披露方面的问题。《增资扩股协议》是各方当事人的真实意思表示,该协议第5.4条和第5.6条因违反法律强制性规定而无效,但是部分条款无效不影响协议的整体效力,各投资人应继续履行协议,享受股东权利,履行股东义务。

6. 增资协议中部分条款无效并不损害投资人的长远利益。

投资人正是看中了D公司的增长能力和上市潜力才愿意投资。投资人在仲裁庭上当庭表示公司能否上市主要考察公司业绩和公司管理规范方面,同时,承认D公司在2011年的人民币1.88亿元净利润的业绩表现对上市来讲仍是非常有利的,非常有希望上市。另外,D公司提交的证据也证明该公司为上市进行了大量的公司规范管理方面的工作,做了全面充足的准备。对赌条款本质上应是对管理层勤勉的激励,而不应是对公司上市设置障碍,只有D公司业绩好并顺利上市才能达成各方股东和公司多赢的局面,D公司上市的各方面条件是具备的,只要投资人履行股东义务,配合上市工作,而不是只顾眼前的小额对赌利益,就能实现各方利益最大化的结果。当然,D公司利润没有达到人民币3.5亿元不是管理层勤勉上的问题,而是经济大环境所致,是具有不可抗力的。有着专业法律、经济团队和丰富投资经验的投资人对法律条款的无效和经济环境的预测都不能充分认识到,也就无法将过错归于D公司。

7. 投资人赔偿D公司未能如期上市的损失有事实和法律依据,应当得到支持。

被申请人认为,投资人因其违反了《增资扩股协议》和承诺书中履行配合上市义务的约定直接给D公司造成了损失,也间接损害了包括投资人在内的全体股东的利益,应负赔偿责任。

《增资扩股协议》第5.8.3条约定:如因投资人的原因(包括但不限于股东

资格、本次出资的资金来源以及转让或代持等)，对D公司上市构成障碍，投资人承担给公司或其原有股东任一方造成的全部损失。

《增资扩股协议》第6.4.5条“投资人的其他义务”条款约定：(1)投资人应积极协助D公司的上市工作，对公司上市所需的各项相关事务及上市服务中介机构的合理要求予以积极配合；(2)投资人应调动最大资源，积极有效地为公司上市进行协调、协助工作。

根据《首次公开发行股票并上市管理办法》，拟申请A股公开首发的发行人必须股权清晰，不存在重大权属纠纷；同时，发行人不能存在重大偿债风险，不能存在影响持续经营的担保、诉讼以及仲裁等重大或有事项。因中国证监会的上述规定，公司上市必须明确清理对赌条款，为能在2012年3月31日前，确保按照《增资扩股协议》的约定履行上市申报材料的全面递交工作，实现《增资扩股协议》签订目的，D公司于2012年1月7日，发函至全体股东，要求签署清理对赌条款的增资补充协议，以便申报上市。但是，3名投资人却违反合同约定，拒不配合上市申报工作，反而要求按照对赌条款的约定先确定补偿方案并执行后再配合上市工作(既不签署取消对赌条款的协议也不配合签署其他上市申报材料)，导致D公司无法顺利上市申报。

事实上，《增资扩股协议》第5.8.2条约定：鉴于本次增资完成后公司将尽快启动在境内证券交易所上市的工作，为符合有关境内上市的审核要求，各方一致同意，本协议自公司向中国证监会递交正式申报材料时自动失效；若公司上市申请被否决或公司上市申报材料被撤回，则自否决之日或撤回之日起该等条款的效力即自行恢复，且对失效期间的增资方的相关权益具有追溯权；有关期间自动顺延。由此可见，《增资扩股协议》的实质是被申请人和申请人对于募集资金进行股份制改造并进而上市的文件，不仅是为了增资一种法律关系而设立，其包含了一系列的法律关系，但都是指向公司最终上市的目标。按照该条约定，为申报上市材料，须清理对赌条款是订立协议各方的真实意思表示。为此，D公司和3名投资人对清理对赌条款事宜进行了多次协商，但投资人一直未予配合,不履行其承诺及《增资扩股协议》第5.8.2条、第5.8.3条、第6.4.5条约定的投资人协助上市的义务,致使D公司至今无法完成申报上市工作,D公司因上市而支付的各种费用已达近人民币2100万元,根据《增资扩股协议》第8.1条的约定,应当由投资人承担。另外,因投资人拒不履行其配合上市义务,导致D公司为本案支出的律师费共计人民币120万元,也应由投资人承担。

综上所述,因《增资扩股协议》第5.4条、第5.6条无效,投资人要求D公司支付补偿款没有法律依据,请贸仲依法驳回其仲裁请求;D公司提出的反请求有事实和法律依据,请贸仲依法予以支持。

被申请人E、F提交代理意见称:

1. 完全同意D公司的代理意见;

2. 被申请人E、F不是对赌条款的一方协议主体,对D公司在业绩对赌条款中也无保证责任。

在本案中,虽然《增资扩股协议》将股东E、F列为协议方,但鉴于该协议并未约定其以保证人的身份在合同上签字或者盖章,又鉴于E、F亦未以书面形式向申请人出具担保书,E、F与B中心、A中心、C公司等6家投资机构之间不存在保证合同法律关系。

实际控制人的陈述、保证与承诺条款只是实际控制人对公司的合法性和提供材料的真实性以及勤勉义务进行保证,不能理解为保证合同中的担保条款。

另外,保证合同是主债权债务合同的从合同,担保法规定,主合同无效,从合同也无效。在对赌条款无效的情况下,即使E、F有保证责任也因该条款的无效而无效。

概而言之,《增资扩股协议》第5.4条和第5.6条属于股东与公司之间的对赌条款,因违反效力性强制性法律规定而归于无效。投资人无权请求D公司依据无效的对赌条款对申请人履行相应的补偿现金和回购股份义务。即使本案对赌条款有效,也由于投资人自己暂不追索的承诺而不能于现阶段要求索赔。同时,由于整个协议中并未约定E与F对投资人的补偿责任,也未约定E

与F就D公司对投资人所负债务承担保证责任,因此,E与F无须对投资人承担补偿责任和保证责任。

综上所述,请求仲裁委员会驳回申请人对E、F的全部请求。

对于被申请人的意见,申请人反驳称:

1.《增资扩股协议》第5.4条的约定是有效的。

根据合同法的基本原理,合同有效的一般要件有三:第一,当事人具有相应的缔约能力;第二,当事人意思表示真实;第三,约定内容不违反法律、行政法规的强制性规定,不损害国家或社会公共利益。

本案缔约双方分别为专业的私募股权基金(PE)投资人和大型制药企业及该企业股东(包括自然人和法人),其对自己的投资和融资均具有相应的行为能力。双方当事人从未主张其意思表示真实性方面有瑕疵,故《增资扩股协议》的全部条款(包括第5.4条),亦是双方真实意思表示的体现。此外,《增资扩股协议》(特别是第5.4条约定)的内容也不违反任何法律、行政法规的强制性规定。鉴于此,包括第5.4条在内的《增资扩股协议》的全部条款均为合法有效。

2.被申请人关于《增资扩股协议》第5.4条约定违反法律强制性规定中的效力性规范而无效的观点不能成立。

被申请人在其庭前书面答辩意见及开庭陈述中,认为《增资扩股协议》第5.4条的约定内容违反的法律强制性规定主要包括:(1)我国2005年《公司法》第20条关于股东不得滥用股东权利损害公司及债权人利益的规定;(2)我国2005年《公司法》第36条及第201条关于股东不得抽逃出资的规定;(3)我国2005年《公司法》第143条、第167条及第187条规定的股东取得公司资产法律途径的规定。

对被申请人的上述观点,申请人依次回驳如下:

(1)申请人要求被申请人履行补偿义务的请求,不损害公司、其他股东及债权人利益。

第一,申请人在《增资扩股协议》缔约前的谈判过程中及协议签订时并非

D公司股东,不具备利用股东权利损害公司、其他股东及债权人利益的前提条件。

从我国2005年《公司法》第20条规定的内容中不难看出,公司股东滥用股东权利损害公司、其他股东及债权人利益的前提为已经取得公司股东的身份。而在本案中,申请人在争议协议缔约时的身份为PE投资人,申请人只有在协议签订、履行完出资义务并办理完股权变更登记手续后方能取得“公司股东”这一特殊身份。因此,申请人不存在被申请人声称的滥用股东权利损害公司及其他权利人利益的行为的前提。

第二,申请人要求被申请人按《增资扩股协议》第5.4.1条约定履行补偿义务未损害任何相关权利人的利益。

在本案争议的《增资扩股协议》中,申请人(以及未参加本次仲裁的其他投资人)与被申请人及D公司的其他股东明确约定,按16倍市盈率、被申请人及D公司股东承诺2011年度预期经营业绩不低于人民币3.5亿元计算D公司市值为人民币56亿元的前提下,含申请人在内的投资人共计出资人民币2.4亿元,购买D公司4.1095%的股权。也即,该4.1095%的股权的对价是否最终是人民币2.4亿元,在《增资扩股协议》签订当时无法确定。交易双方为了促成交易,先假定D公司2011年度的利润能够达到承诺的数额,则该4.1095%的股权价值为人民币2.4亿元,并由申请人先将股权款预付至D公司账户,双方进而约定,若2011年度公司利润未达到承诺的数额,D公司则按相应的比例“补偿”投资人(退还投资人部分投资款)。

因此,该部分投资款在协议签订后,虽然已付至D公司账户,但其最终归属(已转为注册资本金部分除外)尚无法确定,更不能断定该出资款就是D公司的资产。根据《企业会计准则》的相关规定,该部分财产应纳入“或有事项”进行记账,而不得直接记为公司资产。

由于D公司的经营业绩未达到承诺水平,其2011年度实际净利润仅为人民币1.87亿元,因此,申请人为购买该股权多支付了比该部分股权实际价值多近1倍的价款。从民法“不当得利”的角度来看，D公司取得该部分股权款没有法律上的依据，应当返还申请人。故申请人从被申请人处取回原本属于自己的财产，申请人本身就是债权人，根据债权平等原则，不存在侵害任何他人利益的可能性。

第三，《增资扩股协议》第5.4.2条对D公司经营业绩超过人民币3.5亿元时申请人的补偿义务也作了明确的约定，符合合同公平的基本原则。

根据《增资扩股协议》第5.4.2条的约定，若当2011年度D公司的经营业绩超过人民币3.5亿元、公司市值超过人民币56亿元时，申请人也需要按照相同的方式再行追加出资以补足人民币2.4亿元出资款不足以支付4.1095%的股权价值差额。因此，本条两项约定对申请人和被申请人来说是完全公平的。

第四，申请人行使补偿权的行为不会产生损害公司股东及其他权利人利益的情形。

其一，如前所述，申请人行使补偿权利追偿的是原本属于自己，只不过暂时预付至D公司账户的款项，申请人即债权人，所以不存在侵害公司及相关权利人利益的前提。

其二，在一般情况下，股份有限公司及股东承担责任以公司注册资本和股东实际出资为限，公司法上的资本维持和资本减少限制原则也是指注册资本的维持和减少限制。D公司注册资本原为人民币2.25亿元，增资后为人民币2.3余亿元，增加的注册资本为人民币960余万元（含其他3名投资人出资部分）。本案D公司在2011年度虽然净利润水平未达到其约定的人民币3.5亿元，但仍有近人民币1.88亿元的盈利。因此，假定仲裁庭裁决被申请人履行补偿义务，支持申请人的全部仲裁请求，也不会产生动摇公司注册资本、影响公司责任能力的结果。

其三，存在争议的《增资扩股协议》中，D公司及其全体原始股东均以协议主体的身份在协议上盖章确认，有关各方对协议的内容和可能的法律后果应当有相应的预见和判断能力。因此，D公司及全体股东应对自己的行为承担相应的法律责任,申请人没有损害公司和股东利益的可能。

综上所述,《增资扩股协议》第5.4条的约定内容符合合同有效的基本要件,内容公平合理。申请人既无“滥用股东权利”的前提,也无实际损害公司及相关利益人实际利益的客观结果,故第5.4条的约定内容并不违反我国2005年《公司法》第20条的相关规定,是有效的。

(2)申请人要求被申请人按《增资扩股协议》第5.4.1条的约定履行补偿义务并非抽逃出资。

被申请人在庭审时提出,《增资扩股协议》第5.4.1条约定的内容实际为股东变相抽逃出资,违反了我国2005年《公司法》第36条和第201条的规定,当属无效。申请人认为,被申请人的该主张无法成立。申请人要求被申请人履行补偿义务的行为不符合关于抽逃出资的相关界定。

最高人民法院《关于适用〈中华人民共和国公司法〉若干问题的规定(三)》第12条规定了股东抽逃出资的几种法定情形,具体包括:1)将出资款项转入公司账户验资后又转出;2)通过虚构债权债务关系将其出资转出;3)制作虚假财务会计报表虚增利润进行分配;4)利用关联交易将出资转出;5)其他未经法定程序将出资抽回的行为。

很明显,本案申请人的行为不符合上述公司法司法解释有关抽逃出资行为的规定。申请人要求被申请人按《增资扩股协议》第5.4.1条的约定履行补偿义务,实际是根据合同约定的定价机制,请求被申请人返还多支付的出资款,该款项原本就应为申请人所有。申请人行为依据的是合同法及《增资扩股协议》,是一项典型的合同行为,与抽逃出资行为没有任何关联,不应受公司法中关于抽逃出资的有关法律规范的调整。

(3)申请人要求被申请人履行补偿义务并非要取得公司资产,而是从公司取回原本属于自己的财产。

被申请人在庭审中列举了我国2005年《公司法》第167条、第187条分别规定的股东通过分配利润、分配公司破产剩余财产等获取公司资产的法定情形和途径，并以此指出申请人依据《增资扩股协议》第5.4.1条的约定要求被申请人履行补偿义务的行为是获取公司资产；由于此种获取公司资产的方式缺乏明确的法律依据，且会导致公司资产减少，故该条约定是无效的。

首先，申请人需要明确的是，申请人依据《增资扩股协议》第5.4.1条的约定要求被申请人补偿的款项实际是申请人多预付的出资款，本质上属于申请人取回自己的财产而非公司资产。其次，申请人基于该条款约定要求被申请人履行补偿义务是申请人与被申请人在交易时约定的定价机制（多退少补），是基于双方在自愿基础上处分各自权利义务的合同行为。因此，该行为不属于公司法规范调整的范围。

(4)是否损害公司和债权人利益应该依据是否破坏公司的资本法定原则来判断。

综上所述，是否损害公司和债权人利益应依据是否破坏公司的资本法定原则来判断，也即应依据是否违反公司资本确定、资本维持和资本不变原则来判定。对于公司业已多收情况的调整，不是对公司利益和债权人利益的损害，而是对各方依据投资协议补偿约定对各方合法利益的最终确定。

3. 本案与最高人民法院判决的甘肃世恒公司增资纠纷案（以下简称甘肃世恒案）有实质性区别，故仲裁庭不应参考最高人民法院的这一案例。主要区别如下。

第一，补偿条款约定内容的区别。本案申请人与被申请人约定的业绩补偿条款是双向的。而甘肃世恒案的业绩补偿条款是单向保底的，显然是不公平的。

第二，目标企业实际盈利水平的差异。本案D公司2011年度净利润虽未达到约定的人民币3.5亿元，但也将近人民币1.88亿元，与承诺的业绩水平相差不到1/2，考虑整体经济环境疲软因素的影响，企业盈利水平较良好。而甘肃世恒公司承诺的业绩水平为净利润人民币3000万元，但其实际盈利仅为人民币2.6万余元，实际业绩与承诺的业绩相差1100余倍，承诺业绩显然严重脱离了企业的实际经营情况。

第三,目标企业履行补偿义务的后果不同。本案D公司2011年度的净利润为近人民币1.88亿元,按照约定标准需要支付申请人的补偿款为人民币5700余万元,补偿款数额不到净利润的1/3,被申请人履行补偿义务后仍然有超过人民币1.3亿元的净利润,更不可能动摇公司的注册资本,不会损害公司及其他债权人的利益。甘肃世恒公司当年的净利润仅为人民币2.6万余元,而其根据约定需要支付海富公司的补偿款为人民币3000万元,若甘肃世恒公司实际履行补偿义务,必然导致公司注册资本减少,损害公司及债权人利益。

综上所述,申请人认为,甘肃世恒案与本案是两个相互独立的个案,两案无论是在目标公司的实际经营情况方面还是在补偿条款的具体约定等方面均存在着巨大差异,因此,甘肃世恒案的判决结果对于仲裁庭审理本案没有参考价值。

另需指出的是,最高人民法院在认定甘肃世恒公司补偿条款无效的理由中,特别强调了其无效的理由是海富公司可以取得的相对固定收益脱离了甘肃世恒公司的经营业绩(固定收益与经营业绩相差1100余倍),从而损害了公司利益和公司债权人利益,不难看出,最高人民法院的上述判决是在充分考虑甘肃世恒公司实际经营业绩的基础上作出的。

在私募投资已充分发展的今天,对赌条款在交易中的运用已非常广泛,其条款表述方式多种多样,但就根本而言,约定对赌条款是为了平衡投融资双方利益、促进交易。从最高人民法院对甘肃世恒案的判决上可以看出,其根本立脚点也是在于最大限度尊重当事人的意思表示和自治,维护交易的有效性,维持交易秩序。本案申请人系基于被申请人对D公司的经营情况及发展前景的声明和承诺而对D公司进行了投资,而公司经营不当,未实际达到预设的经营目标,在此种情形下,被申请人应尊重契约精神,承担其应当承担的责任,对申请人产生的损失依约进行补偿。如D公司及其实际控制人在接受投资时承诺给投资人一个美好前景,而在达不到经营目标时就完全无视契约精神,以种种借口来否定投资人依约享有的权利,无疑是对公平的交易秩序的无视和破坏。

4. 被申请人F、E对D公司应支付申请人的业绩补偿义务负有连带赔偿责任。

本案《增资扩股协议》的签署取得了股东大会的一致同意,且包括被申请人E、F在内的全体原始股东均以协议主体身份在增资协议上签字盖章。因此,D公司实际上是代为执行股东的行为,真正的执行主体是股东,实质调整的还是股东之间的利益。

因此,D公司承诺的业绩实际是该公司原始股东的一致承诺,当该公司原始股东滥用股东权利、脱离公司经营实际情况向申请人承诺不可能实现的经营业绩,致使申请人基于该虚假承诺向目标公司投资,产生实际损失,目标公司应当向申请人履行补偿义务时,根据我国《公司法》第20条第2款的规定,原始股东应当与公司共同对上述债务承担连带责任。

本案被申请人E、F作为D公司的实际控制人,持有该公司80%以上的股权,对公司股东大会通过签署《增资扩股协议》的决议具有决定性作用,因此,其应当与D公司共同承担对申请人的补偿义务。其责任来源是我国《公司法》第20条的强制性规定,被申请人以其未在《增资扩股协议》中以保证人身份签字为由抗辩不应承担补偿责任的观点显然不能成立。

5.《增资扩股协议》第5.6条的约定是有效的。

该条约定内容的实质是,在D公司因自身原因未能达到承诺的上市目标,导致申请人投资D公司获取投资升值回报的合同目的不能实现时,申请人单方享有合同解除权,当申请人行使解除权时D公司应当承担违约责任。被申请人D公司主张该约定不符合我国2005年《公司法》关于股份回购规定而无效的主张不能成立。

第一,本条约定的回购与我国2005年《公司法》第143条规定的回购是两个不同的范畴。本条约定的回购内容为合同法范畴,是D公司按照合同约定承担违约责任的具体方式,事实上也没有侵犯任何债权人利益(本案D公司未提供任何证据证明有权利人据此主张侵害其权利),因此,本条约定内容与我国2005年《公司法》关于回购的规定内容并无关联。

第二,即便根据公司法的规定,本条约定内容也是有效的。本案中的D公司与新股东(申请人)签订的《增资扩股协议》明确约定了投资前提(按约定上市)和撤回投资条件(不申报上市),因此,在D公司未能按承诺时间上市时,申请人的撤资条件成就。而申请人撤资即意味着D公司注册资本的减少。而根据我国2005年《公司法》第143条第1款第1项的规定,公司减少注册资本时可以回购本公司股份。

第三,即便D公司按照本条约定履行回购义务,也不会导致公司注册资本减少,损害公司及债权人利益。D公司增资后的注册资本金为人民币2.3余亿元,3名申请人所占的股权比例不到2.4%,而根据D公司提供的2011年度经审计的财报,公司当年盈利近人民币1.88亿元,因此,即便申请人依据该条约定要求被申请人履行回购义务,也不会对公司的注册资本造成任何动摇,从而损害公司或债权人利益。

第四,本案D公司、D公司大股东(实际控制人)和全体老股东均为具有相应行为能力的缔约主体,各方对2005年《公司法》关于回购的规定及法律责任均应知晓,但各方仍作出本条约定内容,主要就是从合同法角度体现各自真实的合作意愿。因此,在履行本条约定发生争议时,应依据合同法的相关规定处理。

D公司及包括实际控制人在内的全体股东缔约前对回购约定认可且明知法律后果,其事后抵赖的行为,证明其签约时存在恶意,应追究其股东个人的连带责任。

6. 被申请人反请求要求申请人承担“无法上市造成的损失”及律师费的主张没有事实基础。

被申请人主张,因申请人拒绝配合清理对赌条款,导致D公司无法完成上市申报工作,从而造成重大损失。但其并未提供任何证据证明其已经向证监会申请上市申报、上市申报被拒绝、上市申报被拒绝与申请人拒绝清理对赌条款存在法律上的因果关系等基本法律事实。相反,正是由于被申请人怠于履行补偿义务,最终导致申请人不得不启动仲裁程序以维护自身合法权利,故其要求申请人支付律师费的主张也无任何事实基础。

综上所述,申请人认为,《增资扩股协议》的相关约定不违反相关法律法规的规定,是合法有效的。故,请求仲裁庭依法裁决,支持申请人的仲裁请求,并依法裁决驳回被申请人的全部反请求。

被申请人D公司在补充代理意见一中提出:

1. 投资款非注册资本金部分计入公司资本公积金有合同依据。《增资扩股协议》第3.2条约定,本案增资人民币24,000万元,其中,人民币960余万元计入注册资本,其余计入资本公积金;该投资款记账分配由验资报告确认。根据《增资扩股协议》第5.1.1条的约定,公司资本公积金由增资完成后的所有在册股东按各自的股权比例共同享有。

2. 投资款非注册资本金部分计入公司资本公积金有法律依据。《企业会计准则应用指南》对于资本公积科目(4002)的核算作如下表述:“本科目核算企业收到投资者出资超出其在注册资本或股本中所占的份额以及直接计入所有者权益的利得和损失等。”《企业会计制度》第82条亦明确,资本公积包括资本溢价,而资本溢价是指“资本(或股本)溢价,是指企业投资者投入的资金超过其在注册资本中所占份额的部份”。根据2006年《企业会计准则》第2号的规定,长期股权投资也将投资者的超出资本金的投资计入资本公积金。

综上所述,将投资人超过注册资本的投资计入资本公积金由全体股东共同按持股比例享有是符合法律和合同约定的。

被申请人D公司在补充代理意见二中提出:

1. 本案申请人愿意出资人民币2.4亿元,占D公司4.1095%的股份的投资决定是基于D公司在技术、管理、品牌、业绩及成长率等诸方面的优势,以及政府大力支持、申报上市准备工作已经接近尾声、上市成功概率高、各投资机构入股竞争激烈等背景因素而作出的。

2. 申请人在注册资本金外的其他资金进入资本公积金与第5.4条无效并不矛盾。股东资金投入公司,在注册资本金外的其他资金计入资本公积金后即构成公司资产,股东不得随意取得公司资产,除非符合法定的情形,否则即为违反法律的强制性规定,为无效条款。《增资扩股协议》第5.4条正是不符合股东合法获取公司资产的法定情形而无效。注册资本金只是相当于股份的表面价格,其对应的股份比例占公司资产份额的股东权益才是真正对应价值。以对赌形式取得公司资产,即使抽走的是公司资本公积金,但减少了公司的实际资产,在实质上就是一种股东的变相抽逃出资行为。

3. 申请人增资的根本目的是D公司上市。申请人入股D公司的目的在于,D公司上市并因此获取更大利益,对赌只是希望在上市前谋取额外收益,并刺激D公司的经营。事实上,D公司当年度利润下降,属于客观原因。但在整体经济环境疲软因素的背景下,依然比上年大幅增长,企业盈利水平较良好,上市成功的可能性很大。由此可见,申请人也明知D公司在经济形势不好的情况下取得的业绩是非常不易的。

尽管如此,但为了谋取额外利益,申请人坚持公司应当先进行补偿。为达到这一目的,申请人不签署解除对赌条款的协议,不在公司申报上市材料签字,不配合证监会的审核要求,不兑现自己在给公司股东邮件中曾作出的承诺,置公司、其他股东整体利益于不顾。在公司再三请求的情况下,申请人仍一意孤行,导致公司无法申报上市材料,上市目标不能实现,全体股东的共同利益受到严重影响。按照《增资扩股协议》的约定,申请人应该及时改正,配合上市,并为自身行为造成公司无法上市而产生的损失承担赔偿责任。

二、仲裁庭多数意见

根据本案材料以及申请人与被申请人的当庭陈述,仲裁庭的意见如下。

(一)关于本案争议提起仲裁的期限问题

仲裁庭首先注意到,被申请人主张,根据《增资扩股协议》(以下简称本案协议)第10.1条的约定,即"任何因本协议的解释或履行而产生的争议,均应首先通过友好协商方式加以解决。如协商未果,则任何一方有权在该等争议发生后六十(60)天内,将争议提交中国国际经济贸易仲裁委员会依据其届时有效的仲裁规则仲裁解决",任何一方有权提起仲裁的时间是在争议发生后60天内,而本案争议发生的时间在2012年1月,申请人应该在2012年3月31日前申请仲裁,现申请人在2012年8月29日才向贸仲提出仲裁,存在法律上的瑕疵。而申请人则认为,本案协议第10.1条中的有关争议发生后60天内提交仲裁解决的规定,是打印错误。"六十天内"应为"六十天后",系关于仲裁前协商期的约定。

仲裁庭认为,上述歧义是由于条款文字表述不够准确引起的。就此第10.1条,参照通常的此类合同条款约定,正确的解读也即本案协议各方的真实意思应该是,当发生争议时,应首先通过友好协商方式加以解决,若争议在发生后60天内未能协商解决,则任何一方有权将该争议提交仲裁。因此,仲裁庭认定,申请人提起本案仲裁申请不存在超出约定期限的法律问题。

(二)关于本案协议

2011年2月申请人作为增资投资人(与其他增资投资人共6家投资机构共同为甲方)与被申请人D公司(增资目标公司,为乙方)和被申请人E、F(及其他D公司原有股东共同为丙方)签订了本案协议,该协议的内容是,申请人等6家投资机构一次性对D公司现金投资人民币24,000万元,增资每股认购价格为人民币近25元,占投资后公司股权比例的约4.1%。人民币24,000万元投资款中的960余万元为新增注册资本,剩余注入资本公积金。增资后,D公司注册资本从人民币2.25亿元增加至2.3余亿元,其中,申请人B中心现金增资人民币240余万元,占投资后公司股权比例逾1%,申请人A中心现金增资人民币近121万元,占投资后公司股权比例约0.5%,申请人C公司现金增资人民币近161万元,占投资后公司股权比例近0.7%。3名投资人合计现金增资人民币520余万元,占投资后公司股权比例逾2.2%。

仲裁庭认为,本案协议是各方当事人在平等自愿的基础上签订的,各方均具有合法签约主体资格,本案协议系各签署方的真实意思表示,且其内容与法律、行政法规强制性规定不相抵触,协议合法有效。

该协议签署后,申请人履行了出资义务。

(三)关于本案协议第5.4条的法律效力

尽管本案协议整体上是合法有效的,但是仲裁庭注意到,本案双方对本案协议第5.4条的效力的主张截然相反,这也是本案争议的最核心问题所在。仲裁庭注意到,本案协议第5.4条具体约定内容如下:

5.4.1,公司承诺2011年经审计的税后净利润不低于人民币3.5亿元,如果公司2011年经审计的税后净利润低于人民币3.5亿元,公司愿意以实际的税后净利润为基础,按"投资估值"中约定的投资市盈率16倍进行计算,给予投资人现金补偿。补偿金额的计算标准:补偿金额=人民币56亿元/人民币3.5亿元×(2011年经审计后实际净利润低于人民币3.5亿元的部分)×投资人持有公司股份的比例。

5.4.2,若公司2011年经审计的税后净利润高于人民币3.5亿元,申请人也应当按照约定标准对公司进行补偿,补偿金额=人民币56亿元/人民币3.5亿元×(2011年经审计后实际净利润高于人民币3.5亿元的部分)×投资人持有公司股份的比例。

5.4.3,若公司2011年经审计的税后净利润与人民币3.5亿元的差异在上下10%以内,双方均不作出业绩补偿。

就上述第5.4条的法律效力问题,申请人主张,根据合同法的基本原理,合同有效的一般要件有三:第一,当事人具有相应的缔约能力;第二,当事人意思表示真实;第三,约定内容不违反法律、行政法规的强制性规定,不损害国家或社会公共利益。本案双方就本案投资和融资均具有相应的缔约行为能力,双方意思表示真实,本案协议(包括第5.4条)约定的内容不违反任何法律、行政法规的强制性规定,因此,本案协议(包括第5.4条)合法有效。

被申请人则主张,第5.4条约定因违反法律强制性规定中的效力性规范而无效。具体而言,该条款侵犯了公司法律确认的公司法人独立财产权,违反了资本维持、资本减少限制原则;该条款约定是一种股东变相抽逃出资的行为;该条款是股东滥用股东权利,损害公司利益、债权人利益和未来上市后中小股东的利益。因此是无效的。

仲裁庭在充分了解本案争议双方相关观点的基础上,具体从以下几个方面进行分析和阐明。

1. 本案协议第5.4条的定性与估值调整安排

仲裁庭认为,从本案协议第5.4条的具体约定内容来看,该条款是投资实践中较为常见的投资估值调整条款。此类条款俗称"对赌条款"或"对赌协议",实质是有关投资估值、投资定价及其事后调整的一项交易安排。

在投资实践中,投资估值常常是一项见仁见智的活动。由于对投资标的即被投资公司的价值进行准确估算是一个比较复杂和有难度的问题,影响估值的因素有很多,通常包括被投资公司的信息披露是否真实、准确和完整,风险揭示是否充分、有效,被投资公司所处行业市场状况及未来发展趋势如何,被投资公司管理状态、核心管理团队的能力及稳定性情况,投资人专业经验和分析判断能力等,所以投资活动相关方为了不错失机会,提高交易达成的效率,通常是基于对被投资企业未来可实现利润之预期,先确定净利润(通常为投资发生后的某个财务期限实现的净利润)的一定倍数作为投资估值标准或投资作价标准,也称市盈率倍数或溢价倍数,从而得出被投资企业的总体估值(净利润额乘以市盈率倍数)和每股认购价格(每股净利润乘以溢价倍数),然后投资人按照如此确定的价格进行投资。由于被投资企业的未来净利润在投资作价时只是一个预期值,其与被投资企业后来实际实现的净利润相比一定会存在或多或少的偏差,完全相等的概率太低。在这种情况下,投资方基于预期净利润按确定计价公式计算实际投资的金额与基于未来实际实现的净利润按同样计价公式计算所应投资的金额之间自然也有偏差,也即若以实际实现的净利润为基准回溯计算,投资人当初作出的投资不是多了就是少了。如果这种偏差在一定合理幅度之内,是可以接受的,无须对原先的投资估值和定价作调整;如果这种偏差超出一定的合理幅度,就需要对原先的投资估值和定价进行调整,否则就有失公平。

在实践中,投资估值调整采用的方式分现金补偿(多退少补)和股权比例调整(或增或减以与投资人实际投资金额相对应)两大类。估值调整的具体安排可是多种多样的,有的估值调整仅安排在新老股东之间,有的仅安排在投资人和被投资公司之间,也有的是前述两种安排的结合;有的估值调整是单向的,即当被投资公司业绩不达标时,老股东应向投资人转让一定比例的股份,或被投资公司应向新投资人进行现金补偿,而当被投资公司业绩超标时,投资人则无须向老股东转让股份或补偿现金,或向被投资公司进行现金补偿;有的估值调整是双向的,即估值调整在被投资公司业绩不达标和超标两种情况下都会发生,只是价值调整(补偿股份或现金)的方向不同而已。本案中的估值调整机制即是双向的,实际也是市场常见的。另外,作为估值调整相对方的老股东时常仅限于被投资公司的实际控股股东或担任被投资公司经营管理职责的股东,一方面,以限制控股股东或管理层采取有损投资方利益的不当经营管理行为;另一方面,激励和促使他们勤勉尽责,提升被投资公司的经营管理效益。

以上是仲裁庭从交易实践角度对估值调整安排所作的解读和分析。估值调整安排的宗旨在于使投资活动有一个相对公平和确定的价值基础。

仲裁庭确认,根据本案协议第5.4条(主要是第5.4.1条和第5.4.2条)约定的投资估值调整属于申请人(及其他同期投资机构)和被申请人D公司之间的安排,估值调整的方式是现金补偿,估值调整安排是双向适用的。前述安排系双方的真实意思表示。

2. 判定本案协议第5.4条法律效力的法律依据

仲裁庭注意到，就本案协议第5.4条估值调整约定的法律有效性，申请人主张，第5.4条的约定的估值调整机制的原理类似买卖合同中单价确定而数量不定的“多退少补”机制，是一种特殊的股权买卖交易模式，法律关系的主体为投资人和公司，属于合同法律关系，而非公司法律关系，本案双方当事人就缔约事项具有完全行为能力，本案协议第5.4条之约定是双方当事人的真实意思表示，并不违反任何法律或行政法规的强制性规定，是合法有效的合同条款。被申请人则主张，本案协议第5.4条违背了公司法的维持资本原则和资本不变原则，违反了股东平等原则，动摇了公司的资本信用基础，削弱了公司的可持续经营能力，损害了其他股东和债权人的合法权益，构成了股东变相抽逃资本的行为，违反了我国2005年《公司法》第36条和第201条等效力性强制性规定，根据该法第52条的规定，属于无效条款。

仲裁庭认为，要判断本案协议第5.4条的法律效力，确实需要先确定本案双方之间的法律关系性质，并明确适用的法律。本案协议第5.4条是合同法律关系，还是公司法律关系，抑或两者兼而有之。就此问题，仲裁庭的理解是，在达成本案协议时，本案申请人只是投资人而不是被投资公司即本案被申请人D公司的股东，申请人是以投资人身份而不是股东身份与被申请人达成投资协议的，本案协议是双方以平等缔约主体身份达成的合同，直接建立的是投资合同法律关系，而不是股东与公司之间的公司法律关系。只有当申请人依照本案协议实际投资成为被申请人股东后，申请人和被申请人才开始形成股东与公司之间的公司法律关系。由此可以确定，本案协议本身的性质是基于合同建立的法律关系。尽管本案协议的履行即投资行为会导致申请人和被申请人之间形成股东与公司的公司法律关系（如涉及公司治理、业务经营、利益分配、关联交易等诸多关系事项），但此履约投资行为之结果并不改变本案申请人与被申请人之间依据本案协议而建立的合同法律关系性质。因此，仲裁庭多数意见认为，本案协议第5.4条约定的估值调整安排在法律性质上是合同法律关系，即有关本案协议条款约定及其履行的争议在法律性质上属于合同法律关系争议范畴。

既然本案协议第5.4条是合同法律关系条款,规制的是投资估值及调整行为,在判断其法律效力时,就应以申请人在订约当时仅是投资人为前提和基础,并基于合同法律的规定进行分析判断,申请人事后因投资行为取得股东身份这一点本身不应构成判断该条款法律效力的考量因素。由此,仲裁庭认为,第5.4条应属有效条款。诚然,仲裁庭认识到,当申请人要求实际履行本案协议第5.4条约定的估值调整时,其届时已取得的股东身份可能会使之受制于公司法的相关规定。如果该实际履行即要求被申请人支付投资补偿与公司法律中的强制性规定直接相冲突,就会导致该条款无效(若违反的是效力性强制规定)或不可强制履行(若违反的仅是管理性强制规定)。就此问题,见下文分析。

3. 支付投资补偿款是否违反公司法的强制性规定

仲裁庭注意到,就申请人依据本案协议第5.4条(具体为第5.4.1条)的规定要求被申请人D公司支付现金投资补偿是否违反公司法的相关强制性规定,本案双方存在多方面的问题争议。仲裁庭结合本案双方的观点,阐明意见如下。

(1)关于申请人溢价投资款的性质和归属

根据被申请人的观点,投资补偿与申请人溢价投资款的性质和归属问题是相关的。被申请人主张,根据本案协议第3.2.1条第2项的规定,参与本次增资的6家投资机构(包括本案3家申请人投资机构)一次性对D公司现金投资人民币24,000万元,占投资后公司股权比例逾4.1%,其中,960余万元计入注册资本,其余计入资本公积金;根据《企业会计制度》第82条的规定,资本公积包括资本溢价,而资本溢价是指“企业投资者投入的资金超过其在注册资本中所占份额的部份”,同时,根据2006年《企业会计准则》第2号的规定,长期股权投资中投资者超出资本金的投资部分计入资本公积金。也即,申请人的溢价投资款应计入D公司的资本公积金,其在法律上属于D公司的财产。

申请人则主张，在本案中，由于估值调整机制的存在，投资款是多退少补的，申请人作为投资人支付的投资款中，除少部分直接进入D公司的注册资本外，多余款项的性质是待定的，待D公司的下一年度业绩确定后再转为D公司的资本公积金或由D公司退还投资人，在此之前，该部分款项虽然在D公司账上，但不属于D公司的财产，实际为其负债，因而申请人行使业绩补偿权利是追偿原本便属于自己，只不过暂时预付在D公司账户的款项，D公司根据估值调整条款应向投资人作退还，并不存在侵犯D公司或其他债权人权益的可能性。

仲裁庭认为，本案申请人溢价投资部分计入D公司资本公积金是有合同和企业会计制度依据的，同时，根据我国2005年《公司法》第168条的规定，股份公司溢价发行股份所得溢价款应当列为公司资本公积金。据此，可以认定，本案申请人溢价投资部分应该计入D公司资本公积金，与其计入D公司注册资本的那部分投资一样，均属于D公司的资产，而不是其负债。这一定性并不因估值调整条款的存在而有所变化。

(2)关于溢价投资款与投资补偿款的关系

仲裁庭认为，尽管如上文所述，溢价投资款应计入D公司的资本公积金，属于D公司的资产，但是溢价投资款与依据本案协议第5.4.1条估值调整安排而应支付的投资补偿款只存在计算上的关系，两者在法律性质上是完全不同的两个概念。尽管从经济上来看，溢价投资款的存在是计算和支付投资补偿款的前提条件，但是在法律上它们是依据不同的合同条款约定而产生并应支付的。溢价投资款是初期投资作价/增资的结果，投资补偿款是后期投资估值调整的结果。溢价投资是当初就确定的，一旦发生，即计入公司资本公积金，属于公司财产；而投资补偿则是事后或有的，构成一项合同债务，且根据被投资公司的利润实现情况，其支付义务人可能是被投资公司(和/或参与估值调整的原股东)，也可能是投资人。因此，尽管溢价投资款和投资补偿款存在经济上的计算关联关系，但两者在法律上是因不同的原因而产生的，其财产属性和会计处理均不相同,两者不能被认定为同一性质或同一笔款项。

当然,正是由于溢价投资款和投资补偿款存在经济上的计算关联关系,再加上金钱的等同品特性,在发生估值调整时,投资市场才采用“多退少补”这个通常说法。其实,所谓的“多退少补”只是从价格计算的角度说的,并不涉及对溢价投资款和投资补偿款的性质认定问题。

仲裁庭认为,不能过分关注投资补偿款与溢价投资款在经济计算上的关联关系,而忽视两者其实是不同的法律概念,财产属性不同,产生的合同依据也不同。溢价投资款在账务上的具体处理——列为公司负债抑或计入公司资本公积金——并不影响投资补偿款的产生、计算和法律上的成立。换言之,如上所述,仲裁庭已经认定,本案协议第5.4.1条估值调整安排条款依法应属有效,支付投资补偿款就构成被申请人的一项义务,被申请人为履行其支付义务,需要向申请人划付一笔款项,至于这笔款项源于公司账务的哪个科目,对接受支付的一方来说,并不影响其权利的成立。因此,溢价投资款的财务处理方式,在本案争议中并无任何法律意义。仲裁庭进而认为,在本案中,申请人是以投资人即本案协议一方主体的身份要求支付投资补偿款的,本案双方有关投资补偿款争议的关键点只在于申请人作为股东取得投资补偿款是否构成违反公司法的强制性规定。

(3)关于支付投资补偿款是否构成侵犯被申请人公司法人独立财产权,违反公司法有关资本维持、资本减少限制的原则

仲裁庭注意到,被申请人主张,申请人的全部投资款在投资后即成为D公司的资产(一部分计入新增注册资本,另一部分计入资本公积金),根据我国《公司法》第3条“公司是企业法人,有独立的法人财产,享有法人财产权”的规定,申请人作为股东应该认可和尊重D公司对其全部资产包括申请人已经投资交付D公司的资金所享有的独立法人财产权利,非经法律认可的方式和原因,不得取得D公司的任何资产。如根据我国2005年《公司法》第178条的规定,公司在需要减少注册资本时,必须编制资产负债表及财产清单,在减少注册

资本决议作出之日起10日内通知债权人,并于30日内在报纸上公告。被申请人认为,依据我国《公司法》的规定,股份有限公司的股东只能通过以下法律途径之一依法取得公司资产:①股东与公司之间开展对价公允、程序严谨、信息透明、合法合理的关联交易;②股东依照我国2005年《公司法》第167条第4款规定的利润分配顺序,依法取得公司分配的股利;③股东在公司清算时依照我国2005年《公司法》第187条规定的公司剩余财产分配顺序,依法取得公司剩余财产;④股东在我国2005年《公司法》第143条规定的法定股份回购的情形下,请求公司回购该股东所持股份。而本案协议第5.4条的约定不属于上述合法途径的任何一种情形。因此,倘若股份有限公司的股东在缺乏明确法律授权的情况下擅自取得公司资产,则必然导致公司资本和资产的减少,均属无效行为。

仲裁庭认为,公司与其股东之间是可以有交易来往、发生金钱支付的,并不能将股东从公司取得资产的行为一概界定为侵犯公司法人的独立财产权。违反公司法有关资本维持、资本减少限制原则的行为,关键不在于公司的财产是否支出或减少,而在于这种支出或减少是否有正当合理的依据,是否必须经过特定的程序。就此,仲裁庭的分析意见如下。

首先,仲裁庭认为,在本案中,申请人要求支付投资补偿款是有依据的,即本案协议第5.4条(准确为第5.4.1条)的规定。而第5.4条是本案双方协商确定的投资估值调整安排,实质是投资交易价款的"多退少补"机制,完全是正当的。仲裁庭还认为,公司作为商业交易主体,基于交易定价调整机制而发生对外支付并导致资产减少是完全正常的,而且在此种情况下,资产减少实质并非对其利益的损害,只是向相对方补偿原先超值收取的价款部分而已,双方之间的交易最终调整到符合双方事先达成一致的公平对价,这是最正当不过的商业行为和交易模式。在这种问题上,公司同其他市场交易主体(包括其股东)完全一样,公司不能仅仅因为该等补偿支付的对象是股东,仅仅以股东取得公司资产为出发点而不考虑实际交易的背景、原因和依据,就一概认定该股东侵犯了公司法人独立财产权,违反了公司法有关资本维持、资本减少限制的原则。

两者之间没有必然的逻辑关系。

其次,仲裁庭注意到,被申请人不仅主张申请人作为股东应尊重被申请人D公司的独立法人财产权利(包括对申请人全部投资价款享有的财产权利),还主张,申请人非经法律认可的方式和原因,不得取得D公司的任何资产。仲裁庭认为,申请人依据本案协议第5.4条(准确为第5.4.1条)规定而取得被申请人D公司资产(投资补偿款)的方式确实不属于被申请人主张的我国公司法项下的股东取得公司资产的任何法律途径之一,即支付投资补偿款不构成一项关联交易(因为此估值调整安排在申请人成为股东之前就已达成),不是股东分配股利,也不是回购交易,更不是分配公司清算之剩余财产。但是,仲裁庭多数意见认为,支付投资补偿款构成一项交易,申请人作为交易主体一方,尽管其拥有投资补偿款支付方即被申请人D公司的股东身份,但其在该交易中的具体身份严格说来并不是股东,而是投资合同即本案协议的一方,协议约定的投资交易是基于合同法的平等主体之间的交易。申请人是基于本案协议约定的投资估值调整而取得被投资企业的资产,而不是基于公司法的规定,以股东身份或因股东身份或通过行使股东权利或滥用股东权利而获取公司资产。因此,公司法项下有关股东取得公司资产的法律途径与本案支付投资补偿款在法律上是无关的两个问题。本案协议项下的申请人与被申请人之间的投资交易包括投资估值的调整安排是在申请人成为被申请人股东之前即已达成的交易安排,性质上应属于非关联交易,而是延续了各方在投资协议中的约定。申请人基于此交易安排直接取得投资补偿款(获得被申请人的资产),完全不需要通过公司法项下有关股东取得公司资产的任何法律途径。退一步讲,即使由于申请人实际获得投资补偿款时已取得股东身份,导致此交易可能被认为是关联交易,也不存在申请人非经合法途径取得被申请人D公司的财产的事实,因为公司与其原有股东也早已通过有关签署本案协议的公司决议及实际签署行为对该关联交易进行了批准或确认。

故此,仲裁庭认定,被申请人用以支持自己的相关主张的法律依据是不正确的,不能成立的;申请人取得支付投资补偿款并不构成侵犯公司法人独立财产权,或违反公司法有关资本维持、资本减少限制的原则。

(4)关于支付投资补偿款是否构成抽逃出资

被申请人主张,本案协议第5.4条约定的支付投资补偿款将直接违反我国2005年《公司法》第36条有关禁止股东抽逃出资的强制性规定。就抽逃出资,最高人民法院《关于适用〈中华人民共和国公司法〉若干问题的规定(三)》[以下简称《公司法司法解释(三)》]第12条以列举加兜底条款的形式,详细列举了抽逃出资的行为,包括:"……(1)将出资款项转入公司账户验资后又转出;(2)通过虚构债权债务关系将其出资转出;(3)制作虚假财务会计报表虚增利润进行分配;(4)利用关联交易将出资转出;(5)其他未经法定程序将出资抽回的行为。"仲裁庭认为,对照上述《公司法司法解释(三)》有关的抽逃出资的5项规定,本案项下支付投资补偿款显然不构成其中的前4项抽逃出资行为的任何一种。因此,要判断支付投资补偿款是否构成法律禁止的抽逃出资行为,关键在于其是否属于上述第5项兜底性约定的范围,即是否构成其他未经法定程序将出资抽回的行为。仲裁庭的理解是,本案支付投资补偿款不应被认定为构成其他未经法定程序将出资抽回的抽逃资本行为。理由分析如下。

首先,如前所述,本案支付投资补偿款是以本案协议(第5.4条的规定)为依据的,支付投资补偿款在交易方面是具有充分合理正当性的。仲裁庭还注意到,被申请人在本案协议第6条"陈述、保证和承诺"中明确陈述和保证,被申请人"已获得了签署并履行本协议的授权,并具有完全法律权利、能力和所有必要的公司授权和批准以达成、签署和递交本协议并完全履行其在本协议项下的义务"。也即,支付投资补偿款应被认为是经过公司批准授权的,是履行了法律要求的必经程序。

其次,尽管从交易方面来看,申请人要求支付投资补偿款实质是要求被申请人退还申请人超额溢价投资的价款部分,但如前文分析,两者在法律性质上完全是不同的两个概念,它们是依据不同的合同条款约定所产生的。溢价投资是期初投资作价的结果,是出资行为;投资补偿是出资后对投资进行估值调整的结果,是补偿行为,是一项或有合同债务,且根据被投资公司的利润实现情况,其支付义务人并不当然是被投资公司,也可能是投资人。支付投资补偿款就是投资人就原先的超值投资行为取得一定的金钱补偿(甚或是投资人就其原先的低估值投资行为而支付一定的金钱补偿),补偿款就是补偿款,与原先的溢价投资款不存在法律意义上的延续性和同一性,因此,溢价投资款和投资补偿款两者不能被认定为是同一性质或同一笔款项,取得补偿和抽回投资是两个不同的概念,不能等同或混同看待。

另外,对于一项抽逃资本的行为,行为人一定有抽逃资本的意图,无视公司独立法人财产权利,虚构交易,故意无对价或低对价地获得公司财产,损害公司的利益。而本案支付投资补偿款是有正当合同依据、真实交易背景和公平对价基础的,申请人只是意在取得投资补偿,显然没有违反法律抽逃资本的意图存在。

综上所述,仲裁庭认为,申请人取得投资补偿款不应被认定为构成一项为法律禁止的抽逃资本行为。

(5)关于支付投资补偿款是否损害公司及其债权人利益

仲裁庭注意到,被申请人主张,支付投资补偿属于申请人滥用股东权利,损害公司利益、债权人利益和未来上市后中小股东的利益的行为。基于这个对赌性条款,如果目标公司对赌失败,将给目标公司带来非正常经营的大额债务,将损害目标公司利益及其背后的利益相关者尤其是债权人的利益;若对赌在目标公司上市后实施,还将损害未来上市公司的中小股东的利益。这违反了根据我国2005年《公司法》第20条的规定,即“公司股东应当遵守法律、行政法规和公司章程,依法行使股东权利,不得滥用股东权利损害公司或者其他股东的利益;不得滥用公司法人独立地位和股东有限责任损害公司债权人的利益”。

申请人则主张,申请人在本案协议缔约前的谈判过程中及协议签订时并非D公司股东,不具备利用股东权利损害公司、其他股东及债权人利益的前提条件。本案估值调整条款不是固定收益条款，而是与目标公司的经营业绩挂钩的，投资人与目标公司之间互相补偿的约定，体现了投资人与目标公司的风险共担。由于被申请人D公司2011年度实现的利润为人民币1.88亿元而不是预期的人民币3.5亿元，投资人实际多预付了将近1倍的购股价款。该多付的投资款应为公司负债，不是公司资产。从民法"不当得利"的角度来说，被申请人取得该超出部分股权款没有法律上的依据，应当返还申请人。因此，申请人根据估值调整而取得投资补偿款并不侵害公司及其债权人的利益。

仲裁庭认为，如前文所述，在本案中，申请人要求被申请人支付投资补偿款，有着真实的交易背景，公平的对价基础，明确的合同依据和事实上的正当合理性。仲裁庭无法认同被申请人主张的支付投资补偿属于申请人滥用股东权利，损害公司利益、债权人利益的观点。被申请人也没有令人信服地提出两者之间存在合理的法律逻辑关系。仲裁庭认为，在商业交易中，交易主体的法律地位是平等的；而且只要有交易，就自然会有利益的变化，或增或减；只要是合法交易，在法律上就无从谈起一方损害另一方。具体在本案中，本案协议的全部相关当事方、利益关联方都是平等利益主体，不涉及国家或公众利益，没有需要法律特殊保护的利益方。申请人依据本案协议的正当约定，要求被申请人支付投资补偿款，是其依据本案协议享有的正当合法权利。由此，仲裁庭认为，申请人依据本案协议约定，要求被申请人支付投资补偿款是正当合理的，不存在也不构成其滥用股东地位。

综上所述，仲裁庭认为，本案协议第5.4条之约定是投资市场常见的估值调整安排，不但具有经济上的正当、公平和合理性，而且该条款约定本身及其履行均不违反我国合同法律、公司法律及其他法律和行政法规的任何强制性规定，因此该条款是合法有效的。

（四）关于被申请人E和被申请人F向申请人支付投资补偿款的责任

申请人主张，依据本案协议第6.1.1条的约定，被申请人E和F作为D公司的实际控制人，保证和承诺D公司有权根据其营业执照、章程或有关批准文件经营其业务,并履行其作为本协议一方的每一项承诺下的所有义务;依据本案协议第6.3.4条的约定,被申请人E和F应尽其最大努力促使所有的承诺和成交条件得到满足。在本案协议签订后,D公司2011年度的净利润远低于其在协议中承诺的利润数额,根据本案协议第5.4.1条的约定,D公司应当向申请人补偿投资款人民币5780余万元。因此,根据本案协议第6.1条的约定,被申请人E和F作为D公司的实际控制人应当与D公司共同向申请人补偿上述投资款。

被申请人则主张,本案协议第6.1.1条是关于主体资格和业务经营的约定,第6.3.4条“D公司和实际控制人应尽其最大努力促使所有的承诺和成交条件得到满足”,属于督促条款、敬业条款,不是责任承担条款,也不属于保证条款,本案协议中没有任何条款约定实际控制人对对赌条款承担保证责任。

仲裁庭认为,本案协议第6.1.1条和第6.3.4条是此类交易文件中常见的就相关主体资格合法、业务合规、信息披露真实完整准确以及有关切实履行合同义务的一般性陈述和保证条款,不构成我国担保法意义上的涉及主从金钱债务关系的保证责任。由此,仲裁庭认为,被申请人E和被申请人F也不负有与被申请人D公司共同或连带向申请人支付投资补偿款的责任。

(五)关于本案协议第5.6条的法律效力

被申请人D公司在本案仲裁反请求中,除要求确认本案协议第5.4条是无效条款外,还要求确认本案协议第5.6条是无效条款。

仲裁庭注意到,本案协议第5.6条“退出安排”包括4个条款,其中,主要是第5.6.1条和第5.6.2条,其核心内容是约定如D公司未能在2013年6月30日前完成公开发行股票并上市,则包括申请人在内的投资人可以要求D公司按年投资收益率单利10%的价款回购投资人的全部或部分股份。被申请人认为这也是对赌安排,且所约定的回购不属于公司法允许的股份回购的法定情形,违反了资本维持原则,是无效条款。

仲裁庭认为,本案协议第5.6条与本案协议第5.4条在性质上有所不同,第5.4条约定的估值调整安排,而第5.6条规定的是D公司未能按期上市时经投资人要求负有回购投资人股份的义务。两者虽然内容不同,但都属于广义的市场俗称的对赌条款范畴。第5.6条规定的回购义务,属于一项附条件的合同义务。

仲裁庭就本案协议第5.4条的效力在上文已有论述,关于本案协议第5.6条的效力问题,仲裁庭认为关键在于如何解读我国2005年《公司法》第143条的规定。该条规定如下:"公司不得收购本公司股份。但是有下列情形之一的除外:(一)减少公司注册资本;(二)与持有本公司股份的其他公司合并;(三)将股份奖励给本公司职工;(四)股东因对股东大会作出的公司合并、分立决议持异议,要求公司收购其股份。公司因前款第(一)项至第(三)项的原因收购本公司股份的,应当经股东大会决议……"由此,仲裁庭认定,首先,我国公司法律并不禁止公司回购股份,相反,明确规定了几种合法的回购情形;其次,虽然仅从文字上看,本案协议第5.6条约定的回购不直接表现为我国2005年《公司法》第143条规定的几种回购情形之一,但是正是由于我国公司法律允许公司回购股份,此等回购约定本身就不应当然被解读或认定为违反公司法律有关公司不得回购其股份的一般性限制规定而无效。相反,仲裁庭认为,本案协议第5.6条约定的回购义务一旦履行,客观上必然最适用我国2005年《公司法》第143条规定的公司为减少注册资本而回购股份的方式,或必然导致我国2005年《公司法》第143条规定的公司为减少注册资本而回购股份的情形发生,即本案协议第5.6条约定的回购是可通过法律规定的和允许的途径实现的。由此,仲裁庭认定,本案协议第5.6条约定的回购义务不仅是有效的,而且在我国公司法律制度项下是行得通的。至于为了实现回购安排,公司应当具体履行哪些决策程序,则是另一回事。

仲裁庭还注意到,本案协议第5.6条在约定回购义务的同时,还约定了回购方应保证按年投资收益率单利10%的标准计算支付回购价格。仲裁庭认为,这一年投资收益率规定虽然使投资有了一定的固定收益色彩,但是它并不足以将本案协议项下的投资性质改变为借贷,投资属性仍然是本案协议项下交易的基本属性;这一年固定投资收益率的规定虽然有"保底条款"的色彩,但只是或许发生的回购安排在实际发生时的定价方式而已,与通常的保底条款有所不同;而且,即使是保底条款,本质上也是商事主体之间意思自治达成的一种风险和利益分配条款,在我国合同法及其他商事法律中并没有禁止保底条款的一般性规定,在实践中也大量存在各式各样的有保底收益的投资产品;另外,客观上,从投资市场的资金成本或正常合理预期的平均收益率看,10%的年化投资收益率是合理的甚至是相对偏低的。由此,仲裁庭认为,依照合同法的基本原则,应该确认,以单利10%的年投资收益率确定回购价格是合法有效的。

综上所述,仲裁庭认定,本案协议第5.6条合法有效。

(六)关于申请人是否违约并给被申请人造成损害

被申请人D公司在本案仲裁反请求中主张,申请人违反本案协议第6.4.5条等的约定及其所作出的承诺,不积极配合、协助上市工作,特别是在明知道中国证监会明文要求拟上市公司取消对赌条款的情况下,拒不配合上市申报工作,反而要求按照对赌条款的约定先确定补偿方案并执行后再配合上市工作(既不签署取消对赌条款的协议也不配合签署其他上市申报材料),导致D公司无法顺利上市申报,直接给D公司造成了损失,应负赔偿责任。D公司因上市而支付的各种费用已达近人民币2100万元,根据本案协议第8.1条的约定,应当由申请人承担。

申请人主张,被申请人并未提供任何证据证明其已经向证监会申请上市申报、上市申报被拒绝、上市申报被拒绝与申请人拒绝清理对赌条款之间存在法律上的因果关系。

仲裁庭认为,在本案中,D公司实现上市是各方的共同目标,申请人与被申请人因本案协议估值调整条款的履行产生争议,与D公司未能及时启动上市申报工作之间存在一定的因果联系。但是,客观地说,申报上市是一项需要各方共同努力积极配合的复杂工作,不尽积极配合义务并不当然构成一项违约行为,而且申报上市和能否实现上市时常还会受到相关当事方原因之外的市场或监管因素的影响。在本案中,造成D公司不能启动上市显然不能简单地归责于申请人坚持要求被申请人按本案协议明确约定支付投资补偿的行为,况且各方必须为约定如此对赌条款而出现的履行争议所带来的后果承担共同责任。因此,仲裁庭认为,不能认定申请人在被申请人的上市工作中存在违约行为或承担违约赔偿责任。

(七)关于申请人的仲裁请求

1. 关于被申请人向申请人支付投资补偿款人民币5780余万元

仲裁庭认为,根据前文所述,由于本案协议第5.4条约定的估值调整安排是合法有效的,因此,仲裁庭对申请人根据该第5.4条约定计算并主张的被申请人D公司支付投资补偿款人民币5780余万元的这一仲裁请求予以支持。但由于被申请人E和被申请人F对被申请人D公司的向申请人支付投资补偿义务并不承担保证责任,仲裁庭对申请人要求的被申请人E和被申请人F与被申请人D公司共同向申请人支付上述投资补偿款的请求不予支持。

2. 关于被申请人支付申请人律师费

鉴于申请人在本案中的主请求成立,并提交了有关律师费用发生的证据,申请人曾于庭审时口头称其律师费为人民币190万元,但鉴于其庭后并未书面变更仲裁请求,因此,仲裁庭对于申请人要求支付律师费的请求予以支持。由于申请人在本案中的主请求仅对被申请人D公司成立,而对被申请人E和被申请人F不成立,因此,被申请人E和被申请人F不应对申请人的律师费承担赔偿责任。

3. 关于被申请人向申请人偿付为办理案件所支出的其他费用人民币10万元

鉴于申请人在本案中的主请求成立,并提交了有关律师费用发生的证据,因此,仲裁庭对申请人的这一请求予以支持。而且,基于上述同样理由,申请人的这一请求仅对被申请人D公司成立。

4. 关于本案仲裁本请求费用

基于前述原因,仲裁庭认为,本案仲裁本请求费用由被申请人D公司全部承担。

（八）关于仲裁反请求

1. 关于请求确认本案协议第5.4条和第5.6条为无效条款，由申请人继续履行股东义务

根据以上分析，仲裁庭认定，本案协议第5.4条和第5.6条并不违反我国公司法等法律和行政法规的禁止性规定，属于有效条款，本案协议有效。

2. 关于申请人赔偿因其违约给被申请人D公司无法申报上市造成的损失近人民币2100万元

仲裁庭认为，鉴于没有证据证明被申请人D公司无法（及时）申报上市应归责于申请人，因此，仲裁庭对被申请人D公司的这一仲裁请求，不予支持。

3. 关于申请人支付被申请人律师费

鉴于被申请人D公司在本案中的主要仲裁反请求不能成立，仲裁庭对被申请人D公司的这一请求不予支持。

4. 关于申请人承担本案全部仲裁费用

鉴于本案申请人的主要仲裁请求成立，而被申请人D公司的仲裁反请求不成立，仲裁庭对被申请人D公司的这一反请求不予支持。仲裁庭认定，本案反请求仲裁费应由被申请人D公司全部承担。

三、裁　　决

综上所述，仲裁庭经合议，以多数意见依法裁决如下：

1. 被申请人D公司向申请人支付投资补偿款人民币5780余万元。

2. 被申请人D公司向申请人支付律师费人民币20万元。

3. 被申请人D公司向申请人偿付为办理案件所支出的其他费用人民币10万元。

4. 驳回申请人的其他仲裁请求。

5. 驳回被申请人D公司的全部仲裁反请求。

6. 本案仲裁本请求仲裁费由被申请人D公司全部承担,该笔费用已由申请人全额预缴,因此被申请人D公司应当向申请人支付,以偿付申请人代其缴纳的仲裁费;本案仲裁反请求仲裁费由被申请人D公司全部承担,该款项与被申请人D公司预缴的仲裁费全额冲抵。

上述被申请人D公司应支付给申请人的款项,被申请人D公司应在本裁决生效后15日内支付完毕。

本裁决为终局裁决,自作出之日起生效。

案例评析

【关键词】

对赌条款;估值调整安排;业绩补偿;股权回购

【焦点问题】

对赌条款的法律效力问题。

【焦点评析】

该案的基本案情是,申请人(投资人)与被申请人(目标公司及其实际控制人)订立有《增资扩股协议》,约定申请人向目标公司增资,目标公司就2011年度的净利润作出相应承诺,若净利润低于承诺利润达一定比例,目标公司应向申请人给予现金补偿;若净利润高于承诺利润达一定比例,申请人应向目标公司进行补偿;若目标公司未能在2013年6月30日前完成公开股票发行并上市,申请人则有权要求目标公司回购相应股权。

其后,目标公司2011年度经审计的净利润未达承诺利润,申请人要求被申请人按照协议约定的计算方式向其支付业绩补偿款。被申请人则认为,业绩补偿条款(第5.4条)以及股权回购条款(第5.6条)均因违反法律(效力性)强制性规定而无效,申请人无权要求其支付业绩补偿款。双方就此未能达成一致,遂申请仲裁。该案仲裁庭于2014年1月作出裁决,支持了申请人的仲裁请求。

现结合该案案情及法律适用焦点问题,评述如下。

在该案中,《增资扩股协议》第5.4条约定了业绩补偿条款,第5.6条约定了股权回购条款,两者虽然内容不同,但都属于广义的市场俗称的对赌条款范畴。

申请人主张以合同法律关系即我国《合同法》判断对赌条款的效力,即只要具备3个基本条件:(1)缔约各方有相应的民事行为能力;(2)合同内容是各方的真实意思表示;(3)合同约定不违反法律(效力性)强制性规定或损害社会公共利益,就是有效的。

而被申请人则主张以公司法律关系即我国《公司法》判断业绩补偿条款(包括对赌条款)的效力,如此,申请人与目标公司"对赌安排"因:(1)违反了我国《公司法》确立的资本维持、限制资本减少原则,涉嫌抽逃出资;(2)违反了我国《公司法》禁止的股东滥用股东地位,损害公司及债权人利益;(3)属于保底或固定收益条款,违反了投资风险共担的原则,而应属无效。

对此问题,仲裁庭认为,投资人与目标公司(包括目标公司实际控制人)达成对赌条款之时,投资人并非目标公司股东,双方之间是基于平等主体地位就投资以及投资之后的调整事宜作出相应安排,因此,双方之间是合同法律关系,应主要适用我国《合同法》审视。尽管投资行为会导致申请人与被申请人之间形成股东与公司的公司法律关系,但并不改变双方之间依据本案协议而建立的合同法律关系性质,故不应以或主要以我国《公司法》审视。当然,这两种法律关系在实际交易执行时确实都会涉及,因此,该案有必要结合两个法律的视角进行分析。

(一)投资人从目标公司取得对赌补偿是否构成侵犯公司法人独立财产权,违反我国《公司法》有关资本维持、限制资本减少的原则?

首先,公司与其股东之间是可以有交易来往以及发生金钱支付的,并不能将股东从公司取得资产的行为一概界定为侵犯公司法人独立财产权,违反我国《公司法》有关资本维持、限制资本减少原则的行为。问题的关键不在于公司的财产是否支出或减少,而在于这种支出或减少是否有正当合理的依据。就对赌条款而言,投资人要求公司支付投资补偿是有合同依据的。公司作为商业交易主体,基于交易定价调整机制而发生对外支付并导致资产减少是完全正常的,就好比货物买卖交易中事后根据货品的实际质量等级或数量与当初合同约定有差异而对合同价格/金额进行调整一样。在此种情况下,公司因对赌而出现资产减少的实质并非其利益受到无端损害,而只是向投资人补偿(退还)原先超额收取的价款部分而已,这是完全公平合理的。公司同其他市场交易主体(包括其股东)完全一样,在进行交易时,双方地位是平等的,交易条件是在自愿公允基础上达成的。在对赌补偿的情况下,股东获得补偿是有前提条件的,即公司业绩不达标,说明原先的作价高了,投资贵了,补偿的对价就是这个超额投资的部分,故其实质也不是无偿的。不能仅仅因为公司对赌补偿的对象具有股东身份,就认定向其支付款项侵犯了公司法人的独立财产权,违反了我国《公司法》有关资本维持、限制资本减少的原则。两者之间其实没有必然的逻辑关系。

其次,股东取得公司财产的原因可能是各式各样的,并不仅限于我国《公司法》规定的几种情形。投资人依据对赌条款而取得公司资产(投资补偿)的方式确实不属于我国《公司法》项下股东取得公司资产的法律途径之一。但是,支付投资补偿构成一项交易,投资人作为交易主体一方,尽管其拥有投资补偿支付方即公司的股东身份,但其此时的具体交易身份并不是股东,而是投资合同一方。投资人是基于投资合同约定的投资估值调整而取得被投资公司的资产,并不是基于我国《公司法》的规定,以股东身份或通过行使股东权利或滥用股东权利而获取公司资产。因此,我国《公司法》项下有关股东取得公司资产的法律途径与投资人依据投资合同对赌条款而获得投资补偿在法律上是不相关的两个问题。投资人与公司之间的投资交易,包括投资估值的调整安排,是在投资人成为公司股东之前即已达成的交易安排,性质上不属于关联交易,而是投资协议约定的投资交易的延续,是投资合同的继续履行行为。

(二)投资人从公司取得补偿是否构成抽逃出资?

首先,向投资人支付投资补偿是以投资协议中的对赌(估值调整)条款为依据的,具有交易合理性和正当性。而且,投资人按投资协议向公司进行投资(增资)是需要经股东会批准的,因此,可以说,支付投资补偿作为整个投资安排的一部分(尽管其发生是有条件的)也是经过公司批准授权的。

其次,尽管从交易角度来看,投资人要求支付投资补偿是要求公司退还投资人当初的部分溢价投资款,且该溢价投资款已计入公司的资本公积金,但是仍不应认定支付投资补偿就是抽逃资本行为。投资人实际要求的是金钱补偿,构成公司的一项对外支付义务,至于其具体资金来源或财务科目性质并不重要。更何况,金钱等同于资产,公司的资金就是公司的金钱财产,二者处于整体混同状态。而且,公司作为独立法人需以自身的全部财产对外承担民事责任,公司对外进行资金支付时,无须也没有任何必要去界定该笔金钱支付的来源、会计科目和属性,特别是从有权要求公司支付的一方来看,更是如此,这就是一个纯粹的支付义务和行为。也即,补偿款就是补偿款,与原先的溢价投资款虽然存在一定的计算关系,但并不存在法律意义上的延续性或同一性,两者不能被认定为是同一性质或同一笔款项,取得补偿和抽回投资是两个不同的概念。由此,投资人要求支付投资补偿与抽逃公司资本之间没有任何法律上的逻辑关系。

此外,构成抽逃资本的行为,行为人一定有抽逃资本的意图,无视公司独立法人财产权利,或虚构交易,或故意无对价或低对价地获得公司财产等,以致损害公司的利益。而支付投资补偿的约定有正当的合同依据、真实交易背景和公平对价基础，投资人只是意在取得其应得的投资补偿，并没有违反法律抽逃资本、损害公司利益的意图存在。

（三）向投资人支付投资补偿是否损害公司及其债权人利益？

其实，如前所述，投资估值调整本质上就是一个交易定价安排。在投资交易中，各交易主体的法律地位是平等的，没有需要法律特殊保护的利益方。投资人依据投资协议的公平约定要求公司支付补偿款，是其正当权利所在，不构成滥用股东权利损害公司、债权人利益的行为。

（四）对赌条款是否违反了"投资领域风险共担"的原则？

可以说，投资领域风险共担不是我国《公司法》确立的刚性原则，甚至都不成为一项法律原则。在一般情况下，我国《公司法》是允许公司股东在章程中对投资收益分配和风险分摊进行具体约定的。上市公司发行优先股的做法，就不属于投资风险共担。广而言之，目前我国金融市场上广义的巨量资产管理业务中就有相当部分含有投资人之间优先劣后的结构性安排，优先级投资人的本金乃至预期收益就是通过次级投资人劣后分配（回收其投资本金及收益）的方式进行保障的，完全谈不上投资风险共担的概念。

再就"对赌安排"而言，在投资人溢价投资的情况下，投资人和原始股东的入股价格本身就不一样，由于溢价因素的存在，同样金额的资金先后投资所占有的股份比例自然是不一样的，利润分配也是按持股比例而不是投资金额大小进行的，因而，对投资人来说，投资共担风险和共享利润的前提基础都不存在。

（五）反向对赌的问题

在实践中，"对赌安排"并不总是单向安排的，有时是双向安排的。该案合同即是这种情况。也就是说，当公司业绩超出预期时，则依据同一个对赌公式计算，补偿义务人就变成了投资人。在这种情况下，公司当然有权要求投资人补偿性支付投资价款，以弥补其实际投资金额的不足。若按照与目标公司对赌无效的观点，怎么解释目标公司此时获得补偿的权利？莫非也要否认目标公司的此项权利？否认的法律依据何在？若承认目标公司的此项权利而否认投资人的此项对应权利，就等于说，在"对赌安排"上，目标公司只能进（款）不能（支）出。在一个普通的商业性投资交易中，目标公司何能获得这样的特殊、不平等的法律主体地位呢？显然，无论从我国《公司法》或是《合同法》的角度来看，都不能得出这种目标公司可以获得补偿而投资人不得获取补偿的结论。

综上所述，投资人与目标公司之间的"对赌安排"并不违反我国《公司法》的相关规定。据此，仲裁庭支持了申请人请求目标公司支付业绩补偿款的仲裁请求，同时，仲裁庭驳回了被申请人（具体为第一被申请人）确认案涉《增资扩股协议》第5.4条、第5.6条无效的仲裁反请求。

【结语】

该案《增资扩股协议》第5.4条约定了业绩补偿安排，第5.6条约定了股权回购安排，均为投资人与目标公司之间的"对赌安排"。投资人（乃至目标公司本身）在要求行使"对赌安排"时，是以投资合同主体一方的身份进行的，投资人的股东身份与此没有任何关联，不宜将我国《公司法》对股东的限制性规定简单地进行套用或扩大适用于此等情形。

总而言之，对赌条款（无论是投资人与目标公司原有股东之间的对赌约定，还是投资人与目标公司之间的对赌约定）是投资市场常见的估值调整安排，已构成投资市场的商业模式和交易惯例，本质上属于商人自治，是商人基于自愿平等协商而处置和调节相互商业利益的约定，具有经济上的正当、合理和公平性，不损害公共利益，且不违反法律、行政法规的强制性规定，理应合法有效。裁判机构应本着尊重当事人在私法领域意思自治的原则对"对赌安排"予以明确支持。

（案例评析人：陶修明）

案例十五　中国A投资管理公司与自然人B、中国C传媒公司股权转让争议仲裁案

中国国际经济贸易仲裁委员会(以下简称贸仲)根据申请人中国A投资管理公司(以下简称申请人)与第一被申请人B(以下简称第一被申请人)和第二被申请人中国C传媒公司(以下简称第二被申请人)于2011年5月签订的《关于中国C传媒公司的增资扩股协议》(以下简称《增资扩股协议》)中仲裁条款的约定,以及申请人于2016年7月向贸仲提交的书面仲裁申请,受理了申请人和第一、第二被申请人因上述合同而产生的本争议案。

一、案　　情

申请人在《仲裁申请书》中称:

2011年5月申请人与第一、第二被申请人签订《增资扩股协议》及《关于中国C传媒公司增资扩股补充协议》(以下简称《补充协议》),约定申请人以溢价增资方式入股第二被申请人,即以现金1680万元(涉案币种均为人民币——仲裁庭注)增资,获得第二被申请人3.5%的股权,其中,175万元作为公司新增注册资本,1500余万元计入公司资本公积金。

《补充协议》同时约定以下内容:第1条"业绩承诺和现金补偿条款"约定,增资完成后,第二被申请人年度经常性净利润指标应当不低于:2011年4000万元;2012年5000万元;2013年6000万元。如第二被申请人在前述任何一个会计年度实际净利润未达到上述指标的90%的,第一被申请人应当在该年度

审计报告出具第10个工作日后30天内按照约定计算方法向申请人给予现金补偿,如未按期支付补偿款的按照10%的年利率换算成日利率后计算,累加计算第一被申请人应当给予申请人的最终补偿金额。第5条“股权回购条款”约定,如果第二被申请人在目标上市日期(A公司增资款到位之日起3年内,即2014年5月25日)之前未能成功上市的,申请人有权要求第一被申请人或第二被申请人回购其持有的全部或部分第二被申请人股份,且第一被申请人和第二被申请人之间对履行股权回购义务互相承担连带责任;该条同时约定,股权回购价格为申请人按照年复利投资回报率10%计算的投资本金和收益之和(包括应分配但尚未支付给申请人的税后股息和红利),如第一被申请人或第二被申请人未按期付清股权回购价款的,每超过一天应将其应予支付的回购价款按照15%的年利率换算成日利率后计算复利。

在协议签订后,申请人按约定支付了全部增资款,并配合第二被申请人办理了工商变更登记手续,获得股东地位,持有第二被申请人股份比例为3.5%。但第二被申请人2011年度、2012年度、2013年度实际净利润指标都未能达到承诺指标的90%,也未能在协议约定日期之前成功上市,故申请人向第一被申请人及第二被申请人发函要求支付未达承诺业绩的现金补偿、履行股权回购义务并支付股权回购款。但第一、第二被申请人违反协议约定,自始至终未向申请人支付任何现金补偿款,也未履行股权回购义务。申请人认为,第一、第二被申请人的行为违反了双方协议约定和诚信原则,严重侵犯了申请人的合法权益。

申请人提出的仲裁请求如下:

1.请求裁决第一被申请人向申请人支付2011年度现金补偿款280余万元及利息近110万元(按照10%年利率标准计算,从2012年7月15日暂计至2016年4月24日,请求计至被申请人实际履行支付现金补偿款义务之日止);

2.请求裁决第一被申请人向申请人支付2012年度现金补偿款近800万元及利息204万余元(按照10%年利率标准计算,从2013年10月4日暂计至

2016年4月24日，请求计至被申请人实际履行支付现金补偿款义务之日止)；

3. 请求裁决第一被申请人向申请人支付2013年度现金补偿款近1090万元及利息190余万元(按照10%年利率标准计算，从2014年7月14日暂计至2016年4月24日，请求计至被申请人实际履行支付现金补偿款义务之日止)；

4. 请求裁决第一被申请人履行回购申请人所持有的第二被申请人全部股份义务，并向申请人支付股权回购款近2330万元及违约金近500万元(以股权回购款为基数，按照15%的年利率换算成日利率后按日计算复利，从2014年12月4日暂计至2016年4月24日，请求计至被申请人实际履行支付股权回购款义务之日止)；

5. 请求裁决第二被申请人对第4项仲裁请求中的股权回购款及违约金承担连带偿付责任；

6. 请求裁决被申请人向申请人支付律师费20万元；

7. 仲裁费、处理费等均由第一、第二被申请人承担。

第一、第二被申请人未出席本案开庭审理，也未提出口头或者书面答辩意见。

申请人在庭审后提交书面《代理词》，就案件事实、《仲裁申请书》中的笔误和裁决依据3项内容，发表以下代理意见。

在案件事实方面，申请人分项说明如下。

1. 第二被申请人的股权变更登记问题。

申请人于2011年5月25日完成投资款转账后，2011年6月17日第二被申请人即完成了增资和股权变更登记，其增资后注册资金达5000万元，其中，申请人出资175万元占股3.5%。以上事实真实存在，有证据予以证明。

(1)2011年增资和股权变更登记后，申请人收到第二被申请人交来的《变更通知书》《章程修正案》《股东大会决议》《验资报告》。

(2)申请人曾向某市市场监督管理局等申请查询第二被申请人工商内档，但均因缺少其同意(实际上第二被申请人已人去楼空，更不会配合查询工作)

而无法查询。

(3)根据2017年4月1日在某市市场监督管理局网站查询的最新的第二被申请人的工商信息,显示申请人对第二被申请人出资175万元,占股3.5%,以上信息与申请人证据4相互印证。申请人另补充提交该官网查询信息作为本案证据材料。

(4)申请人补充提交2017年3月31日从中国E公司查档资料,资料反映申请人持有第二被申请人175万股的事实,在内容上可以印证申请人证据4的真实性和合法性。

(5)申请人证据5所列2012年度和2013年度的《审计报告》均一致记载了第二被申请人的注册资金、股东出资和股权比例,以上内容先后经过两家具有证券从业资格的注册会计师事务所审计,审计过程必定需要审核第二被申请人的出资和股权架构信息,因此,也可印证申请人证据4的真实性和合法性。

综上所述,足以证明第二被申请人增资后注册资金达5000万元,其中,申请人出资175万元,占股3.5%的事实。

2. 关于《补充协议》是否经第二被申请人股东会决议通过的问题。

(1)在签订《补充协议》时,申请人并非第二被申请人的股东,相较该公司和其股东的关系,申请人与第一、第二被申请人之间是一种外部关系,申请人无权利要求第二被申请人提供《补充协议》内容经其股东会决议通过的相关证明,也无义务审查第二被申请人及其当时的法定代表人B(第一被申请人)的签约行为是否经股东会决议通过,且客观上申请人无从得知第二被申请人内部是否召开股东会会议并通过决议。

(2)第一被申请人是第二被申请人的第一大股东、实际控制人和时任法定代表人,其为了吸引投资、实现三方共赢,作为《补充协议》的第一责任人,以个人名义作出业绩现金补偿和股权回购的承诺,是其个人自愿、真实的意思表示,符合利益风险对等原则,其个人行为并不影响第二被申请人作出意思表示或侵害其他股东的权益。

(3)第二被申请人在《补充协议》中同意对第一被申请人的股权回购义务承担连带责任,申请人认为这是一种债务加入而非担保,因为整个补充协议并无保证、担保或第一被申请人不履行的情况下则由第二被申请人承担连带责任的类似表述,推断不出第二被申请人在为第一被申请人提供担保的意思表示,因此,第二被申请人承担连带责任不涉及我国《公司法》关于公司为股东提供担保必须经过股东会决议通过的问题。基于利益风险对等,第二被申请人预先享受溢价资本的同时,对第一被申请人的股权回购义务承担连带责任也属公平合理,而作为债务加入,第二被申请人仅对第一被申请人支付回购款、逾期付款违约金和配合办理股权变更登记手续承担连带责任,申请人与第二被申请人在股权回购连带责任问题上,与第二被申请人的其他普通债权人并无差异,申请人选择第一被申请人回购股权,也不会导致第二被申请人减资,现今也无任何第二被申请人的债权人或股东主张因此权益受损。

综上所述,无论在签订《补充协议》前,协议内容是否经过第二被申请人股东会决议通过,都不影响《补充协议》的法律效力和对三方的法律约束力,也不存在第一、第二被申请人履行相关违约责任的法律障碍。

3. 现金补偿和股权回购的计算方式问题。

(1)现金补偿相关计算方式。

①根据涉案协议,第二被申请人在此轮增资后的估值高达4.8亿元,综合各种因素,增资后3个年度的业绩承诺确定为4千万元、5千万元和6千万元,从条款设计初期来看,这样的承诺也比较合理。

②触发现金补偿的条件并非业绩承诺无法实现,而是实际业绩达不到承诺业绩的90%,即对于申请人来说,即便第二被申请人未能实现承诺业绩,在合理范围内申请人还是风险自担的。

③参照2011年度的审计报告,2011年度实现的经常性净利润是3300余万元,达到预期业绩的逾83%,仅差200多万元就能达到预期业绩的90%,而且增资发生在2011年5～6月,可见第二被申请人虽未能达到预期业绩,但在增

资后半年内就能实现上述业绩,其发展潜力还是值得期待的,当初所作的递增式业绩承诺也是公平和理性的。

④现金补偿公式实际是对未能实现的那部分预期业绩所占预期业绩的比例相应投资额进行补偿,即投资额的调整合法合理,而逾期履行现金补偿义务的违约金,按年利率10%计算利息也不违反法律规定。

(2)股权回购相关计算方式。

①第二被申请人在此轮增资后的估值高达4.8亿元,这也是申请人对投入1680万元获得3.5%股权的预期估值,而比此更吸引申请人的,是第二被申请人成功上市后所获得的股权增值,这将远远大于申请人持股收取红利所获得的收益,也即申请人与第一、第二被申请人对此次投资的期待值都是相当高的。

②三方共同约定了10%的年复利率,也是考虑前述投资期待值的问题,即第一、第二被申请人所承诺业绩和上市条件、申请人对投资资金的收益期待值及第一、第二被申请人对未能实现承诺的风险都是相互匹配的。

③申请人的增资款是一种投资而非借贷,无法用计算贷款利息的方式去考量投资预期收益,而当其作为一种投资时,在每一个投资年度结算收益的同时,可以将收益转为资金继续投入,因此,计算年复利率也是具有合理性的。

④对于逾期回购的违约金,可以作一个简单的对比,采用年复利率15%的方式对比采用固定年利率24%的方式,在逾期的前期违约金较少,后期违约金逐渐递增甚至超过逾期利息损失,也是遵从违约严重程度来进行考量,比如,按逾期3年计算,采用年复利率15%计算,违约金约为计算基数的52%,而按固定年利率24%,违约金则为计算基数的72%,因此,逾期违约金的计算并没有过高,也是合法合理的。

在笔误方面,申请人就《仲裁申请书》的"事实与理由"部分第一段最后一句的笔误,作以下更正说明:"1500万元计入公司资本公积"更正为"1500余万元计入公司资本公积。"

在裁决依据方面,申请人作出如下说明。

1.《增资扩股协议》及其《补充协议》的效力。

(1)《增资扩股协议》及相应《补充协议》是经过三方长时间的充分交涉磋商,特别是在第一、第二被申请人作出相应承诺的前提下所达成的合意,是三方自由、真实意思表示的体现,协议内容不存在我国《合同法》第52条规定的合同无效情形,也无《合同法》第54条规定的可撤销情形,因此,上述协议合法有效,对各方均有法律约束力,各方均应遵照履行。

(2)涉案协议中的业绩现金补偿条款和股权回购条款,其本质是投资行业中的一种"估值调整机制",而其法律性质是我国《合同法》中的违约金条款。其作用之一,是调整对目标企业的估值,作用之二,是激励目标企业的控股股东和管理层达成业绩承诺。即申请人投资第二被申请人,股东红利虽是应得收益,对申请人来说,更重要的是第二被申请人上市后所带来的股权增值,而这也是三方能达成现金补偿和股权回购条款的基础。第一、第二被申请人在提前享受了申请人预先支付的溢价投资款的同时,也应承担相应的合同责任风险,当第二被申请人无法实现业绩和上市时,申请人势必要对第二被申请人进行重新估值并予以补偿已投入的投资损失,必要时还可申请第一被申请人回购股权。第一被申请人以个人名义承担现金补偿和回购股权风险,合法合约合理,第二被申请人自愿为第一被申请人的股权回购义务和逾期回购违约金承担连带责任,合法合约合理。综上所述,上述条款对两名被申请人均有法律约束力,申请人的相应仲裁请求合法有据。

2.两名被申请人未能兑现承诺事项。

根据证据所证明的事实,申请人已依约完成了投资款付款义务,第二被申请人也相应完成了股权变更登记义务,此后第一、第二被申请人依约应完成的义务:(1)2011年度至2013年度实现经常性净利润的承诺;(2)2014年5月25日之前完成第二被申请人上市。但事实是(1)根据具有证券从业资格的3家中国会计师事务所分别出具的第二被申请人2011年度至2013年度的审计报告,3年的经常性净利润均达不到业绩承诺的90%;(2)第二被申请人至今都未能实现公司上市。因此,根据协议约定,现金补偿和股权回购的触发条件已经成就,第一被申请人应当对申请人进行现金补偿和回购股权,第二被申请人依约对第一被申请人的股权回购义务承担连带责任。

3. 逾期补偿和逾期回购的利息问题。

根据上述意见,第一被申请人理应承担现金补偿和股权回购的合同责任,而《补充协议》对现金补偿和股权回购都明确约定了履行期限和逾期履行的违约条款,因此,第一被申请人逾期作出现金补偿和回购股权,申请人依约可计付违约金。第二被申请人自愿对逾期回购股权的责任承担连带责任,亦合法合约。

4. 律师费。

申请人为本次仲裁委托律师进行代理,所签订的委托代理合同合法有效,费用计算符合律所当地收费标准,且申请人仅主张前期已实际发生的律师费20万元,故此费用当属合理费用,根据2015年1月1日起施行的《中国国际经济贸易仲裁委员会仲裁规则》第52条的规定,在申请人胜诉的情况下,以上律师费应由第一、第二被申请人进行补偿。

申请人提交的主要证据,依照所称的证明目的,可分为如下7组。

1. 第一组证据,即证据1和证据2,分别为申请人与第一、第二被申请人签订的《增资扩股协议》和《补充协议》。申请人之证明目的是,申请人以1680万元增资,获得第二被申请人3.5%股权,并就双方权利、义务、责任和争议管辖方式作出约定。

2. 第二组证据,即证据3和证据4,分别为工商登记资料和银行转款凭证,证明目的是,申请人已向被申请人支付1680万元,并办理相关股权变更登记。

3. 第三组证据,即证据5,为第二被申请人2011年、2012年和2013年审计报告,证明目的是,第二被申请人在2011年至2013年的净利润指标未达到业绩承诺和现金补偿条款的要求,第一被申请人应承担现金补偿责任。

4. 第四组证据，即证据6、证据7和证据8，分别为履行现金补偿义务的函、履行股份回购义务的函和公证书，证明目的是，申请人自2013年至今持续向被申请人发函，要求其履行现金补偿和股份回购义务。

5. 第五组证据，即证据9和证据10，分别为民事委托代理合同和律师费发票，证明目的是，申请人已委托律师代理本案并支付律师费，该费用应由被申请人承担。

6. 第六组证据，即证据11，为征询函。证明目的是，申请人列为证据的审计报告系D会计师事务所某分所出具的真实可信的审计报告，第二被申请人自2011年至2013年的净利润指标未达到协议约定，第一、第二被申请人应予补偿。

7. 第七组证据，证据12、证据13和证据14，分别为第二被申请人股东信息、2011年6月17日工商变更事项以及股权托管查询，证明目的是，申请人在第二被申请人注册资本中出资175万元，出资比例为3.5%。

申请人在庭审中出示了证据1、证据2、证据7、证据8、证据9、证据11的原件；出示了证据4中第二被申请人的公司章程，以及证据5中2012年和2013年审计报告的原件；未出示证据3、证据6、证据10的原件，未出示证据4中公司章程以外的原件，未出示证据5中2011年审计报告原件。被申请人未出席庭审，也未就证据材料发表意见。

二、仲裁庭意见

仲裁庭将在概括本案基本事实的基础上，先分析《增资扩股协议》和《补充协议》的性质和效力，再分别阐释有关股份回购及现金补偿的约定事项，最后回应了申请人提出的各项仲裁请求。

（一）本案基本事实

1. 2011年5月双方当事人签订《增资扩股协议》。

《增资扩股协议》包含当事人条款、“鉴于”条款以及13条正文条款。当事人条款载明，第一被申请人在第二被申请人中持股比例为逾41.6%。“鉴于”条款载明，协议各方一致同意申请人对第二被申请人增资1680万元，购买其新发行的175万股，本次增资完成后，第二被申请人总股本5000万股，其中，申请人占公司股份比例为3.5%，其余新增股权由其他投资人认购。《增资扩股协议》正文共13条，分别为定义和解释（第1条），关于C公司（第2条），本次增资扩股（第3条），出资的先决条件和交割（第4条），本次增资的其他相关约定（第5条），陈述、保证和承诺（第6条），反商业贿赂条款（第7条），公司治理（第8条），保密和不可抗力（第9条），违约责任和赔偿（第10条），协议的解除（第11条），争议的解决（第12条），协议生效及其他（第13条）。在《增资扩股协议》签字页上，有申请人和第一、第二被申请人的签章。

2.2011年5月双方当事人签订《补充协议》。

《补充协议》含当事人条款、“鉴于”条款和9条正文条款。“鉴于”条款载明：本补充协议作为《增资扩股协议》的补充协议。正文条款分别为业绩承诺和现金补偿（第1条）、优先认购权（第2条）、股权转让和出售（第3条）、公司上市（第4条）、股权回购（第5条）、清算优先（第6条）、丙方（第一被申请人，下同——仲裁庭注）的其他承诺、保证（第7条）、特别约定（第8条）、其他（第9条）。

第1.1条（业绩承诺）载明，本次增资完成后，甲方（第二被申请人，下同——仲裁庭注）应达到以下财务指标（年度保证净利润），否则将按本补充协议下的约定对乙方（申请人，下同——仲裁庭注）进行现金补偿：（1）2011年度甲方的经常性净利润不低于4000万元；（2）2012年度甲方的经常性净利润不低于5000万元；（3）2013年度甲方的经常性净利润不低于6000万元。

第1.2条（现金补偿）载明，基于前述业绩承诺，丙方向乙方作出现金补偿承诺：若经投资人认可的具有证券从业资格的会计师事务所审计，甲方在前述任何一个会计年度的年度实际净利润未达至前述承诺数额的90%，则丙方将在该年度审计报告出具第10个工作日后10天内给予乙方现金补偿。现金补偿计算公式:投资人实际投资金额×(1－该年度实际经常性净利润/该年度年度保证净利润),上述结果应当基于中国会计准则并经投资人认可的具有证券从业资格的会计师事务所审计。

第5.1条(乙方的股权回购权)载明,如遇下述情形,乙方有权要求丙方回购其持有的公司全部或部分股份,甲方和丙方应予配合执行:(1)如果公司在目标上市日期前未能成功上市;(2)公司2011年度实际经常性净利润未能达到年度保证利润的70%;(3)公司的现有核心业务发生重大变化;(4)公司与其关联公司进行有损于投资人的交易或担保行为;(5)若公司不能合格上市或公司已满足乙方认可的证券交易所的发行上市条件,而甲方或丙方不同意进行首次公开发行;(6)公司被托管或进入破产程序。第5.2条载明的回购价款计算公式:投资人出资数额(1＋10%)×n－公司历年累计向投资人实际支付的股息、红利,其中,n＝投资年数,投资年数按照实际投资天数除以365计算。

第5.5条载明,若乙方选择丙方回购股份的,丙方应在收到"股份回购"的书面通知当日起6个月内付清全部回购价款。超过上述期限不予回购或未付清回购价款的,每超过1天应将其应予支付的回购价款按照15%的年利率换算成日利率后计算复利。

第5.6条载明,甲方和丙方之间对乙方实现本《补充协议》中约定的所有回购情形下所有权益互相承担连带责任。

3.2011年5月25日申请人通过银行网络转账系统,向第二被申请人付款1680万元。该数额与《增资扩股协议》约定的认购款金额一致。

4.2011年6月14日第二被申请人形成《中国C传媒公司章程修正案》。根据该修正案,第二被申请人注册资本从4200万元增至5000万元,股东从原来的41名增至46名,其中,申请人以现金形式认购175万股股份,占第二被申请人注册资本的3.5%。

5.2011年6月根据某市市场监督管理局商事主体登记及备案信息查询单(网上公开)所载"中国C传媒公司2011年6月的变更事项",第二被申请人变更后实收资本为5000万元，申请人持有175万股股份，占第二被申请人股份总额的3.5%。

6. 中国E公司出具的《股权托管查询》显示，申请人持有的第二被申请人股份之到账时间为2012年9月27日。2017年4月1日打印的“中国C传媒公司的股东信息”显示，申请人系第二被申请人股东，持股股份数量为175万，持股比例为3.5%。

7.《中国C传媒公司2011年度财务报表审计报告》复印件载明，第二被申请人2011年度净利润为3520余万元。《中国C传媒公司2012年度申报财务报表之审计报告》载明，第二被申请人2012年度净利润为3060余万元；该审计报告另载明，2012年8月公司股东会通过决议，按全部股东每10股送1.5元红利，总计发红利金额为750万元(含税)。D会计师事务所某分所《中国C传媒公司2013年度财务报表审计报告》载明，第二被申请人2013年度净利润为2620余万元。

8. 2013年8月9日申请人向第一被申请人发出《关于要求中国C传媒公司之第一大股东履行现金补偿义务的函》。申请人提供的该函件是复印件，鉴于申请人称原件已发给第一被申请人，仲裁庭认为，函件发送人将原件发送给收件人后，自然无法保留函件的原件；相应地，申请人提供函件复印件作为本仲裁案证据，且与其他证据之间没有冲突，符合交易习惯，应予采信。

9. 随后，申请人向第一、第二被申请人发出《关于要求中国C传媒公司及B先生履行股份回购义务的函》(打印日期为2014年7月18日)，向第一、第二被申请人提出行使回购权的要求，并列明回购价款的总额及起算起止期间等；第一被申请人在签收该函件时，加注了“该函已收悉。具体事宜另行协商。自然人B 2014年9月3日”字样。

10. 2015年7月广东省某市公证处出具的《公证书》载明，申请人于2015年6月在公证处，通过拨打中国邮政客服电话的方式，向第一、第二被申请人快递寄送了《关于要求中国C传媒公司及B先生履行股份回购义务及履行现金补偿义务的敦促函》,要求第一被申请人支付补偿款及利息,要求第二被申请人对第一被申请人履行股份回购义务承担连带责任等。

11. 2016年6月7日申请人与F律师事务所签订《民事委托代理合同》。申请人于该日及2016年8月10日,分两笔向F律师事务所支付法律服务费,总计20万元。

综上所述,申请人在与第一、第二被申请人签订《增资扩股协议》和《补充协议》以后,向第二被申请人缴纳出资1680万元现金,认购了其175万股股份(相当于第二被申请人注册资本的3.5%)。申请人认为,根据3份审计报告,第二被申请人于2011年、2012年和2013年实现的实际净利润低于各方约定的数额,第二被申请人未如期上市,第一、第二被申请人应当按照《增资扩股协议》和《补充协议》,向其承担支付补偿款和回购股份等责任。

(二)《增资扩股协议》和《补充协议》的效力

双方当事人于2011年5月签订《增资扩股协议》及《补充协议》,申请人、第一被申请人和第二被申请人均在《增资扩股协议》及《补充协议》上签字或盖章。

仲裁庭认为,《增资扩股协议》和《补充协议》的缔约目的有所不同。《增资扩股协议》缔约目的在于使申请人取得第二被申请人股份;《补充协议》的缔约目的则在于使申请人退出第二被申请人,以及获得第一、第二被申请人提供的现金补偿等。由此可知,各方当事人履行《补充协议》系以《增资扩股协议》履行完毕作为基础或者前提。申请人仅在依照《增资扩股协议》持有第二被申请人的股份以后,才能在满足《补充协议》约定的条件下退出第二被申请人或者获得现金补偿。

1.《增资扩股协议》的效力。

《增资扩股协议》系由申请人与第一、第二被申请人共同签署,主要内容是申请人向第二被申请人出资1680万元,溢价认购第二被申请人发行的175万股股份。由于股份认购发生在申请人和第二被申请人之间,与作为第二被申请人股东的第一被申请人并无直接关系，即使第一被申请人未在《增资扩股协议》上签字，也不影响《增资扩股协议》的成立和效力。根据某市市场监督管理局商事主体登记及备案信息查询单（网上公开）所载“中国C传媒公司2011年6月的变更事项”，第二被申请人已于2011年6月完成工商变更登记，变更后的实收资本为5000万元，其中，申请人持有其中的175万股股份，占第二被申请人股份总额的3.5%。在申请人提交的第二被申请人章程中，载有申请人持有第二被申请人175万股股份的内容，其内容与某市市场监督管理局商事主体登记及备案信息查询单的记载一致。由于当事人没有主张《增资扩股协议》无效，仲裁庭没有发现导致《增资扩股协议》无效的法定事由，仲裁庭在此认定《增资扩股协议》合法有效且已履行完毕。

2.《补充协议》的效力。

《补充协议》同样由申请人、第一被申请人和第二被申请人共同签订，《补充协议》除载有第二被申请人上市及上市前再融资时的优先认购权等事项外，还约定在第二被申请人未如期上市或者未达到约定的财务指标时，第一被申请人同意依约向申请人提供现金补偿，特别约定申请人有权要求第一被申请人或第二被申请人回购申请人持有的股份，及第二被申请人在第一被申请人回购股份时承担的连带责任。

仲裁庭注意到，申请人提出仲裁请求的主要依据是《补充协议》的相关约定，尤其是《补充协议》第1条（业绩承诺和现金补偿）和第5条（股权回购）的约定。

(1)《补充协议》第1条的效力。

根据《补充协议》第1条的约定，在第二被申请人未能达到约定的财务指标时，第一被申请人应向申请人支付现金补偿。该条款约定的权利主体是申请人，义务主体是第一被申请人，即该条款在性质上系第一被申请人向申请人作出的现金补偿承诺，不直接涉及第二被申请人。仲裁庭认为，在《增资扩股协议》履行完毕后，申请人和第一被申请人均为第二被申请人的股东，股东之间就现金补偿作出约定,不违反法律和行政法规的强制性规定,仲裁庭没有发现导致该条款无效的法定事由,在此认定《补充协议》有关业绩承诺和现金补偿的约定条款有效。

(2)《补充协议》第5条约定的"股权回购"的效力。

根据《补充协议》第5条的约定,在满足约定的条件下,申请人有权要求第一被申请人或者第二被申请人回购其持有的股份,第一、第二被申请人就申请人回购股份事宜承担连带责任。仲裁庭认为,申请人要求第一被申请人回购股份,虽然采用了"股份回购"的说法,在性质上却属于公司股东之间的股份转让;当申请人要求第二被申请人回购股份时,在性质上才属于我国《公司法》第142条所称的公司"收购本公司股份",并应当遵守股份回购的特殊规定。

在本仲裁案中,申请人要求第一被申请人回购其持有的第二被申请人股份,未要求第二被申请人回购申请人持有的股份,因而,本仲裁案仅涉及第二被申请人股东之间的股份转让事宜,不涉及公司"收购本公司股份"事宜。仲裁庭认为,申请人和第一被申请人签订《补充协议》,自愿商定转让申请人持有的、第二被申请人发行在外的175万股股份,该约定符合我国《公司法》第137条和第138条的规定。与此同时,申请人没有主张《补充协议》第5条无效,仲裁庭没有发现导致《补充协议》第5条无效的法定事由,在此认定《补充协议》第5条关于股份回购的约定条款合法有效。

(3)《补充协议》第5条约定的"连带责任"的效力。

仲裁庭注意到,申请人根据《补充协议》第5.6条关于"甲方和丙方之间对乙方实现本《补充协议》中约定的所有回购情形下的所有权益互相承担连带责任"的约定,要求第一被申请人回购其持有的股份,并同时要求第二被申请人就申请人应付"股权回购款及违约金承担连带偿付责任"。上述约定采用了"承担连带责任"的词语,其核心内容是,第二被申请人应当在符合约定条件的情形下向作为公司股东的申请人支付一定数额的款项。

仲裁庭认为,公司承诺在一定条件下向股东支付一定数额的款项,该承诺本身不当然违反法律和行政法规的强制性规定。但公司向股东实际支付款项,必然导致公司资产和净资产的实质减少,从而降低公司对债权人的偿付能力。因而,公司在向股东实际支付约定的款项前,应当参照公司减少注册资本的规定,履行公司内部的决议程序,并采用适当方式告知公司债权人。非经公司内部决议程序并告知公司债权人,公司不得向股东实际支付承诺的款项。就此而言,《补充协议》第5条关于第二被申请人承担连带责任的约定,并不违反法律和行政法规的强制性规定,但该承诺的履行或者能否兑现,则有待第二被申请人先行完成内部决议程序并告知债权人。鉴于各方当事人签订《补充协议》时,不存在第二被申请人向申请人实际支付款项的问题,其时,即使第二被申请人未履行内部决议程序或者未告知第二被申请人的债权人,均不影响《补充协议》第5.6条的效力。

3.小结。

本案当事人未提出《增资扩股协议》和《补充协议》无效的意见,仲裁庭未发现导致《增资扩股协议》和/或《补充协议》无效的法定事由,仲裁庭认定《增资扩股协议》和《补充协议》合法有效,各方当事人应当履行约定的义务。

第二被申请人在向申请人实际支付承诺的款项前,应当事先履行内部决议程序并告知公司债权人。在第二被申请人签订《增资扩股协议》和《补充协议》时,尚不存在向申请人实际支付款项的问题,第二被申请人无须事先履行内部决议程序或者告知公司债权人。相应地,第二被申请人在签订《增资扩股协议》或《补充协议》时尚未履行内部决议程序或告知公司债权人,不影响《增资扩股协议》和《补充协议》的有效性。

(三)关于现金补偿款和回购价款的协议条款

在本仲裁案中,申请人要求第一被申请人支付现金补偿,又要求第二被申请人就回购价款承担连带责任。仲裁庭认为,在《补充协议》同时约定现金补偿条款和支付回购价款的情况下,应当就两者关系予以阐释,以决定两者可否并存。

1. 关于现金补偿款的协议条款。

申请人的前3项仲裁请求(以下合称第一组仲裁请求),均指向现金补偿款,主要合同依据是《补充协议》第1条。仲裁庭注意到,《补充协议》在第1条(业绩承诺和现金补偿)的标题下,以“业绩承诺”(第1.1条)和“现金补偿”(第1.2条)两项条款分别作出约定和记载。

(1)《补充协议》第1.1条(业绩承诺)的性质。

《补充协议》第1.1条(业绩承诺)载明的内容是,“丙方向乙方保证:1)本次增资完成后,甲方应达到以下财务指标(年度保证净利润),否则将按本《补充协议》下的约定对乙方进行现金补偿:a)2011年度甲方的经常性净利润不低于4000万元人民币;b)2012年度甲方的经常性净利润不低于5000万元人民币;c)2013年度的甲方经常性净利润不低于6000万元人民币……”。

仲裁庭注意到,《补充协议》第1.1条采用了第一被申请人向申请人保证第二被申请人达到约定财务指标的表述,而没有载明第二被申请人向申请人保证其达到约定之财务指标的内容。仲裁庭认为,该条款在文义上,不应当解释为第二被申请人向申请人作出保证。主要原因在于,第二被申请人系独立于申请人和第一被申请人的法人组织,其经营效果好坏(无论达到或未达到某种财务指标),与作为第一大股东的第一被申请人有关,与其他多种内部、外部的复杂因素有关,甚至不排除与持有第二被申请人3.5%股份的申请人有某种关系,因此,该条款的实质含义是,第一被申请人应当促成但无法保证第二被申请人一定实现《补充协议》约定的财务指标。

仲裁庭认为,股份发行遵循市场定价的法则。按照股份定价的通常做法,申请人同意支付较高或较低的认购价款,与第二被申请人的盈利状况存在高度关联性。假如第二被申请人增资至5000万元后,2011年度、2012年度和2013年度分别达到净利润4000万元、5000万元和6000万元,就相当于第二被申请人所持每股利润分别达到0.8元(计算公式:4000万元净利润/5000万股)、1元(计算公式:5000万元净利润/5000万股)和1.2元(计算公式:6000万元净资产/5000万股)。假如第二被申请人增资至5000万元后,相关年度之净利润低于约定数额,相当于申请人支付的认购价款过高。

就此而言,《补充协议》第1.1条(业绩承诺)记载的、第一被申请人向申请人承诺第二被申请人达到约定的年度财务指标,是第一被申请人向申请人承诺其支付的认购价款物有所值,所谓的第二被申请人应达到的年度财务指标,是衡量申请人所付认购价款是否物有所值的一种财务计算方式,不涉及第二被申请人承诺的问题。

(2)《补充协议》第1.2条(现金补偿)的性质。

《补充协议》第1.2条(现金补偿)第(1)项载明,"基于本《补充协议》1.1条的业绩承诺,丙方向乙方作出以下现金补偿承诺:a)若经投资人认可的具有证券从业资格的会计师事务所审计,甲方在前述任何一个会计年度的年度实际净利润未达至前述第1.1条承诺数额的90%,则丙方将在该年度审计报告出具第十(10)个工作日后三十(30)天内给予乙方现金补偿……"。

从上述约定的文义来看,第一被申请人同意在第二被申请人未实现第1.1条所载业绩承诺时,按照一定条件向申请人给予现金补偿。仲裁庭认为,《补充协议》第1.2条关于现金补偿的约定,系第一被申请人与申请人之间自愿达成的,在第一被申请人和申请人之间产生约束力,与第二被申请人应否承担责任无关;第一被申请人即使依照约定条件向申请人支付现金补偿,不涉及第二被申请人或其债权人的利益,该约定合法有效。

(3)现金补偿的触发条件和计算公式。

根据《补充协议》第1.2条第1项a)款的约定,现金补偿的触发条件,即第一被申请人向申请人给予现金补偿的条件有二:一是经由投资人(申请人)认可的具有证券从业资格的会计师事务所审计并出具审计报告;二是第二被申请人在2011~2013年任何一个年度的年度实际净利润未达到第1.1条承诺数额的90%。即在该3个年度内,只有当第二被申请人的实际年度净利润分别低于3600万元(4000万元×90%)、4500万元(5000万元×90%)和5400万元

(6000万元×90%)时,第一被申请人应当向申请人给予现金补偿。

反观《补充协议》的第1.2条第(1)项和b)款,其约定的是应予补偿之现金的计算公式,即"现金补偿=投资人实际投资金额×(1-该年度实际经常性净利润/该年度年度保证净利润)"。仲裁庭注意到,在上述计算公式中,直接采用实际经常性净利润或年度保证净利润的概念,而没有将第1.2条第(1)项和a)款所列之"90%"带入计算公式。

鉴于《补充协议》第1.2条第(1)项之a)款和b)款采用了不同的表述,根据《合同法》第125条关于文义和体系解释的规定,仲裁庭认为,《补充协议》第1.2条第(1)项之a)款所约定的,是现金补偿的触发条件;第1.2条第(1)项之b)款所约定的,是现金补偿的计算公式。由此可知,在确定现金补偿之触发条件时,需要满足《补充协议》约定的年度净利润之90%的要求,在计算现金补偿的金额时,则应当依照年度实际净利润情况予以确定。

2. 关于回购价款的协议条款。

申请人的第4项、第5项仲裁请求(以下合称第二组仲裁请求),均指向股权回购,主要合同依据是《补充协议》第5条关于"股权回购"的约定。仲裁庭注意到,第5条在用语上同时使用"股权"和"股份"的词语,考虑第二被申请人系股份有限公司,股份才是法定称谓,本裁决书除在引文中使用"股权"的术语外,在其他场合,均采用"股份"的术语。

根据《补充协议》第5条第1款的约定,在满足约定的条件时,申请人有权依法要求第二被申请人或者第一被申请人回购申请人持有的全部或部分股份;此外,该条第2款约定了回购价款的计算公式,第6款约定了第一被申请人和第二被申请人的连带责任,其他条款还就利息等作出约定。

(1)回购义务人及回购触发条件。

根据《补充协议》第5.1条"在遇有以下情形,乙方在不违反中国法律法规的前提下,有权要求公司或丙方回购期持有公司的全部或部分股份……乙方有权在知晓下述任一情形发生后立即提出回购要求,甲方和乙方应予以配合执行:a)如果公司在目标上市日期之前未能成功上市……f)公司被托管或进入破产程序”的约定,各方约定的回购义务人和回购触发条件是清楚的。该条款采用了申请人“有权要求公司或丙方”的表述。换言之,申请人既可以请求第一被申请人回购其持有的股份,也可以要求第二被申请人回购其持有的股份。又根据该条款,只要出现a)项至f)项中的任何一种情形,申请人均有权提出回购股份的要求。

(2)回购价款的计算。

《补充协议》第5.2条约定的回购价款计算公式是“回购或受让总价款=投资人出资数额×(1+10%)×n-公司历年累计向投资人实际支付的股息、红利”;“其中,n=投资年数,投资年数按照实际投资天数除以365计算”。仲裁庭认为,上述计算公式是清楚的,在计算回购价款时,应予遵循。

3. 现金补偿与回购价款的关系。

如前所述,申请人在第一组仲裁请求中,要求第一被申请人向其支付现金补偿款;在第4项仲裁请求中,另要求第一被申请人承担回购责任,在第5项仲裁请求中,则要求第二被申请人就回购价款承担连带偿付责任。仲裁庭认为,现金补偿和支付回购价款之间在数额和目的上是存在矛盾的,不应同时支持申请人要求现金补偿和支付回购价款的两组请求,但申请人有权提出对其相对有利的主张;在申请人表述不明时,仲裁庭有权根据申请人的仲裁目的作出判断。

(1)现金补偿和支付回购价款在数额上的重叠。

基于承诺业绩之实现情况而向申请人予以现金补偿,目的在于根据第二被申请人的实际业绩状况,调整对第二被申请人的估值。本案当事人在商定新股认购价款时,系以第二被申请人未来可以达到约定的经营业绩为假设前提,即第二被申请人2011年、2012年和2013年的净利润应当分别达到4000万元、5000万元和6000万元。若第二被申请人实际完成的净利润低于该约定的净利润,则表明申请人原来支付的股份认购价格较高。第一被申请人承诺给予现金补偿,相当于同意根据第二被申请人实现的较低业绩,适当调低对第二被申请人的估值,使申请人能以较低的合理价格继续持有第二被申请人股份,从而达到“退还多支付的认购款”之目的。

仲裁庭认为,如果第一被申请人或者第二被申请人向申请人退还了部分认购款,则相当于实际调整了约定的认购价格,申请人持有股份的价格已经达到各方认可的合理水平,申请人的出资风险已经有所调低。在此前提下,如果申请人仍然要求第一被申请人或者第二被申请人按照申请人最初缴纳的认购款或投资额计算股份回购价款,相当于申请人获得了重复补偿。具体而言,申请人若已获得《补充协议》约定的现金补偿,所称“投资人实际投资金额”将有所降低,此时,若仍以申请人最初缴纳的认购款作为“投资人出资数额”,并以此作为计算回购价款的计算基数,即构成了重复计算和补偿。

(2)现金补偿和支付回购价款在目的上的冲突。

申请人的第一组仲裁请求是,要求被申请人履行《补充协议》项下的现金补偿义务,但申请人之股东身份和地位并不因此等补偿而受到任何影响。换言之,申请人将继续持有第二被申请人的股权,并保持其股东身份不变,因此,可以说,业绩补偿属于《补充协议》继续存在情况下的履行协议行为,实质上是根据目标公司实际实现利润与预期承诺利润之偏差程度而对其当初投资入股的价格进行调整,以确保实现合理的投资条件并继续作为股东。申请人的第二组仲裁请求,即要求回购股权并支付回购款,是申请人要求退还所持有的第二被申请人的股份,不再拥有股东身份,其实质相当于解除《补充协议》,而且回购价格计算时已经包含全部投资资金的合理成本,若在回购同时再给予业绩补偿,在经济利益上构成不应有的重叠保障和利益。

简而言之,申请人的第一组仲裁请求追求的是《增资扩股协议》的继续有效存在并保持股东身份不变,第二组仲裁请求追求的则是解除《增资扩股协议》,申请人将不再作为第二被申请人的股东。显然,这两组请求之间是相互矛盾的,无法竞合,在利益计算方面也是冲突重叠的。仲裁庭认为,申请人的第 1 项、第 2 项、第 3 项仲裁请求与第 4 项仲裁请求不能同时获得支持。

鉴于申请人已在第4项仲裁请求中明确提出要求回购股权、退出公司，仲裁庭无法支持申请人在第一组仲裁请求中提出的获得现金补偿的请求。仲裁庭之所以对申请人的此等存在自相矛盾的仲裁请求作出如此选择性保留和支持，也是基于这样一种考虑，即本案相关事实表明，在《增资扩股协议》履行过程中，在本案所涉目标公司（第二被申请人）的经营管理中，本案争议各方已经缺乏相互信任和合作，不能确保《增资扩股协议》的继续妥当履行，不能确保目标公司在各方股东的持续有效配合下正常开展经营活动，使各相关方的利益最大化。

（四）股份回购及其价款计算

根据前述分析，仲裁庭认为，应当结合《补充协议》之约定，裁断第一、第二被申请人应否回购申请人股份的仲裁请求。

1. 股份回购的触发条件。

根据《补充协议》第5.1条的约定，股份回购的触发条件包括该条款之a)项至f)项共6项。申请人提出，第二被申请人未能如期上市，已满足股份回购的触发条件，申请人有权要求第一被申请人回购其持有的股份。第一、第二被申请人未就申请人的主张提出抗辩。

经查明，申请人已于2011年5月25日向第二被申请人缴纳增资认购款；第二被申请人至今尚未在证券交易所上市。仲裁庭认为，根据《增资扩股协议》第1.1条（定义）所列上市、公开发行股票并上市或合格上市中表达的上市日期，即“C公司在投资人本次增资的增资款到位之日（交割日）起3年内通过IPO，实现在国内市场的上市行为”，《补充协议》第5.1条a)项所列股份回购的触发条件，业已满足，申请人有权要求第一被申请人回购其持有的全部或部分股份。

2. 回购价款的计算。

根据《补充协议》第5.2条的约定，“股份回购价格应为投资人按年复利投资回报率10%计算的投资本金和收益之和（包括应分配但尚未支付给投资人的税后股息和红利)”;“回购价款计算公式:回购或受让总价款=投资人出资数额×(1+10%)×n-公司历年累计向投资人实际支付的股息、红利”;“其中,n=投资年数,投资年数按照实际投资天数除以365计算”。在该计算公式中:

(1)“投资人”。根据《增资扩股协议》第1.1条的约定,投资人即乙方;《补充协议》在“鉴于”条款中载明“除本补充协议另有约定外,《增资扩股协议》第1条中定义的词语在本《补充协议》中使用时,具有与《增资扩股协议》中同样的含义”。具体而言,申请人是乙方,也是投资人。

(2)“出资数额”。根据已查明的事实,申请人于2011年5月25日向第二被申请人缴纳增资款总额为1680万元,即出资数额为1680万元。

(3)“n”。即投资年数。仲裁庭认为,按照“投资年数按照实际天数除以365计算”的约定,起算日应为2011年5月25日,即申请人向第二被申请人支付1680万元的日期。对于截止日,申请人在开庭时主张为2014年12月3日,其合同依据是《补充协议》第5.5条关于“若乙方现则丙方回购股份的,丙方应在收到‘股份回购’的书面通知当日起三个月内付清全部回购价款”,事实依据是第一被申请人已于2014年9月3日签收了申请人向其发送的《A公司关于要求中国C传媒公司及B先生履行股份回购义务的函》;相应地,应当以2014年12月3日为截止日,起算日至截止日的天数为1288天,折算约为3.53年。仲裁庭认为,申请人上述计算符合各方事先的约定,应予采信。

(4)“公司历年累计向投资人实际支付的股息、红利”。申请人称其已收到第一被申请人向其分配的2011年度红利,该红利按照每10股送1.5元计算。第一、第二被申请人未就此提出异议,申请人所述与2012年审计报告关于“2012年8月20日,公司股东会通过决议,按全部股东每10股送1.5元红利”的记载内容一致,仲裁庭予以采信,鉴于申请人持有股份总数为175万股,相应地,申请人领取的红利或股息为“175万股÷10股×1.5元=262,500元”。在开庭审理中,申请人已认可其收到上述款项,仲裁庭予以采信。

基于此，依照《补充协议》，仲裁庭对于申请人计算出的第一被申请人应付回购价款近2330万元予以认可。

3. 违约金及其计算。

申请人在第4项仲裁请求中，另要求第一被申请人按照回购价款之15%的年复利率支付违约金，计算违约金的截止日为“实际履行支付股权回购款义务之日”。申请人提出的合同依据是《补充协议》第5.5条关于“若乙方选择丙方回购股份的。丙方应在收到‘股份回购’的书面通知当日起三个月内付清全部回购价款。超过上述期限不予回购或未付清回购价款的，每超过一天应将其应予支付的回购价款按照15%的年利率换算成日利率后计算复利”的约定。对此，第一、第二被申请人没有予以答辩。

(1)经查，第一被申请人至少于2014年9月3日收到申请人发给第一、第二被申请人的《关于要求中国C传媒公司及自然人B履行股份回购义务的函》。相应地，从次日开始计算3个月，第一被申请人应当付清回购款项的日期应为2014年12月4日。

(2)如前，第一被申请人应付股权回购款总额为近2330万元(计算截至2014年12月4日)。鉴于第一被申请人于该日未向申请人支付股权回购款，相应地，应当自该日起计算违约金。

(3)关于“回购价款按照15%的年利率换算成日利率后计算复利”，仲裁庭注意到，《补充协议》约定的是将年利率换算成日利率，申请人在仲裁请求中也采用按照“日利率计算复利”的做法，但是申请人当庭提交的计算表格中提供的计算公式及按照该公式计算得出的第4项请求中的违约金数额则是直接按照15%的年利率计算出的复利。仲裁庭认为，按照15%的年复利率计算违约金，不违反法律法规的强制性规定，且计算出的数额低于合同约定的按照回购价款以15%的年利率换算成日利率后计算复利得出的违约金数额，仲裁庭尊重申请人对其民事权利的自由处分，对于申请人改采年复利率15%计算违约金予以支持。

仲裁庭注意到,《补充协议》第5.5条采用了"利息"的表述,申请人在仲裁请求中采用了"违约金"的表述。仲裁庭认为,由于《补充协议》所称利息,是以第一被申请人逾期支付回购价款为计算基数,因而是一种基于逾期付款之违约而发生的利息,在性质上与违约金相当,申请人采用调整后的利率标准并以违约金的名义予以主张,不违反《补充协议》的实质约定,仲裁庭作出相应裁判也不涉及越权裁判或超越仲裁权限问题。

因此,仲裁庭对于申请人提交的股权回购计算表中所列的违约金计算公式:"逾期回购利息 = 合计回购款 × $(1+15\%)^{(\text{实际逾期天数}/365\text{天})}$ − 合计回购款",及申请人计算的截至2016年4月24日,第一被申请人应付利息近500万元予以认可。

(五)申请人的仲裁请求

基于上述,针对申请人的各项仲裁请求,仲裁庭逐项发表以下总括意见。

1. 第1项仲裁请求。

申请人的第1项仲裁请求是,请求裁决第一被申请人向申请人支付2011年度现金补偿款280余万元及利息近110万元(按照10%年利率标准计算,从2012年7月15日暂计至2016年4月24日,请求计至被申请人实际履行支付现金补偿款义务之日止)。仲裁庭认为,该项仲裁请求与第4项仲裁请求在数额和目的上存在冲突,不能同时支持两组仲裁请求。鉴于仲裁庭已决定支持第一被申请人向申请人支付回购价款及违约金,相应地,驳回申请人第1项仲裁请求。

2. 第2项仲裁请求。

申请人的第2项仲裁请求是,请求裁决第一被申请人向申请人支付2012年度现金补偿款近800万元及利息204万余元(按照10%年利率标准计算,从2013年10月4日暂计至2016年4月24日,请求计至被申请人实际履行支付现金补偿款义务之日止)。仲裁庭认为,该项仲裁请求与第4项仲裁请求在数额和目的上存在冲突,不能同时支持两组仲裁请求。鉴于仲裁庭已决定支持第一被申请人向申请人支付回购价款及违约金，相应地，驳回申请人第 2 项仲裁请求。

3. 第 3 项仲裁请求。

申请人的第 3 项仲裁请求是，请求裁决第一被申请人向申请人支付 2013 年度现金补偿款近 1090 万元及利息 190 余万元（按照 10% 年利率标准计算，从 2014 年 7 月 14 日暂计至 2016 年 4 月 24 日，请求计至被申请人实际履行支付现金补偿款义务之日止）。仲裁庭认为，该项仲裁请求与第 4 项仲裁请求在数额和目的上存在冲突，不能同时支持两组仲裁请求。鉴于仲裁庭已决定支持第一被申请人向申请人支付回购价款及违约金，相应地，驳回申请人第 3 项仲裁请求。

4. 第 4 项仲裁请求。

申请人的第 4 项仲裁请求是，请求裁决第一被申请人履行回购申请人所持有的第二被申请人全部股份义务，并向申请人支付股权回购款近 2330 万元及违约金近 500 万元（以股权回购款为基数，按照 15% 的年利率换算成日利率后按日计算复利，从 2014 年 12 月 4 日暂计至 2016 年 4 月 24 日，请求计至被申请人实际履行支付股权回购款义务之日止）。

根据前述内容，仲裁庭支持第一被申请人的以下请求：（1）第一被申请人向申请人支付股权回购款近 2330 万元；（2）第一被申请人向申请人支付自 2014 年 12 月 4 日起至实际支付之日止的违约金，违约金计算公式为："股权回购款 $\times (1+15\%)^{(\text{实际逾期天数}/365\text{天})}$ − 股权回购款"，截至 2016 年 4 月 24 日的违约金总计近 500 万元。

需要指出的，申请人在此仲裁请求中所称"第一被申请人履行回购申请人所持有的第二被申请人全部股份义务"，其实质含义是将申请人持有的 175 万股股份变更给第一被申请人，说明申请人自愿在收到股权回购价款和违约金后放弃该 175 万股股份。仲裁庭认为，申请人的该等表示是合理的，应当予以尊重，但不属于仲裁庭的裁判事项，本裁决书不予裁断。

5. 第5项仲裁请求。

申请人的第5项仲裁请求是，请求裁决第二被申请人对第4项仲裁请求中的股权回购款及违约金承担连带偿付责任。如前所述，仲裁庭认为《补充协议》的相关约定是合法有效的，但第二被申请人向申请人连带偿付股权回购价款和违约金，需要先行办理内部决议程序并以适当方式告知第二被申请人的债权人。目前，没有证明表明上述决议和告知程序业已完成，仲裁庭无法裁决第二被申请人连带偿付股权回购价款和违约金，申请人可在取得相关证据后另行提出主张。

6. 第6项仲裁请求。

申请人的第6项仲裁请求是，请求裁决被申请人向申请人支付律师费。仲裁庭支持了申请人的部分仲裁请求，在此酌定第一被申请人补偿申请人支付的律师费。

7. 第7项仲裁请求。

申请人的第7项仲裁请求是，请求裁决仲裁费、处理费等均由第一、第二被申请人承担。仲裁庭支持了申请人的部分仲裁请求，在此酌定本案仲裁费由申请人承担30%，第一被申请人承担70%。

三、裁　决

基于上述，经合议，仲裁庭裁决如下：

1. 第一被申请人向申请人支付股权回购款近2330万元。

2. 第一被申请人向申请人支付自2014年12月4日起至实际支付之日止的违约金，违约金计算公式为："股权回购款 × $(1+15\%)^{(\text{实际逾期天数}/365\text{天})}$ − 股权回购款"，截至2016年4月24日的违约金总计近500万元。

3. 第一被申请人向申请人支付律师费。

4. 驳回申请人的其他仲裁请求。

5. 本案仲裁费由申请人承担 30%；第一被申请人承担 70%。由于上述款项已由申请人全额预缴并冲抵，故第一被申请人应向申请人支付。

上述第一被申请人应向申请人支付的款项，第一被申请人应于本裁决作出之日起 30 日内向申请人支付完毕。

本裁决为终局裁决，自作出之日起生效。

案例评析

【关键词】

投资融资型股权转让；对赌协议；股份回购；实际履行

【焦点问题】

该案的焦点问题是“业绩承诺和现金补偿条款”及“股份回购条款”是否有效？在“对赌”中该两个条款项下之请求是否都应支持？认定有效的“对赌协议”是否具备可执行性？

【焦点评析】

该案的基本案情是，投资方（本案申请人，下同）为向目标公司（本案第二申请人，下同）投资，与目标公司及其原股东（本案第一申请人，下同）共同签订了《增资扩股协议》和《增资扩股补充协议》（以下简称《补充协议》）。在《增资扩股协议》中约定了投资方以溢价增资方式入股目标公司的价格、获得股权比例、交割等事项，在《补充协议》中特别约定了“业绩承诺和现金补偿条款”和“股权回购条款”，如目标公司未达到约定的净利润指标，则原股东向投资方给予现金补偿，并对现金补偿的计算方法等作了详细约定；如果目标公司在目标上市日期之前未能成功上市,则投资方有权要求原股东或目标公司按约定的回购价格回购其持有的目标公司全部或部分股份,且原股东和目标公司之间对履行股权回购义务互相承担连带责任。上述两协议签订后,投资方按约定支付了全部增资款,并完成了工商变更登记手续,获得股东地位,但目标公司连续3年的实际净利润指标均未能达到业绩承诺指标,也未能在目标上市日期之前成功上市,投资方向原股东及目标公司发函要求支付未达承诺业绩的现金补偿款、履行股权回购义务并支付股权回购款未果,遂提起本案仲裁,请求仲裁庭裁决原股东支付现金补偿款,履行股权回购义务,支付股权回购款;请求目标公司对原股东的股权回购义务及违约责任承担连带责任。

现结合该案案情及法律适用焦点问题,评述如下。

一、"对赌协议"纠纷的特殊性

近年来我国股权转让纠纷中频繁发生的争议是有关"对赌协议"的纠纷,由于"对赌协议"(Valuation Adjustment Mechanism,VAM,中文翻译为"估值调整机制")的交易思路来自西方投资领域中的投资方和融资方之间的商业利益博弈,也是投资方控制投资风险、保护投资者利益的一种交易模式,在我国的民商事活动中属于"舶来品"。在我国现行法律、法规中都没有相应的明确法律界定,导致近年来出现的此类纠纷在法律适用、"对赌协议"的有效性和可执行性方面突出表现出其区别于其他股权转让纠纷的特殊性。

(一)"对赌协议"的法律适用范围及法律形式

按照最高人民法院《全国法院民商事审判会议纪要》(以下简称《九民纪要》)中的解释,"实践中俗称的'对赌协议',又称估值调整协议,是指投资方与融资方在达成股权性融资协议时,为解决交易双方对目标公司未来发展的不确定性、信息不对称以及代理成本而设计的包含了股权回购、金钱补偿等对未来目标公司的估值进行调整的协议"。这个解释揭示了实践中"对赌协议"包含的两个基本经济行为:一是投资方与融资方之间的股权融资行为;二是交易双方对目标公司的估值进行调整的行为。因此,对应我国现行法律体系,上述两种经济行为都应属于民商事法律调整的范畴，具体适用的法律应包括我国《合同法》《公司法》及外商投资企业相关法律法规等。对此，《九民纪要》中也明确提出："人民法院在审理'对赌协议'纠纷案件时，不仅应当适用《合同法》的相关规定，还应当适用《公司法》的相关规定。"

在实践中，"估值调整协议"的法律实现方式通常是以我国《公司法》中的"增资"和"股权转让"的法律内涵来加以适用，以"增资协议"的形式来确立投资方与融资方之间的法律关系，以"股权转让协议"的形式来实现估值调整的结果。

该案中涉及的协议除《增资扩股协议》外还有一份《补充协议》，《增资扩股协议》中并不涉及"对赌条款"，而在《补充协议》中约定了"现金补偿"条款和"股权回购"条款。这种将"对赌"交易安排分为两份协议的方式也是目前实践中比较常见的做法。但采用分开两个协议的形式并未改变其经济行为的本质和一致性，即两份协议的内容合并在一起才完整地建立了投资方与融资方之间的包含"对赌"条件的股权投资法律关系。本案仲裁庭在论述这两份协议之间的关系时也肯定了这一点，认为：《增资扩股协议》和《补充协议》的缔约目的有所不同，《增资扩股协议》的缔约目的在于使投资方取得目标公司的股份，而《补充协议》的缔约目的则在于使投资方退出目标公司，以及获得原股东、目标公司提供的现金补偿等。履行《补充协议》系以《增资扩股协议》履行完毕作为基础或者前提，投资方仅在依照《增资扩股协议》持有目标公司的股份后，才能在满足《补充协议》约定的条件时退出目标公司或者获得现金补偿。

"对赌协议"的法律适用范围问题目前并未成为此类纠纷案件的焦点，但从最高人民法院审理的"海富案"①中，可以发现针对同一案件事实，法律适用的不同导致审判结果的重大差异：一审法院认定"业绩补偿条款"的法律效力

① 最高人民法院就"苏州工业园区海富投资有限公司与甘肃世恒有色资源再利用有限公司、香港迪亚有限公司、陆波增资纠纷案"再审判决[（2012）民提字第11号]。

问题时适用了我国《中外合资经营企业法》第8条[①]关于企业利润根据合营各方注册资本的比例进行分配的规定，从而认定该条款属于我国《合同法》第52条“违反法律、行政法规的强制性规定”的无效合同情形；二审法院同样认定该条款属于我国《合同法》第52条“违反法律、行政法规的强制性规定”的无效合同情形，但依据是最高人民法院《关于审理联营合同纠纷案件若干问题的解答》第4条第2项[②]之规定，认为“业绩补偿条款”违反了投资领域风险共担的原则，使投资方无论目标公司经营业绩如何，均能取得约定收益而不承担任何风险，名为投资实为借贷。最高人民法院支持了一审法院对我国《中外合资经营企业法》第8条的法律适用，否定了二审法院“名为投资实为借贷”的法律适用，认为二审法院认定投资方的投资“名为投资实为借贷”、判决返还投资款没有法律依据。

笔者认为，最高人民法院《关于审理联营合同纠纷案件若干问题的解答》发布于1990年，对于规范彼时的经济活动具有司法审判的指导意义。但对于近年来我国的投资领域中大量出现的新的“对赌”形式的交易活动，是否可以适用“过时”的但未废止的法律、法规、司法解释尚存疑。最高人民法院的判决书中所称“二审法院认定投资方的投资‘名为投资实为借贷’、判决返还投资款没有法律依据”的结论本身亦没有给出法律依据。基于“新法优于旧法”的法律适用原则，我国2020年1月1日起施行的《外商投资法》废止了《中外合资经营企业法》，并明确外商投资企业的组织形式、组织机构及其活动准则适用

---

① 《中外合资经营企业法》第8条第1款规定：“合营企业获得的毛利润，按中华人民共和国税法规定缴纳合营企业所得税后，扣除合营企业章程规定的储备基金、职工奖励及福利基金、企业发展基金，净利润根据合营各方注册资本的比例进行分配。”

② 最高人民法院《关于审理联营合同纠纷案件若干问题的解答》第4条第2项规定：“企业法人、事业法人作为联营一方向联营体投资，但不参加共同经营，也不承担联营的风险责任，不论盈亏均按期收回本息，或者按期收取固定利润的，是明为联营，实为借贷，违反了有关金融法规，应当确认合同无效。”

《公司法》,[①]而根据2018年修正的《公司法》第34条[②]的规定,不按照出资比例分红并非必然违反法律规定。因此,今后在认定类似"海富案"情形下的"对赌条款"的效力时,应谨慎判断哪些规定属于我国《合同法》第52条规定的"强制性规定",只有违反"强制性规定"才会导致合同无效。

(二)"对赌协议"的法律效力及履行"对赌"义务的主体

目前,在涉及"对赌协议"的纠纷案件中,焦点问题是"对赌协议"或含有"对赌条款"的增资协议的有效性,以及履行"对赌"义务的主体问题。从现有的生效法院判决及《九民纪要》的观点来看,形成的一个基本判断思路是区分不同主体之间的"对赌",协议的有效性根据主体不同而有所不同。主要观点总结归纳如下。

1. 投资方与股东之间的"对赌条款"有效。此类观点比较典型的判例包括最高人民法院的"海富案"和"蓝某某案"[③],江苏省高级人民法院的"刘某某与阮某某股权转让纠纷上诉案"[④]和"江苏华工案"[⑤]。这些案例认定投资方与股东之间的"对赌条款"有效的核心裁判基准,是维护市场主体的意思自治、认定无效合同的"法定主义"原则,即严格按照我国《合同法》第52条[⑥]规定的5种合同无效的情形为认定标准,未出现合同无效的法定情形的,不轻易认定合同

---

① 我国《外商投资法》第31条规定:"外商投资企业的组织形式、组织机构及其活动准则,适用《中华人民共和国公司法》、《中华人民共和国合伙企业法》等法律的规定。"

② 我国《公司法》第34条规定:"股东按照实缴的出资比例分取红利;公司新增资本时,股东有权优先按照实缴的出资比例认缴出资。但是,全体股东约定不按照出资比例分取红利或者不按照出资比例优先认缴出资的除外。"

③ 最高人民法院就"蓝某某、宜都天峡特种渔业有限公司、湖北天峡鲟业有限公司与苏州周原九鼎投资中心(有限合伙)其他合同纠纷"二审判决[(2014)民二终字第111号]。

④ 江苏省高级人民法院就"刘某某与阮某某股权转让纠纷上诉案"终审判决[(2014)苏商字第255号]。

⑤ 江苏省高级人民法院就"江苏华工创业投资有限公司与扬州锻压机床股份有限公司、潘某某等请求公司收购股份纠纷再审案"作出的判决[(2019)苏民再62号]。

⑥ 《合同法》第52条规定:"有下列情形之一的,合同无效:(一)一方以欺诈、胁迫的手段订立合同,损害国家利益;(二)恶意串通,损害国家、集体或者第三人利益;(三)以合法形式掩盖非法目的;(四)损害社会公共利益;(五)违反法律、行政法规的强制性规定。"

无效。这一观点，在《九民纪要》中也得到确认，即对于投资方与目标公司的股东或者实际控制人订立的"对赌协议"，如无其他无效事由[①]，认定有效。

2. 投资方与目标公司之间的"对赌条款"无效。对于投资方与目标公司之间的"对赌条款"的效力问题，目前出现的案例显示存在不同的观点，落脚点在该等条款是否存在损害目标公司及其债权人利益的判断上。例如，在"海富案"中，最高人民法院认定该条款无效的主要理由是，该条款使投资方可以在目标公司中取得相对固定的收益，脱离了目标公司的经营业绩，损害了公司利益和公司债权人利益，违反我国《公司法》第20条[②]和《中外合资经营企业法》第8条[③]的规定。而在"江苏华工案"中，江苏省高级人民法院则认为协议内容系各方当事人的真实意思表示，约定的固定收益不存在脱离目标公司正常经营所应负担的经营成本及所能获得的经营业绩的企业正常经营规律，目标公司在履行法定程序后回购本公司股份，不会损害公司股东及债权人利益，亦不会构成对公司资本维持原则的违反，从而认定了投资方与目标公司之间的"对赌条款"有效。这两份判决关于"对赌条款"中涉及的"固定收益"约定的判决观点差异较大："海富案"认为，固定收益的约定脱离了公司的经营业绩，从而损害了公司和债权人的利益；"江苏华工案"不是从固定收益的约定本身判断是否构成损害公司和债权人的利益，而是从约定的固定收益回报率不明显过高的事实得出不存在脱离公司正常经营业绩的结论。

追根溯源，关于"固定回报"的说法应源于原《中外合资经营企业法》、《中

---

① 这里所称的"无其他无效事由"可以理解为法定的强制性无效事由，即《合同法》第52条规定的5种情形。

② 我国《公司法》第20条规定："公司股东应当遵守法律、行政法规和公司章程，依法行使股东权利，不得滥用股东权利损害公司或者其他股东的利益；不得滥用公司法人独立地位和股东有限责任损害公司债权人的利益。公司股东滥用股东权利给公司或者其他股东造成损失的，应当依法承担赔偿责任。公司股东滥用公司法人独立地位和股东有限责任，逃避债务，严重损害公司债权人利益的，应当对公司债务承担连带责任。"

③ 我国《中外合资经营企业法》第8条规定："合营企业获得的毛利润，按中华人民共和国税法规定缴纳合营企业所得税后，扣除合营企业章程规定的储备基金、职工奖励及福利基金、企业发展基金，净利润根据合营各方注册资本的比例进行分配……"

外合作经营企业法》以及外债政策方面的一些通知文件①中,其基本观点是,对外资方承诺"固定回报",违反中外投资者"共担风险、共享收益、共负亏损"的原则;保证外方"固定回报",相当于变相"对外举债",即"固定回报"使外方成为收取固定"利息"的借款者,而非真正的投资者。随着这些法律、法规和国家经济政策的变化,"固定回报"的违法、违规特性逐渐模糊,再加之法定的无效合同中的"违反法律、行政法规的强制性规定"的情形理论上还有效力性强制性规定或管理性强制性规定之分,违反管理性强制性规定并不导致合同或条款的无效之说。因此,仅以存在"固定收益"条款为由认定"对赌协议(条款)"无效也似乎不符合我国经济发展、商事活动及相关法律不断变化的实际情况。对此,《九民纪要》采取了"就事论事"的务实态度,即"投资方与目标公司订立的'对赌协议'在不存在法定无效事由的情况下,目标公司仅以存在股权回购或者金钱补偿约定为由,主张'对赌协议'无效的,人民法院不予支持"。

3. 目标公司对投资方与股东的"对赌条款"承担连带责任的条款的有效性问题,如果按照最高人民法院对合同无效的判定严格遵循"法定主义"的原则来考量,目标公司对投资方与股东的"对赌条款"承担连带责任的条款则应以有效为原则,以无效为例外。但从目前的案例来看,既有认定为无效的案例,如北京市第二中级人民法院的"天津雷石案"②,以目标公司为股东的回购义务向

① 国务院于1998年9月14日颁布的《关于加强外汇外债管理开展外汇外债检查的通知》(国发〔1998〕31号)规定:"一些地方和单位未经批准擅自到境外发债和对外提供担保,或以保证外方固定回报等形式变相对外举债";"严格规范吸收外资行为,坚决纠正和防止变相对外举债,包括违反风险共担原则保证外商投资企业外方固定回报的做法。吸收外商投资,要贯彻中外投资者共担风险、共享收益、共负亏损的原则";"今后,任何单位不得违反国家规定保证外方投资固定回报"。2002年9月10日,国务院颁布的《关于妥善处理现有保证外方投资固定回报项目有关问题的通知》(国办发〔2002〕43号)规定:"保证外方投资固定回报不符合中外投资者利益共享、风险共担的原则,违反了中外合资、合作经营有关法律和法规的规定";"对于以合同外协议形式保证外方固定回报的,以及地方政府、地方财政部门、其他行政机关和单位为外方提供固定回报承诺或担保的,有关协议和担保文件应予撤销"[该通知已被国务院《关于宣布失效一批国务院文件的决定》(国发〔2015〕68号)宣布废止]。

② 北京市第二中级人民法院就"北京碧海舟腐蚀防护工业有限公司、邸某某、李某某诉天津雷石信锐股权投资合伙企业(有限合伙)股权转让纠纷上诉案"作出的[(2015)二中民(商)终字第12699号]判决。

投资方承担连带责任的约定会使投资方取得固定收益、脱离了目标公司的经营业绩、损害公司及债权人利益为裁判原则认定该等条款无效；也有认定为有效的案例，如最高人民法院的“瀚霖案”①，理由是合同无效的判定严格遵循法定主义，且投资方股东已对目标公司提供担保经过股东会决议尽到审慎注意和形式审查义务，其投资全部用于公司经营发展，目标公司全体股东因而受益，故应当承担担保责任。而“通联资本案”②的判决结果虽认定“连带责任条款”无效，但认定其无效的理由并非基于“固定收益”因素或“法定无效原则”，而是从公司治理规则的角度认定投资方、股东及目标公司均未能尽责履行股东会审慎注意义务导致担保条款无效。

综上所述，目前在司法实践中就目标公司对“对赌条款”的连带责任条款效力形成的裁判规则是，连带担保责任条款的效力认定应严格遵循法定主义；在担保事项经过目标公司股东会决议尽到审慎注意和形式审查义务的情况下，连带担保责任条款合法有效，目标公司应依据担保条款承担连带责任；否则，担保条款无效。

在该案中，关于投资方与原股东之间约定的“现金补偿条款”、“股份回购条款”以及目标公司对原股东就“股份回购条款”的连带责任的约定，仲裁庭遵循了合同无效的“法定主义原则”，未否定该等条款本身的有效性。但仲裁庭对于“现金补偿条款”和“股份回购条款”是否可以同时并用的问题上，从尊重“对赌”交易的实质出发，提出了新的视角。仲裁庭认为，业绩补偿属于《补充协议》股东身份继续存在情况下的履行协议行为，实质上是根据目标公司实际实现利润与预期承诺利润之偏差程度而对其当初投资入股的价格进行调整，以确保实现合理的投资条件并继续作为股东。投资方要求回购股权并支付回购

---

① 最高人民法院就“强某某与曹某某等股权转让纠纷案”作出的［（2016）最高法民再128号］判决。

② 最高人民法院“通联资本管理有限公司、成都新方向科技发展有限公司与公司有关的纠纷再审民事判决书”［（2017）最高法民再258号］。

款,是投资方要求退还所持有的目标公司的股份,不再拥有股东身份,其实质相当于解除《补充协议》,而且回购价格计算时已经包含全部投资资金的合理成本,若在回购同时再给予业绩补偿,在经济利益上构成不应有的重叠保障和利益。

二、"对赌协议"的实际履行及可执行性

在针对此类新经济形态下出现的"对赌协议"的无效认定问题上,从上述案例中可以看出,认定标准的考量已经超出了我国《合同法》的范畴,如果说《合同法》第52条的认定标准是从合同行为的目的、期待的合同结果角度出发,那么,上述案例中显示出来的视角则侧重于区分合同主体的差异及合同义务实际履行的可行性差异,尽管这种区分本身并没有法理基础。目前,基于《九民纪要》确立的裁判规则是,对于投资方与目标公司的股东或者实际控制人订立的"对赌协议",如无其他无效事由,①认定有效并支持实际履行;对于投资方与目标公司订立的"对赌协议"是否有效以及能否实际履行,按不同情况进行处理:(1)投资方与目标公司订立的"对赌协议"在不存在法定无效事由的情况下,目标公司仅以存在股权回购或者金钱补偿约定为由,主张"对赌协议"无效的,不予支持,但投资方主张实际履行的,应当审查是否符合公司法关于"股东不得抽逃出资"及股份回购的强制性规定进行判断;(2)投资方请求目标公司回购股权的,人民法院应当依据我国《公司法》第35条关于"股东不得抽逃出资"或者第142条关于股份回购的强制性规定进行审查,如目标公司未完成减资程序的,应当驳回;(3)投资方请求目标公司承担金钱补偿义务的,应当依据我国《公司法》第35条关于"股东不得抽逃出资"和该法第166条关于利润分配的强制性规定进行审查,如目标公司没有利润或者虽有利润但不足以补偿投资方的,应当驳回或者部分支持,待目标公司有利润时,投资方还可以依据

① 这里所称的"无其他无效事由"可以理解为法定的强制性无效事由,即我国《合同法》第52条规定的5种情形。

该事实另行提起诉讼。

由此可见,投资方与目标公司订立的“对赌协议”即使有效,其合同是否能够得到实际履行须结合我国《公司法》的相关规定进行判断。而在这样的裁判规则下,可能带来的是“对赌协议”有效,但继续履行合同无果的局面。因为,在以股权回购为“对赌”条件的情况下,“对赌协议”的实际履行涉及减资程序、股权转让行为、股权变更登记程序等,而该等必要法律程序的履行取决于股东及目标公司能否履行相应的配合义务,而判决或裁决只定性,不涉及判决或裁决结果的“可执行性”,即如果得不到股东及目标公司的配合,该等判决或裁决可能会因“执行标的不明确”“没有给付内容”等理由难以通过“强制执行”司法程序得到执行。

以金钱补偿为“对赌”条件的情况下,“对赌协议”的实际履行由于需要考量目标公司履行赔偿义务时点的实际利润情况,而在通常情况下,触发“对赌”的条件往往是目标公司经营业绩持续未达到承诺业绩标准的情况,金钱补偿的“对赌”条款虽然被认定有效,但如果目标公司没有利润或者虽有利润但不足以补偿投资方,“对赌”条款有效的判决或裁决也仍然不具有“可执行性”。

在该案中,仲裁庭就“股份回购”条款的可执行性问题的处理没有留“尾巴”,在认定“股份回购”条款有效的基础上,裁决原股东直接向投资方支付股权回购价款及违约金,而不是裁决“履行回购义务”;同时,针对投资方提出的“履行回购义务”的抽象仲裁请求,仲裁庭又作出了进一步解释:其实质含义是将投资方持有的目标公司股份变更给原股东,说明投资方自愿在收到股权回购价款和违约金后放弃该等股份。仲裁庭认为,申请人的该等表示是合理的,应当予以尊重,但不属于仲裁庭的裁判事项,本裁决书不予裁断。如此一来,该案的涉案当事人各方实际执行仲裁裁决就具有清晰的指向,即原股东向投资方支付回购价款及违约金,投资方在收到该等款项后放弃其持有的目标公司的股份。从而力争最大限度地防止陷入裁决的不可执行局面,也避免出现仲裁裁决超裁之嫌。

【结语】

由于目前司法实践中对于“对赌协议”纠纷的裁判规则的特殊性,应特别注意两个问题:一是分清履行“对赌”义务的主体;二是注意是否具备可执行性。分清履行“对赌”义务的主体,需要在订立“对赌协议”时界定投资方与原股东及实际控制人、全体股东、目标公司之间的“对赌”内容,从而避免“对赌协议”无效。注意“对赌协议”的可执行性,要避免陷入“合同有效,继续履行无果”的局面,可以将“对赌协议”的“履行方式”包括相关程序事项等作为协议各方应履行的义务明确列入协议条款,投资方在提起诉讼或仲裁时,“履行方式”可以作为诉讼或仲裁请求的一部分,在得到“对赌协议”有效的判决或裁决基础上,“对赌协议”的可执行问题亦有望得以一并解决。

该案的裁决思路,是在现行法律法规对“对赌协议”尚无确定的法律含义、司法实践中尚存异议的现实情况下,本着尊重交易实质的务实态度所作的一种尝试,希望以资借鉴。

(案例评析人:杨育红)

案例十六 中国A基金公司与自然人B、自然人C、自然人D、自然人E、自然人F、自然人G股权转让争议仲裁案

中国国际经济贸易仲裁委员会(以下简称贸仲)根据申请人中国A基金公司和被申请人一自然人B、被申请人二自然人C、案外人自然人H、案外人中国I广告公司于2011年3月22日签订的《投资补充协议》中的仲裁条款,以及申请人于2014年10月31日向贸仲提交的以自然人B为被申请人一(以下简称被申请人一)、自然人C为被申请人二(以下简称被申请人二)、自然人D为被申请人三(以下简称被申请人三)、自然人E为被申请人四(以下简称被申请人四)、自然人F为被申请人五(以下简称被申请人五)、自然人G为被申请人六(以下简称被申请人六,与前5位被申请人合称为被申请人)的仲裁申请书,受理了申请人和被申请人方之间的本争议仲裁案。

一、案　情

申请人诉称:

申请人与被申请人一、被申请人二、自然人H以及其他相关主体于2011年3月22日签订了《关于中国I广告公司的增资及转股协议》(以下简称《增资转股协议》)。《增资转股协议》约定了申请人拟对中国I广告公司(该公司于2011年12月改制并更名为中国J文化传媒公司,以下简称J公司)进行投资,以人民币22,730余万元的增资认购价溢价认购J公司的增资额(其中,新增目

标公司注册资本近人民币130万元,人民币22,600余万元计入目标公司资本公积金),并在增资完成后以人民币近22,270万元的股权转让对价受让被申请人二持有的J公司的出资额近人民币130万元;交易完成后申请人将取得目标公司近人民币260万元的出资额,合计持股股权比例为15%。

2011年3月22日即《增资转股协议》签订同日,申请人与被申请人一、被申请人二、自然人H(以上三者合称甲方)与目标公司J公司还共同签署了《投资补充协议》(以下简称《补充协议》)。《补充协议》再次明确,申请人拟投资总额为人民币45,000万元,以人民币22,730余万元的增资认购价溢价认购J公司的增资额(其中,新增目标公司注册资本近人民币130万元,人民币22,600余万元计入目标公司资本公积金),并在增资完成后以人民币近22,270万元的股权转让对价受让被申请人二持有的J公司的出资额近人民币130万元;交易完成后申请人将取得目标公司近人民币260万元的出资额,合计股权比例为15%。

《补充协议》第5.4条、第5.5条约定了"投资方对于自己资质的陈述与保证",即申请人作为投资方保证自己具有真实有效的内资身份;申请人作为投资方符合有关法律、法规和中国证监会有关规则对于公司所属行业的中国境内上市股东资质的要求。

《补充协议》第7.1条约定了股权强制收购条款,即若目标公司未能于2013年12月31日前实现合格上市,则申请人有权在2013年12月31日后的任何时间,在符合当时法律法规要求的情况下,要求目标公司、甲方或甲方任一方一次性收购其所持有的公司股权。第7.2条和第7.3条约定,目标公司、甲方或甲方任一方可以指定第三人履行股权收购义务并对第三人的履行承担连带担保责任。第7.4条约定,股权收购价款的具体计算方式:回购价格为以下两者之和,即(1)截至投资方发出通知之日,投资方应取得但公司尚未支付的任何股息、红利等收益(包括但不限于现金及股权);(2)投资方的投资总额×$(1+10\%)^n$,其中n=投资期限/365。投资期限,是指自投资方投资款支付至公司账户及自然人C账户之日起至公司或甲方或其指定的第三方将全部股权收购价款支付至投资方指定的账户之日止的自然天数。第7.5条约定,在申请人按约定发出股权回购的书面通知后,收购方应当在6个月内实施收购行为,并完成股权收购价款的支付。

之后,申请人按照《增资转股协议》及《补充协议》,于2011年3月18日依约向目标公司支付增资款人民币22,730余万元,履行了向目标公司增资认购的义务;于2011年3月18日依约向被申请人二支付股权转让款近人民币22,270万元,申请人最终持有J公司15%的股权,取得J公司近人民币260万元的出资额,完成了相关的股权变更登记手续。

之后,J公司董事长自然人H去世,其配偶即被申请人三、子女即被申请人四、自然人H之父即被申请人五、自然人H之母即被申请人六均为自然人H第一顺位的法定继承人。

此后,申请人认为J公司未能在2013年12月31日前实现合格上市,认为股权强制收购即股权回购条件已经成就,遂于2014年7月向被申请人一、被申请人二、自然人H的遗产继承人发出书面《通知函》,主张行使“股权强制收购”权利,要求其支付股权回购款,回购申请人持有的J公司全部股权。此外,考虑《补充协议》中约定的股权回购义务人自然人H已经去世,申请人主张自然人H的遗产继承人应当在接受自然人H的遗产时承担自然人H的相关义务和债务,因此,其遗产继承人应当在其继承遗产的范围内承担该股权收购义务。此后,申请人又于2014年8月4日向被申请人一、被申请人二、自然人H的遗产继承人(被申请人三、被申请人四、被申请人五、被申请人六)发出《催促函》,催促其履行股权收购义务。

申请人在其仲裁申请书中认为,根据《增资转股协议》及《补充协议》的约定,因目标公司J公司未在2013年12月31日之前实现合格上市,目标公司、被申请人一、被申请人二、自然人H应当履行股权回购义务。基于自然人H已经去世的事实,其遗产继承人即被申请人四、被申请人五、被申请人六应当在继承遗产的范围内承担股权回购义务的连带责任。而被申请人三拥有自然人H的法定继承人及配偶的双重身份,股权回购义务应当被作为其夫妻共同债务,因此,被申请人三应当与被申请人一、被申请人二连带地承担股权回购义务。

申请人经多次督促后被申请人仍未履行,给申请人造成了重大损失。据此争议,申请人提起本案仲裁。

申请人在本案中的主要观点概括如下。

1.《增资转股协议》及《补充协议》约定了被申请人一、被申请人二、自然人H、目标公司的股权回购义务。

申请人认为,2011年3月22日申请人与被申请人一、被申请人二、自然人H、J公司及其他相关主体共同签订《增资转股协议》,约定申请人对J公司进行投资。《增资转股协议》签订同日,申请人与被申请人一、被申请人二、自然人H、J公司还共同签署了《补充协议》,该协议对于被申请人一、被申请人二、自然人H、J公司的股权回购义务进行了明确的约定。

(1)《补充协议》第7.1条约定了股权强制收购条款,即若目标公司未能于2013年12月31日前实现合格上市,则申请人有权在2013年12月31日后的任何时间,在符合当时法律法规要求的情况下,要求目标公司、甲方或甲方任一方一次性收购其所持有的公司股权。

(2)《补充协议》第7.2条和第7.3条约定,目标公司、甲方或甲方任一方可以指定第三人履行股权收购义务并对第三人的履行承担连带担保责任。

(3)《补充协议》第7.4条约定了股权收购价款的具体计算方式。

回购价格为以下两者之和:①截至投资方发出通知之日,投资方应取得但公司尚未支付的任何股息、红利等收益(包括但不限于现金及股权);②投资方的投资总额$\times(1+10\%)^n$,$n=$投资期限/365。投资期限,是指自投资方投资款支付至公司账户及自然人C账户之日起至公司或甲方或其指定的第三方将全部股权收购价款支付至投资方指定的账户之日止的自然天数。

综上所述,申请人认为,根据《增资转股协议》《补充协议》的约定,如果达成了所约定的“回购条件”即J公司未能在2013年12月31日之前实现合格上市，则被申请人一、被申请人二、自然人H连带性地负有向申请人回购J公司股权、支付股权回购款的义务。

2. 申请人投资J公司不属于外商投资，《补充协议》合法有效，股权回购条款合法有效。

3. J公司基于自身原因未能于2013年12月31日之前合格上市，使回购条件成就。在回购条件成就的情况下，被申请人一、被申请人二应当依据《补充协议》履行股权回购义务。

2013年12月31日前，J公司未能完成上市申报最基础的、最主要的、最关键的材料准备工作，致使未能实现上市。申请人认为，其未能成功上市系J公司自身原因所致，其原因包括：(1)J公司上市发行方案未经股东大会审议通过；(2)J公司没有完成3年一期的审计报告及其他重要财务文件；(3)J公司没有完成辅导验收；(4)J公司频繁更换中介机构；(5)J公司频繁变更上市方案，而且未获主管部门批文。且申请人主张申请人并未在国有股转持问题上拖延上市进程，不构成对J公司上市的阻碍，并未违反我国《合同法》第45条的相关规定，应当认为回购条件成就。在回购条件成就的情况下，被申请人一、被申请人二应当根据《补充协议》履行股权回购义务。

据此，2014年7月16日，基于《补充协议》第7.1条约定的回购条件已经成就，申请人向被申请人一、被申请人二发出《通知函》，要求其回购申请人持有的J公司全部股权。在被申请人一、被申请人二未履行的情况下，又于2014年8月4日发出《催促函》，催促其履行股权回购义务。

4. 被申请人三、被申请人四、被申请人五、被申请人六作为自然人H遗产继承人应受仲裁协议约束，申请人有权向其提起本案仲裁请求。

申请人认为，被申请人三、被申请人四、被申请人五、被申请人六已经共同承继了仲裁事项中的权利义务。因自然人H并未留下遗嘱，各继承人确认不放弃继承，因此，自自然人H死亡时，继承已经开始，被申请人三、被申请人四、被申请人五、被申请人六作为第一顺位法定继承人对包括J公司股权在内的自然人H的遗产进行法定继承，共同共有自然人H的遗产，已经共同承继了仲裁事项中的权利义务。根据最高人民法院《关于适用〈中华人民共和国仲裁法〉若干问题的解释》（以下简称《仲裁法司法解释》）第8条第2款的规定，“当事人订立仲裁协议后死亡的，仲裁协议对承继其仲裁事项中的权利义务的继承人有效”，自然人H死亡前所订立的《增资转股协议》及《补充协议》中的仲裁条款即仲裁协议约束自然人H的遗产继承人。即使被申请人三等主张法定继承之诉尚未完结，但因法定继承之诉系解决遗产在各继承人内部的分配及分割问题，不涉及“是否享有继承权”的问题，因此，并不影响仲裁协议对其有效。

申请人还指出，被申请人三不仅因法定继承人的身份而受仲裁协议约束，其作为自然人H生前的配偶而应当对股权回购义务承担连带责任，也应当受到仲裁协议的约束。申请人认为自然人H订立相关协议时与被申请人三是夫妻关系，其承诺承担股权回购义务的行为实际上是负担夫妻共同债务的行为。最高人民法院《关于适用〈中华人民共和国婚姻法〉若干问题的解释（二）》第26条规定：“夫或妻一方死亡的，生存一方应当对婚姻关系存续期间的共同债务承担连带清偿责任。”依据此规定，被申请人三应当对该债务承担连带责任，所以也应当受到《补充协议》的约束，进而受到仲裁条款的约束。此外，申请人认为，即使《仲裁法司法解释》对上述情形没有明确规定，也不能直接认定仲裁协议不能约束签署方之外的主体，应当根据当然解释的方法贯彻仲裁协议效力扩张的基本精神。

5. 被申请人三、被申请人四、被申请人五、被申请人六4位遗产继承人应在各自继承自然人H遗产的范围内承担清偿责任。

申请人认为，依据《继承法》第33条的规定，“继承遗产应当清偿被继承人依法应当缴纳的税款和债务，缴纳税款和清偿债务以他的遗产实际价值为限。超过遗产实际价值部分，继承人自愿偿还的不在此限。继承人放弃继承的，对被继承人的债务可以不负偿还责任”。被申请人三等4位继承人应当在各自继承自然人H遗产的范围内对股权回购义务承担清偿责任。

6. 被申请人三作为自然人H的配偶，股权回购债务应当作为其夫妻共同债务，从而被申请人三应当承担股权回购义务的连带责任。

申请人认为，自然人H与被申请人三是夫妻关系，因被申请人三并未举证证明《补充协议》下的股权回购义务为“明确约定为自然人H个人债务”或存在“被申请人三与自然人H为分别财产制且申请人明知”的情形，因此，自然人H在《补充协议》下所负担的股权回购义务为其与被申请人三的夫妻共同债务。因此，基于自然人H配偶的身份，被申请人三应当对自然人H在《补充协议》下承担的股权回购义务承担连带清偿责任。

据此，申请人的仲裁请求如下：

1. 请求裁定被申请人一、被申请人二、被申请人三向申请人连带支付公司15%股权的股权收购价款，股权收购价款为45,000万元 $\times(1+10\%)^{n}$，n等于投资期限除以365，投资期限自2011年3月18日起计算至实际支付完毕收购价款日，暂计算至2014年10月29日的股权收购价款为近63,540万元；

2. 请求裁定被申请人一、被申请人二、被申请人三向申请人连带支付70万元，以补偿申请人花费的律师费；

3. 请求裁定被申请人四、被申请人五、被申请人六对前两条仲裁请求所涉债务，各自在继承自然人H遗产的范围内承担连带责任；

4. 请求裁定被申请人共同承担本案仲裁费。

被申请人一、被申请人二、被申请人五、被申请人六的主要答辩意见概括如下。

1. J公司无法实现合格上市的原因在于申请人的过错，并非J公司自身原因，回购条件未成就。

上述被申请人认为，申请人在签署投资协议的过程中隐瞒其外资身份，违反外商投资准入的禁止性规定进行投资，导致J公司无法进行首次公开募股（Initial Public Offering，IPO）申报。此后，申请人拒不取得“国有股转持批复”，阻碍 IPO 进程。具体分述如下。

上述被申请人认为,根据申请人的工商档案资料可知申请人是外商投资企业境内再投资的企业。根据我国《关于外商投资企业境内投资的暂行规定》,"外商投资企业不得在禁止外商投资的领域投资"。而《外商投资产业指导目录》中明确规定"广播电视节目制作经营公司、电视制作公司、发行公司和院线公司"都属于禁止外商投资企业的范围,而 J 公司及其子公司的主要经营范围为制作、发行电视剧和电影,因此,申请人对 J 公司进行投资属于违反外商投资准入禁止性规定的行为。此行为致使 J 公司不符合 IPO 的基本条件,违反中国证监会《首次公开发行股票并上市管理办法》第 11 条关于"发行人的生产经营符合法律、行政法规和公司章程的规定,符合国家产业政策"的相关规定,阻碍了 J 公司进行 IPO 申报。

上述被申请人主张,申请人在签署《增资转股协议》《补充协议》时候隐瞒了其外商投资企业再投资的身份,单纯强调其具有内资身份,未向 J 公司及其他被申请人披露其外商投资企业再投资的身份,不符合其在《补充协议》第 5.4 条、第 5.5 条中作出的陈述与保证,即"申请人具有真实有效的内资身份,投资方符合有关法律、法规和中国证监会有关规则对于公司所属行业的中国境内上市公司股东资质的要求"。

另外,上述被申请人认为,申请人的实际控制人为财政部,其持有 J 公司 15% 的股权,为 J 公司的"第一大国有股东",应当依法取得"国有股转持批复"。但申请人拒不承认其国有股东身份,拒绝履行该义务,而"国有股转持批复"为 IPO 的必备文件,因此申请人的行为阻碍了 J 公司的 IPO 进程。

2. J 公司已经启动 IPO,全面履行了合同义务,回购条件未成就。

上述被申请人认为,J 公司已经于 2011 年启动了 IPO,聘请了专业中介机构,积极推动 IPO 进程。但因申请人违反外商投资禁止性规定并怠于提供"国有股转持批复",使 J 公司未能在 2013 年 12 月 31 日前完成合格上市。我国《合同法》第 67 条规定:"当事人互负债务,有先后履行顺序,先履行一方未履行的，后履行一方有权拒绝其履行要求。先履行一方履行债务不符合要求的，后履行一方有权拒绝其相应的履行要求。”申请人严重违反了其在《补充协议》项下第5.12条“对于公司的上市事宜，投资者应给予全力支持与配合”的约定，导致J公司无法在2013年12月31日前完成合格上市。

综上所述，上述被申请人认为，鉴于申请人在履约过程中存在过错且违约在先，因此无权要求被申请人一、被申请人二等履行股权回购义务。

被申请人三、被申请人四的主要答辩意见概括如下。

1. 被申请人三、被申请人四不受该仲裁协议约束，非本案仲裁协议下的适格主体。

被申请人三、被申请人四认为，《仲裁法司法解释》第8条第2款“当事人订立仲裁协议后死亡的，仲裁协议对承继其仲裁事项中的权利义务的继承人有效”的规定中所指的“继承人”应解释为已实际获得被继承人财产的人，而非具有继承资格的人。而被申请人三、被申请人四是否能继承到自然人H的遗产、能够继承遗产的范围均尚未明确，因此，尚未成为承继其仲裁事项中的权利义务的继承人，从而不应受仲裁协议约束。

此外，被申请人三、被申请人四还认为，《补充协议》第7.1条所述股权回购义务系针对J公司的实际控制人，而自然人H去世后已经丧失实际控制人身份，而实际控制人的地位和身份在客观上无法继承，则对该股权回购义务的承担者只能限定为实际继承自然人H股权的人，因被申请人三、被申请人四尚未实际获得自然人H的遗产，也不确定能否通过其他股东同意而获得J公司股东身份，因此，客观上被申请人三、被申请人四不一定能承继自然人H仲裁事项中的权利义务包括股权，不应作为本案被申请人。

2. 被申请人三不应因自然人H生前配偶身份而承担《补充协议》项下的股权回购义务。

被申请人三认为，申请人将其与被申请人四、被申请人五、被申请人六区别对待的原因在于，认为被申请人三为自然人H的配偶，所以自然人H对申请人所付债务系夫妻共同债务,故被申请人三应以夫妻关系存续期间的共同财产予以偿还。被申请人三认为,此项主张违背了《仲裁法司法解释》的规定,《仲裁法司法解释》第8条和第9条已经限定了仲裁协议对缔结协议当事人以外的主体发生效力的特定情形,而婚姻法上夫妻关系的事实并非法律规定的仲裁协议对协议外第三方发生法律效力的事实,因此,申请人不能依据此主张使被申请人三为本案适格当事人或连带性地承担《补充协议》项下股权回购义务。

被申请人三同时退而论述股权回购义务不属于其夫妻共同债务,其认为该项义务并非“为夫妻共同生活所需”或“为家庭共同利益”,不构成夫妻共同债务。同时,被申请人三为自然人H的上市行为承担责任亦不符合夫妻家事代理的法律规则。基于上述理由,被申请人三亦不应承担本案《补充协议》项下股权回购义务。

3.《增资转股协议》违反法律的强制性规定,应属无效,相关股权回购义务等安排随之无效;《补充协议》项下股权回购条款显失公平。

被申请人三、被申请人四认为,《增资转股协议》为具有外资成分的申请人违反《指导外商投资方向规定》《外商投资产业指导目录》关于“外资不得投资广播电视节目制作经营公司、电影制作公司、发行公司”的禁止性规定及《关于外商投资企业境内投资的暂行规定》中的相关规定的产物,因此,《增资转股协议》应当因违反强制性法律规定而无效,《补充协议》作为其从协议随之无效。

此外,被申请人三、被申请人四认为,《补充协议》中的股权回购条款显失公平,回购价格畸高。其理由在于:第一,《补充协议》中设定的回购条件为只要J公司未能完成2013年12月31日合格上市之目标,申请人则有权要求进行股权回购。该约定既没有考虑J公司无法上市的各种可归因或者不可归因于合同相对方的原因和风险,也没有渐进式的价格调整过程,而是直接令相对方承担回购责任,将投资风险全部转由被申请人一、被申请人二、自然人H承担,最大限度地规避了申请人本应当承担的合理的商业风险,而对于合同相对方过于苛刻。第二,J公司未达成上市目标在很大程度上是由于申请人自身原因造成,包括其外资背景以及国有股转持问题所致,申请人过错导致回购条件成就,属于不当促成条件成就的行为,应当根据《合同法》第45条的规定,申请人不应获取因其不当行为促使条件成就所产生的任何合同利益。第三,按照《补充协议》所约定的股权回购价款计算方式,若暂计至2014年10月29日,申请人可以获得的利息与投资额相比,收益水平约为年利率近14%,该收益明显过高,对申请人的合同相对方不公平。被申请人三、被申请人四认为,自己虽未参与《增资转股协议》及其《补充协议》的磋商、签订和履行过程,但根据其苛刻的回购条件和畸高的回购价格,有理由认为该股权回购条款严重违反公平原则,严重损害合同相对方的合法权益,故不同意申请人的仲裁请求。

二、仲裁庭意见

本案各方当事人及代理人就本案事实及法律问题等向仲裁庭提交了较多的资料和意见,这些资料和意见分别以证据、笔录、质证意见、代理意见等形式保留在本案卷宗中,仲裁庭均已予以充分地审阅和考虑。仲裁庭在案情中未予摘录、述及者,或虽已在案情部分摘录述及但未在仲裁庭意见中予以采用者,并非仲裁庭忽视或默认。

(一)关于无争议事实的认定

通过庭审确认,本案双方当事人对于下列事实的发生、经过与客观存在本身不存异议。

1. 申请人与被申请人一、被申请人二、自然人H以及其他相关主体于2011年3月22日签订了《增资转股协议》。《增资转股协议》约定了申请人拟对J公司进行投资,以人民币22,730余万元的增资认购价溢价认购J公司的增资额(其中,新增目标公司注册资本近130万元,22,600余万元计人目标公司资本公积金),并在增资完成后以人民币近22,270万元的股权转让对价受让被申请人二持有的J公司的出资额人民币近130万元;交易后将使申请人取得目标公司J公司近人民币260万元的出资额,合计股权比例为15%。

2.2011年3月22日即《增资转股协议》签订同日,申请人与被申请人一、被申请人二、自然人H与目标公司J公司还共同签署了《补充协议》。《补充协议》再次明确,申请人拟投资总额为人民币45,000万元,以人民币22,730余万元的增资认购价溢价认购J公司的增资额(其中,新增目标公司注册资本近130万元,22,600余万元计入目标公司资本公积金),并在增资完成后以人民币近22,270万元的股权转让对价受让被申请人二持有的J公司的出资额人民币近130万元;交易后将使申请人取得目标公司人民币近260万元的出资额,合计股权比例为15%。

《补充协议》第5.4条与第5.5条约定了"投资方对于自己资质的陈述与保证",即申请人作为投资方保证自己具有真实有效的内资身份;申请人作为投资方符合有关法律、法规和中国证监会有关规则对于公司所属行业的中国境内上市股东资质的要求。

《补充协议》第7.1条约定了股权强制收购条款,若目标公司未能于2013年12月31日前实现合格上市,则申请人有权在2013年12月31日后的任何时间,在符合当时法律法规要求的情况下,要求目标公司、甲方或甲方任一方一次性收购其所持有的公司股权。第7.2条和第7.3条约定了,目标公司、甲方或甲方任一方可以指定第三人履行股权收购义务并对第三人的履行承担连带担保责任。第7.4条约定了股权收购价款的具体计算方式:回购价格为以下两者之和:(1)截至投资方发出通知之日,投资方应取得但公司尚未支付的任何股息、红利等收益(包括但不限于现金及股权);(2)投资方的投资总额×$(1+10\%)^n$,n=投资期限/365。投资期限,是指自投资方投资款支付至公司账户及自然人C账户之日起至公司或甲方或其指定的第三方将全部股权收购价款支付至投资方指定的账户之日止的自然天数。第7.5条约定了,在申请人按约定发出股权回购的书面通知后,收购方应当在6个月内实施收购行为,并完成股权收购价款的支付。

3. 申请人按照《增资转股协议》及《补充协议》,于2011年3月18日依约向目标公司支付增资款,履行了向目标公司增资认购的义务;同日依约向被申请人二支付股权转让款,申请人最终持有J公司15%的股权,取得J公司近260万元的出资额,完成了股权变更登记手续。

4. J公司董事长自然人H于2014年1月2日去世。被申请人三、被申请人四、被申请人五、被申请人六均为自然人H第一顺位的法定继承人。

5. J公司未在2013年12月31日前实现合格上市。

对上述事实,双方予以确认。

但是,申请人认为,自己已履行完毕合同项下义务,在回购条件成就后,有权行使要求股权回购的权利。在申请人主张后,被申请人一、被申请人二未按合同约定进行股权回购、支付股权价款,且被申请人三对此债务负有连带责任,被申请人四、被申请人五、被申请人六亦应在继承自然人H遗产的范围内承担上述责任。但申请人多次督促仍未获履行,致使申请人发生损失。申请人遂依据合同约定的仲裁条款提起仲裁。

(二)仲裁庭对各方争议的事实与法律问题的分析与认定

结合申请人的仲裁申请书及其提供的相关证据材料,以及开庭审理过程中仲裁庭查明的事实与各方代理人发表的代理意见,仲裁庭认为,本案的争议焦点在于:(1)本案被申请人三、被申请人四、被申请人五、被申请人六是否均受仲裁协议约束;(2)本案《增资转股协议》及其《补充协议》是否合法有效;(3)本案协议所约定的股权回购义务的条件是否已经成就,被申请人一、被申请人二是否应当履行股权回购义务;(4)本案被申请人三是否应当承担自然人H于《补充协议》合同项下股权回购义务的连带责任;(5)本案被申请人三、被申请人四、被申请人五、被申请人六是否应当在所继承遗产范围内履行股权回购义务。

对于上述争议焦点,仲裁庭逐一分析并认定如下。

1. 关于本案被申请人三、被申请人四、被申请人五、被申请人六是否均受仲裁协议约束。

对此争议，申请人认为依据《仲裁法司法解释》的相关规定，被申请人三、被申请人四、被申请人五、被申请人六均已经继承了自然人H于仲裁事项中的权利义务，因此受该仲裁协议约束；申请人还特别指出，被申请人三还因具备自然人H生前配偶身份从而是《补充协议》项下股权回购义务的共同债务人从而亦应受该仲裁协议的约束。而被申请人三、被申请人四认为自己目前并未实际获得自然人H的遗产，无法确定是否会承继自然人H仲裁事项中的权利义务，因此不受该仲裁协议约束。此外，被申请人三认为基于其作为自然人H生前配偶的身份，以婚姻法上的婚姻事实使仲裁协议约束当事人以外的第三方，违背我国《仲裁法》及《仲裁法司法解释》的相关规定。

对此争议，仲裁庭认为，本案被申请人三、被申请人四、被申请人五、被申请人六均因承继被继承人自然人H仲裁事项中的权利义务而应受仲裁协议约束。至于申请人提出的关于被申请人三基于自然人H生前配偶身份，继而因夫妻共同债务而受仲裁协议约束的主张，仲裁庭不予认可。理由详述如下。

申请人与被申请人一、被申请人二、自然人H于2011年3月22日签订本案《增资转股协议》及《补充协议》。《增资转股协议》第7条第2项约定："凡因执行本协议发生的或与本协议有关的一切争议……如果不能协商解决，任何一方可以根据本协议规定，将争议提交中国国际经济贸易仲裁委员会，依照该会现行有效之仲裁规则进行仲裁，仲裁地为北京，仲裁裁决是终局的，对争议各方均具有法律约束力。"《补充协议》第18.2条约定："因解释或履行本协议发生争议，各方应首先通过友好协商的方式加以解决。如果在一方向其他方发出要求协商解决的书面通知后30天之内争议仍然得不到解决，任何一方均可将有关争议提交中国国际经济贸易仲裁委员会，依据该仲裁委员会届时有效的仲裁规则在北京进行裁决。各方一致同意仲裁结果是最终的，并对各方均有约束力，并遵照执行。"被申请人一、被申请人二、自然人H为仲裁条款的当事人，应当受仲裁协议的约束。

自然人H去世后,因自然人H并未留下遗嘱,各继承人确认不放弃继承,因此自自然人H死亡时,继承已经开始,被申请人三、被申请人四、被申请人五、被申请人六作为第一顺位法定继承人对包括J公司股权在内的自然人H的遗产进行法定继承,共同共有自然人H的遗产,已经共同承继了仲裁事项中的权利义务。《仲裁法司法解释》第8条第2款规定,"当事人订立仲裁协议后死亡的,仲裁协议对承继其仲裁事项中的权利义务的继承人有效"。自然人H死亡前所订立的《增资转股协议》及《补充协议》中的仲裁条款即仲裁协议约束自然人H的遗产继承人。即使被申请人三等主张法定继承之诉尚未完结,但因法定继承之诉系解决遗产在各继承人内部的分配及分割问题,不涉及"是否享有继承权"的问题,因此,并不影响仲裁协议对其有效。

至于申请人主张因被申请人三作为自然人H的生前配偶,自然人H在《补充协议》项下的股权回购义务应当作为其夫妻共同债务,所以被申请人三应当作为股权回购义务的共同债务人从而受到《补充协议》项下仲裁条款的约束的主张,则与上述情形不同。我国《仲裁法》第3条规定:"下列纠纷不能仲裁:(一)婚姻、收养、监护、扶养、继承纠纷……"《仲裁法司法解释》第8条和第9条亦限定了仲裁协议对缔结协议当事人以外的主体发生效力的特定情形即承继当事人仲裁事项中的权利义务的继承人与当事人订立仲裁协议后合并、分立的情形,而婚姻法上夫妻关系的事实并非法律规定的仲裁协议对协议外第三方发生法律效力的事实。被申请人三与自然人H的婚姻关系及其夫妻共同债务等判断均不属于仲裁庭可仲裁的范围,因此,对申请人的此一主张,仲裁庭不予认可。故,被申请人三只能因其在继承开始后因承继了被继承人自然人H仲裁事项中的权利义务,进而受到仲裁协议的约束,而并非因其与自然人H之间的夫妻关系而受仲裁协议的约束。

综上所述,仲裁庭认为,本案被申请人三、被申请人四、被申请人五、被申请人六皆因作为承继自然人H仲裁事项中的权利义务的继承人而受到本案相关仲裁协议的约束。被申请人三是否因与自然人H具有夫妻关系而应承担股权回购义务,不属于本案管辖的范围。

2. 关于本案《增资转股协议》及其《补充协议》的效力之认定。

关于本案《增资转股协议》的效力及其《补充协议》的效力,申请人主张其合法有效。而各被申请人均主张《增资转股协议》及《补充协议》违背法律禁止外商投资相关领域的强制性规定而无效,从而股权回购义务的相关约定随之无效;被申请人三、被申请人四同时主张《补充协议》所约定的股权回购义务及其价款显失公平。

此为本案各方争议的重点,对于本案法律关系性质、各当事人法律责任、纠纷的最终处理具有关键性的意义。

对于此争议,仲裁庭的意见如下所述。

首先,关于《增资转股协议》与《补充协议》的关系问题,仲裁庭注意到,申请人系依据《补充协议》中的仲裁条款提起仲裁,而非依据《增资转股协议》或者同时依据该两份协议提起仲裁,且两份协议的当事人也不完全相同,所以,仲裁庭的审理范围仅限于《补充协议》。但是,由于《补充协议》与《增资转股协议》于同一天签订,且其是作为《增资转股协议》的补充协议而签订,而依据民法和合同法原理,补充协议的效力受制于原协议的效力,如果原合同无效,则补充协议亦无效,而本案当事人尤其是被申请人在答辩意见中均从不同角度提出了两份协议均无效的主张,故仲裁庭尽管仅对《补充协议》的效力进行认定,亦需要同时对《增资转股协议》的效力作出认定。但是,仲裁庭对《增资转股协议》效力作出认定是为了实现对《补充协议》效力作出认定的目的,仲裁庭并不对《增资转股协议》项下的权利义务作出实质性的认定与处理,而仅对《补充协议》项下各当事人的权利义务作出认定与处理。

其次,本节的具体分析意见与认定结论分述如下。

(1)关于申请人的外资身份及其对系争协议效力的影响之分析与认定。

被申请人主张,申请人在签订系争协议时隐瞒了其外资身份,而这正是导致目标公司J公司最终未能成功申请上市的关键因素,也是本案纠纷产生的关键因素。申请人则认为,其并不存在隐瞒外资身份的问题,因为申请人不是外商投资企业在境内设立的公司,不属于法律、行政法规禁止从事相关产业的主体或项目,不违反法律、行政法规关于外商投资产业指引与限制的相关规定。这是各方当事人的争议焦点。是故,对申请人主体资格即法律组织形态的定性分析尤为重要,亦即申请人到底是否具有外资身份,进而是否应当受到有关外商投资产业指引与限制的法律、法规的约束,进而实质性地影响目标公司的上市申请。

对此,仲裁庭认为:

第一,我国法律、法规禁止外商投资"广播电视节目制作经营公司、电视制作公司、发行公司和院线公司"等领域,而J公司及其子公司的主营业务即制作与发行电影等。仲裁庭查明:申请人于2010年12月注册设立,工商登记信息为有限责任公司,其企业性质为内资企业。

第二,申请人的股权结构为:申请人的控股股东为中国K财富管理公司,该公司为内资企业;中国K财富管理公司的100%控股股东为L产业基金管理公司,该公司的控股股东为M公司,M公司为设立于中国香港特别行政区的公司。显然,申请人的控股股东和其他股东均不具有外资成分,不属于外商投资企业,申请人也不属于外商投资企业在境内设立的企业。

第三,被申请人主张申请人为"外商投资企业再投资"的主要依据是《关于外商投资企业境内投资的暂行规定》(2000年9月1日起施行,以下简称《暂行规定》)。《暂行规定》第2条规定,本规定所称外商投资企业境内投资,是指在中国境内依法设立,采取有限责任公司形式的中外合资经营企业、中外合作经营企业和外资企业以及外商投资股份有限公司,以本企业的名义,在中国境内投资设立企业或购买其他企业投资者股权的行为。《暂行规定》还规定,外商投资企业境内投资限制类领域的,需要经过外资主管部门审批,投资允许鼓励类领域的,需要在事后向原审批机关进行备案;再投资的企业设立时,工商登记机关发放《企业法人营业执照》,并在企业类别栏目加注"外商投资企业投资"

字样。然而，如前所述，仲裁庭查明，申请人的股东都是内资企业，不是《暂行规定》第2条中的外商投资企业，申请人设立时无须履行外商投资主管部门的事前审批或事后备案，其营业执照也没有加注“外商投资企业投资”字样。

第四，依据2004年10月国家发展和改革委员会发布的《外商投资项目核准暂行管理办法》，若申请人属于外商投资项目，则设立时需要先经过立项核准，之后再由商务部门对合同、章程、协议书等进行审批，否则工商部门不会予以登记注册。但申请人设立时，并不需要经过外商投资主管部门的事前审批或事后备案，而是由工商登记机关直接进行审查并予以注册登记，主管机关也未要求履行上述审批程序，证明主管机关认可申请人属于内资企业，不属于外商投资企业或外商投资项目。

第五，申请人提供的证据显示，申请人投资J公司后，J公司继续正常经营电影及电视剧制作、发行等禁止外商投资类业务，没有因申请人的投资而受到影响。依据《电影管理条例》《电影企业经营资格准入暂行规定》《广播电视管理条例》《广播电视节目制作经营管理规定》等法律法规，国家对电影及电视剧的制作、发行资格实行许可制度，国家新闻出版广电总局每年或隔年将对J公司取得的摄制电影许可证、电影发行经营许可证和电视剧制作许可证等进行年检，对J公司经营电影、电视剧业务的资质、条件及业绩进行审核。并且，在申请人投资之后，J公司于2011～2015年每年均顺利通过了国家新闻出版广电总局对其电视剧制作许可证(甲种)、摄制电影许可证的审核，其业务没有因申请人的投资而遭受任何影响。由此可见，国家新闻出版广电总局作为行业主管部门，并没有因为申请人的投资而收回、撤销对J公司从事禁止外商投资类业务的准入许可，此一事实也可证明主管部门并没有将申请人视为外商投资企业在境内设立的企业，申请人投资J公司并不属于外商投资禁止类行业，不应受到《外商投资产业指导目录》的限制。

综上所述，仲裁庭认为，申请人为内资企业，其投资J公司并未违反我国法律关于外商投资准入的相关禁止性规定，继而《增资转股协议》并未因违反我国《合同法》第52条第5项而无效,即《增资转股协议》合法有效。依据《增资转股协议》签订的《补充协议》亦为合法有效,对当事人具有约束力。

(2)关于《补充协议》中的股权回购条款是否有失公允或显失公平的分析与认定。

一般而言,股权回购条款往往是由于投资人无法在信息不对称的情况下全面了解投资项目的价值,且投资项目的成败往往还取决于目标公司的经营状况及其经理人在投资经营上的业务水准,为了分散投资人可能承担的投资风险而订立的,其订立通常是双方当事人对目标公司价值进行了全面评估而作出的合理安排,属于当事人自由协商的结果,也不违反法律、行政法规的效力性强制规定,为合法有效之合同,对双方当事人均具有约束力。详述如下。

系争合同在股权回购条款方面,双方当事人的约定之实质是由J公司、被申请人一、被申请人二、自然人H对申请人进行担保,当投资目的无法实现时,申请人可以要求回购其持有的目标公司的股权。就回购主体而言,由目标公司即J公司,或被申请人一、被申请人二、自然人H或甲方指定的第三方履行回购义务。若是由J公司回购股权,则会涉及公司注册资本的减少,即公司减资,根据我国《公司法》第37条的规定,公司股东会经过内部决策程序进行股权回购,便可予以减资,减资是为法律所允许的行为,只需符合法律规定和公司章程约定的条件和程序即可;由被申请人一、被申请人二、自然人H回购股权,其实质是在双方当事人之间进行公司股份的转让,是由被申请人承担申请人投资目的不能实现的风险;由被申请人一、被申请人二、自然人H指定第三方回购股权,若第三方为公司股东,则与前述情况无异,若第三方非公司股东则为向外转让股权,亦不违反我国《公司法》的相关规定。并且,双方对回购款的计算方法的约定,也依然未超出合理的利率水平以及双方所能控制的风险范畴。依照《补充协议》的回购价款的计算方式,暂计至2014年10月29日,年利率为近14%,为在实践中常见且合理的利率水平,也不为法律禁止。若由原股东进行回购,在双方当事人之间进行公司股份的转让,我国《公司法》第71条第1款规定:“有限责任公司的股东之间可以相互转让其全部或者部分股权”,此种股权转让为法律允许。若由申请人向原股东指定的第三方转让股权,亦符合《公司法》第71条对于向股东以外的人转让股权的程序。

事实上,影响系争合同效力唯一可能的因素是由目标公司J公司回购股权,继而可能导致的公司注册资本减少。但是,如前所述,公司减资并非法律所禁止的行为,相反,它属于法律允许的行为,法律仅仅是对公司减资的条件与程序进行规制而已。因此,无论是股东之间的股权转让还是公司经过决议程序后进行减资,抑或是对原股东指定的第三人转让股权,均为我国《公司法》允许,并未违反中华人民共和国现行法律、行政法规的强制性规定。至于其他条款约定的内容,更无导致合同无效的情形。

综上所述,仲裁庭认为,鉴于本案协议是各方当事人真实的意思表示,协议的形式和内容皆不违反中华人民共和国现行法律、行政法规的强制性规定,亦无其他导致协议无效之情形。因此,仲裁庭对于本案协议的效力予以认定,即本案系争《增资转股协议》及《补充协议》为合法有效的合同,对合同双方当事人具有约束力,应作为本案的裁决依据。

3. 本案协议所约定的股权回购义务的条件是否已经成就,被申请人一、被申请人二是否应当履行股权回购义务。

关于本案合同所约定的股权回购义务的条件是否已经成就,申请人认为条件已经成就,具体表现为J公司未能于2013年12月31日前实现合格上市;各被申请人均认为根据我国《合同法》第45条第2款的规定,“当事人为自己的利益不正当地促成条件成就的,视为条件不成就”,申请人存在隐瞒外资成分、影响《增资转股协议》及《补充协议》效力、未获取“国有股转持批复”等过错行为,阻碍J公司上市进程,致使其未实现合格上市,应当视为条件不成就,从而申请人不得行使要求股权回购的权利。

对此,仲裁庭分析如下。

本案协议所约定的股权回购义务属于附履行条件的法律行为,根据具体约定内容，此一股权回购义务的履行或实现需要满足的条件为 J 公司于 2013 年 12 月 31 日未能实现合格上市，即可认定股权回购条件成就。事实上，J 公司已确定地未完成在 2013 年 12 月 31 日前合格上市，应当认定股权回购义务条件成就。

被申请人援引我国《合同法》第 45 条第 2 款"当事人为自己的利益不正当地促成条件成就的，视为条件不成就"的规定。其实，我国《合同法》第 45 条规定了合同的效力条件，即生效条件（亦称延缓条件）和解除条件（亦称失效条件），而本案约定的条件并非效力条件，而是履行条件，其约定的条件对合同效力并不产生任何影响。退一步而言，即使参照该条关于效力条件的规定，将履行条件视作效力条件，对恶意一方作出对其不利的相反推定，亦需分析申请人到底是否具有主观上的恶意，并且因此促成了履行条件的成就。仲裁庭对此分析如下。

（1）申请人的身份、资质是否影响《增资转股协议》效力，继而影响 J 公司 IPO 申报。

依据前述对申请人法律组织形态的分析，仲裁庭认定申请人为内资公司，其投资 J 公司并不违反我国关于禁止外商投资相关领域的强制性规定，《增资转股协议》合法有效，因而并不会对 J 公司的 IPO 申报产生不利影响。

（2）申请人未获取"国有股转持批复"是否导致 J 公司未能实现合格上市。

申请人认为，J 公司未能成功上市系 J 公司自身原因所致，其原因包括如 J 公司上市发行方案未经股东大会审议通过；J 公司没有完成 3 年一期的审计报告及其他重要财务文件；J 公司没有完成辅导验收；J 公司不停更换中介机构；J 公司频繁变更上市方案，而且未获主管部门批文。而被申请人均指出"国有股转持批复"对 J 公司如期实现合格上市至关重要。依据证监会发布的《公开发行证券的公司信息披露内容与格式准则第 9 号——首次公开发行股票并上市申请文件》（2006 年修订）的规定，J 公司上市申报所需要的材料包括招股说明书和发行公告、公司内部董事会决议等授权文件、保荐人的发行保荐书、会计师的财务审计报告等财务资料、律师的法律意见书与律师工作报告、公司的设立文件、关于本次发行募集资金运用的文件、与纳税情况相关的财务资料、其他文件,而在其他文件中包含了国有股权设置批复文件。而J公司的文件准备阶段尚未至需要即刻提交"国有股转持批复"的阶段,且前述阶段并未提供足够的使申请人得以向主管部门申请的国有股转持的条件,因而被申请人主张主要基础材料之外的其他文件即"国有股转持批复"的缺失直接造成J公司未能完成上市,与事实不符。

因此,申请人的行为并非J公司未能在2013年12月31日前实现合格上市的原因,申请人并未不正当地促成回购条件成就,因此,仲裁庭认定股权回购义务条件成就。

我国《合同法》第8条规定:"依法成立的合同,对当事人具有法律约束力。当事人应当按照约定履行自己的义务,不得擅自变更或者解除合同。"本案申请人要求被申请人履行股权回购义务,是基于该条所规定的继续履行请求权而提起。该项请求权的成立要件是:(1)合同成立且生效;(2)合同约定了一方对另一方享有债权请求权;(3)债权人的债权符合法律或者合同所特别约定的要件;(4)债务的履行期届满。

仲裁庭的上述分析意见表明,本案《增资转股协议》及《补充协议》成立且已经生效,为合法有效之合同,对双方当事人具有法律上的约束力,并且协议中明确约定了被申请人一、被申请人二、自然人H对申请人负有股权回购之义务,双方当事人对该项义务附有履行条件。由于J公司无法在2013年12月31日前实现合格上市,因此其所附的股权回购义务条件已经成就,该项义务业已发生,被申请人一、被申请人二、自然人H应当依约履行该项义务。

综上所述,仲裁庭认为,股权回购义务所附履行条件已经成就,申请人对被申请人一、被申请人二享有股权回购请求权,有权要求被申请人一、被申请人二按协议约定的价格回购其持有的全部J公司的股权,按约支付股权回购款。故仲裁庭支持申请人的第1项仲裁请求中关于要求被申请人一、被申请人二履行回购义务的请求。

4. 本案被申请人三是否应当承担自然人H于《补充协议》合同项下股权回购义务的连带责任。

对此争议,申请人认为,自然人H订立相关协议时与被申请人三是夫妻关系,其承诺承担股权回购义务的行为实际上是负担夫妻共同债务的行为。依据我国《婚姻法》及其相关司法解释的规定,被申请人三应当对该债务承担连带责任。而被申请人三认为,基于婚姻法上的婚姻事实而使仲裁协议的效力及于生前配偶系违背我国《仲裁法》及《仲裁法司法解释》的相关规定,且主张自然人H的股权回购义务并不是夫妻共同债务。

对于此争议,仲裁庭认为,如前所述,被申请人三仅能因其承继了自然人H于仲裁事项中的权利义务而受仲裁协议之约束,而仲裁庭审理的范围也只能限于被申请人三与自然人H于仲裁事项中的权利义务相关的事项,对于其婚姻法上的夫妻事实、婚姻法上的夫妻共同债务的认定等,均不属于仲裁庭的仲裁范围。因此,对于申请人于第一项仲裁请求中要求被申请人三基于生前配偶身份与夫妻共同债务而承担连带责任的仲裁请求,本庭不予支持。

5. 本案被申请人三、被申请人四、被申请人五、被申请人六是否应当在所继承遗产范围内履行股权回购义务。

对于此争议,仲裁庭分析如下:我国《继承法》第33条规定:"继承遗产应当清偿被继承人依法应当缴纳的税款和债务,缴纳税款和清偿债务以他的遗产实际价值为限。超过遗产实际价值部分,继承人自愿偿还的不在此限。继承人放弃继承的,对被继承人依法应当缴纳的税款和债务可以不负偿还责任。"被申请人三、被申请人四、被申请人五、被申请人六4位继承人应当在各自继承自然人H遗产的范围内对股权回购义务承担清偿责任。该等义务的履行须以上述被申请人依法实际取得遗产为给付条件。

6. 关于申请人要求对方赔偿律师费用的仲裁请求。

在本案中,申请人的第2项仲裁请求为要求对方赔偿其所支出的律师费用

70 万元。鉴于本案的具体情况，仲裁庭酌定支持申请人此一仲裁请求中的 50 万元。该项费用由被申请人一、被申请人二承担，被申请人三、被申请人四、被申请人五、被申请人六在实际继承遗产的范围内承担连带清偿责任。

7. 关于本案仲裁费用的负担。

申请人的第 4 项仲裁请求为要求对方承担本案的仲裁费用。

鉴于申请人的律师费用以外的主要请求均得到支持，部分请求未得到支持，故按照 2015 年 1 月 1 日起施行的《中国国际经济交易仲裁委员会仲裁规则》第 50 条的规定，仲裁庭决定本案的仲裁费由申请人承担 10%，由被申请人一、被申请人二承担 90%，被申请人三、被申请人四、被申请人五、被申请人六在实际继承遗产的范围内对此承担连带清偿责任。

三、裁　　决

仲裁庭结合所认定的事实，并依据本案合同的约定和相关法律的规定，经合议，作出如下裁决：

1. 被申请人一、被申请人二连带性地向申请人一次性支付股权回购款，按约定计算方式为：45,000 万元 $\times(1+10\%)^n$，n 为投资期限/365，自 2011 年 3 月 18 日起计算至实际支付完毕收购价款日，暂计算至 2014 年 10 月 29 日为近 63,540 万元。

2. 被申请人三、被申请人四、被申请人五、被申请人六对上述裁决所涉债务，各自在依法实际继承自然人 H 遗产的范围内承担连带清偿责任。

3. 被申请人一、被申请人二向申请人支付律师费 50 万元，被申请人三、被申请人四、被申请人五、被申请人六对此项义务在依法实际继承自然人 H 遗产的范围内承担连带清偿责任。

4. 本案仲裁费由申请人承担 10%，由被申请人一、被申请人二承担 90%。被申请人一、被申请人二应直接向申请人支付代其垫付的本案仲裁费。被申请人三、被申请人四、被申请人五、被申请人六对被申请人一、被申请人二的此项义务在依法实际继承自然人H遗产的范围内承担连带清偿责任。

5. 驳回申请人的其他仲裁请求。

上述被申请人应当向申请人支付的款项，被申请人应当于本裁决书生效之日起20日内履行完毕。逾期支付的，按照我国《民事诉讼法》第253条的规定加倍支付延期履行期间的债务利息。

本裁决为终局裁决，自作出之日起生效。

案例评析

【关键词】

增资投资；外资准入；对赌协议

【焦点问题】

增资投资对赌型股权转让交易中"对赌协议"的效力与履行问题，以及投资人内外资身份的认定与股权回购价格的公允性对相关协议效力的影响。

【焦点评析】

该案的基本案情是，申请人与被申请人一、被申请人二及自然人H共同签订《增资转股协议》及《补充协议》。《增资转股协议》约定，申请人拟对目标公司进行投资，溢价认购增资额，且在增资完成后受让被申请人二持有的目标公司出资额，最终交易后使申请人取得目标公司15%的股权。《补充协议》再次明确以上交易安排，并进一步约定：申请人作为投资方对于自己具备真实有效内资身份的陈述与保证；目标公司未按计划实现上市的股权强制收购条款（包括回购价格的具体计算方式)。申请人按照以上协议安排完成了增资认购及相应股权的受让,而目标公司却未按计划在约定时间内实现合格上市。不久后目标公司董事长H去世,被申请人三、被申请人四、被申请人五、被申请人六均为其第一顺位的法定继承人。申请人根据协议约定主张行使要求股权回购的权利,但被申请人一、被申请人二未按约定进行股权回购。申请人认为,被申请人三作为H的配偶对此债务负有连带责任,被申请人四、被申请人五、被申请人六应在继承H遗产范围内承担上述责任。而经其多次督促仍未获履行,申请人遂依据合同约定的仲裁条款提起仲裁。

现结合该案案情及法律适用焦点问题,评述如下。

一、仲裁协议的承继问题

本案的前提性问题为,约定仲裁条款的协议下当事人若死亡,其配偶、子女及其他法定继承人是否受仲裁协议的约束。

就配偶关系而言,我国《继承法》第3条明确规定:“下列纠纷不能仲裁:(一)婚姻、收养、监护、扶养、继承纠纷……”结合司法解释的规定,婚姻法上夫妻关系的事实并非法律规定的仲裁协议对协议外第三人发生法律效力的事实,应当认为婚姻关系与商事仲裁无关。在本案的仲裁庭意见中,对申请人主张被申请人三基于H配偶的身份对相关义务负有连带责任不予支持。

就法定继承关系而言,《仲裁法司法解释》第8条第2款明确规定:“当事人订立仲裁协议后死亡的,仲裁协议对承继其仲裁事项中的权利义务的继承人有效。”故案涉协议中的仲裁条款即仲裁协议应当约束协议当事方的遗产继承人。因为法定继承之诉处理的是遗产在继承人内部的分配分割问题,所以即使法定继承之诉尚未完结,并不影响当事人享有继承权。因此,作为H的法定继承人,相关仲裁协议应当对相应的被申请人有效。

二、外资身份的影响问题

本案对申请人主体资格即法律组织形态的定性分析为该案的争议焦点之

一,即申请人究竟是否具有外资身份,进而是否应当受到有关外商投资产业指引与限制的法律、法规约束,再进而实质性地影响目标公司的上市申请。仲裁庭从申请人的工商登记信息、股权结构及股东成分、工商登记机关的审查注册与登记程序、目标公司在投资后的经营状况等方面综合认定申请人为内资企业,其投资目标公司不违反法律关于外商投资准入的相关禁止性规定。因此,《增资转股协议》并未因违反我国《合同法》第52条第5项而无效。

在增资投资对赌型股权转让交易下,投资方的内外资身份或成为案件纠纷产生的关键因素。2020年1月1日实施的我国《外商投资法》已成为我国外商投资领域新的基础性法律,该法规定对外商投资实施准入前国民待遇加负面清单管理制度。因此,准确理解和适用负面清单对于来华的外商投资尤为重要。

最高人民法院《关于适用〈中华人民共和国外商投资法〉若干问题的解释》则对投资合同纠纷的司法裁判作出明确规定,将负面清单对合同效力的影响作为重点。该解释规定,外商投资准入负面清单之外的领域形成的投资合同,当事人以合同未经有关行政主管部门批准、登记为由主张合同无效或者未生效的,人民法院不予支持,这类投资合同即便签订于我国《外商投资法》施行前,只要人民法院在《外商投资法》施行时尚未作出生效裁判的,仍然应按照新法认定合同有效;外国投资者投资准入负面清单规定禁止投资的领域,当事人主张投资合同无效的,人民法院应予支持;外国投资者投资准入负面清单规定限制投资的领域,当事人以违反限制性准入特别管理措施为由,主张投资合同无效的,人民法院应予支持,但如果在人民法院作出生效裁判前,当事人采取必要措施满足了准入特别管理措施的要求,投资合同依然有效;在生效裁判作出前,因外商投资准入负面清单调整,外国投资者投资不再属于禁止或者限制投资的领域,当事人主张投资合同有效的,人民法院应予支持。整体上秉承从新、有利于合同的原则。

三、"对赌协议"的效力问题

该案中的股权回购条款即实践中俗称的"对赌协议"。其是指投资方与融资方在达成股权融资协议时,为解决交易双方对目标公司未来发展的不确定性、信息不对称以及代理成本的问题而设计的包含了股权回购、金钱补偿等对未来目标公司的估值进行调整的协议。

仲裁庭意见认为，相关条款的订立是双方当事人对目标公司价值进行全面评估后作出的合理安排，是当事人自由协商的结果，不违反法律法规的效力性强制性规定，应当合法有效。根据相关条款的约定，回购方涉及目标公司、公司股东以及原股东指定的第三人。唯一可能影响系争合同效力的因素是由目标公司回购股权，继而导致公司注册资本减少。然而公司减资并非法律禁止的行为，只需符合法律规定和公司章程约定的条件和程序即可。除此之外，在回购价格的公允性方面，双方对回购款计算方式的约定亦未超出合理的利率水平，应当认为该条款并非对当事方违约责任的约定，实质上构成对交易风险的分配安排。结合申请人此前溢价增资投资的事实以及对回购价款年利率的换算，相应价格为实践中常见且合理的约定，并未超出双方所能控制的风险范畴。

2019 年 11 月 14 日最高人民法院正式发布了《全国法院民商事审判工作会议纪要》(以下简称《九民纪要》)。其中，就“对赌协议”效力及履行的裁判规则引起了广泛讨论。《九民纪要》从签署主体的角度，明确对赌协议分为三类：(1)投资方与目标公司的股东或者实际控制人“对赌”，即对赌失败时，承担股权回购或现金补偿义务的主体为公司股东或实际控制人；(2)投资方与目标公司“对赌”，即对赌失败时，承担股权回购或现金补偿义务的主体为目标公司本身；(3)前两者的结合，即投资方与目标公司的股东、目标公司“对赌”。

就投资方与股东或实际控制人之间对赌协议的效力及可履行性，《九民纪要》明确“如无其他无效事由”协议应当有效且可履行。就投资方与目标公司之间对赌协议的效力，《九民纪要》正式作出了“有效为原则，无效为例外”的总结，此后法院不得仅以存在股权回购或现金补偿为由而认定目标公司签署的对赌协议无效。就投资方与目标公司之间对赌协议的履行，《九民纪要》相较其征求意见稿，进一步明确了投资方请求目标公司回购股权或承担金钱补偿义务所适用的法律依据：在请求目标公司回购股权的情形下，如目标公司未完成减资程序,法院应当驳回投资人请求目标公司回购股权的诉讼请求。即投资人要想实现目标公司回购股权或股份,须先让目标公司减资。在请求目标公司承担金钱补偿义务的情形下,如目标公司没有利润或者虽有利润但不足以补偿投资人,人民法院应当驳回或者部分支持投资人请求目标公司现金补偿的诉讼请求。即投资方要想从目标公司获得现金补偿的前提是,目标公司有可分配的利润,否则对赌协议不具有可履行性。

综上所述,《九民纪要》首次系统性地厘清了对赌协议的裁判规则,将对赌协议的有效性与可履行性明确作出区分。但从实际履行的角度来看,《九民纪要》确立的对赌协议裁判规则并未实际排除或降低投资方与目标公司对赌道路上目标公司实际无法履行对赌义务的风险。

【结语】

该案在明确有关仲裁协议承继问题的基础上,围绕增资投资对赌型股权转让交易中的协议效力展开分析。一方面,在我国《外商投资法》尚未实施的背景下,从多个角度综合认定当事人的内资身份,进而排除其应当受到有关外商投资产业指引与限制的法律法规的约束;另一方面,结合对公司减资程序的解说,认定案涉对赌协议有效。此外,进一步在风险分配的层面分析回购价格的合理性。

由此可见,增资投资对赌型股权转让交易是较复杂的。争议焦点不仅涉及我国《合同法》的条文,还涉及许多其他相关规定的解释与适用。在当前的立法背景下,裁判者在明晰交易安排的基础上,应当精准定位对案涉协议或有影响的法律法规,充分研习该领域的最新立法,包括为民商事裁判提供重要思路指引的《九民纪要》,以厘清当事人之间的法律关系,明确案涉协议的效力与履行问题。

(案例评析人:刘凯湘)

案例十七　中国A投资企业与中国B科技公司、自然人C、中国D科技开发公司、中国E科技公司(原名中国F公司)股权转让争议仲裁案

中国国际经济贸易仲裁委员会(以下简称贸仲)根据申请人中国A投资企业(以下简称申请人)与第一被申请人中国B科技公司(以下简称第一被申请人)、第二被申请人自然人C(以下简称第二被申请人)、第三被申请人中国D科技开发公司(以下简称第三被申请人或目标公司,第一、第二、第三被申请人以下合称被申请人)、中国E科技公司及中国G投资企业(以下简称中国G企业)于2011年8月25日签订的《中国G企业、中国A投资企业与中国D科技开发公司及其股东中国B科技公司、中国F公司、C关于对中国D科技开发公司的〈增资协议〉的补充协议书》(以下简称《补充协议》)中仲裁条款的约定,以及申请人于2016年3月向贸仲提交的书面仲裁申请,受理了申请人和被申请人之间的本争议仲裁案。

一、案　　情

(一)申请人的仲裁请求

申请人自向仲裁委员会提起本案仲裁后,先后提交了落款日期为2015年11月的《仲裁申请书》、落款日期为2016年7月的要求与贸仲受理的1号仲裁

案合并审理的《申请书》、落款日期为2016年9月5日的《变更仲裁请求申请书》、落款日期为2016年9月19日的《关于明确仲裁请求的说明》、落款日期为2016年9月30日的《追加被申请人申请书》以及落款日期为2017年2月的《仲裁申请书(变更+追加+明确)》。申请人多次变更仲裁请求,除庭审中放弃本案与1号仲裁案合并审理的请求外,以落款日期为2017年2月的《仲裁申请书(变更+追加+明确)》的内容为准。

1. 申请人申请仲裁所依据的仲裁协议

申请人与被申请人于2011年8月签订的《补充协议》第15.2条约定:"因履行本协议所发生的争议,各方均应友好协商解决;如因在30日内不能协商解决的,任何一方均可向位于北京市的中国国际经济贸易仲裁委员会提起仲裁。"

2. 申请人提起仲裁的事实和理由

申请人是一家股权投资企业,第三被申请人是位于H省I市J县的一家高科技企业,第一被申请人、第二被申请人、第四被申请人均为第三被申请人的股东。申请人在对目标公司第三被申请人的发展状况进行考察以及与作为股东的3名被申请人充分磋商及得到作为股东的3名被申请人的保证后,认为第三被申请人具有股权投资潜力,遂与4名被申请人签订了以下合同并进行了股权投资。

2011年8月25日申请人、中国G企业与第三被申请人及其股东第一被申请人、第二被申请人、第四被申请人签订了《中国G企业、中国A投资企业与中国D科技开发公司及其股东中国B科技公司、中国F公司、C关于对中国D科技开发公司的增资协议》(以下简称《本案协议》)及《补充协议》。

本案协议中约定:第三被申请人的原注册资本为人民币5000万元(以下金额均为人民币——仲裁庭注),原股东股权比例为第一被申请人占30.5%、第二被申请人占35.5%、第四被申请人占34%。中国G企业与申请人各向第三被申请人增资2000万元,其中近1050万元计入实收资本,剩余2950余万元计入资本公积金。增资后第三被申请人的注册资本为近6050万元,中国G企业与申请人分别取得增资后第三被申请人的8.66%的股权。

根据《补充协议》,有如下主要约定:(1)股权转让限制:第一被申请人、第二被申请人、第四被申请人转让其持有的第三被申请人股权必须经申请人、中国G企业的同意;(2)原股东的保证义务:在向外转让股权时,第一被申请人、第二被申请人、第四被申请人应当保证新进入的股东受协议约束,承担协议中第一被申请人、第二被申请人、第四被申请人的义务和责任;(3)股权出质限制:未经申请人、中国G企业的同意,第一被申请人、第二被申请人、第四被申请人不得出质其持有的第三被申请人的股权;(4)财务知情权:第一被申请人、第二被申请人、第四被申请人、第三被申请人必须于每年3月31日前向申请人和中国G企业提交上一年度经审计的财务报告,如未提交且在提出书面要求后的1个月内仍然未能提供,则第三被申请人的实际净利润按照零计算;(5)业绩补偿:当第三被申请人2011年净利润低于2200万元,2012年净利润低于4000万元时,申请人和中国G企业有权要求第一被申请人、第二被申请人、第四被申请人就2011年、2012年的利润差额按照现金补偿公式补偿现金;(6)认沽权:当约定的条件成就时,申请人和中国G企业有权要求第一被申请人、第二被申请人、第四被申请人收购其持有的第三被申请人的股份,价格计算公式为:收购价款 = 甲方投资额 × (1 + 15% × 资金占用年数) - 甲方获得的现金红利(资金占用年数为增资款进入验资账户至要求回购日止)。并且第三被申请人应当在申请人或中国G企业提出收购要求之日1个月内将收购价款支付给申请人或中国G企业。

在《本案协议》及其《补充协议》签订后,中国G企业与第三被申请人及其股东第一被申请人、第二被申请人、第四被申请人签订了《解除协议》,约定终止了中国G企业与第三被申请人及其股东第一被申请人、第二被申请人、第四被申请人就《本案协议》与《补充协议》产生的权利义务关系。

2011年10月24日中国K投资中心(有限合伙)(以下简称K中心)与第

三被申请人及其股东第一被申请人、第二被申请人、第四被申请人签订了《中国K投资中心(有限合伙)与中国D科技开发公司及其股东中国B科技公司、中国F公司、C关于对中国D科技开发公司的增资协议》及《补充协议书》,约定K中心以2100万元向第三被申请人增资,占增资后8.66%的股权,取得第三被申请人520余万元的注册资本,剩余近1580万元计入资本公积金。此外,K中心签订的前述协议与申请人与第三被申请人及其股东第一被申请人、第二被申请人、第四被申请人签订的《本案协议》与《补充协议》的内容完全相同。

2011年9月13日申请人将2000万元投资款汇入第三被申请人的验资账户。2011年11月1日,K中心将增资款2100万元汇入第三被申请人的账户。

2011年11月21日,第三被申请人的章程进行了相应修订,章程中显示第三被申请人的注册资本为近6050万元,股东为第一被申请人,出资2450万元(占股40.52%)、第四被申请人出资1550万元(占股25.62%)、第二被申请人出资1000万元(占股16.54%)、申请人出资520余万元(占股8.66%)、K中心出资520余万元(占股8.66%)。

申请人按照约定增资后,4名被申请人严重违反了《本案协议》和《补充协议》的约定,表现如下。

(1)违反《补充协议》第4条关于股权转让和出质的限制约定,这一违约行为又导致了违反《补充协议》第12.8条对第二被申请人作为第三被申请人实际控制人地位保持的约定。

第一,2013年5月26日540余万元股权转让给案外人中国L公司(以下简称L公司)一事,既未通知过申请人,也从未征得申请人的同意,申请人提起本次仲裁后通过工商查档方知晓;

第二,第二被申请人在2013年7月12日至2014年3月19日将其所持有的2000余万元股权出质给案外人自然人M、在2014年3月20日至今将2000余万元股权出质给案外人中国N公司(以下简称N公司),案外人L公司将其从第二被申请人处受让的540余万元股权出质给案外人N公司,均既未通知

过申请人,更未征得申请人的书面同意,申请人提起本次仲裁后通过工商查档及申请向J工商局调取证据后方知晓;

第三,以上未经申请人同意的出质行为,使第二被申请人对目标公司的股权失去控制,无法保持作为第三被申请人实际控制人的地位,违反了《补充协议》第12.8条的约定。

(2)违反《补充协议》第6条的竞业限制的约定。

第二被申请人既是第四被申请人的一人股东和法定代表人,又是第三被申请人的股东和法定代表人,明知《补充协议》第6条"竞业与关联交易限制"条款对合同的当事人从事与目标公司相竞争业务的禁止,却仍然使第四被申请人从原有的"玉米奶粉、变性淀粉"等食品经营范围增加了与目标公司有竞争性的"锂电池及电池生产材料的研发、生产与销售"业务。

(3)违反《补充协议》第8条关于知情权的约定。

从未向申请人提交过经具有证券从业资格的会计师事务所审计过的任何年度的财务报告;申请人于2013年7月5日向被申请人发送了《关于请求提供财务报告的函》,要求提供第三被申请人在2011年度、2012年度经审计的财务报告,并于2014年3月14日督促被申请人通过了聘请会计师事务所的股东会决议,但被申请人并未聘请,至今申请人也没有收到过经审计的财务报告。被申请人的这一违约行为使目标公司的募资用途、财务状况完全对申请人隐瞒,申请人无法实现投资合同的目的。

(4)违反《补充协议》第10条关于认沽权的约定。

在触发"未能在2014年12月31日前在中国境内A股市场成功IPO;未能在2012年6月30日前取得进入军方销售市场所需具备的保密资质、军标资质等必备资质;未能在2012年6月30日前完成股权架构调整;2011年净利润不足1540万元或者2012年净利润不足2800万元"的股权回购条款后,申请人2016年1月5日向被申请人发函要求按照合同约定支付股权回购款,被申请人并未支付。

综上所述,在《本案协议》及《补充协议》项下,申请人已经完成合同义务,而被申请人的以上行为,不仅严重违反了合同约定,也使申请人的合同目的无法实现,申请人根据《本案协议》第4.5条规定提出如上仲裁。

3.申请人提出的仲裁请求如下

(1)解除申请人与4名被申请人签订的本案协议和《补充协议》;

(2)4名被申请人连带向申请人支付款项2000万元;

(3)4名被申请人连带向申请人支付资金占用费暂计为1290余万元(自2011年9月13日申请人的投资款汇入第三被申请人的账户起算,以2000万元为基数,按照年15%的利息,暂计至2016年1月5日止),并自2016年1月6日后,以2000万元为基数,按照年15%的利息,计算到被申请人实际支付时为止;

(4)4名被申请人连带向申请人支付保全费5000元、保全担保费13万余元、律师费和本案仲裁费。

(二)第一被申请人的答辩

第一被申请人庭审答辩称:(1)申请人仲裁请求主张返还2000万元投资款,实为高息借贷,这也是申请人投资的真实目的。第一被申请人只是第三被申请人的股东,无义务承担作为股东的法律事实以外的责任。(2)《本案协议》的实际履行是申请人与第三被申请人之间,申请人提出解除合同的理由,指责第一被申请人违约,第一被申请人不能接受。(3)申请人作为第三被申请人的股东,应履行其股东权利与义务。(4)申请人不顾《本案协议》中约定的付款前提条件,说明申请人的投资真实目的是谋取高额利息。在付款条件不成就的情况下,申请人支付投资款,应承担此后不利的后果。第一被申请人在履约过程中不存在申请人所述的任何违约情形,更不应承担连带责任。(5)第一被申请人未收到申请人发出的通知。请求仲裁庭驳回申请人的仲裁请求。

(三)第三被申请人答辩

第三被申请人庭审答辩称:(1)第三被申请人与申请人进行过多次沟通,

亦做了很大努力希望得到申请人的支持,不至于置第三被申请人于破产边缘。(2)本案不具备合同解除条件。申请人选择的违约、违约金、违约责任前后矛盾。(3)第三被申请人接受投资是为了企业发展,在经营活动中没有给申请人造成损失。(4)申请人作为股东,应履行其股东权利义务,但申请人只享受权利而未履行义务,损害了公司的利益。请求仲裁庭驳回申请人的仲裁请求。

(四)本案第二被申请人、第四被申请人未提交任何书面答辩意见

(五)申请人提交的证据(略)

(六)4名被申请人均未提交证据材料

二、仲裁庭意见

根据以上事实,仲裁庭对本案实体争议进行审理,申请人、第一被申请人、第三被申请人经过当庭陈述、质证、辩论及仲裁庭就与争议相关的事实、证据进行了询问、核实,第二被申请人、第四被申请人经贸仲合法通知后均未到庭,仲裁庭经缺席审理,现对本案作出如下裁决意见。

(一)仲裁庭审理本案管辖权的依据

仲裁庭注意到,申请人与被申请人于2011年8月25日签订的《本案协议》第5.2条约定:"因履行本协议发生的争议,各方均应友好协商解决;如果在30日内不能协商解决,任何一方均可向位于北京的中国国际经济贸易仲裁委员会提起仲裁。"《补充协议》第15.2条亦有此相同约定。鉴于已出庭的第一被申请人、第三被申请人及缺席的第二被申请人、第四被申请人对本案仲裁协议条款及管辖权均未提出异议,仲裁庭认为,上述仲裁条款约定的内容明确,对各方主体均具有约束力。上述仲裁协议的约定,是仲裁庭对《本案协议》及其《补充协议》之争议进行审理的管辖依据。

(二)关于本案事实

仲裁庭经审理查明如下事实。

1. 关于《本案协议》的签订

在签订《本案协议》及《补充协议》前,第一被申请人、第二被申请人、第四被申请人均为第三被申请人的股东,持股比例分别为30.5%、34%、35.5%。申请人在对第三被申请人进行考察及与作为股东的3名被申请人协商后,与4名被申请人及中国G企业于2011年8月25日签订了《本案协议》。

《本案协议》约定,甲方(申请人与中国G企业——仲裁庭注,下同)以货币资金4000万元向乙方(第三被申请人——仲裁庭注,下同)增资,取得乙方近1050万元注册资本,占增资后17.315%的股权。其中,甲方1(中国G企业——仲裁庭注,下同)出资2000万元,取得乙方股权8.66%;甲方2(申请人——仲裁庭注,下同)出资2000万元,取得股权8.66%。甲方投资近1050万元计入乙方实收资本,2950余万元计入资本公积金。丙方(第一、第二、第四被申请人——仲裁庭注,下同)、乙方保证本次增资已通过了乙方股东会和有关政府部门的审批。

《本案协议》对违约责任进行了约定,其中第4.5条约定:乙、丙方违约,甲方有权解除合同,丙、乙方应连带返还甲方投资款并加算年15%资金占用费。

《本案协议》还约定:本协议约定不明的,由各方协商后签署补充协议,补充协议为本协议的一部分;甲方各当事人对本协议及其补充协议的义务和违约责任按其出资额承担按份责任;丙方各当事人对本协议及其补充协议的义务和违约责任承担连带责任;丙方对乙方的义务和违约责任承担连带责任。

2. 关于《补充协议》的签订

在签订《本案协议》的当日,即2011年8月25日,申请人与4名被申请人签订了《本案协议》的《补充协议》。

《补充协议》第1.1条约定,在甲方支付增资款前,乙、丙方完成以下事项的书面协议:“1.1.1:乙、丙方将于2012年6月30日前完成股权构架调整,C

和丙方1(第一被申请人——仲裁庭注,下同)的各股东自然人Q、自然人R和自然人S将受让第一被申请人在乙方中的全部股权,第一被申请人将以零对价成为乙方的全资子公司。如在今后的上市准备过程中乙方计划以其他方式调整股权架构,需经甲方书面同意。乙方、丙方在甲方支付增资款前与丙方1的股东Q、R和S就第1.1.1条中所属的股权架构调整签署书面协议;1.1.2:乙方与丙方1、Q就无偿受让固态大容量聚合物锂离子电池技术签署技术转让协议。"

关于"募资用途",《补充协议》第2条约定,甲方向乙方增资的资金用于以下事项:二期生产线的土建、设备等方面的投入;不超过50%用于生产原材料的采购,生产的营运资金。乙方必须严格按本协议约定的用途使用资金。未经甲方同意,乙方不得改变资金用途。

关于"股权转让限制",《补充协议》第4条约定,本条所称股权转让包括仅以协议方式而不办理工商变更登记的转让。丙方转让其所持有乙方股权须经甲方同意,未经甲方书面同意丙方不得转让,无论是股东内部转让还是向股东以外转让。经甲方同意,丙方向乙方股东以外的第三方转让其股权时,甲方有权享有优先购买权及同比例转让权。丙方向乙方股东以外转让其股权,丙方应保证新进入的股东受本协议约束,承担本协议中丙方的义务和责任。丙方将其持有的乙方股权出质须经甲方同意,未经甲方书面同意,丙方不得出质其持有的乙方股权。

关于"竞业与关联交易限制",《补充协议》第6条约定,丙方保证自本协议生效之日起,未经甲方书面同意,丙方不得从事与乙方相竞争的业务,不得单独设立或参与设立经营与乙方业务相竞争的经营实体。

关于"甲方的知情权",《补充协议》第8条约定,甲方投资乙方后,享有充分的知情权,丙方和乙方应予全力配合支持。丙方和乙方必须向甲方披露以下材料:每年3月31日前向甲方提交乙方上一年度的经审计的财务报告;每年8月31日前向甲方提交乙方半年度财务报告;分别于每年4月30日、7月31日、

10月31日、1月31日前向甲方提交乙方上一季度的财务报告。审计机构应为经甲方认可的具有证券从业资格的会计师事务所。

关于"业绩补偿",《补充协议》第9条约定:乙方2011年实际净利润低于2200万元时,甲方有权要求丙方补偿股份或现金;乙方2012年实际净利润低于4000万元时,甲方有权要求丙方补偿股份或现金。乙方未按本协议第8.2.1条约定向甲方提供财务报告,在甲方提出书面要求后的1个月内乙方仍然未能提供财务报告,则乙方的实际净利润按零计算。

关于"丙方提供认沽权",《补充协议》第10条约定:发生以下情况时,甲方有权要求丙方收购甲方持有的乙方股份:(1)乙方未能在2014年12月31日前在中国境内A股市场成功IPO;(2)乙方2011年净利润不足1540万元或2012年净利润不足2800万元……(4)乙方未能在2012年6月30日前取得进入军方销售市场所需具备的保密资质、军标资质等必备资质;(5)乙、丙方未能在2012年6月30日前完成本协议第1.1.1条项下规定的股权架构调整……甲方要求丙方收购其持有的乙方股份时,丙方应以下述价格收购:收购价款=甲方投资额×(1+15%×资金占用年数)-甲方获得的现金红利。资金占用年数,是指自甲方增资款进入乙方验资账户至甲方向丙方要求回购日止,时间计算以日为单位。丙方应在甲方提出收购要求之日起1个月内将收购款支付给甲方。甲方收到全部价款后,将其持有的乙方股权过户给丙方,包括在甲方持股期间获得的送股。

在《补充协议》第12条"声明和保证"中约定,C保证在乙方成功IPO前保持其作为乙方实际控制人的地位。

关于"违约责任",《补充协议》第14条约定:(1)本协议生效后,各方应按照本协议的规定全面、适当、及时地履行其义务及约定,任何一方违反本协议的约定或声明保证不实,则构成违约。任何一方当事人违反本协议约定给对方造成损失的,违约方应赔偿对方损失,损失包括:实际损失、协议履行后可获得的利益、追索赔偿产生的费用等……

3. 关于《本案协议》及其《补充协议》的履行及其他有关事实

在《本案协议》及其《补充协议》签订后，申请人于2011年9月9日将2000万元汇入第三被申请人的验资账户。

此后，中国G企业与4名被申请人签订《解除协议》。约定终止中国G企业与4名被申请人就《本案协议》及其《补充协议》产生的权利义务关系。

2011年10月24日K中心与4名被申请人签订了《中国K投资中心(有限合伙)与中国D科技开发公司及其股东中国B科技公司、中国F公司、C关于对中国D科技开发公司的增资协议》及《补充协议书》，约定K中心以2100万元向第三被申请人增资，占增资后8.66%股权，取得第三被申请人520余万元注册资本，剩余近1580万元计入资本公积。此外，K中心签订前述协议与申请人与4名被申请人签订的《本案协议》及其《补充协议》内容相同。

2011年11月1日K中心将增资款2100万元汇入第三被申请人的账户。

2011年11月21日第三被申请人章程进行修订，章程显示第三被申请人注册资本为近6050万元，股东为第一被申请人(出资2450万元，占股40.52%)、第二被申请人(出资1000万元，占股16.54%)、第四被申请人(出资1550万元，占股25.62%)、申请人(出资520余万元，占股8.66%)、K中心(出资520余万元，占股8.66%)。

2013年5月26日第二被申请人将其持有第三被申请人的540余万元股权转让给L公司。此外，第二被申请人在2013年7月12日将其所有的第三被申请人2000余万元股权出质给自然人M，在2014年3月20日至今又将上述2000余万元股权出质给N公司，L公司将其从第二被申请人处受让的第三被申请人540余万元股权出质给N公司。上述事实均未通知申请人，亦未获得申请人书面同意。第二被申请人的上述转让股权及股权出质行为，使第二被申请人作为第三被申请人的实际控制人已经对目标公司及其持有的股权失去自主控制权。

申请人于2013年7月5日通过公证送达的方式向被申请人发送《关于请

求提供财务报告的函》,要求提供第三被申请人在2011年度、2012年度经审计的财务报告。2014年3月14日第三被申请人股东召开股东会,申请人与第一被申请人、第二被申请人、自然人O、K中心出席,股东会通通过了聘请会计师事务所对第三被申请人2012年、2013年财务进行审计的股东会决议,但被申请人此后并未履行有关聘请会计师事务所进行审计的决议。

因被申请人触发“未能在2014年12月31日前在中国境内A股市场成功IPO;未能在2012年6月30日前取得进入军方销售市场所需具备的保密资质、军标资质等必备资质;未能在2012年6月30日前完成股权架构调整;2011年净利润不足1540万元或者2012年净利润不足2800万元”的股权回购条款,中国T公司于2015年12月31日向第一被申请人、第二被申请人、第三被申请人发送《关于支付款项的函》,要求按照合同约定支付股权回购款,被申请人并未支付。

4. 仲裁庭查明的其他事实

根据第四被申请人《内资企业登记基本情况表》显示,第二被申请人是第四被申请人的法定代表人、董事长及一人股东。第四被申请人在2016年1月25日在其经营范围中增加了锂电池及锂电池生产材料的研发、生产与销售业务。

根据申请人提交的证据显示,申请人是一家有限合伙企业,其执行事务合伙人是中国T公司,该执行事务合伙人成立于2000年12月4日,有3个曾用名。根据申请人提供的《租赁合同》显示:中国T公司于2011年5月16日至2013年5月15日、2014年8月6日至2016年8月5日在某地办公。

(三)关于《本案协议》及其《补充协议》的效力及性质

1. 关于《本案协议》及其《补充协议》的效力

根据上述查明事实,仲裁庭认为,《本案协议》及其《补充协议》系各方当事人在完全自愿的基础上经协商一致达成的合意,协议中设立的权利、义务内容是各方当事人真实意思的表示,并经各方签字、盖章确认成立,签订协议的各方主体是具有完全民事权利能力和民事行为能力的自然人及依法设立的独立企业法人，且上述协议内容不存在我国《合同法》第52条规定的法定无效情形，亦未违反我国其他法律及行政法规关于合同效力的强制性效力性规定。因此，仲裁庭认定《本案协议》及其《补充协议》合法有效，可以作为仲裁庭审理本案和作出裁判的合同依据。

2. 关于《本案协议》及其《补充协议》的性质

仲裁庭注意到，第一被申请人抗辩称，申请人主张返还2000万元投资款，实际为高息贷款，是其投资的真实目的。根据查明的本案事实，仲裁庭认为，如何认定本案协议的性质，必须回归到《本案协议》约定的权利义务内容中对合同性质进行解释。按协议约定，申请人作为一家依法注册的具有投资业务的合伙企业，其与被申请人签订《本案协议》及《补充协议》之目的是向第三被申请人，即目标公司增资2000万元，其中，520余万元投入注册资金，取得8.66%股权，剩余近1480万元投入资本公积。根据各方签订的《补充协议》募资用途约定显示，申请人投入的资金只允许全部用于第三被申请人的二期生产线的土建、设备生产、原材料采购及生产运营资金。其中有关第三被申请人"法人治理"结构安排，各方约定申请人提名1名董事、1名监事，该提名的监事作为第三被申请人的监事会主席。关于申请人在股东会的权利，《补充协议》约定，有关第三被申请人的上市计划、为上市聘请的中介机构、第三被申请人与其实际控制人、各股东及其控制的其他企业间在的关联交易影响企业独立性或显示公允或影响上市进程的行为、第三被申请人任何与主要业务无关联的对外担保以及超过1000万元的对外投资、有关稀释申请人股份的情形均要经过申请人书面同意方可通过。上述约定目的，在于保护申请人的投资权益安全及通过募资提升目标公司业绩效益，实现申请人股权投资的合同目的。此外，《本案协议》及《补充协议》还设定了对申请人的业绩补偿条款，当目标公司未能实现约定实际净利润时，申请人有权选择以股份或现金的方式，要求第一被申请人、第二被申请人、第三被申请人给予业绩损益补偿。同时，在《补充协议》第10条约定了上述三方被申请人在规定的时间内,若第三被申请人,即目标公司发生了未能在我国境内A股市场成功上市及业绩不足等8种条件下,由三方被申请人对申请人所投资的目标公司股权进行回购。仲裁庭认为,根据上述约定,本案投资人与融资人之间系通过股权投资协议,设立企业估值与融投资双方持股比例调整机制安排。约定以目标公司未来实际绩效为目标条件,来调整企业的估值和投融资双方股权比例,本质上是申请人以向第三被申请人增资方式进行股权投资行为,投资的本意并非长期作为目标公司股东参与公司的生产经营活动。其目的是通过为目标公司增资扩股,扩大目标公司生产经营规模,实现约定的业绩目标,追求最终能够实现投资的最大利益回报,是典型的股权投融资行为,与高息贷款在法律上有明确的区分界线。故,本案应完全遵从合同本意理解与归责。据此,仲裁庭对第一被申请人有关本案实为高息贷款的抗辩理由不予采信。

(四)关于本案当事人的争议焦点

仲裁庭经审理认为,本案争议焦点如下:(1)被申请人是否构成违约;(2)认沽权行使的条件是否成就;(3)申请人是否享有对《本案协议》及其《补充协议》行使单方解除权。仲裁庭对上述争议焦点,分述如下。

1. 关于被申请人是否构成违约

根据《补充协议》的约定,各方当事人约定了协议丙方的股权转让限制、股权出质限制、再增资与减资限制、竞业与关联交易限制丙方的业绩补偿以及甲方的知情权、认沽权。根据各方当事人的履约事实,仲裁庭注意到,各方当事人签订《本案协议》及《补充协议》后,被申请人在事先未通知申请人,亦未于事后获得申请人同意情况下先后进行了以下行为。

(1)第四被申请人将其持有的第三被申请人1550万元股权转让给第二被申请人930万元、转让给自然人O的620万元,致使第四被申请人不再是第三被申请人股东,第二被申请人持有第三被申请人1930万元股权,占股31.91%,自然人O持有第三被申请人620万元股权,占股10.25%。

(2)股权变更后的股东自然人O将其持有的第三被申请人620万元股权全部转让与第二被申请人,致使第二被申请人持有第三被申请人2550万元股权,占股42.17%。2013年5月26日第二被申请人将其持有的第三被申请人2550万元股权中的540余万元股权转让与L公司,此后第二被申请人持有第三被申请人2000余万元股权,占股33.17%;股权变更后的L公司持有第三被申请人540余万元股权,占股9%。

(3)2013年7月12日第二被申请人将其持有的第三被申请人2000余万元股权出质给M。2014年3月20日其又将上述股权出质给N公司。

(4)L公司于2014年3月20日将其持有的第三被申请人的540余万元股权出质给N公司。

(5)第二被申请人系第四被申请人的企业法定代表人、董事长及一人股东。在第四被申请人已不是第三被申请人股东的情况下,其在2016年1月25日在经营范围中增加了与第三被申请人有竞争业务的“锂电池及锂电池生产材料的研发、生产与销售”业务。

(6)申请人向第三被申请人投资2000万元后,第三被申请人及其股东未依约定向申请人提交第三被申请人2011年度、2012年度财务报告。2014年3月14日时任第三被申请人的全体股东召开股东会,决议聘请会计师事务所对第三被申请人2013年度进行财务审计,但此后并未聘请。

(7)因第三被申请人未能在2014年12月31日前在中国境内A股市场成功IPO;未能在2012年6月30日前取得进入军方销售市场所需具备的保密资质、军标资质等必备资质;未能在2012年6月30日前完成股权架构调整;2011年净利润不足1540万元或者2012年净利润不足2800万元,导致触发股权回购条款,申请人2016年1月5日向被申请人发函要求支付股权回购款,但被申请人未能履行回购支付义务。

仲裁庭认为,根据我国《合同法》第8条的规定,合同各方当事人应当完全、适当履行合同义务,以实现订立合同的目的,任何一方违反合同约定均应承担违约责任。本案被申请人上述积极不作为及消极不作为的行为已违反《补充协议》第4条、第6条、第8条、第9条、第10条以及第12.8条的明确约定,根据《补充协议》第14.1条关于违约责任的约定,被申请人的上述行为有事实和相应的证据佐证,其行为对于申请人已构成违约。应依据协议约定承担违约责任。

2.关于《补充协议》约定认沽权的行使条件是否成就

根据《补充协议》第10.1条关于申请人认沽权的约定及仲裁庭查明的事实,截至申请人2016年1月5日向被申请人发函要求支付股权回购款时,第三被申请人发生了《补充协议》第10.1.1条、第10.1.2条、第10.1.4条及第10.1.5条的约定情形,即第三被申请人未能在2014年12月31日前在中国境内A股市场成功IPO;2011年净利润不足1540万元或者2012年净利润不足2800万元;未能在2012年6月30日前取得进入军方销售市场所需具备的保密资质、军标资质等必备资质;未能在2012年6月30日前完成股权架构调整。

根据《补充协议》第10条关于认沽权的约定,仲裁庭认为,本案证据足以认定目标公司已经发生了上述情形,使第一被申请人、第二被申请人及第四被申请人已触发了股权回购条款。在此条件下,申请人有权行使出售权,要求该三方被申请人履行目标股权的回购义务,收购其持有的第三被申请人股份。因此,仲裁庭认为,申请人主张被申请人履行认沽权项下股权回购义务的条件已经成就,3名被申请人应按《补充协议》第10.2条、第10.3条约定的付款价格公式支付回购目标股权的款项。

3.关于申请人是否享有对《本案协议》及其《补充协议》行使单方解除权的问题

基于上述被申请人违约情形,申请人主张解除《本案协议》及其《补充协议》。根据我国《合同法》第93条第2款的规定,合同各方当事人可以约定乙方解除合同的条件。当条件成就时,解除权人可以解除合同。而在本案中,《本案协议》第4.5条约定:当乙、丙方违约时,甲方有权解除合同,丙方、乙方应连带返还甲方投资款并加算年15%资金占用费。仲裁庭认为,该条款即为各方当事人对单方解除权的合同依据,申请人据此享有单方解除《本案协议》及其《补充协议》的权利。被申请人抗辩申请人无权解除协议的主张不能成立,仲裁庭不予采信。

(五)关于申请人的仲裁请求

1.关于申请人的第1项仲裁请求

申请人的第1项仲裁请求是,依法裁决解除申请人与被申请人签订的《本案协议》及其《补充协议》。

根据仲裁庭上述认定,在被申请人存在违约事实的情形下,申请人依约享有单方解除协议的权利。第一被申请人及第三被申请人庭审抗辩称,其未收到申请人所谓的《关于支付款项的函》,且根据申请人证据显示,寄出该函的邮寄人是中国T公司,而并非申请人。

仲裁庭经审理查明认为,首先,申请人根据被申请人的违约情形,有权依据《本案协议》第4.5条主张单方解除权。其次,上述函件的寄出人是中国T公司,根据申请人营业执照显示,申请人是一家有限合伙企业,且在签订《本案协议》时,申请人作为甲方已在其名称下明确其执行事务合伙人为中国T公司。根据我国《合伙企业法》的规定,执行事务合伙人有权代表合伙企业、对外执行合伙事务。因此,中国T公司有权代表申请人向被申请人发函主张支付回购股权款。最后,根据中国T公司向被申请人发送函件的快递单显示,被申请人的收件地址、联系人及联系电话均是《本案协议》第3.2.2条及第3.2.3条约定的被申请人送达地址,且上述邮件均已由被申请人相关人员签收。

综上所述,仲裁庭认为,在被申请人违约在先情况下,申请人有权依约向被申请人行使《本案协议》及其《补充协议》的单方解除权,且申请人向第一被申请人、第二被申请人、第三被申请人寄送的《关于支付款项的函》均已妥投,应认定发生有效送达的法律后果。《本案协议》及其《补充协议》应自妥投第二日起对上述三方当事人产生合同解除的法律效力。此外,因申请人未向第四被申请人寄送《关于支付款项的函》,且在仲裁庭审理本案过程中申请人方追加第四被申请人,主张确认解除《本案协议》及其《补充协议》,因此,《本案协议》及其《补充协议》的解除自本裁决作出之日对第四被申请人产生法律效力。故申请人第1项仲裁请求符合协议约定及法律规定,仲裁庭予以支持。

2. 关于申请人的第2项仲裁请求

申请人的第2项仲裁请求是,依法裁决被申请人连带向申请人支付款项2000万元。

根据仲裁庭上述已查明的案件事实,申请人在签订《本案协议》及其《补充协议》后,于2011年9月13日向第三被申请人指定账户支付了投资款2000万元。根据我国《合同法》第97条的规定,《本案协议》及其《补充协议》解除后,尚未履行的,终止履行;已经履行的,根据履行情况和合同性质,申请人有权要求恢复原状并主张赔偿损失。同时,根据《本案协议》第4.5条的约定,在申请人主张解除《本案协议》及其《补充协议》时,有权要求4名被申请人承担连带返还责任。故申请人要求4名被申请人连带向其支付款项2000万元的请求,符合法律及协议约定,仲裁庭予以支持。

3. 关于申请人的第3项仲裁请求

申请人的第3项仲裁请求是,依法裁决4名被申请人连带向申请人支付资金占用费暂计为1290余万元(自2011年9月13日申请人投资款汇入第三被申请人的账户起算,直到被申请人实际支付时为止,暂计至2016年1月5日止)。

仲裁庭认为,在被申请人存在违约情形下,申请人行使协议单方解除权并依据《本案协议》第4.5条的约定,由4名被申请人连带承担加算年15%的资金占用费,符合协议约定,且不违反法律的强制性效力性规定,仲裁庭对申请人的此项仲裁请求予以支持。被申请人应承担的资金占用费计算方式:资金占用费=申请人投资款2000万元×15%×资金占用年数(注:自2011年9月13日申请人投资款汇入第三被申请人账户起算至被申请人偿还2000万元完毕之日止),暂计算至2016年1月5日的资金占用费是1290余万元(注:2000万元×15%×4.31年)。

4. 关于申请人的第4项仲裁请求

申请人的第4项仲裁请求是,依法裁决4名被申请人连带向申请人支付保全费5000元,保全担保费13余万元、律师费和本案仲裁费。

根据申请人提供的证据显示,其为维护自身权益,在向贸仲提起本案仲裁后,于2016年9月27日向仲裁庭申请财产保全,请求对本案第一被申请人、第二被申请人、第三被申请人价值3290余万元的财产进行查封、冻结和扣押。此后,申请人于2016年11月18日以中国人民财产保险股份有限公司I市分公司出具的责任限额为3290余万元的保险单提供担保。2016年11月21日H省J县人民法院作出财产保全《民事裁定书》,查封或冻结第一被申请人、第二被申请人及第三被申请人名下价值3290余万元的财产。仲裁庭经审理查明,申请人为采取财产保全措施,于2016年10月27日向中国人民财产保险股份有限公司I市分公司支付了保全担保费13万余元,于2016年12月20日向H省J县人民法院缴纳了5000元案件申请费。

根据申请人提交的其与某律师事务所于2015年7月签订的《委托代理合同》及发票、中国银行结算业务申请书,可得知截至本裁决作出之日,申请人为维护其自身权益所支付的律师代理费。

根据《补充协议》第14.3条的约定,任何一方违反本协议约定给对方造成损失的,违约方应赔偿对方损失,损失包括:实际损失、协议履行后可获得的利益、追索赔偿产生的费用等。申请人据此要求被申请人承担支付保全费5000元,保全担保费13万余元和律师费,符合法律规定及协议约定,仲裁庭予以支持。

(六)关于本案仲裁费用的承担

根据本案审理结果和仲裁规则,鉴于仲裁庭对本案申请人仲裁请求予以支持,故本案仲裁费由4名被申请人共同承担。

三、裁　决

综上所述,仲裁庭对本案裁决如下:

1. 确认申请人与4名被申请人签订的《中国G企业、中国A投资企业与中国D科技开发公司及其股东中国B科技公司、中国F公司、C关于对中国D科技开发公司的增资协议》及《补充协议》解除。

2. 4名被申请人连带向申请人支付款项人民币2000万元。

3. 4名被申请人连带向申请人支付资金占用费,计算方式:资金占用费=申请人投资款人民币2000万元×15%×资金占用年数(自2011年9月13日起算暂计算至2016年1月5日为人民币1290余万元),至被申请人实际支付完毕人民币2000万元之日止。

4. 4名被申请人连带向申请人支付保全费、保全担保费人民币13万余元和律师费。

5. 本案仲裁费由4名被申请人共同承担。鉴于申请人已全额预缴本案仲裁费,4名被申请人应共同支付申请人为其垫付的仲裁费。

本裁决为终局裁决,自作出之日起生效。

案例评析

【关键词】

股权投资;合同性质;合同效力;合同解除

【焦点问题】

股权转让合同性质的认定;股权投资;债权投资

【焦点评析】

该案的基本案情是,申请人与第一被申请人等订立增资协议,约定由申请人向第一被申请人等持股的第三被申请人增资。同时,申请人与第一被申请人等还订立补充协议,对申请人的财务知情权、认沽权、业绩补偿及原股东的保证义务等进行了约定,并对第一被申请人等转让股权及出质股权进行了限制。此后,各方在履行增资协议和补充协议过程中发生争议,申请人以被申请人严重违反增资协议和补充协议约定为由,提起了该案仲裁。

现结合该案案情及法律适用焦点问题,评述如下。

一、股权投资与债权投资的本质区别

股权投资和债权投资是投资实务中常见的投资行为。其中,股权投资是投资方以货币资金等方式投资于融资方,参与或者控制融资方的经营活动,并通过分配利润或股利等方式获取较大的经济利益。而债权投资是投资方自投资之日起成为融资方的债权人,并按约定利率收取利息,到期收回本金。在债权投资中,投资方并不以参与或控制融资方的经营活动为目的,也不参与分配利润或股利。

在实践中,基于传统的债权投资思维以及资金安全考虑,市场上用资金进行股权投资时,经常会将交易条款设计为类似贷款,要求有定期的回款(类似利息),并通过各种保障措施以实现投资方投资本金和收益不受损失,俗称“名股实债”,且“名股实债”屡禁不止。法律规定层面尚未形成关于“名股实债”的统一认定标准。中国证券投资基金业协会在《证券期货经营机构私募资产管理计划备案管理规范第4号》中,对“名股实债”给予的界定是:“名股实债,是指投资回报不与被投资企业的经营业绩挂钩,不是根据企业的投资收益或亏损进行分配,而是向投资方提供保本保收益承诺,根据约定定期向投资方支付固定收益,并在满足特定条件后由被投资企业赎回股权或者偿还本息的投资方式,常见形式包括回购、第三方收购、对赌、定期分红等。”

“名股实债”(债权投资)与股权投资具有本质上的不同。但是,由于“名股实债”经常具有股权投资的表现形式,而有的股权投资则相反会具有债权投资的表象,这无疑增加了在法律实务中对于相关投资行为是股权投资还是债权投资认定的难度。为此,对于债权投资与股权投资的区分认定,更多的是要回归投资合同的约定本身,并通过审慎审查合同各方约定的权利义务内容,穿透表面现象对合同性质进行解释,才能作出准确认定。

该案争议双方对投资行为属于股权投资还是“名股实债”产生了争议。在该案中,各方签订的增资协议和补充协议约定,申请人投入的资金只允许全部用于目标公司的二期生产线的土建、设备生产、原材料采购及生产运营资金;关于目标公司“法人治理”结构安排,各方约定了申请人可提名1名董事、1名监事,且其提名的监事为目标公司的监事会主席;关于申请人在股东会的权利,目标公司的上市计划、为上市聘请的中介机构、目标公司任何与主要业务无关联的对外担保以及超过1000万元的对外投资、有关稀释申请人股份的情形均要经过申请人书面同意方可通过。此外,增资协议及补充协议还约定,如目标公司未能实现约定实际净利润时,申请人有权选择以股份或现金的方式,要求原股东及目标公司给予业绩损益补偿;如目标公司发生了未能在境内A股市场成功上市及业绩不足等8种情形之一,由原股东对申请人所投资的目标公司股权进行回购。根据上述约定,申请人与被申请人之间实际上是通过股权投资协议,设立企业估值与融投资双方持股比例调整机制安排,约定以目标公司未来实际绩效为目标条件,来调整企业的估值和投融资双方股权比例,本质上是申请人以向目标公司增资方式进行股权投资行为。目的是通过为目标公司增资扩股,扩大目标公司生产经营规模,实现约定的业绩目标,追求最终能够实现投资的最大利益回报,属于典型的股权投融资行为,与第一被申请人主张的高息贷款在法律上有明确的区分界线。

二、股权投资中的"对赌协议"及其效力认定

股权投资中的"对赌协议",又称"估值调整协议",是指投资方与融资方在达成股权融资协议时,为解决交易双方对目标公司未来发展的不确定性、信息掌握的不对称以及双方为防止自己利益受损而通过契约关系或严格监督来限制相关方的行为所付出的委托代理成本等设计的包含了股权回购、金钱补偿等对未来目标公司的估值进行调整的协议。从订立"对赌协议"的主体来看,有投资方与目标公司的股东或者实际控制人"对赌"、投资方与目标公司"对赌"等形式。在该案中,申请人与第一被申请人等签订的增资协议以及补充协议中的"对赌"即属于投资方与目标公司股东之间的"对赌"。

因各方当事人基于股权投资而签订的一系列合同,本质上属于各方当事人意思自治的范畴,故只要不存在我国《合同法》第 52 条①所规定的合同无效的情形,投资合同合法有效。对于"对赌协议"的效力,在实务中也多持肯定及支持的态度。

在该案中,仲裁庭认为,增资协议和补充协议系各方当事人在完全自愿的基础上经协商一致达成的合意,所签订的协议中设立的权利、义务内容是各方当事人真实意思的表示,并经各方签字、盖章确认成立,签订协议的各方主体是具有完全民事权利能力和民事行为能力的自然人及依法设立的独立企业法人,且上述协议内容不存在我国《合同法》第 52 条规定的法定无效情形,亦未违反其他法律及行政法规关于合同效力的强制性效力性规定。因此,增资协议和补充协议合法有效。

三、股权投资中投资方的退出路径

在股权投资中,投资方往往会十分关注其投资资金的安全以及通过投资提

---

① 《合同法》第 52 条规定:"有下列情形之一的,合同无效:(一)一方以欺诈、胁迫的手段订立合同,损害国家利益;(二)恶意串通,损害国家、集体或者第三人利益;(三)以合法形式掩盖非法目的;(四)损害社会公共利益;(五)违反法律、行政法规的强制性规定。"

升目标公司业绩效益以实现其股权投资的合同目的。为此,投资方会通过在投资合同中约定相关的股权回购条款以及合同解除条款等保障措施,并在相关条款所约定条件触发时及时行使权利,保障其投资资金的安全。因此,在实践中,投资方在其投资的合同目的不能实现时,一般会通过以下途径回收投资本金及投资收益:(1)如果投资合同中约定的回购条件触发,则投资方可以选择行使回购权,要求回购义务人履行对目标公司股权的回购义务,通过回购义务人按约定的价格收购投资方持有的目标公司股权,达到投资方回收投资本金及投资收益的目的。(2)如果目标公司或目标公司原股东未能根据投资合同的约定,完全、适当履行合同义务,符合投资合同约定的解除合同条件,则投资方也可以根据我国《合同法》第93条的规定①解除各方签订的投资合同,并根据该法第97条的规定②要求目标公司抑或目标公司原股东返还投资款及赔偿损失,达到其收回投资本金及利息的目的。(3)如果投资方同时享有请求回购权及单方解除合同权,则投资方可根据对方的履行能力选择对其有利的方式主张权利。

在该案中,一方面,申请人与第一被申请人等约定了股权回购条款,约定在目标公司"未能在2014年12月31日前在中国境内A股市场成功IPO;未能在2012年6月30日前取得进入军方销售市场所需具备的保密资质、军标资质等必备资质;未能在2012年6月30日前完成股权架构调整;2011年净利润不足1540万元或者2012年净利润不足2800万元"等触发股权回购条款的情形发生时,申请人可以行使请求回购权。另一方面,申请人与第一被申请人等也约定了目标公司原股东的股权转让和出质限制、再增资与减资限制、竞业与关联交易限制以及投资方的知情权等,在目标公司及原股东违反了合同约定且触发了合同解除条件时,申请人也可以行使合同解除权。本案申请人最终选择行使

① 我国《合同法》第93条规定:"当事人协商一致,可以解除合同。当事人可以约定一方解除合同的条件。解除合同的条件成就时,解除权人可以解除合同。"

② 我国《合同法》第97条规定:"合同解除后,尚未履行的,终止履行;已经履行的,根据履行情况和合同性质,当事人可以要求恢复原状、采取其他补救措施,并有权要求赔偿损失。"

合同解除权，解除了其与第一被申请人等签订的增资协议及补充协议，并要求第一被申请人等返还投资款及加算资金占用费。

四、股权投资中投资合同的解除期间

合同解除权性质上是一种形成权，并不需要对方当事人的同意，只有解除权人一方的意思表示就能将合同解除，但是，解除权的行使需要解除权人通知对方。我国《合同法》第96条规定："当事人一方依照本法第九十三条第二款、第九十四条的规定主张解除合同的，应当通知对方。合同自通知到达对方时解除。对方有异议的，可以请求人民法院或者仲裁机构确认解除合同的效力。法律、行政法规规定解除合同应当办理批准、登记等手续的，依照其规定。"根据该条规定，解除合同之通知到达对方时发生合同解除的效力，且解除权的行使不必通过请求法院或者仲裁机构作出宣告合同解除裁决的方式实现。

在该案中，申请人向第一被申请人、第二被申请人、第三被申请人寄送的《关于支付款项的函》均已妥投，应认定发生解除合同的通知已经有效送达的法律后果，增资协议及补充协议应自妥投第二日起对上述3名被申请人产生合同解除的法律效力。而申请人未向第四被申请人寄送《关于支付款项的函》，仅在仲裁庭审理过程中追加第四被申请人，并主张确认解除增资协议及补充协议，因此，对于第四被申请人增资协议及补充协议的解除，应自裁决作出之日产生法律效力。

【结语】

在股权投资中，投资方基于投资资金的安全考虑，往往会与融资方约定"对赌"条款等各种保障措施，导致股权投资具有债权投资的"外衣"并引发合同定性争议。该案第一被申请人即主张申请人的投资属于高息贷款（债权投资），而仲裁庭通过回归该案协议约定的权利义务内容，通过现象看本质，对合同性质进行分析，准确认定了该案中的"对赌"约定不属于债权投资性质，本案投资协议的性质实质为股权投资，体现了仲裁庭丰富的股权投资实务经验；更重要的是,仲裁庭从合同约定本身,剖析各方当事人的真实合同目的,有效维护了股权投资中投资方的合法利益。仲裁庭对合同性质的认定及解释方法值得提倡。

(案例评析人:杨　强)

案例十八　自然人A、自然人B、自然人C与美国D环保能源公司、自然人E、自然人F股权转让争议仲裁案

中国国际经济贸易仲裁委员会(以下简称贸仲)根据申请人自然人A(以下简称第一申请人)、自然人B(以下简称第二申请人)、自然人C(以下简称第三申请人,并与第一、第二申请人合称3名申请人或申请人)与被申请人美国D环保能源公司(以下简称第一被申请人)、自然人E(以下简称第二被申请人)、自然人F(以下简称第三被申请人,并与第一、第二被申请人合称3名被申请人或被申请人)于2013年2月签订的上市情况下特殊安排《协议书》(以下简称4000万元协议)中仲裁条款的约定,以及申请人于2016年8月向贸仲提交的书面仲裁申请,受理了上述协议项下的本争议仲裁案。

一、案　　情

(一)申请人在其《仲裁申请书》中的仲裁请求和主张

第一被申请人是一家由第二被申请人、第三被申请人共同成立于美国的有限责任公司,原持有中国H公司100%股权。为了促成H公司实现合格上市的目标,第一被申请人与3名申请人于2011年11月签订了《有关H公司重组的合作框架协议》(以下简称《合作框架协议》),约定了H公司重组、新股东增资的资金安排、股东承诺、有关上市的特别约定等有关事项。

协议签订后,H公司完成增资扩股,第一申请人控制的投资实体I投资咨

询公司(以下简称I公司)、第二申请人控制的投资实体J公司、第三申请人控制的K公司分别持有H公司近9%的股权。之后在2012年5月H公司又进行了一次增资,增资后I公司、J公司和K公司分别持有H公司逾6%的股权。

2013年2月为了进一步达成H公司上市的目标,3名被申请人和3名申请人、I公司、J公司、K公司签订了6300万元协议,约定:I公司、J公司、K公司将其持有的H公司标的股权及其附着的一切权益,作价人民币6300万元转让给第一被申请人或其指定的第三方,且约定了付款方式、交易步骤等相关事项。同时,3名被申请人与3名申请人签订了关于H公司合格上市情况下的特殊安排的《协议书》。4000万元协议在释义部分指明:"合格上市",是指"H公司在D公司的控制下,根据适用的中国证券法和上海或深圳证券交易所条例经中国证监会核准在中国A股上市"。4000万元协议第1.1条约定:"在本协议签署后五年内,在且仅在H公司合格上市的情况下,各方同意按以下安排执行:(1)H公司经中国证监会核准首次公开发行并上市当日(以下简称首发当日),以首发当日H公司股票收盘价格为基准,确定人民币贰仟万元所对应的H公司股票数,即股份数=人民币贰仟万元/首发当日H公司股票收盘价格(以下简称特定数量股份);且(2)在相关法律规定允许的情况下,甲方出售其持有之H公司股票后,甲方应将其出售股票(以下简称特定金额股份)取得的成交金额中相当于人民币贰仟万元的款项,在扣除相应交易费用、税费等后的收益支付予乙方。"第5条"未尽事宜"约定:"各方同意,将根据诚实信用原则,竭尽各自的最大努力,尽快完成为使本协议约定目标实现所需要的任何行为……"第9.3条约定:"甲方担保方与甲方就本协议项下的权利和义务互相承担连带责任。"

2013年2月签订6300万元协议和4000万元协议后,H公司再次调整增资和持股比例,调整后I公司将股权转让给了J公司,J公司持H公司14%的股权,K公司持H公司7%的股权。2013年6月J公司和K公司按6300万元协议之约定将上述合计21%的全部股权转让给了第一被申请人指定的第三方L

公司。2014 年 H 公司完成从有限责任公司到股份有限公司的变更并增资至人民币 10,000 万元(以下币种均为人民币——仲裁庭注)。

但是之后第一被申请人却未遵守各方签订的 4000 万元协议之约定,在约定的 5 年的上市准备期内,第一被申请人违背诚信原则,未尽努力完成 H 公司合格上市之目标,而是 2015 年 8 月即向 M 公司出售了 H 公司逾 45% 的股份,股份转让时 H 公司的股东全部权益估值达 53,800 万元。其间,第一被申请人未将股权转让事宜向申请人做任何告知,直至股权转让完成后申请人才从他处得知消息,申请人事后调阅 H 公司的工商档案材料得知 M 公司从 4 名股东处受让了 H 公司总计逾 72% 的股权,第一被申请人仅保留持有了 H 公司 5% 的股权,很显然第一被申请人丧失了 H 公司的控制权。换言之,H 公司已经不可能按照合同所约定的模式“合格上市”,申请人签订 4000 万元协议时约定的上市后的可期待利益无法实现。

我国《合同法》第 45 条第 1 款规定:“当事人对合同的效力可以约定附条件。附生效条件的合同,自条件成就时生效。附解除条件的合同,自条件成就时失效。”据此,4000 万元协议第 1.1 条的约定可以被视为一个完整的附生效条件的条款:在本协议签署后 5 年内,在且仅在 H 公司成功合格上市的情况下,该条款生效。但显而易见,第一被申请人擅自出售股权的行为已阻止了“合格上市”这一条件的成就。根据我国《合同法》第 45 条第 2 款的规定,“当事人为自己的利益不正当地阻止条件成就的,视为条件已成就;不正当地促成条件成就的,视为条件不成就”。鉴于第一被申请人为自己的利益不正当地阻止“合格上市”这一条件成就,视为该条件已经成就,即 H 公司已“合格上市”。因此,双方应按照 4000 万元协议第 1.1 条的约定来履行“特定数量股份”“特定金额股份”等内容。

综上所述,鉴于第一被申请人严重违反协议约定义务的行为,已经给申请人的利益造成了巨大的损失,应承担相应的责任。第二被申请人自然人 E、第三被申请人自然人 F 共同作为第一被申请人的担保人,应依法承担连带责任。

申请人提出如下仲裁请求：

1. 裁决第一被申请人向申请人按照 H 公司合格上市情况下的 4000 万元协议第 1.1 条第 1 款的约定赔付“特定数量股份”价值 5000 万元；

2. 裁决第一被申请人向申请人按照 H 公司合格上市情况下的 4000 万元协议第 1.1 条第 2 款的约定赔付“特定金额股份”价值 2000 万元；

3. 裁决第二被申请人和第三被申请人就第 1 项、第 2 项付款义务承担连带赔付责任；

裁决本案仲裁费由 3 名被申请人承担。

（二）被申请人的答辩意见及反请求

1. 4000 万元协议第 1.7 条表明，第一被申请人并无一定使 H 公司上市的义务。

在本案中，4000 万元协议系对 H 公司在未来 5 年内成功上市后，就股权增值部分作出的特殊安排，即如果 H 公司在规定期限内成功上市，则第一被申请人应根据此协议的特殊安排，向申请人支付相应股票或款项。

但是，该协议第 1.7 条明确作出如下规定：“在第 1.1 条规定的期限内若 H 公司未能成功合格上市，包括但不限于：H 公司因任何原因未提交合格上市申请、H 公司提交的合格上市申请因任何原因中途撤回或未被中国证监会核准或虽经中国证监会核准但因任何原因未最终成功发行上市的，本协议均不执行，乙方（申请人——仲裁庭注）不得要求任何方提供其他任何形式的补偿，乙方（申请人——仲裁庭注）亦不得就前述情形向甲方（第一被申请人——仲裁庭注）提出任何主张。”

综上所述，第一被申请人虽然负有在 H 公司上市时，向申请人支付相应股票或款项的义务，但并无一定要使 H 公司上市的义务，其有权基于其他商业考量或任何理由放弃上市计划，而申请人无权提出任何主张。

2. 所谓 4000 万元协议，实质是各方假定 H 公司能够成功合格上市的情形下，第一被申请人将 H 公司成功合格上市的额外利益无偿赠与申请人的承诺，其实质为赠与合同。

申请人及其控制的实体——I公司、J公司、K公司与第一被申请人通过《合作框架协议》及申请人所谓“6300万元协议”等一系列协议安排，已经实现了其初始投资的收益回报（从3840余万元增值为6300万元，增值幅度达64%）。6300万元协议第1.3条约定：标的股权根据H公司重组需要调整比例不影响转让价格，即提前锁定申请人的投资收益；第1.5条约定：转让方对H公司不再持有股权、不再对H公司主张任何权利，即表明申请人已经完全实现投资收益、不再对H公司享有任何法律上的权益；第3.10条约定：转让方无义务向H公司进一步提供财务投入，也表明申请人也不再对H公司负有任何法律上的义务。也就是说，6300万元协议是申请人对H公司在权利义务上的一种“拗断”。

在申请人与H公司“拗断”法律关系、实现投资收益的基础上，H公司的合格上市对申请人来说已是一种可有可无的额外收益可能性，对此可能的额外收益，申请人没有提供任何对价，因此是第一被申请人对申请人的赠与承诺。而且，该赠与承诺附有条件——H公司成功合格上市。因此，“H公司成功合格上市”是4000万元协议规定的赠与条件而非4000万元协议本身的生效条件，我国《合同法》第45条不能作为申请人请求事项的法律依据。

相反，根据我国《合同法》第186条之规定，被申请人可以在实际赠与之前撤销赠与，申请人无权请求被申请人交付赠与。

3.第一被申请人有权单方面决定该条款不生效，并且其放弃上市并转让股份也不构成“为自己的利益不正当地阻止条件成就”。

首先，4000万元协议第1.7条已经明确赋予D公司单方面决定该第1.1条是否生效的权利，即有权决定放弃上市申请。

其次，从我国《合同法》第45条第2款的规定来看，所谓“阻止条件成就”有两个必要前提，即“为自己的利益”和“不正当地”。所谓“为自己的利益”，这里的“利益”不是一般意义上的“利益”，而应是指“阻止条件成就”获得的利益高于“不阻止条件成就”获得的利益；所谓“不正当地”，应是指“阻止条件成就”的行为不合法、不合理。从第一被申请人转让股权的收益来看,其转让价格低于股权评估价值和同期同类企业上市后的股权价值;H公司如能成功合格上市,其最大受益者将是第一被申请人。因此,第一被申请人转让股权不构成“为自己的利益阻止条件成就”;从第一被申请人转让股权的过程来看,股权受让方系上市公司,其收购经依法评估、公示,合法合理,也不构成“不正当地阻止条件成就”。第一被申请人转让股权既非“为自己的利益”,亦非“不正当”,因而不构成“阻止条件成就”的情形,故不适用我国《合同法》第45条第2款的规定。

4. 被申请人提出的反请求。

3名被申请人提出反请求,请求裁决申请人承担被申请人为本案仲裁申请和反请求申请而支付的律师费。

(三)申请人在第一次庭审中及庭后对仲裁请求进行的调整,并于庭后提交了补充说明

1. 仲裁请求事项的调整。

申请人在本案第一次开庭审理时对其仲裁请求进行了调整,并在庭后提交了书面文件。其仲裁庭请求最终调整为:

(1)裁决第一被申请人支付违约损失赔偿金7000万元;

(2)裁决第二和第三被申请人就第1项赔偿义务承担连带赔付责任;

(3)裁决本案的仲裁费由3名被申请人承担。

2. 本案所涉股权变动情况的事件梳理。

(1)申请人于2011年11月入股H公司。

为了H公司能成功上市,2011年11月第一被申请人与申请人协商,以H公司名义收购N公司,将N公司的3个水厂项目注入H公司,以扩充H公司的市值,为上市做准备。

第一被申请人和申请人签署了《框架协议》。为了H公司能合格上市,申请人将N公司的股权、借款和某建设-经营-转让(Build-Operate-Transfer,

BOT)项目的投入(合计人民币3840余万元)置换成H公司近27%的股权。协议约定上市目标日为重组完成后36个月,规定了申请人不配合推动上市的相关违约责任,且如果上市不能,申请人有权换回N公司的股权。

根据《框架协议》第3.2条的规定,私募基金进入后,申请人价格应等于私募投资者平均价格的50%(基准价格)。若申请人价格高于基准价格,申请人价格与基准价格之间的差额应由第一被申请人以现金形式向申请人补偿。此条尤为重要,是双方后续合作的矛盾争议所在。第一被申请人在引入私募投资者的过程中,以妨碍上市进程为由,要求申请人降低相应的补偿款,甚至废除此条款。

《框架协议》签署后,申请人通过各自控制的投资实体——I公司(自然人A控制)、J公司(自然人B控制)、K公司(自然人C控制)正式入股H公司,各自占股比为近9%。

(2)第一被申请人于2012年3月将私募投资者(PE)引入H公司。

2012年3月30日H公司的董事会决议,引入私募投资者后各方的持股比例和认缴的出资如表1所示:

表1

股东名称	持股比例	认缴出资(美元/万元)	认缴价格(人民币/万元)
D公司	逾53%	近420	—
I公司	逾6%	50余	—
J公司	逾6%	50余	—
K公司	逾6%	50余	—
O公司	15%	近120	6000
P公司	近5%	近40	1500
Q公司	3%	20余	1200
R公司	3%	20余	900
S公司	2%	近20	800

据此可知:第一,3名申请人持股数各自降为逾6%,3家合计为逾19%,按《框架协议》确认的投资额3840余万元计,每股认购价格为近200万元,约等于

200万元/每股。第二,按照《框架协议》第3.2条计算,申请人价格是私募投资者价格的50%,则私募投资者的价格应为每股400万元,即H公司的整体市值估值应在4亿元。因此申请人持逾19%股比,是在4亿元估值的前提下折算出来的。第三,从表1看,新增的私募中,除R公司(该公司是H公司员工设立的有限合伙企业)和P公司外,O公司、Q公司和S公司3家私募确系以4亿元的估值进行的认缴。

(3)H公司估值下调,D公司和申请人协商补偿事宜。

从双方的往来邮件可知,约定的私募投资者之后并没有进入,第一被申请人于是将H公司的估值从4亿元调整到3亿元。

估值调整后,D公司和申请人一直在协商补偿事宜。D公司希望撇开《框架协议》第3.2条的约定谈论补偿问题。其在2012年11月13日发给申请人的邮件中提到了3个方案:第一,如果申请人作为股东继续留下,则申请人最终在H公司重组完成后股份占比逾23%,申请人的入股价格要与PE价格脱钩(废除《合作框架协议》第3.2条),否则会拖累公司整体上市进程,不具可操作性,且第一被申请人不再需要对申请人作业绩承诺;第二,申请人退出H公司;第三,申请人部分退出。邮件最后提到,“最晚需于本周内得到各家股东对于相关法律文本的最终意见,下周由各方签署并提交政府部门审批。否则整个上市进程会拖延,也包括N公司转让款的支付”。这个邮件充分说明D公司的尴尬境地,如果降低估值,则根据《框架协议》第3.2条的约定支付的补偿款会增加;如果提高H公司的估值,则无法引入其他投资者。

事实上,根据《框架协议》第3.2条的规定,如果估值调整到3亿元,私募投资者的认购价格应为每股300万元,申请人的认购价格应为每股150万元。则第一被申请人补偿方案如下:支付申请人补偿款(近200-150)×逾19=近960万元或增加申请人的股比至3840余万元÷150万元=近26%。在往来邮件中,D公司认可估值从4亿元下调25%到3亿元,需要支付给申请人的补偿款总额为960余万元(相当于原投资总额3840余万元的25%)。但是第一被申请人并没有充足的资金直接支付补偿款，于是第一被申请人选择了第二种方式，即将上述补偿款折成股份给申请人，且D公司认为，双方协商的结果是将申请人的股比从逾19%增加到逾23%。但是申请人并没有接受第一被申请人提出的逾23%的补偿方案，而是委托律师于2012年12月11日提出了两个方案：一是申请人各持近9%的股比；二是维持逾19%不变的基础上补偿1920余万元。

至此，双方的谈判陷入了僵局，第一被申请人不愿意依约支付补偿，申请人亦不愿意放弃自己的利益。

(4)申请人于2013年2月设定对赌条件退出H公司。

考虑第一被申请人暂无支付申请人补偿款的能力，为使第一被申请人顺利引入私募投资者，申请人和第一被申请人协商有条件退出。在第一被申请人向申请人承诺5年内上市的期待利益即4000万元协议内容前提下，申请人考虑第一被申请人正在积极筹备上市，为了配合其上市准备，同意形式上以6300万元的价格出售股权，实质上附带4000万元特殊安排协议以博取更大商业利益。

从第一被申请人的角度来说，申请人以6300万元的价格退出了H公司，该部分股权转让费用实际由受让股权的私募投资者支付给申请人，私募投资者占的股比仅为21%，既低于D公司原先承诺的逾23%的预期，且顺利使自己从《框架协议》第3.2条中解套，获益显而易见。

从申请人的角度来说，按3亿元市值来计算，如果严格按照《框架协议》第3.2条的约定，申请人的股权价值应为近7690万元(近26%×3亿元)，即便是按照第一被申请人承诺的逾23%股比计，股权价值也有6990余万元(逾23%×3亿元)。现申请人形式上以6300万元价格转让股权，明显低于股权实质价值，损失显而易见。

综上所述，如果将上市后期待利益即4000万元协议与6300万元股权转让协议割裂，是极其不合理且不符合商业逻辑的。4000万元协议为股权转让对价之一部分，第一被申请人主张4000万元协议是赠与合同且申请人没有提供任何对价是没有事实依据的。申请人实则是放弃部分股权价值以博取上市后更大的获利，是个典型的对赌行为。4000万元协议和6300万元协议于同一天签订这一事实更是印证了上述主张。因此，申请人认为双方均应严格按照4000万元协议约定履行各自的权利义务，否则因一方违约造成对方的损失，应当按照合同约定和法律有关规定给予赔偿。

(5)第一被申请人于2013年2月重新引入私募投资者、调整股比。

在双方于2013年2月签署了4000万元协议和6300万元协议后，第一被申请人于当月28日组织召开董事会重新调整私募投资者增资入股的股比，各方持股比例和认缴出资情况如表2所示：

表2

股东名称	持股比例	认缴出资(美元/万元)	认缴价格(人民币/万元)
D公司	逾50%	近400	—
J公司	14%	110余	—
K公司	7%	近60	—
O公司	18%	140余	4500
R公司	6%	近50	—
T公司	近5%	近40	1300
合计	100%	近790	—

据此可知：第一，最终参与增资的私募投资者为2家，即O公司和T公司，2家以合计5800万元的价格认缴了近23%的股权，平均认购价格为近每股260万元，也就是说，H公司的估值再次被下调到了2.6亿元左右。第二，为了在3亿元估值条件下将申请人的股权定价为6300万元，此次增资将申请人的股权调整到21%。第三，如申请人此时未退股，则第一被申请人仅根据《合作框架协议》第3.2条需要给申请人的补偿就高达：持股逾19%的前提下，需额外支付现金补偿(近200－近260/2)×逾19＝1380余万元或直接增加申请人持股至3840余万元－近260/2＝30%。

不难看出，申请人的退出对于第一被申请人来说是获利巨大的，如能上市，双方共赢；如不能上市，在估值被不断下调的情况下，第一被申请人则规避了巨额的补偿款。

(6)2013 年 6 月，申请人即履行了双方 6300 万元协议内容，将所持的合计 21% 股权以 6300 万元的对价转让给了 L 公司，不再持有 H 公司的股权。

(7)H 公司改制、增资。

H 公司于 2013 年 11 月进行了改制和增资，2014 年 4 月进行了第二次增资，两次增资都是以资本转增股本，股东持股比例不变，合计股本为 1 亿元。

(8)2015 年 8 月第一被申请人违约将 H 公司股权转让给 M 公司。

4000 万元协议约定 5 年上市准备期，如 5 年内上市不成功的，协议不执行，双方均同意根据诚实信用原则尽最大努力完成实现上市所需要的任何行为。但第一被申请人在签署协议后两年半即擅自将名下逾 45% 股权转让给了 M 公司，第一被申请人两家关联单位 R 公司和 U 公司 6% 的股权和 L 公司 21% 的股权同时转让，致使 5 年内合格上市彻底不能实现。违反了合同约定的 5 年上市准备期的约定。

4000 万元协议明确约定“合格上市”指 H 公司在第一被申请人的控制下，故应当认为，第一被申请人有义务在上市准备期即 5 年内保持对 H 公司的控制权。擅自转让股权致使对 H 公司失去控制，系协议禁止行为。由于申请人在被迫退出 H 公司时，对股权的转让实际支付的价款作出了妥协，而 4000 万元协议正是第一被申请人对于申请人上述损失利益的补偿，其最终受益人就是 H 公司的股东和实际控制人第一被申请人。而现在第一被申请人在未届满协议约定的 5 年期限擅自转让其控制权，即使 H 公司日后上市，申请人也无法主张上述 4000 万元的补偿，这无疑使申请人的可期待补偿利益彻底落空。

从第一被申请人给予 M 公司的业绩承诺条款来看，2015 年、2016 年净利润合计不得低于 9400 万元；另外 H 公司的评估情况显示，转让时 H 公司的市场价值为近 5.4 亿元。从公司业绩和市场价值情况来看，H 公司具备上市可能性,第一被申请人未尽最大努力实现上市,也构成违约。

第一被申请人擅自转让股权未告知申请人。根据我国《合同法》第 60 条之规定,当事人应当按照约定全面履行自己的义务。当事人应当遵循诚实信用原则,根据合同的性质、目的和交易习惯履行通知、协助、保密等义务。通知义务是合同随附义务之一,是指合同当事人应将对合同相对方利益有重大影响的事项告知对方的义务。但是第一被申请人在本案中显然有违诚信,明知和申请人就上市有 5 年期的特殊约定,转让股权前后均未通知申请人,存在明显的违约恶意。

综合上述 4 点违约事实,申请人向仲裁庭提出了本案赔偿请求。鉴于违约赔偿金额双方并无书面约定,根据我国《合同法》第 113 条之规定,赔偿金相当于因违约所造成的损失,包括合同履行后可以获得的利益。根据 4000 万元协议的内容,如 5 年内上市成功,即便发行价为每股 1 元,申请人也可直接获益 4000 万元,其中包括 2000 万元“特定数量股份”和 2000 万元“特定金额股份”。如果计算股票上市后的溢价部分(实际的新股发行价远不止每股 1 元),则 2000 万元“特定数量股份”的价值实际上远超 2000 万元,4000 万元协议履行后可获得利益远远大于 4000 万元。

现因无法具体计算股票上市后溢价部分的价值,故申请人参考第一被申请人转让给 M 公司时候的估值作了另外一种损失测算。根据申请人股权转让时 3 亿元市值计,按《框架协议》之约定,申请人应得股比为近 26%,参考 M 公司收购时 H 公司的整体估值为近 5.4 亿元,则申请人的股份对价应为近 26% × 近 5.4 亿元 = 近 1.4 亿元,扣除已经收到的 6300 万元转让款,申请人尚损失 7400 万元。申请人在本案中实际主张的违约赔偿款为 7000 万元整。

(四)被申请人在第一次庭审后提交了代理意见

1. 关于申请人与被申请人围绕 H 公司的股权变化之前因后果。

H 公司原系第二被申请人、第三被申请人控制的 V 公司于 1997 年独资设立的 W 公司,初始注册资本 20 万美元;2001 年,V 公司将 W 公司的股权全部转让给第二被申请人、第三被申请人控制的第一被申请人；2005 年，W 公司更名为 H 公司；经过数次增资，至 2009 年，H 公司注册资本增至 250 万美元。

2009 年 H 公司与 J 公司、第三申请人合资设立 W1 公司，股本 100 万港元，H 公司持股 51%、J 公司持股 34%、第三申请人持股 15%。2009 年 H 公司与 W1 公司合资设立 N 公司，注册资本 800 万美元，H 公司持股 30%、W1 公司持股 70%。

2011 年第一被申请人筹划 H 公司上市，邀请申请人及其控制的实体 I 公司、J 公司、K 公司参与 H 公司重组，各方签订了《合作框架协议》。根据《合作框架协议》，第一被申请人向 H 公司转让 W2 公司（注册资本 14 万美元），W1 公司向 H 公司转让 N 公司 70% 股权（对应注册资本 560 万美元），第一被申请人、申请人将 N 公司股权转让款向 H 公司增资，各方确认：申请人及其控制的实体以 3840 余万元的价格认缴增资后 H 公司近 27% 的股权（每 1% 股 140 余万元），也即申请人以 N 公司的股权置换 H 公司的股权。各方约定：私募基金的增资价格应为申请人增资价格的 2 倍，若超出 2 倍，则申请人现金补偿 D 公司；若不足 2 倍，第一被申请人现金补偿申请人；若 H 公司不能上市，则申请人及其控制的实体享有回溯权，即要求将持股结构恢复至重组前持股状态。《合作框架协议》的约定确保了申请人成本价入股、无风险持股，而第一被申请人则承担了较大的业绩贡献和投资风险。在《合作框架协议》签订后，H 公司的注册资本增至近 570 万美元。

2012 年 H 公司作出增资决议，O 公司、Q 公司、S 公司、P 公司、R 公司以 10,400 万元认购近 28% 股权，即平均每 1% 股近 380 万元，按此价格，申请人应根据《合作框架协议》现金补偿第一被申请人。如按此决议增资，申请人对 H 公司的持股比例将降为逾 19%。但由于行业市场变化，H 公司估值下调，此增资决议并未实际履行。

此后，在引进私募基金的过程中，由于国内水处理行业发展趋缓，H 公司业绩增速下行，因此，H 公司整体估值下调，而申请人在此情况下仍然坚持主张增资后较高的持股比例及《合作框架协议》约定的增资价格补偿机制，且不愿承担任何风险，实质上阻碍了上市进程，背离当初作出的"尽最大努力促使H公司尽快完成重组并实现合格上市"的承诺。第一被申请人为推进H公司的上市进程，与申请人商讨私募基金增资价格问题，在明确申请人持股价格与私募基金增资价格脱钩(废除《合作框架协议》约定的增资价格补偿机制)的前提下，提出了3种方案供申请人选择：第一，申请人持有私募基金增资后H公司逾23%股权；第二，申请人自行按市场价转让其持有的H公司股权，或第一被申请人以不超过5760余万元的价格包销申请人持有的H公司股权；第三，申请人保持对H公司逾19%股比，第一被申请人增资认购或寻找其他投资者增资认购H公司逾4%股权并将增资认购款付给申请人。而申请人则提出了两种方案：第一，申请人持有私募基金增资后H公司近26%股权；第二，申请人持有私募基金增资后H公司逾19%股权，第一被申请人补偿申请人1920余万元。双方未能达成一致，协商陷入僵局。

2013年2月第一被申请人与申请人达成6300万元协议：申请人将持有的H公司股权以6300万元的价格转让给第一被申请人或第一被申请人指定的第三方，协议签署后，申请人将配合H公司根据重组需要调整股权比例，但不影响6300万元的转让价格，即无论申请人在H公司的股比如何调整，其对应的股权价值始终是6300万元，从而确保申请人获得股权增值近2460万元；股权转让完成后，《合作框架协议》即终止，即《合作框架协议》所约定的增资价格补偿机制失效，第一被申请人与申请人之间互相不再承担任何补偿义务。6300万元协议的签署及履行，意味着申请人经过权衡，选择了彻底退出H公司，实现其投资H公司的全部收益。

同时，第一被申请人为体现友好合作的精神，通过签订协议主动向申请人3人(而非向其控制的投资实体，即6300万元协议的主体)承诺：一旦H公司合格上市，第一被申请人将向申请人3人支付"特定数量股份"及"特定金额股份"(4000万元协议)。

2. 关于4000万元协议的成立、生效及执行。

4000万元协议第9.5条约定:“本协议在各方完成签署后成立,第1条相关约定自第1.1条或第1.8条规定的条件成就时生效,除本协议第1条以外的其他条款自本协议成立时生效。”

第1.1条规定的条件是,“在本协议签署后五年内,在且仅在H公司成功合格上市的情况下”。此条规定的条件包括两个要素:一是时间要素——协议签署后5年内;二是上市要素——H公司成功合格上市。而协议对“合格上市”的“释义”为“H公司在D公司的控制下,根据适用的中国证券法和上海或深圳证券交易所条例经中国证监会核准在中国A股上市”。也就是说,H公司的上市有两种情况:在第一被申请人控制下上市和非在第一被申请人控制下上市,只有在第一被申请人控制下上市才是“合格上市”,而非在第一被申请人控制下上市则不是“合格上市”。

只有在4000万元协议签署后5年内,H公司在第一被申请人控制下上市,才是协议第1条生效的条件(在且仅在)。也就是说,协议第1条生效必须同时具备两个要素:一是在协议签署后5年之内;二是H公司在第一被申请人控制下上市。

实际上,4000万元协议第1.7条正是如此约定的:“在第1.1条规定的期限内若H公司未能成功合格上市,包括但不限于:H公司因任何原因未提交合格上市申请……本协议均不执行,乙方(申请人——仲裁庭注)不得要求任何方提供其他任何形式的补偿,乙方(申请人——仲裁庭注)亦不得就前述情形向甲方(第一被申请人——仲裁庭注)提出任何主张。”其中,H公司因不在第一被申请人控制下而不提交合格上市申请,即是协议第1条不生效、整个协议不执行的情形之一。也就是说,各方对H公司不能成功合格上市的各种情形均有充分的估计(包括第一被申请人可能不再控制H公司),明确仅将“H公司在第一被申请人控制下上市”这一种情形作为协议第1条生效及整个协议执行的条件。因此,第一被申请人不再控制H公司,是各方明确预见到的生效排除情形,各方并无禁止第一被申请人丧失H公司控制权的意思表示。

因此,根据4000万元协议的约定,当H公司因第一被申请人失去控制权而未能成功合格上市时,申请人不能再向被申请人要求任何形式的补偿,也不能向被申请人提出任何主张。

3. 第一被申请人在促使H公司合格上市一事上已尽最大努力。

4000万元协议签订前后,第一被申请人已着手准备H公司合格上市工作,为此,采取了相应措施,准备工作已达极限。但由于诸多客观情况的限制,可以预见到在4000万元协议约定的5年期间内,H公司已无法实现合格上市,在此情况下,第一被申请人已尽最大努力,放弃IPO实属无奈之举。

4. 申请人的仲裁请求没有事实、合同和法律依据且逻辑混乱。

申请人当庭变更仲裁请求为,请求被申请人赔偿实际损失7000万元,计算依据:根据申请人股权转让时3亿元市值计,按《合作框架协议》之约定,申请人应得股比为近26%,参考M公司收购时H公司的整体估值为近5.4亿元,则申请人的股份对价应为近26%×近5.4亿元=近1.4亿元,扣除已经收到的6300万元转让款,申请人尚损失7400万元(但按照7000万元主张)。

首先,申请人作为计算依据的《合作框架协议》已失效。根据6300万元协议第12.5条之规定,在签署6300万元协议且相应股权转让完成之后,各方之前所签订的《合作框架协议》即行终止,特别明确约定:双方不得再依据《合作框架协议》的有关约定要求相对方承担任何义务。

其次,所谓"申请人应得股比为近26%",并无任何协议约定,而是申请人单方面根据之前在引入私募基金过程中双方并未谈妥的方案主观得出的数字,毫无事实、合同及法律依据。同理,申请人所谓"转让股权价款本可获利7000万元"的说法也是单方面根据之前在引入私募基金过程中双方并未谈妥的方案得出的,亦无任何事实及合同依据。

申请人主张参考M公司收购H公司股权时的估值,没有任何合同和法律依据,亦无任何事实与法理依据。而且,事实上,由于H公司在被M公司收购后未能兑现业绩承诺而下调估值,第一被申请人实际收到的股权转让款也相应减少,并非申请人所说的估值对价。因此,申请人的请求既非实际发生的损失,也非预期利益的损失,更非期待利益的损失,其主张无任何依据。

申请人的整个损失计算过程均建立在其不退出H公司的假设基础之上。而事实是,双方对申请人不退出H公司的方案始终未达成一致,所以申请人才选择了退出H公司的方案。现在,申请人在已退出H公司的情况下,以不退出H公司的方案中的股权比例作为计算依据,毫无道理。

5. 申请人所提出的"退出对赌",没有法律和合同依据。

申请人所提出的"退出对赌",是不能成立的。理由如下。

在我国的法律体系中,没有关于退出对赌的任何法律依据。在资本市场的操作实践中,也并未有申请人所声称的此种退出对赌的案例。

从合同主体来看,双方之间的合同关系毫无疑问是"附条件赠与",而并非"退出对赌"。6300万元协议的签订主体是第一被申请人和I公司、J公司、K公司;而4000万元协议的签订主体是第一被申请人和申请人个人。如果有对赌,对赌的主体应当是股东。只有股东之间的对赌,才是可以成立的。申请人并非H公司的股东,无法跟D公司对赌。本案的4000万元协议完全是被申请人基于申请人曾经就公司发展做出贡献,故愿意让之前做出贡献的人获益的"附条件赠与"。

在4000万元协议中,申请人并不附有任何合同义务,对于一旦条件达不成,D公司要承担什么样的责任,其义务的边界在哪里也没有明确约定。没有事先明确的对赌后果,就无法成立对赌。

6. D公司有权对公司进行处置,而并无任何法定或合同限制。

申请人根据其对定义条款的单方面理解,声称4000万元协议规定第一被申请人在5年内,不得丧失对公司的控制权。而这一理解,主要源于对"合格上市"的定义条款。而被申请人认为,定义条款只有释义功能,不会创设合同义务。4000万元协议通篇没有一个条款规定第一被申请人附有在5年内不得丧失对公司的控制权的义务,也没有约定丧失对公司的控制权将导致怎样的法律后果。既然没有合同义务,也没有法定义务,第一被申请人能够自由处置其对公司所享有的权利,其处置公司的合法行为不会构成违约。

综上所述,第一被申请人投资经营H公司已有21年,而申请人持股H公司仅2年(2011~2013年),加上投资N公司的时间(2009~2011年分阶段分批投资)也才4年,申请人在短短的4年时间里,投资从3840余万元增加到6300万元,升值逾1.6倍,且毫无风险地兑现,获益不可谓不丰。

而第一被申请人在苦心经营多年、承担巨大风险却上市无望的情况下,被迫转让控制权,已经丧失了巨大的期待利益,在此情况下,申请人再向第一被申请人提出任何补偿或主张,既没有合同依据,亦违背商业伦理。

(五)申请人在两次庭审后,多次发表了书面代理意见

1.4000万元协议和6300万元协议构成了不可分割的整体安排,4000万元协议不能被认定为赠与协议。

2011年11月第一被申请人与申请人签订了《合作框架协议》。《合作框架协议》第3.2条约定申请人将N公司的股权、借款和某BOT项目的投入共计人民币3840余万元置换H公司股权近27%;私募基金进入后申请人价格应等于私募投资者平均价格的50%(基准价格);若申请人价格高于基准价格,申请人价格与基准价格之间的差额应由第一被申请人以现金形式向申请人补偿;各方确认,申请人的实际投资额=总投资额3840余万元+250万元。该《合作框架协议》的订立是为H公司合格上市之目的,第3.2条则是申请人为了保障自身利益,考虑其将实体资产注入H公司对其上市的作用应有别于私募投资者(PE),未免PE进入后其股权被过分稀释而和第一被申请人商定的特殊承诺条款。

为上市之目的,第一被申请人于2012年3月将PE引入H公司,此时H公司的估值约人民币4亿元,所以按《合作框架协议》约定,申请人股权调整为逾19%;每股认购价格约等于人民币200万元。

之后PE未按约定进入H公司,H公司估值从4亿元下调到3亿元。根据《合作框架协议》的约定,第一被申请人理应提高股比或对申请人进行现金补偿。但从双方往来邮件来看,第一被申请人以各种理由拒绝履行《合作框架协议》的约定,仅同意将申请人的股权调整到逾23%。而根据《合作框架协议》的约定,按总投资额人民币3840余万元计算,申请人的股权应为近26%;按实际投资额人民币3840余万元+250万元计算,申请人的股权则应达逾27%。

最终,申请人与第一被申请人未就补偿方式和补偿金额达成一致,第一被申请人在2012年11月13日的邮件所附的《投资H公司未来发展的路径和分析》一文最后以"重组时间过长对上市进程的阻碍"为由给申请人施压要求申请人同意其提出的重组方案但鉴于其提出的各种方案均有悖于《合作框架协议》,损害申请人的利益,故而申请人无法接受,最终选择和第一被申请人协商后签署了6300万元和4000万元两份协议后退出。

需要说明的是:(1)申请人和第一被申请人就退出的谈判过程均为口头协商,最后达成逾1亿元(6300万元+4000万元)主要的计算依据在于:申请人进入H公司时,第一被申请人承诺的公司估值可达4亿元,首轮融资也是以4亿元估值为基础进行的。计算退出时,申请人考虑上市的不确定性,在近26%股比基础上,希望以4亿元估值为依据计算取整所得。第一被申请人在评估了整个重组方案后,认为可以同意逾1亿元的总价,但支付方式上希望作调整,即由其去寻找PE先行认购6300万元,其他的转让款4000万元则被拆分成两部分5年内在上市后实现,4000万元中的2000万元可考虑上市后公司的股票溢价部分(2000万元特定数量股份)。为了博取上市后的溢价,申请人接受了上述方案,同意以6300万元作为股权转让之对价,4000万元对价则以对赌方式在公司上市后履行支付义务。

(2)申请人退出H公司时签订的6300万元股权转让协议低于市场价值。申请人退出H公司时H公司的市值为3亿元,若根据《合作框架协议》第3.2条约定,按总投资额人民币3840余万元计算申请人的股权应为近26%,申请人的股权转让价值理应为近7690万元(近26% ×3亿元);按实际投资额人民币3840余万元+250万元计算,申请人的股权则应达逾27%,申请人的股权转让价值理应为人民币8180余万元(逾27% ×3亿元);即便是按照第一被申请人在邮件中承诺给申请人的逾23%股比计,股权价值也有6990余万元(逾23% ×3亿元),如果以6300万元作为申请人转让股权的全部对价,明显低于当时H公司的3亿元估值,而且同一天签订的4000万元协议,将无法通过一般的商业逻辑来解释其存在的理由。

(3)申请人退出H公司,第一被申请人获得了巨大的利益。如第一被申请人不废止《合作框架协议》,在H公司估值不断被下调的情况下,意味着第一被申请人要支付给申请人巨额补偿费或者需让渡更多的股份给申请人,这都是第一被申请人不希望看到的。无论从双方往来的邮件内容、6300万元协议对《合作框架协议》的约束,还是在庭审中被申请人律师陈述以6300万元协议和4000万元协议换《合作框架协议》的说法来看,申请人和第一被申请人的主要争议焦点就是《合作框架协议》是否需要继续被执行。而事实就如被申请人庭上所述,6300万元协议和4000万元协议的订立目的就是第一被申请人和申请人达成了合意,愿意用这两份协议去废除《合作框架协议》,故而,各方在同一天签订了这两份协议。6300万元协议和4000万元协议,共同构成了废止《合作框架协议》及申请人退出H公司的对价,缺一不可。不难看出,申请人的退出直接获益人就是第一被申请人,如能在申请人的退让下上市,第一被申请人规避了迫在眉睫的股权让渡或资金支付压力;如不能上市,在估值不断被下调的情况下,第一被申请人则规避了《合作框架协议》约定的补偿义务。申请人退出后,H公司的估值再次被下调,2013年2月重新融资时被下调到近2.6亿元,如此时《合作框架协议》未被废止,第一被申请人赔付给申请人的款项将再次增加。

从申请人退出的过程来看,第一被申请人与申请人签署4000万元协议并非毫无缘由,此协议是申请人接受以6300万元的低价出售其股权的前提,是双方为解决申请人退出第一被申请人时产生的争议所做的妥协。同时,双方往来邮件亦明确该4000万元协议为股权转让对价的一部分,从始至终各方均未曾提及过4000万元协议属于赠与性质。申请人提供的《法律咨询意见书》中,有关专家对于4000万元协议的性质亦作出了分析,从法理上驳斥了第一被申请人认定其为赠与合同的观点。

2. 第一被申请人在5年期限内转让H公司的股权违反合同约定,应当承担违约责任。

(1)4000万元协议明确约定第一被申请人应在5年内尽最大努力实现H公司在其控制下合格上市,应当认为,第一被申请人有义务在5年内保持对H公司的控制权并积极实现上市的目标,且擅自转让股权致使对H公司失去控制系协议禁止行为。而协议签署后未满3年,第一被申请人旋即将其持有的逾45%的H公司股权转让给M公司,丧失了对H公司的控制权,致使申请人对4000万元协议的期待权彻底落空。第一被申请人此举违反了其应承担的在5年内竭尽全力促使H公司上市的主要义务,违背了双方签订4000万元协议的根本目的。

(2)即便第一被申请人能确认5年内必定无法上市而需要转让股权避险,根据我国《合同法》第60条之规定,第一被申请人亦应当遵守诚实信用原则,履行通知义务,将对合同相对方利益有重大影响的事项告知对方,由双方协商变更。但其在明知和申请人就上市有5年期特殊约定的情况下,转让股权前后均未通知申请人,应被认定为存在违约恶意。

(3)第一被申请人提出4000万元协议第1.7条是一个随意生效条件,其可以依据该条以单方意志决定是否提交合格上市申请或转让股权,因此,其转让股权行为不能被视为违约。申请人认为,对于第1.7条的解读不应该简单采用文义解释,应结合上下文进行体系解释,同时,应根据协议签订的背景进行目的解释,即只有当第一被申请人在5年内竭尽全力地履行合同,促使H公司上市未成,方可用第1.7条中"任何原因"来抗辩申请人的请求,唯此方能彰显4000

万元协议缔结时双方的真实意思表示。否则该协议签订之时即自始即失去了对第一被申请人的约束力，对申请人来说也可能随时丧失商业价值。

D公司有义务确保5年期限得到切实遵守，申请人在5年内享有的“期待权”也应获得法律的保护。如第一被申请人经过5年的竭尽努力，H公司仍上市失败，其无须担责；但如果在5年的约定期内，擅自转股，则属于故意违约，未尽到竭尽全力促使公司上市的约定义务，同时，也使申请人获得4000万元预期利益的合同目的落空。

3. 申请人的仲裁请求具有事实和法律依据。

由于第一被申请人的违约行为，导致4000万元协议根本合同目的无法实现。鉴于对违约赔偿金额双方无书面约定，根据我国《合同法》第113条之规定，赔偿金相当于因违约所造成的损失，包括合同履行后可以获得的利益。

根据4000万元协议的内容，如5年内上市成功，即便发行价为1元/股，申请人也可直接获益4000万元，其中包括2000万元“特定数量股份”和2000万元“特定金额股份”。如果计算股票上市后的溢价部分（实际的新股发行价远不止每股1元，第一被申请人庭上陈述如上市成功，市值至少可以翻70倍），则2000万元“特定数量股份”的价值实际上远超2000万元，4000万元协议履行后可获得利益远远大于4000万元。现因无法具体计算股票上市后溢价部分的价值，同时申请人也考虑第一被申请人自身的获益金额，故申请人参考第一被申请人转让给M公司时候的估值作了另外一种损失测算。根据申请人股权转让时3亿元市值计，按《合作框架协议》之约定，申请人应得股比至少应为近26%，参考M公司收购时H公司的整体估值为近5.4亿元，则申请人的股份对价应为近26%×近5.4亿元=近1.4亿元，扣除已经收到的6300万元转让款，申请人尚损失7400万元。申请人在本案中实际主张的违约赔偿款为7000万元整。

被申请人主张根据6300万元协议第12.5条的规定，在签署6300万元协议且相应股权转让完成后，《合作框架协议》即行终止，故作为损失计算依据的

《合作框架协议》已失效。申请人认为,即便《合作框架协议》终止,但和其作为损失计算依据并不冲突。

4. 第一被申请人要求申请人承担律师费的反请求不应被支持。

第一被申请人违反4000万元协议约定,是导致本仲裁案件发生的根本原因,其支出的律师费是因自身违约行为而产生,不应由申请人承担。

综上所述,本案涉争的4000万元协议并不是无偿赠与协议,该协议与6300万元协议构成一个整体,作为废止《合作框架协议》和申请人退出H公司的全部对价。第一被申请人在协议约定期内,未通知申请人,将其股权自行转让给第三方,致使申请人合理的"期待权"遭到侵害,造成合同根本目的无法实现。对此,被申请人应当承担各自相应的违约责任及保证责任,并赔偿申请人因违约造成的损失。

(六)被申请人在两次庭审后多次提交了代理意见

1. 4000万元协议与涉案股权转让并无直接关联,6300万元股权转让款就是股权转让的全部对价。之所以约定4000万元,仅仅是申请人退出之时,被申请人对于将来特定且唯一前提下(公司上市)出于资产增值的原因而对于曾经的伙伴的一种自愿的、感恩性质的分享。

(1)从合同条款来看,申请人控制的实体公司转让H公司股权的全部对价就是6300万元。

依据6300万元协议第1.1条、第1.5条等条款的约定,各方明确6300万元协议履行后申请人控制的实体公司已将其在H公司持有的一切权益全部转让,不再对H公司(包括其下属子公司)主张任何权利。另外,4000万元协议则完全没有提及股权转让事宜。

由此可见,6300万元就是申请人控制的实体公司转让H公司股权的全部对价。申请人引用了双方商讨过程中申请人代表发给第一被申请人的邮件,试图表明4000万元协议是股权转让对价的一部分。然而,该邮件仅仅是申请人单方面在前期商谈过程中表达的意见,从未取得第一被申请人的同意和认可。

而且，邮件中的讨论并不具有法律效力，最终的约定应当依据签署的正式文本来确定。

从正常的商业逻辑来看，如果最终确认将4000万元协议作为股权转让的部分对价，双方必然会在合同中予以明确，并将其置入股权转让协议中（如6300万元协议），作为核心重要条款对待。然而，事实上6300万元协议中完全没有提到过额外的对价，4000万元协议中也完全没有提及过股权转让事宜。两份合同的签约主体不同，无论是合同的背景描述部分还是实体条款部分，这两份合同内容相互之间都没有任何关联。

本案4000万元协议的目的，是被申请人出于资产增值的原因而对于曾经的伙伴的一种自愿的、感恩性质的分享，而不是强制的、无条件的约束。

申请人主张4000万元协议是股权转让对价的一部分，但综观本案的事实，无论是4000万元协议，抑或是6300万元协议，均未对此作出任何的约定。

（2）从本案案件经过来看，4000万元协议成为股权转让对价缺乏事实基础。

申请人主张，其退出时如果按照目标公司3亿元的估值，其原可获得近7000万元的股权转让对价。然而，股东退出公司时的股权出让价格并不是简单按照目标公司的估值来计算的，需要结合各种交易和市场因素。而且无论如何，双方最终都接受了6300万元的转让价格，并以签订正式股权转让合同的形式予以了最终确认，表明6300万元是双方均认可的合理市场价格。何况，即便从数量上来讲，近7000万元与最终的6300万元差距不大，但与逾1亿元（6300万元+4000万元）则差距巨大。申请人不能够期待被申请人以逾1亿元的价格去购买其认为的近7000万元的资产。

依据申请人的观点，其原本可以将股权卖出更高的价格，之所以愿意退让并降价就是出于4000万元协议作为相应对价的考虑，而申请人让利的对象就是第一被申请人。换句话说，第一被申请人因为申请人的让利获得了利益，而第一被申请人所付出的相应代价就是4000万元协议，但事实并非如此。虽然

6300 万元协议是由第一被申请人签署,但申请人股权实际上的受让方是 L 公司,后者以人民币 6300 万元的同等价格受让申请人的股权,第一被申请人在这一过程中并没有获得任何利益,亦即不存在对价。

关于 4000 万元这一金额的由来,根据被申请人的回忆,双方在讨论申请人退出方案时,申请人认为其股权价值人民币 1 亿元,但没有提出任何依据。虽然第一被申请人并不同意这种毫无依据的观点,但顾及各方之间友好合作的情谊,以及 H 公司一旦上市的话可能产生的收益,第一被申请人同意在特定且唯一前提下(限于在 H 公司实现上市的情况下)与申请人个人(而非股权转让方)分享收获。因此,在股权转让市场价 6300 万元之外,第一被申请人又单独和申请人个人(而非股权转让方,与 6300 万元协议不同)作了特殊安排,签订了 4000 万元协议,对这一约定作了相应安排。

由上述可见,4000 万元协议系部分对价的说法缺乏事实基础,第一被申请人并未自申请人所谓的让利行为中获取任何的利益。不仅如此,依据 6300 万元协议的约定,申请人的退出是无风险的(第一被申请人承诺 6300 万元的锁定价格),然而第一被申请人则须承担因申请人退出而由 L 公司附加的对赌责任,第一被申请人最终为此赔付了 1050 万元。

(3)从法律角度分析,4000 万协议的实质是一种赠与。

4000 万元协议就其实质来说就是一种赠与,因为该合同项下第一被申请人只在一定条件下承担义务,不享有任何权利,不要求任何回报;与之相对的申请人一方则只在一定条件下享受权利,不承担任何义务,不需要任何付出。换句话说,4000 万元协议是第一被申请人在特殊的背景(申请人想要退出、被申请人为表善意)条件下赠与利益给申请人的单务合同。

需要注意的是,4000 万元协议下的赠与所指的标的并非简单的金钱数字,而是如果 H 公司成功上市,那么第一被申请人愿意就该等成果与曾经参与过 H 公司发展的伙伴进行分享,这是针对 3 名申请人(而非其控制的实体公司)的友好表示,而且这样的分享是有严格前提的,即 H 公司在第一被申请人的控制下实现上市。

申请人以“双方当事人均为商人，而非公益机构，基于商业常理常情，除非有非常充分的理由，否则商人间不可能发生高达4000万元的单方无偿赠与”来质疑第一被申请人的善意。但如果按照申请人的主张，对于高达4000万元的金额作为股权转让的部分对价，如果合同中没有任何对应条款或约定，这才是真正有违“商业常理常情”。而且，被申请人所谓的“不可能”，在双方既有前期共同合作过的渊源，又有后期上市资产大幅增值的预期的情况下，就被申请人的一贯的善意和诚信而言，完全是可能的，并且也已经成为事实。

不但如此，若依申请人所言，将本应该属于转让方公司所有的所谓股权对价通过另外一份协议转给转让方公司股东，这样的操作方式是严重违规的，因为该等安排实质上使转让方公司逃避了该部分对价应当承担的企业所得税以及在向股东分红时股东应当承担的个人所得税。申请人是不可能签订这样一份目的不纯又涉嫌严重违规的合同。

4000万元协议的内容完整详细，对赠与安排的生效条件、生效后如何操作等都作出了详尽的约定，第一被申请人有权决定是否促使协议安排生效条件满足，这也符合赠与合同的特征。

2. 即使将4000万元协议视为对价的一部分，实现这种对价的前提并不存在。

如果将4000万元协议视为申请人转让H公司股权的部分对价，按照申请人的主张4000万元协议的性质为附生效条件的合同，那么这里的核心问题就在于该部分对价实现的前提。争议合同明确约定，4000万元协议项下相关安排的执行有严格前提。

如上所述，4000万元协议的目的就是如果H公司在第一被申请人的控制下成功上市，那么第一被申请人愿意就该等成果与曾经为H公司发展付出过努力的参与方（自然人A、自然人B、自然人C）一同分享。但是，上述分享是有严格的前提存在的。

关于4000万元协议项下相关安排执行的前提,第1.1条规定:

1.1 在本协议签署后五年内,在且仅在H公司成功合格上市的情况下,各方同意按以下安排执行……

关于合格上市的概念,4000万元协议的"释义"部分解释为:

H公司在D公司的控制下,根据适用的中国证券法和上海或深圳证券交易所条例经中国证监会核准在中国A股上市。

由上述可见,当H公司在第一被申请人的控制下在中国A股上市的情况下,4000万元协议下的安排才得以执行,申请人才可以主张4000万元协议下的权利,其他任何情况,包括但不限于H公司出售了公司股权等,4000万元协议下的安排均不予以执行。这样的安排是非常具有针对性和局限性的,正如申请人所称各方"非公益机构",因此,对于4000万元协议中赠与安排的执行必然置于最严格的前提之下。如果不作此前提或条件的设置,则今后H公司的任何经营管理行为都受申请人制约;极端地讲,H公司在巨额亏损的情况下甚至不能宣布破产,因为申请人完全有可能同样以宣布破产阻碍上市为由要求被申请人支付4000万元。

上市并非公司发展的唯一目的,公司的发展,可以采取任何其他最适合公司发展的方式。而本案4000万元协议,是在考虑实际情况后将"上市"作为支付的唯一前提,这不意味着,任何其他的非上市的发展方向,申请人均应向被申请人支付4000万元。如果是这样,显然是荒唐的。

本案H公司未上市,前提不存在。

3.被申请人并无义务去促成此种前提存在。本案约定的,只是支付4000万元时的情形,而非申请人需要去履行、去推动实现的义务。换言之,若上市,第一被申请人须支付4000万元;但第一被申请人并无义务一定要去上市,第一被申请人需要根据公司的发展采取合适的方式。

(1)4000万元协议明确措辞均未将上市作为第一被申请人需要履行的义务;相反,当事人已经预料到可能导致前提不存在的"任何原因"。

申请人主张第一被申请人出售股权的行为,是为自己的利益不正当阻止H公司成功合格上市,阻碍了协议所附条件的满足,或者说协议前提的实现。申请人的该等主张是不合理的,理由如下。

对于1.1条中的前提如何实现,4000万元协议第1.7条作出如下规定:

1.7　在第1.1条规定的期限内若H公司未能成功合格上市,包括但不限于:H公司因任何原因未提交合格上市申请、H公司提交的合格上市申请因任何原因中途撤回或未被中国证监会核准或虽经中国证监会核准但因任何原因未最终成功发行上市的,本协议均不执行,乙方不得要求任何方提供其他任何形式的补偿,乙方亦不得就前述情形向甲方提出任何主张。

根据上述条款约定,4000万元协议项下安排执行的条件属于随意条件,也就是依照当事人一方的意思即可决定条件成就与否,4000万元协议项下的安排是否执行完全取决于第一被申请人的意愿。该等随意条件是由双方当事人自愿确定,并一再重复明确的,不损害任何一方的合法权益,理应得到遵守。

4000万元协议第1.7条不仅未对第一被申请人的行为设定任何要求,而且反复强调"无论任何原因",只要客观上H公司未能成功上市,则该协议不执行。被申请人认为既然4000万元协议没有明确约定第一被申请人出售股权的情况如何处理,或者在第1.7条中明确排除第一被申请人出售股权的情况,那么,上述"无论任何原因"理应包括第一被申请人出售股权的情况。因此,第一被申请人的行为并不违反任何约定。

从条款措辞来看,4000万元协议第1.7条以非常明确且极端的表达方式将H公司上市这个结果是否出现的选择决定权,彻底地赋予了第一被申请人——这才是各方当事人一致的真实意思表示。据此,除非协议中有特殊约定,第一被申请人出售股权显然是其行使选择决定权的一种方式。

将H公司是否上市的选择决定权交给第一被申请人是具有充分合理性的,因为申请人同意将该等选择决定权交给第一被申请人的出发点,是建立在H公司上市对第一被申请人具有重大利益、第一被申请人因H公司上市可获得的利益远大于申请人可获得的利益这些客观事实的基础上之上。第一被申请人在H公司上市问题上不可能故意作出对自己不利的商业判断。因此,申请人将上述选择决定权交给第一被申请人符合情理。

从诚信原则的角度来说,第一被申请人基于商业考量,以转让股权的方式行使其选择决定权,是基于缓解公司艰难处境的无奈选择,并不存在任何损害申请人利益的恶意。4000万元协议第5条中关于各方根据诚实信用原则尽最大努力的约定系合同中的一般要求,这是任何合同的订立与履行均应遵循的基本原则,而非设定合同当事人具体权利义务的依据。换言之,申请人需要为上市后不支付4000万元承担责任,但不需要为不能上市承担责任,更不需要为按照公司发展不得已放弃上市承担责任。

在合同附带随意条件的情况下,不存在不正当地阻止该条件成就的说法,因为各方已经明确约定第一被申请人有权单方决定条件是否成就。换句话说,在第一被申请人决定成就条件之前,申请人并不享有任何期待利益。只有在第一被申请人决定并成功将H公司上市的前提下,申请人才有权要求第一被申请人履行4000万元协议下的安排,真正享有期待第一被申请人履行承诺的利益。

申请人所主张的我国《合同法》第45条第2款的规定,即"当事人为自己的利益不正当地阻止条件成就的,视为条件已成就;不正当地促成条件成就的,视为条件不成就"根本就不适用于本案情况。H公司如能上市,第一被申请人是最大的受益者,申请人关于第一被申请人为自己的利益不正当阻止H公司成功合格上市这种主张本身就不合逻辑,不能成立。

(2)尽管并非义务,第一被申请人还是以最大努力去推进H公司上市。

如果H公司能够上市,第一被申请人本身就是最大的受益者,因此,第一被申请人在促使H公司合格上市一事上一直在尽最大的努力。第一被申请人早在2011年就聘请了专业的财务顾问,在2013年就组建IPO团队着手IPO前期工作,2013年下半年完成尽职调查等各项规范工作并在2014年将H公司变更为股份有限公司。

然而，由于种种客观情况的限制，包括但不限于募投项目、权利证书等方面的问题，导致H公司无法达到IPO申报条件、整个行业处于下行周期不宜申报IPO、IPO审核排队情况严重、H公司的基金股东集体施压要求放弃IPO等各种因素，H公司在4000万元协议约定的5年期间内合格上市已然不可能（参见被申请人提交的证据17——H公司IPO团队成员出具的《关于H公司相关事项的说明》）。事实上，H公司在2014年年底的经营性现金流为近-350万元，日常经营主要依靠银行贷款维持，继续等待可能根本撑不到5年。

在合理预见到H公司无法在4000万元协议约定的5年期间内合格上市的情况下，第一被申请人无奈放弃上市，最终选择出售股权给M公司，以缓解公司的艰难处境。第一被申请人从该交易中目前实际收到的款项，仅为逾人民币1.6亿元，远低于申请人退出时的收益率。

尽管并非其义务，第一被申请人在事项能够披露的第一时间，就将转让股权事宜告知了申请人。2015年10月自然人E与自然人C、自然人A3人在上海见面就此事进行了交流，并得到了自然人C、A2人的理解。2016年2月，各方同意由自然人E承担全部费用，邀请自然人C、自然人A家庭共同前往W3旅游地度假9天。至此，各方对第一被申请人转让股权事宜已经没有疑问。

然而，申请人却完全否认第一被申请人已经就股权转让事宜对其告知且取得其理解的事实。如果按照申请人的主张其对H公司享有巨大的期待利益，那么必然会时刻关注H公司的动态。在此情况下，若称其在2016年2月与自然人E一同出国度假时还不知道M公司已经于2015年9月收购了H公司，这显然是有违常理的，不符合事实，不符合诚信原则。

第一被申请人已经尽最大努力促使4000万元协议的前提出现，终因种种客观情况的限制而未能成功；但是，无论如何，第一被申请人选择终止上市的行为都符合4000万元协议的约定，不存在任何不当之处。

4. 即使第一被申请人出售股权的行为存在不当，那么申请人也无权要求赔偿。

即使4000万元协议是申请人转让股权的部分对价，且第一被申请人出售股权的行为违反4000万元协议的约定，那么申请人如果想要主张赔偿，则应当证明其存在实际损失，并且该损失应当是与4000万元协议相关的、在本案仲裁审理范围之内的，否则其无权要求损害赔偿。

(1) 损害赔偿应当以实际损失为基础，而申请人不存在任何实际损失。

由于种种客观情况的限制，H公司在4000万元协议约定的5年期间内合格上市是不现实的，在此种情况下，申请人所谓的在4000万元协议项下的期待利益实质上是没有价值的。换句话说，即使第一被申请人未选择出售股权，那么H公司也无法在4000万元协议约定的5年期间内合格上市，对于申请人来说结果并没有区别，其一样不能获得所谓的4000万元。

申请人主张从业绩和市值来看H公司具备上市可能，然而H公司能否上市并不是简单地看其业绩和市值，需要综合各种因素进行考量。何况申请人主张H公司业绩时还刻意忽略了H公司2015年之前的业绩，并且采用的还是之前第一被申请人给予M公司的业绩承诺中提到的数字，而非真实业绩。事实上这些业绩承诺最终也未能实现，并因此导致了M公司下调收购估值。

值得注意的是，申请人在2013年2月退出H公司的收益率远超申请人与第一被申请人同时退出的话可能享有的收益率。具体来说，申请人自2011年11月加入H公司至2013年2月退出总计15个月，收益人民币近2460万元，总收益率约64%，平均年收益率约51%。而对于第一被申请人来说，从申请人加入时点2011年11月至第一被申请人2015年8月退出总计45个月，收益人民币逾1.6亿元，总收益率约54%，平均年收益率约14%。

就算完全忽视D公司实际承担的风险和损失，以人民币近21,310万元作为第一被申请人最终股份收益，则虽然在总收益率上（约101%）看似超过申请人，但实际上平均年收益率（约27%）还是远低于申请人（相关金额参见被申请人提交的日期为2017年12月4日的函件附录1——M公司收购D公司股权所涉款项核算表及相关证明文件)。

因此,申请人不存在任何实际损失,第一被申请人的行为在客观上并未对申请人的实际利益造成任何影响,申请人也未证明其遭受了任何实际损失。

(2)申请人主张的损失计算方法并不合理。

本案申请人提起仲裁所依据的是4000万元协议项下的仲裁条款,那么本案的仲裁范围理应以4000万元协议相关事实为限。然而,申请人在第一次开庭时当庭变更了仲裁请求,将请求事项和损失计算的依据转为各方在2011年11月签订的《合作框架协议》项下的约定,并且其所有主张的立足点都集中到《合作框架协议》项下,申请人的该等做法是非常不合理的。

首先,《合作框架协议》已经终止。6300万元协议第12.5条规定:

12.5　本协议生效后,各方同意首先按本协议的约定执行,框架协议暂停执行;本协议及其他有关标的股权转让之协议完全履行完毕后,即乙方取得全部标的股权转让对价之日起框架协议即行终止,且在任何情况下均不再恢复执行,甲乙双方不得再依据框架协议的有关约定要求相对方承担任何责任(无论是否已经发生)。

依据上述文本的表述,"本协议及其他有关标的股权转让之协议完全履行完毕后"与"乙方取得全部标的股权转让对价之日起"的含义是相同的,"本协议"系指6300万元协议,"其他有关标的股权转让之协议"系指申请人股权实际受让方L公司签订的相关协议,而4000万元协议只字未提股权转让事宜,显然不属于上述范围。换言之,6300万元协议以及L公司就股权转让签订的相关协议履行完毕后,就是申请人取得全部标的股权转让对价之日,即《合作框架协议》终止之日,双方不得再依据《合作框架协议》的约定要求对方承担任何责任(无论是否已经发生)。

其次,《合作框架协议》有独立的争议解决条款。《合作框架协议》第7.2条约定:

7.2 凡因本协议所引起的或与之有关的任何争议、纠纷或索赔,包括违约、协议的效力和终止,均应根据仲裁通知时有效的《香港国际仲裁中心机构仲裁规则》,提交香港国际仲裁中心仲裁解决。仲裁员人数3名,均由香港国际仲裁中心选出,仲裁语言为中文。仲裁准据法为中国法律,仲裁裁决是终局的,对双方均具有法律约束力。

《合作框架协议》明确约定相关争议提交香港国际仲裁中心仲裁解决。如果申请人对《合作框架协议》项下的问题存在争议,或者想要主张《合作框架协议》项下的权利,那么其应当依据《合作框架协议》约定的争议解决方式去解决,而不能将《合作框架协议》项下的主张转嫁到4000万元协议项下的争议当中,从而规避《合作框架协议》争议解决条款的约定,这是不合理的。

当事人申请仲裁的事项必须是仲裁协议确定的事项,仲裁机构也只能对仲裁协议范围内的争议事项作出裁决。而申请人目前提出的仲裁请求显然不属于4000万元协议范围内的争议事项,不应属于本案的仲裁范围,其无权在本案中提出该等索赔。

此外,本案第二被申请人自然人E和第三被申请人自然人F根本不是《合作框架协议》的当事人,申请人以《合作框架协议》为基础计算的损失要求第二被申请人自然人E和第三被申请人自然人F承担连带责任根本就是无稽之谈,申请人的仲裁请求和仲裁依据之间充满矛盾。

申请人所有主张的核心其实就是撇开合同谈想法:其在没有任何合同依据的情况下,强行将4000万元协议认定为6300万元协议项下申请人股权转让对价的一部分;在没有任何合同依据的情况下,强行将上市理解为公司唯一的发展方向以及被申请人必须履行的义务;在《合作框架协议》已经失效的情况下,尤其是在《合作框架协议》本身包含独立的争议解决条款的情况下,强行以《合作框架协议》中的约定作为仲裁请求和损失计算的依据。

然而,无论是4000万元协议、6300万元协议,还是《合作框架协议》,它们都是内容完整、措辞专业、逻辑清晰的正式合同,每个条款都是经过各方当事人谨慎商讨而制定的，至今为止没有任何一方就上述任何协议的清晰性、完整性提出过任何质疑。在协议文本清晰完整的情况下，依据文义解释已经足以明确协议中各方的意思表示。

申请人的做法实质上是在超出合同本身内容的基础上，凭空创设合同内容之外的约定，这种约定显然对第一被申请人没有约束力。否则，一旦当事人可以凌驾于合同内容之上单方进行权利义务的创设，那么当事人签订书面合同本身就失去任何实际意义了，这显然不合常理。

4000万元协议实属特殊背景下申请人退出时被申请人在友好氛围下作出的一种善意表示（如果通过上市实现资产显著增值的情况下，被申请人当然也不会吝啬与曾经共同战斗过的伙伴共同分享这种喜悦），是一种具有特定前提的安排，但这种特定前提的安排根本没有到达实现的程度。申请人利用被申请人的这种善意，在自己早已经取得应得利益的情况下，无节制、无条件、无逻辑地要求实现这种利益，既不合法，也不合情，更不符合商业道德。

仲裁庭需要指出的是，本案双方当事人在本案审理过程中均多次提交了书面代理意见、陈述意见及证据材料。本裁决书中援引的双方的陈述意见及证据如未包含双方提交的全部信息，其并不表明本仲裁庭在作出裁决时未予考虑该等信息，或默示采纳该等信息。仲裁庭认为，本裁决已包含的双方陈述意见与证据足以使仲裁庭作出本裁决。

二、仲裁庭意见

本案源于第一申请人自然人B、第二申请人自然人A、第三申请人自然人C（以下合称申请人）与第一被申请人美国D环保能源公司、第二被申请人自然人E、第三被申请人自然人F（以下合称被申请人）之间于2013年2月签订的关于H公司合格上市情况下的特殊安排的4000万元协议。

4000万元协议中约定，在本协议签署后5年内，在且仅在H公司成功合格上市的情况下,H公司应向申请人支付以首发当日H公司股票收盘价为基准,确定人民币2000万元所对应的H公司股份数。以及D公司按申请人指示出售特定数量股份后取得的相关收益。就4000万元协议中所述的H公司成功合格上市,协议中定义为,H公司在D公司的控制下,根据适用的中国证券法和上海或深圳证券交易所条例经中国证监会批准在中国A股上市。

同日,申请人控制的投资实体I公司、K公司、J公司作为乙方,D公司作为甲方,双方签订了关于股权转让的6300万元协议。其中,申请人作为乙方担保方,第二、三被申请人作为甲方担保方。6300万元协议中约定,I公司、K公司及J公司将其在H公司所持有的股份作价6300万元转让给D公司,同时约定,D公司有权指定有意购买标的股权的第三方直接从乙方受让标的股权。

2013年6月6300万元协议履行完毕,J公司和K公司持有的H公司的股权转让给了D公司指定的L公司。2015年8月D公司向M公司转让了H公司的逾45%的股份,至此D公司失去了对H公司的控制权。申请人因此提起仲裁,以D公司未尽推动合格上市义务,侵害申请人在4000万元协议中的合同权利为由,要求被申请人承担违约责任,赔偿申请人损失。

申请人的请求能否得到支持,需要判断被申请人是否存在违约行为,需要探讨6300万元协议与4000万元协议的关系问题,需要判断4000万元协议的性质,D公司是否履行了推动H公司合格上市的义务,以及4000万元协议的违约赔偿等问题。

现本庭根据案件事实、协议约定和适用法律规定,就申请人上述各项问题,以及仲裁请求及被申请人之反请求,逐一进行分析、判断。

（一）本案系争协议的效力及法律适用问题

本案系争协议,是由申请人与被申请人于2013年2月签订的4000万元协议,当事各方未对前述协议的有效性提出质疑,仲裁庭也未发现协议有违反中国法律、行政法规强制性规定的情况,故该协议合法有效,对各方均具有拘束力。

本案系争协议具有涉外性，4000万元协议于4.1条中约定“本协议的订立、效力、解释、执行及争议的解决，均受中国法律的管辖”。因此，根据合同对于适用法律的约定，本案应适用中国法。

（二）4000万元协议的性质问题

被申请人主张，4000万元协议与涉案股权转让并无直接关联，6300万元股权转让款就是股权转让的全部对价。之所以约定4000万元，仅仅是申请人退出之时，被申请人对于将来特定且唯一前提下（公司上市）出于资产增值的原因而对于曾经的伙伴的一种自愿的、感恩性质的分享，属赠与合同，对赠与合同赠与人可随时撤销。

申请人主张，4000万元协议和6300万元协议构成了不可分割的整体安排，4000万元协议不能被认定为赠与协议。

仲裁庭认为，判断6300万元协议与4000万元协议的关系需要判断4000万元协议的性质。两个问题之间存在密切联系，若其确系赠与合同，则两个协议之间没有联系；若其不是赠与合同，则两个协议构成整体性安排。以下将结合事实经过和法律定性两个方面对申请人与被申请人的主张进行回应。

1. 事实经过

仲裁庭通过阅读申请人与被申请人提供的代理意见、证据材料，可以判断双方都承认的事实是，2011年11月，本案申请人与D公司签订了《有关H公司重组的合作框架协议》（以下简称《合作框架协议》），约定为了H公司能合格上市，申请人将N公司的股权、借款和某BOT项目的投入置换H公司的股权，同时约定了私募基金进入H公司后存在相应的价格调整机制。申请人由此通过其控制的公司实体成为H公司的股东，历经多次股比调整，申请人控制的投资实体I公司、K公司及J公司共持有H公司21%的股权。后由于双方对于公司股权架构存在分歧，为了达到顺利引入私募股权投资，实现H公司最终上市的目的，申请人决定转让股权退出H公司，因此签订上述6300万元协议、4000万元协议。结合上述一系列事实背景，仲裁庭将提取价格调整机制、退出方案、庭审记录进行重点分析，还原签约背景。

(1)价格调整机制

仲裁庭发现关于价格调整机制，申请人在2017年9月15日提交的仲裁请求调整及事实的补充说明中提到框架协议第3.2条的规定，“私募基金进入后，申请人价格应等于私募投资者的50%（‘基准价格’）。若申请人价格高于基准价格，申请人价格与基准价格之间的差额应由D公司以现金形式向申请人补偿。此条尤为重要，是双方后续合作的矛盾争议所在。第一被申请人在引入私募投资者的过程中，以妨碍上市进程为由，要求申请人降低相应的补偿款，甚至废除此条款”。被申请人2017年9月20日提交的代理意见当中也提到“框架协议的约定确保了申请人成本价入股、无风险持股，而D公司则承担了较大的业绩贡献和投资风险”。

由此可知，价格调整机制实际上对申请人具有较大的利益倾斜，D公司受此条款影响始终处于相对不利地位，在行业下行、估值下调的情况下，H公司需要向申请人支付高额补偿款。

仲裁庭结合上述被申请人代理意见和申请人提供的往来邮件公证书查明，2012年11月至2013年2月申请人要求足额补偿的诉求与被申请人要求终止框架协议、取消价格调整机制的诉求针锋相对，两者从己方利益最大化的立场出发试图达成一致，但因条件难以谈妥，一度形成僵局。

经过3个月的磋商，6300万元协议和4000万元协议于2013年2月同日签订。依据6300万元协议第1.1条、第1.5条等条款的约定，各方明确6300万元协议履行后申请人控制的实体公司已将其在H公司持有的一切权益全部转让，不再对H公司(包括其下属子公司)主张任何权利。依据4000万元协议第1.1条的约定，双方对H公司合格上市情况下进行了特殊安排。至此，价格调整机制被拆除，新的特殊安排产生。

结合上述事实和分析，仲裁庭认为在双方就利益冲突严重的条款，即价格调整机制密切磋商3个月后，于2013年2月同一日签订了两份协议。两份协议均针对股权事项进行了安排,其中6300万元协议对原来的股权进行转让,拆除旧有的机制,4000万元协议则对将来上市后的情况进行特殊安排。依据正常的商业逻辑,两份协议具有关联性的可能性显然更大。同时,仲裁庭将结合其他事实进一步分析判断两份协议之间的关联性。

(2)退出方案

申请人提交的落款日期为2017年9月15日的仲裁请求调整及事实的补充说明,被申请人提交的落款日期为2017年9月20日的代理意见向仲裁庭还原了陷入僵局前,磋商过程中提及的5个退出方案。虽然这些方案最后均未执行,但从中我们可以了解双方对自己利益的动态权衡,通过未执行的方案与实际签订的6300万元协议和4000万元协议对比,可以探求两份协议之间的关系。

申请人提出的方案有:第一,被申请人持有私募基金增资后H公司逾23%股权;第二,被申请人自行按市场价转让其持有的H公司股权,或D公司以不超过5760余万元的价格包销被申请人持有的H公司股权;第三,被申请人保持对H公司逾19%股比,D公司增资认购或寻找其他投资者增资认购H公司逾4%股权并将增资认购款付给被申请人。

被申请人提出的方案有:第一,被申请人持有私募基金增资后H公司近26%股权;第二,被申请人持有私募基金增资后H公司逾19%股权,D公司补偿被申请人1920余万元。

以上5个退出方案均未执行,实际执行过程中签订了6300万元协议和4000万元协议,依照被申请人的说法终止框架协议及其价格调整机制的对价为6300万元协议。但仲裁庭查阅了2013年2月28日H公司的董事会决议以及J公司、K公司与L公司签订的股权转让协议,从中发现6300万元股权转让款仅对应21%的股权比例,这不仅低于申请人在磋商过程中的方案,也低于被申请人的方案。

仲裁庭认为,如无4000万元协议作为另一部分对价,仅依照6300万元协议便终止框架协议,于申请人而言是重大的不利益行为。仲裁庭无意过问申请人商业决策英明与否,但必须指出,如果在长期磋商后申请人仅接受6300万元的对价,极其异常,不合常理。

(3)庭审记录

仲裁庭还需指出,依据庭审记录,可以发现在庭审过程中,被申请人律师发言时作出了“后来签了6300万元和4000万元两个协议。是用这两个协议换取框架失效”的陈述。被申请人一方就申请人所主张的“4000万元协议和6300万元协议构成了不可分割的整体安排”表示承认。且在仲裁庭之后的跟进询问中,保持这一回答。作为被申请人律师,其阅读案卷、参与庭审、熟悉本案的法律关系,结合律师回答和庭审情况,可以认定被申请人律师说明了6300万元协议和4000万元协议的签订背景,显非口误。

综上所述,仲裁庭认为:

(1)申请人与被申请人及其控制的投资实体在同一磋商过程中,对H公司的股权进行安排,最后在同一日期签订了6300万元协议和4000万元协议两份协议。其中,一份转让之前的股权,另一份为之后的合格上市作了安排。(2)和其他退出方案比,两份协议具有关联性更具合理性。(3)在庭审过程中,被申请人律师承认。在这三项情形支撑下,足以认定两份协议之间具有关联性。

2.法律定性

本来仲裁庭作出了前述判断,即可论证两份协议之间存在关联性。但为了更清楚地说明问题,仲裁庭愿就双方争议的核心焦点,4000万元协议是否构成赠与合同从违约条款、合同形式、商业实践三个角度作出分析判断。

第一,根据我国《合同法》第186条“赠与合同的任意撤销与限制”的规定,赠与人在赠与财产的权利转移之前可以撤销赠与,但具有救灾、扶贫等社会公益、道德义务性质的赠与合同或者经过公证的赠与合同,不适用前款规定。

可见,我国《合同法》在不涉及公益、道德、未经公证的赠与合同上设置了任意撤销权,即在赠与财产的权利转移之前可以撤销赠与。实际上我国《合同法》这一规范目的,无非考虑因受赠人系纯获得利益,因此,需要适当减轻赠与人之合同义务。在实践中,任意撤销权的存在体现为赠与合同通常不再附加违约责任及赔偿。这一规定符合常理,既然赠与人在社会生活中无偿授予他人利益,当然不愿意背负过多的责任。

但本案中4000万元协议第3.1条"违约责任及赔偿"约定,除本协议另有约定外,任何一方违反本协议的约定应对因其违约而给其他方造成的损失承担全部赔偿责任,守约方应享有法律及其他可能适用的法律所规定的各种救济。除此之外,双方还在合同中约定了法律适用和争议解决条款。这不符合赠与合同的特点。

第二,从合同形式来看,合同的名称为"协议书",合同格式、章节设置与6300万元协议类似。同时,综观4000万元协议及双方邮件往来,没有一处提到"赠与"二字,核心内容是H公司合格上市情况下的特殊安排。难以解释出其中具有赠与的意味。

第三,在商事交往中,交易双方既非集团内部公司,亦无亲属关系,缔约过程中尚且为股权份额进行长达3个月的磋商,最后却产生高达4000万元的赠与。这一安排严重背离商事活动营利的目标,不符合正常的商业逻辑,可能性微乎其微。

仲裁庭认为,双方在缔约过程中,对"赠与"二字只字未提,合同名称也仅用协议书指代。合同中有违约条款、争议解决条款,合同金额高达4000万元。从法律定性出发,仲裁庭认为,4000万元协议无法构成赠与合同。

3.4000万元协议性质的结论

结合上述从事实经过、法律定性两个方面的论证,仲裁庭认为本案中6300万元协议和4000万元协议的签署是为了终止框架协议当中关于价格调整机制的安排,两者之间相互联系。这一观点得到了被申请人律师的当庭承认。同时,从4000万元协议来看,其主要目的是对H公司合格上市情况下的特殊安排,不是赠与。

(三)D公司推动H公司合格上市的义务

申请人主张,4000万元协议明确约定D公司应在5年内尽最大努力实现H公司在其控制下合格上市,而协议签署后未满3年,D公司将其持有的逾45%股权转让与M公司,丧失了对H公司的控制权,致使4000万元协议下,H公司失去合格上市的可能性,严重违反双方约定。申请人的可期待补偿利益彻底落空。

被申请人主张其并无义务去促成此种前提存在。本案约定的,只是支付4000万元时的情形,而非申请人需要去履行的、去推动实现的义务。换句话说,若上市,被申请人须支付4000万元;但被申请人并无义务一定要去上市,被申请人需要根据公司的发展采取合适的方式。

仲裁庭已经论证了事实经过上4000万元协议与6000万元协议存在关联。法律定性上4000万元协议不是赠与合同,签约的目的是对H公司合格上市作出特殊安排。针对被申请人是否有义务推动H公司上市,仲裁庭将根据4000万元协议合同释义及条款第1.1条、第1.7条、第5条进行分析。

1.4000万元协议第1.1条和第5条的分析

4000万元协议第1.1条约定,在本协议签署后5年内,在且仅在H公司合格上市的情况下,各方同意按以下安排执行:(1)H公司经中国证监会核准首次公开发行并上市当日(以下简称首发当日),以首发当日H公司股票收盘价格为基准,确定人民币贰仟万元(2000万元)所对应的H公司股票数,即股份数=人民币贰仟万元/首发当日H公司股票收盘价格(以下简称特定数量股份);且(2)在相关法律规定允许的情况下,甲方(被申请人)出售其持有之H公司股票后,甲方应将其出售股票(以下简称特定金额股份)取得的成交金额中相当于人民币2000万元的款项,在扣除相应交易费用、税费等后的收益支付予乙方(申请人)。

该条有两个理解的关键点。第一,只有在本协议签署后5年内H公司合格上市的情况下,才需要履行后续的特定数量股份和特定金额股份的安排,如果H公司没有实现合格上市,后续的安排自然无须履行。合格上市是该条款设定的一个生效条件。4000万元协议第9.5条约定以及第1条相关约定"自第1.1条或第1.8条规定的条件成就时生效"也印证了这是一个生效条件。同时,第1.1条约定了"协议签署后五年内"这一期间。第二,在合同释义中合格上市被定义为,H公司在D公司的控制下,根据适用的中国证券法和上海或深圳证券交易所条例经中国证监会核准在中国A股上市。"在D公司的控制下"是本案中关涉的重点。从上述两个关键点中,我们可以提取出4000万元协议第1.1条蕴含的3个重要的因素,即时间因素、上市因素和控制因素。

根据4000万元协议第5条"未尽事宜"约定,"各方同意,将根据诚实信用的原则,竭尽各自的最大努力,尽快完成为本协议约定目标实现所需要的任何行为……",将3个因素与"未尽事宜"中的最大努力要求结合起来,我们可以得出结论:在4000万元协议签订后5年内,D公司应控制H公司并推动其上市。

2.4000万元协议第1.7条的分析

仲裁庭以上分析足以论证D公司负有控制、推动H公司上市的义务。同时,仲裁庭注意到,在庭审过程中双方对4000万元协议第1.7条存在解释的分歧,因此,仲裁庭将对4000万元协议第1.7条进行分析。

第1.7条约定,在第1.1条规定的期限内若H公司未能成功合格上市,包括但不限于:H公司因任何原因未提交合格上市申请、H公司提交的合格上市申请因任何原因中途撤回或未被中国证监会核准或虽经中国证监会核准但因任何原因未最终成功发行上市的,本协议均不执行,乙方不得要求任何方提供其他任何形式的补偿,乙方亦不得就前述情形向甲方提出任何主张。

仲裁庭认为,该条款并没有出现被申请人主张的"将H公司上市这个结果出现的选择决定权,完全彻底地赋予D公司"的情况。从4000万元协议的性质来说,其主要目的是对H公司合格上市情况下的特殊安排,不是赠与合同,结合申请人与被申请人之间的商业合作,在此处不可能出现一方完全将自己的利益置于另一方选择之下的情形。

从合同条款本身的内容来说,第1.7条通过"包括但不限于"的形式列举了"5年期限内H公司未能成功合格上市"的4种情形,即"因任何原因未提交合格上市申请""因任何原因中途撤回""因任何原因未被中国证监会核准""虽经中国证监会核准但因任何原因未最终成功发行上市"。从中我们可以发现,情形背后囊括了上市的各个步骤,即"申请""核准""发行",并针对步骤设置了可能产生的挫折,这表明条款内在地蕴含了推动上市的目标。被申请人认为,仅从一则条款当中的一项情形出发,通过字面解释能够得出推翻整个协议安排的权利,是不符合合同签订的逻辑的。

既然合同有着由D公司推动H公司上市的目标,D公司应当以推动H公司上市为方向进行持续的努力,但是其将H公司股权转让给M公司的行为背离了这一方向。

3. 结论

仲裁庭认为,4000万元协议第1.1条蕴含3个重要因素,即时间因素、上市因素和控制因素。其和第5条结合,可以得出,4000万元协议要求在签订后5年内,D公司应控制H公司并推动其上市。而协议第1.7条无法解释得出D公司可以基于自己的单方安排,任意选择是否上市,甚至作出转让股权的安排。因此,结合上述签约背景、条款设置,D公司负有推动H公司合格上市的义务是毋庸置疑的,不这样做即属违约行为。

(四)4000万元协议的违约赔偿

针对4000万元协议的违约赔偿问题,仲裁庭认为,首先,需要确定违约责任的承担;其次,需要针对双方确定赔偿金额的方法作出分析;最后,由仲裁庭确定一个合理的赔偿金额。

1. 违约责任判定

申请人主张,被申请人于4000万元协议签订后违约将H公司股权转让给M公司,致使5年内合格上市彻底不能实现,应就此承担违约责任。被申请人主张,其并无义务去促成合格上市这一前提存在。在并非义务的情形下,D公司还是以最大努力去推进H公司上市,没有违约。

仲裁庭发现,根据2015年8月19日H公司股东大会决议,全体股东作出了转让D公司、L公司、R公司、U公司合计持有的H公司逾72%的股份给M公司。其中,D公司转让了逾45%的股份。根据2015年8月28日M公司关于收购H公司股权的公告,其收购了H公司逾72%的股权。

从转让股权的过程来看,申请人认为,D公司转让股权前后均未曾通知过申请人,被申请人认为D公司在事项能够披露的第一时间,就将转让股权的事宜告知了申请人,并得到了申请人的理解。但是,综观本案双方提交的材料,仲裁庭没有发现能够表明被申请人在股权转让之前或期间曾就转让股权之事向申请人作过通知或解释,其称告知申请人并无证据证明。另外,被申请人称其股权转让行为也得到了申请人的理解,亦无证据证明,申请人对此说法也不予认可。故被申请人对此应承担举证不能的责任。

仲裁庭认定,既然各方当事人签署了4000万元协议,其目标是使H公司合格上市,被申请人就有责任、有义务认真推动H公司上市,否则被申请人就应承担违约责任。如遇到特殊情况,被申请人的确无法上市,不得不将其股权转让,其也应首先征得申请人意见,双方另行达成新的协议,但本案中被申请人并未这样做。被申请人在履行4000万元协议过程中应秉持我国《合同法》第60条的规定,即"当事人应当按照约定全面履行自己的义务。当事人应当遵循诚实信用原则,根据合同的性质、目的和交易习惯履行通知、协助、保密等义务"。在本案中,D公司转让H公司股权,丧失了其对H公司的控制权,致使合同目的无法实现,且缺乏诚信,股权转让事前事中并未告知申请人或与申请人协商,是明显的对4000万元协议的违反,理应承担违约责任。

2. 赔偿方法分析

申请人主张根据股权转让时3亿元市值计,按框架协议之约定,申请人应得股比为近26%,参考M公司收购时H公司的整体估值为近5.4亿元,申请人的股份对价为“近26%×近5.4亿元=近1.4亿元”，扣除6300万元转让款，损失7400万元，取整主张7000万元的违约赔偿款。

被申请人主张损害赔偿应当以实际损失为基础，而申请人不存在任何实际损失，申请人主张的损失计算方法并不合理。

仲裁庭注意到，申请人主张的近26%股比，不是其真实持有的股比，而是申请人一方根据框架协议，在假定估值为3亿元的情况下，计算出的一种补偿方案。也就是说，这仅仅是2012年11月至2013年2月的磋商过程中，申请人自身的一种愿望。而近5.4亿元的估值，则是来自2015年8月28日M公司收购H公司时发布公告中的收益法评估结论。两个数据之间存在接近3年的时间跨度。

仲裁庭还注意到，6300万元协议第12.5条约定，在本协议生效后，各方同意首先按本协议的约定执行，框架协议暂停执行；本协议及其他有关标的股权转让之协议完全履行完毕后，即乙方取得全部标的股权转让对价之日起框架协议即终止，且在任何情况下均不再恢复执行，甲乙双方不得再依据《框架协议》的有关约定要求相对方承担任何责任（无论是否已经发生）。

事实经过当中，双方最后用《框架协议》的安排替代了之前的各种方案。在长达2年的时间跨度中，在已经有《框架协议》作出安排的情况下，用在先的一个可能的高股比，乘以在后的一个高估值，这种计算可得利益损失的方法不合理，仲裁庭因此不予采信。

3. 赔偿金额确定

仲裁庭认为，H公司合格上市后，被申请人需要支付给申请人的利益在法理上属于可得利益。我国《合同法》第113条“损害赔偿的范围”规定，当事人一方不履行合同义务或者履行合同义务不符合约定，给对方造成损失的，损失赔偿额应当相当于因违约所造成的损失，包括合同履行后可以获得的利益，但不得超过违反合同一方订立合同时预见到或者应当预见到的因违反合同可能造成的损失。

可得利益损失是一种假如合同正常履行时非违约方可以获得的可得利益损失，是一种假设或推测未来可以取得的利益，而非真实必然发生的利益，其具有相当程度的不确定性。因此，请求该项损失对证据的真实性、关联性、可靠性提出了更高的要求。本案中双方在 4000 万元协议中并未对可得利益损失的计算方法进行安排，仲裁庭只能根据申请人提交的证据和计算方法对可得利益损失进行分析判断。

由于企业经营受制于多种因素；环保行业的行情复杂多变；经中国证监会批准在中国 A 股上市难度较大更是商业常识。具体到 H 公司这一家企业，本案当中 H 公司在 D 公司的控制下最终能否上市我们难以判断，纵使能够使其上市，申请人也承认无法具体计算股票上市后的价值。同时，D 公司在 4000 万元协议签订前后确实有着手准备 H 公司的上市工作。

综合上述判断，仲裁庭认为，被申请人转让 H 公司股权，并丧失控制权的行为是对 4000 万元协议的违反，应承担违约责任。

依据我国《合同法》第 113 条“损害赔偿的范围”的规定和 4000 万元协议 3.1 条“除本协议另有约定外，任何一方违反本协议的约定应对因其违约而给其他方造成的损失承担全部赔偿责任，守约方应享有法律及其他可能适用的法律所规定的各种救济”的约定，综合考虑前述因素，仲裁庭认为，被申请人赔偿申请人人民币 2000 万元是适当的。

（五）关于第二被申请人和第三被申请人承担连带赔付责任问题

申请人主张，要求第二被申请人和第三被申请人就支付违约损失赔偿金承担连带赔付责任。

被申请人并未对此仲裁请求作出答辩。

经查看相关证据后，仲裁庭发现，在 4000 万元协议中，在释义部分，约定“甲方（D 公司）担保方指自然人 F（本案第三被申请人）与自然人 E（本案第二被申请人）合称甲方担保方”。由于 4000 万元协议中并未明确约定自然人 F 及自然人 E 对第一被申请人承担的是何种担保责任。按照我国《担保法》第 19

条的规定,“当事人对保证方式没有约定或者约定不明确的,按照连带责任保证承担保证责任”。

鉴于此,仲裁庭已经在前面认定,第一被申请人D公司应承担4000万元协议违约责任,赔偿申请人人民币2000万元。故仲裁庭现认定,第三被申请人自然人F与第二被申请人自然人E应对第一被申请人D公司赔偿申请人人民币2000万元承担连带责任。

(六)关于申请人各项仲裁请求的认定

本案申请人仲裁请求共计3项,现仲裁庭对其逐一作出裁决。

1. 申请人的第1项仲裁请求为要求“支付违约损失赔偿金7000万元”

鉴于仲裁庭已经认定,被申请人在签订4000万元协议后,未尽诚实信用原则尽力推动H公司上市的目标,径自将股权转让与M公司,被申请人对此是有过错。就此应承担该协议第3.1条的违约责任,然而申请人提出损害赔偿的计算方式和依据不合理也不准确,不能得到仲裁庭的支持。仲裁庭经衡量后认定,被申请人应赔偿申请人2000万元。

2. 申请人的第2项仲裁请求为要求“裁决第二和第三被申请人就第1项付款义务承担连带赔付责任”

仲裁庭已经认定,第一被申请人应承担违约责任,赔偿申请人损失2000万元。依据本案协议约定,以及现行法律规定,第二和第三被申请人应对前述违约赔付承担连带责任。

3. 申请人的第3项仲裁请求为要求“裁决本案仲裁费由3名被申请人承担”

本案本请求仲裁费,根据本案仲裁请求被支持情况,仲裁庭认为,本请求仲裁费由申请人承担30%,被申请人承担70%是合适的。

(七)关于被申请人各项仲裁反请求的认定

被申请人的仲裁反请求为,要求“裁决申请人承担反请求申请人为本案仲裁申请和反请求申请而支付的律师费”。

依据2015年1月1日起施行的《中国国际经济贸易仲裁委员会仲裁规则》第53条的规定，考虑本案申请人仲裁请求被支持情况，现仲裁庭裁定被申请人的律师费应由被申请人自行承担，故驳回被申请人的此项仲裁反请求。

反请求仲裁费应全部由被申请人承担。

（八）双方当事人选定仲裁员所产生的各项费用

双方当事人因各自选定仲裁员所产生的各项费用，仲裁庭认为，应分别由选定仲裁员的一方自行承担。

三、裁　决

基于以上事实和理由，仲裁庭裁决如下：

1. 第一被申请人应向申请人支付违约损失赔偿金人民币2000万元。

2. 第二、第三被申请人就第1项付款义务承担连带赔付责任。

3. 驳回被申请人的仲裁反请求。

4. 本案本请求仲裁费由申请人承担30%，被申请人承担70%。鉴于该笔费用已由申请人全额预缴，故被申请人应向申请人补偿申请人代其垫付的仲裁费。

5. 本案反请求仲裁费全部由被申请人承担。该笔费用与被申请人预缴的等额仲裁预付金全额冲抵。

6. 申请人选定仲裁员×先生所产生的特殊报酬由申请人自行承担。该笔费用与申请人已预交的预付金全额冲抵。

第一被申请人选定仲裁员Y先生所产生的实际费用由第一被申请人自行承担。该笔费用与第一被申请人预交的预付金相冲抵后，剩余金额将由仲裁委员会退还第一被申请人。

对前述被申请人应向申请人支付的费用，被申请人应于本裁决作出之日起

30天之内支付完毕,逾期依我国《民事诉讼法》第253条的规定执行。

本裁决为终局裁决,自作出之日起生效。

案例评析

【关键词】

投资融资型股权转让;赠与合同;合同目的;诚实信用原则

【焦点问题】

赠与合同的认定。

【焦点评析】

这是一个比较典型的有关股权转让合同的争议,争议不出所料涉及股权转让的付款问题。

原来双方当事人签有一份《框架协议》,但其中的价格调整机制对申请人较为有利,被申请人处于相对不利地位。后经过反复协商双方签订了两份协议,即6300万元协议和4000万元协议,取代了《框架协议》。前一份协议履行完毕,双方不存在任何争议。产生争议的是后一份4000万元协议。

一、赠与合同之争

首先,4000万元协议到底是一个什么合同?申请人认为,6300万元协议是对原来股权进行转让、为拆除旧有的机制而签订的合同,而4000万元协议则是对目标公司上市后进行特殊安排,即通过该协议对申请人进行资金补偿的合同。但被申请人认为4000万元协议是一种自愿的、感恩性质的分享,属赠与合同,对赠与合同赠与人可随时撤销。但在庭审中被申请人又认可签订6300万元和4000万元两个协议是为换取《框架协议》的失效，认可4000万元协议和6300万元协议构成了不可分割的整体安排。

其次，仲裁庭发现，签约双方并非母公司和子公司、总公司与分公司之间的关系，也不存在经济上的关联关系，公司高层管理人员也不存在亲属关系。因此，相互之间进行赠与，金额还如此之大，是难以理解的。综观4000万元协议及双方邮件往来，没有一处提到"赠与"2字，其核心内容是有关被申请人将目标公司合格上市的安排，因此，仲裁庭很难解释出合同条文之外的含义。另外，该案适用中国法。我国《合同法》第185条、第186条等条对赠与合同作了详细规定，该案4000万元协议不符合《合同法》有关赠与合同的规定。虽然法律规定赠与合同可以被任意撤销，但即便该合同是属于赠与合同，被申请人也未在仲裁前的任何时候提出撤销问题。因此，说4000万元协议是赠与合同完全是被申请人的一厢情愿。

商事仲裁的重要标志是，依据当事人达成的合同以及合同适用的法律来审理案件的是非曲直。除适用的法律中的强制性规定外，合同约定要优先于法律的规定。所以签约时当事人应当承担什么义务、应该享有什么权利必须在合同中书写清楚。合同一旦签订就应严格按合同约定履行。我国《合同法》第6条规定，"当事人行使权利、履行义务应当遵守诚实信用原则"；第60条规定，"当事人应当按照合同约定全面履行自己的义务"。当事人应牢牢铭记这些我国《合同法》的基本原则并付诸实践。切忌在订立合同后，不顾合同约定，仅依自己一方对合同的解读而随意履行。特别是在争议发生后，切忌挖掘合同与法律之外的原因和理由来规避义务、为违约辩护。作为法律工作人员这尤其是不可取的。

二、上市之争

4000万元协议定性之后，本案涉及的另一个问题是被申请人是否有义务将目标公司上市。

4000万元协议明确约定被申请人的核心义务是，使目标公司在5年内实现合格上市，而协议签署后不到3年被申请人就将其在目标公司持有的逾

45%的股权转让给了某第三人,从而丧失了对目标公司的控制权,进而致使申请人在4000万元协议下获取利益的希望成为泡影。通过仲裁追求该利益是申请人仲裁的主要目的。然而,被申请人却否认其需要履行推动目标公司上市的义务。同时,被申请人还作出了与前述4000万元协议性质相矛盾的辩论,称若目标公司上市其须支付4000万元;但又称其并无义务一定要去上市,其可根据公司的发展状况采取合适的行动。

仲裁庭首先审查了4000万元协议的约定,其中第1.1条约定,在本协议签署后5年内,在且仅在被申请人合格上市的情况下,各方同意按以下安排执行:(1)经中国证监会核准首次公开发行并上市当日,以首发当日目标公司股票收盘价格为基准,确定人民币2000万元所对应的股票数;且(2)在相关法律规定允许的情况下,被申请人出售其持有之目标公司股票后,被申请人应将其出售股票取得的成交金额中相当于人民币2000万元的款项,在扣除相应交易费用、税费等后的收益支付予申请人。另外,在合同释义中,合格上市被定义为,目标公司在被申请人的控制下,根据适用的我国《证券法》和上海或深圳证券交易所条例经中国证监会核准在中国A股上市。

根据前述合同约定不难得出下列结论:(1)目标公司应在被申请人控制下;(2)上市应在5年内完成。但事实上被申请人在不到3年的时候已经将目标公司的大部分股权转让给了他人,既不能控制目标公司,也无法在期限内实现上市。

被申请人还以协议第1.7条为据进行辩论,该条规定:在第1.1条规定的期限内若目标公司未能成功合格上市,包括但不限于:甲方(被申请人)因任何原因未提交合格上市申请、提交合格上市申请因任何原因中途撤回或未被中国证监会核准或虽经中国证监会核准但因任何原因未最终成功发行上市的,本协议均不执行,乙方(申请人)不得要求任何方提供其他任何形式的补偿,乙方亦不得就前述情形向甲方提出任何主张。

仲裁庭认为,从合同条款本身的内容来说,第1.7条列举的情形恰恰囊括了上市的各个步骤,即“申请”“核准”“发行”,表明条款内在地蕴含了推动上市的目标。被申请人认为,仅从这一条款当中的一项情形出发,通过字面解释能够解释其有推翻整个协议安排的权利,仲裁庭认为,是不符合合同签订的目标与逻辑的。因此,仲裁庭未接受被申请人的此点辩论意见。

仲裁庭认为,既然合同有着由被申请人推动目标公司上市的目标,被申请人就应当以推动目标公司上市为方向进行持续的努力,事实上被申请人并未证明其在上市方面做了任何努力。况且其将目标公司股权转让给第三人的行为完全背离了协议约定的目标与方向。

基于前述两点,裁决被申请人违约并赔偿申请人相应损失是合理的。

【结语】

1. 股权转让合同及其适用法律。股权转让合同其实与货物买卖合同具有同样的法律原则,后者是销售者以购买者支付约定的对价为条件让渡自己对货物的所有权,而前者是以股权受让者支付约定对价为条件让渡约定的股权。从事股权转让是企业投融资的重要手段。例如,股权受让者可以通过购买其他股东的股权加大自己对目标公司的控制权、管理权。国内企业之间从事股权转让自然应适用中国法律。但由于中国国有企业是国民经济的主体,所以涉及国有企业转让股权时,为了防止国有资产流失,国家规定了对国有资产、股权进行评估,以及需由上级行政部门批准的规定。对这些规定,特别是属于人大常委会制定的法律或国务院颁发的具有强制性的行政法规,必须遵守。否则会导致股权转让合同无效。

2. 股权合同的履行。股权转让合同涉及的价款通常较高,所以买卖双方通常都采取分期付款、分期转让股权的方式进行。需要注意的是,买方应筹划好分期付款的安排,避免届时违约。也就是说,企业要处理好签约与履行的关系。买方往往在签约时只考虑自己扩大股权后会带来的利益,对如何履约以及一旦履行不了如何处理的问题却缺乏考虑与准备。必须认识到,合同是当事人之间的一项法律文书,一旦签署即要受到合同约定以及适用法律的约束,就是说买方不但要履行合同约定的义务,还要履行适用法律规定的义务。该案合同清楚写明申请人购买目标公司股权是为了使目标公司上市,但被申请人却违背合同宗旨,半途将目标公司股权出售给他人,结果规避了自己本应支付的股权转让的剩余价款,构成了明显的违约。其实,在商业实践中当事人有时需要改变合同目标,或调整自己的履行方式或合同义务也不是不可以的,但此时一定要事先与对方商量,争取对合同进行修改或达成新的合同,而绝不能只考虑单方面利益。

3. 作为律师,有时其本身并未参加合同的谈判、签署,也未参与相关事务的处理,而是在事实已经形成,需要仲裁或诉讼时才介入,自然给案件处理带来难处。但在做文书、口头辩论时也要特别注意:一是要认真仔细地调查清楚案件的客观事实,向仲裁庭提交必要的书证,必要时一定要请事实证人提供书证。并且,最好能学习国际上的通行做法,请证人出庭作证,请专家证人提供专家意见、出庭作证、接受质询。二是要将合同约定和法律条文理解清楚,不能脱离合同文字本身的含义而按自己的意愿去解释。另外,当事方的律师要切忌对合同约定和法律规定进行断章取义的理解和解释。在国际上对合同条文通常采取整体解释原则,即要给予全部合同条文以法律上的效力,因此,在辩论时不能只强调某一条文而忽略其他条文,"只见树木不见森林",甚至作前后矛盾、不合逻辑的辩论。

4. 近年来,中国仲裁事业在不断发展壮大,案件数量和案件处理水平都有了很大提高。可喜的是,律师队伍和仲裁员水平也有了巨大提升,他们专业强、纪律严明、行为规范,是经济贸易纠纷解决的不可替代的力量。但也要清醒地看到,我们的《仲裁法》、仲裁规则以及仲裁实践水平与现代国际仲裁统一法和国际通行实践水平相比还有待进一步改进与提高。我们还要不断努力,提高中国仲裁在国际上的公信力。这就要求我们以联合国国际贸易法委员会(The United Commission on International Trade Law,UNCITRAL)的《联合国国际贸易法委员会国际商事仲裁示范法》和《联合国国际贸易法委员会仲裁规则》为标准，提高我国的仲裁法制建设水平，以广泛被认可的国际仲裁中心为榜样，改进我们的仲裁实践做法。

（案例评析人：张玉卿）

案例十九 中国A投资公司与中国B科技公司、自然人C股权转让争议仲裁案

中国国际经济贸易仲裁委员会(以下简称贸仲)根据申请人中国A投资公司(以下简称申请人)与第一被申请人中国B科技公司(以下简称第一被申请人)及案外人自然人D、E股权投资中心(有限合伙)(以下简称E投资中心)于2012年1月签订的《关于B公司的增资协议书》(以下简称《增资协议书》)中仲裁条款的约定,及申请人和第一被申请人、第二被申请人自然人C(以下简称第二被申请人)及案外人自然人D、E投资中心于2012年1月20日签订的《关于B公司增资协议书的补充协议书》(以下简称《2012年补充协议书》或《补充协议》)中"《增资协议书》中约定的争议解决方式适用于关于本补充协议各方间争议的解决"的约定,以及申请人于2016年4月向贸仲提交的书面仲裁申请、"立案说明"和"立案补充说明",受理了申请人针对第一、第二被申请人以及本案原第三被申请人F公司(为方便,以下简称第三被申请人,其与第一被申请人和第二被申请人合称3名被申请人或被申请人)提出的上述合同项下的增资协议争议仲裁案。

一、案　　情

(一)申请人的仲裁请求

申请人在其提交的《仲裁申请书》中称:

1.《增资协议书》及《2012年补充协议书》的签订。

2012年1月20日,申请人与第一被申请人、自然人D及E投资中心签订了《增资协议书》,约定:申请人以现金人民币1850万元向第一被申请人增资,其中人民币近420万元计入注册资本,人民币1430余万元计入资本公积金。申请人及其他投资者对第一被申请人增资完成后,申请人占第一被申请人注册资本的逾4%。

同日,申请人与第一被申请人、自然人D、E投资中心及第二被申请人签订了《2012年补充协议书》。《2012年补充协议书》第3.1条约定:"控股股东自然人C及公司尽最大努力促成公司在2015年12月31日前完成公司实际控制人与认购人共同认可的方式申报上市。"

《2012年补充协议书》第4.1.1条第6款b项约定:"公司事实上在2015年12月31日前未申报上市的,则公司在此授予认购人一个无条件、不可撤销的卖出选择权,即公司有义务按该认购人发出的出售股权通知(以下简称卖出选择权通知)以第5.1.2条(笔误,应为第4.1.2条)规定的价格购买认购人持有的公司股权。"

《2012年补充协议书》第4.1.2条约定:"为购买卖出选择权通知项下股权而应支付的总金额(以下简称回购款)应按下述两个公式计算结果的较高者确定:(1)增资款×(1+增资款交付日至回购款付清日之间的自然月数÷12×15%)-该认购人持股期间所得现金分红;(2)回购时,该认购人所持股权对应的公司净资产。"

《2012年补充协议书》第5条约定:"公司和自然人C承诺并保证,尽最大努力并采取必需的所有行为、行动和事项,促使认购人根据本承诺书所享有的全部权利的行使得以实现。"

《2012年补充协议书》第6.1.1条约定:"……关于自然人C的约定是自然人C作为公司控股股东和核心经营管理人所做的无条件不可撤销的承担本补充协议项下义务的承诺和保证,是认购人按《增资协议书》和本补充协议书认购公司股权的前提和条件。”

2.《增资协议书》及《2012年补充协议书》的履行。

2012年2月2日第一被申请人召开临时股东会，临时股东会一致通过了申请人向第一被申请人增资并成为其新股东的决议。同日，第一被申请人就申请人等成为其新股东事宜修改了公司章程。

2012年2月22日申请人通过G银行账号向第一被申请人履行了约定的全部出资义务。同日，第一被申请人向申请人出具了收据，确认已收到申请人支付的出资款人民币1850万元。之后，第一被申请人完成了股权工商变更登记。申请人成为第一被申请人的股东。

3.《增资协议书》及《2012年补充协议书》项下争议的发生。

截至2015年12月31日，第一被申请人并未以其实际控制人与认购人共同认可的方式申报上市。此后，申请人反复与第一被申请人、第二被申请人沟通，要求第一被申请人、第二被申请人履行回购义务，而第一被申请人、第二被申请人明确拒绝按相关合同约定期限履行回购义务。

按照《2012年补充协议书》第4.1.1条第6款B项及第4.1.4条的约定，申请人享有协议约定的无条件、不可撤销的卖出选择权，第一被申请人应按照《2012年补充协议书》第4.1.2条约定的价款履行股权回购义务。第二被申请人应按照《2012年补充协议书》第5条和第6.1.1条的约定保证申请人股权卖出选择权的实现。

2016年3月23日申请人及代理律师向第一被申请人与第二被申请人再次主张卖出权利，第一被申请人与第二被申请人仍以没有能力回购为由明确拒绝承担回购义务。

2016年4月6日申请人向被申请人发出《律师公函》(以下简称律师函)，通知第一、第二被申请人出售其持有的第一被申请人的股权，并要求第一、第二被申请人在收到律师函后3日内按照约定的价格回购股权。2016年4月7日第二被申请人本人签收律师函，但并未按照律师函的内容履行相关义务。

基于上述情况,申请人提出仲裁请求如下:

1. 被申请人向申请人支付回购款人民币3000余万元,回购申请人持有的第一被申请人的股权(自2012年2月22日暂计算至2016年4月21日,最终以实际支付日为准,具体计算公式:1850+1850×50÷12×15%);

2. 被申请人支付申请人因本案实际支出的律师费以及其他合理费用人民币15万元(暂计算至2016年4月21日,具体以实际发生额为准);

3. 被申请人承担本案全部仲裁费、保全费。

庭审后,申请人提出如下补充意见:

1. 第一被申请人未能在《增资协议书》及《2012年补充协议书》限定的期限内完成上市,申请人有权行使卖出选择权,第一被申请人应按照约定的价格履行回购义务。

(1)《增资协议书》及《2012年补充协议书》约定的卖出选择权,不损害公共利益亦未侵犯其他任何第三方合法权益,应依法获得支持。

在本案中,在申请人对第一被申请人的财务状况、经营业绩以及管理运营情况方面信息的掌握远不如第一被申请人对自身状况的了解深入的前提下,申请人投入人民币1850万元却仅占第一被申请人人民币近420万元的股份,由此可见,双方本次交易明显不公平。为此,申请人、第一被申请人、第二被申请人、自然人D及E股权中心才于2012年1月20日签署了《2012年补充协议书》,其第3.1条及第4.1条约定的价格调整条款目的在于矫正本次交易的不公,尽可能最大限度地实现交易公平。

在本次交易过后,第一被申请人全体股东作出决议,一致通过本次交易并修改了公司章程。因此,第一被申请人全体股东对本次交易系明知且同意,本次交易并未侵害第一被申请人任何股东的权利,更未损害公共利益。

(2)申请人依据《2012年补充协议书》的约定行使卖出选择权,要求第一被申请人履行回购义务,不违反法律的禁止性规定亦不违反第一被申请人现行有效的公司章程。卖出选择权条款约定合法有效,应依法获得支持。

第一被申请人和第二被申请人均辩称根据我国《公司法》第142条的规定以及第一被申请人《公司章程》第21条的约定，除特定的情形外，公司不进行买卖公司股份的活动。但即使按照上述法律及《公司章程》的规定，公司买入公司股份也并非被禁止。第一被申请人买入申请人持有的股份后作减资处理，是完全可行的操作方案，且不违反法律及《公司章程》的规定。

况且，申请人要求第一被申请人支付的回购对价并非全部为第一被申请人的股本，实际上，该回购价款包括如下三个部分：

①人民币近420万元股本：可通过减资程序返还，不适用我国《公司法》关于公司回购公司股权禁止情形之规定。

②人民币1430余万元的溢价款，即计入资本公积部分的投资款：该部分款项本质上属于投资人基于高估值所支付的预付款，并非公司财产，应于卖出选择权触发时予以还原返还；且该部分款项不属于股本，返还程序无须减资处理。

③超额补偿（超过人民币1850万元的部分）：该部分系针对对赌触发时给予的超额补偿，系双方自愿约定，适用我国《合同法》调整，不具无效情形；且该部分更非股本，返还程序无须减资处理。

（3）第一被申请人未在2015年12月31日前完成公司实际控制人与认购人共同认可的方式申报上市，已触发申请人卖出选择权条款，第一被申请人应履行回购义务。

《2012年补充协议书》约定的卖出选择权的行使条件"未申报上市"应理解为未上市成功。理由如下：

①在PE实践操作中，不可能以是否申报上市这一形式要件作为对赌条款，作为引发公司是否回购股权的条件。

②后续2014年签订的《补充协议》（以下简称《补充协议二》或《2014年补充协议》）的目的在于清理第一被申请人在上市进程中的回购条款，保证上市成功。如上市申报完成作为申请人丧失卖出选择权的条件，《2014年补充协议》中的卖出选择权条款不会构成第一被申请人上市成功的障碍，亦即无签署

《补充协议二》之必要。

③《补充协议二》第9.2条约定："……若公司本次挂牌申请被股转系统否决，则自公司收到上述否决文件之日起的第二日起，原《补充协议》的效力自行恢复，本协议自行终止，协议各方对失效期间的相应权利均具有追溯力。"如将上市申报理解为申请人卖出选择权丧失的条件，即便第一被申请人的挂牌申请被股转系统否决，其业已履行了上市申报义务，何须在此情况下恢复补充协议的效力呢？

(4)全国中小企业股份转让系统有限责任公司（以下简称股转公司）于2015年2月，向第一被申请人发出了《终止审查通知书》，告知第一被申请人"……鉴于你公司财务资料已过期，我司决定终止对你公司挂牌申请的审查"。第一被申请人挂牌新三板的上市申请已被股转系统否决。自此，结合《补充协议二》第9.2条的约定，《补充协议二》已失效，《2012年补充协议书》恢复法律效力，且《2012年补充协议书》的恢复效力具有追溯力。按照《2012年补充协议书》第4.1.4条的约定，自2015年12月31日起的90日内，申请人卖出选择权得以行使。

2.第二被申请人作为第一被申请人的控股股东、实际控制人及核心经营管理人，承诺对第一被申请人就《2012年补充协议书》项下的义务承担不可撤销的保证责任，该承诺合法有效，应予支持。

(1)《2012年补充协议书》第5条约定："公司和自然人C承诺并保证，尽最大努力并采取必需的所有行为、行动和事项，促使认购人根据本承诺书所享有的全部权利的行使得以实现。"该全部权利自然不能排除申请人依据《2012年补充协议书》的约定享有的卖出选择权。

(2)《2012年补充协议书》第6.1.1条进一步约定："……关于自然人C的约定是自然人C作为公司控股股东和核心经营管理人所做的无条件不可撤销的承担本补充协议项下义务的承诺和保证，是认购人按《增资协议书》和本补充协议书认购公司股权的前提和条件。"进一步明确了第二被申请人的保证责任系无条件、不可撤销的保证责任。

(3)实际控制人对认购人承担保证责任及补充义务系PE操作惯例。

案涉第二被申请人对申请人卖出选择权的保证责任为对第一被申请人不能履行约定义务时的补充责任,不违反法律禁止性规定,且不存在其他无效之情形,应予以确认。

(4)第二被申请人的保证责任明确、具体、可履行。具体体现在如下方面。

①第一被申请人不履行回购款支付义务时,第二被申请人对第一被申请人向申请人支付股权回购款的义务承担连带责任,第二被申请人代为支付后,可向第一被申请人追偿。

②第二被申请人应推动第一被申请人召开股东大会并作出回购申请人股权的减资方案,促使申请人退出,保证申请人卖出选择权的实现。

③倘若第二被申请人未能推动第一被申请人作出减资方案,应受让申请人的全部股权,直接向申请人支付股本人民币近420万元,并就第一被申请人向申请人支付人民币1430余万元的溢价款及超额补偿部分承担连带保证责任。

3. 申请人在启动仲裁之前,已与第二被申请人及第一被申请人的相关负责人就出售股权事宜,反复沟通,在沟通未果的情况下向第一被申请人及第二被申请人补发了律师函,不违反《增资协议书》及《2012年补充协议书》约定的行权期及相关程序要求。

(1)申请人于2016年3月初即开始与第一被申请人、第二被申请人,就股权回购事宜反复沟通,要求第一被申请人和第二被申请人履行股权回购义务,各方未达成协议解决争议。因此,申请人于2016年3月15日因上述争议向H省I县人民法院提出诉前财产保全申请,要求I法院对第一被申请人及F公司的人民币2000万元存款(含退回的土地出让金)采取冻结、查封措施。I法院作出《民事裁定书》,保全裁定冻结了第一被申请人及第三被申请人共计人民币2000万元的存款(含应退回的土地出让金)。

(2)2016年3月22日申请人负责人J、K、L赴B公司住所地协商股权回购事宜,依然未果。2016年4月6日,申请人委托M律师事务所向第一被申请人补发了律师函,要求第一被申请人履行股权回购义务。第一被申请人收到律师函后既未履行股权回购义务,亦未与申请人达成协议解决争议。

因此,申请人已在90天的回购期内反复与第一被申请人和第二被申请人沟通,自首次沟通至提起仲裁日(2016年4月21日),协商期已超过30天。

4. 在本案案涉《2012年补充协议书》签约及履行发生在第二被申请人为第一被申请人的实际控制人及法定代表人期间,第二被申请人作为接受申请人投资的当事方的意见能够直接证明各方当事人签署《2012年补充协议书》时的真实意思表示,而本案第二被申请人就《2012年补充协议书》中"未申报上市"的理解与申请人一致,因此,作为目前由非签约方N公司(以下简称N公司)主导的第一被申请人对此作出相反的解释不具备证明力。

第二被申请人在答辩中认为:第一被申请人挂牌申请已被股转系统否决,《2014年补充协议》自行终止,并进一步认为:该"终止"而非"中止",即为终结此次挂牌申请审查的意思,表示该次挂牌审查过程已结束,显然本次挂牌没有通过该次审查,并被决定终止审查。因此,《2014年补充协议》的效力已经因为2014年10月提交的挂牌申请未能通过而自行终止,《2012年补充协议书》效力自行恢复。

申请人亦是基于上述《2012年补充协议书》的约定,要求第一被申请人履行回购义务,要求第二被申请人履行保证义务。申请人与第二被申请人为案涉补充协议的签署及履行的实际参与人(第二被申请人为《2012年补充协议书》的戊方),对于上述双方理解一致的意见,应予以确认。第二被申请人为第一被申请人在股转系统挂牌过程中的实际控制人及法定代表人,对第一被申请人在股转系统挂牌被否决的意见符合实际情况,应予以采纳。而根据目前第一被申请人提供的股东结构,N公司是在2016年6月之后才成为第一被申请人的控股股东,并在本次仲裁中代表第一被申请人发表意见,其在事后做有利于自身的合同解释,即不承担回购义务,没有证明力,不应采信。

5. N公司已经成为第一被申请人的控股公司，进一步佐证作为股权投资人的申请人与作为目标企业的第一被申请人之前约定的原预期上市目标未能实现，股权回购条款已触发。

第一被申请人提交的证据显示，N公司向第一被申请人新增注册资本人民币近11,670万元，于2018年12月30日前缴足，每股金额为人民币1元。公司原有股东共同转让合计人民币近1600万股给N公司。转让完成后，N公司持有第一被申请人13,260余万股。

而申请人于2012年以人民币1850万元向第一被申请人新增注册资本人民币近420万元，占第一被申请人注册资本的比例为逾4%，每股金额为人民币逾4元。

《2012年补充协议书》第4.3条约定："……增发或增资价格不得低于本次增资的认购价格，除非经认购人书面同意或与公司达成补充协议。"

上述事实以及私募股权投资的惯例表明，只有原投资协议中约定上市目标已无法实现，《2012年补充协议书》约定的股权回购条款已触发，目标企业才会以低于此前的股价引进新的投资人。否则，第一被申请人同意N公司以显著低于申请人增资的价格向第一被申请人增资，明显违反了《2012年补充协议书》第4.3条"反稀释权"条款的约定。

我国《合同法》第125条规定，当事人对合同条款的理解有争议的，应当按照合同所使用的词句、合同的有关条款、合同的目的、交易习惯以及诚实信用原则，确定该条款的真实意思。根据上述相关案件事实、合同有关条款、目的以及交易习惯，第一被申请人对涉案合同核心条款的解释没有事实和法律依据。

（二）第一被申请人的答辩意见

1. 从法律层面上来看，案涉协议回购条款违反了我国《公司法》的效力性强制性规定，应属无效。

第一被申请人在签订案涉《2012年补充协议书》时还属于有限责任公司性质。关于有限责任公司股东请求公司回购的规定，我国《公司法》第74条规定:“有下列情形之一的,对股东会该项决议投反对票的股东可以请求公司按照合理的价格收购其股权:(一)公司连续五年不向股东分配利润,而公司该五年连续盈利,并且符合本法规定的分配利润条件的;(二)公司合并、分立、转让主要财产的;(三)公司章程规定的营业期限届满或者章程规定的其他解散事由出现,股东会会议通过决议修改章程使公司存续的……”此外,我国《公司法》没有对有限责任公司的股权回购作出其他规定。公司作为独立的法人,一旦设立,公司的财产即区别于股东的财产,股东的出资即转化为公司的财产。同时,我国《公司法》第35条规定:“公司成立后,股东不得抽逃出资。”

2014年9月1日第一被申请人由有限责任公司变更为股份有限公司,关于股份有限公司股东请求公司回购,我国《公司法》第142条[①]规定:“公司不得收购本公司股份。但是,有下列情形之一的除外:(一)减少公司注册资本;(二)与持有本公司股份的其他公司合并;(三)将股份奖励给本公司职工;(四)股东因对股东大会作出的公司合并、分立决议持异议,要求公司收购其股份的。公司因前款第(一)项至第(三)项的原因收购本公司股份的,应当经股东大会决议……”

显然,即使回购后进行减资,也需要先通过股东大会决议。在没有任何股东大会决议的情况下,申请人单方面要求第一被申请人回购股份的行为,意味着申请人的出资与其他股东相比提前得到了返还,导致公司的资本减少,在实际效果上与申请人抽逃出资并无二致,违反了我国《公司法》确立的资本维持原则。资本维持原则,是指公司在其整个存续过程中,应当维持与其资本额相当的实有财产。为使公司资本与公司资产基本相当,切实维护交易安全和保护债权人的利益,我国《公司法》第35条有关公司成立后,股东不得抽逃出资的规定、异议股东收购请求权(第74条)和第142条有关股份收购的规定,都是这

① 第一被申请人并未指明依据的是哪一版本的《公司法》。根据上下文,第一被申请人所援引的应当是2013年修订、2014年3月1日施行的版本。

一原则的具体体现。显然,公司不得收购本公司股权(股份),是资本维持原则的基本要求和应有之义。事实上,资本维持原则是我国《公司法》立法的基本精神和原则,也是公司法的立法目的,体现这一原则的相关内容,显然属于效力性强制性规范。

因此,无论是案涉协议签订时第一被申请人为有限责任公司,还是目前第一被申请人为股份有限公司,案涉《2012 年补充协议书》中股份回购的约定违反了我国《公司法》中关于禁止抽逃出资和非特殊情形下不得回购本公司股份的效力性强制性规定而无效,同时也损害了第一被申请人债权人及其他股东的利益,应认定为无效约定。

2.《B 公司章程》(以下简称《公司章程》)及协议约定层面上看,案涉协议回购条款已被终止。

(1)全体股东(包括申请人)已经通过修改《公司章程》的形式明确了第一被申请人无回购股东股份的义务,申请人无条件通过《公司章程》修改议案的行为视为其已经放弃了基于《2012 年补充协议书》中要求第一被申请人回购股份的权利。《2012 年补充协议书》中股份回购条款对第一被申请人不再具有法律约束力。

在《增资协议书》和《2012 年补充协议书》签订后,2014 年 9 月 18 日第一被申请人 2014 年第二次临时股东大会决议通过关于《公司章程》的议案。该议案获得全体股东(包括申请人)的一致赞成票。全体股东在《公司章程》的第 21 条中,明确规定"公司在下列情况下,可以依照法律、行政法规、部门规章和本章程的规定,收购公司的股份:(一)减少公司注册资本;(二)与持有公司股票的其他公司合并;(三)将股份奖励给公司职工;(四)股东因对股东大会作出的公司合并、分立决议持异议,要求公司收购其股份的。除上述情形外,公司不进行买卖公司股份的活动"。全体股东一致以《公司章程》的形式就第一被申请人不回购股东股份一事达成共同的意思表示,实质上等同于申请人已将其有权依据《2012 年补充协议书》约定要求第一被申请人回购其股份的权利终止。

更进一步而言，根据我国《公司法》第11条"设立公司必须依法制定公司章程。公司章程对公司、股东、董事、监事、高级管理人员具有约束力"的规定，以及《公司法》的其他相关规定，《公司章程》是第一被申请人宪章性文件，其法律效力必须高于相关签约主体就其彼此之间的权利义务安排达成的合同协议。因为，姑且不论《公司章程》具有对外效力，就对内效力而言，只有在"签订合同协议的签约主体"与"制定公司章程的公司股东"完全一致（包括姓名或名称、人数的完全一致）时，才有可能说《公司章程》的效力与合同协议的效力基本一致。但是，第一被申请人的《公司章程》，一方面，是股份有限公司的章程（在法律属性上有别于有限公司章程）；另一方面，第一被申请人全体股东人数多达27位，《公司章程》的签署主体不仅仅包括本案申请人、第一被申请人、第二被申请人，还包括第一被申请人的其他25位股东。因此，《公司章程》效力远远高于第一被申请人与申请人、第二被申请人三方之间的协议约定，就本案而言，第一被申请人与申请人之间的权利义务应当以《公司章程》为准。

（2）姑且不论案涉《2012年补充协议书》约定的第一被申请人回购申请人股份因违反法律强制性规定应属无效，在案涉《增资协议书》和《2012年补充协议书》两份协议签订后，第一被申请人与申请人通过签署《2014年补充协议》明确了《2012年补充协议书》已经终止，《2012年补充协议书》中的约定对第一被申请人已不具有法律约束力。

第一，《2014年补充协议》中已经不存在任何第一被申请人应当履行股份回购义务的约定，同时，结合《2014年补充协议》第9.2条的约定，自《2014年补充协议》签署之日起，第二被申请人与申请人、第一被申请人签署的《2012年补充协议书》终止。由此可见，申请人依据《2012年补充协议书》主张第一被申请人履行回购股份义务已经不具有任何协议依据。

第二，第一被申请人挂牌申请并未被股转系统否决，在第一被申请人仍处于可以继续申请挂牌乃至申请IPO的情况下，《2014年补充协议》继续有效，第二被申请人、申请人与第一被申请人的权利义务应当依据《2014年补充协议》确定。

《终止审查通知书》不代表第一被申请人的挂牌申请被股转系统否决。根据2014年6月11日股转系统发布的《全国股份转让系统就贯彻落实“新国九条”及近期热点问题答记者问》中第7问:“有传言称,全国股份转让系统通过‘窗口指导’等方式提高了挂牌标准,请问是否属实?是否存在企业挂牌申请被否的情形?”股转系统答复:“截至目前,全国股份转让系统尚未出现不予出具同意挂牌函的情形……今年以来,约20家申请挂牌公司被终止审查,其原因主要有两方面:一是2014年2月28日前提交挂牌申请材料的公司,反馈意见发出后,申请挂牌公司和中介机构未能落实意见且财务资料有效期已过期……对于这些被终止审查的企业,在其补充完善申报材料后,全国股份转让系统将在原已审查的基础上按照高效、便捷的原则继续安排审查工作。”

那么,什么是否决?根据《全国中小企业股份转让系统业务规则(试行)》第2.3条“全国股份转让系统公司对挂牌申请文件审查后,出具是否同意挂牌的审查意见”的规定,《补充协议二》中约定的否决应当是指,第一被申请人的挂牌申请文件经股转系统审查后,股转系统认为第一被申请人不符合挂牌实质性条件而出具不同意第一被申请人挂牌的函件,而并非所谓的因财务资料到期而终止审查。

需要特别强调的是,第一被申请人迄今为止没有放弃申请“新三板”挂牌或者IPO上市,没有通过董事会或股东大会作出决议,决定从此不再申请“新三板”挂牌或者IPO上市。鉴于申请“新三板”挂牌或者IPO上市都禁止公司回购股东股份,因此,《2014年补充协议》客观上也不允许被废除。

因此,姑且不论回购条款是否无效,《2012年补充协议书》已经终止,第一被申请人与申请人、自然人C之间的权利义务应当依据《2014年补充协议》确定。根据《2014年补充协议》的约定,申请人已无权要求第一被申请人履行回购股份义务。

3.暂不论前述案涉回购条款无效,《2012年补充协议书》已经终止,即使从申请人所主张适用的《2012年补充协议书》的约定,结合申请人在第一被申请人挂牌申请过程中签署的文件来看,第一被申请人的挂牌申请符合《2012年补充协议书》中关于申报上市的约定,申请人已无权要求第一被申请人履行股份回购义务。

《2012年补充协议书》第3.1条约定:“控股股东自然人C及公司尽最大努力促成公司在2015年12月31日前完成公司实际控制人与认购人共同认可的方式申报上市。”从第一被申请人提交的《2014年第二次临时股东大会决议》可以看出,申请人作为《2012年补充协议书》的认购人已经与第一被申请人当时的实际控制人自然人C通过签署股东大会决议的形式,共同认可了第一被申请人挂牌申请在股转系统上市的方案。前述“公司实际控制人与认购人共同认可的方式”包含了第一被申请人申请在股转系统挂牌上市的形式,申请人已经在该决议中无条件赞成第一被申请人的挂牌申请,并未提出任何反对意见。因此,第一被申请人已经在2015年12月31日前以实际控制人自然人C与认购人申请人共同认可的方式申报在股转系统挂牌上市,《2012年补充协议书》中约定的卖出选择权的条件并不具备。

第一被申请人有关申请公司在股转系统挂牌的股东大会决议经全体股东(包括申请人)通过的时间点为2014年9月18日,该时点距离《2012年补充协议书》第3.1条约定的控股股东第二被申请人及公司尽最大努力促成公司在2015年12月31日前完成公司申报上市的时间点仅相差1年多的时间。申请人作为一家专业的投资公司,对第一被申请人“新三板”挂牌申请可能耗费的时间存在诸多不确定因素、耗费时间可能远不止1年这些因素应当是清楚知晓的。如果第一被申请人的挂牌申请不是《2012年补充协议书》所约定的“上市”形式,那么,在申请人无条件通过股东大会决议同意第一被申请人挂牌申请之时,申请人就已经预见第一被申请人可能无法在《2012年补充协议书》约定的2015年12月31日前完成其所谓的申报上市工作的情况。而事实上,申请人在第一被申请人申请挂牌过程中始终起到积极的推动作用,并未提出任何异议。因此,从申请人同意第一被申请人挂牌申请及其同意签署的文件等均可以进一步看出申请人与当时实际控制人第二被申请人共同认可以挂牌申请在股转系统上市的形式符合《2012 年补充协议书》约定的“公司实际控制人与认购人共同认可的方式”。

需要说明的是,《2012 年补充协议书》约定的申报上市,是指向相关政府部门提交申报资料的动作,至于是否完成上市,存在诸多不确定因素,任何人也无法准确预测完成上市的具体时间点。因此,“申报上市”并非如申请人所述的“完成上市”,申请人显然有意曲解“申报上市”的概念。

(三)第二被申请人的答辩意见

1. 申请人主张的股份回购权利主体是第一被申请人而非第二被申请人。

申请人关于股份回购的请求系基于《2012 年补充协议书》第 4.1.1 条 B 项约定的“卖出选择权”,根据该条约定,第一被申请人赋予申请人卖出选择权,且在申请人发出的出售股权通知后第一被申请人有义务购买申请人持有的第一被申请人股份。显然,卖出选择权就是申请人主张的回购权,系第一被申请人授予申请人当第一被申请人在 2015 年 12 月 31 日前未申报上市后可以行使的特殊权利。该权利主体为申请人,义务主体为第一被申请人,第二被申请人并不是义务主体,申请人无权依据《2012 年补充协议书》要求第二被申请人承担义务。

2.《2012 年补充协议书》中关于第一被申请人回购申请人持有的公司股份的约定,违反了我国《公司法》的效力性强制性禁止规定,应属无效约定。

对于股份有限公司回购公司股份,我国《公司法》第 142 条①规定,“公司不得收购本公司股份。但是,有下列情形之一的除外:(一)减少公司注册资本;(二)与持有本公司股份的其他公司合并;(三)将股份奖励给本公司职工;(四)股东因对股东大会作出的公司合并、分立决议持异议,要求公司收购其股

① 第一被申请人并未指明依据的是哪一版本的《公司法》。根据上下文,第一被申请人所援引的应当是 2005 年修订、2006 年 1 月 1 日施行的版本。但无论是 2005 年修订版还是 2013 年修订版的《公司法》,第 142 条的规定都是一样的。

份的”。

从法条内容可见,我国《公司法》对股份公司的股份回购作出了“原则禁止、例外允许”的规定,属于法律的效力性强制性的禁止规定。这样的立法目的是避免股份公司成为自己的股东,混淆公司与股东之间的法律关系,损害其他股东或债权人利益。同时,如允许股份公司不受限制地拥有自己的股份,则容易滋生内幕交易、损害其他投资者利益的情况,违反了公司资本充实原则。显然,申请人要求第一被申请人回购的情形并不属于前述法律所规定的情形,依据最高人民法院《关于适用〈中华人民共和国合同法〉若干问题的解释(二)》第14条的规定,《2012年补充协议书》中关于第一被申请人回购申请人所持有的第一被申请人股份的约定明显违反了法律强制性禁止规定,应属无效条款。

3. 申请人主张的回购情形也不属于《公司章程》所规定的回购情形,该回购要求违反《公司章程》规定,不应予以支持。

《公司章程》是规定公司组织及行为规则的基本文件,是股东的共同意思表示。《公司章程》由全体股东签字,系全体股东意思自治的产物,《公司章程》对公司、股东、董事、监事、高级管理人员具有约束力。

《2012年补充协议书》签订后,包括申请人在内的全体股东一致签署的《公司章程》中第21条规定了第一被申请人合法回购股东股份的情形。章程明确约定:“公司在下列情况下,可以依照法律、行政法规、部门规章和本章程的规定,收购公司的股份:(一)减少公司注册资本;(二)与持有公司股票的其他公司合并;(三)将股份奖励给公司职工;(四)股东因对股东大会作出的公司合并、分立决议持异议,要求公司收购其股份的。除上述情形外,公司不进行买卖公司股份的活动。”

由此可见,《2012年补充协议书》中关于第一被申请人回购申请人所持第一被申请人股份的约定不但违反了公司法的强制性规定,且违反申请人认可的《公司章程》,申请人要求第一被申请人回购股份的请求,应当予以驳回。

4. 申请人提出的可以通过公司减资方式完成股份回购，因此，回购约定并非无效约定的主张，不能成立。

首先，《公司法》第 142 条的规定是关于合法回购发生的情形，显然，本案诉争的回购发生的情形系申请人依据回购约定而请求回购，并非《公司法》第 142 条规定的 4 种情形。

其次，即便按照申请人主张当公司进行减资时可以完成回购所以回购条款有效，显然，按照申请人观点，该回购条款效力明显是附条件有效的，该有效的条件就是“公司同意进行减资”。然而，本案事实证据显示，公司股东大会从未通过同意以减资方式来配合申请人回购请求的决议，因而，申请人主张的有效条件也并未成就，公司回购条款仍旧无效。

最后，申请人要求第一被申请人按照年利率 15% 的标准回购股权，侵害了公司、债权人及其他第三人的利益，同样当属无效。如果支持申请人在公司连年经营亏损的情形下，按照高额的回购价格回购其股份，造成公司资产减少，一定会侵害到公司或其债权人利益。同时，回购条款的内容与我国《公司法》上股东经营风险共担的原则存在冲突。即便要求公司回购股份，公司依法只能以合理价格回购本公司股权（股份），根据目前的司法实践，合理价格以起诉时或者要求回购时的某一时点的公司净资产额或者经评估后的资产为准。申请人主张以年利率 15% 的标准回购，实则大幅抽走了公司的资产，严重侵害了债权人及其他第三人的利益，损害了社会公共利益，应当认定为无效条款。

5. 申请人要求第二被申请人承担第一被申请人回购股权义务的连带保证责任，无事实和法律依据，应当予以驳回。

(1)第二被申请人在《2012 年补充协议书》中没有对公司股权回购的义务承担连带保证责任之事宜作出过任何的承诺和保证，申请人要求第二被申请人基于《2012 年补充协议书》承担股权回购的连带保证责任，没有任何事实依据。

根据《2012 年补充协议书》，第二被申请人的承诺和保证为第 3.2 条、第 3.3条、第 3.4 条、第 3.5 条、第 4.2 条、第 4.3 条、第 4.4 条的约定（注：上述条款均载明,第二被申请人承诺并保证),而第5条以及第6.1.1条基于对前述第二被申请人所承担义务的承诺和保证。申请人系依据《2012年补充协议书》第4.1条来要求第一被申请人履行回购义务,而该条款并不属于上述第二被申请人在《2012年补充协议书》中的承诺和保证范围之内。同时,综观第4.1条的全部约定,所谓的卖出选择权系第一被申请人授予申请人享有的权利,该条款中也没有涉及第二被申请人的任何约定和责任。显然,申请人基于《2012年补充协议书》要求第二被申请人承担第一被申请人股权回购义务的连带保证责任没有任何事实依据。

(2)退一步讲,即便按照申请人的主张,第二被申请人承担担保责任,该担保的约定也应因担保债务无效而无效。

申请人主张第二被申请人承担的是一种保证责任,显然,保证是一种担保,性质上属于从债务,其效力依附于主债务的效力,如果没有特别约定,则在主债务无效的情况下,从债务因主债务无效而无效。关于第一被申请人回购公司股权的约定,违反了法律的效力性强制性禁止规定,应属于无效约定。因此,申请人主张第二被申请人的担保责任因公司股权回购约定无效而无效,申请人无权要求第二被申请人为无效的股权回购承担保证责任。

(3)第二被申请人基于《2012年补充协议书》的约定已经尽最大可能促成了第一被申请人申报上市,不存在因违反约定而需要向申请人承担责任的情形。申请人要求第二被申请人承担责任,没有任何事实和法律依据,应当予以驳回。

首先,根据《2012年补充协议书》第3.1条的约定"控股股东自然人C及公司尽最大可能促成公司在2015年12月31日前完成公司实际控制人与认购人共同认可的方式申报上市",各方所约定的条件是在2015年12月31日前完成公司上市材料的申报,第二被申请人及第一被申请人的义务是尽最大可能促成公司完成上市材料的申报。申请人关于"在2015年12月31日前完成上市成功"的主张显然违背合同约定。

其次,第二被申请人及第一被申请人已完成了《2012年补充协议书》约定的“尽最大可能促成”义务，无须承担任何责任。在2014年9月股东会大会上，包括申请人在内的全体股东一致同意采用新三板挂牌的方式上市。2014年10月30日第二被申请人及第一被申请人即完成了全部的申报挂牌材料，并将材料提交给了全国中小企业股份转让系统审查。全套材料得到了股转系统的接收，第二被申请人及第一被申请人已经尽最大的努力去推进第一被申请人以各方共同认可的方式申报。虽然挂牌上市申请因2014年业绩出现较大亏损且经营数据对未来持续经营能力无法进行充分论证而被股转系统终止审查，但是该终止的原因系应市场发生重大变化所导致的，而非第二被申请人或第一被申请人所能控制的，更不是第二被申请人或第一被申请人未尽最大努力促成而造成的，该终止挂牌审查的责任不应由第二被申请人或第一被申请人来承担。

6. 退一步讲，无论股份回购约定是否有效，申请人已经逾期按照《增资协议书》约定的方式行使卖出选择权，已经丧失该权利的主张。

根据《2012年补充协议书》的约定，申请人享有的卖出选择权应在公司2015年12月31日前未能申报上市后的90日内行使。因此，也就是说，申请人应当在2016年3月30日之前行使卖出选择权。

同时，在《增资协议书》第5.7.1条约定了有效的通知方式，即协议任何一方根据协议有关条款发出的任何通知，均应以传真和/或特快专递的方式发至协议所约定的传真号码或地址。因此，申请人应当按照约定的通知方式来通知第一被申请人其要求行使卖出选择权。申请人如要行使卖出选择权，必须在2016年3月30日前按照《增资协议书》所确定的第一被申请人和第二被申请人的传真号码或地址发送通知。

但实际上，第一被申请人和第二被申请人系于2016年4月7日才收到申请人通过律师函的形式向《增资协议书》约定的地址邮寄通知行使卖出选择权，显然已经超过了《2012年补充协议书》约定的权利行使期限。

虽然申请人在庭上一再申明其律师函系补发的行为，但是很显然，律师函是第一次以协议约定的通知方式来履行通知义务。既然是第一次，就不存在

"补"的性质。因此,申请人已经不再享有卖出选择权,第一被申请人有权拒绝接受申请人卖出选择权的主张。

7. 在本案中,申请人无权基于《2014年补充协议》的约定向第二被申请人主张卖出选择权。

(1)第一被申请人挂牌申请已被股转系统否决,《2014年补充协议》自行终止。

根据《2014年补充协议》第9.2条的约定,"若公司本次挂牌申请被股转系统否决,则自公司收到上述否决文件之日起的第二日起,原《补充协议书》的效力自行恢复,本协议自行终止"。协议中所用"否决"一词,并非法定规范用语,但无论其文字表述方式是否规范,其内涵本身应当指的是公司在2014年10月提交的挂牌申请没有通过。2015年2月第一被申请人收到股转系统出具的《终止审查通知书》,载明了股转系统决定终止对第一被申请人挂牌申请的审查。该"终止"而非"中止",即为终结此次挂牌申请审查的意思,表示该次挂牌的审查过程已经结束,显然本次挂牌没有通过该次审查,并被决定终止审查。因此,《2014年补充协议》的效力已经因为2014年10月提交的挂牌申请未能通过而自行终止,《2012年补充协议书》的效力自行恢复。

(2)如果申请人要基于《2014年补充协议》的约定向第二被申请人主张卖出选择权,但条件尚未成就,请求回购股权的主张应被驳回,待条件具备后,方可行使回购权。

第一,在2017年12月31日前,卖出选择权的触发条件不成就。

根据《2014年补充协议》第5.1条的约定:触发卖出选择权的条件为2017年12月31日前公司没有实现"申报上市材料",显然触发申请人的卖出选择权的时间是在2017年12月31日。但该条件尚未成就,因此,申请人无权在本案中主张行使卖出选择权。

第二,第二被申请人承担卖出选择权的责任范围和金额确定的时间点是2017年12月31日,该期限目前尚未期满,因此,第二被申请人承担责任的范围和金额目前根本就无法确定。

根据《2014年补充协议》第5.3条第2款的约定，第二被申请人以其持有第一被申请人的股权承担相应的回购责任，并以其持有第一被申请人的股权价值为限承担回购的责任；而第5.3条第2款b项同时约定，第二被申请人持有的股权价值计算依据为按第二被申请人截至2017年12月31日持有的公司股份的前20个交易日的在股转系统挂牌的平均交易价或甲乙双方共同认可第三方资产评估机构的评估值孰高原则确定。若第二被申请人所持公司股票价值小于签署回购价款，则第二被申请人对回购价款大于第二被申请人所持公司股票的部分免责。

显然，根据约定，第二被申请人对于回购应承担的责任范围和金额，系依据2017年12月31日的股权价值来确定的，第二被申请人承担的责任范围是无法确定的，申请人在本案中要求第二被申请人直接承担全部的回购责任，没有任何事实和法律依据。

第三，回购的履行期限是在2017年12月31日起12个月内，即2018年12月31日前。

根据《2014年补充协议》第5.3条第3款的约定，若申请人根据前款约定要求第二被申请人履行回购义务，第二被申请人应在自2017年12月31日起12个月内向申请人付清上述回购款。也就是说，如果申请人依据《2014年补充协议》第5.3条第2款的约定要求第二被申请人履行回购义务的，第二被申请人应在2018年12月31日付清回购款。而显然，目前离2018年12月31日尚有近两年的时间，回购的履行期限尚未届满，申请人无权在这个时候提起仲裁，要求第二被申请人履行回购义务。

第四，回购的方式选择权在第二被申请人而不是申请人，回购的履行方式是由第二被申请人在回购期限内进行选择的，具体为现金或股份支付。

根据《2014年补充协议》第5.3条第3款的约定，第二被申请人可选择采取向乙方支付现金、转让同等价值的公司股票或其他财产的方式。也就是说，根据双方的约定,回购的履行方式是由第二被申请人进行选择的,申请人无权要求第二被申请人直接以现金的形式予以回购。

综上所述,在2017年12月31日前,触发卖出选择权的条件不可能成就,且第二被申请人的责任范围和金额也无法确定,卖出选择权是无法行使的。同时,卖出选择权(回购)的履行期限为2018年12月31日前。而且即便要选择卖出选择权,回购的方式(支付现金、转让同等价值的公司股票或其他财产)也应当由第二被申请人进行选择。因此,申请人没有任何依据可以基于《2014年补充协议》的约定主张第二被申请人现在按照其仲裁请求的内容履行卖出选择权的义务。

综上所述,申请人目前主张的卖出选择权以及所主张的责任范围及金额无事实依据,应当予以驳回。

8. 申请人对其律师代理费等损失的主张并未提供充分证据,不应予以支持。

首先,涉案的协议并未约定律师费等费用由被告方支付,法律也没有规定本案属于应由被申请人承担律师费的情形,显然,律师费等费用并不是必然损失,在没有当事人约定也没有法律规定的情况下,申请人无权主张由被申请人来承担律师费,因此,对于律师费等费用的主张,仲裁庭不应当予以处理,应予以驳回。

其次,关于申请人所主张的律师费等费用的金额,没有任何的证据材料证明,既没有申请人与律所之间的委托合同,也无律师费发票,更加没有支付凭证,该金额的主张无任何事实依据,不应予支持。

二、仲裁庭意见

(一)关于增资交易

本案争议源于申请人、第一被申请人以及案外人自然人D和E投资中心于2012年1月20日签订的《增资协议书》和申请人、第一被申请人、第二被申请人以及案外人自然人D和E投资中心于同日签署的《2012年补充协议书》。

根据《增资协议书》的约定,申请人以及案外人自然人D和E投资中心同意认购第一被申请人的此次定向增资,其中,申请人同意以现金人民币1850万元入资,其中,人民币近420万元计入注册资本,人民币1430余万元计入资本公积。申请人及上述案外人对第一被申请人入资完成后,申请人的出资将占第一被申请人注册资本的比例逾4%。

2012年2月22日申请人向第一被申请人支付了人民币1850万元增资款。申请人完成了其在《增资协议书》项下的出资义务,成为第一被申请人的股东。

(二)关于股权回购的约定

上述《2012年补充协议书》第4条对股权回购安排作出了约定。其中,第4.1.1条B项约定如下:

公司(第一被申请人——仲裁庭注)事实上在2015年12月31日前未申报上市的,则公司在此授予认购人(包括申请人——仲裁庭注)一个无条件、不可撤销的卖出选择权,即公司有义务按该认购人发出的出售股权通知(以下简称卖出选择权通知)以第5.1.2条(此处应为笔误,应为第4.1.2条——仲裁庭注)规定的价格购买认购人持有的公司股权。

同时,《2012年补充协议书》第4.1.2条约定:

为购买卖出选择权通知项下股权而应支付的总金额(以下简称回购款)应按下述两个公式计算结果的较高者确定:

(1)增资款×(1+增资款交付日至回购款付清日之间的自然月数÷12×15%)-该认购人持股期间所得现金分红;

(2)回购时,该认购人所持股权对应的公司净资产。

(三)本案核心争议

申请人在本案中主张,上述《2012年补充协议书》第4.1.1条B项约定的股权回购条件已经成就,因而要求被申请人回购申请人根据《增资协议书》而获得的第一被申请人股权。针对申请人的该等主张，被申请人认为，《2012年补充协议书》约定的股权回购条款是无效的；即使该条款有效，因股权回购条件没有成就，股权回购不应触发；即便回购触发，申请人也丧失了回购权。

由此可见，本案的核心争议有三个：第一，上述股权回购条款是否无效；第二，申请人主张的股权回购条件是否成就；第三，申请人是否已经丧失回购权。

（四）股权回购条款是否因违法而无效

被申请人主张，上述股权回购条款违反我国《公司法》的效力性禁止性规定应属于无效约定。具体而言，被申请人主张，针对第一被申请人而言，该等股权回购条款违反了我国《公司法》的资本维持原则，违反了我国《公司法》第74条、第142条和第35条而无效。

仲裁庭注意到，我国《公司法》第74条和第142条分别对有限责任公司和股份有限公司收购其股权/股份作出了规定。具体而言，第74条规定，对有限责任公司股东会某些事项决议投反对票的股东可以请求公司按照合理的价格收购其股权；第142条规定，除某些特定情况外，股份有限公司不得收购其股份。仲裁庭认为，第74条系赋予该等特定股东在特定情况下要求公司回购其股权的法定请求权的授权性法律规范，该条款并没有禁止有限责任公司可以自主约定在其他情况下回购股东股权；第142条也允许股份有限公司在诸如减少公司注册资本的情况下回购股东股份。

仲裁庭也注意到，我国《公司法》第35条规定了股东不得抽逃出资，但《公司法》并没有禁止公司的注册资本变动。除上述第74条和第142条外，我国《公司法》第九章有允许公司减少注册资本的专门规定。由此可见，我国《公司法》并没有要求公司的注册资本是恒定不变的；相反，《公司法》是允许公司的注册资本减少的，依法减资（如公司以回购其股权/股份的形式减资）不能被理解为是股东抽逃其出资。

根据我国《合同法》第52条的规定，违反法律、行政法规的强制性规定的合同无效。同时，根据最高人民法院《关于适用〈中华人民共和国合同法〉若干问题的解释(二)》,前述“强制性规定”是指效力性强制性规定。基于上述,本案系争之股权回购条款不应因为我国《公司法》第74条、第142条和第35条的规定而当然被认定为违反了效力性强制性规定而无效。

(五)股权回购条款是否因第一被申请人的章程修改而不再有效

被申请人主张,第一被申请人于2014年9月18日修改了其《公司章程》,修改后的章程第21条有关于限制公司收购其股份的规定,申请人因同意该章程修改而放弃了其基于《2012年补充协议书》而享有的回购权。仲裁庭注意到,章程修改后的第21条在内容上基本上与我国《公司法》第142条相同。与上述同理,该等规定没有禁止股份有限公司在特定情况下回购股东股份。另外,该章程修订是于2014年9月18日经第一被申请人临时股东大会审议通过的,并自通过之日起生效,但其并不应对章程修订生效前已经存在的合同关系(如《2012年补充协议书》中的约定)有当然的溯及力,因此,该章程第21条对公司股份回购的限制不应当然对《2012年补充协议书》中关于股权回购的约定效力产生影响,也不能以此推定申请人因此放弃了其在《2012年补充协议书》项下本来享有的权利。

另外,仲裁庭注意到,申请人、第一被申请人和第二被申请人于2014年11月29日签署的《2014年补充协议》第9.2条约定,在该协议签署之日起,《2012年补充协议书》终止,若第一被申请人本次挂牌申请被股转系统否决,则自公司收到上述否决文件之日起的第2日起,《2012年补充协议书》的效力自行恢复,《2014年补充协议》自行终止,协议各方对失效期间的相应权利均具有追溯力。由此可见,申请人、第一被申请人和第二被申请人至少在签订《2014年补充协议》之时(2014年11月29日)均认可《2012年补充协议书》(包括其中的股权回购的约定)的效力,均不认为《2012年补充协议书》中关于股权回购的约定会因为第一被申请人于2014年9月18日修改其章程而不再有效。

(六)股权回购条款是否因《2014年补充协议》的存在而不再有效

如上所述,《2014年补充协议》第9.2条对《2012年补充协议书》(包括本案系争之股权回购条款)的效力终止以及效力的或然恢复作出了约定。

申请人主张,基于第一被申请人挂牌被否决,《2012年补充协议书》效力恢复,其有权依据《2012年补充协议书》要求被申请人履行回购义务;而第一被申请人认为,依据《2014年补充协议》,第一被申请人挂牌申请并未被股转系统否决,在第一被申请人仍处于可以继续申请挂牌乃至申请IPO的情况下,《2014年补充协议》继续有效,《2012年补充协议书》的效力已终止。

那么第一被申请人的挂牌申请是否属于《2014年补充协议》约定的“否决”呢？仲裁庭注意到以下两个方面。

1. 全国中小企业股份转让系统有限责任公司于2015年2月向第一被申请人发出了《终止审查通知书》,终止审查通知书告知第一被申请人“……鉴于你公司财务资料已过期,我司决定终止对你公司挂牌申请的审查”。

2. 根据第一被申请人提供的证据材料:2014年6月11日关于《全国股份转让系统就贯彻落实“新国九条”及近期热点问题答记者问》中第7问“有传言称,全国股份转让系统通过‘窗口指导’等方式提高了挂牌标准,请问是否属实？是否存在企业挂牌申请被否的情形？”股转系统的答复为,“截至目前,全国股份转让系统尚未出现不予出具同意挂牌函的情形……今年以来,约20家申请挂牌公司被终止审查,其原因主要有两方面:一是2014年2月28日前提交挂牌申请材料的公司,反馈意见发出后,申请挂牌公司和中介机构未能落实意见且财务资料有效期已过……对于这些被终止审查的企业,在其补充完善申报材料后,全国股份转让系统将在原已审查的基础上按照高效、便捷的原则继续安排审查工作”。

如果按照第一被申请人的“否决”含义理解,那么终止审查的申请挂牌的公司可能不会出现被永久“否决”的情况,因为对于条件不符合的可以不断完善公司治理并更新财务资料。出于公平合理原则,仲裁庭认为,就本案争议而言,全国中小企业股份转让系统有限责任公司于2015年2月终止对第一被申请人的挂牌申请的审查被理解为属于《2014年补充协议》中的“否决”较合理。

基于此,《2012 年补充协议书》的效力已经自行恢复,其中关于股权回购的约定仍然有效。

(七)股权回购条件是否已经成就

第一被申请人主张提交了申报材料即完成了《2012 年补充协议书》第4.1.1 条 B 项约定的申报上市义务,申请人主张完成挂牌才算。仲裁庭注意到,《2012 年补充协议书》第 3.1 条约定,"控股股东自然人 C 及公司尽最大努力促成公司在 2015 年 12 月 31 日前完成公司实际控制人与认购人共同认可的方式申报上市";第 4.1.1 条 B 项约定,"公司事实上在 2015 年 12 月 31 日前未申报上市的,则公司在此授予认购人一个无条件、不可撤销的卖出选择权……"。从该两个条款的文意表述来看,存在申请人和第一被申请人两种不同解读的可能性。但在私募股权投资领域,股权回购作为投资保护的商业安排,通常是与无法实现按时按计划退出(上市为退出的一种方法)继而无法实现原定投资商业目的相关联的,因此,将该等条款约定的"申报上市"解读为完成上市更符合市场对于退出机制的理解。另外,如果按照第一被申请人的理解,《2014 年补充协议》第 9.2 条关于挂牌被否决就恢复《2012 年补充协议书》的约定就失去意义了,因为当时已经提交了挂牌申请材料。

基于上述,因第一被申请人在 2015 年 12 月 31 日前没有上市,本案系争之股权回购条件已触发。

(八)股权回购权的行权

根据《2012 年补充协议书》第 4.1.1 条 B 项和第 4.1.4 条,申请人的卖出选择权应当在 2015 年 12 月 31 日前第一被申请人未能申报上市后的 90 日内行使,申请人应向第一被申请人发出出售股权通知。

仲裁庭注意到,申请人于 2016 年 3 月和第一被申请人、第二被申请人协商股权回购事宜,并于 2016 年 3 月 15 日就回购争议向 H 省 I 县人民法院提出诉前财产保全申请,该法院作出了民事裁定书,冻结第一被申请人和第三被申请人的存款共计人民币2000万元。另外,申请人于2016年4月6日向第一被申请人和第二被申请人发送了一份律师函,在该函中主张行使回购权。仲裁庭认为,上述协商、财产保全司法程序和发送律师函等行为虽然在形式上不完全符合《2012年补充协议书》约定的行权形式要求,但在实质上构成了行权的明确意思表示,该等意思表示在行权期限内也已送达(如通过上述财产保全司法程序)给第一被申请人,应视为是有效的行权。

(九)关于申请人的仲裁请求

1. 股权回购款。如上所述,在申请人有效行使其股权回购权后,第一被申请人有义务回购该等股权,并向申请人支付股权回购款。申请人提出的回购款的计算方法基本符合《2012年补充协议书》第4.1.2条约定的回购款的计算公式,仲裁庭予以认可。

申请人提出,第二被申请人对第一被申请人的股权回购义务,承担了"保证"责任。仲裁庭注意到,合同约定的股权回购的义务主体是第一被申请人,第二被申请人虽然在《2012年补充协议书》项下对一些公司事项作出了承诺和保证,但没有对第一被申请人的股权回购义务作出明确的保证。因此,申请人在本案中要求第二被申请人承担回购保证义务的主张没有合同依据,不能成立。

2. 律师费和保全费。申请人要求被申请人承担其律师费、保全费和其他合理费用,但没有提供任何证据证明该等费用的发生和具体金额,因此,仲裁庭对申请人的该等仲裁请求不予支持。

3. 仲裁费。鉴于仲裁庭支持申请人针对第一被申请人提出的主要实体仲裁请求,仲裁庭认为,第一被申请人作为败诉方承担本案仲裁费是合理的。

三、裁　决

基于上述分析和意见,仲裁庭裁决如下:

1. 第一被申请人回购申请人持有的第一被申请人的股权,向申请人支付回购款[该等回购款计至2016年4月21日的金额为人民币3000余万元,自2016年4月22日起金额的计算方法为:人民币1850万元×(1+2016年4月22日至回购款付清日之间的自然月数÷12×15%)-持股期间所得现金分红(如有)]。

2. 驳回申请人的其他仲裁请求。

3. 本案仲裁费全部由第一被申请人承担。由于该等费用已与申请人向仲裁委员会预缴的等额仲裁预付金全部冲抵,因此,第一被申请人还应向申请人补偿申请人代其垫付的仲裁费。

以上各项应付款项,第一被申请人应在本裁决作出之日起30日内向申请人支付完毕。

本裁决为终局裁决,自作出之日起生效。

案例评析

【关键词】

股权回购;卖出选择权;对赌条款

【焦点问题】

本案的焦点问题有3点:(1)股权回购条款是否无效;(2)股权回购的条件是否成就;(3)股权回购权的行权是否有效。

【焦点评析】

该案的基本案情是,申请人与被申请人签订了《增资协议书》及《2012年补充协议书》,约定申请人向第一被申请人增资人民币1850万元;如第一被申请人未在2015年12月31日前申报上市,则授予申请人无条件、不可撤销的卖出选择权,第一被申请人应按照约定的价格购买申请人持有的公司股权。第二被申请人作为第一被申请人的实际控制人及法定代表人,承诺并保证申请人全部权利的行使得以实现。此后,双方通过签订《2014年补充协议》终止了《2012年补充协议书》的履行,但约定:若第一被申请人的挂牌申请被股转系统否决,则自收到否决文件之日的次日,《2012年补充协议书》的效力自行恢复,本协议自行终止。2015年2月9日股转公司向第一被申请人发出了《终止审查通知书》,决定终止对第一被申请人挂牌申请的审查。截至2015年12月31日,第一被申请人未再向股转系统提出挂牌申请。至此,申请人与第一被申请人、第二被申请人就股权回购条款的效力问题以及股权回购条件是否成就产生争议,最终提交仲裁解决。

现结合该案案情及法律适用焦点问题,评述如下。

一、关于股权回购条款的效力问题

1. 股权回购条款并未违反效力性强制性规定,不应视为无效

该案被申请人主张,股权回购条款违反了我国《公司法》的效力性强制性规定,应属无效。

我国《公司法》第74条和第142条分别对有限责任公司和股份有限公司收购其股权/股份作出了规定。具体而言,第74条规定,对有限责任公司股东会某些事项决议投反对票的股东可以请求公司按照合理的价格收购其股权;第142条规定,除某些特定情况外,股份有限公司不得收购其股份。仲裁庭认为,第74条赋予了特定股东在特定情况下要求公司回购其股权的法定请求权,系授权性法律规范,该条款并没有禁止有限责任公司可以自主约定在其他情况下回购股东股权;第142条也允许股份有限公司在诸如减少公司注册资本的情况下回购股东股份。此外,我国《公司法》第35条规定了股东不得抽逃出资,但并没有禁止公司的注册资本变动。可见,我国《公司法》并没有要求公司的注册资本是恒定不变的;相反,《公司法》是允许公司注册资本的减少,依法减资(如公司以回购其股权/股份的形式减资)不能被理解为股东抽逃出资。

我国《合同法》第52条规定，违反法律、行政法规的强制性规定的合同无效。前述“强制性”规定，是指效力性强制性规定。基于上述，本案系争之股权回购条款不应因我国《公司法》第74条、第142条、第35条之规定而当然被认定为违反了效力性强制性规定而无效。

2.《2014年补充协议》的存在并不影响股权回购条款的效力

《2014年补充协议》对《2012年补充协议书》的效力终止以及效力的或然恢复作出了约定。申请人主张，基于第一被申请人挂牌被否决，《2012年补充协议书》的效力自行恢复，股权回购条款当然有效，其有权依据该条款要求被申请人履行回购义务；而第一被申请人认为，其挂牌申请并未被股转系统否决，仅是因为公司财务资料过期才被股转系统终止审查。在第一被申请人仍处于可以继续申请挂牌乃至申请IPO的情况下，《2014年补充协议》继续有效，《2012年补充协议书》效力已经终止。

关于“终止审查挂牌申请”是否属于《2014年补充协议》约定的“否决”呢？仲裁庭认为，如果按照第一被申请人的“否决”含义理解，那么终止审查的申请挂牌可能不会出现被永久地“否决”，因为对于条件不符合的情况，可以通过不断完善公司治理并更新财务资料的方式，使公司一直处于被审查的状态而不被否决。出于公平合理原则，就本案争议而言，股转系统于2015年2月9日终止对第一被申请人挂牌申请的审查理解为《2014年补充协议》中的“否决”较为合理。基于此，《2012年补充协议书》的效力已自行恢复，其中关于股权回购的约定仍然有效。

二、股权回购条件是否成就，应全面考量投资目标、退出机制等因素进行综合解读

申请人与第一被申请人就《2012年补充协议书》中关于“申报上市”的约定产生了不同理解。第一被申请人主张，提交了申报材料即完成了《2012年补充协议书》中约定的申报上市义务。而申请人则主张，协议中的“申报上市”应理解为完成挂牌。

仲裁庭认为，在私募股权投资领域，股权回购作为投资保护的商业安排，通常是与无法实现按计划退出（上市为退出的一种方法）继而无法实现原定投资商业目的相关联的，因此，将该等条款所约定的“申报上市”解读为完成上市更符合市场对于退出机制的理解。另外，如果按照第一被申请人的理解，《2014年补充协议》中关于挂牌被否决就恢复《2012年补充协议书》的约定就失去意义了，因为当时已经提交了挂牌申请材料。因此，第一被申请人在2015年12月31日前没有上市的情形，导致本案系争之股权回购条件业已触发。

三、申请人通知回购的方式适当，应视为有效的行权

根据《增资协议书》以及《2012年补充协议书》的约定，任何一方根据协议有关条款发出的任何通知，均应以传真和/或特快专递的方式发至协议所约定的传真号码或地址。申请人的卖出选择权应当在2015年12月31日前第一被申请人未能申报上市后的90日内行使，申请人应向第一被申请人发出出售股权通知。

争议发生后，申请人于2016年3月和第一被申请人、第二被申请人协商股权回购事宜，并于2016年3月15日就回购争议向H省I县人民法院提出诉前财产保全申请，该法院于2016年3月16日作出了民事裁定书，冻结第一被申请人和第三被申请人（系第一被申请人全资设立的一人有限公司）的存款共计人民币2000万元。另外，申请人于2016年4月6日向第一被申请人和第二被申请人发送了一份律师函，在该函中主张行使回购权。对于上述行权方式，第一被申请人、第二被申请人表示不予认可。第一被申请人、第二被申请人认为，申请人行使卖出选择权，不符合协议中关于通知方式和通知期限的约定，因此，申请人并未有效行权，其有权拒绝接受申请人卖出选择权的主张。

上述争议也引发了仲裁庭的激烈讨论，仲裁庭最终认为，上述协商、财产保全司法程序和发送律师函等行为虽然在形式上不完全符合《增资协议书》及《2012年补充协议书》约定的行权之形式要求，但在实质上构成了行权的明确意思表示，该等意思表示在行权期限内也已送达（如通过上述财产保全司法程

序)给第一被申请人,应视为是有效的行权。

【结语】

该案的主要争议焦点在于,协议约定的股权回购条款是否有效。股权回购条款作为私募投资领域的一种估值调整机制与合同安排,目前普遍存在于投资者与目标公司股东、实际控制人之间。该机制设计的初衷是高效地促成交易,引导目标公司的经营管理、降低投资风险,且对双方交易起到了一定的担保功能,同时,隐含对目标公司估值调整的期权,业内也将该条款称为“对赌条款”。在仲裁审理中,应审慎认定诸如股权回购、估值调整、股份转换等“对赌条款”之效力,避免简单以法律没有规定或违反法律的强制性规定为由而认定条款无效。

该案系争的股权回购条款是基于各方当事人的真实意思表示,应予以充分尊重;该条款促成了第一被申请人增资的依法顺利进行,最大限度地维护了申请人、第一被申请人及其股东的基本利益;关于股权回购的条件,各方当事人约定以第一被申请人在一定期限内申报上市作为触发条件,该约定亦未背离公司法的资本维持原则;对于申请人之行权,虽在形式上存有瑕疵,但本质上行权已然达成,评价为有效更为适宜。因此,对于该案,仲裁庭在秉持鼓励交易、尊重当事人意思自治和契约自由的商事仲裁理念下,从维护交易秩序、保障商事交易的过程正义的角度出发,最终认为,协议中有关公司上市、公司及实际控制人等回购公司股权的约定,在未违反我国《合同法》《公司法》及其他法律法规强制性规定的情形下,不应构成认定合同无效的要素,并据此支持了申请人请求被申请人回购其股权的仲裁请求。希望该案能为有关对赌协议纠纷的仲裁审理提供参考和帮助。

(案例评析人:张金龙)

第四部分　涉及特殊限制的股权转让仲裁案例

案例二十 中国A投资合伙企业、中国B投资合伙企业与中国C广告传媒公司、自然人D、E报社股权转让争议仲裁案

中国国际经济贸易仲裁委员会(以下简称贸仲)根据申请人中国A投资合伙企业(以下简称第一申请人)、中国B投资合伙企业(以下简称第二申请人,第一申请人、第二申请人以下合称申请人)与被申请人中国C广告传媒公司(以下简称第一被申请人)、自然人D(以下简称第二被申请人)及案外人F公司、自然人G于2016年8月4日签订的《协议》,申请人与被申请人E报社(以下简称第三被申请人,第一被申请人、第二被申请人、第三被申请人以下合称被申请人)于2016年8月签订的《担保协议》中仲裁条款的约定,以及申请人于2017年10月向贸仲提交的书面仲裁申请,受理了上述合同项下的本争议仲裁案。

一、案　　情

(一)申请人的仲裁请求及其主张的事实和理由

1. 仲裁依据

第一申请人、第二申请人与第一被申请人、第二被申请人、F公司(以下简称F公司或目标公司)以及自然人G于2016年8月4日签订了《协议》。同日,第一申请人、第二申请人与第三被申请人签订了《担保协议》。

《协议》第7.1条和《担保协议》第2.1条为内容相同的仲裁条款,约定如

下:“凡因本协议引起的或与本协议有关的一切争议,各方应通过友好协商解决。若任何争议无法在争议发生后通过协商解决,则任何一方有权将该争议提交中国国际经济贸易仲裁委员会仲裁,仲裁地点在北京,根据该会届时有效的仲裁程序和规则进行仲裁。仲裁庭由3名按照仲裁规则指定的仲裁员组成,申请人指定1名仲裁员,被申请人指定1名仲裁员,第三名仲裁员由前两名仲裁员协商指定或由中国国际经济贸易仲裁委员会指定。仲裁语言为中文。仲裁裁决是终局的,对各方均有约束力。”

《协议》和《担保协议》系主从合同关系,其争议源于同一交易,且两份协议的仲裁条款内容相同。根据《仲裁规则》第14条,申请人在本案中就《协议》和《担保协议》项下的争议合并提出仲裁申请。

2. 仲裁请求

(1)请求裁决第一被申请人立即向第一申请人支付股权转让价款人民币8620余万元(本案所涉币种均为人民币,下同——仲裁庭注);

(2)请求裁决第一被申请人立即向第二申请人支付股权转让价款近1380万元;

(3)请求裁决第一被申请人立即向第一申请人支付因延迟支付股权转让价款所产生的、至第一被申请人实际支付日的利息(按照中国人民银行发布的金融机构同期贷款基准年利率,暂算至2017年10月20日为近360万元);

(4)请求裁决第一被申请人立即向第二申请人支付因延迟支付股权转让价款所产生的、至第一被申请人实际支付日的利息(按照中国人民银行发布的金融机构同期贷款基准年利率,暂算至2017年10月20日为近60万元);

(5)请求裁决第一被申请人承担本案全部仲裁费;

(6)请求裁决第一被申请人承担第一申请人和第二申请人为本案发生的律师费;

(7)请求裁决第二被申请人和第三被申请人共同以及连带地对以上第(1)~(6)项仲裁请求中第一被申请人的债务对第一申请人和第二申请人承担

保证责任。

3. 各方当事人

第一申请人系一家在H市注册成立的主要从事对未上市企业的投资、对上市公司非公开发行股票的投资以及相关咨询服务的有限合伙企业。目前,第一申请人持有目标公司逾19%的股权。第二申请人系一家在H市注册成立的主要从事对未上市企业的投资、对上市公司非公开发行股票的投资以及相关咨询服务的有限合伙企业。目前,第二申请人持有目标公司逾3%的股权。目标公司F公司系一家注册成立的有限责任公司,经营范围包括技术开发、技术咨询、技术转让、技术服务;项目投资;投资咨询;设计、制作、代理、发布广告;会议服务;承办展览展示活动;计算机系统集成;销售计算机、软件及辅助设备、通信设备。第一被申请人系目标公司股东,目前持有目标公司逾27%的股权。第二被申请人是第一被申请人的股东、董事及经理,目前同时担任目标公司的董事长。第三被申请人系由I报社举办的一家报社。

4. 事实和理由

(1)协议的约定

2016年8月4日申请人与目标公司、第一被申请人、第二被申请人、自然人G签订了《协议》。根据《协议》第1.1条的约定,第一被申请人同意以12,000万元的价格(以下简称股权转让价款)受让申请人持有的逾20%的目标公司股权;第一申请人和第二申请人将按照持股比例向第一被申请人转让其持有的目标公司股权,即由第一申请人向第一被申请人转让其持有的逾17%的目标公司股权,由第二申请人向第一被申请人转让其持有的近3%的目标公司股权。根据《协议》第1.2条的约定,股权转让价款将由第一被申请人分3期向申请人支付:在2016年8月31日前累计支付1000万元;在2016年9月30日之前累计支付6000万元(含第一期1000万元);余下6000万元于2016年12月31日之前支付。每一期付款均应按照第一申请人和第二申请人所转让的目标公司的股权比例(逾17:近3),在第一申请人和第二申请人之间进行分配,并应分别支付到第一申请人和第二申请人指定的账户。《协议》第2.1条约定了第二被申请人对第一被申请人支付股权转让价款义务所承担的保证责任:……创建人中的第二被申请人(担保人)同意无条件并不可撤销地为第一被申请人支付股权转让价款的义务承担连带保证责任。

同日,申请人与第三被申请人签订了《担保协议》。《担保协议》第1.1条约定:第三被申请人同意,无条件并不可撤销地为第一被申请人在《协议》项下向申请人支付股权转让价款的义务承担连带保证责任。

(2)协议的履行

《协议》签订后,第一被申请人仅向申请人支付了合计2000万元的股权转让价款。此后,第一被申请人未能按照《协议》约定按期足额支付股权转让价款。

鉴于上述约定及事实,申请人分别于2017年3月1日和2017年7月31日通过快递方式和电子邮件方式向第一被申请人、第二被申请人和第三被申请人发出了《律师函》,要求第一被申请人、第二被申请人及第三被申请人尽快单独或共同将逾期未付的1亿元股权转让价款支付给申请人。

5. 申请人的理由

截至申请人提起本案仲裁申请之日,第一被申请人尚未向申请人支付逾期未付的1亿元股权转让价款。第一被申请人的行为已经构成对《协议》相关约定的违反,应当依法承担相应的违约责任。根据《协议》第6.1(1)条、第10.1条及相关法律规定,申请人有权要求第一被申请人继续支付逾期未付的1亿元股权转让价款,根据《协议》第1.2条的约定,按照第一申请人和第二申请人所转让的目标公司股权比例分配,即应分别支付给第一申请人和第二申请人股权转让价款8620余万元和近1380万元。

由于第一被申请人延迟支付上述股权转让价款,申请人遭受了利息损失,第一被申请人应当依法赔偿截至其实际支付日给申请人造成的利息损失。按照中国人民银行发布的金融机构同期贷款基准年利率,暂算至2017年10月20

日，第一被申请人应向第一申请人支付的利息为近360万元，应向第二申请人支付的利息为近60万元。

为解决因第一被申请人上述违约行为产生的争议，申请人聘请律师代理本案仲裁程序，产生了相应的仲裁费及律师费等费用支出。据此，第一被申请人还应当承担本案全部仲裁费及律师费等。

根据《协议》第2.1条、《担保协议》第1.1条及本案相关事实，第二被申请人和第三被申请人应当共同以及连带地对第一被申请人在本案中的上述债务承担保证责任。

鉴于上述情况，申请人提起本案仲裁并提出上述各项仲裁请求，请仲裁庭依据本案相关事实和法律作出公正裁决，以维护申请人的合法权益。

（二）申请人增加和变更的仲裁请求

1. 增加的仲裁请求（财产保全费用）

因申请人就各被申请人在本案项下对申请人的支付义务申请了财产保全，发生了保全费用，申请人请求增加如下仲裁请求：请求裁决第一被申请人向第一申请人支付因申请财产保全产生的保全费用共计近30万元。

2. 变更的仲裁请求

申请人于2017年10月30日提起本案仲裁。此后，申请人于2018年2月12日收到了第二被申请人支付的1000万元股权转让价款。因此，申请人将第（1）~（4）项仲裁请求金额变更为：

（1）请求裁决第一被申请人立即向第一申请人支付股权转让价款近7760万元；

（2）请求裁决第一被申请人立即向第二申请人支付股权转让价款1240余万元；

（3）请求裁决第一被申请人立即向第一申请人支付因延迟支付股权转让价款所产生的、至第一被申请人实际支付日的利息（按照中国人民银行发布的金融机构同期贷款基准年利率，暂算至2018年6月5日为620余万元）；

(4)请求裁决第一被申请人立即向第二申请人支付因延迟支付股权转让价款所产生的、至第一被申请人实际支付日的利息(按照中国人民银行发布的金融机构同期贷款基准年利率,暂算至2018年6月5日为近100万元)。

3. 对原第(6)项仲裁请求(律师费)的明确

申请人将原第(6)项仲裁请求中主张的律师费金额明确为80万元。

4. 增加、变更、明确后的完整仲裁请求

根据上述,申请人对增加、变更、明确后的完整仲裁请求陈述如下:

(1)请求裁决第一被申请人立即向第一申请人支付股权转让价款近7760万元;

(2)请求裁决第一被申请人立即向第二申请人支付股权转让价款1240余万元;

(3)请求裁决第一被申请人立即向第一申请人支付因延迟支付股权转让价款所产生的、至第一被申请人实际支付日的利息(按照中国人民银行发布的金融机构同期贷款基准年利率,暂算至2018年6月5日为620余万元);

(4)请求裁决第一被申请人立即向第二申请人支付因延迟支付股权转让价款所产生的、至第一被申请人实际支付日的利息(按照中国人民银行发布的金融机构同期贷款基准年利率,暂算至2018年6月5日为近100万元);

(5)请求裁决第一被申请人承担本案全部仲裁费;

(6)请求裁决第一被申请人承担两位申请人为本案发生的律师费80万元;

(7)请求裁决第一被申请人向第一申请人支付因申请财产保全产生的保全费近30万元;

(8)请求裁决第二被申请人和第三被申请人共同以及连带地对以上第(1)~(7)项仲裁请求中第一被申请人的债务承担保证责任。

(三)申请人最终陈述意见

1. 本案《协议》合法有效,第一被申请人应当依约履行支付义务,第二被申请人应当对第一被申请人的支付义务承担连带保证责任。第一被申请人、第二被申请人主张本案《协议》无效或未生效的理由均不能成立。

本案《协议》不存在任何无效或未生效的情形。案涉股权转让交易的交易双方均为民营企业,交易标的不涉及国有资产,不属于国有资产转让交易,因此不适用国有资产管理相关规定,无须进行任何与国有资产相关的审批、评估程序。

第一被申请人和第二被申请人在其提交的意见和证据中引用了大量的国有资产管理的相关规定及案例,主张案涉股权转让交易因未按照国有资产管理相关规定进行审批、评估程序而无效或未生效。但是,根据该等国有资产管理规定及案例,只有下述两种涉及国有资产的股权转让交易需要遵守相关的国有资产评估、审批等程序要求:

(1)只有当转让的标的股权是国家对企业的出资所形成的权益、且"履行出资人职责的机构、国有及国有控股企业、国有实际控制企业"为交易一方时,股权转让交易才需要满足相关国有资产交易监管法规的相关资产评估、审批或公开转让等程序要求。

(2)只有企业的"非上市公司国有股东股权比例变动",即在国有控股、参股的公司制企业、中外合资(合作)企业增资扩股时,国有股东非同比例增资,或引进新股东影响原国有股东持股比例,或原股东、吸收的新股东用非货币资产增资或出资时,才需对企业的整体资产或对追加投资或出资的非货币资产进行评估。

而本案股权转让交易显然不属于上述任何一种情形。如申请人的工商登记信息、第一被申请人的工商登记信息所显示以及庭审时自然人G的当庭确认,案涉股权转让的转让方即申请人,是一家纯粹的民营企业,申请人基于对目标公司的出资所形成的标的股权不包含任何国家出资,不是国有资产,而案涉股权转让的受让方即第一被申请人,也是一家纯粹的民营企业。因此,案涉股权转让交易既不是国有资产转让,也不构成目标公司的"非上市国有股东股权比例变动”。

因此,第一被申请人和第二被申请人提出的国有资产管理规定和案例均不适用于案涉股权转让交易,本案《协议》的签订和履行不需要经过任何评估、审批程序。本案《协议》的签订和履行不违反任何效力性强制性的法律、行政法规规定,本案《协议》合法有效。

2. 第二被申请人已签署本案《协议》,且未提供任何证据证明各方同意其在第三被申请人签署《担保协议》后即不再承担担保责任;第二被申请人应受本案《协议》约束并按约定承担连带保证责任。

(1)第二被申请人作为有完全民事行为能力的自然人在本案《协议》签字页签名的行为表明其认可本案《协议》全部内容,本案《协议》已经成立生效并对其有约束力。第二被申请人于 2017 年 12 月 9 日出具《说明承诺函》称,“2016 年 8 月 4 日,第一被申请人、第二被申请人、自然人 G、目标公司与申请人签订协议,约定第一被申请人同意以人民币 12,000 万元的价格受让申请人持有的逾 20% 的目标公司股权……我们一直努力安排资金履行《协议》……我们现承诺:应向申请人支付的 10,000 万元股权转让价款,我们在 2017 年 12 月底前支付 50%……在 2018 年 6 月底前支付剩余 50%……我们将尽最大的努力确保此次承诺顺利完成”。这再次印证其 2016 年 8 月 4 日签署本案《协议》并承诺提供连带保证责任。第二被申请人主张其对本案《协议》第 2.1 条(该条约定了第二被申请人的连带保证责任)有保留意见,在第三被申请人签署《担保协议》之后其在第 2.1 条项下的担保责任即解除,但第二被申请人未能提出任何有效证据证明其在签订本案《协议》时作出了该保留且得到了本案《协议》其他方(申请人和第一被申请人)的同意认可。第二被申请人的该主张没有依据,不可采信。

(2)第三被申请人与目标公司于 2016 年 4 月签订的《协议书》(以下称《协议书》或大协议)与申请人无关,申请人并非《协议书》的当事人,申请人有权依据本案《协议》和《担保协议》的约定向任一或全部被申请人主张权利。

第一被申请人和第二被申请人主张，根据《协议书》，第三被申请人承诺就第一被申请人购买申请人股权的股权价款承担最终的付款责任，并因此主张申请人应当直接向第三被申请人而不应向第一被申请人和第二被申请人主张权利。但申请人并非该《协议书》的当事人，申请人系依据由申请人、第一被申请人和第二被申请人签订的本案《协议》对第一被申请人和第二被申请人主张权利，并依据申请人和第三被申请人签订的《担保协议》对第三被申请人主张权利。即使根据《协议书》第三被申请人承诺将就本案《协议》项下的股权转让价款承担最终的付款责任，也应当由第一被申请人、第二被申请人、第三被申请人根据本案《协议》和《担保协议》对申请人履行连带付款义务后，由相关方根据该《协议书》另案解决。

综上所述，申请人认为，本案《协议》不涉及任何国资因素，不存在任何无效或未生效的情形，合法有效。第一被申请人和第二被申请人应当依约履行其在本案《协议》项下的付款义务和担保义务。

3.《担保协议》合法有效，第三被申请人应当依约对第一被申请人的付款义务承担连带保证责任。第三被申请人主张《担保协议》无效的理由均不能成立。

申请人已经提供事实证据、参考法规及案例并充分论证，第三被申请人主张《担保协议》无效的理由无一能够成立。第三被申请人主张《担保协议》无效，其理由包括第三被申请人不具备担保资格、《担保协议》未经过第三被申请人集体决策及上级主管部门和同级财政部门的同意、《担保协议》违反相关法律规定、申请人与第一被申请人和第二被申请人恶意串通。申请人逐一反驳如下：

（1）第三被申请人具备担保主体资格。根据我国《担保法》及其司法解释的规定，从事经营活动的事业单位具备担保主体资格。而根据已有判例，在司法实践中，裁判机构通常会根据事业单位的费用来源、业务范围等因素来判断事业单位是否为从事经营活动的事业单位，并进而判断该事业单位是否具备担保主体资格。根据第三被申请人的《事业法人登记证书》上载明的经费来源、第三被申请人在"J市事业单位法人信用信息网"上公示的年报和财务数据,第三被申请人系从事经营活动且"经费自理"的事业单位,其名下持有14家经营性公司的股权,该14家公司的经营范围覆盖了文化、旅游、航空、教育、科技多个产业。在司法实践中,也存在大量认可与第三被申请人具有相同性质的报社具备担保主体资格的案例。因此,第三被申请人完全符合法律规定以及司法实践裁判规则所认定的担保主体资格。且事实上,根据公开信息,第三被申请人也在其他交易中为相关债务人的6000万元债务提供了连带保证担保,对此事实,第三被申请人的代理人在庭审过程中亦确认属实。

(2)自然人K作为第三被申请人的社长代表第三被申请人签署《担保协议》,依据我国《合同法》第50条和最高人民法院《关于适用〈中华人民共和国担保法〉若干问题的解释》(以下简称《担保法解释》)第11条的规定构成表见代表。申请人提交的第三被申请人2015年、2016年和2017年年报显示,自然人K在2015~2017年担任第三被申请人的社长,对此事实,第三被申请人在庭审时也予以确认。此外,自然人K代表第三被申请人签订的《担保协议》第3.1条中还确认第三被申请人已经就签订《担保协议》履行了全部所需的内部程序。据此,申请人认为,自然人K作为第三被申请人的社长签署本案《担保协议》,依法构成表见代表,《担保协议》对第三被申请人具有约束力。

(3)事实上,第三被申请人签署《担保协议》本身就是其上级单位I报社在集团内部协调的结果,并履行了第三被申请人内部的"集体决策"程序。申请人提交的第三被申请人登记基本信息及第一被申请人提交的目标公司原股东L公司信息显示,第三被申请人和L公司均由I报社举办,为"姐妹单位"。事实上,在本案《协议》签署的过程中,各方原本拟由L公司(曾为目标公司的股东)为第一被申请人的付款义务提供担保,作为对价,申请人同意在L公司退出目标公司时放弃对L公司的跟售权。但由于L公司是上市公司,由其提供担保需进行公告披露,经I报社在集团内部进行协调,才改由I报社指定L公司的“姐妹单位”即第三被申请人来提供担保。正是由于申请人放弃了对L公司的跟售权,L公司才得以顺利于2017年3月21日向第一被申请人转让了其持有的全部目标公司股权,退出了目标公司,不再是目标公司的股东。第一被申请人在庭审以及书面文件中也对第三被申请人提供担保的背景作出了与申请人一致的陈述。此外,申请人提交的第二被申请人、I报社社长M与申请人方人员的微信聊天记录也可印证,第三被申请人的上级单位I报社对本案《协议》《担保协议》不仅知情和同意,且在申请人未能按约收到股权转让款时,积极参与各方的协调和争议解决。自然人K在《担保协议》的协商和签署期间,除担任第三被申请人的社长外,也兼任I报社的副社长。此外,第一被申请人和第二被申请人在本案提交的由第三被申请人和目标公司签订的《协议书》虽不属于本案的审理范围,但其至少可以作为证据证明,第三被申请人签订《担保协议》为第一被申请人在本案股权转让交易的付款义务提供担保,是一系列交易安排的其中一环,该一系列交易关系第三被申请人的自身利益,第三被申请人不仅同意为第一被申请人提供担保,甚至承诺就第一被申请人对申请人的付款义务承担最终的付款义务,如第一被申请人向申请人支付了股权转让价款,第三被申请人将向第一被申请人偿付相关款项。第三被申请人在本案中还主张,其签署本案《担保协议》未经过第三被申请人内部的“集体决策”,并提供了7份声称的社委会成员出具的《情况说明》,拟证明其签署《担保协议》未履行“集体决策”程序。但第三被申请人提供的该等《情况说明》不仅不能证明《担保协议》未经内部审批程序,相反,该证据恰恰证明,第三被申请人签署本案《担保协议》经过了其社长、副社长、财务总监至少3人的“集体决策”,并签署了相应决议。第三被申请人的财务总监N女士甚至在庭审时还明确表示,“签署决议是集团领导的意见”,“如果重新来一次,我还是会支持集团工作,签署这份决议的”。第三被申请人主张“集体决策”必须经全体社委会成员讨论并经全体社委会成员同意和作出决议,但并未提供任何依据(包括但不限于法律法规和第三被申请人的章程文件等),且要求编辑岗位的社委会成员参与讨论决策经营事项本身也与法律规定的“采编与经营相分离”的原则明显不符。需进一步指出的是，第三被申请人副社长O在其签署的《情况说明》上手写批注，“按照领导安排在社委会决议上签字”、第三被申请人财务总监N在其签署的《情况说明》上手写批注“为支持集团工作，故在决议上签字”，并在庭审时进一步口头表示其签署决议是自愿且是为了“支持集团工作”，可进一步证明，第三被申请人签署《担保协议》提供担保，其上级单位不仅知情且同意，且根本就是其上级单位的协调安排的结果。

(4)第三被申请人依据事业单位国有资产管理的相关规定主张《担保协议》无效的观点不能成立。第三被申请人主张，根据《事业单位国有资产管理暂行办法》第21条的规定，本案《担保协议》因未经过其主管单位审核同意而无效。但如上所述，第三被申请人的主管单位I报社不仅知情和同意第三被申请人提供本案担保，第三被申请人提供担保根本就是I报社在集团内部进行协调安排的结果。因此，前述规定在本案没有适用的事实基础。此外，根据我国《合同法》第52条第5款、最高人民法院《关于适用〈中华人民共和国合同法〉若干问题的解释(一)》(以下简称《合同法解释一》)第4条及《关于适用〈中华人民共和国合同法〉若干问题的解释(二)》(以下简称《合同法解释二》)第14条的规定，只有法律及行政法规中的效力性强制性规定，才能作为确认合同无效的依据。《事业单位国有资产管理暂行办法》仅为财政部下发的部门规章，不属于法律或行政法规的范畴，且其第21条规定在性质上也仅属于管理性而非效力性强制性规定，不能作为确认合同无效的依据(其名称“管理暂行办法”本身已说明该文件为管理性文件)。已有司法判例亦认定《事业单位国有资产管理暂行办法》系部门规章，未遵守办法规定不会导致合同无效。第三被申请人在本案还引用了《事业单位登记管理暂行条例》第15条和第16条的规定，主张事业单位必须执行国家财务管理制度，而《担保合同》违反该规定。但该两条规定是针对事业单位收入处置和依法接受审计机关审计监督的原则性规定，也非效力性强制规定。第三被申请人参与民事活动与登记机关及审计机关的监督是两个不同的法律关系，其在民事活动中获得的收入未按规定使用或未经审计机关审计监督并不必然产生其民事行为无效的法律后果。且根据已有判例，法院在司法实践中亦认为这类规定并非效力性强制规定（该文件的名称“管理暂行条例”本身也已经说明了该文件为管理性文件）。因此，退一步讲，即便违反《事业单位登记管理暂行条例》第15条和第16条的相关规定，本案《担保协议》的效力也不会受到影响。

（5）第三被申请人有关申请人与第一被申请人、第二被申请人恶意串通损害国家利益的主张纯属子虚乌有、毫无依据。第三被申请人主张申请人与第一被申请人、第二被申请人恶意串通，损害国家利益而导致担保合同无效。其提出此主张的依据有两点：一是本案中第一被申请人的代理人P律师事务所在2011年12月26日，曾经接受目标公司的委托，为申请人对目标公司增资的事宜出具法律意见书；二是申请人放弃跟售权而选择签订本案《协议》和《担保协议》。申请人认为，仅以此两点完全不能证明本案《协议》《担保协议》存在任何恶意串通、损害国家利益的行为，第三被申请人该主张完全不能成立。

第三被申请人在《担保协议》下的连带保证担保范围不仅限于未支付的股权转让款，还应包括申请人主张的利息、仲裁费用、保全费用和律师费等实现债权的费用。根据我国《担保法》第15条、第11条的规定，“主债权的种类及数额”与“债权的种类及数额”系不同概念，无论主债权种类中有无列明利息和实现债权的费用，除非合同特别约定将利息及该部分费用从保证担保范围内剔除，利息及实现债权的费用均属于保证担保的范围。经检索最高人民法院和部分高级人民法院的裁判案例，司法实践观点也认为，除非保证合同特别约定将利息和特定费用从保证担保范围中剔除或作出其他排除性约定，保证担保范围应包含全部债务费用。在本案中，《担保协议》第1.1条约定，“第三被申请人同意，无条件并不可撤销地为第一被申请人在《协议》项下向申请人支付股权转让价款的义务承担连带保证责任”。该条款仅表述了保证的主债权种类、金额以及第三被申请人同意承担连带保证责任的意思表示，但并未明确约定连带保证责任的范围。而且,综观《担保协议》,也没有任何表述将利息、仲裁费用、保全费用、律师费等实现债权的费用从担保范围中剔除。因此,《担保协议》属于我国《担保法》第21条第2款规定的对保证担保的范围没有约定的情形,第三被申请人承担的连带保证责任应包含申请人主张的股权转让款和利息以及申请人为实现债权而产生的费用。

4. 根据最高人民法院司法解释及案例,本案申请人有权按照同期银行贷款利率要求被申请人支付迟延履行支付义务所产生的直至实际支付日的利息。

(1)根据最高人民法院司法解释及相关最高人民法院案例,逾期支付股权转让款的,人民法院可以参照中国人民银行规定的金融机构计收逾期贷款利息的标准计算逾期付款违约金。根据最高人民法院《关于修改〈最高人民法院关于逾期付款违约金应当按照何种标准计算问题的批复〉的批复》(法释〔2000〕34号)的规定,对于合同当事人没有约定逾期付款违约金标准的,人民法院可以参照中国人民银行规定的金融机构计收逾期贷款利息的标准计算逾期付款违约金。最高人民法院司法实践亦适用该司法解释的规定,在股权转让交易出现逾期付款,而股权转让合同中未约定股权转让款逾期付款违约金的,按照逾期贷款利息的标准计算逾期付款违约金。在本案中,申请人亦是主张被申请人按照逾期贷款利息的标准支付逾期支付股权转让款的利息,作为违约金。此亦能弥补因被申请人逾期付款而给申请人造成的资金占用费的实际损失。

(2)根据中国人民银行的规定,贷款利息的计算是以每年360天为基数。中国人民银行《关于人民币存贷款计结息问题的通知》第三部分存贷款利息换算和计息公式明确规定"中国人民银行关于人民币存贷款计结(0/000)=年利率(%)÷360"。据此,申请人以360天为基数计算日利率符合中国人民银行的相关规定。

综上所述,申请人认为,3名被申请人的主张没有任何法律和事实依据,申请人请求仲裁庭依据相关证据和法律支持申请人的全部仲裁请求。

（四）第一被申请人代理意见

1. 本案《协议》因违反相关国资法规的强制性规定而无效或未生效，申请人的全部仲裁请求没有法律依据。

案涉股权转让协议于2016年8月4日签订时，目标公司系《企业国有资产交易监督管理办法》第4条第4款规定的国有实际控制企业及国有资产占有单位。根据《国有资产评估管理若干问题的规定》（该规定系财政部于2002年发布的部门规章）第1条和第2条的规定，《国有资产评估管理若干问题的规定》是《国有资产评估管理办法》的施行细则，国有资产占有单位发生除上市公司外的原股东股权比例变动或股权转让，应当进行评估。

此外，《企业国有资产评估管理暂行办法》第1条和第6条分别规定，"根据《中华人民共和国公司法》、《企业国有资产监督管理暂行条例》和《国有资产评估管理办法》等有关法律法规，制定本办法"，"企业有下列行为之一的，应当对相关资产进行评估……（四）非上市公司国有股东股权比例变动……"。尽管《企业国有资产评估管理暂行办法》施行在后，但在目标公司为国有实际控制企业和国有资产占有单位的前提之下，非上市公司的原国有股东和非国有股东比例变动均可能影响国有股东的投资权益，上述《国有资产评估管理若干问题的规定》和《企业国有资产评估管理暂行办法》虽为部门规章，但不违反上位法的规定，系不同行政机关之要求，皆符合保护国有企业的立法目的，应当同时适用于本案。违反上述《国有资产评估管理若干问题的规定》和《企业国有资产评估管理暂行办法》的相关规定均会导致合同无效或未生效的法律后果。

据此，在目标公司为国有实际控制企业和国有占有单位的前提下，其股东股权比例变动均应进行资产评估，案涉股权转让协议应进行评估。《协议》未经评估违反了我国《合同法》第44条第2款"法律、行政法规规定应当办理批准、登记等手续生效的，依照其规定"和第52条第5款"法律、行政法规的强制性规定"，依法应被认定为"无效"或"未生效"之合同。申请人的全部仲裁请求缺乏合同、事实和法律依据，不应得到法律支持。

2. 即使案涉股权转让协议有效，第三被申请人作为《协议书》支付股权转让款的实际债务人应当承担唯一和最终的责任，申请人对《协议书》的安排知情，且以接受股权对价、同第三被申请人签订《担保协议》、在质证意见中认可第一被申请人证明目的的方式对《协议书》进行认可，其应受《协议书》的约束。

(1)《协议书》系股权整体交易方案的产物，第三被申请人系本案股权交易的实际债务人和直接责任承担方。

本案股权转让真实交易事实为：L公司退出目标公司以改善其业绩，为避免申请人行使跟随出售权，以I报社为控制人的I集团指定其另一名集团成员即第三被申请人向第一被申请人提供借款，由第一被申请人代为收购L公司和申请人的股权，由第三被申请人对上述股权无法按时收购承担唯一和最终的责任。第一被申请人与第二被申请人之所以同意此等交易的安排的前提为：第一，第三被申请人同意对其承担替代性的无限连带责任；第二，申请人对第三被申请人替代第一被申请人和第二被申请人向申请人承担唯一和最终的责任的安排知情，并同意受其约束。

《协议书》系上述交易事实的书面安排。其中第2.1款约定第三被申请人向目标公司提供5.5亿元借款，由目标公司自行或指定第一被申请人以上述款项分别收购L公司、Q产业股权投资基金公司（以下简称Q公司）和申请人持有的目标公司逾36%、近13%和逾20%股权。其中，申请人的股权交易对价为1.2亿元，分两期支付，具体为：2016年9月30日前支付6000万元，2016年12月31日前支付6000万元，具体交易价款和支付时间根据交易双方最终签署的股权转让合同确定。《协议书》第4.1款、第4.2款、第5.2款等条款均明确强调第三被申请人应对借款资金不到位而导致第一被申请人无法收购上述股权向交易相对方承担直接、唯一和最终的责任，第一被申请人有权在资金不到位的情况下单方面取消交易。根据《协议书》第4.1款的约定，第三被申请人须自行向交易对方偿付因资金不到位而产生的责任，第一被申请人、第二被申请人等均无须就此向第三被申请人支付任何对价，第三被申请人亦不得向第一被申请人、第二被申请人等追索,第三被申请人应向申请方、第二被申请人等因资金不到位而向交易相对方承担的违约责任进行足额补偿。根据《协议书》第5.2款的约定,第一被申请人有权在相关资金不到位的情况下推迟、取消《协议书》项下的各项交易,由此产生第一被申请人、第二被申请人对交易相对方的违约责任均由第三被申请人直接承担,第一被申请人不承担任何责任。

结合本案交易事实、《协议书》和其他相关证据,足以认定:本案的股权交易系由I集团控制人I报社牵头,由L公司与第三被申请人共同推动发起,并经过申请人的参与和同意。第一被申请人在整个交易中实际上仅仅是中间人,上下家交易通过第三被申请人转付交易款项实现,当且仅当第三被申请人向第一被申请人提供的借款到位的情况下,第一被申请人才有义务转给申请人,第一被申请人并不就向申请人足额、按时支付股权转让款承担责任。本案纠纷系第三被申请人作为唯一和直接责任人未及时履行出资义务而导致的,应当由第三被申请人承担直接和最终的责任。

(2)申请人作为股权受让方不仅对《协议书》的安排知情,更以签订《协议》和《担保协议》、接收第一被申请人支付的3000万元股权转让款和在质证意见中认可第一被申请人的证明目的等方式对《协议书》的安排进行认可和执行,其应受《协议书》关于第一被申请人和第二被申请人免责约定的约束。

①《协议》《担保协议》均系《协议书》安排的结果。

首先,《协议》系《协议书》安排的结果。《协议书》第2.1款第c项与《协议》第1.1款、第1.2款在股权转让主体(均为申请人)、受让主体、转让期限和出让价款方面相一致。

其次,《协议书》《协议》《担保协议》均约定由第三被申请人承担唯一和最终的责任。《协议书》第4.1款约定:甲方(第三被申请人)在此不可撤销地承诺,为乙方(目标公司)、第一被申请人、受让方、第二被申请人、自然人G(即使第一被申请人、受让方、第二被申请人、自然人G并非本协议的签署方)根据本协议所形成的在本协议第2条第1款所列的各项对任何交易对方的付款、支付义务、承诺、保证、担保等提供连带责任保证。第4.2款约定:甲方应当对乙方、第一被申请人、受让方、第二被申请人、自然人G违反对交易对方的义务、承诺和保证、担保而承担的违约责任进行足额补偿,并根据本协议的约定向乙方承担违约责任。申请人作为签署方的《协议》第2.1款约定:就上述第1条约定的股权转让,创建人中的第二被申请人同意无条件并不可撤销地为第一被申请人支付股权转让价款的义务承当连带保证责任。申请人作为签署方的《担保协议》第1.1款约定:第三被申请人同意,无条件并不可撤销地为第一被申请人在协议项下向申请人支付股权转让价款的义务承担连带保证责任。据此,申请人同意由第三被申请人替代第一被申请人和第二被申请人承担《协议》项下的义务向其承担唯一和最终的责任,该约定与上述《协议书》第4.1款、第4.2款的安排一致。

②申请人通过签订《协议》和《担保协议》、接收第一被申请人支付的3000万元股权转让款的方式对《协议书》的安排进行认可和执行,根据我国《合同法》第37条的规定,其应受《协议书》关于第一被申请人和第二被申请人免责约定的约束。

从《协议书》《协议》《担保协议》条款的内在联系,以及申请人在目标公司和股权整体交易安排发挥的作用足以认定:申请人虽非《协议书》的形式当事人,但其作为目标公司主要股东对目标公司签署的《协议书》知情且同意,更以同第一被申请人签订《协议》、同第三被申请人签订《担保协议》以及接受第一被申请人支付3000万元股权转让款的形式实际履行和认可《协议书》。

我国《合同法》第37条规定:“采用合同书形式订立合同,在签字或者盖章之前,当事人一方已经履行主要义务,对方接受的,该合同成立。”我国《合同法》第44条第1款规定:“依法成立的合同,自成立时生效”。我国《合同法》第60条规定:“当事人应当按照约定全面履行自己的义务。”据此,申请人虽然未在《协议书》上签字或盖章,但其以实际履行的方式认可了《协议书》,在第一被申请人、第二被申请人认可申请人接收3000万元股权转让款和第三被申请人履行担保的义务的情况下,《协议书》对申请人、第三被申请人、第一被申请人以及第二被申请人均产生合同效力。综上所述,申请人应受整个交易安排的约束,信守诚实信用原则,遵守《协议书》,向第三被申请人追责。

③申请人不仅实际履行《协议书》,更在其质证意见中认可第一被申请人的证明目的,明确表明其参与《协议书》的起草,并同意由第三被申请人替代第一被申请人和第二被申请人向申请人承担责任,其应受自身承诺的约束,向第三被申请人追责。

申请人提交的落款日期为2018年8月8日的证据目录证据11《L公司2015年年报》"证明目的"载明:"案涉股权转让协议签订时,I报社、L公司、F公司、第三被申请人互为关联方,因目标公司业绩下滑,自然人K作为I报社副社长、L公司董事、F公司总经理、第三被申请人社长代表I集团全面负责L公司退出目标公司的事宜。为了L公司顺利退出目标公司,以自然人K代表的第三被申请人与申请人、第一被申请人、第二被申请人等人同时达成协议,同意由第三被申请人筹集资金,由第一被申请人作为资金过桥方收购L公司和申请人持有的目标公司股权,申请人同意由第三被申请人为第一被申请人、第二被申请人等人向申请人承担无限连带保证责任。"

申请人在其提交的落款日期为2018年8月20日的质证意见中认可第一被申请人的提交的《L公司2015年年报》真实性、合法性和证明目的,明确表明其作为签署方参与《协议书》的起草,并同意由第三被申请人替代第一被申请人和第二被申请人向申请人承担责任。其质证意见载明:"1. 真实性、合法性认可。2. 证明目的认可性。"

据此,即便本案不适用我国《合同法》第37条的规定,鉴于申请人已在质证意见中明确表明其作为签署方参与《协议书》的起草,并同意由第三被申请人替代第一被申请人和第二被申请人向申请人承担责任,其应受到《协议书》安排的约束,向本案唯一的责任人即第三被申请人追责。

综上所述,申请人不仅在此前以签订《协议》和《担保协议》以及接受第一被申请人支付3000万元股权转让款的形式实际履行和认可《协议书》,更在本案发表的质证意见中明确认可《协议书》对其具有拘束力,同意由第三被申请人承担唯一和最终的责任,其应受其承诺的约束,向第三被申请人追责。申请人请求第一被申请人和第二被申请人承担支付股权转让款和违约责任的请求缺乏事实和法律依据,不应得到支持。

3. 第三被申请人具备提供担保的主体资格,假设《协议》有效,其向申请人、第一被申请人及第二被申请人提供的担保亦合法有效,第三被申请人应替代第一被申请人和第二被申请人向申请人承担支付股权转让款的责任。

(1)第三被申请人作为从事经营活动的事业单位,具备提供担保的主体资格,其签订《担保协议》及《协议书》中的担保条款合法有效。

我国《担保法》第9条规定:"学校、幼儿园、医院等以公益为目的的事业单位、社会团体不得为保证人。"《担保法解释》第16条规定:"从事经营活动的事业单位、社会团体为保证人的,如无其他导致保证合同无效的情况,其所签订的保证合同应当认定为有效。"据此,从事经营活动的事业单位,具备提供担保的主体资格。在司法实践中,法院通常结合《事业单位法人证书》所载的事业单位宗旨、业务范围、经费来源等综合判断事业单位是否属于上述"从事经营活动的事业单位",对于既承担部分公益职能又面向社会从事经营活动的事业单位,其签订的担保协议仍合法有效。

山东省高级人民法院在微山县隆丰物资有限公司与山东鲁路公路工程有限公司、济宁市公路管理局微山公路局企业借贷纠纷二审民事判决书(2016)鲁民终487号中认为:"根据《最高人民法院关于〈中华人民共和国担保法〉若干问题的解释》第三条和第十六条的规定,事业单位除了以公益为目的的事业单位之外,还有从事经营活动的事业单位。从事经营活动的事业单位作为保证人的,保证合同应当认定为有效。本案中隆丰公司提交的微山公路局登记管理信息公开情况显示,微山公路,公路工程建设等;经济来源为经费自理;具体经费来源为上级补助收入;该单位面向社会开展业务活动和经营活动。从该证据显示，微山公路局作为事业单位法人，其具有社会公益职能，同时也面向社会从事经营活动。其对外签订的保证合同不违反法律、行政法规强制性规定，应认定为有效合同，隆丰公司以保证合同有效为由主张微山公路局承担连带清偿责任，本院予以支持。上诉人微山公路局主张其属于以公益为目的的事业单位、不应当承担保证责任的理由不成立，本院不予支持。”

在本案中，第三被申请人的《事业单位法人证书》和工商档案明确载明其为“经费自理”的事业单位，经费来源为“非财政补助”。根据第三被申请人公示的2015～2017年的年度报告，第三被申请人连续3年盈利，并一直在寻求广告之外的“新的盈利模式和发展方向”。此外，第三被申请人对外投资14家经营性企业，且与L公司存在关联交易，存在巨额经营性收入。据此，第三被申请人作为“经费自理”的从事经营活动的事业单位，即便承担部分公益职能，其提供的担保亦合法有效。

(2)《担保协议》和《协议书》系第三被申请人真实意思表示，系包括第三被申请人在内的I集团出于商业考虑作出的决策，具有商业上的合理性，本案不存在申请人与第一被申请人、第二被申请人之间的恶意串通；第三被申请人应信守承诺，替代第一被申请人和第二被申请人向申请人支付股权转让款，并承担相应的违约责任。

案涉股权转让发生时，I集团成员I报社、L公司、第三被申请人全面控制目标公司，案涉股权转让的发生的真实情况为：L公司欲退出目标公司以改善其业绩，为避免申请人行使跟随出售权，以I报社为控制人的I集团指定其另一名集团成员第三被申请人向第一被申请人提供借款，由第一被申请人代为收购L公司和申请人的股权，由第三被申请人对上述股权收购责任承担唯一和直接责任。

《协议书》与《担保协议》即上述事实的产物。事实上，申请人、第一被申请人、第二被申请人、第三被申请人均参与《协议书》的签订，之后为了执行《协议书》的安排，申请人又与第三被申请人签订了《担保协议》。《协议书》第4.1

款、第4.2款、第5.2款与《担保协议》第1.1款均明确载明由第三被申请人替代第一被申请人和第二被申请人向申请人承担支付股权转让价款的最终责任,该约定系上述各方真实意思表示,第三被申请人应遵守诚信原则,向申请人承担支付股权转让款的唯一和最终的责任。

(3)第三被申请人关于其担保行为未经内部决策或外部审批违反了相关法律规定而归于无效的主张,缺乏相应事实和法律依据,第三被申请人担保行为合法有效。

首先,第三被申请人主张适用的《事业单位国有资产管理办法》和《行政事业单位内部控制规范(试行)》均非法律或行政法规,根据《合同法解释一》第4条的规定,违反上述规定不导致合同无效。

其次,即便假设《关于分类推进事业单位改革中加强国有资产管理的意见》"赋予"了财政部36号行政法规的效力,其关于事业单位担保的限制性规定亦属管理性强制性法律规定,违反该规定不导致合同无效的法律后果。

再次,第三被申请人系从事经营活动的事业单位并非我国《企业国有资产法》第5条规定的国有独资企业、国有独资公司、国有资本控股公司或国有资本参股公司,《企业国有资产法》不适用于第三被申请人的担保行为。因此,第三被申请人的担保行为即便未经相关政府审批,亦不会导致担保行为无效的后果。

最后,第三被申请人向申请人、第一被申请人及第二被申请人提供担保系《协议书》和《担保协议》的安排,I集团、申请人、第一被申请人对此早已达成一致,上述协议系各方当事人真实意思表示,根本不存在未经内部决策或批准的情形。即便假设相关担保行为未经内部决策或I报社批准,亦不影响第三被申请人担保行为的效力。我国《民法总则》第61条规定:"……法定代表人以法人名义从事的民事活动,其法律后果由法人承受。法人章程或者法人权力机构对法定代表人代表权的限制,不得对抗善意相对人。"我国《合同法》第50条规定:"法人或者其他组织的法定代表人、负责人超越权限订立的合同,除相对人知道或者应当知道其超越权限的以外,该代表行为有效。"《担保法解释》第11条规定:"法人或者其他组织的法定代表人、负责人超越权限订立的担保合同,除相对人知道或者应当知道其超越权限的以外,该代表行为有效。"据此,自然人K作为第三被申请人社长及法定代表人在《担保协议》上签字确认,足以认定第三被申请人担保行为合法有效,第三被申请人以未经内部决策、I报社批准或政府审批为由主张担保行为无效,缺乏事实和法律依据,不应得到支持。第三被申请人应信守承诺,替代第一被申请人和第二被申请人向申请人承担支付股权转让款的唯一责任。

4. 即便仲裁庭认为第一被申请人和第二被申请人应承担责任,我国《合同法》规定的违约责任的赔偿范围亦应以当事人的实际损失为限,申请人在本案中没有遭受实际损失且无法证明其遭受实际损失,其请求被申请人支付利息的请求没有事实和法律依据;假设仲裁庭支持申请人的利息请求,那么也应以365天为基数计算日利率。

(1)申请人在本案中没有遭受实际损失且无法证明其遭受实际损失,其请求被申请人支付利息的请求没有事实和法律依据。

在本案中,第一被申请人已向申请人支付3000万元股权转让款,却未受让申请人持有的任何目标公司股权,即便假设第一被申请人未及时支付股权转让款构成"违约",该所谓的"违约"行为亦未对申请人造成任何损失。

我国《合同法》第113条第1款规定:"当事人一方不履行合同义务或者履行合同义务不符合约定,给对方造成损失的,损失赔偿额应当相当于因违约所造成的损失……"该法第114条第2款规定:"约定的违约金低于造成的损失的,当事人可以请求人民法院或者仲裁机构予以增加;约定的违约金过分高于造成的损失的,当事人可以请求人民法院或者仲裁机构予以适当减少。"据此,合同违约方应当承担违约责任,但其赔偿数额应限于因违约而造成的损失,且该损失不得超过违反合同一方签订合同时所应预见的范围。对于请求的违约金过分高于造成的损失的,当事人可以请求仲裁庭予以减少。在本案中,申请人收到第一被申请人支付的3000万元股权转让款,且未实际支付任何对价,即便第一被申请人逾期支付股权转让款构成"违约",该"违约行为"亦未对申请人造成任何损失,根据我国《合同法》的上述规定,在第一被申请人和第二被申请人"违约行为"未对申请人造成实际损失的情况下,第一被申请人和第二被申请人不应承担相关利息。此外,申请人在本案中高薪聘请两家律所处理同一起案件,即便律师费包括保全费在违约方承担范围内,其支出亦超过了第一被申请人和第二被申请人所能预见的范围,该部分支出亦不应得到支持。

(2)即使假设仲裁庭支持申请人的利息请求,那么也应以365天为基数计算日利率。

申请人主张的利息计算公式不合理,应当予以调整。根据申请人提交的落款日期为2018年6月5日的"《增加和变更仲裁请求申请书》附件一:利息的计算过程和结果",其利息计算公式为:"截至2018年2月12日应向申请人支付的第二期剩余股权转让款×年利率×(截至2018年2月12日迟付天数/360)+2018年2月12日至开庭之日应向申请人支付的第二期剩余股权转让款×年利率×(2018年2月12日至开庭之日迟付天数/360)+应向申请人支付的第三期股权转让款×年利率×(迟付天数/360)。"

第一被申请人认为,以上计算公式以360天为基数计算日利率,不当地扩大了被申请人的利息数额,应当以365天为1年的日数计算日利率。若以365天为基数计算日利率,则被申请人应向第一被申请人支付的利息数额为610余万元(而非申请人请求的620余万元),应向第二被申请人支付的利息数额为98万余元(而非申请人请求的近100万元),共计710余万元(而非申请人请求的720余万元)。

综上所述,首先,案涉股权转让协议即《协议》因违反相关法规,未经评估或审批,应被认定为无效或未生效之合同,申请人的全部仲裁请求缺乏事实和法律依据,不应得到支持。其次,即便假设《协议》有效,申请人、第三被申请人、第一被申请人及第二被申请人作为《协议书》的当事人均参与《协议书》的起草，申请人与第三被申请人分别通过接受第一被申请人3000万元股权转让款和向申请人提供担保的方式执行《协议书》的安排，均应受《协议书》的约束，由具备担保资格的第三被申请人替代第一被申请人和第二被申请人向申请人承担支付股权转让款的直接、唯一和最终的责任。最后，假设《协议》有效，本案的违约责任的赔偿范围亦应以当事人的实际损失为限，申请人在本案中没有遭受实际损失且无法证明其遭受实际损失，其请求被申请人支付双重律师费和利息的请求没有事实和法律依据。假设仲裁庭支持申请人的利息请求，那么也应以365天为基数计算日利率。

（五）第二被申请人代理意见

1. 案涉股权转让应经过批准和资产评估程序。

2016年8月4日签订股权转让协议时，申请人持有目标公司22.11%的股权，第一被申请人持有目标公司逾27%的股权，Q公司持有目标公司近13%的股权，L公司持有目标公司逾36%的股权。而J市某社会团体100%持有I报社，I报社持有L公司近88%的股权。L公司是目标公司第一大股东，且通过一系列的经营管理决议和安排，I报社通过L公司和第三被申请人实际控制目标公司。根据《企业国有资产交易监督管理办法》（国务院国有资产监督管理委员会、财政部令第32号）第4条的规定，“……国有及国有控股企业、国有实际控制企业包括……（四）政府部门、机构、事业单位、单一国有及国有控股企业直接或间接持股比例未超过50%，但为第一大股东，并且通过股东协议、公司章程、董事会决议或者其他协议安排能够对其实际支配的企业。目标公司应认定为“国有及国有控股企业、国有实际控制企业”。

该办法第7条规定：“国资监管机构负责审核国家出资企业的产权转让事项。其中，因产权转让致使国家不再拥有所出资企业控股权的，须由国资监管机构报本级人民政府批准。”目标公司是国家出资企业，如第一被申请人实际受让申请人持有的逾20%的股权，第一被申请人将持有目标公司全部股权的逾47%，届时L公司将失去对国有控股企业、国有实际控制企业的控股权。案涉的股权转让应履行相应的批准手续。

目标公司进行了企业国有资产占有产权登记,属于国有资产占有单位。根据国务院制定的《国有资产评估管理办法》第3条的规定,国有资产占有单位有下列情形之一的,应当进行资产评估:(1)资产拍卖、转让;(2)企业兼并、出售、联营、股份经营……(5)依照国家有关规定需要进行资产评估的其他情形。而国家有关规定包括下面两项:一是财政部《关于改革国有资产评估行政管理方式加强资产评估监督管理工作的意见》第2条,即国有资产占有单位在发生公司制改建、对外投资、合并、分立、清算、股权比例变动、产权转让、资产拍卖、租赁、资产涉讼及其他影响国有权益等行为时,必须遵照国家现行法律法规的要求,独立聘请中介机构进行资产评估,不得有意或借故规避评估程序,不得借评估行为弄虚作假、侵吞国有资产;二是财政部《国有资产评估管理若干问题的规定》第3条规定,"占有单位有下列行为之一的,应当对相关国有资产进行评估……(四)除上市公司以外的原股东股权比例变动……(九)法律、行政法规规定的其他需要进行评估的事项"。由此可见,按照国务院行政法规规定,案涉的股权转让应进行相应的评估程序。

根据财政部《关于公布废止和失效的财政规章和规范性文件目录(第十二批)的决定》,财政部对新中国成立以来至2013年12月发布的财政规章和规范性文件进行了第十二次全面清理,并逐一作出了鉴定。上述引用的《关于改革国有资产评估行政管理方式加强资产评估监督管理工作的意见》和《国有资产评估管理若干问题的规定》不在该等目录中,此后发布的废止部分规章和规范性文件的决定也不包括该等文件。

申请人认为,《国有资产评估管理若干问题的规定》发布施行时国资委尚未设立,应根据"新法优于旧法"的原则,适用国资委制定的《企业国有资产评估管理暂行办法》第6条第4项的规定。申请人主张的原则缺乏法律依据,彼时国资委虽未成立,但国有资产管理局存在,两部门的规章均是根据国务院《国有资产评估管理办法》制定的,针对性及涵盖的范围不同,《关于改革国有资产评估行政管理方式加强资产评估监督管理工作的意见》和《国有资产评估管理若干问题的规定》在本案中仍为有效且适用。

虽然在本案中出让方和受让方为民营企业,但在2016年8月4日签订股权转让协议时,目标公司是国家出资企业和/或国有资产占有单位,整个目标公司的股权转让交易势必涉及优先认购权行使等事项,以及国有资产的使用、处置和管理,应按照国有资产监督管理的规定予以全面审查。

案涉股权转让协议各方没有履行相应的资产评估和批准手续,违反了《国有资产评估管理办法》和国家有关规定,根据我国《合同法》第52条的规定,"有下列情形之一的,合同无效……(四)损害社会公共利益;(五)违反法律、行政法规的强制性规定",该协议应当被认定为无效,第二被申请人亦不应当承担任何担保责任。

2. 目标公司和第三被申请人协议书,也即大协议,属于本案审理范围。

大协议虽然在目标公司和第三被申请人之间签订,但安排的是目标公司股权转让和重组的整体交易,与各方权益密切相关,各方也在大协议确定的模式、步骤和条件下分别签订有关的从属协议,大协议的整体安排取得了各方的认可和执行。大协议是本案所涉交易发生的前提和事实基础,是案涉交易的基础性文件,也是证明本案各方权利义务关系实情的重要证据,应作为本案公正裁决的重要依据。

第一被申请人和第二被申请人将大协议作为证据提交,用以揭示和证明本案的基本事实和背景前提,与案涉股权转让交易直接相关。虽然大协议约定的争议解决方式是北京仲裁委员会,但只是针对大协议当事人发生争议的情况。只要大协议能够客观如实反映整件事情的本来面目和整个股权转让交易的脉络,并不影响其成为本案的关键证据。

大协议加盖了第三被申请人的公章,而且已经实际履行,各方分别据此签署了股权转让协议,有关款项也是按照大协议的部署由第三被申请人安排的。大协议完全是一份已经生效和履行的协议。

大协议项下通过借款形式对目标公司进行业务和资产重组,有关的借款约定了相应利息,如其第2条第3款约定,借款期限不低于3年,借款利率在每一笔借款时具体约定,原则上不超过银行同期借款利率。由此可见,大协议符合商业规范和重组业务通行做法。第三被申请人在“仲裁答辩状(三)”第4页提出的所谓“此交易模式的设计目标,仅在于I报社旗下的国有资产”罔顾基本事实和证据。

第三被申请人作为目标公司的实际控制人,其主导的大协议涉及收购第三被申请人控制的另一家企业——R公司业务的安排和“一揽子”计划,该等安排相应地盘活了第三被申请人旗下资产,也满足了I集团旗下香港上市公司L公司报表的业绩表现要求,I集团包括L公司、第三被申请人是明确的受益人。

申请人、L公司和第三被申请人依据大协议的安排参加有关的协议符合且最大限度地维护了他们的根本利益。第三被申请人所谓恶意串通、损害国家利益之说根本不能成立。

3. 股权转让协议的担保条款对第二被申请人无约束力。

按照大协议,第三被申请人对目标公司和第一被申请人各项交易的付款、支付义务等向有关方,包括第二被申请人提供连带责任保证并自行向交易对方偿付该等义务,进行足额补偿。如果第三被申请人能够提供担保,第二被申请人就不会提供任何担保,第二被申请人只是负责督促目标公司和第一被申请人把L公司和第三被申请人安排的有关款项转给申请人,这是一种附条件的民事法律行为。在第三被申请人随后签署了担保协议的情况下,第二被申请人没有任何担保责任和义务。

第二被申请人在股权转让协议上只签了签字页,并没有在协议每一页上签字确认,对协议中第2.1条的担保条款保留意见没有确认,这是本案的基本事实。在商业活动特别是并购业务中因时间安排不配合或当事人身处各地等客观因素,在有关协议缔约过程中先签署及交换签字页,随后经通信等方式确认相应的文本正文内容是通行做法,签字页只有在协议文本内容全部经各方确认后才能生效,否则没有任何正文的签字页就不能产生相应的约束力。在本案中,申请人没有提供股权转让协议签署时第二被申请人确认协议正文内容的证据,在大协议下第二被申请人不应该承担任何担保责任的诉求和意思表示是明确和坚决的,股权转让协议中第2.1条的担保条款对第二被申请人没有任何约束力。

股权转让协议各方对协议每一页内容进行确认是其交易习惯,申请人等在协议每一页上都加盖了骑缝章,第二被申请人没有在每一页上签字不符合各方惯常的交易习惯,对此应当按照合同签订的背景条件、合同目的、交易习惯以及诚实信用原则,确定第二被申请人的真实意思表示。

申请人抛开大协议和整体交易背景向第二被申请人主张所谓担保责任,违背了整体交易的信义基础。

申请人与I集团签署过备忘录,这已经为申请人提交的证据所证实,第三被申请人虽极力否认但也改变不了自然人K作为第三被申请人法定代表人所述事实的可信程度。申请人放弃行使跟售权以配合L公司退出目标公司,I集团为申请人安排股权转让和担保。申请人与I集团就L公司退出目标公司进行利益交换和秘密约定,违反诚实信用原则,第二被申请人已经没有任何义务承担所谓的担保责任。

4. 第三被申请人提供担保主体适格,经过了自身和I集团审核,有关担保事项不以J市财政局审批为前置条件。

第三被申请人事业单位证书上清楚地载明“经费自理”,其在J市事业单位信用信息网上以及年报上公示的经费来源是“非财政补助”。其没有被任何文件明确界定为公益二类事业单位,反而长期实行事业单位企业化管理。根据其业务范围和实际活动,第三被申请人应该属于从事生产经营活动的事业单位,可以其经营性资产提供担保。

L公司年报披露的信息反映出第三被申请人曾经提供担保的实情。

案涉整体交易是I报社和L公司、第三被申请人协调安排的,I报社对股权转让和担保事项知情且同意,L公司可以借此顺利退出目标公司从而避免长期影响香港上市公司业绩。目前,大量的通信证据表明,I报社和L公司、第三被申请人全程参加了案涉问题的商议和解决,I报社和第三被申请人对担保事项知情且同意,负有相应的法律责任。

第三被申请人N和O手书的证言,清楚地表明第三被申请人提供有关担保时经过了其社委会的审议和书面决议,是为了支持I集团工作,有关担保事项经过了相应的核准程序,I集团是首肯的。在有明确证据表明存在上述决议时,第三被申请人应承担相应的举证责任和举证不能的后果。

第三被申请人提出按照《事业单位国有资产管理暂行办法》第6条的规定,相关担保应经J市财政局审批,该等说法混淆视听。按照该暂行办法第3条的规定,该暂行办法所称的事业单位国有资产,须依法确认为国家所有,目前第三被申请人没有提供任何确认文件或手续。《国家出资企业产权登记管理暂行办法》第3条规定:"国家出资企业、国家出资企业(不含国有资本参股公司)拥有实际控制权的境内外各级企业及其投资参股企业,应当纳入产权登记范围。国家出资企业所属事业单位视为其子企业进行产权登记。"《事业单位及事业单位所办企业国有资产产权登记管理办法》第3条规定:占有、使用国有资产的各级各类事业单位及其所办企业,应当依照本办法的规定向其同级财政部门申报、办理国有资产产权登记。第10条规定:事业单位产权登记包括占有产权登记、变动产权登记和注销产权登记。第19条规定:未及时办理产权登记的事业单位在补办产权登记时,应当书面说明原因。事业单位国有资产若设置抵押、质押、留置或提供保证、定金以及资产被司法机关冻结的,应当在申请办理产权登记时如实向财政部门、主管部门报告。第21条规定:产权归属关系不清楚、发生产权纠纷或资产被司法机关冻结的,应当暂缓办理产权登记,并在产权界定清楚、产权纠纷处理完毕或资产被司法机关解冻后,及时办理产权登记。I报社及第三被申请人没有或无法按照上述规定办理相应的国有资产产权登记,第三被申请人的经营性资产长期没有得到清理和确权,有关担保事项无法适用该暂行办法。

事业单位改革涉及很多方面的规范，第三被申请人提供的暂行办法是2006年发布，分类推进事业单位改革配套文件是2011年印发，但配套规章和规范性文件均在逐步完善，对事业单位国有资产产权登记随后也有了具体的管理办法，第三被申请人引用事业单位国有资产管理方面文件需要有资产确权和界定的前提。对于经营性的事业单位，总体方向是逐步转为企业，这就需要资产清查和资产处置，对于投资、债权债务、抵押担保等需要按规定清理。事业单位改革涉及一系列法律文件，不能摘取所需、断章取义。《事业单位国有资产管理暂行办法》第6条关于财政部门管理职能的条款不适用本案情况，J市财政局只能按规定权限审批本级事业单位经法律确认为国家所有的资产，在缺乏有关的资产清查和国有资产确权界定的情况下，第三被申请人主张有关担保应由J市财政局审批于法无据，J市财政局也没有受理依据。

从以上各种方面可以认定，第三被申请人签署的担保协议是有效的，是第三被申请人的真实意思表示。第三被申请人在2018年6月8日提交的答辩状中，明确其对担保协议签订情况进行了核实，相应担保协议签字盖章属实，其担保范围包括未支付的股权转让价款，现第三被申请人在没有客观证据和适当法律依据支持的情况下又提出担保协议效力问题，完全是为了推卸和逃避法律责任。

第二被申请人提出的各项答辩和质证意见准确反映了事情的本来面目，具有相应的事实基础和法律依据。请仲裁庭充分考虑第二被申请人的意见，维护其合法权益。

（六）第三被申请人代理意见

1. 第三被申请人在本案中不具有担保资格，《担保合同》具有明显的违法性，应依法应认定无效。

第三被申请人作为事业单位法人，在适用我国《担保法》的问题上，主要基于以下3项法律规定：我国《担保法》第9条规定，学校、幼儿园、医院等以公益为目的的事业单位、社会团体不得为保证人。《担保法解释》第3条规定，国家机关和以公益为目的的事业单位、社会团体违反法律规定提供担保的，担保合同无效；第16条规定，从事经营活动的事业单位、社会团体为保证人的，如无其他导致保证合同无效的情况，其所签定的保证合同应当认定为有效。

从我国《担保法》的规定来看，“以公益为目的的事业单位”和“从事经营活动的事业单位”对应两种截然不同的法律后果。在司法实践中，既有将“从事经营活动”作为事业单位主体性质的应用，也有将“从事经营活动”作为事业单位的行为性质的应用。作为主体性质的应用：“以公益为目的的事业单位”和“从事生产经营活动的事业单位”作为区分事业单位性质的两个互相平行且排斥的法律概念，前者不具备担保资格，后者具备担保资格。作为行为性质的应用：我国《担保法》作为约束担保法律关系的基本法，将作为“公益法人”的事业单位排除在保证资格之外，其担保行为仅在作为“从事经营活动”的行为中有效。

对于本案来说，无论如何适用我国《担保法》的规定，案涉《担保合同》均应认定为无效。

(1)如果将“从事经营活动”作为事业单位主体的性质，第三被申请人作为“以公益为目的的事业单位”不具有担保资格。

“以公益为目的的事业单位”和“从事经营活动的事业单位”仅仅从我国《担保法》的规定上来看几乎无法区分，因为明确作为“不得作为保证人”的学校、幼儿园、医院等基本也都从事与其公益职能相关的“经营”活动。那么区分这两个概念，就不能仅仅以其有没有营业收入、是否从事“经营”活动来判断，而是必须依赖其他相关具有法律效力的文件判断。国务院办公厅发布的《关于事业单位分类的意见》对于“从事公益服务”和“从事生产经营活动”作出了明确区分和解释，第三被申请人完全可以“对号入座”纳入“从事公益服务”的主体性质。

①“从事生产经营活动的事业单位”的法律定义是“所提供的产品或服务

可以由市场配置资源、不承担公益服务职责的事业单位”。第三被申请人承担公益服务职责，应排除在“从事经营活动的事业单位”之外。

②第三被申请人的《事业单位法人证书》中清楚载明其“宗旨和业务范围”是“以普法宣传为主要内容的报纸”，完全是为社会提供公益服务的性质。

③第三被申请人为政府提供公益服务，符合政府通过购买服务的方式向第三被申请人给予财政补贴的“公益二类”事业单位的行为特征。

(2)如果依据上述法律适用，第三被申请人作为以公益为目的的事业单位法人，不得作为保证人，本案《担保协议》无效。这样的判断虽简洁清晰，却很难解释在司法实践中其他具有公益性质的事业单位承担保证责任的问题。故此，本案还需从另一个角度考量我国《担保法》的适用问题。

如果将“从事经营活动”作为保证的行为标准来判断，本案争议的《担保协议》不属于第三被申请人“从事经营活动”的范围，且具有严重的违法性，应认定为无效。

我国《担保法》对于可以成为“保证人”的主体一共有4条规定，分别是第7条、第8条、第9条、第10条，其中第7条是可以作为保证人的具体规定，另外3条是不得作为保证人的具体规定。不得作为保证人的主体分别是国家机关、公益性法人及企业法人分支机构和职能部门。

《事业单位登记管理暂行条例》(国务院令第411号)第2条规定：“本条例所称事业单位，是指国家为了社会公益目的，由国家机关举办或者其他组织利用国有资产举办的，从事教育、科技、文化、卫生等活动的社会服务组织。”可以理解为：我国《担保法》作为调整担保关系的基本法，已将作为公益法人的事业单位原则性的排除在适格担保主体之外。而《担保法解释》规定“从事经营活动”，并不是指事业单位的主体性质，而是事业单位从事担保活动的行为性质。

如果按照行为标准，《担保法解释》第16条规定：“从事经营活动的事业单位、社会团体为保证人的，如无其他导致保证合同无效的情况，其所签定的保证合同应当认定为有效。”因此，有效的担保行为应具备以下两个标准：①事业单位的担保行为属于其合法的经营活动;②事业单位签署《担保合同》的行为不存在其他导致担保合同无效的情况。因此,判断本案《担保合同》是否有效,需区分下关键问题:

首先,何为事业单位的合法经营活动?本案担保是否属于第三被申请人的合法经营活动范围?

《事业单位登记管理暂行条例》第15条规定:事业单位开展活动,按照国家有关规定取得的合法收入,必须用于符合其宗旨和业务范围的活动。《事业单位登记管理暂行条例实施细则》第27条规定:事业单位宗旨是指举办事业单位的主要目的,事业单位业务范围是对事业单位可以开展的业务事项的界定。事业单位业务范围应当符合宗旨的要求,并与其资金、场地、设备、从业人员以及技术力量相适应。事业单位应当在核准登记的业务范围内开展活动。

从上述行政法规的规定可以明显看出:事业单位的业务活动范围,必须在其"核准登记"的范围之内。"经营"行为,属于"业务"的类型之一;"担保"行为,又属"经营"的类型之一。因此,仅有当"担保"职能或与担保有关的"经营"职能明确被列入事业单位的核准登记经营范围即《事业单位法人证书》体现的"宗旨和业务范围"时,事业单位法人所签署的担保合同才具有基本有效的前提条件。

在本案中,第三被申请人的"宗旨和业务范围"是"采用晚报形式、以普法宣传、客观反映法制建设动态为主要内容的法制类报纸"与本案担保活动毫不相关。因此,本案中的担保行为不属于第三被申请人合法行为范围,应认定为无效。

其次,事业单位签署《担保合同》需要符合哪些法定要求?本案担保是否符合相关法律规定?

财政部作为事业单位占有的国有资产管理部门,就事业单位担保行为进行了如下规定:《行政事业单位内部控制规范(试行)》第54条规定,"单位应当建立健全合同内部管理制度……严禁违规签订担保、投资和借贷合同"。《事业单位国有资产管理暂行办法》第21条规定,"事业单位利用国有资产对外投资、出租、出借和担保等应当进行必要的可行性论证,并提出申请,经主管部门审核同意后,报同级财政部门审批……”。

根据上述规定,事业单位本身无权决策使用其占有的国有资产为他人担保,担保行为的决策权在同级财政部门。适用到本案中,假设第三被申请人具备担保资格的情况下,也需要先将本案担保事宜经社委会通过后报主管单位I报社审核同意,再报J市财政局审批。而本案中的担保合同,仅仅是社长自然人K签字、第三被申请人盖章,严重不符合事业单位签署担保合同的法定要求,属于《担保法解释》第16条“其他导致合同无效的情况”之规定,应认定本案担保合同无效。

(3)申请人、第一被申请人、第二被申请人在本案中所主张第三被申请人具有担保主体资格的依据均不能成立。

①“经费自理”不能作为事业单位具有担保资格的依据。《事业单位登记管理暂行条例实施细则》第32条规定:“事业单位的经费来源是指事业单位的收入渠道,包括财政补助和非财政补助两类。”事业单位的经费来源是否是财政拨款、有多少财政拨款,与其是否是公益法人或是否从事公益职能都没有关系,与我国《担保法》规定“以公益为目的的事业单位”的属性更无关系。

②“取得经营收入”不能作为事业单位具有担保资格的依据。如果将“向社会提供公益服务,从而取得相应的报酬”作为事业单位的“经营收入”活动,我国《担保法》第9条明确不能作为担保主体的学校、幼儿园、医院,都符合上述“取得经营收入”标准。第三被申请人“以晚报的形式向社会提供普法等公益服务,从而取得一定的收益”的行为性质,与高等院校向学生收取学费、幼儿园向家长收取托管费、医院向病人收取诊费药费的行为性质,在我国《担保法》层面上没有本质差别,不能以此认定第三被申请人不是以公益为目的。

(4)如果一定要将第三被申请人作为“经营性事业单位”的主体来认定,那至少也要比照国有独资企业在担保行为方面的要求判断。

我国《企业国有资产法》第10条规定:国有资产受法律保护,任何单位和个人不得侵害。第30条规定:国家出资企业合并、分立、改制、上市,增加或者减少注册资本,发行债券,进行重大投资,为他人提供大额担保,转让重大财产,进行大额捐赠,分配利润,以及解散、申请破产等重大事项,应当遵守法律、行政法规以及企业章程的规定,不得损害出资人和债权人的权益。第32条规定:国有独资企业、国有独资公司有本法第30条所列事项的,除依照本法第31条和有关法律、行政法规以及企业章程的规定,由履行出资人职责的机构决定的以外,国有独资企业由企业负责人集体讨论决定,国有独资公司由董事会决定。第36条规定:以国有资产与他人交易应当公平、有偿、取得合理对价。

通过上述法律规定可以看出,我国《担保法》对于国有企业的担保行为要求显然比事业单位要"宽松"许多,即使在这样的情况下,本案中第三被申请人的《担保协议》仍然不符合法定要求,应认定为无效。

2. 从我国《合同法》的角度,本案《担保合同》依然具备多重无效条件。

我国《合同法》第52条规定,有下列情形之一的,合同无效:(1)一方以欺诈、胁迫的手段订立合同,损害国家利益;(2)恶意串通,损害国家、集体或者第三人利益;(3)以合法形式掩盖非法目的;(4)损害社会公共利益;(5)违反法律、行政法规的强制性规定。

(1)本案《担保合同》违反法律、行政法规的强制性规定,应当认定无效。

《事业单位登记管理暂行条例》第16条规定:"事业单位必须执行国家有关财务、价格等管理制度,接受财税、审计部门的监督。"《行政事业单位内部控制规范(试行)》和《事业单位国有资产管理暂行办法》等都是国家有关的财务管理制度,本案《担保合同》违反了上述财务管理制度对事业单位担保行为的强制性规定,就是违反了作为行政法规的《事业单位登记管理暂行条例》的强制性规定。

(2)本案《担保合同》"损害社会公共利益",应当认定无效。

申请人、第一被申请人、第二被申请人都是私营企业或个人,未对第三被申请人的担保提供任何"对价"和反担保措施,相当于将国有资产"赠与"私人,其结果必然造成国家利益和社会公众利益的损害。虽然申请人在庭审中主张此担保的"对价"是申请人放弃对L公司的"跟随出售权",但第三被申请人认为不能成立。理由如下:

①向L公司支付的"对价"不等于向第三被申请人支付了"对价"。L公司与第三被申请人虽然有关联性,但却是完全独立的两个主体。L公司是国资控股的香港上市公司,第三被申请人是国有事业单位,两者股东、管理体制均不相同,不能视为同一主体。

②"跟随出售权"本就是基于申请人、第一被申请人、第二被申请人恶意串通,将本应由第一被申请人、第二被申请人承担的"回购"义务,转嫁到L公司的结果,不能作为"对价"主张。

(3)本案《担保协议》存在"恶意串通、损害国家利益"情节,应当认定无效。

根据申请人在庭审中的主张,本案由第一被申请人受让申请人持有目标公司股权,由第三被申请人提供担保,从而签署本案争议《协议》和《担保协议》的交易安排,是基于《股东协议》约定的"跟随出售权"。目前,已有充分证据证明:该"跟随出售权"的行权基础就是申请人、第一被申请人的恶意串通;申请人、第一被申请人"放弃"通过"跟随出售权"交易,而选择第三被申请人的担保,是在相互串通的基础上,通过第三被申请人占有的国有资产付款实现申请人对目标公司的投资退出。

①第一被申请人、第二被申请人本就负有保证申请人投资退出的"回购"义务,"跟随出售权"的行使,是第一被申请人、第二被申请人恶意串通的义务"转嫁"。

根据申请人增资目标公司时各股东共同签署的《增资协议》《股东协议》《公司章程》的约定可以看出:第一,申请人、第一被申请人在目标公司中联合实际控制的股权比例超过51%、董事会席位达到2/3且申请人拥有"一票否决"的特殊权限。申请人和第一被申请人、第二被申请人可以联席作出目标公司所有重大决策。第二,第一被申请人始终对申请人负有退出的"回购义务",

第二被申请人、自然人 G 对第一被申请人的股权转让款支付负有保证责任。

因此,申请人、第一被申请人、第二被申请人在目标公司已经结成了深度捆绑的利益联盟。在目标公司经营盈利的情况下,申请人与第一被申请人、第二被申请人共享投资收益;在项目公司经营亏损情况下,第一被申请人、第二被申请人保证申请人的投资款得以退出。相反,L 公司作为仅持有目标公司逾 36% 股权、在董事会仅占 1 个席位、没有与申请人进行特别约定的“其他股东”,既不可能分享申请人投资获益,也没有保障申请人投资退出的义务。

“跟随出售权”的行使,是基于申请人、第一被申请人、第二被申请人串通的恶意“义务转嫁”。根据《股东协议》的约定和相应的权利主张方式:第一,“跟随出售权”与“回购权”的权利、义务相对人完全一致,都是申请人和第一被申请人;第二,申请人主张“回购权”可主张 1.75 亿元转让款,而主张“跟随出售权”仅能主张近 1.03 亿元转让款;第三,有且仅有在“权利人主张价值更低的权利的同时义务人拒绝负担更低的义务”的极端违背常识的逻辑下,申请人的股权转让款支付义务才会落至 L 公司。申请人和第一被申请人同时作出极端违背常识的选择,却能形成对 L 公司的利益加害,只能是基于两者的恶意串通。

②将由“第三被申请人提供担保”作为“放弃对 L 公司‘跟随出售权’”的对价,其真实意图在于通过第三被申请人承担担保责任,而不在于第一被申请人支付股权转让款。

第一被申请人没有能力,也没有意愿支付本案争议股权转让款;根据几轮质证后,从四方当事人均已确认真实的证据材料中可以看出,第一被申请人具有如下两个特征:第一,第一被申请人是股东由 5 个自然人和一家公司组成的纯民营公司,股本出资共 1800 万元,并没有实际经营。在现有条件下根本没有能力履行《协议》项下 1.2 亿元股权转让款的支付义务。第二,第一被申请人已经明确拒绝申请人根据“跟随出售权”所主张的本案争议股权转让款的支付义务。该义务对应的金额是近 1.03 亿元,远低于本案争议股权转让金额。第三被申请人虽以“保证人”的“身份”出现，却作为真正的付款人被安排在交易当中。

第一被申请人放弃履行“跟随出售权”对应的近1.03亿元股权转让款支付义务，而选择签署本案《协议》对应的1.2亿元股权转让款支付义务，明显是一个“违背常识”的选择，只能说明其根本就没有实际支付股权转让款的意愿。结合第一被申请人反复主张大协议的说法，其仅在取得第三被申请人“借款”的条件下，才会向申请人支付股权转让价款。

申请人在接连“放弃”对第一被申请人“回购权”和“跟随出售权”的主张，而签署本案争议股权转让《协议》和《担保协议》，就是获知第一申请人不可能自行出资付款的情况下，从而取得第三被申请人的直接或间接付款，其意图是利用国有资产为其投资失败“埋单”。

(4)本案《担保协议》“以合法形式掩盖非法目的”，应当认定无效。

第一被申请人、第二被申请人反复主张，本案争议的股权转让《协议》和《担保协议》均是基于一个被称为大协议的《协议书》的具体履行协议。经2018年8月29日仲裁庭组织的对该协议的原件进行质证核实，该协议确实由第三被申请人加盖了公章，但是没有社长自然人K的签字。也就是说，《协议书》是真实的。

该协议最核心的内容是一个“三步走”的交易安排。第一步：第三被申请人向F公司提供借款5.5亿元借款，主要用于：一是以3200万元收购第三被申请人持有R公司32%股权；二是第一被申请人向其他各股东收购F公司的股权；三是F公司偿还L公司部分债务。第二步：上述5.5亿元债权到期(3年)后由第三被申请人以5.5亿元回购第一步中以3200万元转让给F公司的R公司32%的股权。第三步：F公司用上述5.5亿元的股权转让款偿还第三被申请人的债务。这是一个非常明显的具有侵占国有资产恶意的非法交易。而本案交易恰恰是其中环节之一。

综上所述，本案由第三被申请人签署的《担保协议》无论从我国《担保法》

还是从我国《合同法》的角度判断,均属于无效担保合同的范畴,理应依法认定为无效。申请人、第一被申请人、第二被申请人在本案中都具有严重过错,且申请人未因担保合同的无效而遭到任何损失。仲裁庭应驳回申请人对第三被申请人承担担保或赔偿责任的所有仲裁请求。

二、仲裁庭意见

本案源于申请人与被申请人之间签订的《协议》以及《担保协议》。

2010年8月9日F广告有限公司(后于2014年3月13日改名为F公司)在J市注册成立,共同发起人为L公司和第一被申请人。F公司的经营范围包括技术开发、咨询、转让、服务;项目投资、咨询;设计、制作、代理、发布广告等事项。F公司实际上是一家跨媒体航空传媒公司,通过机场LED屏、机上电视、航空平面媒体创收。第二被申请人是F公司的法定代表人兼董事长,自然人G是F公司的董事兼经理。

2010年12月31日F公司新增了自然人股东T。2011年12月23日L公司、第一被申请人、自然人T、第二被申请人和自然人G,与第一申请人、第二申请人曾经签订一份《F公司广告有限公司股东协议》(以下简称《股东协议》),约定第一申请人、第二申请人出资15,000万元认缴新增注册资本,并约定了第4.2条第(c)项跟随出售权、第4.5条回购权、第5.1条估值调整等交易安排。2012年12月26日F公司新增法人股东Q公司。

经过上述股东出资变化,2013年度报告股东及出资信息显示:L公司出资9610余万元,占注册资本的逾36%;第一被申请人出资近7220万元,占注册资本的逾27%;第一申请人出资5070余万元,占注册资本的逾19%;Q公司出资近3430万元,占注册资本的近13%;第二申请人出资810余万元,占注册的资本的逾3%;自然人T出资470余万元,占注册资本的近2%。2014~2016年度报告股东及出资信息显示的数据与上述相同。

2016年申请人和被申请人对F公司的股份有了新安排，由此签订了本案系争的两份协议。

2016年8月4日第一申请人、第二申请人与第一被申请人、第二被申请人、F公司、自然人G签订了案涉《协议》。《协议》第1条“股权转让”约定：“1.1　中国C广告传媒公司（指第一被申请人，下同）同意以人民币12,000万元的价格（以下简称股权转让款）受让两申请人持有的逾20%的公司（指F公司，下同）股权……1.2　股权转让价款的支付。股权转让价款将由中国C广告传媒公司分三期向两申请人支付……”第2条约定了本案第二被申请人的担保义务，即“就上述第1条约定的股权转让，创建人中的自然人D（指第二被申请人，下同）同意无条件并不可撤销地为中国C广告传媒公司股权转让价款的义务承担连带保证责任”。第3条约定：“3.1　各方同意，在本协议生效后，《股东协议》之‘4.2(c)跟随出售权’、‘4.5回购权’、‘5.1估值调整’的效力中止……”概述而言，协议前3条约定的是：第一被申请人受让第一申请人、第二申请人的股权，分3期支付价款，第二被申请人为支付价款提供连带担保责任，申请人的跟随出售权等权利效力中止。

为了让2016年8月4日签订的《协议》得到妥善履行，第一申请人、第二申请人和第三被申请人于同日签订了《担保协议》。其中第1条“承担担保责任”约定：“1.1　E报社（指第三被申请人，下同）同意，无条件并不可撤销地为中国C广告传媒公司在《协议》项下向两申请人支付股权转让价款的义务承担连带保证责任。”

《协议》和《担保协议》的履行过程中，第一被申请人在支付了2000万元股权转让价款后，没有继续按期支付。故，申请人于2017年10月30日提起仲裁。后因2018年2月12日第二被申请人向申请人支付了1000万元股权转让价款，申请人于2018年6月5日增加和变更了仲裁请求。

要判断申请人的仲裁请求是否成立，关键在于对《协议》和《担保协议》的有效性分别作出判断，这就涉及《协议》和《担保协议》各方当事人的企业性质。

在判断《协议》和《担保协议》有效性的基础上，进一步分析系争的两份协议在履行过程中产生的违约责任、连带保证责任、赔偿责任问题。仲裁庭已经对本案进行了开庭审理，现根据案件事实、合同约定和法律规定，就申请人各项仲裁请求及理由以及被申请人之答辩，对上述问题逐一进行分析、判断。

（一）关于《协议》有效性问题的分析

申请人主张，本案《协议》不存在任何无效或未生效的情形。案涉股权转让交易的交易双方均为民营企业，交易标的不涉及国有资产，不属于国有资产转让交易，因此不适用国有资产管理相关规定，无须进行任何与国有资产相关的审批、评估程序。

第一被申请人主张，《协议》因违反相关国有资产法规的强制性规定而无效或未生效，申请人的全部仲裁请求没有法律依据。第二被申请人认为，案涉股权转让程序应经过批准和资产评估程序。

仲裁庭发现，双方争议的《协议》由第一申请人、第二申请人与第一被申请人、第二被申请人、F公司、自然人G在2016年8月4日签订。《协议》第1条"股权转让"约定："1.1 中国C公司同意以人民币12,000万元的价格（以下简称股权转让款）受让两申请人持有的逾20%的公司股权……1.2 股权转让价款的支付。股权转让价款将由中国C公司分三期向两申请人支付……"

基于《协议》的主要内容，结合上述双方主张，仲裁庭认为，争议焦点是《协议》的有效性，如果《协议》违反与国有资产管理有关的法律、行政法规的强制性规定，则归于无效。对这一问题进行分析，必须厘清交易各方的基本情况、目标公司的基本情况，在此基础上依据国有资产管理相关规定分析《协议》中的股权转让行为，最后对《协议》是否有效作出判断。

1. 第一申请人、第二申请人、第一被申请人的基本情况

仲裁庭通过阅读案件材料，了解到以下事实：

第一申请人的营业执照显示，第一申请人的名称为中国A投资合伙企业，成立于2011年。公司类型为有限合伙企业，经营范围是从事对未上市企业的

投资,对上市公司非公开发行股票的投资以及相关咨询服务。第一申请人有39名股东,其中34名为自然人股东,5名为企业法人股东。由于该企业性质为合伙企业,绝大多数股份由自然人持有。故仲裁庭认定,第一申请人不属于国有企业,不涉及国有资产问题。

第二申请人的营业执照显示,第二申请人的名称为中国B投资合伙企业,成立于2011年。公司类型为有限合伙企业,经营范围是从事对未上市企业的投资,对上市公司非公开发行股票的投资以及相关咨询服务。第二申请人有7名股东,其中5名为自然人股东,2名为企业法人股东。与第一申请人相同,该企业性质为合伙企业,绝大多数股份为自然人所持有,不涉及国有资产问题。

第一被申请人的企业信用信息公报显示,第一被申请人的企业名称为中国C广告传媒公司,成立于2006年。公司类型为其他有限责任公司,法定代表人为U。经营范围是设计、制作(仅限使用计算机进行制作)、代理、发布广告。第一被申请人有6名股东,其中5名为自然人股东,1名法人股东为V公司,持股比例为51%。V公司的股东为2名自然人。依据这些信息,仲裁庭认定第一被申请人是一家私营企业。

综合上述分析,仲裁庭认定,从企业性质角度来看,第一申请人、第二申请人、第一被申请人属于合伙企业或私营企业。从股东信息角度来看,第一申请人、第二申请人、第一被申请人都不涉及国有资产。

2. F公司、L公司的基本情况

仲裁庭发现,《协议》第1条约定第一被申请人同意以12,000万元的价格受让申请人持有的逾20%的F公司股权。这表明《协议》是对F公司的股权转让进行安排的,F公司是本案股权转让的目标公司,也是《协议》的当事方。因此,仲裁庭将梳理F公司的事实情况。

目标公司F公司成立于2010年,公司类型为其他有限责任公司,法定代表人为自然人D,经营范围包括技术开发、咨询、转让、服务;项目投资;投资咨询;设计、制作、代理、发布广告等事项,注册资本为26,600余万元。F公司实际上是一家跨媒体航空传媒公司,通过机场LED屏、机上电视、航空平面媒体创收。特别需要注意的是,2010年8月9日F公司在J市注册成立时,共同发起人为L公司和第一被申请人。由此可见,L公司作为F公司的股东,与F公司关系密切,这一点在年度报告中也得到了体现。2013年度报告股东及出资信息显示:L公司出资9610余万元,占注册资本的逾36%;第一被申请人出资近7220万元,占注册资本的逾27%;第一申请人出资5070余万元,占注册资本的逾19%;Q公司出资近3430万元,占注册资本的近13%;第二申请人出资810余万元,占注册的资本的逾3%;自然人T出资470余万元,占注册资本的近2%。2014~2016年度报告股东及出资信息显示的数据与上述相同。也就是说,在2016年《协议》签订时,L公司仍旧是F公司持股比例最大的股东。

仲裁庭注意到,申请人与被申请人以L公司为争议焦点多次"交锋",尽管L公司并非《协议》的当事方,但了解L公司的基本情况将有助于对本案中股权转让行为进行法律分析。为此,仲裁庭查阅了双方提交的材料中有关L公司的基本情况。

L公司的企业信用信息公示报告显示,L公司成立于2001年5月28日,后于香港联交所上市。公司类型是其他股份有限公司(上市),经营范围包括组织文化艺术交流活动,代理发行L报社出版报刊,代理发布国内及外商来华广告业务等事项。L公司发起人和出资信息栏目中显示,其由4个企业法人与1个事业单位法人出资设立,该事业单位法人是I报社。在股东及出资信息中显示,I报社实缴出资12,480余万元,持股比例约占L公司总股份的逾63%。I报社系J市某社会团体100%出资控制的全民所有制企业。

综合上述分析,可以确定的事实是在2016年《协议》签订时,L公司仍旧是F公司持股比例最大的股东,持有股份比例为逾36%。同时,I报社是L公司持股比例最大的股东,持股比例为逾63%。J市某社会团体出资设立了I报社,I报社是一家全民所有制企业。

3.关于国有资产转让问题的分析

基于上述交易各方的基本情况、目标公司的基本情况，申请人与被申请人援引了大量法律条文来论证《协议》转让的标的股权是否涉及国有资产的转让，《协议》是否需要进行评估。现仲裁庭对申请人与被申请人的主张，目标公司性质和国有股东股权比例变动问题逐一作出分析判断。

第一，关于目标公司性质。

第一被申请人和第二被申请人均主张，L公司是持有目标公司逾36%股权的第一大股东，L公司由I报社绝对控股，I报社由J市某社会团体持有100%股权。由此，L公司属于国有控股企业。同时，由L公司委派人员的方式和第三被申请人全面接管的方式，实际支配目标公司F公司。据此，目标公司属于“国有实际控制企业”。

申请人主张，本案所涉股权转让的交易双方主体，即两名申请人和第一被申请人的股东均为私营企业或者自然人，其对目标公司股权的转让不涉及任何“国有资产”，目标公司股权也并非“国有资产”，其只是L公司占有较大股份。由两名申请人向第一被申请人转让目标公司股权，不属于“企业国有资产交易行为”，在签约时目标公司也并非“国有实际控制企业”。

仲裁庭发现，被申请人主张目标公司为“国有实际控制企业”时，依据的是《企业国有资产交易监督管理办法》第4条的规定。关于《企业国有资产交易监督管理办法》的适用，其制定主体和效力级别值得引起关注。

《企业国有资产交易监督管理办法》是由国务院国有资产监督管理委员会、财政部于2016年6月24日发布并实施，效力级别应属部门规章。根据该办法第1条的规定，即“为规范企业国有资产交易行为，加强企业国有资产交易监督管理，防止国有资产流失，根据《中华人民共和国企业国有资产法》、《中华人民共和国公司法》、《企业国有资产监督管理暂行条例》等有关法律法规，制定本办法”，《企业国有资产交易监督管理办法》关于国有资产问题所依据的上位法是我国《企业国有资产法》《公司法》《企业国有资产监督管理暂行条例》。

这表明《企业国有资产交易监督管理办法》的效力级别是部门规章，是根据上位法制定的细化规则。根据我国《合同法》第52条的规定，“有下列情形之一的，合同无效……（五）违反法律、行政法规的强制性规定。”显然《企业国有资产交易监督管理办法》不属于我国《合同法》第52条规定的“行政法规的强制性规定”。

仲裁庭认为，即便要适用《企业国有资产交易监督管理办法》判断分析目标公司的性质，根据“上位法优于下位法”的原则，显然应先分析本案中目标公司的情形是否落入上位法所规范的范畴。如果本案当中的情形不符合我国《企业国有资产法》《公司法》《企业国有资产监督管理暂行条例》规定的情形，那么根据“上位法优于下位法”的原则，上位法无法得到适用，其下位法作为细化规则必然丧失了适用基础。

我国《企业国有资产法》第2条规定：“本法所称企业国有资产（以下称国有资产），是指国家对企业各种形式的出资所形成的权益。”第5条规定：“本法所称国家出资企业，是指国家出资的国有独资企业、国有独资公司，以及国有资本控股公司、国有资本参股公司。”《企业国有资产监督管理暂行条例》第3条规定：“本条例所称企业国有资产，是指国家对企业各种形式的投资和投资所形成的权益，以及依法认定为国家所有的其他权益。”

仲裁庭已经对股权转让交易各方企业性质作出认定，两名申请人不是国有企业，第一被申请人同样也不是国有企业。因此，申请人、第一被申请人对F公司的出资，自然不能属于上述条文中所述的国家出资，他们之间的交易也不属于企业国有资产的交易。也就是说，本案当中《企业国有资产交易监督管理办法》制定所依据的上位法未将这一股权转让行为纳入其规制的范畴。《企业国有资产交易监督管理办法》自然不应该得以适用。

即便是《企业国有资产交易监督管理办法》如第一被申请人所主张的予以适用，仲裁庭认为该办法第3条的规定也明确排除了本案当中的股权转让。该办法第3条规定：“本办法所称企业国有资产交易行为包括：（一）履行出资人职责的机构、国有及国有控股企业、国有实际控制企业转让其对企业各种形式出资所形成权益的行为（以下称企业产权转让）；（二）国有及国有控股企业、国有实际控制企业增加资本的行为（以下称企业增资），政府以增加资本金方式对国家出资企业的投入除外；（三）国有及国有控股企业、国有实际控制企业的重大资产转让行为（以下称企业资产转让）。”显然，两名申请人与第一被申请人之间的股权转让交易，系合伙企业和私营企业之间的交易，不涉及国有企业资产、权益的交易。

仲裁庭通过上述论证足以认定，申请人与第一被申请人之间的股权转让不涉及对国有资产的交易。同时，仲裁庭注意到第一被申请人主张F公司是国有实际控制企业。在此，仲裁庭也愿意对国有实际控制企业问题作出认定，以更加充分地证明仲裁庭作出的本案不涉及国有资产的判断。

第二，关于实际控制分析。

《企业国有资产交易监督管理办法》第4条规定："本办法所称国有及国有控股企业、国有实际控制企业包括……（四）政府部门、机构、事业单位、单一国有及国有控股企业直接或间接持股比例未超过50%，但为第一大股东，并且通过股东协议、公司章程、董事会决议或者其他协议安排能够对其实际支配的企业。"

该条文适用于本案起码应满足以下4点要求：（1）L公司是国有控股企业；（2）L公司对F公司直接或间接持股比例未超过50%；（3）L公司是F公司的第一大股东；（4）L公司通过股东协议、公司章程、董事会决议或者其他协议安排能够实际支配目标公司。根据仲裁庭已经分析阐明的F公司、L公司的基本情况，可以知道L公司虽然是F公司的第一大股东，但其占有的股权比例仅为逾36%，对于一家注册资本为26,600余万元的目标公司，这一股权比例较之50%相去甚远。

因此，对于F公司是否是国有实际控制企业的判断重点为第4点：L公司能否通过"股东协议、公司章程、董事会决议或者其他协议安排"实际支配目标公司。在本案中,第一被申请人没有举出股东协议和公司章程来证明 F 公司受 L 公司的实际控制,而是举出了一份董事会协议,也就是 2015 年 4 月 17 日《F 公司第四届董事会第一次会议决议》。仲裁庭仔细阅读了这一份决议,决议参加人员为“自然人 D、自然人 G、自然人 U、自然人 K、自然人 W1(自然人 W2 授权委托表决)、自然人 W3(自然人 W4 授权委托表决)”,决议内容为“审议通过聘任自然人 K 为 F 公司总经理”。结合被申请人证据目录一、第三被申请人对第一被申请人的质证意见、第一被申请人工商登记基本信息,可以认定董事身份如下:自然人 G 是第一被申请人的董事;自然人 D 是第二被申请人,同时也是第一被申请人的董事;自然人 U 是第一被申请人的法定代表人、董事长;自然人 K 是 I 报社副社长、L 公司董事兼第三被申请人社长;自然人 W1 由自然人 W2 授权委托表决,这二者代表了申请人;自然人 W3 是 Q 公司的法定代表人。经过上述分析可以得知,董事会成员代表了不同利益主体,在 L 公司持股比例本身远不到 50% 的情况下,很难说谁能够实际控制 F 公司。因此,仲裁庭认为,第一被申请人举出的《F 公司第四届董事会第一次会议决议》不能证明 L 公司能够实际控制 F 公司。F 公司不属于国有实际控制企业。

综合上述分析,首先,仲裁庭认定本案当中两名申请人、第一被申请人对 F 公司的出资,不属于国家出资的范畴,他们之间的交易也不属于企业国有资产交易,也不应受到、实际也没有违反与国有资产相关的法律法规。其次,在 L 公司不属于本案当事人的情况下,仲裁庭本不应审理 L 公司是否实际上对本案目标公司行使着实际控制权。另外,前面已经提到,L 公司虽然是 F 公司的第一大股东,但其在 F 公司中仅占有逾 36% 的股权,如其他股东与其在某些事项上意见不一致,L 公司的意旨也不会在董事会或股东大会上被通过。最后,即使适用第一被申请人主张的法律法规,第一被申请人仅举出的一份董事会决议也不足以证明 L 公司能够实际控制 F 公司。故仲裁庭无法认定 L 公司是目标公司 F 公司的国有实际控制企业。

第三,关于资产评估分析。

第一被申请人和第二被申请人均主张,F公司是国有实际控制企业及国有资产占有单位。国有资产占有单位发生除上市公司外的原股东股权比例变动或股权转让,也就是说,申请人与第一被申请人之间的股权转让应当进行评估。没有评估就违反了《国有资产评估管理若干问题的规定》和《企业国有资产评估管理暂行办法》的相关规定,这会导致合同无效或未生效的法律后果。

申请人主张,前述两个部门规章均是根据《国有资产评估管理办法》制定的,是对国有资产评估的细化规定。根据"新法优于旧法"的原则,现在应当适用《企业国有资产评估管理暂行办法》,不应适用《国有资产评估管理若干问题的规定》。

仲裁庭分析申请人与被申请人的主张,发现第一被申请人主要依据的是《国有资产评估管理若干问题的规定》第3条的规定,即"占有单位有下列行为之一的,应当对相关国有资产进行评估……(四)除上市公司以外的原股东股权比例变动……",以及《企业国有资产评估管理暂行办法》第6条的规定,即"企业有下列行为之一的,应当对相关资产进行评估……(四)非上市公司国有股东股权比例变动……"。申请人认为,《企业国有资产评估管理暂行办法》才是应当得以适用的法律。

基于上述分析,仲裁庭认为,首先需要明确双方当事人引用规范的效力级别,在此基础上分析哪些法律应该得到适用。

申请人与第一被申请人引用的规范的基本情况如下:(1)《国有资产评估管理办法》的发布及实施日期是1991年11月16日,发布部门是国务院,效力级别是行政法规;(2)《国有资产评估管理若干问题的规定》发布日期是2001年12月31日,实施日期是2002年1月1日,发布部门为财政部,效力级别是部门规章;(3)《企业国有资产评估管理暂行办法》的发布日期是2005年8月25日,实施日期是2005年9月1日,发布部门为国务院国有资产监督管理委员会,效力级别是部门规章。

鉴于2003年3月10日第十届全国人民代表大会第一次会议决定设立国有资产监督管理委员会，负责国有资产管理，2002年的《国有资产评估管理若干问题的规定》与2005年的《企业国有资产评估管理暂行办法》都是对相关国有资产进行评估的规范，两者效力级别相同，均为部门规章。由此，应当依据“新法优于旧法”原则，适用《企业国有资产评估管理暂行办法》。

由此，应当根据《企业国有资产评估管理暂行办法》第6条的规定，即“企业有下列行为之一的，应当对相关资产进行评估……（四）非上市公司国有股东股权比例变动……”，来判断第4项能否适用于本案。仲裁庭在上述已经分析了申请人与第一被申请人是合伙企业和民营企业，他们之间相互转让股权不属于“非上市公司国有股东股权比例变动”的范畴。同时，仲裁庭也已经分析了L公司对F公司不具有控制权，由此案涉股权转让协议签订后，本案第一被申请人与申请人之间的非国有股东比例变动，根本不会造成国有股东L公司在目标公司F公司中的股东地位的变化，实际上其在目标公司中的股权比例也未发生任何变化。L公司原在目标公司中就不具绝对的控股地位，股权转让后，其依然占有同比例的股权，仍不具绝对的控股地位。

此外，由于《国有资产评估管理若干问题的规定》和《企业国有资产评估管理暂行办法》的效力级别都是部门规章，不属于我国《合同法》第52条规定的“行政法规的强制性规定”，不会导致合同无效的法律后果。

由此，仲裁庭认定本案当中申请人与第一被申请人之间的股权转让没有进行国有资产的评估不会导致《协议》无效。

4. 结论

综上所述，仲裁庭认定，目标公司F公司不是国有实际控制企业，申请人、第一被申请人是合伙企业或私营企业，不涉及国有资产。申请人与第一被申请人之间的股权转让不涉及对国有资产的转让，不需要依据国家关于国有资产转让的相关规定进行资产评估。《协议》没有违反法律、行政法规的强制性规定，案涉股权转让协议合法有效。

（二）关于《协议》连带保证责任问题的分析

第二被申请人主张，目标公司和第三被申请人的《协议书》属于本案审理范围，是本案所涉交易发生的前提和事实基础。第二被申请人在交易中仅起到督促作用，在第三被申请人随后签署了《担保协议》的情况下，第二被申请人没有任何担保责任和义务。此外，第二被申请人只在股权转让协议的签字页上签了字，并没有在协议每一页上签字确认，不符合交易习惯，担保条款对其没有约束力。

申请人主张，第二被申请人已签署本案《协议》，其并未提供任何证据证明各方同意其在第三被申请人签署《担保协议》后即不再承担担保责任，第二被申请人应受本案《协议》约束并按约定承担连带保证责任。

仲裁庭发现，产生争议的条款为《协议》第2条，即“支付股权转让价款的担保”。该条约定：“就上述第1条约定的股权转让，创建人中的自然人D同意无条件并不可撤销地为中国C广告传媒公司支付股权转让价款的义务承担连带保证责任。”针对第二被申请人是否需要承担连带保证责任的问题，第二被申请人于2018年5月31日提交了情况说明，称“对于如何解决F公司问题，E报社和F公司签有协议书（请见附件），E报社承诺提供一定的资金用于中国C广告传媒公司收购各方持有的F公司股权，并对F公司进行相应的重组，以解决其经营和资金等问题。E报社同时承诺对F公司和中国C广告传媒公司各项交易的付款、支付义务等提供连带责任保证，如发生违约责任应进行足额补偿”。其后，第二被申请人也提交了多份法律意见，表达了类似的意见。

仲裁庭通过阅读《协议》第2条“支付股权转让价款的担保”条款以及双方的法律意见，认为在这一争议焦点上必须厘清两个问题：一是《协议书》是否属于审理范围；二是《协议》是否需要每页签字。

第一，关于《协议书》是否属于审理范围的分析。

针对《协议书》是否为本案审理范围这一问题，仲裁庭阅读了第二被申请人提交的《协议书》发现，《协议书》的甲方为本案第三被申请人，乙方为本案目标公司F公司。本案第一申请人、第二申请人并非《协议书》的缔约方。根据合同的相对性原理,《协议书》仅对合同的当事人,也就是第三被申请人和F公司具有法律约束力。这一内部安排不能对申请人与第二被申请人之间的法律关系产生影响。

同时,仲裁庭还注意到,《协议书》第六部分“其他事项”第5条约定有争议解决条款,即“双方因本协议产生的纠纷,应首先应争取通过友好协商的方式加以解决。若在开始协商后60天内未能解决争议,则任何一方可将争议提交北京仲裁委员会,按照该会当时有效的仲裁规则在北京仲裁解决,仲裁裁决是终局的,对参加仲裁的双方均具有约束力”。因为当事人约定的仲裁机构为北京仲裁委员会,本案仲裁庭不对《协议书》当事人的权利义务关系作出判断。因此,仲裁庭认为,第二被申请人关于目标公司和第三被申请人之间的《协议书》属于本案审理范围的主张不符合法律规定和合同约定。

关于第二被申请人主张的“在第三被申请人随后签署了《担保协议》的情况下,第二被申请人没有任何担保责任和义务”,仲裁庭发现,第二被申请人并未就此项主张提供证据证明第三被申请人在签署《担保协议》后即可解除第二被申请人的担保责任和义务。因此,第二被申请人应承担举证不能的责任。

第二,针对《协议》签字问题的分析。

仲裁庭发现,《协议》第8条“本协议生效条件”对签字及合同生效问题进行了约定,即“本协议自各自然人签署、各法人或有限合伙企业盖章并由其法定代表人或授权代表人签字后生效”。第二被申请人据此认为,《协议》应在第二被申请人“每一页签字后生效”。仲裁庭认为,通过对该条约定进行文义解释,显然第8条仅仅约定了“签字后生效”,而第二被申请人主张的“每一页签字后生效”是更高标准,更严要求。仲裁庭认为,除非合同有当事方必须在合同的每一页上签字后合同才生效的明确约定,在绝大多数情况下,当事方在合同最后签字页上签字就满足了签字的条件,合同即视为成立,产生法律效力,而该案协议并无此项约定。本案第二被申请人在签字页上已进行了签名,满足了

《协议》第8条"本协议生效条件"的条件。因此,第2条"支付股权转让价款的担保"对第二被申请人具有约束力。

关于第二被申请人主张的"每一页签字后生效"是本案的交易习惯,仲裁庭认为,交易习惯是在一系列交易当中形成的惯常做法,仅一次合同的签约无法在各方之间构成交易习惯。即使按照第二被申请人的主张有构成交易习惯的可能性,在本案当中同样无法成立交易习惯,原因是本案当中第一申请人、第二申请人、第一被申请人、F公司只是加盖了骑缝章,没有在每一页盖章。自然人G作为合同的当事方,和第二被申请人一样是自然人,同样也没有在每一页上签字。由此,仲裁庭认定,第二被申请人主张的交易习惯不能成立。

综合上述分析,仲裁庭认定,《协议书》不属于本案的受案范围,第二被申请人在签字页上签字会产生《协议》生效的法律后果,《协议》第2条"支付股权转让价款的担保"有约束力,第二被申请人应当为第一被申请人支付股权转让价款的义务承担连带保证责任。

仲裁庭在此要为第二被申请人进一步释明的是,虽然《协议书》不属于本案的受案范围,仲裁庭无法对此进行分析判断,但第二被申请人可以依据其自身与第三被申请人之间的交易安排和相应的法律法规来寻求救济。如果第三被申请人确在签约时或之前对第二被申请人承诺过将对此承担责任,其应本着诚实信用的原则,解决其与第二被申请人之间的最终付款责任的担保问题。

(三)关于《担保协议》有效性问题的分析

第三被申请人主张,其作为以公益为目的的事业单位法人,根据我国《担保法》的规定不得作为保证人。本案中的《担保协议》,仅有社长自然人K签字、第三被申请人盖章,不符合事业单位签署担保合同的法定要求。此外,《担保协议》同时违反了《合同法》第52条第2项至第5项的规定,应当认定为无效。

申请人主张,《担保协议》合法有效,第三被申请人应当依约对第一被申请人的付款义务承担连带保证责任。第三被申请人主张《担保协议》无效的理由均不能成立。

第一被申请人主张,第三被申请人作为从事经营活动的事业单位,具备提供担保的主体资格,其签订《担保协议》合法有效。《担保协议》系第三被申请人的真实意思表示,具有商业上的合理性。

第二被申请人主张,第三被申请人提供担保主体适格,经过了自身和I集团审核,有关担保事项不以J市财政局审批为前置条件。

仲裁庭了解了本案申请人与被申请人关于《担保协议》有效性的主张后,认为应当从以下3个层次来分析这一问题:一是第三被申请人是否具有提供担保的主体资格;二是《担保协议》签署的内部程序是否合法;三是我国《合同法》第52条的适用。

第一,关于第三被申请人是否具有提供担保的主体资格。

第三被申请人主张,其《事业单位法人证书》中清楚载明"宗旨和业务范围"是"以普法宣传为主要内容的法制类报纸",完全是为社会提供公益服务的性质。同时,政府通过购买服务的方式向第三被申请人给予财政补贴,这表明第三被申请人是《关于事业单位分类的意见》中规定的公益二类事业单位。

申请人主张,根据我国《担保法》及其司法解释的规定,从事经营活动的事业单位具备担保主体资格。第三被申请人系从事经营活动且"经费自理"的事业单位,其名下持有14家经营性公司的股权,该14家公司的经营范围覆盖了文化、旅游、航空、教育、科技多个产业。

仲裁庭认为,判断第三被申请人是否具有提供担保的主体资格的主要依据是我国《担保法》和《担保法解释》。相关条文共有3条:(1)我国《担保法》第9条规定:"学校、幼儿园、医院等以公益为目的的事业单位、社会团体不得为保证人。"(2)《担保法解释》第3条规定:"国家机关和以公益为目的的事业单位、社会团体违反法律规定提供担保的,担保合同无效。因此给债权人造成损失的,应当根据担保法第五条第二款的规定处理。"(3)《担保法解释》第16条规定:"从事经营活动的事业单位、社会团体为保证人的,如无其他导致保证合同无效的情况,其所签定的保证合同应当认定为有效。"

将上述法律规定与本案事实相结合,进而可以推导出判断本争议焦点的核心在于,第三被申请人在本案中从事的是经营活动还是公益活动。如果是经营活动且《担保协议》有效,其就应依据《担保协议》的约定和《担保法解释》第16条的规定承担相应保证责任;如果是公益活动且《担保协议》无效,就应依据我国《担保法》和《担保法解释》第3条的规定,根据债务人、担保人和债权人的各自过错承担相应的民事责任。

现仲裁庭根据双方举出的证据来分析第三被申请人就本案所提供的担保事项是属于经营活动还是公益活动,进而确定其是否应承担保证责任。

仲裁庭查阅了相关证据发现:(1)第三被申请人提交的《事业单位法人证书》上载明:"经费来源:经费自理。"对此能够提供印证的是申请人提供的J市事业单位法人信用信息网公示的信息,第三被申请人的经费来源为"非财政补助,经费自理";(2)第三被申请人2015年、2016年和2017年的事业单位法人年度报告书显示,其通过"剥离对传统广告业务的严重依赖,构建新的盈利模式和发展方向",在2015年就获得了超过1亿元的收入;(3)第三被申请人有14项对外投资,这些被投资的公司经营范围包括但不限于机场旅客服务、组织文化艺术交流活动、技术推广服务、电动汽车充电桩技术开发。可以看出,第三被申请人不仅以商业模式经营其"法制类报纸"业务,其营业范围远超出"法制类报纸"。其经费来源和收入主要是从商业活动中获取。

至于第三被申请人主张的其具有政府通过购买服务形式发放的补贴,仲裁庭在阅读了相关证据后发现,第三被申请人获得的财政补贴的时间是不固定的,不是在每年规定的时间可以获得固定金额的政府财政支持。即使认定第三被申请人所举证证明的数字是补贴,补贴的金额仅为10万元或20万元,较之第三被申请人通过自行经营获得的收入(如2015年获得经营收入超过1亿元)而言微乎其微。仲裁庭认为,这无法改变第三被申请人属于经费自理、从事经营性活动、拥有营业收入的经营性事业单位的事实。

《担保法解释》第 16 条规定："从事经营活动的事业单位、社会团体为保证人的，如无其他导致保证合同无效的情况，其所签订的保证合同应当认定为有效。"本案不涉及"无其他导致保证合同无效的情况"，因此在认定第三被申请人属于经营活动的事业单位的情况下，则其所签定的保证合同应当认定为有效。

仲裁庭同样注意到，第三被申请人在庭审过程和法律意见中多次强调对 2011 年国务院办公厅发布的《关于事业单位分类的意见》的适用，主张第三被申请人属于公益二类事业单位。

首先，国务院《关于事业单位分类的意见》的效力等级是国务院规范性文件，不是有关合同效力的行政法规，其本应与案涉担保协议效力无关。其次，第三被申请人依据的法律规定是《关于事业单位分类的意见》第 2 条的规定，即"……(二)从事生产经营活动的事业单位。即所提供的产品或服务可以由市场配置资源、不承担公益服务职责的事业单位。这类单位要逐步转为企业或撤销。今后，不再批准设立从事生产经营活动的事业单位……公益二类事业单位。即承担高等教育、非营利医疗等公益服务，可部分由市场配置资源的事业单位。这类单位按照国家确定的公益目标和相关标准开展活动，在确保公益目标的前提下，可依据相关法律法规提供与主业相关的服务，收益的使用按国家有关规定执行"。

仲裁庭发现，庭审过程中第三被申请人承认其尚未取得政府批文来证明其是前述公益二类的事业单位。而此前仲裁庭已根据申请人和第三被申请人提供的证据证明第三被申请人是从事生产经营活动的事业单位，故其应对其提供担保函承担担保责任。即便在此假设第三被申请人是公益二类事业单位，《关于事业单位分类的意见》条文中也明确规定，"可依据相关法律法规提供与主业相关的服务"。也就是说，公益二类事业单位也可以从事符合法律规定的、和主业相关的经营活动，这就使其符合了《担保法解释》第 16 条规定的"从事经营活动的事业单位"，进而具有作为保证人的主体资格，《担保协议》同样有效。

综合上述分析，第三被申请人是从事生产经营活动的事业单位，符合《担保法解释》的规定，保证合同应当认定为有效。

第二，关于《担保协议》签署的内部程序是否合法。

第三被申请人主张，《担保协议》仅仅有社长自然人K签字、第三被申请人盖章，不符合事业单位签署担保合同的法定要求。

申请人、第一被申请人、第二被申请人主张，自然人K作为第三被申请人的社长代表第三被申请人签署《担保协议》构成表见代表。第三被申请人签署《担保协议》本身就是其上级单位I报社在集团内部协调的结果，并履行了第三被申请人内部的"集体决策"程序。

仲裁庭根据以下几点认定，自然人K签署的《担保协议》具有法律效力。

(1)根据申请人提交的第三被申请人2015年、2016年和2017年年报显示，自然人K在2015～2017年担任第三被申请人的社长，是第三被申请人对外签署担保协议的适当的代表。

(2)我国《合同法》第50条规定："法人或者其他组织的法定代表人、负责人超越权限订立的合同，除相对人知道或者应当知道其超越权限的以外，该代表行为有效。"仲裁庭认为，由于在《担保协议》签署期间，自然人K系第三被申请人的法定代表人，即使其超越权限订立的此项合同，这一代表行为仍应被认定为有效。也就是说，即便自然人K的内部授权存在缺陷，第三被申请人也不能依此对抗不知情的合同相对人和第三人。

(3)仲裁庭还发现，《担保协议》第3.1条约定："E报社确认，其拥有签订本协议并履行其在本协议项下义务所需的完全的权利、一切必要的授权及第三方同意[包括但不限于主管部门的批准(如涉及)]，并已采取了一切必要的行动以授权其签订和履行本协议。"这表明第三被申请人在《担保协议》中确认其已经获得主管部门的批准，采取了一切E报社内部所必要的行动，其已对申请人作了保证，应依此诚实信用地履行此项保证。

(4)前述3点理由本已完全证明并确定自然人K签署的《担保协议》具有法律效力,但为了充分证明此结论,仲裁庭愿再结合相关证据,证明自然人K签署本协议也具有充分的内部授权:第三被申请人提交的试图说明其在提供担保问题上未经社委会内部决策的一份《情况说明》证据中,其副社长O在《情况说明》中手写批注到,“按照领导安排在社委会决议上签字”,财务总监N手写批注是“为支持集团工作,故在决议上签字”。在庭审过程中,第三被申请人的财务总监N女士明确表示:“签署决议是集团领导的意见……如果重新来一次,我还是会支持集团工作,签署这份决议的。”这些证据或证言恰恰说明第三被申请人在提供担保前进行了内部讨论和决策,第三被申请人提供担保履行了其内部审批手续,是第三被申请人领导层的决策,而非属自然人K超越权限的个人行为。

综上所述,本案《担保协议》由第三被申请人法定代表人签署,第三被申请人还在《担保协议》中作出了明确的、已经获得批准的表示,第三被申请人提交的《情况说明》无法证明自然人K的签字行为超越了权限。由此,仲裁庭认定《担保协议》合法有效。

第三,关于我国《合同法》第52条的适用。

第三被申请人主张,《担保协议》同时符合我国《合同法》第52条规定的后4项情形,应当认定为无效。

申请人、第一被申请人、第二被申请人均认为不违反上述4项情形,《担保协议》合法有效。

我国《合同法》第52条规定:“有下列情形之一的,合同无效:(一)一方以欺诈、胁迫的手段订立合同,损害国家利益;(二)恶意串通,损害国家、集体或者第三人利益;(三)以合法形式掩盖非法目的;(四)损害社会公共利益;(五)违反法律、行政法规的强制性规定。”由于第三被申请人认为一份《担保协议》同时能够符合4种导致合同无效的情形,对此申请人、第一被申请人、第二被申请人作出了相应的回应,仲裁庭将逐一解释分析我国《合同法》第52条第2项至第5项的规定。

仲裁庭首先想指出,我国《合同法》第52条共规范了5种会导致合同无效的情形,第三被申请人如果拟作出负责的、合情合理的抗辩,其应具体指出本案究竟是哪一种情形导致了合同无效并作出举证,而不能笼统用第52条的各项规定作为合同无效的抗辩,让仲裁庭去猜测、选择适用哪一款。但既然提出了,仲裁庭只能逐一简单地作出判断。

针对该条第2项"恶意串通,损害国家、集体或者第三人利益",第三被申请人的具体主张是申请人、第一被申请人协议取消跟随出售权,选择第三被申请人的担保,是在相互串通的基础上形成的,意图通过第三被申请人的国有资产付款实现申请人对目标公司的投资退出。仲裁庭在分析了全案证据后认为,《协议》和《担保协议》经过了交易各方的谈判,是交易各方真实意思的表示。第三被申请人在此点上的主张仅仅是主观猜测,没有提供相应的任何证据来证明其主张,应当承担举证不能的责任。针对该条第3项"以合法形式掩盖非法目的"和第4项"损害社会公共利益",第三被申请人的具体主张是,本案争议的股权转让《协议》和《担保协议》均是基于一个被称为大协议的《协议书》的具体履行协议,《协议书》以合法形式掩盖了对第三被申请人的5.5亿元借款的侵占,相当于将国有资产赠与了私人。针对第三被申请人的这一主张,仲裁庭认为,第三被申请人没有进行相应的举证,仅仅从《协议书》的个别条款出发,罔顾整体交易安排进行了片面解读。更重要的是,仲裁庭在裁决书前文已经论证过《协议书》当事人约定的仲裁机构为北京仲裁委员会,因此本案仲裁庭对《协议书》无管辖权,不属本案仲裁庭审理的范围与事项,无法对第三被申请人的主张作出判断。故仲裁庭不支持第三被申请人的此点主张。

至于该条第5项"违反法律、行政法规的强制性规定"问题,第三被申请人援引了4条法律法规,分别是:

(1)2004年6月27日发布并实施的国务院令第411号《事业单位登记管理暂行条例》第15条的规定:"事业单位开展活动,按照国家有关规定取得的合法收入,必须用于符合其宗旨和业务范围的活动……”

(2)2005 年发布并于 2006 年实施的《事业单位登记管理暂行条例实施细则》,这一文件后于 2014 年发布并实施,其第 27 条规定:“事业单位宗旨是指举办事业单位的主要目的,事业单位业务范围是对事业单位可以开展的业务事项的界定。事业单位业务范围应当符合宗旨的要求,并与其资金、场地、设备、从业人员以及技术力量相适应。事业单位应当在核准登记的业务范围内开展活动。”

(3)2006 年发布并实施的《事业单位国有资产管理暂行办法》,这一文件在 2017 年被修正并于 2018 年实施,其第 21 条规定:“事业单位利用国有资产对外投资、出租、出借和担保等应当进行必要的可行性论证,并提出申请,经主管部门审核同意后,报同级财政部门审批……”

(4)2012 年发布并于 2014 年实施的《行政事业单位内部控制规范(试行)》第 54 条的规定,即“单位应当建立健全合同内部管理制度……严禁违规签订担保、投资和借贷合同”。

仲裁庭通过检索上述文件的效力级别发现:(1)《事业单位登记管理暂行条例》的效力级别是行政法规;(2)《事业单位登记管理暂行条例实施细则》的效力级别是党内文件;(3)《事业单位国有资产管理暂行办法》的效力级别是部门规章;(4)《行政事业单位内部控制规范(试行)》的效力级别是部门规范性文件。仲裁庭认为,后 3 份文件的效力级别均达不到我国《合同法》第 52 条第 5 款规定的“法律、行政法规的强制性规定”这一效力级别,自然与案涉合同效力无关。针对《事业单位登记管理暂行条例》,该条例第 15 条是关于事业单位开展活动的原则性规定。该条的目的是管理事业单位工作,要求事业单位将收入用于符合事业单位宗旨和业务范围的活动,文件名本身含有“管理”2 字也可以印证这一认定。因此,该条文不属于关于合同效力的强制性规定,自然也不会导致《担保协议》无效。

综合上述分析,第三被申请人具备签订《担保协议》的主体资格,其签订的

《担保协议》合法,《担保协议》不存在违反我国《合同法》第52条的情形。因此,仲裁庭认定《担保协议》合法有效。《担保协议》第1.1条约定:“E报社同意,无条件并不可撤销地为中国C广告传媒公司在《协议》项下向两申请人支付股权转让价款的义务承担连带保证责任。”因此,仲裁庭裁定第三被申请人应对第一被申请人要支付的股权转让价款承担连带保证责任。

(四)关于本案违约赔偿责任的分析

综合前述(一)至(三)的分析与认定,在认定案涉股权转让《协议》和《担保协议》有效后,仲裁庭现就申请人的各项仲裁请求及被申请人的答辩作出分析判断。

1. 关于请求裁决第一被申请人向第一申请人支付股权转让价款近7760万元,第一被申请人向第二申请人支付股权转让价款1240余万元的问题

就第一项、第二项仲裁请求,申请人主张,截至申请人2017年10月30日提起仲裁申请时,第一被申请人尚未向第一申请人支付股权转让价款8620余万元,尚未向第二申请人支付股权转让价款近1380万元。2018年2月12日第二被申请人又支付了1000万元。截至2018年6月5日,第一被申请人未向第一申请人支付股权转让价款近7760万元,未向第二申请人支付股权转让价款1240余万元。被申请人除主张协议无效外,并未对所欠股权转让款作出答辩。

仲裁庭发现,根据《协议》的安排,第一被申请人同意以12,000万元的价格受让两名申请人在目标公司F公司持有的逾20%股权,第一申请人转让目标公司逾17%的股权,第二申请人转让目标公司近3%的股权。在实际履行过程中,被申请人仅支付了3000万元股权转让价款,未在2016年9月30日之前累计支付6000万元。因此,第一被申请人的行为构成违约,应当承担违约责任,支付尚未履行的9000万元股权转让价款,即第一被申请人应向第一申请人支付近7760万元股权转让价款;向第二申请人支付1240余万元股权转让价款。

仲裁庭发现,《协议》第1.2条约定:“股权转让价款的支付。股权转让价

款将由第一被申请人分三期向两申请人支付：在 2016 年 8 月 31 日前累计支付人民币 1000 万元；在 2016 年 9 月 30 日之前累计支付人民币 6000 万元（含第一期 1000 万元）；余下人民币 6000 万元于 2016 年 12 月 31 日之前支付。每一期付款均应按照 A 企业（指第一申请人）和 B 企业（指第二申请人）所转让的 F 公司的股权比例（逾 17：近 3），在 A 企业和 B 企业之间进行分配，并应分别支付到 A 企业和 B 企业指定的账户。”

《协议》第 1.3 条约定：“股权转让的工商变更登记。在两申请人收到前两期总计为人民币 6000 万元的股权转让价款后十日内，两申请人应配合公司和中国 C 广告传媒公司办理逾 10% 股权的工商变更登记手续，完成逾 10% 股权过户；在两申请人收到第三期股权转让价款人民币 6000 万元后十日内，两申请人应配合公司和中国 C 广告传媒公司办理余下逾 10% 股权的工商变更登记手续，完成逾 10% 股权过户。”

从前述两款约定可以了解到，第一被申请人实际是分期支付股权转让款，两名申请人也分期转让其在目标公司的股权。但被申请人除去已支付的 3000 万元款项外，并未在协议约定的期限内履行其他应支付的到期股权转让款。鉴于第一被申请人未依约履行股权转让价款，申请人具有先履行抗辩权，其未转让与已付款项相对应的股权是恰当的，符合法律规定。

因此，仲裁庭裁定第一被申请人应向第一申请人支付股权转让价款近 7760 万元；第一被申请人应向第二申请人支付股权转让价款 1240 余万元。两名申请人在收到股权转让价款后，应按照《协议》第 1.3 条的约定，转让与所支付的股权转让款相对应的股权并配合第一被申请人完成股权转让的工商变更登记手续。

2. 关于利息损失问题

两名申请人的第三项、第四项仲裁请求是要求仲裁庭裁决第一被申请人分别向第一申请人和第二申请人支付因其延迟支付股权转让价款所产生的、至第一被申请人实际支付日的利息，向第一申请人支付的利息截至 2018 年 6 月 5

日为620余万元，向第二申请人支付的利息截至2018年6月5日为近100万元。

第一被申请人不同意支付利息，认为两名申请人并不存在损失。

仲裁庭发现，第一被申请人在申请人提起仲裁之前已支付2000万元股权转让价款。申请人提起仲裁后，在2018年2月12日第二被申请人又支付了1000万元股权转让价款。依据《协议》的约定，第一被申请人并未依据协议约定的时间按额、按期支付股权转让价款，已构成违约。

仲裁庭查明，第一被申请人提交的目标公司F公司2017年度工商登记信息的报告显示：第一申请人在F公司中依然持有逾19%的股权；第二申请人在F公司中持有逾3%的股权。这个证据显示，尽管第一被申请人没有依据合同在规定时间内足额履行支付股权转让价款的义务，但第一申请人和第二申请人实际上也未向第一被申请人转让其在目标公司中所拥有的任何股权，其在目标公司F公司中仍然具有原来的股东地位，享受股东的权利和义务。也就是说，申请人在此期间除去占有、使用第一被申请人和第二被申请人支付的3000万元款项外，其在目标公司中的地位、权益并未受到任何损害。另外，两名申请人也未证明因第一被申请人的违约为其造成任何损失。仲裁庭认为，如果申请人已经将股权转让给了第一被申请人或因被申请人违约为其造成了损失，仲裁庭才有可能考虑要求被申请人就延迟或未支付的股权转让价款向两名申请人支付利息的问题。

因此，基于前述考虑，仲裁庭决定驳回申请人要求第一被申请人对未支付的股权转让价款支付利息的仲裁请求。

3. 关于本案仲裁费

申请人的第5项仲裁请求是要求第一被申请人承担本案仲裁费。

本案仲裁费已由申请人垫付。根据本案申请人仲裁请求被支持的情况，仲裁庭认为，仲裁费应由第一被申请人承担90%，由申请人承担10%。故第一被申请人应直接向申请人补偿申请人代其垫付的仲裁费。

4. 关于申请人的律师费

申请人第6项仲裁请求是要求第一被申请人承担申请人为本案支付的律师费80万元。

同样,根据本案申请人仲裁请求被支持的情况,仲裁庭认为,申请人的律师费由第一被申请人承担72万元是适当的。故第一被申请人应向两名申请人支付72万元。

5. 关于保全费

申请人第7项仲裁请求是要求第一被申请人承担第一申请人为本案支付的财产保全费近30万元。鉴于第一申请人申请财产保全金额高于仲裁庭裁决的第一被申请人应予支付的金额,仲裁庭认为,第一被申请人向第一申请人支付财产保全费用26万元是适当的。故第一被申请人应向第一申请人支付26万元。

6. 关于连带责任问题

申请人的第8项仲裁请求是要求第二被申请人、第三被申请人对第一被申请人的债务承担保证责任,其中,包括第一被申请人拖欠的股权转让价款、拖欠股权价款的利息、本案仲裁费、申请人的律师费以及申请人的保全费。

被申请人除对《协议》"支付股权转让价款义务的担保"条款和《担保协议》作了无效抗辩外,还称担保责任仅限于股权价款,不涉及其他费用。

仲裁庭在前述(二)和(三)中已认定股权转让《协议》第2条"支付股权转让价款义务的担保"条款和《担保协议》均合法有效,故第二被申请人和第三被申请人应对第一被申请人所欠付的股权转让价款承担连带保证责任。

另外,我国《担保法》第21条规定:"保证担保的范围包括主债权及利息、违约金、损害赔偿金和实现债权的费用。保证合同另有约定的,按照约定。当事人对保证担保的范围没有约定或者约定不明确的,保证人应当依法对全部债务承担责任。"根据该条规定,第二被申请人、第三被申请人还应对两名申请人为实现债权所支出的费用承担连带担保责任。故前述两名被申请人对仲裁庭裁决的应由第一被申请人支付的仲裁费、律师费及财产保全费承担连带担保责任。

仲裁庭希望指出的是，第二被申请人、第三被申请人承担的连带保证责任在第一被申请人、第二被申请人或第三被申请人，或单独或联合履行了拖欠的股权转让价款或担保责任之后，其他债务人或保证人即解除了相关债务义务。

三、裁　　决

综上所述，仲裁庭裁决如下：

1. 第一被申请人向第一申请人支付股权转让价款人民币近7760万元；第一被申请人向第二申请人支付股权转让价款人民币1240余万元。

2. 本案仲裁费由第一被申请人承担90%，由申请人承担10%。本案仲裁费已由申请人向贸仲全额预缴并予以冲抵，故第一被申请人应直接向申请人补偿申请人代其垫付的仲裁费。

3. 第一被申请人向申请人支付律师费人民币72万元。

4. 第一被申请人向第一申请人支付保全费人民币26万元。

5. 第二被申请人和第三被申请人对前述裁决应由第一被申请人向申请人支付的第（一）项至第（四）项款项承担连带担保责任。

6. 驳回申请人的其他仲裁请求。

上述裁决应付款项，被申请人应于本裁决作出之日起30天内支付完毕。逾期，依照《民事诉讼法》第253条的规定执行。

本裁决为终局裁决，自作出之日起生效。

案例评析

【关键词】

国有企业股权转让;事业单位法人担保

【焦点问题】

股权转让协议效力问题及担保协议效力问题。

【焦点评析】

当一方当事人明知依据合同约定自身已属违约时,其聘请的律师、顾问往往提出帮助当事人进行合同无效的仲裁或诉讼策略,在极个别情况下,这可能是不错的策略,但在大多数情况下是行不通的。该案就是典型例子。

该案核心是当事各方签订股权转让合同后,买方支付了一部分股权款便停止了合同履行。申请人通过仲裁索要剩余款项,被申请人开始争辩称合同无效。

一、关于股权转让协议效力问题

该案涉及股东之间对一家目标公司的股权进行买卖的问题。目标公司原有 6 名股东,第一被申请人是目标公司的第二大股东,拟购买两名申请人的部分股权,其余两名被申请人为第一被申请人提供了保证。合同约定第一被申请人同意以 1.2 亿元的价格受让两名申请人持有的逾 20% 的目标公司股权,其中含第一申请人逾 17% 的目标公司股权,第二申请人近 3% 的目标公司股权。但第一被申请人在支付了 1000 万元后便停止了支付,遂引发了该案仲裁。

第一被申请人认为,持目标公司逾 36% 股份的第一大股东属国有控股企业，实际支配目标公司，目标公司属于"国有实际控制企业"。仲裁庭经过查证认定，第一大股东虽然持有目标公司逾36%股份，但不是50%，不具有目标公司控股股东的地位，且其也未通过股东协议、公司章程、董事会决议等对目标公司进行实际支配。最重要的是，虽然第一被申请人是目标公司的第一大股东，但其只是从两名申请人处购买他们的部分股权，其自身的公司属性并不发生任何变化，并不涉及其在目标公司中的股权变化，即其在目标公司中的地位、权利在股权转让后仍会保持不变。第一被申请人以其是目标公司第一大股东为由，称其从两名申请人处购买股权违反国家对国有企业转让股权的规定，这一辩护策略实属错误地适用了法律，因为正如申请人所主张和经仲裁庭所查明的，第一被申请人不属于国有企业，而是一家私人公司，其股权转让不受国家对国有企业股权转让规定的约束，即无须经过国有资产管理部门的审批与相关评估。

此外，该案事实显示，被申请人在合同签署后已支付了小部分款项，在该案仲裁程序期间的2018年2月，第一被申请人又向申请人支付了1000万元股权款。这些都显示了第一被申请人只是以国有企业股权转让规定作为抗辩的借口。

该案的一个教训是，如果说被代理人是企业，不熟谙法律法规是有情可原的，但作为其代理律师对案件的法律适用应有深入、细致的研究和掌握，作有信服力的辩论，牵强附会地、不负责任地任意作法律抗辩是不可取的。

二、关于本案担保问题

第三被申请人的抗辩是其为以公益为目的的事业单位法人，根据我国《担保法》的规定不得作为合同的保证人，应当认定担保协议为无效。

我国《担保法》第3条规定，国家机关和以公益为目的的事业单位违反法律规定提供担保的，担保合同无效。但《担保法解释》第16条规定，从事经营活动的事业单位为保证人的，如无其他导致保证合同无效的情况，其所签定的保证合同应当认定为有效。所以这个问题的核心是，该案担保人是否是以公益为目的的事业单位法人，其从事的担保是否属经营活动就成为仲裁庭判断担保协议是否有效的关键。

仲裁庭发现,第三被申请人提交的事业单位法人证书上载明“经费来源:经费自理”,这说明其并非由政府部门提供资金,其经费要由其自身筹集;此外,仲裁庭还发现,其2015年就通过商业经营获得了超过1亿元的收入,有10多项投资项目,商业活动收入是其经费的主要来源。事实证明其不属仅以公益为目的的事业单位法人。因此,第三被申请人签署的保证合同应当认定为有效,其应受到保证合同约束、履行担保义务、承担违约责任。

笔者曾在北京一家外贸公司做进出口业务工作,我印象最深的是当时周恩来总理的指示:外贸要重合同、守信誉,落笔千斤重。现在改革开放,发展市场经济,但重合同、守信誉这一原则依然十分重要,认真严格依据合同约定和法律规定履行合同是维护与提高企业形象的重要手段。合同签订以后可能会因为种种原因一方不愿意履行合同,但此时应聘请律师,咨询如何处理。例如,通过与对方协商争取解除合同或逾期履行,或根据我国《合同法》的规定来看是否有终止合同的条件。如果是后者还要根据我国《合同法》的有关规定采取适当措施终止合同。不能既不采取措施与对方协商,也不履行合同,到诉讼或仲裁时自称合同无效,这是不可取的。

按普通法的原则,如果一方当事人不履行合同,另一方可以要求其履行,但法院判决通常并不要求违约方实际履行,因为采取损害赔偿救济同样可以解决违约问题。

同样,该案另外值得注意的一点是,律师一定要诚实守信地依据事实和适用法律进行案件的陈述与辩论。案件事实问题仅能靠当事人和律师向仲裁庭介绍清楚。在国外的国际商事仲裁中,案件事实问题包括适用法律,主要通过事实证人或法律专家(或经济技术专家)出庭作证并被交叉质询才能查清,出庭律师只能在证人作证之后才能进行辩论。所以,帮助仲裁庭查清案件事实,辩明相关法律问题会体现律师的素质与水平,可以帮助仲裁庭迅速抓住案件要点,以尽快结案。

国际商事仲裁由当事方邀请证人出庭，进行交叉质询的做法值得我们借鉴。因为出庭律师往往是案件发生后才介入案件，他们很难了解交易开始及过程中的情况，即便了解也应作为事实证人出庭而不能作为出庭律师论述这些问题。

（案例评析人：张玉卿）

案例二十一　中国 A 实业公司与中国 B 建材集团股权转让争议仲裁案

中国国际经济贸易仲裁委员会(以下简称贸仲)根据申请人中国 A 实业公司(以下简称申请人)与被申请人中国 B 建材公司(以下简称被申请人)签订的《中国 C 公司增资协议》(以下简称本案合同)中仲裁条款的约定,以及申请人交至贸仲的书面仲裁申请,在申请人完备了相关手续后,受理了上述合同项下的本争议仲裁案。

一、案　　情

(一)申请人的仲裁请求及其所依据的事实和理由

申请人在仲裁申请书中称:

2012 年申请人、被申请人及案外人中国 C 公司签订了《债务重组合同》。该合同约定,申请人对中国 C 公司享有的债权本金近 6200 万元(本案币种若无特殊标注均为人民币——仲裁庭注),利息为约 3.6 亿元。各方同意上述债权本金统一折为现金约 5400 万元,作为在目标公司首次重组时申请人的现金出资。具体操作方式:在协议签署后,中国 C 公司将约 5400 万元划至申请人指定账户,以清偿对甲方的全部本金债务;申请人收到该款项后即将同等金额的约 5400 万元作为投资款划回中国 C 公司指定的账户,作为申请人对目标公司的现金出资到位。

三方约定申请人按债务重组持有的股权,须按合同约定的方式退出。《债务重组合同》还约定基准日为2011年年底,目标公司为中国C公司。

根据以上协议,2012年9月,中国C公司向申请人支付约5400万元,2012年10月申请人将约5400万元支付到中国C公司。2014年12月,申请人与被申请人签订了本案合同,确认申请人已实际出资约5400万元,持有中国C公司有限公司约17%的股权。

因目标公司未能在约定的期限内公开发行股票并成功上市,申请人于2016年12月向被申请人寄送《关于:催告履行债务重组合同的律师函》,要求其按照合同约定,沟通协商回购事宜。截至2018年10月,被申请人仍未按照合同约定进行回购。申请人又于2018年11月向被申请人再次寄送《再次催告履行债务重组合同的律师函》,要求其履行合同约定进行股权回购并支付回购价款。

基于上述事实,根据《债务重组合同》的约定,股权回购的条件已成就,被申请人应当按6000万元并加自基准日至回购价款支付日的同期银行贷款利息,回购申请人持有的目标公司约17%的股权。

之后,申请人于本案第二次开庭时当庭提交了"撤回仲裁请求申请书",撤回了部分仲裁请求。申请人最终明确的仲裁请求:被申请人向申请人支付回购款6000万元。

(二)被申请人的答辩意见

1.案涉的仲裁事项不在仲裁协议约定的处理范围,2014年本案合同的仲裁条款对2012年《债务重组合同》的"甲方退出"条款没有约束力,应当驳回申请人的仲裁请求。

2014年本案合同约定的内容是申请人如何对中国C公司增资,包括增资金额、增资方式及时间以及因增资事项引起的违约责任等。就争议的解决,该协议第5条有了非常明确的约定。但在本案中,申请人请求的仲裁事项是2012年《债务重组合同》中"甲方退出"的内容,该内容不在本案合同第5条的约束范围。另外,"甲方退出"出现争议,《债务重组合同》已经约定了解决方式。基于上述事实，根据我国《仲裁法》第三章的有关规定，请求驳回申请人的仲裁请求。

2. 案涉的《债务重组合同》股权回购条款违反了行政法规的强制性规定，为无效条款。

《债务重组合同》的股权回购条款本质上是申请人以固定价格转让股权，被申请人购买股权。《国有资产评估管理办法》规定转让国有资产必须评估，《金融资产管理公司资产处理管理办法》第18条第3款规定，资产公司以债转股、出售股权资产（含国务院批准的债转股项目股权资产）或出售不动产的方式处置资产时，除上市公司可流通股权资产外，均应由外部独立评估机构对资产进行评估。在本案中，未经评估，申请人以固定价格转让股权违反了上述行政法规；另外，被申请人以未经评估的价格购买资产也违反有关行政法规。

基于上述事实，根据我国《合同法》第52条之规定，《债务重组合同》股权回购条款属于无效条款，申请人无权要求被申请人以约定的价格购买其持有的中国C公司股权。被申请人请求驳回申请人的全部仲裁请求。

（三）双方当事人的证据

（略）

被申请人未提交相关证据。

（四）申请人"对被申请人答辩意见的意见"

1. 仲裁委员会对本案有管辖权

本案合同约定"因履行本协议引起的或与本协议有关的任何争议……任何一方有权将争议提交中国国际经济贸易仲裁委员会"，本案合同另约定："本次增资之目的是履行2012年9月签署的《债务重组合同》。"因此，本案合同是在已经签署《债务重组合同》的背景下，对该合同项下出资入股及债务豁免事项所制定的具体实施方案，而《债务重组合同》后续的投资方退出是以本案合同约定的缴付出资为前提。两份合同为实现债务重组的合同目的，是不可分割的整体。因此,本案合同构成对债务重组合同的补充。本案就《债务重组合同》"甲方退出"事项的纠纷属于与本案合同有关的争议。同时,本案合同的仲裁条款是对《债务重组合同》的争议解决方式的变更。

2. 被申请人将回购条款理解为国有资产转让是对《债务重组合同》的错误理解,也违背诚实信用原则

因中国C公司拖欠申请人巨额的债务,为了有利于债务人清偿债务,申请人同意按《债务重组合同》对债务进行重组。申请人的债权仅按本金折算成目标公司的股权,如果目标公司实现上市,则申请人自行在二级市场上退出,如果5年内未能上市,则由被申请人按约定的价格回购申请人所持的股权。申请人以上述两种方式实现退出的才算债务重组完成,申请人同意豁免原来的全部债务利息。因此,履行回购义务是被申请人依《债务重组合同》而确定的义务,是债务重组的一部分,实质上是一种偿还债务的行为,并不是一般意义上的国有资产转让。被申请人将此理解为国有资产转让,是对《债务重组合同》的错误理解,也违背了诚实信用原则。

3. 退一步而言,被申请人主张的国有资产转让评估要求属于管理性强制性规定,不影响合同效力

从《国有资产评估管理办法》第3条规定的文字含义考虑,其并没有对合同行为本身进行规制。评估不是双方达成合意的前提或条件,只是国有企业内部的管理性要求。一方面,该条款没有规定必须以评估作为转让价;另一方面,也没有要求不得就未评估的国有资产订立转让合同,更没有规定未经评估的转让合同无效。《国有资产评估管理办法》第3条属于管理性强制性规定,而非效力性强制性规定。最高法院相关案例均明确了国有资产转让需经评估的强制性规定属于管理性强制性规定。

根据我国《合同法》第52条及最高人民法院《关于适用〈中华人民共和国合同法〉若干问题的解释(二)》第14条的规定,只有违反法律、法规的效力性强制性规定才会导致合同无效。因此,本案合同条款不因未进行评估而无效。

二、仲裁庭意见

(一)关于本案的管辖问题

被申请人认为,申请人请求的仲裁事项是《债务重组合同》中“甲方退出”的内容,该内容不在本案合同第5条的约束范围。“甲方退出”出现争议,《债务重组合同》已经约定了解决方式。

仲裁庭注意到,《债务重组合同》中“甲方退出”约定了“如目标公司在五年内未能成功上市,由丙方或由丙方安排其集团内其他公司,须在甲方提出书面要求12个月内,签署相关回购协议并优先回购完成甲方因本次债务重组而持有的目标公司的全部股权”。

《债务重组合同》中“争议解决”约定,因本合同引起或与本合同有关的一切争议,三方均应友好协商解决,如果不能协商解决,任何一方均有权选择下列争议解决方式:(1)向合同签订地有管辖权的人民法院提起诉讼;(2)向北京市仲裁委员会提起仲裁。

本案合同约定如下:

“鉴于双方与中国C公司于2012年9月签署的《债务重组合同》。第一条 本次增资和股东认缴增资。1.1 本次增资之目的是履行2012年9月签署的《债务重组合同》。第五条 适用法律和争议解决……5.2 因履行本协议引起的或与本协议有关的任何争议,双方应通过友好协商解决,如果双方在30天内无法达成一致,任何一方有权将争议提交中国国际经济贸易仲裁委员会,按照该会届时有效的仲裁规则在北京进行仲裁,仲裁的书面裁决具有终局性,对双方都具有约束力。第六条 本协议生效及其他 6.1 本协议经双方签字盖章后生效。本协议是为履行2012年9月签署的《债务重组合同》,本协议未尽事宜,按《债务重组合同》履行,或双方进一步协商,达成补充协议。”

仲裁庭认为,2012年9月的《债务重组合同》及本案合同均是各方关于进行债务重组问题的协议内容。《债务重组合同》在“债务重组”中就“债务重组”“甲方退出”“债务豁免”等事项进行了约定。《债务重组合同》在“争议解决”中虽列出了两种解决方式,但并未就任何一种解决方式作出指定或选择;本案合同名为增资协议,其增资之目的是履行《债务重组合同》,该合同约定“本协议未尽事宜,按2012年9月签署的《债务重组合同》履行”,据此,两份合同之间联系密切,本案合同为《债务重组合同》的重要补充,该合同就“争议解决”进行了重新约定。申请人请求的仲裁事项,符合“争议解决”约定的争议解决范围。

因此,仲裁庭认为,根据两份合同间的关系及本案合同就“争议解决”的约定,仲裁委员会对本案具有管辖权,被申请人关于本案管辖权的抗辩意见不成立。

（二）本案合同的法律效力

在本案审理中,双方当事人均未就本案合同的法律效力提出异议。仲裁庭认为,申请人和被申请人双方共同协商,自愿签署的本案合同合法有效。双方当事人应当依照协议的约定,行使自己的权利,履行各自的义务。本案合同对双方均有约束力,也是本案裁决的基本依据。

（三）关于本案合同的履行

2012年9月,申请人为甲方(债权人)、中国C公司为乙方(债务人)、被申请人为丙方(保证人),三方共同签署了《债务重组合同》。该合同约定,申请人对中国C公司享有债权本金近6200万元,截至2007年9月的利息为约3.6亿元。各方同意上述债权本金统一折为现金约5400万元,作为在目标公司(中国C公司)首次重组时申请人的现金出资。具体操作方式:在协议签署后,中国C公司将约5400万元划至申请人指定账户,以清偿对甲方的全部本金债务;申请人收到该款项后即将同等金额的约5400万元作为投资款划回中国C公司指定的账户,作为申请人对目标公司的现金出资到位。

《债务重组合同》“甲方退出”约定，三方同意并确认，对甲方因本次债务重组而持有的目标公司的全部股权，须按下列方式实现退出：如目标公司在5年内未能成功上市，由丙方或由丙方安排其集团内其他公司，须在甲方提出书面要求12个月内，签署相关回购协议并优先回购完成甲方因本次债务重组而持有的目标公司的全部股权。回购价格为6000万元加上基准日至回购价款支付日的同期银行贷款利息。

《债务重组合同》签署后，2012年9月，中国C公司按合同约定向申请人支付约5400万元，2012年10月，申请人将约5400万元支付到中国C公司。

2014年12月，申请人为乙方、被申请人为甲方，双方签订了本案合同。该合同确认申请人缴付出资约5400万元，其中，近5160万元将计入中国C公司的注册资本，其余220余万元计入资本公积。在本次增资完成之后，被申请人持有中国C公司约83%的股权；申请人持有中国C公司约17%的股权。中国C公司于2014年12月在工商部门完成了股权变更登记，为国有控股。

2016年12月，申请人向被申请人寄送《关于：催告履行债务重组合同的律师函》。申请人在该函件中提出，按照《债务重组合同》的约定，由基准日（2011年年底）起计的5年期限将于2016年年底届满。截至2016年年底，目标公司尚未完成股份制改造，无法在2016年年底前公开发行股票并成功上市，要求被申请人按照合同约定，沟通协商回购事宜。该函件快递单标明“关于催告履行债务重组合同的律师函”，该函件被拒收退回。2018年11月，申请人再次向被申请人寄送《再次催告履行债务重组合同的律师函》，要求其履行合同约定进行股权回购并支付回购价款。该函件投递并签收。

仲裁庭了解到，目标公司未能在约定的期限内公开发行股票并成功上市，亦未按照合同的约定进行股权回购并支付回购价款。

在本案审理中，双方当事人就本案争议问题进行了沟通和协商，被申请人表示，经双方高层沟通后将考虑于2019年年底前向申请人支付回购款6000万元；申请人表示，经双方高层沟通后同意按照其《撤回仲裁请求申请书》及庭审中的明确表示，不再坚持原“支付利息”及“律师费”的仲裁请求，且同意由其自行承担本案仲裁费用。

（四）本案股权回购的条件是否成就

仲裁庭认为，申请人和被申请人关于“债务重组完成”约定的是指申请人将享有的对目标公司的本金债务转为目标公司的股权，并且申请人将持有目标公司的股权依《债务重组合同》的约定实现退出。《债务重组合同》关于申请人因本次债务重组而持有的目标公司的全部股权实现退出约定：“目标公司在五年内公开发行股票并成功上市，视为甲方顺利退出。”“如目标公司在五年内未能成功上市，由丙方或由丙方安排其集团内其他公司，须在甲方提出书面要求12个月内，签署相关回购协议并优先回购完成甲方因本次债务重组而持有的目标公司的全部股权。”由此可知，目标公司在5年内是否成功上市是判断本案股权回购条件是否成就的根据。事实上，目标公司在5年内未能成功上市，申请人主张股权回购的条件已成就。

（五）申请人能否根据《债务重组合同》的约定，主张被申请人进行股权回购并按约定支付回购价款

被申请人认为，《国有资产评估管理办法》及《金融资产管理公司资产处置管理办法》规定转让国有资产必须评估，《债务重组合同》违反了上述行政法规的强制性规定，根据我国《合同法》第52条之规定，为无效条款。

仲裁庭认为，首先，关于我国《合同法》第52条第5项“违反法律、行政法规的强制性规定”导致合同无效的“强制性规定”，最高人民法院《关于适用中华人民共和国〈合同法〉若干问题的解释（二）》[以下简称《合同法司法解释（二）》]第14条规定“合同法第五十二条第（五）项规定的‘强制性规定’，是指效力性强制性规定”，而被申请人所述的两部行政法规均属管理性强制性规定，该内容中规定“国有资产必须评估”并非效力性强制性规定。因此，被申请人关于本案《债务重组合同》违反上述两项行政法规应为无效条款的主张，没

有法律依据,仲裁庭不予采纳。其次,本案股权回购争议有别于一般的国有资产转让,申请人和被申请人之间的法律关系,更多地体现为债权债务关系,而非国有资产转让和受让关系。之前,申请人、被申请人签订本案合同,根据《资产评估报告》进行增资,目标公司形成了新的股权结构。现在,目标公司未能在5年内成功上市,成就了被申请人应按签署的相关回购协议履行义务,完成"甲方退出"。被申请人拒绝履行股权回购义务违反合同约定,亦缺乏根据。

(六)关于申请人的仲裁请求

申请人的仲裁请求为被申请人向其支付回购款6000万元。

仲裁庭认为,根据前述,申请人主张被申请人进行股权回购的条件已成就;申请人在2016年年底即向被申请人提出并寄送文件,要求被申请人履行债务重组合同,该函件虽被被申请人拒收退回,但不能因此而否定申请人完成了通知义务,被申请人在此后未履行回购协议已2年有余;现有证据不能确认申请人存在《债务重组合同》规定的"如目标公司在五年内未能成功上市,且在五年内给予甲方分红,在甲方退出时分红视为已付回购款项"的情况。故,申请人要求被申请人向其支付回购款6000万元,以回购申请人持有的目标公司约17%的股权,符合涉案合同的约定。

综上所述,仲裁庭对申请人的该项仲裁请求予以支持。

(七)关于本案仲裁费

考虑本案实际情况,鉴于申请人在其"撤回仲裁请求申请书"及庭审中明确表示仲裁费由其自行承担,仲裁庭认为,上述意见属于申请人对其自身权利的处分,因此,仲裁庭认定本案仲裁费全部由申请人承担。

三、裁　　决

根据以上事实和理由,仲裁庭裁决如下:

1. 被申请人向申请人支付股权回购款人民币 6000 万元。

2. 本案仲裁费由申请人自行承担。

上述应付款项,被申请人应自本裁决作出之日起 45 日内向申请人支付完毕。

本裁决为终局裁决,自作出之日起生效。

案例评析

【关键词】

国有股权转让;股权回购;评估;合同效力

【焦点问题】

案涉国有股权回购条款是否违反行政法规的强制性规定,为无效条款。

【焦点评析】

该案的基本案情:申请人、被申请人及案外人,也即目标公司中国 C 公司共同签署了《债务重组合同》。该合同约定,申请人对目标公司享有债权本金及利息,各方同意将债权本金统一折为现金作为在目标公司重组时申请人的现金出资。合同约定如目标公司中国 C 公司在 5 年内未能成功上市须回购申请人因债务重组而持有的目标公司的全部股权,并就回购价格作出约定。后申请人、被申请人双方签订了增资协议,约定增资完成之后,申请人持有目标公司部分股权。目标公司已在工商部门完成了股权变更登记,为国有控股。5 年后,目标公司未能公开发行股票并成功上市,亦未按照合同的约定进行股权回购并支付回购价款,双方发生争议。被申请人以股权回购条款违反《国有资产评估管理办法》中“转让国有资产必须评估”的行政法规的强制性规定为由，不同意申请人要求股权回购的仲裁请求。

现结合该案案情及法律适用焦点问题评述如下。

一、企业国有股权的转让限制

国家对企业各种形式的出资所形成的权益被称为企业国有资产，企业国有资产之股权，是指企业以中央和地方财政资金参股形成的权益，以及依法认定为国家所有的其他权益。企业国有股权的转让除应依照我国《公司法》等相关法律规定、公司章程、合同约定外，还须遵守其特有股权转让的限制。根据我国《企业国有资产法》第53条、第54条、第55条的规定，国有资产转让由履行出资人职责的机构决定或本级人民政府批准，遵循等价有偿和公开、公平、公正的原则，除按照国家规定可以直接协议转让的以外，应当在依法设立的产权交易场所公开进行。国有资产转让的价格应当依法评估、经履行出资人职责的机构认可或者报经本级人民政府核准。即国有股权的转让限制有：经履行出资人职责的机构决定或本级人民政府批准；进场交易；价格经评估或核准。这三方面的转让限制规定是基于国有股权所有人的特别主体资格，对国有股权所有人的出让股权行为进行的规制，其立法目的在于加强对国有资产的保护，防止国有资产流失。

在仲裁案件中，不乏当事人类似该案当事人就国有股权转让的合同效力提出质疑，发生争议。准确理解和把握国有股权的转让限制是适应公正处理国有股权转让合同案件的要求，对国有股权转让合同的效力认定，主要根据我国《合同法》有关合同效力的有关规定办理。

二、对行政法规强制性规定的识别

当前，涉国有资产/股权转让的相关规范多由国务院及其各部委或地方政府颁布，如在关于资产评估方面有：《国有资产评估管理办法》（国务院令第91号）、《企业国有资产监督管理暂行条例》（国务院令第378号）、《企业国有资产评估管理暂行办法》(国务院国有资产监督管理委员会令第12号)、《国有资产评估管理办法实施细则》(国家国有资产管理局国资办发〔1992〕36号)等。相关的行政法规对国有股权转让合同的效力认定具有影响,其影响程度是致合同未生效、有效还是无效,应当根据我国《合同法》第44条、第52条的规定进行审查。在这当中,要特别注意《合同法》第52条规定合同无效情形中"违反法律、行政法规的强制性规定"条款的适用,这也是国有股权转让合同许多案件当事人争议的主要问题。按照最高人民法院的相关指导意见,条款中所载的"行政法规的强制性规定"是指"效力性强制性规定",如果违反的是"管理性强制性规定",合同不当然认定为无效。最高人民法院在2019年《全国法院民商事审判工作会议纪要》中强调对强制性规定的识别,要依据我国《民法总则》第153条第1款和《合同法司法解释(二)》第14条的规定慎重判断"强制性规定"的性质,特别是要考量强制性规定保护的法益类型、违法行为的法律后果以及在交易安全保护等因素的基础上认定其性质。在"效力性强制性规定"还是"管理性强制性规定"的性质判断问题上一般可以从三方面把握:(1)看条文,是否有明确违反规定将导致合同无效后果的规定;(2)看立法本意,是对法律行为的规制,还是在管理层面的设定或具有纪律约束的内容;(3)看法律后果,合同的效力认定是关乎社会公共利益和社会经济秩序保障,还是侧重合同双方权益的保护。以上归纳并不尽然,进行性质判断时也要结合法律、法规调整的目的、追求的效果予以考量,并要注意与其他相关法律、法规的协调与冲突。

以《国有资产评估管理办法》为例,为体现"等价有偿""合理确定最低转让价格""国有资产的价值量",国务院发布了《国有资产评估管理办法》,该办法主要对资产评估范围、组织管理、评估程序、评估方法作出规定,在"法律责任"一章中规定了违反规定致"资产评估结果失实的,国有资产管理行政主管部门可以宣布资产评估结果无效";相关单位和人员将受到行政处罚。由此可见,该办法主要体现的是对国有资产评估的管理层面的设计和管理性要求,因此,判断该办法应属"管理性强制性规定"。

三、股权回购条款与违反《国有资产评估管理办法》规定

该案《债务重组合同》中有股权回购条款约定,债转股时已进行国有资产评估等相关程序,股权回购时是否还要进行相关评估等程序;未经过资产评估,股权回购约定是否无效?

首先,我国《企业国有资产法》第51条规定,"本法所称国有资产转让,是指依法将国家对企业的出资所形成的权益转移给其他单位或者个人的行为……",明确了国有资产权益转让与他人时受该法调整。《国有资产评估管理办法》第3条、第4条关于评估范围和事项的规定也反映了涉国有资产转让相关法律、法规主要是针对作为国有资产出资人的出让行为进行的规制,并不包括国有资产占有单位的受让行为。股权回购协议作为附条件的股权转让交易,国有资产占有单位作为受让人受让其他单位或者个人的股权,其转让程序并无法定要求,以未进行评估为理由否定股权回购条款的有效性,缺乏法律依据。

其次,既然债转股时已进行国有资产评估等相关程序,《债务重组合同》的其他内容包括附条件的股权回购/转让条款也一并报审,国有资产管理行政主管部门未有效力或评估方面的异议,应当认为股权回购是对《债务重组合同》的履约行为,不必再进行相关评估等程序。股权回购协议是双方当事人为实现融资目的的商业安排,在没有其他可认定合同无效的情形下,双方的协议应当得到履行。只有这样才能真正实现"保护国有资产所有者和经营者、使用者的合法权益"之目的。

最后,《国有资产评估管理办法》非效力性强制性规定,按照我国《合同法》第52条的规定,对认定合同效力亦不构成影响。

仲裁庭意见认为,我国《合同法》第52条"违反法律、行政法规的强制性规定"条款中的"行政法规的强制性规定"是指"效力性强制性规定",而《国有资产评估管理办法》属管理性强制性规定。因此,未支持被申请人合同无效的主张。

【结语】

国有经济在我国国民经济中占主导地位,随着公司法律制度改革的深入,越来越多的国有独资企业以及国有资本控股公司、国有资本参股公司参与市场化资本运作。一方面,国有资产管理行政主管部门要加强国有资产转让方面的指导和管理,协调好制约与自主的关系;另一方面,当事各方也要尊重各方的契约行为,遵循诚实信用原则,共同发展。这也是审理案件关注的结果。

在该案中,股权转让合同的效力方面的争议在股权转让案件中比较多见,国有股权转让合同因其资产所有者的特定,其在转让程序上有别于一般的股权转让。由于对国有资产的转让限制的特点,使我们在认定合同效力方面理应区别对待。要把握好“效力性强制性规定”与“管理性强制性规定”,要正确理解和适用法律、法规。

（案例评析人:齐丽华）

案例二十二　自然人A、自然人B、自然人C与中国D保健品公司股权转让争议仲裁案

中国国际经济贸易仲裁委员会(以下简称贸仲)根据第一申请人自然人A(以下简称第一申请人)、第二申请人自然人B(以下简称第二申请人)、第三申请人自然人C(以下简称第三申请人,并与第一、第二申请人合称申请人)与被申请人中国D保健品公司(以下简称被申请人)签订的《合作框架协议》中仲裁条款的约定以及申请人向贸仲提交的仲裁申请,受理了申请人与被申请人之间的合作框架协议争议案。

一、案　　情

(一)申请人的仲裁请求及事实与理由

申请人称,3位申请人是中国E公司的股东,合计共持有中国E公司100%的股权。申请人与被申请人于2015年10月签订《合作框架协议》一份,约定被申请人或其指定的第三方支付现金约2700万元(如无特指均指人民币,下同,仲裁庭注)向申请人收购中国E公司的控股权(95%的股权)。该框架协议对后续履约约定为:协议签署后5个工作日内甲方(指本案被申请人,仲裁庭注)或其指定的第三方支付定金500万元,并于定金支付后的20天内完成《合作协议》的签署及对中国E公司的尽职调查,如被申请人违约,则其给付的500万元定金不退。

上述协议签订后,被申请人于2015年10月给付申请人定金500万元,并

在之后的 20 天内完成了尽职调查，没有发现对本次交易构成实质性障碍的事宜。但被申请人随即违约，无理拒绝签署后续《合作协议》，并拒绝支付后续股权转让金。

为催促被申请人继续履行协议，申请人委托自然人 F 于 2015 年年底向被申请人发送《律师函》催促被申请人履行义务，但遗憾的是，被申请人收到律师函后，仍对履行《合作框架协议》一事置之不理，无任何履约的意思表示。申请人无奈向被申请人发函解除了《合作框架协议》，并依据上述协议的约定扣收了被申请人的 500 万元定金。

为彻底解决双方之间的合同关系，申请人提出以下仲裁请求：

1. 依法确认申请人有权扣收被申请人给付的定金 500 万元；

2. 本案仲裁费用由被申请人负担。

为支持己方的主张，申请人提交了《合作框架协议》、500 万元定金收据、律师函、解除合同通知书及中国 E 公司工商登记资料等 6 组证据材料。

（二）被申请人的答辩、反请求及事实与理由

被申请人答辩称：

1. 申请人持有的中国 E 公司股权依法及股转规则禁止转让，协议应属无效。

2015 年 10 月申请人与被申请人签订《合作框架协议》，约定被申请人收购申请人持有的中国 E 公司 95% 的股权，股权对价为现金约 2700 万元。另约定支付方式为“本协议签署后五个工作日内，甲方或其指定的第三方向乙方合计支付定金人民币 500 万元（人民币伍佰万元），并于支付定金后 20 天内完成甲乙双方关于本次重组为目的的合作协议签署及对目标公司的尽职调查。若甲方或其指定的第三方尽职调查后发现目标公司存在影响后续定增、重组及资产注入等资本运作的重大或实质性障碍与风险，导致本次股权转让、定增及重组无法后续进行，乙方扣除人民币 50 万元（伍拾万元）后，将剩余人民币 450 万元（肆佰伍拾万元）定金退还给甲方或甲方指定的第三方”。

协议签订后，被申请人于2015年10月向申请人支付500万元定金，并委托中介机构对中国E公司进行尽职调查。尽调报告显示，本案股权依据《全国中小企业股份转让系统业务规则（试行）》第2.8条第1款（挂牌公司控股股东及实际控制人在挂牌前直接或间接持有的股票分3批解除转让限制，每批解除转让限制的数量均为其挂牌前所持股票的1/3，解除转让限制的时间分别为挂牌之日、挂牌期满1年和2年）、第2.9条（股票解除转让限制，应由挂牌公司向主办券商提出，由主办券商报全国股份转让系统公司备案。全国股份转让系统公司备案确认后，通知中国结算办理解除限售登记）的规定禁止转让，申请人所持股份属于限制转让的情形。为此，被申请人与申请人签订股权转让协议的方式违反了法律关于股权限制转让的情形，被申请人即便签署股权转让协议后也无法进行工商变更、不能依股转规则在股权系统备案，该协议不仅是无法履行，而且应当自始无效。

2. 申请人应当承担该协议无效的法律后果及责任。

而对于该无效情形，被申请人是通过尽职调查发现的，而申请人则是自签订之日起就知道该情形。在与被申请人签订协议后，中国E公司于2015年10月披露的《股票解除限售公告》，就确认了该限制转让的事实。由此可见，申请人在知道股权限制转让还与被申请人签订股权转让协议，是存在过错的，应当对该转让协议确认无效后的后果承担法律责任。

为此，双方在协议中关于退还保证金450万元的约定不能适用于申请人存在过错的情形，对于被申请人支付的保证金应当全部退还。

被申请人提出以下反请求：

1. 裁令确认《合作框架协议》无效；

2. 裁令3名申请人向被申请人退还保证金500万元；

3. 裁令3名申请人承担被申请人为本案支出的律师费；

4. 裁令本案仲裁费用由3名申请人承担。

被申请人为支持自己的主张，先后提交了《合作框架协议》、500万元定金收据、《中国E公司股票解除限售公告》、《关于同意中国E公司股票在全国中小企业股份转让系统挂牌的函》、《中国E公司关于股票挂牌并采用协议转让方式的提示性公告》及《中国E公司2015年年度报告摘要》6组证据。

（三）申请人对被申请人的反请求的答辩及事实与理由

针对被申请人的反请求，申请人答辩称：

1. 双方签署的《合作框架协议》依法成立，不违反法律及法规的规定，合法有效，应受法律保护。

被申请人认为，《合作框架协议》因“申请人持有的中国E公司股权依法及股转规则禁止转让，协议应属无效”是错误的。

首先，没有任何法律规定申请人持有的中国E公司股权禁止转让，被申请人称依法禁止转让没有法律依据。客观地讲，第一、第二申请人持有的中国E公司部分股份（95%）的转让受到《全国中小企业股份转让系统业务规则》第2.8条的解禁限制（自挂牌之日起两年3批次解禁，即挂牌之日解禁1/3，挂牌满1年解禁1/3，挂牌满2年解禁其余1/3），因中国E公司在2015年1月挂牌，故最后一批股权的解禁期限到2017年1月，而第三申请人持有的5%股权对外转让不受任何限制（自然人C非控股股东及实际控制人），可随时转让。上述业务规则不属于法律及法规，仅仅是证监会批准的一般性规范文件，依法不具有确定本案争议合同无效的效力，因为按照我国《合同法》第52条的规定，只有违反法律和行政法规的合同才是无效的。其余规范性文件不能作为确定合同无效的依据。而申请人持有的约30%股权早在2015年11月即可交易，剩余股权再有不到1年的时间即可全部解禁，进行交易。此外申请人可采取辞去高管职位的方法更快地解禁股份，按照我国《公司法》第142条的规定，如果本案3名申请人辞去高管职位，其持有的股份在半年后即可全部交易，转让给被申请人。即从双方签署后续转股协议后，在大约半年的时间即可将申请人持有的股份全部转让给被申请人。双方签署《合作框架协议》后，申请人积极办理解禁股权交易备案，在当年11月即可进行部分股权交易可以明显看出申请人履约的诚意。

其次,双方在《合作框架协议》中没有约定股转的具体时间,按照该协议第7条的约定,该框架协议仅仅是各方合作的基础协议,后续将签署"具体、详细的协议或法律文件",且该协议第1条约定"具体支付方式各方另行协商"。双方完全可以根据股权解禁的批次及时间拟定分批股转及付款期限,达到双方的合同目的。《合作框架协议》仅仅是双方股权收购的基础文件,没有约定具体的股权过户及付款时间,没有违反任何法律、法规及规章,亦未违反《全国中小企业股份转让系统业务规则》的规定,应受法律保护。

再次,案涉框架协议指向的目标公司95%的股权作价达约2700万元,且另有资产置换等多项工作,利用半年到1年的时间完成上述全部工作是客观可行的,符合客观实际情况,被申请人的注册资金仅有1000余万元,其筹备齐2700万元的转股资金也需要一定的时间,甚至较长时间,被申请人的法定代表自然人G在与申请人商谈付款条件时也明确表示筹备齐2700万元约需要半年时间。

最后,被申请人所称尽调报告显示《合作框架协议》"违反法律关于股权限制转让的情形"不符合客观实际,仅仅是被申请人本次仲裁时临时找到的抗辩借口,被申请人在此前从未有此主张,甚至申请人向被申请人发送律师函催促履约时,被申请人未提出此主张,也从未将所谓的尽调报告向申请人出示,在本次仲裁中也未作为证据提交,申请人认为,被申请人根本就没有前述尽职调查报告。

2. 被申请人的《仲裁答辩书》及《仲裁反请求申请书》中对被申请人自认框架协议无效进而拒绝履行的意思表示非常明确,由此可见,合作协议不能履行的原因归于被申请人。由第一段论述可知,《合作框架协议》合法有效,被申请人一方单方毁约应承担相应法律责任,其提出的仲裁反请求应予驳回。

3. 申请人没有收取被申请人500万元保证金,更无此项返还义务。在双方签署《合作框架协议》后,被申请人依约给付申请人500万元定金,申请人收到该款项后出具了定金收据。经上述论述可知，被申请人单方违约，申请人有权适用定金罚则，不退还该500万元定金。

二、仲裁庭意见

结合双方当事人的主张、提供的证据及本案的庭审情况，仲裁庭认为，申请人持有的中国E公司的股份转让是否受限，若受限是否构成双方《合作框架协议》约定的对后续定增、重组及资产注入等资本运作的重大或实质性障碍与风险并导致此次股份转让无法后续进行及《合作框架协议》无效等是本案及双方争议的焦点。结合本案焦点，仲裁庭将相关意见分述如下。

（一）关于申请人持有的中国E公司的股份转让是否受限

通过庭审调查及双方提交的证据显示，中国E公司是一家在全国中小企业股份转让系统挂牌并公开转让的股份公司。3位申请人自然人A、自然人B、自然人C是中国E公司的发起股东，分别持有中国E公司的约51%、约44%和约5%的股份，其中第一、第二申请人系夫妻，是公司控股股东，同时第一、第二申请人还分别担任公司董事长和董事总经理，均为公司高管。根据现行有效的《全国中小企业股份转让系统业务规则（试行）》第2.8条第1款（挂牌公司控股股东及实际控制人在挂牌前直接或间接持有的股票分3批解除转让限制，每批解除转让限制的数量均为其挂牌前所持股票的1/3，解除转让限制的时间分别为挂牌之日、挂牌期满一年和两年）和《全国中小企业股份转让系统业务规则（试行）》第2.9条（股票解除转让限制，应由挂牌公司向主办券商提出，由主办券商报全国股份转让系统公司备案。全国股份转让系统公司备案确认后，通知中国结算办理解除限售登记）的规定，第一申请人和第二申请人持有的中国E公司共计95%股份，属于限制转让的股份。该股份转让份额和批次、转让时间、转让程序均有严格限制和规定。据此，仲裁庭认定，第一申请人和第二申请人持有的中国E公司共计95%股份，其转让是需要履行相关程序，是受限制的，而第三申请人自然人C系非控股股东及实际控制人，其持有的中国E公司5%股权对外转让不受限制，可随时转让。对此事实，双方当事人均予以认可，不持异议。

（二）关于第一申请人和第二申请人持有的中国E公司股份转让受限事实是否构成《合作框架协议》第4条规定的影响资本运作重大或实质性障碍与风险并导致《合作框架协议》无效

1. 被申请人认为，《合作框架协议》签订后，被申请人按照协议约定于2015年10月向申请人支付定金500万元并通过中国E公司主办券商中国H证券公司对中国E公司进行尽职调查，通过调查后发现，申请人所持中国E公司的股票（占中国E公司总股本的100%）在协议签署时依我国《公司法》第141条，《全国中小企业股份转让系统业务规则（试行）》第2.8条第1款、第2.9条的规定全部属于限售股。申请人自谈判之初乃至协议签署时从未向被申请人告知申请人持有的中国E公司股票属于依法限制转让的限售股，导致被申请人签署的协议自始无法履行且无效，作为重组基础的《合作框架协议》因自始无法履行且违法无效。被申请人通过控制中国E公司迅速进入资本市场的目的无法实现。

2. 申请人则认为，被申请人认为《合作框架协议》因“申请人持有的中国E公司股权依法及股转规则禁止转让，协议应属无效”是错误的。首先，没有任何法律规定申请人持有的中国E公司股权禁止转让，被申请人称依法禁止转让没有法律依据。中国E公司在2015年1月挂牌，第一申请人和第二申请人持有的中国E公司95%股份的转让受到《全国中小企业股份转让系统业务规则》第2.8条的限制（自挂牌之日起两年3批次解禁，即挂牌之日解禁1/3，挂牌满1年解禁1/3，挂牌满2年解禁其余1/3），故最后一批股权的解禁期限到2017年1月，其股份的转让仅是受到限制，而非禁止。而第三申请人非控股股东及实际控制人，其持有的5%股权对外转让不受任何限制，可随时转让。其次，双方在《合作框架协议》中没有约定股转的具体时间，按照该协议第7条的约定,该框架协议仅仅是各方合作的基础协议,后续将签署"具体、详细的协议或法律文件",且该协议第1条约定"具体支付方式各方另行协商"。双方完全可以根据股权解禁的批次及时间拟定分批股转及付款期限,达到双方的合同目的。

3. 关于第一申请人、第二申请人持有的中国E公司股份转让受限事实是否构成该框架协议第4条规定的影响资本运作重大或实质性障碍与风险并导致本次股份转让后续无法进行。

仲裁庭注意到,根据现行有效的《全国中小企业股份转让系统业务规则(试行)》的有关规定,第一申请人、第二申请人持有中国E公司95%股份的转让虽然受限制,但并非不可转让或禁止转让,从表面上来看,似乎不属于《合作框架协议》第4条第1款约定的"影响后续定增、重组及资本注入等资本运作的重大或实质性障碍或风险"并从而导致本次股权转让、定增及重组无法后续进行的情形,但结合本案的实际情况,仲裁庭经认真研究后认为,第一、第二申请人持有中国E公司95%股份转让受限制的事实实质上已构成本案《合作框架协议》第4条第1款规定的"影响后续定增、重组及资本注入等资本运作的重大或实质性障碍与风险",并因此导致此次股份转让无法后续进行。理由如下所示。

第一,股份转让受限使《合作框架协议》约定的履行期限发生重大变化。虽然双方在《合作框架协议》中没有明确约定股转的具体时间,但没有约定股份转让的具体时间并不意味股份的转让是无期限或期限受限的。我国《合同法》第62条规定,当事人就有关合同内容约定不明确,依照第61条之规定仍不能确定的情况下,若履行期限不明确的,债务人可以随时履行,债权人可以要求债务人随时履行。因此,《合作框架协议》中没有明确约定股转的具体时间并不免除本案申请人应按被申请人的要求在合理期限内随时履行转让交割股份的义务。故,股份转让受限使《合作框架协议》约定的履行期限发生重大变化。

第二,履行期限的重大变化构成了《合作框架协议》内容的实质性变更。

我国《合同法》第30条规定，合同签订时，承诺的内容应当与要约的内容一致。受要约人对要约内容作出实质性变更的，视为新要约。有关合同标的、数量、质量、价款或报酬、履行期限、履行地点和方式、违约责任和解决争议方法等的变更，是对要约内容的实质性变更。依此规定，使《合作框架协议》约定的履行期限发生重大变化无疑构成了《合作框架协议》内容的实质性变更，并使标的股份的可转让性在可转让数量、转让期限、转让方式等方面发生了重大的、实质性的变化，从而导致当事人双方在《合作框架协议》项下的一系列权利义务随之发生重大的实质性的变更（包括但不限于股份转让期限、可转让数量、转让价格及合同目的实现等）。

第三，对引发协议内容的重大实质性变更的股份转让受限事宜，被申请人一方事先不知情，事后也不予认可。申请人未能向仲裁庭提交相关证据并证明，在签订本案《合作框架协议》之前已将股份转让受限之事告知被申请人。申请人也未能向仲裁庭提交证据并证明，在签订本案《合作框架协议》之前被申请人知晓或应当知晓申请人股份转让受限之事实。被申请人通过尽职调查知晓股份受限之事后，对此也不予认可。由于被申请人并非相关领域的专业人员，仲裁庭在无相关证据的情况下，也不能认定或推定被申请人应当知晓申请人股份转让受限之情形。我国《合同法》第77条及第3条等相关条款规定，合同的变更应由当事人协商一致，一方不得将自己的意志强加给另一方。同时，双方在《合作框架协议》中也明确约定，"本协议的任何修改须经各方共同签署书面文件"。

第四，这种合同内容的实质性变更损害了被申请人的重大合同利益，使其难以通过尽快受让申请人持有的中国E公司95%股份，达到控股中国E公司迅速进入资本市场的合同目的。

与此相关，申请人提出，按照我国《公司法》第142条的规定，申请人可采取辞去高管职位的方法更快地解禁股份，其持有的股份在半年后即可全部交易，转让给被申请人。由于申请人未向仲裁庭提交任何相关证据以证明其曾与被申请人商议过此事,也没有相关证据证实被申请人同意此种股份转让方式。故,仲裁庭认为,申请人的此种说法没有事实依据,仲裁庭不予认可。

4. 关于第一申请人、第二申请人持有的中国E公司的股份转让受限事实是否导致框架协议无效

申请人认为,不导致《合作框架协议》无效,合同依然合法有效。而被申请人认为,导致《合作框架协议》无效。仲裁庭认为,第一申请人、第二申请人持有的中国E公司的股份转让受限事实并不导致框架协议无效。第一,申请人自然人A、自然人B持有的中国E公司股份转让虽然受限,但其转让并未违反相关法律和行政法规的强制性规定,相反,中国E公司作为中小板挂牌的上市公司,其股份的转让是受法律保护和支持的,也是其挂牌上市的应有之意。第二,在分析认定第一、第二申请人持有的中国E公司的股份转让受限是否导致《合作框架协议》无效问题时,还应当把合同的效力与合同的履行结果区分开。合同是否有效,从合同成立之日就已经确定,而不能通过是否履行或能否履行来决定合同的效力。合同的履行或能否履行涉及的是当事人是否违约的问题。第一、第二申请人持有的中国E公司的股份转让受限的事实产生的法律后果是使申请人不能将相应股份不受限制地、自由地转让并移交给被申请人,从而导致申请人违约,并承担相应的违约责任,无关合同效力。

(三)关于申请人是否有权扣收500万元定金及被申请人是否有权要求退还500万元定金

如上所述,仲裁庭已认定,第一、第二申请人持有中国E公司95%股份转让受限制的事实实质上已构成本案《合作框架协议》规定的“影响后续定增、重组及资本注入等资本运作的重大或实质性障碍与风险”的情形,而该情形的发生“导致本次股权转让、定增及重组无法后续进行”,致使被申请人无法通过顺利受让股份达到控股中国E公司并进入资本市场的目的,第一、第二申请人已构成根本违约,并应承担由此产生的违约责任。但由于《合作框架协议》对此种情况下500万元定金处置有明确约定,申请人虽然违约,但并不适用法定的

定金罚则，而应优先适用双方的约定。《合作框架协议》第 2 条约定，“本协议签署后五个工作日内，甲方（本案被申请人，仲裁庭注）或其指定第三方向乙方（本案的申请人——仲裁庭注）合计支付定金人民币 500 万元（人民币伍佰万元），并于支付定金后 20 天内完成甲乙双方关于本次重组为目的的合作协议签署及对目标公司的尽职调查。若甲方或其指定的第三方尽职调查后发现目标公司存在影响后续定增、重组及资本注入等影响资本运作的重大或实质性障碍与风险（重大或实质性障碍与风险的约定详见本协议第四条），导致本次股权转让、定增及重组无法后续进行，乙方扣除人民币 50 万元（伍拾万元）后，将剩余人民币 450 万元（肆佰伍拾万元）定金退还给甲方或甲方指定的第三方。本协议终止执行。”

因此，仲裁庭认为，第一、第二申请人持有中国 E 公司 95% 股份转让受限制的事实实质上已构成本案《合作框架协议》规定的“影响后续定增、重组及资本注入等资本运作的重大或实质性障碍与风险”情形，而该情形的发生“导致本次股权转让、定增及重组无法后续进行”，从而触发了《合作框架协议》约定的定金处置条件的成就。在此情况下，按上述协议第 2 条的规定，申请人无权扣收该 500 万元定金，只能按约定扣除其中的 50 万元，将剩余的 450 万元定金退还给被申请人。据此，仲裁庭认定，申请人仅享有依约扣收 500 万元定金中 50 万元的权利，对申请人请求裁定其有权扣收被申请人支付的全部 500 万元定金的请求不予支持。同理，仲裁庭认定，被申请人依照协议约定，仅享有要求申请人退还 500 万元定金中 450 万元的权利，而无权要求申请人全额退还全部 500 万元定金。

仲裁庭需要说明的是，被申请人在其反请求第 2 项中要求申请人退还的是“保证金 500 万元”，经庭审调查及双方当事人陈述、质证、答辩及庭后提交的书面代理意见均表明，该“500 万元保证金”就是框架协议中双方约定的、由被申请人支付的 500 万元股份转让定金。

(四)关于仲裁费用

由于申请人持有的中国E公司95%股份转让受限是引发本案纠纷的主要原因,对本案纠纷的引起负主要责任,结合本案实际情况,仲裁庭认为,本案本请求的仲裁费用和本案反请求的仲裁费用由申请人承担70%、被申请人承担30%是合适的。

(五)关于被申请人律师费

被申请人在其反请求第3项中请求仲裁庭裁令申请人承担其为本案支出的律师费,由于被申请人未在仲裁庭规定期限内提供其为本案支出律师费的相关证据。故,仲裁庭对被申请人的该项请求不予支持。

三、裁　决

基于上述事实和理由,仲裁庭裁决如下:

1. 申请人有权扣收被申请人支付的人民币500万元定金中的人民币50万元。

2. 申请人向被申请人退还人民币500万元定金中的人民币450万元。

3. 驳回被申请人的其他仲裁反请求。

4. 本案的本请求仲裁费用由申请人承担70%,由被申请人承担30%;该笔费用已经与申请人预交的等额仲裁预付金相冲抵,被申请人应向申请人支付相应费用以补偿申请人为其垫付的本请求仲裁费。

5. 本案的反请求仲裁费用人民币由申请人承担70%,由被申请人承担30%;该笔费用已经与被申请人预交的等额仲裁预付金相冲抵,申请人应向被申请人支付相应费用以补偿被申请人为其垫付的反请求仲裁费。

上述双方应向对方支付的款项,应自本裁决书作出之日起20日内履行完毕。

本裁决为终局裁决,自作出之日起生效。

案例评析

【关键词】

限售股份;合同效力;负担行为与处分行为;合同变更

【焦点问题】

股份公司限售股份转让合同的效力。

【焦点评析】

该案的焦点有两个:一是中国 E 公司限售股份转让合同是否有效;二是股份转让受限是否构成双方《合作框架协议》第 4 条约定的对后续定增、重组及资产注入等资本运作的重大或实质性障碍与风险。现结合该案案情及法律适用问题,就相关问题评述如下。

一、中国 E 公司限售股份转让合同的效力问题

关于双方签订的《合作框架协议》即中国 E 公司限售股份转让合同是否有效的问题,双方意见不一,态度迥异。该案申请人认为,股份转让合同有效,而被申请人则认为,该案合同违反了股权限制转让的规定,应属无效。

众所周知,股权自由转让是现代公司制度的共识,这是世界范围内公司法律有关股权转让的一般规则。但股权作为一种社员权,其转让涉及公司、股东、债权人、董事和公司高管人员、公司员工、公众投资者等不同的利益主体的利益,因此其转让并不是随心所欲的,而是要受到我国《公司法》《证券法》等法律法规的一定限制。中国亦不例外,并且基于中国不同于大多数国家的公司治理

模式,形成和决定了许多具有中国特色的股权制度和股权转让的中国法律限制。依照我国法律规定,依法律的股权转让限制主要表现为有限责任公司股权转让的封闭性限制,股份公司发起人的股份转让限制,股份公司董事、监事、经理股份转让的限制,股份公司特殊股份转让的限制,国有股份转让的限制,外商投资企业股份转让的限制,公司章程的限制等。

如上所述,与有限责任公司相比,由于股份公司的公众性强,其股份变动较有限责任公司涉及更多利益主体,其股份转让也受到法律的更多规制,特别是控股股东的股份转让更是如此。该案案涉中国E公司作为在全国中小企业股份转让系统(新三板)挂牌的股份公司,按照《全国中小企业股份转让系统业务规则(试行)》第2.8条"挂牌公司控股股东及实际控制人在挂牌前直接或间接持有的股票分三批解除转让限制,每批解除转让限制的数量均为其挂牌前所持股票的三分之一。解除转让限制的时间分别为挂牌之日、挂牌期满一年和两年"的规定,本案第一申请人、第二申请人作为公司的控股股东拟转让其持有的95%的股份,该股份转让自然也受到《全国中小企业股份转让系统业务规则(试行)》的上述规制。我国《公司法》第141条也对公司的发起人及董事、监事、高级管理人员所持的股份的转让作了限制,这均涉及受到我国法律法规和部门规章规制的股份转让的合同效力问题,即股份公司限售股转让合同是否有效的问题。

关于股份公司限售股转让合同的效力问题,对违反部门规章的限售股转让合同,学术界、司法实践的认识比较一致,认为,依我国《合同法》第52条第5项的规定,部门规章类的规范性文件不能作为确定本案合同效力的依据,一般不得以违反部门规章认定限售股权转让合同无效。

具体到该案合同,因对该案股份转让进行限制的《全国中小企业股份转让系统业务规则(试行)》是经中国证监会批准实施的部门规章类的规范性文件,既非我国《合同法》第52条第5项规定的法律,也非行政法规。因此,依我国《合同法》第52条第5项和最高人民法院的相关司法解释,《全国中小企业股份转让系统业务规则(试行)》作为部门规章类的规范性文件不能作为确定该案合同效力的依据。故该案股份转让合同不存在违反法律、行政法规的强制性规定之情形,系双方真实意思表示,依法成立,合法有效,对双方具有约束力。仲裁庭对此也作了同样的认定。

学术界、司法实践中分歧较大的是,对违反法律行政法规规定的限制转让的股份转让合同的效力。一种观点认为有效,还有一种观点认为无效。虽然最高人民法院对我国《合同法》第52条第5项规定的法律行政法规及强制性规定通过司法解释作了进一步的解释和说明,明确法律,是指全国人大及其常委会制定并颁布的法律,行政法规,是指国务院制定并颁布的规章、命令、条例等行政规范。强制性规定,是指效力性强制性规定,只有违反效力性强制性规定的才致合同无效,违反管理性强制性规定的,一般不导致合同无效。但对何为效力性强制性规定,何为管理性强制性,二者如何区分,最高人民法院只是作了原则性规定,故在最高人民法院的上述司法解释出台后,学术界和司法实践中对违反法律行政法规规定的限制转让的股份转让合同的效力问题仍未形成共识,仍然存在分歧。

为解决这个问题,有部分学术界及司法实务界主张引入民法中有关负担行为与处分行为理论,主张把合同的效力与其履行结果区分开来。该主张认为,把负担行为和处分行为的区分开来,有助于更好地区分合同的订立行为和履行行为,并在此基础上正确界分合同效力与违约责任。该主张认为,股份转让行为实质上也是由上述两种行为构成的,一是股份转让的负担行为,二是股份转让的处分行为。法律所限制的转让股份应是对股份处分行为,并非限制或禁止在限售或禁售期内签订股份转让合同的这一负担行为。股份转让协议并不会因其在限售或禁售期内签订而无效。

具体到该案合同,作为中国E公司控股股东的第一申请人、第二申请人与被申请人订立合同转让其股份,应属负担行为,其后果为产生交付股份这一给付义务。第一申请人、第二申请人履行合同将股份交付给被申请人,或者在股份登记机关将股份过户登记于被申请人名下的行为,属处分行为,系合同的履行行为,其后果为发生权利变动。股份的限售不得转让,限制的是处分行为,而不及于转让股份的负担行为。也就是说,违反限售规定的法律后果是股份的所有权不能转移,而不是股份转让合同无效。基于此,该案限售股份转让合同同样系有效合同。

目前,已有地方法院和最高人民法院在有关的司法判例中采纳了此观点[参见最高人民法院在2018年1月4日作出的(2014)民二终字第106号中国科学院软件研究所、中科软件集团有限公司合同、无因管理、不当得利纠纷二审民事判决书]。

二、合同的实质性变更问题

该案所涉股份转让受限是否构成双方《合作框架协议》约定的对后续定增、重组及资产注入等资本运作的重大或实质性障碍与风险是该案的另一焦点问题,对此,合同双方也各持己见,意见不一。

仲裁庭认为,第一、第二申请人持有中国E公司95%股份转让受限制导致股份转让无法后续无法履行,实质上已构成本案《合作框架协议》约定的"影响后续定增、重组及资本注入等资本运作的重大或实质性障碍与风险",使其难以达到通过股份受让迅速进入资本市场的合同目的。

其中,最主要事实和依据是,股份转让受限的事实使该案合同约定的履行期限发生重大变化。就该案合同而言,合同履行期限的重大变化构成了该案合同内容的实质性变更,这种合同内容的实质性变更损害了被申请人的重大合同利益,使其难于通过尽快受让申请人持有的中国E公司95%股份,达到控股中国E公司并迅速进入资本市场的合同目的,构成根本违约。

在上述认定中,仲裁庭的裁决意见,以股份转让受限的事实为基础,适用合同变更等相关规定,层层递进、环环相扣,形成了一个完整的逻辑链条,逻辑谨严,颇有特点。

最终,仲裁庭基于对本案合同所涉的上述两个焦点问题的分析和认定,并依合同的约定对申请人的仲裁请求和被申请人的反请求作出了裁决。

【结语】

综上所述,该案股份转让合同纠纷,案情虽不复杂,但因案涉受我国法律法规及部门规章规制的股权转让合同效力这一问题,仲裁庭的裁决意见颇受关注,具有一定的代表性。

在处理涉及受我国法律法规及部门规章规制的股权转让合同效力时引入民法的负担行为与处分行为理论,将限售股份转让行为分离为股份转让的负担行为和股份转让的处分行为,认定限售股转让合同有效,既有法理基础,又符合我国法律法规和部门规章对股权转让规制的立法本意,也有助于正确把握我国《合同法》第52条第5项强制性规定的理解和适用,对于减少无效合同,鼓励市场交易,维护市场交易安全,推动股权交易市场的健康发展无疑具有重要的理论意义和现实意义。

在该案裁决意见中,虽然也指出了在认定合同效力时应当把合同的效力与合同的履行结果区分开的理念,但并未就此展开论述,说理不够充分,稍显不足,颇为遗憾。

需要指出的是,2019年11月最高人民法院出台了《全国法院民商事审判工作会议纪要》,该纪要对我国《合同法》第52条第5项"强制性规定"的识别及违反规章的合同效力等问题的理解又作了新的进一步的细化和说明。虽然该纪要不是司法解释,不能作为司法裁判和仲裁裁决的依据进行援引,但可以作为具体分析案件法律适用的理由。随着该纪要的出台,司法和仲裁实践如何处理受法律法规及部门规章规制的股份转让合同效力问题有待进一步观察。

(案例评析人:孙大洪)

案例二十三　中国A股权投资企业、中国B投资合伙企业与自然人C股权转让争议仲裁案

中国国际经济贸易仲裁委员会（以下简称贸仲）根据第一申请人中国A股权投资企业（以下简称第一申请人）、第二申请人中国B投资合伙企业（以下简称第二申请人，与第一申请人合称申请人）与被申请人自然人C（以下简称被申请人）签订的《股权转让协议》中仲裁条款的约定，以及申请人向贸仲提交的书面仲裁申请，受理了申请人和被申请人之间的本争议仲裁案。

一、案　情

2012年7月作为中国D有限公司（以下简称D公司或目标公司）股东之一的被申请人，与申请人等D公司的其他各股东签订《股权转让框架协议》（以下简称《框架协议》）。当时，被申请人持有D公司超过50%股权，其他股东合计持有D公司近50%的股权，其中两名申请人各持D公司约0.5%的股权。

《框架协议》约定，甲方（指被申请人——仲裁庭注）在2012年年底前分期收购乙方（指包括申请人在内的D公司其他股东——仲裁庭注）合计持有的D公司近50%的股权。各方将共同协商股权转让的具体步骤、价款等，签署股权转让相关的最终法律文件并予以履行；甲方收购第一申请人所持股权的转让款为500万元（币种人民币，下同——仲裁庭注）；收购第二申请人所持股权的转让款为500万元；甲方负责取得相关其他股东的同意、所有政府部门批准，并办理目标公司变更登记、结汇支付等手续；甲方未依约支付股权转让款的，每逾期

1 日向乙方支付未付部分 0.1% 的滞纳金；由协议或协议的违约、终止或无效引起的或与之有关的任何争议或权利要求应最终通过仲裁解决，各方同意将争议提交位于北京的贸仲仲裁裁决。

2013 年 7 月申请人与被申请人签订《股权转让协议》。约定乙方(指申请人——仲裁庭注)向甲方(指被申请人——仲裁庭注)转让各自所持的 D 公司约 0.5% 股权；甲方收购第一申请人所持股权转让款为 500 万元；收购第二申请人所持股权转让款为 500 万元；甲方应在乙方发出书面通知时或各方另行同意的其他时间，分期或一次性支付股权转让款。

《股权转让协议》亦约定，乙方协助及促使 D 公司完成向工商机关申请进行本次股权转让的有关法律手续；甲方采取一切合理及必要的措施协助乙方、D 公司完成本次股权转让的有关法律手续；本协议经各方签署或盖章并自审批机关批准之日起生效。

申请人自认被申请人于 2013 年 5 月、2014 年 7 月分别向两名申请人各支付 100 万元股权转让款，现仍欠付 800 万元。

2014 年 11 月申请人曾就《股权转让协议》向仲裁委员会申请仲裁(以下简称“前仲裁案”——仲裁庭注)。诉求：(1)被申请人支付申请人股权转让款 800 万元并承担延期支付利息近 45 万元(利息暂计至 2015 年 7 月，要求计算至仲裁裁决生效日)；(2)被申请人支付申请人为本案支出的律师费用计近 30 万元；(3)被申请人承担该案仲裁费用及其他相关费用；(4)被申请人在裁决生效后 10 日内就申请人与被申请人间股权转让事宜至审批机关办理审批手续，被申请人在裁决确认的期限内不办理报批手续的，由申请人自行报批。

2015 年 12 月，贸仲作出前仲裁案裁决，认为因中外合作企业股权转让协议须经审批机关批准后方能生效，D 公司未履行报批手续，故《股权转让协议》成立但未生效，故驳回申请人仲裁请求。

2016 年年初申请人以 D 公司为被告，起诉至某市 E 区人民法院(以下简称 E 区法院)。诉求 D 公司履行报批义务。2016 年 9 月 E 区法院判决判令 D

公司就《股权转让协议》向外商投资企业审批机关履行报批义务。D公司上诉。2017年4月某市中级人民法院二审维持一审判决(E区法院及某市中级人民法院诉讼案,以下简称前讼案——仲裁庭注),判决生效后申请人已向人民法院申请强制执行。

2016年10月1日我国《中外合作经营企业法》修订生效。对不涉及国家规定实施特别准入管理措施(外商投资准入负面清单)的中外合作企业股权变更等事项,由事前审批修改为备案管理。D公司经营范围不在此后国家颁布的外商投资准入负面清单之列。

申请人提起本案仲裁申请,主张涉案《股权转让协议》已经生效,被申请人不支付股权转让款的行为构成违约。仲裁请求如下:

1. 裁令被申请人支付申请人股权转让款800万元并按照人民银行同期贷款利率年6.4%支付利息,时间从2013年12月起算至实际清偿之日止,现暂计至2018年3月,计近220万元;

2. 被申请人支付申请人为本案支出的律师费近30万元;

3. 被申请人支付申请人为维权所产生的向法院提起诉讼的案件受理费及律师代理费,共计40余万元;

4. 被申请人承担本案仲裁费用。

为支持其主张,申请人提交了《框架协议》、《股权转让协议》、前仲裁案裁决、前讼案一审、二审判决书、商务部办公厅、工商总局办公厅关于实行外商投资企业商务备案与工商登记"单一窗口、单一表格"受理有关工作的通知、本案律师委托代理合同发票、法院案件受理费收据及律师委托代理合同及律师费发票、E区法院《调查函》、某市所属省某局《关于E区法院调查函的复函》等作为证据。

申请人主要辩论意见如下:

1. 2016年9月3日我国《中外合作经营企业法》修订,涉案股权转让协议由须经事前审批生效,改为备案管理。

2.《框架协议》《股权转让协议》有效。《股权转让协议》是对《框架协议》约定具体步骤、价款的落实,是双方转让股权真实意思表示的延续。《股权转让协议》中没有约定或约定不明确的,应按照《框架协议》执行。

3. 仲裁请求的合同及法律依据充分。

(1)股权转让款800万元以及从2013年12月起算至实际清偿之日按照人民银行同期(3~5年期)贷款年利率6.4%支付利息,已属对被申请人违背诚实信用原则的最轻责任追究。

被申请人不仅不按期支付股权转让款,而且还以涉案股权目标公司实际控制人的身份权力,控制目标公司,使其不履行股权转让的报批义务,导致《框架协议》《股权转让协议》长期处于成立未生效状态,恶意延缓或不履行股权转让款的支付义务,导致申请人历经4年的时间,通过前仲裁案、前讼案及执行、本次仲裁来进行维权。依最高人民法院《关于适用〈中华人民共和国合同法〉若干问题的解释(二)》第8条的规定,该行为已属于《合同法》第42条第3项规定的"其他违背诚实信用原则的行为",对此,被申请人应当承担违约赔偿。

《股权转让协议》没有约定被申请人违约赔偿标准,应按照《框架协议》约定执行。自2012年年底后,每逾期1日支付未付部分0.1%的滞纳金。考虑到该约定偏高,申请人可以附条件(时间起算从2013年年底起、年利率为6.4%)作最大的让渡,放弃按照《框架协议》追究被申请人责任,而是按照被申请人延迟支付股权转让款,导致申请人损失了占有使用该转让款所产生的孳息,以该孳息作为申请人的实际损失,要求被申请人因其缔约过程中不诚信行为承担违约赔偿。

(2)申请人支付了本案律师费近30万元、前讼案诉讼费和律师费40余万元和本案仲裁费用,此等费用符合收费标准,申请人已实际支出,应属于被申请人给申请人造成的实际损失,被申请人应当承担赔偿责任。

二、仲裁庭意见

仲裁庭就本案法律适用的审理意见如下。

(一)实体准据法律确定

基于本案《股权转让协议》的规定,即本协议的订立、效力、解释、执行及争议的解决,均应适用中国法律(就本协议而言,并不包括我国香港特别行政区、澳门特别行政区的法律及台湾地区的有关规定),及全案案情,仲裁庭确认本案争议解决应适用中国大陆法律。

(二)合同效力判断

本案为中外合作经营企业股权转让合同纠纷。

2016年10月前,依我国《中外合作经营企业法》第10条的规定,中外合作者的一方转让其在合作企业合同中的全部或部分权利、义务的,须经他方同意,并报审查批准机关批准。

我国《合同法》第44条第1款规定,"依法成立的合同,自成立时生效";第2款规定,"法律、行政法规规定应当办理批准、登记等手续生效的,依照其规定"。

最高人民法院《关于审理外商投资企业纠纷案件若干问题的规定(一)》第1条第1款规定,当事人在外商投资企业变更过程中订立的合同,依法律、行政法规应当经外商投资企业审批机关批准后才生效的,自批准之日起生效;未经批准的,人民法院应当认定该合同未生效。当事人请求确认合同无效的,人民法院不予支持。

2016年10月1日我国《中外合作经营企业法》修订生效。对本案股权转让协议的事先行政审批变更为备案管理。

仲裁庭认为,对本案合同效力的法律规制经历了立法演进,故应分阶段评判本案合同效力状态。

1. 2016 年 10 月前，合同成立但未生效。

依法律适用实践中的普遍认识，2016 年 10 月前，根据我国《合同法》第 44 条第 2 款的规定涉案股权转让协议依当事人意思表示合致成立后，还需经审批这一法定条件成就，方可生效。此间，虽然本案双方已就股权转让约定一致，但因并未获得行政审批，因此本案合同成立而未生效。这也是前仲裁案裁决驳回申请人请求的主要法律适用逻辑。

2. 2016 年 10 月起，合同成立并已生效。

我国原《中外合作经营企业法》规定的对股权转让合同的行政审批，属我国《合同法》第 44 条第 2 款所指控制本案《股权转让协议》当事人预期法律效果发生的法定条件。而 2016 年 10 月的修法，意味着此法定条件消灭。涉案股权交易约定在我国《合同法》第 44 条第 1 款及“法不溯及既往”原则的共同作用下，效果意思自变法时发生效力。

（三）被申请人义务及责任类型辨析

合同效力在不同时段的样态差异，内在规定了被申请人的义务亦对应存在区别。另外，股权转让波及的法律关系复杂，不仅发生单纯契约效果，还必然引起公司内部组织性合同变动。会对当事人不同层面，甚至他人的权利、义务同时产生影响。

仲裁庭对被申请人的义务及责任认定如下。

1. 合同成立未生效期间的先合同义务及缔约过失责任。

我国《合同法》第 42 条、第 43 条集中确立了先合同义务及违反此义务的缔约过失责任制度。

依照诚实信用原则解释，自当事人缔约磋商开始，相互之间原有无相对性的一般注意义务，转变为具有相对性的特别注意义务。任何一方都应当认识到，对方会为合同的订立付出相应的努力和成本，并合理相信和依赖己方会善意地给予配合、协助，使其这些付出的不利益，可经由合同的有效缔结及适当履行而获得补偿。此等可得的补偿,即法理所言的信赖利益。通常如谈判成本支出、履约准备花费、放弃其他类似交易所失利益等。

而应向对方给予的配合、协助,如通知、保密、实施利于合同成立生效的行为等负担,谓之先合同义务。

先合同义务为保护对方的信赖利益而生。当义务人违反此义务害及对方信赖利益时,法律则对义务人课以赔偿对方信赖利益损失的责任,即缔约过失责任,提供救济。

在本案中,股权转让协议的生效受法定条件控制。因此,从双方缔约磋商开始,至达成意思合致合同成立,再至合同获得主管审批机关批准生效的整个期间,都是合同的缔约过程。双方互负使该合同获得审批从而生效的先合同义务。而审批这一法定条件成就又有两个递进表现,申请审批和获得审批。二者都是主观性的,前者受目标公司意志支配,后者由权力机关主观决定。后者以前者为逻辑前提。

因此,本案双方的先合同义务,首先表现为配合实施促成目标公司提出申请的行为。本案合同关于报批的约定,主要即是对双方先合同义务的一般性表述。

如前所述,申请审批是受主观意思支配的积极行为。公司是组织体,其主观意思的内在形成及具体行为的外部实施,实际终极意义上均依赖自然人——尤其是及至自然人层面的法定代表人、实际控制人、控制地位董事等内部人士,对于D公司显然是被申请人。

也就是说,申请人及被申请人的首要先合同义务,是促使被申请人作为公司的控制者,积极地影响、支配公司形成报批意思、作出申请行为。显然,这实际取决于被申请人一方的主观意愿和积极作为。

前讼案判决认定,中外合作企业股权转让经其他股东同意的,转让即成立,不要求必须通过股东大会。D公司提出《股权转让协议》所涉转让未经股东大会决议通过,不具备报批条件,故D公司无法履行报批义务的抗辩不成立。由此可见,D公司在申请审批方面,特别是在被申请人控制的公司机关内部意思形成层面,均无所作为。据此,仲裁庭认定,被申请人构成本案中先合同义务不履行,应赔偿申请人相应信赖利益损失。

2. 先合同义务与受信义务的联系与区别。

需说明的是,前讼案判决认定受被申请人控制的目标公司并未申请审批,仅为仲裁庭据以依逻辑推理的认证方法认定被申请人违反本案先合同义务的证据。本案仲裁庭无意也无权针对被申请人是否在目标公司组织性行为方面违反受信义务、滥用控制地位、损害少数股东或目标公司利益,进行审理、认定或裁决。那些都是本案股权转让协议之外其他法律关系中的问题,更不在本案仲裁协议效力范围。在本案中,被申请人在股权转让协议中的先合同义务与在目标公司组织关系中的受信义务,是必然牵连却又不可混淆的两个法律事实。认识二者的联系与区别,对于本案交集于报批义务的主要争议,具有重要的说明价值。

3. 关于报批义务。

对于已经设立完成的中外合作企业D公司来说,就本案系争股权转让提出审批申请,即报批的行为主体,当为D公司。这在我国《中外合作经营企业法》修法之前的相关法律规范构成要件上显而易见。前讼案生效判决有力地给出了同样的法律适用结论。

而报批义务之说,也有不同语境下的不同含义。在申请审批的行政许可公法关系范畴,其为目标公司义务;而在私法领域尤其是公司法意义上,它实际是受信义务的一种具体表述。是指公司大股东、实际控制人、董事、高管等基于对公司、少数股东的受信义务而及时形成公司意思,代表公司对外实施申请的义务。

正是基于这两个层面的联系和区别,前仲裁案裁决认定被申请人在报批方面负有义务,但并不支持申请人要求裁定被申请人实施报批申请的请求。

前仲裁案裁决后,申请人提起前讼案诉讼,生效判决判令目标公司履行报批义务。这一结果支持了上述论证。另外也表明，申请人因为该案支出律师费、诉讼费等受到损失，在债的相对关系上，指向的是诉讼的对手——目标公司，而非被申请人。其中，可以导出的法律适用逻辑是，如果公司受控制人控制损害小股东利益，小股东可以向公司索偿。公司因此追索而受损，可再依公司法向滥用控制地位导致公司对外赔偿的控制人索赔。小股东甚至可以为此发动股东代表诉讼。由此可见，在股东权利受损情况下，一般并不发生小股东直接向大股东索赔的权利。

4. 合同生效后的合同严守义务及违约责任。

变法后本案合同生效，各方当然应严守约定。被申请人未适当履行金钱给付义务构成违约，申请人以继续履行为基础诉求，且本案无我国《合同法》第110条的适用余地，被申请人应负相应违约责任。

（四）被申请人责任的具体认定——兼论申请人的仲裁请求

对被申请人义务及责任取向法律规范要件类型化归纳后，应反过来面向案件系争事实进行具体化演绎。

1. 实际履行。

我国《合同法》第107条规定，继续履行为首选违约责任救济方式。申请人的基础诉求是裁令被申请人依约支付尚欠股权转让款800万元，即为诉求继续履行性质。如前所述，金钱债务不发生履行不能，我国《合同法》第110条无以适用，支持申请人此项请求不存疑问。

2. 信赖利益与履行利益索赔——申请人利息请求。

缔约过失责任主要保护信赖利益、违约责任主要救济履行利益。二者法律性质不同，但在经济表现上却可能一致。例如，本案中，申请人是专以股权投资为主营业务的商业组织，本案合同生效前，其信赖利益可以解释为申请人放弃的其他资金融入交易在被申请人违反先合同义务期间所能带来的利息收益；合同生效后，被申请人迟延付款造成的履行利益损失，则如一般金钱给付义务迟延致损一样，同样可以同期利息体现。二者在经济学上可以同样的方法一并统计。

但毕竟二者法律性质不同,分属不同的请求权基础。缔约过失责任不能成为迟延给付违约责任的法律依据,反之亦然。仲裁庭注意到,申请人在继续履行诉求同时提出的利息请求,是按同样贷款利率标准自 2013 年年底连续计算至实际清偿之日。在具体列写上并未明确区分合同生效前后的信赖利益与履行利益损失。而在支持性辩论中,也多有含混缔约过失责任与违约责任的模糊表述。

仲裁庭联系前仲裁案、前讼案中申请人的主张等各种附随事实,以解释作业慎重审查后认为,申请人是在意识到目标公司负报批义务;被申请人对目标公司的不当控制导致合同在变法前不能生效,依我国《合同法》第 42 条应负缔约过失责任;变法后合同已经生效,无须强制执行前讼案判决可径行诉求被申请人承担违约责任的主观认知下,提起本案仲裁。因此,其关于利息的仲裁请求,实质包含了缔约过失责任之信赖利益损失赔偿及违约责任之履行利益损失赔偿,两个可以同等利息标准连续计算、跨越修法时点的部分。

申请人自愿选择合同成立后的 2013 年年底为信赖利益起算点,仲裁庭不持异议。但计算终点的主张不当,理由在于支持这样的主张可能令人误解被申请人有权选择原本债务,即股权转让价款的清偿期限。如此一来,或者裁决因不能限定原本债务履行期限,效力实际将被"架空";或者虽限定期限但内在逻辑冲突而既判力受损,二者均不可接受。故,利息应计至裁决确定的股权转让款清偿之日。如被申请人不如期履行裁决,扩大的损失则可依执行措施救济。

仲裁庭在庭审中对申请人进行了释明,要求其明确是否因应银行利率变动而调整利息诉求,并说明理由。申请人仍然坚持统一以 6.4% 为年利率标准计算。仲裁庭对于其回复理由的理解是,申请人主张因为被申请人主观可非难性明显、严重。对此,仲裁庭认为,损失赔偿的救济性而非惩罚性,决定了其确定标准的客观性。也即,主观可非难程度并非认定损失赔偿额的考量因素。因此,应按照实际银行同期贷款利率及其变动,确定被申请人的赔偿责任计算标准。

3. 申请人无权于本案主张前讼案费用损失。

前讼案的主体相对关系为申请人与目标公司。申请人并非向被申请人主张权利，相关费用索赔之债当然只可能在申请人与目标公司之间发生。该案与本案根本分属主体相异的不同法律关系，更不属本案仲裁协议的效力范围。

申请人实际上并未在该案中诉求赔偿律师费。依诉讼标的系属关系及"一事不再理"原则，其是否还有权另案索赔，仲裁庭不予置评。但至少这不能成为申请人突破债的相对性关系在本案中向被申请人主张的理由。

同样结论在诉讼费一节更明显。生效判决已作出诉讼费承担判令。在本案中，申请人再向被申请人索赔，违反法律关系相对性、无仲裁协议，并与"一事不再理"原则根本冲突。

再次指出，如果目标公司受被申请人不当控制不申请审批，损害申请人作为小股东的利益，迫使其提起前讼案，申请人有权向目标公司索赔律师费及垫付的诉讼费等维权成本。这也构成被申请人不当控制公司而给公司造成的损失。依公司法，公司可对被申请人提起诉讼，亦可由申请人启动股东代表诉讼。但这些均非本案仲裁范围。

因上述，申请人第3项仲裁请求应予驳回。

根据《仲裁规则》第52条第2款的规定，仲裁庭有权根据案件的具体情况在裁决书中裁定败诉方应补偿胜诉方因办理案件而支出的合理费用。仲裁庭将根据以上案情、审理意见就申请人本案律师费索赔请求及仲裁费的承担作出裁决。考虑到申请人的仲裁请求部分得到支持，仲裁庭认为，申请人为本案支出的律师费及本案仲裁费由双方按照30%和70%的比例分担是合适的。同时，本案申请人选定的仲裁员因办理本案而发生的实际费用，应全部由申请人承担。

三、裁　　决

根据上述仲裁庭意见,仲裁庭裁决如下:

1. 被申请人支付申请人股权转让款人民币800万元,并以人民币800万元为本金,按同期贷款利率标准,计付从2013年年底起算至本裁决作出之日止利息损失。

2. 被申请人赔偿申请人为本案支出的律师费人民币近20万元。

3. 驳回申请人的第三项仲裁请求。

4. 本案仲裁费为由申请人承担30%,由被申请人承担70%。申请人已向贸仲全额预付本案仲裁费,故被申请人应向申请人支付相应费用以补偿申请人代其垫付的仲裁费。

被申请人应在本裁决作出之日起20日内向申请人支付上述款项。

本裁决为终局裁决,自作出之日起生效。

案例评析

【关键词】

股权转让;外资审批;合同效力;缔约过失

【焦点问题】

中外合作经营企业股权转让合同的效力认定及当事人所承担的责任。

【焦点评析】

该案的基本案情是，申请人与被申请人均为目标公司的股东，目标公司为一家中外合作经营企业。2013年7月申请人与被申请人签订《股权转让协议》，约定被申请人受让申请人持有的目标公司股权并支付价款。因被申请人未如约付款，申请人曾于2014年提起仲裁（2014年仲裁案），要求被申请人支付剩余价款并继续履行报批义务。该案仲裁庭认为，中外合作经营企业股权转让协议须经审批机关批准后方能生效，目标公司未履行报批手续，故《股权转让协议》成立但未生效，驳回了申请人的仲裁请求。后申请人又到法院起诉目标公司，要求其履行报批义务，并获得了法院支持，但目标公司仍然未履行报批义务。

2016年10月1日我国《中外合作经营企业法》《中外合资经营企业法》《外资企业法》（以下简称"外资三法"）修订生效，对不涉及国家规定实施特别准入管理措施（外商投资准入负面清单）的外商投资企业股权变更等事项，由事前审批修改为备案管理。目标公司作为一家中外合作经营企业，其经营范围不在负面清单之列，因此目标公司股权转让从事前审批变为备案管理。

申请人于2018年再次提起本案仲裁，以《股权转让协议》已生效为由，要求被申请人支付剩余价款，并依据最高人民法院《关于适用〈中华人民共和国合同法〉若干问题的解释（二）》第8条以被申请人违背诚实信用原则为由，要求被申请人支付2013年12月至实际付款之日的逾期付款利息，以及申请人因起诉要求目标公司履行报批义务而支出的诉讼费、律师费。

现结合本案案情及法律适用焦点问题，评述如下。

一、外商投资企业股权转让合同的效力认定

我国"外资三法"（现已被2020年1月1日起施行的《外商投资法》取代——笔者注）要求外商投资企业的股权转让事项需要经过外资主管部门审批，且转让合同经审批后才生效。然而，对于在实践中存在的未经审批机构批准或未提交审批手续的股权转让合同效力，上述法律语焉不详。根据我国《合同法》第44条以及最高人民法院《关于适用〈中华人民共和国合同法〉若干问题的解释(一)》第9条的规定,在一审辩论终结前,对于应办理审批手续而未办理的股权转让合同,应认定其未生效。最高人民法院在《第二次全国涉外商事海事审判工作会议纪要》第88条亦重申了这一观点。最高人民法院《关于适用〈中华人民共和国合同法〉若干问题的解释(二)》第8条又进一步确定了这类合同约定的报批义务的可履行性和可诉性。此后,最高人民法院《关于审理外商投资企业纠纷案件若干问题的规定(一)》第1条明确指出:"当事人在外商投资企业设立、变更等过程中订立的合同,依法律、行政法规的规定应当经外商投资企业审批机关批准后才生效的,自批准之日起生效;未经批准的,人民法院应当认定该合同未生效。当事人请求确认该合同无效的,人民法院不予支持。前款所述合同因未经批准而被认定未生效的,不影响合同中当事人履行报批义务条款及因该报批义务而设定的相关条款的效力。"

至此,在司法实践中对于未经审批的外商投资企业股权转让合同效力有了明确认识,即不同于自始不发生法律效力的无效合同,未经审批的合同属于未生效合同,两个概念不能混淆。一个已经合法成立而未生效的合同,已具备合同的有效要件,对当事人具有形式约束力,任何一方不得擅自撤销、变更或解除。合同中关于促成合同生效的报批义务条款(包括针对不履行报批义务的违约责任)具有可履行性,当事人可以要求相对方继续履行报批义务。但因该合同欠缺法律、行政法规规定或当事人约定的特别生效条件,在该生效条件(审批)成就前,不能产生请求相对方履行支付价款、交付股权等合同主要权利义务的法律效力。

2016年10月1日"外资三法"修订生效后,取消了外资事前审批,对于不涉及国家规定实施特别准入管理措施的变更事项,即不属于负面清单的外商投资企业变更事项,仅要求事后备案。立法的变动导致合同效力在不同时间段遵循不同的认定规则,该案仲裁庭从合同所附生效条件是否成就的角度,论述了《股权转让协议》的效力演变过程:

第一阶段是2016年10月1日之前，因“经过主管机关审批”这一法定生效要件尚不具备，故此阶段的合同已成立但未生效，在合同当事人不主动解除或终止合同的情况下，该合同始终处于未生效状态。

第二阶段是2016年10月1日之后，因法律修订取消了行政审批要件，法定的生效条件消灭，之前未生效的合同现在自动产生法律效力，变为已生效的合同，被申请人应当履行合同义务。当然，按照“法不溯及既往”的原则，该合同只能从新修订之法律实施之日起生效，而不能自始生效，合同效力无法溯及至合同签订之时。

二、不同合同效力状态下当事人所承担的责任

申请人依据已生效的合同要求被申请人履行付款义务，同时也主张被申请人承担未积极履行报批义务而导致的损失，前者属于违约责任，而后者属于缔约过失责任的范畴。这涉及同一份合同在不同阶段、不同效力状态下所引发的不同责任性质。第一阶段，合同在“缔约过程”中，一直处于未生效状态，基于诚实信用原则被申请人负有促使合同生效、主动配合目标公司完成相关报批的义务。仲裁庭将其归于先合同义务，被申请人违反该义务应当承担缔约过失责任，赔偿申请人的信赖利益损失。第二阶段，因合同已生效，被申请人应继续履行付款义务，并承担迟延履行的违约责任，赔偿申请人的履行利益。

由此可见，申请人主张自2013年12月起算的利息损失跨越了两个阶段，包括合同未生效阶段基于缔约过失责任的信赖利益损失与合同生效后基于违约责任的履行利益损失，二者可以同时主张，仲裁庭亦支持了此项请求。需要注意的是，不同阶段的责任性质不同，决定了请求权基础是不同的，此处应清晰把握，不能混为一谈。

另需注意的是，2019年11月8日最高人民法院发布的《全国法院民商事审判工作会议纪要》（以下简称《九民纪要》）第37条至第40条再次对未经批准合同的效力、报批义务及违约条款的独立生效、报批义务释明、判决履行报批义务后的处理等问题进行了分析和论述。根据《九民纪要》第38条的规定，报

批义务及报批义务的违约责任条款可以独立生效。也就是说,如果合同双方专门针对报批义务约定违约责任的,该种违约责任独立生效,此时报批义务人要承担的是违约责任而非缔约过失责任。

三、对报批行为主体及责任主体的认定

对于报批行为主体和责任主体的认定,需要从公法、私法两个层面理解。按照我国《中外合作经营企业法》的规定,目标公司是向外资主管机关提出审批申请的行为主体,被申请人并非报批行为主体。这是在公法层面的认定。所以申请人 2014 年提起仲裁要求被申请人履行报批义务,未获支持,而之后起诉目标公司要求其履行报批义务,得到了法院的支持。

但是,这并不意味着被申请人不是报批义务的责任主体。《股权转让协议》签订后,对于合同双方来说,被申请人作为目标公司的实际控制人,应当积极影响、支配目标公司形成报批的意思,实施报批的行为。而被申请人并未采取任何积极行为促使目标公司实施报批行为,具有可归责性。根据当时的规定,被申请人的行为构成对先合同义务的违反,应承担相应缔约过失责任。

应注意的是,仲裁庭认为,申请人要求被申请人赔偿诉讼案件的律师费、诉讼费,突破了债的相对性关系。该费用源自目标公司怠于履行报批义务而形成的法律关系,产生于起诉目标公司的诉讼程序中,理应由目标公司承担此费用,而不能加之于被申请人,也不属于《股权转让协议》项下仲裁审理的范围。尤其是诉讼费,法院已经判令由目标公司承担,对于责任归属已经作出认定,仲裁庭不宜进行二次审理,故未支持申请人主张的诉讼案件律师费、诉讼费损失。

【结语】

2016 年 10 月 1 日"外资三法"修订生效后,对于修订之前已经形成的合同如何认定其效力,成为在实践中容易引发争议的问题,尚无法律或司法解释对此予以明确。该案从我国《合同法》第 44 条第 2 款合同法定生效条件的角度,为此类争议提供了创造性的论证逻辑。根据立法演进,分阶段讨论合同效力状态，能够更清晰地理解不同状态下各方的权利、义务与责任，进而更准确地厘清各方责任性质和范围，同时也避免陷入“法不溯及既往”的误区。

对于该案申请人损失的认定，特别是申请人在诉讼案件中发生的律师费、诉讼费是否应当由被申请人赔偿，仲裁庭的逻辑说理值得肯定，但也似乎存在一定的探讨空间。被申请人未履行先合同义务具有过错，申请人为促使合同生效到法院起诉目标公司，花费了一定的合理成本，构成损失，二者之间具有因果关系。如果将该损失纳入缔约过失责任的赔偿范围，似为更加公平合理。例如，对于诉讼案件已判令目标公司承担的诉讼费，裁决由被申请人承担连带责任；对于诉讼案件发生的律师费，仲裁庭也予以适当考虑，综合案件情况裁决被申请人承担一部分。

（案例评析人：陈　浮）

案例二十四　中国 A 股权投资公司与自然人 B 股权转让争议仲裁案

中国国际经济贸易仲裁委员会(以下简称贸仲)根据申请人中国 A 股权投资公司(以下简称申请人)与被申请人自然人 B(以下简称被申请人)签订的《协议书》中仲裁条款的约定,以及申请人向贸仲提交的书面仲裁申请,受理了上述协议书项下的本争议仲裁案。

一、案　　情

(一)本案基本事实

2011 年 8 月申请人与被申请人和案外人中国 C 集团有限公司(以下简称中国 C 集团)的其他股东共同签署了《投资协议》,约定申请人出资人民币近 3 亿元(本裁决中的币种均为人民币,仲裁庭注)认购中国 C 集团近 1 亿元的新增注册资本。该协议签订后,申请人依约支付了近 3 亿元投资款,成为持有中国 C 集团 30% 股权的股东。

2015 年 3 月申请人与被申请人、中国 C 集团签署《协议书》,约定申请人将通过向被申请人出售股权的方式退出中国 C 集团。按照约定,被申请人应分别于 2015 年 9 月和 2016 年 3 月向申请人支付约 1.3 亿元和约 1.7 亿元,以收购申请人持有的中国 C 集团全部 30% 的股权。《协议书》签订后,被申请人未依约付款。

2016 年 10 月申请人与被申请人(被申请人同时是中国 C 集团的代表)签

署一份《会议备忘录》，对《协议书》中约定的股权回购款支付时间作了修改。根据《会议备忘录》，被申请人表示将分两次向申请人支付股权回购款，第一笔回购款约1亿元将于2017年元旦后支付，第二笔约2亿元将于2017年年底前完成支付。

《会议备忘录》签订后，被申请人向申请人支付了2000万元，但未支付承诺的第一笔款中的其余8000万元。2017年7月申请人与被申请人、中国C集团以及案外人中国某房地产开发有限公司签署了《补充备忘录》，其中就该8000万元的具体支付时间又作了新的约定。此后，被申请人陆续向申请人支付了该8000万元，申请人收到款项后亦配合被申请人和中国C集团将其持有的10%的股权作了变更登记。至于第二笔股权回购款约2亿元，被申请人始终没有支付。因双方未能通过协商解决该约2亿元款项的支付问题，申请人向仲裁委员会提请仲裁。

（二）申请人的仲裁请求

申请人提出了下列仲裁请求：

1. 被申请人立即向申请人支付股权回购款人民币约2亿元；

2. 被申请人立即向申请人支付自2018年1月至实际支付之日止因逾期支付股权回购款给申请人造成的损失，该损失以人民币约2亿元为基数、以中国人民银行同期贷款利率上浮50%为计算标准，暂计为人民币380余万元；

3. 被申请人承担申请人为本案支出的律师费人民币260余万元、公证费人民币近8000元；

4. 被申请人承担本案全部仲裁费用。

被申请人不同意申请人的要求，并要求仲裁庭驳回申请人的全部仲裁请求。

二、仲裁庭意见

（一）本案的基本事实

上述“案情”部分中所叙述的有关文件的签署事实，以及被申请人已经向申请人支付了约1亿元股权转让款项、没有支付剩余约2亿元的事实，双方当事人没有分歧。仲裁庭根据双方当事人的陈述，并通过审阅与核对当事人提交的2011年8月《投资协议》、2015年3月《协议书》、2016年10月《会议备忘录》以及2017年7月《补充备忘录》，对上述这些事实予以认定。

（二）本案合同

本案合同是由申请人、被申请人及中国C集团三方就申请人向被申请人转让其持有的中国C集团30%股权的事宜共同签署的《协议书》，以及此后的补充文件。

《协议书》内容简短，其主文抄录如下：

鉴于

1. 丙方（指中国C集团，仲裁庭注）为一家合法存续的中外合资经营企业（“目标公司”），其注册资本为人民币约3亿元。甲方（指申请人，仲裁庭注）是丙方的外方股东，现合法持有丙方30%的股权（出资额近1亿元人民币）；

2. 各方拟按照本协议约定的方式促成甲方通过向乙方（指被申请人——仲裁庭注）出售股权的方式退出丙方（“退出”）；

为明确退出的方式以及各方在退出过程中的权利义务，经友好协商，各方达成以下协议：

一、出售股权

1. 乙方承诺按如下方式和条件分两次收购甲方持有的丙方全部股权：

（1）以人民币约1.3亿元作为对价收购甲方持有的丙方13%的股权，且该

笔收购对价应不迟于2015年9月向甲方全额支付(第一部分股权转让);

(2)以人民币约1.7亿元作为对价收购甲方持有的丙方17%的股权,且该笔收购对价应不迟于2016年3月向甲方全额支付(第二部分股权转让);

2. 各方保证在上述约定在相应付款期限前完成相关的股权转让协议及其他法律文件("具体协议")的签署;以及相互配合尽快取得与该等股权转让相关的内部及外部审批。

3. 各方同意:如根据中国现行法律、法规或根据股权转让相关政府审批部门的明确要求,本条所述股权转让的对价和支付条件等内容需要调整的,各方应在不影响本条约定的付款期限的前提下通过友好协商的方式在具体协议中落实、调整。

二、与出售股权相关的其他安排

在乙方如期支付了第二部分股权转让对应价款的前提下,甲方同意在第二部分股权转让时终止甲方与乙方、丙方及丙方其他股东之间已签署任何有关甲方投资者权益的协议及其他安排。

三、其他

1. 本协议一经签署即构成对签署各方生效和具有执行力的法律文件。各方均有义务按照本协议的约定促成相关具体协议的签署和执行,否则违约一方应承担相应的缔约过失责任并赔偿相关方受到的损失。

2. 本补充协议适用中国法律。与本协议相关的争议应由双方协商解决。协商不成的,任何一方均有权将争议提交中国国际经济贸易仲裁委员会,按照该会现行有效的仲裁规则,在北京进行仲裁。

3. 本协议自签署(自然人)和加盖公章(非自然人)之日起生效,一式三份,各方各持一份。

双方并未就《协议书》的有效性提出异议。但被申请人就《协议书》的性质提出了下面两项主张:

第一,《协议书》不是股权转让合同,而是股权转让的意向书。这一点从该

《协议书》约定双方还要另行签订股权转让协议可以看出。意向书的内容简单而往往不具有最终约束力。工商部门也不会依据《协议书》为申请人与被申请人办理股权转让的工商变更登记手续,申请人与被申请人还需就股权转让的其他事宜进行磋商,从而促成正式股权转让协议的签订。此外,从《协议书》约定违反协议的一方应承担缔约过失责任也可以看出,申请人与被申请人签订的《协议书》并非正式的股权转让合同,而只是就股权转让事宜达成的意向合同。违反《协议书》所承担的只是缔约过失责任。

第二,本案不是股权回购合同,而是股权转让合同。在本案中,虽然申请人与被申请人达成的备忘录中将被申请人作为回购方,要求被申请人支付股权回购款,但申请人持有的中国C集团的股权不是从被申请人处受让来的,而是通过中国C集团增资扩股方式获得的,因此,申请人将中国C集团的股权转让给被申请人的行为不属于股权回购,而只是普通的股权转让行为。

申请人认为,《协议书》已经依法成立并生效且具有法律约束力,不是被申请人所谓没有强制约束力的意向书,被申请人必须依约履行合同义务。《协议书》明确约定:本协议一经签署即构成对签署各方生效和具有执行力的法律文件。双方在签署《协议书》后,又先后签署了《会议备忘录》和《补充备忘录》作为《协议书》的补充协议,重申了《协议书》的法律约束力和可执行性。这两份文件是双方协商一致后对《协议书》的变更,是对被申请人具有法律约束力和执行力的法律文件。

仲裁庭认为,《协议书》作为本案合同符合法律规定的合同成立的各项要件,尤其是交易的标的物(申请人持有的中国C集团30%的股份)明确,转让价格确定(约3亿元),支付期限确定(不迟于2015年9月支付约1.3亿元和不迟于2016年3月支付约1.7亿元)。《协议书》经双方自愿协商订立,内容不违反法律的强制性规定,应视为有效的合同,对双方具有约束力。《会议备忘录》及《补充备忘录》应视为对《协议书》的修改补充,为本案合同的一部分。

仲裁庭不同意被申请人提出的《协议书》是没有约束力的意向书的看法,

认为双方在《协议书》项下应履行的义务须按照该合同的具体约定完成。至于被申请人提出的股权回购合同与股权转让合同的区别,从当事人履行本案合同义务的角度来说,没有法律上的意义。

(三)被申请人是否应当支付剩余的约2亿元股权转让款

本案的焦点问题是,被申请人是否应当支付剩余的约2亿元股权转让款。围绕该焦点问题,双方在若干具体问题上意见分歧。仲裁庭对这些问题分析如下。

1. 申请人完成股权转让是否为被申请人支付转让款的前提条件

被申请人指出,股权转让合同为双务合同,合同双方互相承担义务和享有权利。在本案中,被申请人的义务是支付股权转让款,而申请人的义务则是向申请人转让中国C集团相应的股权。在申请人未向被申请人转让中国C集团股权的情况下,其无权要求被申请人支付股权转让款。

申请人认为,被申请人要求先完成股权转让才能支付股权转让款的主张既违背了《协议书》的明文约定,也不符合双方此前履行《协议书》的实际情况。

首先,《协议书》明确约定:在被申请人如期支付了第二部分股权转让对应价款的前提下,申请人同意在第二部分股权转让时终止申请人与被申请人、中国C集团及中国C集团其他股东之间已签署任何有关甲方投资者权益的协议及其他安排。因此,被申请人应当先向申请人如期支付第二部分股权转让款,然后申请人再将相关股权转让给被申请人。

其次,双方执行股权转让的第一部分时,是被申请人先支付了约1亿元的股权转让款,然后双方才签署了《股权转让协议》,之后双方再互相配合办理了相关股权登记的变更。因此,双方实际履行《协议书》和《会议备忘录》的过程也充分表明,被申请人足额支付股权转让款是申请人向其转让股权的前提条件。

仲裁庭同意被申请人关于本案合同是双务合同的主张,认为双方对股权转让均负有应当履行的义务。但合同义务的履行顺序应依据合同的具体规定进行。

申请人在本案合同项下履行转让股权的主要义务是配合被申请人及中国C集团办理工商变更登记手续，将其持有的中国C集团30%股权变更到被申请人名下。而被申请人的主要义务是支付股权转让款。此外，双方为完成上述股权转让而应共同签署相关的文件和履行其他的内部与外部审批手续。

从《协议书》《会议备忘录》《补充备忘录》的文字中，找不到关于申请人须先办理工商变更登记手续、完成股权转让公示程序，被申请人才应支付股权转让款的约定。相反，《协议书》约定了股权转让款支付的确定期限。而且，在申请人向被申请人转让股权的第一部分（10%股权的转让）的过程中，是被申请人先完成股权转让款的支付，双方才进行工商变更登记。为此，仲裁庭不支持被申请人关于申请人必须先完成股权转让才可支付转让款项的主张。

2. 有关20%股权的转让协议未能签署是否构成被申请人不支付股权转让款的适当理由

导致双方重大分歧的是《协议书》的如下约定：

"各方保证在上述约定①在相应付款期限前完成相关的股权转让协议及其他法律文件（'具体协议'）的签署；以及相互配合尽快取得与该等股权转让相关的内部及外部审批。"

对于上述约定的理解，被申请人主张，该款约定了被申请人支付股权转让款须满足的两个前提条件：申请人要完成相关的股权转让协议及其他法律文件的签署。

被申请人指出，申请人与被申请人目前未就中国C集团20%股权转让事宜签订正式的股权转让协议。即便被申请人在2017年就中国C集团10%的股权转让事项与申请人签订了协议，并不代表被申请人就必须按照上次的条件就中国C集团20%的股权转让事项与申请人签订协议。

---

① 指《协议书》第1条第1款的约定。

申请人认为，被申请人的上述主张既没有任何合同或法律依据，也与被申请人此前做出的各种行为自相矛盾。

第一，由于被申请人在《协议书》签署后屡次以“资金困难”为由违背关于付款时间的承诺，一再向申请人要求延后付款时间，所以在被申请人实际付清每一笔股权转让款之前，申请人根本无法确定被申请人能够支付相关价款的时间，双方也无法就具体的《股权转让合同》的主要条款达成一致。因此，双方在履行《协议书》的过程中，形成了“先付款再签具体协议”的交易惯例，以避免具体协议签署后无法如期履行。

第二，第二部分股权转让的具体协议未能签署完全归咎于被申请人。在《会议备忘录》约定的第二笔股权转让款支付时间届满之际，申请人及代理人曾多次通过打电话、发邮件、寄送律师函等方式催告被申请人尽快付款，但被申请人一直以“资金困难”为由极力拖延，由此导致双方无法对《股权转让协议》中的付款时间达成一致。

第三，申请人曾在2018年11月将《股权转让协议》草稿发送给被申请人之后，被申请人一边以“股东会尚未召开”为由拒绝签署该协议，另一边又对该协议的多项条款提出各种明显不合理的修改要求。例如，要求将付款日期改为2021年12月、要求申请人独自承担与本次交易有关的各项税费和政府收费、要求将双方此前签署的其他协议和法律文件均予以作废等。

被申请人迄今仍在找各种理由故意拖延《股权转让协议》的签署。如果将《股权转让协议》的签署作为被申请人支付股权转让款的前提条件，那么被申请人就能永远以不同意某些条款的约定为由拒绝签署该协议，而申请人就将永远无法按照《协议书》和《会议备忘录》的约定获得股权转让款。

第四，即使将签署《股权转让协议》视为被申请人支付股权转让款的前提条件，那么被申请人一直以来从事的种种行为，都是在恶意阻挠这一前提条件的成就。根据我国《合同法》第45条第2款的规定，“当事人为自己的利益不正当地阻止条件成就的，视为条件已成就”。因此，被申请人为自己的利益不正当地阻止《股权转让协议》的签署，也应当视为《股权转让协议》已签署。

仲裁庭认为，双方就剩余20%股权签署转让协议，既是准备好股权转让（包括完成工商变更登记手续）所必需的文件，也是履行双方的合同义务。仲裁庭查明，双方的确未能就剩余20%股权签署转让协议。

未能签署股权转让协议的真实原因，正如被申请人在双方签署的《补充备忘录》中确认的那样，是因为被申请人自己的资金紧张。仲裁庭也未见到任何证据，说明在本次仲裁程序启动前，被申请人以双方未签署股权转让协议为由主张其付款条件未成就。

然而，从《协议书》的文字约定“各方保证在上述约定在相应付款期限前完成相关的股权转让协议及其他法律文件（‘具体协议’）的签署”来看，在约定期限前签署股权转让协议是双方的共同书面保证。双方在本案合同中约定的、由被申请人收购申请人持有的中国C集团30%股权的共同意思表示和支付转让款的数额与时间如此清晰和明确，以至于双方任何违反诚信原则导致股权转让协议和有关的其他法律未能签署的行为，均应视为违反双方的约定。

被申请人违反双方对付款时间的约定，在股权转让协议中要求申请人接受新的时间安排，导致双方不能达成一致并无法签署股权转让协议，应视为被申请人违反自己的允诺、违反诚信原则的行为，不能构成不履行支付义务的适当理由。

3. 中国C集团其他股东对股权转让的同意是否为支付股权转让款的前提

被申请人认为，《协议书》中约定的支付股权转让款的第二个前提条件是，申请人转让股权必须征得中国C集团其他股东同意。我国《中外合资经营企业法》第4条第4款规定：“合营者的注册资本如果转让必须经合营各方同意。”合营企业股东之间转让股权或向第三方转让股权，均须经合营其他方同意。

在本案中，中国C集团其他合营股东不同意申请人向被申请人转让剩余的20%的股权并通过了相关的决议，故申请人不具备向被申请人转让股权的条件，被申请人也不需向申请人支付股权转让款。

申请人认为，被申请人上述抗辩理由没有法律依据。根据法律和中国C集团《章程》的规定，中国C集团的股东之间互相转让股权，不需要征求其他股东的同意，其他股东也不享有优先购买权。

《中外合资经营企业法实施条例》（以下简称《实施条例》）第20条已经明确指出，只有中外合资企业的股东向股东之外的第三人转让股权，才需要征得其他股东的同意，才可能引发其他股东主张优先购买权。中外合资企业的两个股东之间内部转让股权不需要征得其他股东的同意，其他股东也不享有优先购买权。

最高人民法院《关于审理外商投资企业纠纷案件若干问题的规定（一）》（法释〔2010〕9号，以下简称《规定》）第11条、第12条第1款的规定体现了相同的原则。最高人民法院民四庭编著的《最高人民法院关于审理外商投资企业纠纷案件若干问题的规定（一）条文理解与适用》一书，也明确将《实施条例》第20条的规定解读为，“投资者对外出售出资份额时才发生优先购买权问题”；“投资者之间相互转让出资份额的，不需要征得其他股东同意，其他股东也不享有优先购买权”。上述观点在我国的司法实践中也得到了各级法院的普遍认可。

仲裁庭同意申请人对上述法律规则的理解，认为我国《中外合资经营企业法》第4条第4款规定的“合营者的注册资本如果转让必须经合营各方同意”，是指合营企业的股东向第三方转让股权的情形，中外合营企业的股东之间转让股权无须其他股东的同意。只有向现有股东之外的第三方转让股权，才须经其他股东同意，才有可能产生优先权问题。

《实施条例》第20条关于向第三者转让股权的规定应理解为是对我国《中外合资经营企业法》第4条第4款规定的进一步细化，而不是与该款规定相矛盾的一条规定。中国行政法规的制定程序为上述两者的一致性提供了保障。此外，我国《公司法》第71条也体现了类似原则。仲裁庭理解最高人民法院的司法解释也体现了相同原则。

为此，被申请人召集中国C集团股东会，通过其他股东不同意申请人向被申请人转让股权的决议，并不能构成被申请人不支付股权转让款的法定理由。

4. 审批机关对股权转让的批准

被申请人认为，根据《实施条例》与《外商投资企业投资者股权变更的若干规定》的规定，中外合资经营企业的合营一方转让股权须经审批机关批准和登记机关变更登记，未经审批机关批准的股权变更无效。本案的股权转让未经主管部门批准，因此，被申请人无须向申请人支付转让款。

申请人认为，《协议书》并非办理工商变更登记和审批所出示的股权转让协议，而是本案双方就转让中国C集团股权达成的预先约定，该等预先约定并不需要报经外商投资企业审批机构的批准。

退一步来讲，根据商务部的相关规定，自2016年起外商投资企业的股权(股份)变更只需事后备案即可，并不需要事先获得审批，故被申请人无权以"未获得外部审批"为由拒绝支付回购款。

2016年10月8日实施的商务部《外商投资企业设立及变更备案管理暂行办法》(以下简称《暂行办法》)，更加明确地指出了中外合资企业的股权转让只需要事后办理备案手续即可，无须事先申请审批。《暂行办法》第2条规定："外商投资企业的设立及变更，不涉及国家规定实施准入特别管理措施的，适用本办法。"第6条规定："属于本办法规定的备案范围的外商投资企业，发生以下变更事项的，应由外商投资企业指定的代表或委托的代理人在变更事项发生后30日内通过综合管理系统在线填报和提交《外商投资企业变更备案申报表》(以下简称《变更申报表》)及相关文件，办理变更备案手续……(三)股权(股份)、合作权益变更。"

根据国家企业信用信息公示系统的公开查询信息，中国C集团的经营范围不涉及国家规定实施准入特别管理措施，故其股权变更只需事后办理变更备案手续即可，无须事先申请审批。

仲裁庭认为，随着改革开放的深入，中国的外商投资企业法律制度从2016年起发生了重要转变，由原来对所有外商投资企业实施的审批制改为以备案制为主、以准入特别管理为辅的新型制度。在这个新制度下，绝大多数外商投资企业的设立及变更不再需要政府的批准。

仲裁庭认为，中国C集团不属于国家需要特别进行准入管理的企业，因此，有关申请人持有的其20%股权在股东之间的转让亦不需要政府主管部门的批准。

此外，《协议书》中约定的"相互配合尽快取得与该等股权转让相关的内部及外部审批"，其中外部审批（原来要求的主管部门的审批）已不再需要。至于"内部审批"的约定，应理解为对完成股权转让出具必要的公司文件，因为按照中国C集团的公司章程以及现有法律规定，公司及股东无理由阻止该股权的转让。被申请人作为中国C集团的实际控制人，有义务确保完成这些内部程序。

综上所述，仲裁庭认为，在公司法的制度下，申请人作为中国C集团股东，无权主张单方面退出中国C集团。中国C集团的其他股东，包括被申请人，原本没有法律上的义务接受申请人的转股要求。但是，当申请人与被申请人就股份转让达成一致，双方为此签订了《协议书》后，双方便受合同的约束，并有义务履行承诺的付款行为。通过对本案事实的查明，仲裁庭认为，被申请人拒绝履行合同义务的实际原因是其资金紧张，同时也与整体经济形势有关。基于上述分析，被申请人提出的各项其不应履行支付股权转让款的理由均缺乏法律的及合同的依据，仲裁庭不予支持。

（四）申请人的仲裁请求

申请人提出了4项仲裁请求，仲裁庭对这些请求逐一进行分析如下。

1. 申请人请求仲裁庭裁决被申请人立即向申请人支付股权回购款约2亿元。

被申请人不同意申请人的要求，并要求仲裁庭驳回申请人的此项仲裁请求,因为被申请人目前尚不需要向申请人支付股权转让款,具体理由在前面有关焦点问题部分的分析中已经引述。

仲裁庭经过审理查明,在《协议书》中,双方约定申请人向被申请人转让申请人持有的中国C集团30%的股权,转让价格3亿元,分两部分进行:第一部分转让股权的13%,对应转让款约1.3亿元;第二部分转让17%,对应转让款约1.7亿元。2016年10月双方签署的《会议备忘录》对此作了修改,将第一笔转让的股权比例从13%改为10%,对应的转让款也改为约1亿元。支付转让款的期限改为2017年元旦后。第二部分为剩余的20%股权,对应的转让款为约2亿元,支付期限改为2017年年底。2017年7月双方又签署了《补充备忘录》。

《协议书》《会议备忘录》《补充备忘录》签署后,双方于2017年11月完成第一部分10%的股权转让,包括转让款的支付和股东持股变更的工商登记。剩余20%股权对应的约2亿元转让款始终未能支付,双方对此事实没有分歧。

基于仲裁庭在上文中对焦点问题的分析和结论,被申请人依约有义务向申请人支付第二部分股权转让款约2亿元,而被申请人提出不应支付该款的理由缺乏合同上及法律上的依据。

仲裁庭注意到申请人此项请求中使用的表述为"支付股权回购款",理解其实际意思是按照双方的约定要求被申请人支付股权转让款。被申请人也是针对是否应当支付股权转让款进行的答辩。为此,在前述理解的基础上,仲裁庭支持申请人的此项请求。

2. 申请人请求仲裁庭裁决被申请人立即向申请人支付自2018年1月至实际支付之日止因逾期支付股权回购款给申请人造成的损失,该损失以约2亿元为基数、以中国人民银行同期贷款利率上浮50%为计算标准,暂计为380余万元。

被申请人要求仲裁庭驳回申请人的此项仲裁请求,因为被申请人目前尚不需要向申请人支付股权转让款,所以谈不上支付利息的问题。

仲裁庭理解，申请人此项请求中的"因逾期支付股权回购款给申请人造成的损失"是指利息损失，这从申请人对该损失按照人民银行同期贷款利率上浮50%的计算方式也可以得出结论。

仲裁庭认为，由于申请人的第一项请求已经得到了仲裁庭的支持，所以申请人关于利息的请求总体上是合理的。仲裁庭认为，作为一项基本原则，如果当事人有一项确定款项的支付义务未能按期履行，该当事人应从该期限届满后的第一天起，就该款项支付利息。至于利息的具体计算则应依照当事人的约定、法律的规定或惯例进行。

利息计算有3个要素，即本金、利率和期限。本金应当是欠付的款项总额，在本案中本金应为约2亿元。

关于期限，应从支付期限届满后的第一天起算。根据《会议备忘录》，第二部分20%股权的转让款约2亿元的支付期限改到2017年年底。双方在《补充备忘录》对第二部分约2亿元的支付期限没有进行变更。《补充备忘录》约定："本补充备忘录中没有约定的内容，仍按照《协议书》及《会议备忘录》中的相关约定执行。"因此，利息计算的期限应从2018年1月起，至该款项付清之日为止。

关于利率，仲裁庭认为，股权转让亦可视为一种买卖，鉴于中国现行立法中对确定利率规则的缺失，比照适用最高人民法院《关于审理买卖合同纠纷案件适用法律问题的解释》第24条的规定是适当的。该条规定：逾期付款的利率可以中国人民银行同期同类人民币贷款基准利率为基础，参照逾期罚息利率标准。依照中国人民银行《关于人民币贷款利率有关问题的通知》（银发〔2003〕251号）第3条的规定，逾期还款的利率可以以贷款利率增加30%~50%确定。中国人民银行现行的人民币一年期贷款利率为4.35%，上浮30%为5.655%。

本项请求中的利息计算公式如下：

利息＝约2亿元×5.655%×实际天数/365

上述公式中的"实际天数"为从2018年1月起至实际支付之日止的日历天数。

3. 被申请人承担申请人为本案支出的律师费 260 余万元、公证费近 8000 元。

被申请人要求仲裁庭驳回申请人的此项仲裁请求，认为既然被申请人目前尚不需要向申请人支付股权转让款，被申请人也就不存在逾期付款的情形，当然也就不用赔偿申请人所谓的逾期付款损失。申请人在明知被申请人付款条件尚不成就的情况下提起仲裁，其为本案支出的各项费用当然应当由其自行承担，而与被申请人无关。

《仲裁规则》第 52 条第 2 款规定："仲裁庭有权根据案件的具体情况在裁决书中裁定败诉方应补偿胜诉方因办理案件而支出的合理费用。仲裁庭裁定败诉方补偿胜诉方因办理案件而支出的费用是否合理时，应具体考虑案件的裁决结果、复杂程度、胜诉方当事人及/或代理人的实际工作量以及案件的争议金额等因素。"

仲裁庭认为，本案中被申请人在支付第二笔股权转让款的问题上违反合同约定，未能履行承诺的义务。申请人的主要仲裁请求为仲裁庭所支持，故被申请人应视为败诉方。

在本案中，申请人就其请求的律师费向仲裁庭提供了委托代理合同，以及申请人已经支付的律师费的增值税发票 130 余万元。结合本案的具体情况，仲裁庭认为支持 130 余万元律师费的请求是合理的。

关于公证费近 8000 元，申请人向仲裁庭提供了公证书以及北京市某公证处出具的发票两张，共近 8000 元，该公证费用是为办理本案而花费的合理费用，仲裁庭予以支持。

4. 被申请人承担本案全部仲裁费用。

被申请人要求仲裁庭驳回申请人的此项仲裁请求，理由同前。

仲裁庭认为，关于本案的仲裁费，根据《仲裁规则》第 52 条第 1 款的规定，原则也应由败诉方承担。根据本案中被申请人被裁定为败诉方的情况，仲裁庭认为，本案的仲裁费应由被申请人承担。

三、裁　决

仲裁庭认真审阅了双方提交的全部证据材料,考虑了双方的所有陈述意见,经过合议,作出裁决如下:

1. 被申请人向申请人支付股权转让款人民币约2亿元。

2. 被申请人按照下列公式向申请人支付逾期付款损失(利息)。

损失=人民币约2亿元×5.655%×实际天数/365

(上述公式中的"实际天数"为从2018年1月起至实际支付之日止的日历天数。)

3. 被申请人补偿申请人花费的律师费人民币130余万元;被申请人补偿申请人花费的公证费人民币近8000元。

4. 本案仲裁费由被申请人承担。该仲裁费已由申请人向贸仲全额预缴,故被申请人还应向申请人支付相应费用以补偿申请人为其垫付的仲裁费。

5. 驳回申请人的其他请求。

上述被申请人应当支付或补偿给申请人的款项,被申请人应于本裁决作出之日起30天内支付完毕。

本裁决为终局裁决,自作出之日起生效。

案例评析

【关键词】

合同与意向书;股权转让优先权

【焦点问题】

1. 该案《协议书》仅仅是股权转让的意向书，还是已经生效的股权转让合同；

2. 股权转让未能获得集团其他股东的同意，是否侵害了股权转让其他股东优先购买权；

3. 该案股权转让是否违反了外商投资企业审批制与备案制；

4. 交易习惯与合同的履行。

【焦点评析】

一、基本案情

2011 年 8 月 31 日申请人、被申请人（中国 C 集团大股东）与中国 C 集团的其他股东共同签署《投资协议》，约定申请人出资人民币近 3 亿元认购中国 C 集团的新增注册资本。该协议签订后，申请人依约支付了近 3 亿元投资款，持有中国 C 集团 30% 的股权。

2015 年 3 月 16 日申请人与被申请人、中国 C 集团在北京签署《协议书》，约定申请人向被申请人出售其股权并退出中国 C 集团。被申请人按照约定应分两笔向申请人支付 3 亿元，以收购申请人持有的中国 C 集团的全部 30% 的股权。《协议书》签订后，被申请人未依约付款。

2016 年 10 月 31 日申请人与被申请人（被申请人同时是中国 C 集团的代表）签署一份《会议备忘录》，对《协议书》中约定的股权回购款支付时间作了修改。根据《会议备忘录》，被申请人表示将分两次向申请人支付股权回购款，第一笔回购款 1 亿元将于 2017 年元旦后支付，第二笔 2 亿元将于 2017 年年底前完成支付。后双方又签署了《补充备忘录》。

《会议备忘录》及《补充备忘录》签订后，被申请人陆续向申请人支付了 1 亿元，申请人亦配合被申请人和中国 C 集团将其持有的 10% 的股权作了变更登记。至于第二笔股权回购款 2 亿元，被申请人始终没有支付。因双方未能通过协商解决该2亿元款项的支付问题,申请人向贸仲提请仲裁。

二、本案中的焦点问题

1. 合同与意向书

被申请人的答辩观点之一,是《协议书》并非股权转让合同,而仅仅是股权转让的意向书,因为仅凭《协议书》不能完成股权转让,双方还需要就转让的其他事宜进行磋商,另行签署股权转让合同。工商行政管理部门无法凭《协议书》作股权变更登记,只有依据双方另行签署的股权转让合同方可进行变更登记。

这里涉及的合同法问题是合同与意向书之间的区别。

在理论上及实务中,许多法律专业人士提出了诸多有关合同与意向书的区别点。然而,决定两者区别的最重要的两个不同点在于:(1)该文件是否约定了当事人的权利义务;(2)该文件是否体现出该约定对当事人具有约束力的共同意图。

上述两点在本案的《协议书》以及其后补充的《会议备忘录》及《补充备忘录》中十分明显。比如,明确了被申请人支付转让款的金额及具体日期(被申请人的义务),以及申请人协助完成转让文件和变更登记的义务。《协议书》第3条第1款明确约定,本协议一经签署即构成对签署各方生效和具有执行力的法律文件。

2. 股权转让优先权

被申请人称股权转让未能获得中国C集团其他股东的同意,因此被申请人不能付款。中国C集团属于外商投资的中外合资企业。

仲裁庭认为,无论根据我国《中外合资经营企业法》还是《公司法》的原则,所谓股东对股权转让的优先权,是指当公司的股东向公司现有股东以外的第三人转让股权时,现有股东所享有的一项在同等条件下优先购买该股权的权利。而在本案中,股权是在公司现有股东之间转让,因此,其他股东不享有此优先权。

3. 外商投资企业审批制与备案制

被申请人的另一个主张是，中外合资经营企业的合营一方转让股权须经审批机关批准，未经审批机关批准的股权变更无效。本案的股权转让未经主管部门批准，因此，被申请人无须向申请人支付转让款。

仲裁庭认为，随着改革开放的深入，中国的外商投资企业法律制度从 2016 年起发生了重要转变，由原来对所有外商投资企业实施的审批制改为以备案制为主、以准入特别管理为辅的新型制度。在这个新制度下，绝大多数外商投资企业的设立及变更不再需要政府的批准。

中国 C 集团不属于国家需要特别进行准入管理的企业。本案第一阶段的 10% 的股权转让的变更登记没有要求先经政府批准。第二阶段的付款应在 2017 年年底完成，更不需要批准。

4. 交易习惯与合同的履行

本案交易的历史分两个阶段，先是申请人作为一家投资基金对中国 C 集团进行股权投资。经过若干年后，由中国 C 集团的大股东（被申请人）回购该股权，申请人退出该公司。

申请人分两个阶段向被申请人转让其在中国 C 集团中的全部股权（占中国 C 集团全部股权的 30%），被申请人相应地支付转让价款。在第一阶段中，被申请人支付了 1/3 的转让价款，申请人配合被申请人完成了 10% 股权的变更登记。但被申请人未支付第二阶段中 20% 股权的转让款。被申请人主张，依据《协议书》双方须先签署股权转让协议、完成股权转让，其才应支付股权转让价款。

仲裁庭仔细阅读了《协议书》的条款后认为，被申请人支付转让款的数额及时间十分具体，该约定构成被申请人确定的合同义务，被申请人应严格遵守。《协议书》中没有关于双方须先签署股权转让协议、完成股权转让后，被申请人付款义务才产生的明确约定。此外，从双方的交易习惯来看，在转让的第一阶段中，是被申请人先支付转让款，然后双方才签署相关文件并完成变更登记。

被申请人在仲裁前并未提出要先签署文件和完成转让之后再付款的主张，而是一直以资金紧张为理由，拖着不付款。因此，不付款的真正原因是被申请人自己的资金周转问题。

最终仲裁庭支持了申请人的仲裁请求。

【结语】

仲裁案件绝大多数为合同纠纷案件，仲裁庭裁决非常重要的是坚持契约自由与契约严守两项原则。违约一方在仲裁中提出的抗辩理由往往是事后由律师想出来的，并非当事人不能执行合同的真正原因。

该案仲裁庭针对被申请人的每一项答辩主张，依据法律、合同约定和双方当事人形成的交易习惯，详细分析了这些主张不成立的原因，最终支持了申请人的主张，解决了双方的争议。

（案例评析人：卢　松）

案例二十五 中国A股权投资公司与自然人B、自然人C股权转让争议仲裁案

中国国际经济贸易仲裁委员会(以下简称贸仲或本会)根据申请人中国A股权投资公司(以下简称申请人)与第一被申请人自然人B(以下简称第一被申请人)、第二被申请人自然人C(以下简称第二被申请人,与第一被申请人统称为被申请人或两名被申请人)及案外人中国D数码科技公司(以下简称目标公司)签订的《中国D数码科技公司股权转让协议》(以下简称《股权转让协议》)中仲裁条款的约定,以及申请人于向贸仲提交的书面仲裁申请,受理了双方当事人之间因上述《股权转让协议》产生的本争议案。

一、案　　情

申请人及两名被申请人均提交了各自的请求及主张,发表了详细的意见。仲裁庭引述、归纳有关各方的部分(并非全部)的主张及意见如下:

1. 申请人在仲裁申请书中的陈述及仲裁请求

申请人通过其代理人在仲裁申请书中陈述道:

目标公司成立于2009年2月,其主营业务为网络游戏的研发、发行与运营,具体包括某大型独立互联网页面游戏、某网络游戏平台及其周边产品的开发、运营维护和发行推广。

2012年5月申请人与第一被申请人、第二被申请人、目标公司签订了《股权转让协议》。协议约定,第一被申请人将其持有的目标公司约1%的股权转

让给申请人,转让价款600万元(本案所涉金额币种均为人民币——仲裁庭注);第二被申请人将其持有的目标公司5%的股权转让给申请人,转让价款近2500万元。股权转让完成后,申请人持有目标公司约6%的股权,第一被申请人持有目标公司约35%的股权,第二被申请人不再持有目标公司股权。

2012年6月申请人履行了约定的义务,分别向两名被申请人支付完毕转让价款。但目标公司却迟迟不能完成《增值电信业务经营许可证》的股东变更程序,且因该等变更系股权转让工商变更的前置审批程序,故目标公司亦无法完成工商股权变更。

鉴于此,2012年12月初作为目标公司控股股东的第一被申请人提议,先行取消目标公司许可经营项目中的信息服务业务,以便在无前置审批要求的情况下完成工商变更登记,待工商变更完成后再重新申请该业务资质。

2012年12月目标公司变更了经营范围,删除了第二类增值电信业务中的信息服务业务,同时办理了股权变更登记,将申请人变更登记为股东。此后目标公司恢复了该项经营资格。然而,2014年3月目标公司再次删除了该项经营资格。

其后至今,目标公司再未获得第二类增值电信业务中的信息服务业务。

第二类增值电信业务中的信息服务业务资质乃是目标公司的价值基础,亦是其开展经营活动实现经营目的不可或缺的必要条件。然而,自2012年12月至2013年3月及2014年3月至今,目标公司即再未能取得该必备的经营资质,由此导致公司无法开展正常的业务,并始终处于严重的亏损状态。

《股权转让协议》明确约定:"售股股东、控股股东和公司,共同及分别地向中国A股权投资公司在签署日、交割日作出如下陈述与保证:(e)没有任何情况表明任何为了继续公司的业务所必需的执照、资质、或优惠政策可能会被变更、撤销或不获延续,或者该情况可能赋予变更或撤销的权利。"

申请人认为,两名被申请人的行为违反了《股权转让协议》的约定,已构成违约。

《股权转让协议》约定:“如出现以下情形,售股股东应对中国A股权投资公司遭受或承担的损失进行赔偿:(a)售股股东违反其在本协议项下或其他交易文件下所做的任何陈述和保证,或违反其在交割日向中国A股权投资公司提交的证明函中所载的任何陈述和保证,导致公司价值相应减少的;(b)售股股东违反本协议规定的应由售股股东履行的任何承诺或义务,包括但不限于本协议第四条、第六条和第九条规定的承诺或义务。”

据此,申请人提出仲裁请求如下:第一被申请人赔偿投资本金损失600万元、投资期得利益损失近250万元,共计近850万元;第二被申请人赔偿投资本金损失近2500万元、投资期得利益损失近1000万元,共计3300余万元;两名被申请人连带承担申请人为本案支出的仲裁费和律师费。

2. 被申请人的答辩及反请求

被申请人提交了答辩及反请求申请书。

被申请人介绍了各方主体及2012年股权转让的如下背景情况。

据其介绍,申请人是一家由多名股东出资并有多级股东架构的公司。其经营范围为:从事对未上市企业的投资,对上市公司非公开发行股票的投资及相关咨询服务。

申请人由以下5家企业法人出资设立:(1)中国E资产管理股份公司;(2)中国A股权投资公司;(3)中国F投资有限责任公司;(4)中国G投资公司;(5)H国际贸易公司。

两名被申请人均为目标公司的出资股东,在案涉2012年股权转让之前,第一被申请人、第二被申请人分别持有目标公司的约35%及10%的股份。

目标公司的主营业务包括:第二类增值电信业务中的信息服务业务(限互联网信息服务业务)、互联网游戏出版、利用信息网络经营游戏产品(含网络游戏虚拟货币发行)、计算机软硬件、多媒体通信的技术开发、技术服务、技术咨询、成果转让、游戏开发、动画设计。

为经营上述主营业务,目标公司依法获得并持有以下经营执照:(1)增值电信业务经营许可证(2012 年 10 月颁发,有效期至 2016 年 1 月);(2)网络文化经营许可证(2012 年 7 月颁发,有效期至 2015 年 3 月);(3)互联网出版许可证(2010 年 12 月颁发,有效期至 2018 年 1 月)。

基于当时各路资本对目标公司所处行业的投资热潮以及对目标公司未来发展的乐观预期,申请人大约在 2012 年 3 月开始与目标公司接洽,希望对目标公司进行股权投资。经过一系列股权投资机构惯常的“投前调查”以及股权投资商业条款与条件的磋商和谈判,申请人作为成熟的股权投资机构投资者,决定以其认可的估值通过股权转让的方式投资目标公司。

2012 年 5 月两名被申请人、中国 A 股权投资公司及目标公司共同签订了股权转让协议。协议约定,由第一被申请人以 600 万元的转让价格向申请人转让其持有的约 1% 目标公司股权,由第二被申请人以近 2500 万元的转让价格向申请人转让其持有的 5% 目标公司股权。股权转让后申请人合计持有目标公司约 6% 的股权。

《股权转让协议》签订后,被申请人依约向申请人履行了交割义务,申请人也相应履行了付款义务,协议约定的交割条件已得到满足。根据《股权转让协议》的约定,“中国 A 股权投资公司所应支付的转让价款应于交割日向售股股东(被申请人)银行账户支付”。据此,申请人实际于 2012 年 6 月完成转让价款的支付,因此“2012 年 6 月”即为《股权转让协议》所定义的“交割日”(以下称交割日)。

两名被申请人介绍了本案的背景情况后,进一步陈述了以下(并非全文引述的)的答辩意见:

首先,申请人的仲裁请求已超出法定两年的仲裁时效,其提出的任何权利主张依法均不再受法律保护,应驳回其全部仲裁请求。

其次,被申请人并不存在任何《股权转让协议》项下的“违约行为”。

最后,申请人指责的 2014 年工商变更登记,或其中的“变更经营范围,删除第二类增值电信业务中的信息服务业务”,甚至目标公司的增值电信业务许可证有效与否,与目标公司的实际整体经营状况之间均不存在唯一且必然的因果关系;目标公司作为股东有限责任的独立企业法人,其经营亏损并不等同于作为目标公司股东的申请人损失;申请人依据涉案《股权转让协议》项下的违约责任条款"名为向被申请人主张违约损失赔偿",却直接套用涉案《股权转让协议》项下在"适用情形和义务对象"方面均完全不同的"赎回权条款"计算"实为股权回购价格"的所谓"损失",非但断无事实、合同或者法律依据,更凸显其"恶意仲裁"的本意,依法应受谴责并向被申请人承担费用赔偿责任。

为此,被申请人提出反请求如下:申请人偿付被申请人因本案仲裁所发生的律师费;本案仲裁费全部由申请人承担。

3. 申请人的庭后陈述

在庭审后,申请人提交了庭后陈述,进一步申述了其主张及意见,仲裁庭简要归纳如下:

(1)申请人认为,依法取得《增值电信业务经营许可证》,并且符合监管要求而使许可资质有效存续,乃是包括目标公司在内的互联网企业依法经营的法定要求,任何一家互联网企业依法开展网络业务,均应获得《增值电信业务经营许可证》,属于从事网络业务的根本性许可资质。

(2)电信业务许可实行年检制度,年检合格是持证单位依法经营的前提条件。若互联网企业因年检不合格而被禁止接入网络,则根本不可能继续开展业务。

(3)目标公司应当依法取得并有效持有《互联网出版许可证》及《网络文化经营许可证》二细分资质,方可合法从事网络游戏经营活动。

(4)目标公司"三证",即《增值电信业务经营许可证》《互联网出版许可证》《网络文化经营许可证》在签署争议合同时,目标公司"三证"齐备且均在有效期内;案涉股权转让交易完成后,目标公司《增值电信业务许可证》因未参加年检而属于年检不合格,不仅因此丧失了开展业务的前提条件,而且各基础电信企业和互联网接入服务企业依法严禁向目标公司继续提供接入服务。

《增值电信业务经营许可证》于2013年失效;《互联网出版许可证》于2013年1月失效;《网络文化经营许可证》失效日期虽为2015年3月,但其获得许可的全部网站域名或为他人所有,或已禁止访问。事实上,鉴于《增值电信业务经营许可证》乃是从事互联网业务的前提条件,目标公司因《增值电信业务经营许可证》未经年检而被依法禁止接入基础网络,故而目标公司的其他细分资质根本形同虚设。

(5)被申请人关于目标公司因申请人的原因而丧失资质之说,毫无法律依据。事实上,被申请人未尽合理努力申办资质,又未及时办理年检,才是目标公司丧失资质的根本原因。

对于目标公司从经营范围中删去案涉许可经营项目一事,被申请人显然具有更大的决策影响力。

(6)目标公司丧失经营资质,构成被申请人对陈述和保证义务的严重违反。

倘若对于上述合同条款的理解存在争议,则应依据我国《合同法》第125条规定,即"当事人对合同条款的理解有争议的,应当按照合同所使用的词句、合同的有关条款、合同的目的、交易习惯以及诚实信用原则,确定该条款的真实意思"进行分析理解。

4. 两名被申请人的庭后陈述

庭审后,两名被申请人提交庭后代理意见,重申并补充了其在此前申述的主张及立场。除仲裁庭在本裁决中认为有必要提及或援引外,在此仅提及其包括但并不限于如下的要点:

(1)申请人多次变更主张的事实和理由均发生于案涉《股权转让协议》交割日之后,彼时申请人和被申请人均系目标公司的平权股东,申请人提出的争议在性质上属于股东间就目标公司经营管理事项发生的纠纷,与2012年股权转让交易无关,更不可能构成《股权转让协议》项下"售股股东"与股权"收购方"间的违约纠纷。

(2)申请人的仲裁请求已超出法定两年的仲裁时效,其提出的任何权利主张依法均不再受法律保护,应驳回其全部仲裁请求。

(3)申请人屡次变更的“被申请人违约”诉由均无法成立,被申请人并不存在任何《股权转让协议》项下的“违约行为”。

(4)申请人指责的“被申请人违约行为”并不影响目标公司经营增值电信业务,与目标公司的实际整体经营状况之间更不存在唯一且必然的因果关系;目标公司作为股东有限责任的独立企业法人,其经营亏损并不等同于作为目标公司股东的申请人损失;申请人直接套用涉案《股权转让协议》项下与“违约责任条款”在“适用情形和义务对象”方面均完全不同的“赎回权条款”计算“实为股权回购价格”的所谓“损失”,非但断无事实、合同或者法律依据,更凸显其“恶意仲裁”的本意,依法应受谴责并向被申请人承担费用赔偿责任。

(5)申请人应赔偿被申请人因本案仲裁所发生的律师费和仲裁费用。

仲裁庭审阅了双方提交的全部材料。在审理本案时,仲裁庭充分考虑了各方当事人在开庭前、开庭过程中以及庭后提交的书面、口头陈述意见及相关证据材料。虽然仲裁庭并未全文引述各方的主张及立场,但在以下发表仲裁庭意见时,会在相关部分中引述仲裁庭认为有关方相关的意见及观点。案情部分中没有或者没有全部援引任何一方的观点,不表明仲裁庭忽略了该当事人的观点。

二、仲裁庭意见

(一)关于本案《股权转让协议》的效力

申请人、两名被申请人在签订本案《股权转让协议》时,均具有签订《股权转让协议》的适格主体资格,具有相应的民事行为能力,《股权转让协议》条款均由当事人协商一致所达成,体现了当事人的真实意思表示,其内容与中国现行法律和行政法规的强制性规定并无抵触,不存在我国《合同法》第 52 条关于合同无效的相关情形。

此外，有关各方在《股权转让协议》中约定了生效条款："各方确认，本协议经各方签署后生效。"

各方均已有效签署了本案所涉协议。

基于以上所述，仲裁庭认为本案《股权转让协议》合法、有效，对各方当事人具有约束力。

（二）关于本案管辖权

各方签订的《股权转让协议》约定的"争议解决"条款中相关部分如下：

如因本协议产生任何纠纷、诉讼请求、争议，或发生违约、终止、无效情形（以下简称争议），各方应友好协商解决该等争议。如任何一方发出书面通知要求就该等争议进行协商后30日内，各方未能经友好协商解决，则该等争议应递交中国国际经济贸易仲裁委员会根据其当时有效的仲裁规则进行仲裁。仲裁庭应由3名仲裁员组成。控股股东作为一方，中国A股权投资公司作为一方有权分别选择1名仲裁员，第三名可由争议双方共同选择。如双方未能在仲裁通知发出后30日内就第三名仲裁员达成一致意见，仲裁委员会有权任命第3名仲裁员。

……

（c）各方在此同意，任何按该协议第13条规定做出的仲裁裁决是终局的，对各方均有约束力。

（d）仲裁费应按仲裁裁决裁定。

被申请人提出异议称，上述仲裁条款明确约定了提交仲裁前的前置协商程序，但申请人提交的其向被申请人公证送达的《履行合同提示函》（以下简称提示函）并不符合上述前置协商程序的要求。主要理由为：一是提示函的发件人非申请人；二是提示函的收件人非被申请人且被申请人未收到该提示函；三是提示函本身既未提及存在争议，更未要求就该等争议进行协商。

申请人回应称，首先，提示函的发件人是申请人的管理人中国某公司，其有权代表申请人敦促被申请人严格履约并与被申请人开展沟通。其次,提示函抬头已经将被申请人列为收件人之一,并以两名被申请人任职及持有股权的目标公司当时的办公地址作为送达地址,依法办理了公证送达并已由目标公司人员签收,已完成送达。最后,提示函已送达1年有余,双方未能在协商期内协商解决争议,且无通过协商解决争议的可能性。

仲裁庭经审查注意到,申请人的管理人中国某公司于2016年3月向本案第一被申请人公证送达并向目标公司抄送了一份《履行合同提示函》,在该函中,中国A股权投资公司管理公司写明:

在贵方的信任和支持下,中国A股权投资公司(本案申请人——仲裁庭注)实现了对中国D数码科技公司的投资,合作各方就该投资项目签署了《中国D数码科技公司股权转让协议》及其他配套法律文件。

中国某公司(以下简称我方)系中国A股权投资公司的管理人,作为投后管理工作的内容之一,我司定期对上述协议的有关约定及执行情况进行了梳理,并将涉及贵方承诺的有关条款摘录如附件,特提请贵方关注该等条款的履行情况。如有任何问题,请与我司及时沟通。

提示函的附件摘录了本案《股权转让合同》中有关被申请人的部分承诺条款,《承诺函》中的相关条款以及目标公司章程中的部分条款。

对此,仲裁庭认为,首先,上述提示函虽非申请人直接发送给被申请人,但申请人的管理人中国某公司在提示函中明确表明其为申请人的管理人,并明确写明了提示函的内容系关于申请人与被申请人签署的本案《股权转让协议》的履行。因此,申请人的管理人代申请人发送的提示函,可以视同为申请人发出。其次,提示函的收件人明确写明为本案第一被申请人,且该提示函已送达第一被申请人任职的目标公司,可以视为有效送达了第一被申请人。最后,该提示函虽未明确提及争议的解决,但在附件中,申请人摘录了部分合同条款和章程条款,提及了投资者有权终止股权投资协议或要求公司提前回购投资者持有的公司全部股权等情形,表明申请人对有可能产生的争议的预期。况且申请人的提示函已经将被申请人应注意的事项作出了提示,但未见被申请人有任何回复。在此情况下,继续进行协商已失去了意义。

此外,申请人提出仲裁也表明其放弃进行协商程序,且申请人提出仲裁申请后也不影响其再与被申请人进行协商。

综合考虑上述情况,仲裁庭认为,被申请人提出的管辖权异议不能成立。因此,贸仲对本案申请人提起的针对第一被申请人及第二被申请人的仲裁案享有管辖权。

此外,根据各方当事人间在《股权转让协议》约定了法律适用条款,本协议的成立、效力、解释和执行受中国法律管辖。

(三)关于本案的若干问题

申请人的仲裁请求以及两名被申请人所作的答辩是否成立,涉及以下事实、证据及相关法律问题。对此,仲裁庭发表如下意见。

1.关于申请人提起仲裁的时效问题

被申请人的主张是,申请人的仲裁请求已超出法定两年的仲裁时效,其提出的任何权利主张依法均不再受法律保护,应驳回其全部仲裁请求。

就此主张,被申请人进而陈述道:"按照申请人在其仲裁申请书中的陈述意见,申请人提起本案仲裁所依据的事实与理由,主要基于目标公司在2014年3月进行的工商变更登记:在经营范围中删去第二类增值电信业务的登记项目。申请人诉称'自2012年12月至2013年3月及2014年3月至今,目标公司即再未能取得该必备的经营资质,由此导致公司无法开展正常的业务,并始终处于严重的亏损状态';并且,申请人主张其损失的起算时间为'自2014年3月目标公司最终丧失第二类增值电信业务中的信息服务业(限互联网信息服务业)之日起计算'。因此,申请人主张其权利被侵害的日期始于2014年3月。"

根据本案的相关事实及中国的相关法律,被申请人的主张是否能成立?

正如被申请人所提及的,就仲裁时效而言,涉及以下相关法律规定:

(1)我国《仲裁法》第74条的规定。该条规定:“法律对仲裁时效有规定的,适用该规定。法律对仲裁时效没有规定的,适用诉讼时效的规定。”

(2)我国《民法通则》第135条的规定。该条规定:“向人民法院请求保护民事权利的诉讼时效期间为二年,法律另有规定的除外。”

(3)我国《民法通则》第137条的规定。该条进一步规定了:“诉讼时效期间从知道或者应当知道权利被侵害时起计算。”

仲裁庭认为,本案争议,并不仅仅是申请人已经成为《增值电信业务许可证》下新增股东并获取了该许可证下新增股东的相应权利,但因被申请人的违约,其权利受到侵犯,其所主张的还包括因第一被申请人未能履行《股权转让协议》中的陈述与保证义务及其他违约行为,因此,应当承担违约责任并赔偿申请人遭受的损失。因此,就申请人的仲裁请求而言,并不因时效而受阻。就此问题,被申请人的主张不能得到支持。

2.两名被申请人是否违约及是否应该承担违约责任问题。

申请人的仲裁请求所依据的理由,主要包括如下两个方面:一是目标公司迟迟不能完成《增值电信业务经营许可证》的股东变更程序,也未获得第二类增值电信业务中的信息服务业务,未具必备的经营资质,导致公司无法开展正常业务,并始终处于严重的亏损状态,两名被申请人的行为违反了《股权转让协议》约定的陈述与保证义务;二是其在庭后陈述中列举的其他众多理由。

对申请人这两方面的主张,仲裁庭发表意见如下:

(1)被申请人所作的承诺与保证问题。

两名被申请人是否违反了《股权转让协议》中约定的陈述与保证义务?

仲裁庭先对申请人仲裁请求所依据的上述理由发表意见。

有关各方在《股权转让协议》售股股东赔偿条款第(a)款、第(b)款中约定:

如出现以下情形,售股股东应对中国A股权投资公司遭受或承担的损失进行赔偿:

(a)售股股东违反其在本协议项下或其他交易文件下所做的任何陈述和

保证,或违反其在交割日向中国A股权投资公司提交的证明函中所载的任何陈述和保证,导致公司价值相应减少的;

(b)售股股东违反本协议规定的应由售股股东履行的任何承诺或义务,包括但不限于本协议规定的承诺或义务。

被申请人就相关的内容作了不同程度的陈述和保证,其中包括在第四条中所作的如下陈述和保证:

组织和授权

……

(d)公司拥有经营其当前业务和拥有、使用和出租其资产和财产所需的完全的权利和授权。公司有在其当前有经营活动的所有地理区域内经营其当前从事的业务所需的、正当取得的、当前有效的所有执照。公司已经提供给中国A股权投资公司其真实、完整和最新的营业执照和章程的复印件。

(e)没有任何情况表明任何为了继续公司的业务所必需的执照、资质、或优惠政策可能会被变更、撤销或不获延续,或者该情况可能赋予变更或撤销的权利。

……

售股股东签署和交付本协议以及任何其作为一方的其他交易文件,履行其在本协议以及此等其他交易文件项下的所有义务,及完成本协议此等其他交易文件项下的交易将不会:(i)违反任何适用的中国法律法规;(ii)违反公司章程;(iii)违反任何对售股股东和公司具有约束力的现有协议、批准、许可、或其他售股股东和公司承担的法律义务或者构成对上述文件的违约。

……

公司遵守了其章程等公司组织文件和所有中国适用法律法规的规定,并已适当获得开展其目前重要业务的所有必要的政府机构的所要求的执照。每份执照均完全有效,不存在未决的或就控股股东和/或公司所知可能发生的法律程序会导致任何执照被撤销、取消、中止或修改。

……

售股股东已向中国A股权投资公司及其顾问充分提供了中国A股权投资公司进行本次转股交易所要求得到的所有信息，以及一个理性投资人在决定是否进行类似交易时将会认为重要的所有信息。售股股东及公司向中国A股权投资公司提供的与中国A股权投资公司进行尽职调查、或本协议的谈判有关的信息和材料，不包含任何对重大事实的不真实表述，未遗漏说明任何重大事实。

在《股权转让协议》中被申请人还陈述："在交割日，没有任何当时有效禁止或限制本协议和其他交易文件项下交易完成的法令或法律或政府政策，或者该等法令或法律或政府政策被合理地预期会对中国A股权投资公司在本协议和其他交易文件项下交易中的利益造成实质性地减少……"

此外，第一被申请人在《股权转让协议》附件（交割条件满足证明函内容及格式）中声明："中国的任何政府部门或管理机构未发布、制定或执行禁止进行转股交易的法律、法规、规则、命令或通知。"

根据以上援引的相关条文，被申请人是否应该被认定他们违反了在《股权转让协议》或其他交易文件下所作的任何陈述和保证？

申请人的主张是，根据合同的相关条款及其所陈述的各项理由，被申请人违反了其承诺的该陈述与保证义务；倘若将陈述与保证义务局限于合同签署日、交割日，有违业内一贯做法及诚实信用原则。基于其在所提交文件中详列的理由，申请人认为两名被申请人应该承担责任。

两名被申请人详尽的答辩意见中包括了如下的答辩意见，"在《股权转让协议》下的陈述和保证责任早已在2012年股权转让的交割日充分履行，并自此失效，其陈述和保证责任根本不及于此后近两年因案外人之间、与案涉《股权转让协议》或2012年股权转让毫无关联的2014年股权转让及为此进行的2014年工商变更登记行为"。换言之，其所作的陈述与保证，适用于在合同签署日、交割日，此后所发生的情势变化是他们无法控制，也不应该为此而承担责任的变化。

(2)这一争议涉及以下两个相关事实。

第一,在《股权转让协议》签订日及交割日,目标公司为了继续公司的业务所必需的执照、资质,或优惠政策是否会被变更、撤销或不获延续,或者该情况可能导致这些相关证照变更或撤销?

就此问题而言,在《股权转让协议》签订日及交割日,目标公司获取的相关证照状况是:①增值电信业务经营许可证;②网络文化经营许可证;③互联网出版许可证。

尽管申请人对上述相关证照在此后的年检是否符合有关主管部门的要求等方面发表了异议,并对相关证照的效力表示了不同看法,但对目标公司所获取的上述相关证照状况及其效力的到期日,并无异议,申请人通过其委托的律师事务所作的尽职调查也确认了这些事实。

关于增值业务经营许可证的问题,该许可证写明的颁发日期是2012年10月。仅从此表面证据而言,在双方签约及交割日,目标公司似乎并无该许可证。但申请人在其庭后陈述中称道:“根据其委托的律师事务所于2012年7月签署出具的《尽职调查报告》显示,在签署争议合同时,目标公司‘三证’,即《增值电信业务经营许可证》、《互联网出版许可证》及《网络文化经营许可证》齐备且均在有效期内。”申请人提供的证据所列具的《增值电信业务经营许可证》相关证据的发证日期/有效期为2012年3月至2016年1月。这就意味着,该证的实际发放日早于该证上所写明的日期。

就这一点而言,两名被申请人并没有违背其在《股权转让协议》签署日、交割日所作的陈述与保证,也不能认为两名被申请人违背了诚实信用原则。

第二,《增值电信业务经营许可证》的股东变更程序为何未能完成及被申请人应否应该承担责任问题。

本案的一个主要纠纷源于《增值电信业务经营许可证》股东变更程序未能完成。其中涉及以下问题。

第一，两名被申请人对股权转让工商变更的前置审批程序在合同签署日、交割日在《增值电信业务经营许可证》的股东变更程序是否知晓、是否出于种种目的故意隐瞒，或者因重大过失不告知作为受让人的申请人？

就此问题而言，在合同签署日、交割日后，如目标公司继续公司业务所必需的执照、资质或相关的营业许可证有瑕疵不能维持，而问题的产生是因被申请人故意隐瞒，或者因重大过失不告知作为受让人的申请人，两名被申请人的辩解自然就不能成立，也不应该得到支持。

但实际情况是，目标公司在办理其股权转让的工商变更登记时有一项前置审批程序，即需先向所在省通信管理局（以下简称通管局）申请办理增值电信业务经营许可证后附的股东名册变更程序。在申请办理增值电信业务经营许可证后附的股东名册变更程序中，通管局对于目标公司提交的股东股权结构要求“至少应包括股东名称、股东股权比例，出资方式，并承诺公司不含外资成分（已批准的外商投资企业除外），如涉及企业法人股东应提供法人股东相应的股东股权结构图，一直追溯到自然人或国有资本”。

对通管局办理股权转让所需的工商变更登记前置审批程序，根据以上引述及其他约定，两名被申请人是否作过明示的承诺或保证？查明的事实是，两名被申请人在签署《股权转让协议》或股权交割时，对办理股权转让的工商变更登记前置审批程序并不了解，也不了解申请人以后披露的两层股东结构。对通管局办理股权转让所需的前置审批程序及要求，是目标公司在办理股权转让的工商变更登记时才了解此要求，不存在也没有证据表明两名被申请人故意隐瞒，或者因重大过失不告知作为受让人的申请人这一办理股权转让的工商变更登记前置审批程序。

第二，《增值电信业务经营许可证》的股东变更程序未能完成的原因是什么？要回答此问题，有必要提及如下查明的相关事实：

2012 年 5 月申请人与第一被申请人、第二被申请人、目标公司签订了本案协议。

2012年4~7月申请人委托的中国I律师事务所就目标公司的历史沿革、业务经营、资质及许可、重大资产、债权债务及重大合同、税务、知识产权、保险、诉讼、仲裁及行政程序、劳动人事等情况进行了法律尽职调查。

2012年6月申请人分别向两名被申请人支付了转让价款，但《增值电信业务经营许可证》的股东变更程序尚未办理，目标公司亦未完成工商股权变更。

2012年7月申请人委托的中国I律师事务所出具了法律尽职调查报告。

2012年11月目标公司的人事部经理自然人M给申请人公司的自然人N发邮件写道："……目前中国D数码科技公司由于股份变更，所以增值电信业务许可证书内股东也需要变更。需要中国A股权投资公司提供工商档案室出具的公司基本情况原件……附件通管局网站1、2就是通管局申报系统内的要求，其余为中国D数码科技公司变更前增值电信业务许可证电子版。"

2012年11月目标公司的自然人M再次给申请人公司的自然人N发邮件写道：

目前中国D数码科技公司工商变更已无问题，但拥有增值电信业务范围的企业，如涉及股东变更，工商要求必须先进行增值电信业务的股东变更，然后才可以办理工商变更（否则会被违规罚款）。

目前中国D数码科技公司这边的材料都已准备完毕，需要中国A股权投资公司提供的材料为以下内容：

1. 中国A股权投资公司营业执照副本复印件加盖工商鲜章（即为工商局档案室拉出的营业执照复印件，您可以拉出后注明"仅供中国D数码科技公司变更《增值电信业务经营许可证》使用"）；

2. 中国A股权投资公司章程加盖工商章……

3. 需要提供法人股东相应股东股权结构图，一直追溯到自然人或国有资本。

第三点是最头疼的一点，J总与通管局局长反复沟通，最少是要提供三级，并出具涉及的所有法人股东的公司基本情况。

J总之前从工商的领导了解到，由于通管局直属工信部管理，因此区级包括市级的工商看通管局很头疼，之前因为两部门之间踢皮球导致无法正常变更的企业已经有二三十家，不久前两部门才开会协商确定变更的流程。

J总一直在尽最大努力完成此次变更，如有不明事宜，请随时与我联系！谢谢您！

附件为增值电信变更申报系统的截图及中国D数码科技公司增值电信证书原件，请您过目。

2012年11月自然人M再次给申请人公司的自然人N发邮件写道：

……昨日下午J总又和通管局的领导沟通了此事，通管局说还是需要再追溯一层。

中国A股权投资公司5位股东中，2位是国有资本，不需要追溯。剩余三家您看是否能要到基本信息，也就是您昨日跟我提到过的户卡……

目标公司作了相关股东会决议，其中包括：(1)自然人O及自然人C分别将其拥有的部分股权转让给申请人；(2)选举了包括申请人委派人员自然人P为目标公司董事的若干董事会董事；(3)修改目标公司章程，删除目标公司登记经营范围中的第二类增值电信业务登记项目等。

2012年12月目标公司的自然人M给申请人聘请的律师写了包括以下内容的函件：

律师：

您好！

最近10天左右我们一直在努力和通管局沟通，我们第三次上报，还是被退回。

现缺少以下材料：

1. 中国A股权投资公司营业执照副本原件扫描件(彩色)经理能提供；

2. 完整的中国A股权投资公司章程(带工商章)能提供签字页，我们希望能有完整的章程；

3. 中国A股权投资公司及中国K投资管理服务公司股份结构。

……

(3)以上事实表明如下事实。

首先,两名被申请人在签署《股权转让协议》,并在股权交割时,对通管局就办理股权转让的工商变更登记前置审批程序并不了解,没有证据证明两名被申请人蓄意隐瞒通管局的这一要求,他们也不了解申请人相应股东股权结构。在对通管局的这些要求及申请人相应股东股权结构图并不了解的情况下,不能将此视为两名被申请人在《股权转让协议》签订日及交割日所作的明示或默示的保证义务或责任。

其次,申请人在签署目标公司《股权转让协议》前后并在股权变更完成前,委托了相关律师事务所作了法律尽职调查。在2012年7月的尽职调查报告最后部分写明了:"本尽职调查报告仅供中国A股权投资公司收购中国D数码科技公司的股权之目的,旨为中国A股权投资公司做决策之参考。"显然,申请人对由于股份变更、增值电信业务业务许可证书内股东也需要变更、通管局需要提供法人股东相应股东股权结构图一直追溯到自然人或国有资本等要求,未作调查,也没就此问题向被申请人了解或要求被申请人提供相关信息。当然也不存在两名被申请人对此蓄意隐瞒的问题。

再次,什么原因导致通管局就办理股权转让的工商变更登记前置审批程序不能满足?根据被申请人的说明、申请人也未否认的是:申请人披露的两层股东结构,申请人股东中国E资产管理股份公司的次级股东中有3家外资公司。此外,申请人股东中国A股权投资公司管理公司的两个次级股东之一中国K投资管理服务公司为一家我国港澳台地区法人独资公司(其唯一股东"某投资管理公司"系境外公司),另一次级股东中国A股权投资公司的独资法人股东正是含有外资成分的本案申请人。虽然申请人对办理股权转让的工商变更登记前置审批程序不能满足的结论有不同的看法,但就此事实,没有提交任何否定的证据。

这就是目标公司无法按照通管局的要求在申报程序中向其承诺“公司不含外资成分”的原因,增值电信业务经营许可证后附的股东名册变更程序也因此无法正常完成。

最后,合同是不是被申请人应该承担违约责任的合约依据?

为支持其立场,申请人援引了合同的下列约定:

售股股东、控股股东和公司,共同及分别地向中国A股权投资公司在签署日、交割日作出如下陈述与保证:

……

(e)没有任何情况表明任何为了继续公司的业务所必需的执照、资质、或优惠政策可能会被变更、撤销或不获延续,或者该情况可能赋予变更或撤销的权利。

申请人的主张是,被申请人违反了其承诺的陈述与保证义务。

申请人在依据这一条提出其索赔时,没有引述前提条件,而此前提条件仍是,“售股股东、控股股东和公司,共同及分别地向中国A股权投资公司在签署日、交割日作出如下陈述与保证”。

申请人在《股权转让协议》中作的陈述和保证是:“中国A股权投资公司签署和交付本协议及任何其作为一方的其他交易文件,履行其在本协议以及此等其他交易文件项下的所有义务,及完成本协议及此等其他交易文件项下的交易将不会:(i)违反任何适用的中国法律法规……”而根据以上所陈述的事实,如申请人要落实增值电信业务业务许可证书内股东变更程序,而在其股东结构不做变动情况下,是违反适用的中国法律法规的。

根据对以上事实的认定,两名被申请人没有违背其在合同签署日、交割日所作的陈述与保证。

(4)《增值电信业务经营许可证》于2013年失效,《互联网出版许可证》于2013年1月失效。被申请人为目标公司的控股方和实际经营者,对于相关许可证资质的灭失及未及时办理年检负有一定的责任。被申请人是否因此而给申请人股权上造成损失或损失的程度，需要确定、评估并需要鉴定。在申请人没有评估、鉴定情况下，被申请人是否应该向申请人承担责任或应该承担的责任程度尚不能确定，但申请人今后仍有权通过适当途径和方式向被申请人主张其权利。

（5）两名被申请人是否应为申请人列举的其他众多理由承担责任？

申请人仲裁请求还依据了在其庭后陈述中所列举的其他众多理由。这些理由包括：

①案涉股权转让交易完成后，目标公司因《增值电信业务经营许可证》未经年检而被依法禁止接入基础网络，目标公司《增值电信业务经营许可证》于 2013 年失效；《互联网出版许可证》于 2013 年 1 月失效；《网络文化经营许可证》失效日期虽为 2015 年 3 月，但其获得许可的全部网站域名或为他人所有，或已禁止访问。

②目标公司从经营范围中删去案涉许可经营项目一事，被申请人显然具有更大的决策影响力。

③目标公司丧失经营资质，构成被申请人对陈述和保证义务的严重违反。

④申请人的三级股东中含有外资成分并不意味着目标公司当然无法取得《增值电信业务经营许可证》，目标公司完全可以依照其当时适用的《外商投资电信企业管理规定》的条件及程序向工信部申请审批。然而，案涉股权转让完成后，目标公司从未尝试向工信部申请审批，被申请人没有尽到合理努力为目标公司申办资质。

⑤申请人还在其庭后陈述中，对被申请人从事同业竞争业务问题、目标公司的其他经营范围既不具有实际价值，亦不开展实际业务，当然也不需要经过审批许可问题、被申请人同业竞争的违约行为及其对目标公司毫不尽责的放任态度，导致目标公司无法正常开展业务并由此日渐凋敝问题、其主张的损失赔偿额具备合理性及其请裁事项的仲裁时效并未届满等问题，发表了详尽的主张及意见。

此外，申请人还援引了我国《合同法》第 125 条规定来支持说明其主张。

仲裁庭在此不一一列举。

仲裁庭注意到,在2012年12月至2014年,目标公司通过股东会议决议,对目标公司的经营范围作了变更,先是删除了第二类增值电信业务中的信息服务业务,后来恢复了该项经营资格。之后,又再次删除了该项经营资格。

不得不看到的是,尽管在股权转让后,第一被申请人仍担任目标公司的董事长兼总经理,第二被申请人担任目标公司的监事,但以上提及的这些变更,并不是两名被申请人的个人行为,而是目标公司通过股东会议决议所作出的变更。

在对申请人的这些仲裁理由发表意见前,需要对两名被申请人在《股权转让协议》下因其所作的陈述及保证(如违背)因而应该承担的责任,与目标公司的作为或不作为而产生的后果区分。

本案所涉时间段为2012年到2014年,应该适用我国《公司法》中的相关规定。我国《公司法》曾于2005年修改,2006年1月1日起施行;此后,我国《公司法》于2013年12月28日再次修改。

尽管我国《公司法》中若干条文有所修改,但以下原则却是一致的:

①公司股东依法享有资产收益、参与重大决策和选择管理者等权利。

②公司的经营范围由公司章程规定,并依法登记。公司可以修改公司章程,改变经营范围,但是应当办理变更登记。公司的经营范围中属于法律、行政法规规定须经批准的项目,应当依法经过批准。

③记载于股东名册的股东,可以依股东名册主张行使股东权利。

④股东会行使职权包括(但不限于):决定公司的经营方针和投资计划;审议批准公司的利润分配方案和弥补亏损方案;等等。

根据本案的相关事实及以上提及的我国《公司法》中规定的法律原则,以下几点可以确定:

首先,在案涉股权转让交易完成并在申请人指定自然人P担任目标公司的董事后,无论是《增值电信业务经营许可证》年检问题,或目标公司从经营范围中删去案涉许可经营项目、丧失经营资质问题,或目标公司应该向工信部申请审批问题，或被申请人从事同业竞争业务问题，或由于申请人所声称的被申请人同业竞争的违约行为及其对目标公司毫不尽责的放任态度、导致目标公司无法正常开展业务并由此日渐凋敝等问题，在申请人不能根据《股权转让协议》的相关约定确定两名被申请人因违反其所作的陈述与保证从而应该承担责任的前提下，申请人所提及的这些问题，应该根据我国《公司法》所确定的法律原则及目标公司的章程来确定申请人作为目标公司股东的相关权益。这些属于公司的营运问题。

依据我国《公司法》的法律原则，如董事、高级管理人员违反法律、行政法规或者公司章程的规定，损害股东利益的，股东可以向人民法院提起诉讼。这些纠纷的解决，并不属于《股权转让协议》中所涉及的申请人与两个被申请人之间纠纷解决的范围。

其次，申请人作为记载于股东名册的股东，可以也应该行使其以下股东权利：

①决定目标公司的经营方针；

②提交并审议目标公司的弥补亏损方案；

③提交并审议目标公司是否应该从经营范围中删去案涉许可经营项目；

④目标公司应采取何等措施，让《增值电信业务经营许可证》通过年检，如何采取适当措施使目标公司的《增值电信业务经营许可证》《互联网出版许可证》《网络文化经营许可证》保持效力；

⑤(假设申请人主张成立)目标公司应该如何采取措施，依照其当时适用的《外商投资电信企业管理规定》的条件及程序向工信部申请审批，以便取得《增值电信业务经营许可证》等。

根据各方所提交的证据材料，申请人在目标公司仅持有目标公司约6%的股权，尚不足我国《公司法》所规定的要提交提案并申请目标公司审议表决其提案的股权比例，也不具备在其他股东有异议情况下让其提议获得表决通过的股权比例，但向董事会提交提议的权利仍然有。但事实是，目标公司在2012～

2014 年多次开过股东大会，申请人指派的董事均参加并表决同意了所议事项，但没有证据表明申请人或作为股东或通过其指定的董事，曾经就其在庭后陈述中所提及的问题要求股东大会审议并表决。

基于以上事实，申请人在其庭后陈述中提出的理由，仲裁庭不能支持。

(6)申请人法律补救措施上的疑问。

被申请人在答辩状中对申请人所申请的法律补救措施提出了异议，认为："赎回权条款指向的义务对象、适用情形和效果均与违约责任条款大相径庭，因此是毫无关联的两项责任条款。申请人现依据'赎回权条款'向被申请人主张实际上等同于主张股权全额回购的所谓'违约赔偿责任'……"

仲裁庭接受两个被申请人所提出的这一异议。

申请人提起仲裁、寻求的法律补救措施是损害赔偿，而约定的赎回权。

《股权转让协议》约定，第一被申请人将其持有的目标公司约 1% 的股权转让给申请人，转让价款 600 万元；第二被申请人将其持有的目标公司 5% 的股权转让给申请人，转让价款近 2500 万元。

申请人认为，两名被申请人的行为违反了《股权转让协议》的约定，已构成违约；请求的法律补救措施是，第一被申请人赔偿投资本金损失 600 万元、投资期得利益损失近 250 万元，共计近 850 万元；第二被申请人向申请人赔偿投资本金损失近 2500 万元、投资期得利益损失近 1000 万元，共计 3300 余万元。

申请人的请求，与要求两名被申请人及目标公司回购其持有的公司全部股权无异。

审核以上《股权转让协议》中各方的约定及申请人请求的法律补救措施，如申请人要求两个被申请人赎回其股权，那就不得不考虑《股权转让协议》的约定。该条有如下明确的约定：

当出现下列重大事项时，中国 A 股权投资公司有权利要求公司提前回购中国 A 股权投资公司所分别持有的公司全部股权：

(a)公司于 2015 年年底前没有完成首次公开发行；

(b)2012年年底前,公司未能获得某网络游戏的软件著作权,并在新闻出版总署和中华人民共和国文化部完成备案;

(c)2013年6月前,公司未能将某游戏平台在新闻出版总署的备案主体变更为公司;

(d)2014年公司经审计的净利润未能达到1亿元;

(e)售股股东在股权转让协议项下有重大违约行为;

(f)在2013年年底前,自然人B未将其所持有的中国L网络科技公司的股权全部转让给无关联关系的第三方,或者在本次转股交易交割后的一年内,中国L网络科技公司还未丧失网络游戏的运营资质或存在任何与公司业务具有竞争性质的业务或资质。

事实上,申请人所提出的仲裁请求并不是依据《股权转让协议》中任何一款来主张其法律补救措施。

申请人如申请损害赔偿,除以上仲裁庭发表的不予支持的意见外,该等请求从法律上及事实上是否应获支持?仲裁庭并不如此认为。

关于损害赔偿,我国《合同法》第42条有如下的明确规定:

当事人在订立合同过程中有下列情形之一,给对方造成损失的,应当承担损害赔偿责任:

……

(二)故意隐瞒与订立合同有关的重要事实或者提供虚假情况;

(三)有其他违背诚实信用原则的行为。

根据以上确定的事实及我国《合同法》第42条规定,申请人并没有能证明两名被申请人故意隐瞒与订立合同有关的重要事实或者提供虚假情况,也没有证明被申请人有其他违背诚实信用原则的行为。

不得不看到的是,目标公司至今仍是合法存续的公司实体,申请人所拥有的公司股份,无论其真正价值如何,仍是有价值的公司股份。根据被申请人提供的目标公司章程的相关条文,目标公司的有关各方按其在目标公司在公司中所占的股权比例,分享公司的利润,并分担公司的亏损和风险。没有证据表明各有关股东对其在公司中利润的分享是根据公司所拥有的相关许可证(包括《增值电信业务经营许可证》)下所列的出资比例而确定的。

申请人所声称遭受的损失,应该予以证明。如申请人主张损害赔偿,即使其主张成立,申请人仍需证明其拥有的目标公司股份因被申请人的违约,而使其股份遭受的损失。其主张即使成立,也不可能等同于其原来的购股价外加一定的损失赔偿。仅从这一点而言,申请人并没有尽到举证责任。

被申请人不应该承担申请人所主张的退还股金加其他损失的责任,申请人的主张也因而不能得到支持,予以驳回。

尽管仲裁庭发表了以上驳回申请人仲裁请求的意见,但根据该意见,被申请人是否给申请人的股权造成损失、因而应该向申请人承担的责任及程度,申请人今后仍有权通过适当途径和方式做评估、鉴定。

(四)关于被申请人的反请求

两名被申请人基于其提交的答辩理由及相关证据,并根据《仲裁规则》第52条的相关规定,请求因本案支出的律师费及其他实际开支,以及被申请人在本案下产生的所有仲裁费用。

《仲裁规则》第52条规定,仲裁庭有权在裁决书中裁定当事人最终应向贸仲支付的仲裁费和其他费用,有权根据案件的具体情况在裁决书中裁定败诉方应补偿胜诉方因办理案件而支出的合理费用。仲裁庭裁定败诉方补偿胜诉方因办理案件而支出的费用是否合理时,应具体考虑案件的裁决结果、复杂程度、胜诉方当事人及/或代理人的实际工作量以及案件的争议金额等因素。

基于上述《仲裁规则》第52条的规定,也考虑本案的裁决结果、复杂程度、被申请人及代理人的实际工作量以及案件的争议金额等因素,仲裁庭对被申请人的反请求具体裁定如下:仲裁庭支持被申请人索赔其发生的律师费的50%。

(五)关于仲裁费和实际费用的分担

根据上述认定,仲裁庭认为,本案本请求及反请求的仲裁费,均由申请人承担70%；被申请人承担30%。

三、裁　　决

综上所述，仲裁庭对本案裁决如下：

1. 驳回申请人的全部仲裁请求。

2. 申请人应该向被申请人支付其花费50%的律师费。

3. 本案本请求仲裁费由申请人承担70%，由被申请人承担30%。本请求仲裁费已由申请人向贸仲预缴等额仲裁预付金予以冲抵，故被申请人还应向申请人支付相应费用以补偿申请人代其垫付的本请求仲裁费。

4. 本案反请求仲裁费由申请人承担70%，由被申请人承担30%。反请求仲裁费已由被申请人向贸仲预缴等额仲裁预付金予以冲抵，故申请人还应向被申请人支付相应费用以补偿被申请人代其垫付的反请求仲裁费。

以上应支付款项，双方均应在本裁决书作出之日起30天内履行完毕。

本裁决为终局裁决，自作出之日起生效。

案例评析

【关键词】

涉及电信业务的企业股权转让；违约责任认定

【焦点问题】

增值电信业务涉及经营许可证。而电信业务主管部门对案涉增值电信业务的经营许可审查有特殊要求。目标公司因未能完成第二类增值电信业务许可证的股东变更审批程序,从而导致股权工商变更登记无法完成。

【焦点评析】

该案所涉的目标公司主营业务为网络游戏的研发、发行与运营,具体包括大型独立互联网页面游戏、桌游世界网络游戏平台、手游世界网络游戏平台及其周边产品的开发、运营维护和发行推广。

申请人与第一被申请人、第二被申请人、目标公司签订了《股权转让协议》,申请人依约拟受让公司股权,并履行了约定义务,分别向两名被申请人支付了相应的股权转让价款。但目标公司却因《增值电信业务经营许可证》上的股东变更系股权转让工商变更的前置审批程序,故目标公司亦无法完成工商股权变更。

鉴于案涉第二类增值电信业务中的信息服务业务资质,是目标公司的价值基础,亦是其开展经营活动、实现经营目的不可或缺的必要条件。并且该案所涉《股权转让协议》相关条款约定:“售股股东、控股股东和公司,共同及分别地在签署日、交割日作出了包括如下陈述与保证:……(e)没有任何情况表明任何为了继续公司的业务所必需的执照、资质、或优惠政策可能会被变更、撤销或不获延续,或者该情况可能赋予变更或撤销的权利。”为此,申请人认为,被申请人的行为违反了《股权转让协议》的约定,构成违约。

两名被申请人是否违反了《股权转让协议》构成违约?

这一争议,涉及以下两个相关事实:

第一,在《股权转让协议》签订日及交割日,目标公司为了继续公司的业务所必需的执照、资质、或优惠政策是否会被变更、撤销或不获延续,或者该情况可能导致这些相关证照变更或撤销?

不争的事实是,在上述两个时日,目标公司曾获取了相关证照,包括增值电信业务经营许可证。

第二,《增值电信业务经营许可证》的股东变更程序为何未能完成?被申请人应否承担违约责任?

《增值电信业务经营许可证》股东变更程序未能完成,其中涉及的主要问题是:

第一,被申请人对股权转让工商变更的前置审批程序(《增值电信业务经营许可证》的股东变更程序),在合同签署日、交割日是否知晓,或是否出于种种目的故意隐瞒,或者因重大过失不告知作为股权受让人的申请人?

目标公司在办理其股权转让的工商变更登记时有一项前置审批程序,即应当先向有关部门申请办理增值电信业务经营许可证后附的股东名册变更程序。在申请办理增值电信业务经营许可证后附的股东名册变更程序中,通管局对于目标公司提交的股东股权结构要求"至少应包括股东名称、股东股权比例,出资方式,并承诺公司不含外资成分(已批准的外商投资企业除外),如涉及企业法人股东,应提供法人股东相应的股东股权结构图,一直追溯到自然人或国有资本"。

本案的情况是,组成申请人的企业法人中恰恰包含了若干未经批准的外商投资企业。

对作为办理工商变更登记的前置审批程序所需的通管局股权转让变更程序,根据《股权转让协议》相关条文中的约定,被申请人是否作过明示的承诺或保证?

仲裁庭查明的事实是,被申请人在签署《股权转让协议》或股权交割时,对该等前置审批程序并不了解,也不了解申请人以后披露的两层股东结构具体情况。对前置审批程序及要求,是目标公司在办理股权转让的工商变更登记时才了解此要求,不存在也没有证据表明两名被申请人故意隐瞒,或者因重大过失不告知作为受让人的申请人这一特别审批程序。

第二,《增值电信业务经营许可证》的股东变更程序未能完成的原因是什么?

仲裁庭查明的相关事实是:

(1)两名被申请人在签署《股权转让协议》并在股权交割时,对前置审批程序并不了解,没有证据证明两名被申请人蓄意隐瞒通管局的这一要求,他们也不了解申请人相应的股东股权结构。在对通管局的这些要求及申请人股东股权结构图并不了解的情况下,不能将此视为被申请人在《股权转让协议》签订日及交割日所作的明示或默示的保证义务或责任。

(2)申请人在签署目标公司《股权转让协议》前后并在股权变更完成前,委托了相关律师事务所作了法律尽职调查。申请人对由于股份变更、增值电信业务业务许可证书内股东也需要变更、通管局需要提供法人股东相应股东股权结构图一直追溯到自然人或国有资本等要求未作调查,也没就此问题向被申请人了解,或要求被申请人提供相关信息。

(3)什么原因导致通管局就办理股权转让的工商变更登记前置审批程序不能满足?根据被申请人的说明、申请人也未否认的是:申请人披露的两层股东结构,申请人股东含有未经批准的外资成分。增值电信业务经营许可证后附的股东名册变更程序也因此无法正常完成。

根据仲裁庭确定的事实及相关的法律规定,申请人并没有能证明两名被申请人故意隐瞒与订立合同有关的重要事实或者提供虚假情况,也没有证明被申请人违背诚实信用原则。因此,被申请人不应该承担违约责任,申请人的仲裁请求也不能获得支持。

【结语】

根据相关事实,两名被申请人没有违背其在合同签署日、交割日所作的陈述与保证。被申请人也不能被认为违反了《股权转让协议》相关条款中约定的陈述与保证义务。因此,不应承担违约责任。

(案例评析人:顾耀良)

案例二十六　自然人 A 与自然人 B 股权转让争议仲裁案

中国国际经济贸易仲裁委员会(以下简称贸仲)根据申请人自然人 A(以下简称申请人)与被申请人自然人 B(以下简称被申请人)签订的《有关中国 C 资产管理有限公司股权转让协议》(以下简称本案合同)中仲裁条款的约定,以及申请人向贸仲提交的书面仲裁申请,受理了申请人和被申请人之间的本争议仲裁案。

一、案　　情

(一)申请人的仲裁请求

申请人提起仲裁申请称:2016 年 2 月申请人与被申请人签订了本案合同,约定被申请人向申请人转让中国 C 资产管理有限公司(以下简称中国 C 资管公司)5% 的股权,该等股权对应被申请人对中国 C 资管公司人民币 5 万元的估值,占中国 C 资管公司注册资本的 5%。合同又约定,如申请人在股权转让日 5 年内离职,被申请人按照申请人支付对价 10 倍的价格,即人民币 50 万元回购其持有的股权;如申请人在股权转让日超过 5 年但未满 10 年内离职,被申请人按照申请人支付对价 20 倍的价格,即人民币 100 万元回购其持有的股权;如申请人在股权转让日 10 年后离职,被申请人按照公司市值回购其持有的股权。

2016 年 7 月中国 D 投资管理有限公司(以下简称中国 D 资管公司,中国 C

资管公司的全资子公司)向申请人开具《离职证明》,证明申请人自2015年3月至2016年7月在中国D资管公司担任投资部副总监一职,并于2016年7月办理了离职手续。

在申请人办理完离职手续后,便要求被申请人按照本案合同的约定,以中国C资管公司股权对价10倍的价格,即人民币50万元回购其5%的股权。但是,被申请人始终对申请人的请求置之不理。

基于上述事实和理由,申请人提出如下仲裁请求:

1. 请求裁决被申请人按照其与申请人签订的《有关中国C资产管理有限公司之股权转让协议》的约定,以股权对价10倍的价格,即人民币50万元支付中国C资产管理有限公司5%股权的对价;

2. 本案全部仲裁费用由被申请人承担。

(二)被申请人的答辩

1. 本案合同无效

本案合同约定本次股权转让应办理工商变更登记手续。中国C资管公司的《公司章程》和我国《公司法》均明确规定:"股东向股东以外的人转让股权,应当经其他股东过半数同意……其他股东半数以上不同意转让的,不同意的股东应当购买该转让的股权。"中国C资管公司在被申请人与申请人签订本案合同时仅有被申请人与案外人自然人F两名股东,被申请人依法征询了公司另一位股东自然人F的意见,自然人F表示不同意转让,并要求行使优先购买权。股东优先购买权是我国《公司法》赋予股东的法定权利。基于有限责任公司的人合性和封闭性,股东优先购买权制度在于通过保障其他股东优先获得拟转让股权而维护公司内部信赖关系。既然另一股东自然人F不同意将股权转让给股东以外的人,因此被申请人与申请人签订本案合同的行为不应当受到法律保护。所以被申请人与申请人签订的本案合同因未得到其他股东的同意而自始不生效。

2. 本案合同约定的补偿机制回购条件并未成就，申请人不持有股权，没有回购交易对象

本案合同约定：本次股权转让应于中国C资管公司就本次股权转让办理完毕工商变更登记手续之日（完成日）完成（本次股权转让完成），即被申请人与申请人的股权转让行为成就的时间点是“办理完毕工商变更登记手续”。只有办理了工商变更登记手续，申请人被记载在《公司章程》和《股东名册》上，申请人才取得公司股权。在被申请人与申请人签订本案合同后，中国C资管公司的股东自然人F不同意配合作工商变更等相关手续。工商变更登记手续至今未办理，被申请人并未向申请人交付股权。申请人自始至终都不是中国C资管公司的股东，既然申请人没有获得股权，就没有回购的交易对象，也就谈不上由被申请人向申请人支付10倍股权价款收回股权的问题。

3. 本案合同补偿机制的约定显失公平

本案合同约定：“如自然人A在股权转让日5年内离职，自然人B按照自然人A支付对价10倍的价格即50万元回购其持有的股权。”此约定真实的意思表示是：申请人与公司签订了为期3年的劳动合同，申请人在正常执行3年劳动合同之后，继续在公司任职，如果不到5年时离职，则基于公司5年估值增加的预测，被申请人愿意以溢价10倍的价格来回购股权。但事实是，申请人在公司任职仅仅5个多月时间，不到其承诺的工作5年的1/10，在任职期间公司也支付了申请人高额的工资待遇，如申请人以5个月的时间换取公司5年后溢价10倍的利益，对被申请人来说明显不公平。

4. 申请人与中国D资管公司的劳动关系依法未建立

签订本案合同期间，申请人系中国某大学全日制在读博士研究生。《关于贯彻执行〈中华人民共和国劳动法〉若干问题的意见》第12条规定：“在校生利用业余时间勤工助学，不视为就业，未建立劳动关系，可以不签订劳动合同。”申请人虽与中国D资管公司签订劳动合同，但劳动关系依法未建立。本案合同的签订是建立在申请人是中国D资管公司员工的基础之上，由于申请人与

中国D资管公司不具备合法的劳动关系，不是公司员工，故本案合同不生效。

5. 申请人在签订本案合同后半年提出辞职违背了当初订立本案合同的真正目的

双方签订本案合同的根本目的是，公司想通过此种鼓励机制留住员工，但申请人签订本案合同后不到半年就提出辞职，这也违背了双方当初订立本案合同的真正目的。

综上所述，被申请人与申请人的本案合同并未生效，申请人未获得标的股权，申请人没有要求被申请人回购其股权的事实基础，且其以10倍价格回购股权的主张也显失公平，故请求仲裁庭驳回申请人的仲裁请求。

（三）被申请人的反请求

申请人系中国某大学在读博士研究生（脱产），经朋友介绍认识被申请人后，主动提出希望能在被申请人所在的公司任职。2016年1月申请人与中国D资管公司签订了《劳动合同》，约定申请人工资每月人民币约1.5万元，劳动合同为期3年。2016年2月申请人与被申请人签订本案合同，申请人以5万元的价格购买被申请人所持有的中国C资管公司5%股权。

按照本案合同约定，本次股权转让应办理工商变更登记手续，但本案合同中并未明确约定办理工商变更登记的时间。根据中国C资管公司《公司章程》第18条和我国《公司法》第71条规定："股东向股东以外的人转让股权，应当经其他股东过半数同意。其他股东半数以上不同意转让的，不同意的股东应当购买该转让的股权。"被申请人与申请人签订本案合同时中国C资管公司仅有被申请人与自然人F两名股东，被申请人依法征询了公司另一位股东自然人F的意见，自然人F表示不同意转让，并要求行使优先购买权，且在被申请人与申请人签订本案合同后不同意配合办理工商变更等相关手续。是故，被申请人认为被申请人与申请人签订的本案合同因未得到其他股东同意而无效。

根据《关于贯彻执行〈中华人民共和国劳动法〉若干问题的意见》第12条的规定，"在校生利用业余时间勤工助学，不视为就业，未建立劳动关系"，申请人虽与中国D资管公司签订劳动合同,但劳动关系依法未建立。申请人与被申请人签订本案合同是建立在申请人是合法员工的基础之上,由于申请人不具备合法劳动关系,不是公司员工,故本案合同所附回购的条件并不成就,回购约定不生效。

针对申请人要求履行本案合同和10倍价款回购的要求,被申请人不同意其仲裁请求,特提出如下仲裁反请求:

1. 请求裁决自然人B与自然人A签订的《有关中国C资产管理有限公司之股权转让协议》无效;

2. 请求裁决自然人A赔偿自然人B律师费3万元;

3. 请求裁决本案全部仲裁费用由自然人A承担。

(四)申请人对反请求的答辩

1. 被申请人主张本案合同无效毫无根据

(1)申请人与被申请人于2016年2月签订的本案合同系双方真实意思表示,且不存在我国《合同法》第52条关于"合同无效"的情形,应当认定本案合同合法有效。

同时,申请人已经按照本案合同中关于被申请人向申请人转让中国C资管公司5%的股权,该等股权对应被申请人对目标公司人民币5万元的估值,占目标公司注册资本的5%的约定,履行了支付股权转让款的义务。而被申请人应当按照本案合同中的约定,为申请人办理相应的工商变更手续。工商变更手续未能变更,本应是被申请人的合同义务,现其根据工商变更手续没有完成而主张本案合同的无效,显然是无稽之谈。

(2)被申请人称,其在向申请人转让中国C资管公司股权的时候,未经该公司其他股东半数以上的同意,故应当认定本案合同自始无效的观点也不可能在法律上成立。

首先,股权会决议的作出,应当是公司内部决策和管理行为,只产生对内的效力,而这种效力显然不能够外延至公司外部。如果公司股东在未经公司权力机构认可的情况下与外部第三人发生法律关系，对公司造成损害的，其他股东可以向该股东主张权利，而不是直接打破外界对公司的信赖。而本案也是如此，申请人在受让公司股权时，充分信任了被申请人，从而签订了本案合同，并支付了相应价款。如今，被申请人因不愿按照本案合同的约定对股权进行回购，提出股权转让行为未经其他股东过半数同意，且没有提出其他股东明确反对股权转让行为的有关证据，这种观点当然不应当被采纳。

其次，根据我国《公司法》第 71 条第 2 款的规定："股东向股东以外的人转让股权，应当经其他股东过半数同意。股东应就其股权转让事项书面通知其他股东征求同意，其他股东自接到书面通知之日起满三十日未答复的，视为同意转让。其他股东半数以上不同意转让的，不同意的股东应当购买该转让的股权，不购买的，视为同意转让。"被申请人在《仲裁反仲裁申请书》中的引用，仅提到该条款的前半部分，未提及其他股东"默示同意股权转让"的规定。被申请人同样也未能出示其他股东反对其进行股权转让行为的任何证据。所以在本案中，被申请人在证据不足的情况下，提出本案合同无效的观点也是不能成立的。

2. 申请人的身份不应影响本案合同中股权回购条款的效力

如前文所述，申请人与被申请人之间签订的本案合同真实有效，不存在任何违反我国相关法律法规的情况。其中，关于股权回购的条款，即如申请人在股权转让日 5 年内离职，被申请人按照申请人支付对价 10 倍的价格即 50 万元回购其持有的股权；如申请人在股权转让日超过 5 年但未满 10 年内离职，被申请人按照申请人支付对价 20 倍的价格即 100 万元回购其持有的股权；如申请人在股权转让日 10 年后离职，被申请人按照公司市值回购其持有的股权也系双方真实意思表示，不存在任何瑕疵。而申请人也的确在中国 C 资管公司及其全资子公司中国 D 资管公司任职，股权回购的条件已经全部成就，故被申请人应当按照双方在本案合同中的约定对该股权进行回购。

被申请人在本案中认为，申请人系博士研究生而主张回购条款无效。但是综观本案合同全文,被申请人仅要求申请人到中国C资管公司及其子公司就职,并以其专业知识履职。回顾当时的事实情况,被申请人也正是基于申请人的博士研究生身份及专业能力的过硬,才与其签订本案合同,并约定了股权回购条款。如今被申请人以申请人与其签订的《劳动合同书》的效力来否定回购条款的效力,从法律上不存在任何关联性。

(五)证据及质证意见

1. 申请人提交的证据(略)

2. 被申请人提交的证据(略)

3. 申请人质证意见(略)

4. 被申请人的质证意见(略)

(六)庭后陈述意见

庭审后,申请人与被申请人各自根据本案庭审情况、针对本案争议问题,提交了各自的意见。

申请人称:

1. 本案合同合法有效。(1)本案合同应当符合《合同法》鼓励交易的原则。(2)申请人已经履行相应的合同义务。(3)中国C资管公司的股东会决议不具有对外效力,且其他股东已经放弃优先购买权。

2. 本案合同中的回购条款已经触发,应当予以支持。(1)中国C资管公司的股权,自本案合同生效之日已完成交付。(2)被申请人存在拖欠申请人项目提成奖金的情况,故回购条款不存在显失公平。

3. 申请人的身份不应影响本案合同中股权回购条款的效力。综上所述,申请人认为,按照我国《合同法》鼓励交易的原则、对于股东优先购买其他股东股权请求权的规定和《物权法》对于动产物权转移的规定,申请人的合法权益应当受到保护,也只有如此,才能合理地维护市场经济秩序的有序发展,尊重我国《合同法》《公司法》《物权法》的立法原意。而被申请人在《反仲裁申请书》中提出的反请求既无事实依据，也无法律依据，故恳请贸仲依法律依法理予以公正裁决。

被申请人称：

1. 本案合同无效。

2. 合同约定的补偿机制回购并未触发，申请人不持有股权，回购行为没有交易对象。

3. 本案合同补偿机制的约定显失公平。

4. 申请人与中国D资管公司的劳动关系依法未建立。

5. 申请人在签订本案合同后半年提出辞职违背了当初订立本案合同的真正目的。

综上所述，被申请人与申请人的本案合同并未生效，申请人未获得标的股权，申请人没有要求被申请人回购其股权的事实基础，且其以10倍价格回购股权的主张也显失公平，故请求仲裁庭驳回申请人的仲裁请求。

二、仲裁庭意见

（一）关于本案合同的效力暨本案争议焦点

仲裁庭审理查明，本案合同系属股权转让协议，由双方当事人于2016年2月签署。本案合同所涉及的主要权利义务是，被申请人向申请人转让其所持有的中国C资管公司5%的股权，申请人支付对价，并在特定条件下，被申请人回购申请人的股权。在庭审中，双方主要争议焦点是本案合同的效力问题。申请人认为本案合同合法有效；而被申请人则以公司其他股东不同意转让且未办理工商变更为由，主张本案合同无效。与此同时，被申请人又从劳动关系未建立的角度，认为本案合同签订基础不成立，本案合同未生效。

仲裁庭根据庭审调查事实以及双方发表的观点，结合现行法律规定，就本案合同的效力问题，发表以下意见。

1. 关于本案合同是否生效

仲裁庭审理查明,本案合同明确约定“本协议自转让方和受让方签字之日起生效”。我国《合同法》第 44 条规定,“依法成立的合同,自成立时生效。”第 45 条规定,“当事人对合同的效力可以约定附条件。附生效条件的合同,自条件成就时生效”。据以上规定,仲裁庭认为在我国《合同法》没有特别规定或合同没有特殊约定的情况下,合同应自成立时生效。本案合同系内资有限公司股权转让协议,我国《合同法》对此类合同的生效并无特别规定。仲裁庭亦注意到本案合同未约定本案合同的生效以申请人与中国 D 资管公司具备劳动关系为前提条件。换言之,劳动关系是否合法成立与合同是否生效二者之间的关联,本案合同并无涉及。故,本案合同应当自双方签字成立时生效。被申请人关于合同未生效的抗辩,仲裁庭不予以采信。

2. 关于本案合同是否有效

仲裁庭经审理查明,在本案中中国 C 资管公司的另一位股东自然人 F 对本案合同所涉股权转让不同意,要求行使优先购买权,本案所涉股权未办理变更。据此被申请人认为本案合同无效。

我国《公司法》第 71 条第 2 款规定:“股东向股东以外的人转让股权,应当经其他股东过半数同意。股东应就其股权转让事项书面通知其他股东征求同意,其他股东自接到书面通知之日起满三十日未答复的,视为同意转让。其他股东半数以上不同意转让的,不同意的股东应当购买该转让的股权;不购买的,视为同意转让。”该条第 4 款规定:“公司章程对股权转让另有规定的,从其规定。”我国《合同法》第 52 条对合同无效的情况作出了明确列举,其中第 5 项列明“违反法律、行政法规的强制性规定”。仲裁庭认为,我国《公司法》第 71 条并非上文所述强制性规定,在实践中股东可以在《公司章程》中对股权转让事宜作出其他规定,并且《公司章程》的规定会得到优先适用。

因此,有限公司股东向股东以外之人转让其所持有的股权,其他股东不同意的,并不导致我国《合同法》第 52 条即合同无效条款之适用。在本案中,中国C资管公司的另一位股东自然人F对本案合同所涉股权转让不同意，仅能造成本案合同的履行不能。被申请人以此抗辩本案合同无效，缺乏法律依据。故，对于被申请人关于本案合同不生效以及无效的观点，仲裁庭不予支持。

综上所述，仲裁庭认为，本案合同系申请人与被申请人的真实意思表示，自成立之日起生效。本案合同不存在违反法律、法规强制性规定等应当依法认定合同无效之情形，故本案合同合法有效，应当作为本案裁判的依据。

（二）关于本案合同的履行情况

仲裁庭审理查明，本案合同约定“本次股权转让的总价款为人民币5万元”；“本次股权转让价款应由受让方在本协议签署之日起三个工作日内（‘本次股权转让价款支付期限’）支付至转让方指定的银行账户”约定“双方同意，本次股权转让应于目标公司就本次股权转让办理完毕工商变更登记手续之日（‘完成日’）完成（‘本次股权转让完成’）”。本案合同签订生效后，双方当事人对本案合同的履行情况如下：

关于付款义务的履行，申请人向仲裁庭提交了“某银行户口历史交易明细表”以证明其已经履行了付款义务。在庭审中，经仲裁庭询问，对于申请人已经付款的事实，被申请人表示认可。仲裁庭认为，申请人已经履行了本案合同约定的付款义务。

仲裁庭又查明本案合同中并未对股权转让的工商变更登记时间作出明确的约定。双方当事人在庭审过程中均认可自本案合同签订至申请人提起仲裁之日，尚未办理此次股权转让的工商变更登记。

（三）关于申请人的仲裁请求

1. 关于裁决被申请人按照本案合同的约定，以股权对价10倍的价格，即人民币50万元支付中国C资管公司5%股权的对价的请求

仲裁庭审理查明，双方当事人在本案合同约定了补偿机制，即双方同意，如申请人在股权转让日5年内离职，被申请人按照申请人支付对价10倍的价格，

即50万元回购其持有的股权；如申请人在股权转让日超过5年但未满10年内离职，被申请人按照申请人支付对价20倍的价格，即100万元回购其持有的股权；如申请人在股权转让日10年后离职，被申请人按照公司市值回购其持有的股权。

仲裁庭认为，在本案中补偿机制是否予以适用，关键在于补偿机制的适用条件是否满足，即申请人在股权转让日5年内离职。仲裁庭进一步查明，本案合同约定“双方同意，本次股权转让应于目标公司就本次股权转让办理完毕工商变更登记手续之日（‘完成日’）完成（‘本次股权转让完成’）”。

据此，仲裁庭认为股权转让日应推定为本案合同所涉股权转让办理完毕工商变更登记手续之日（完成日）。仲裁庭进一步认为，本案合同约定的补偿机制的构成要件包括两个：一是股权已转让，否则不存在“股权转让日”；二是转让日5年内离职。鉴于本案合同所涉股权自始至终未办理工商变更登记，即补偿机制中所涉“股权转让日”不存在，本案合同约定的补偿机制条款不能被触发，因此补偿机制无法予以适用。

仲裁庭注意到，申请人主张中国C资管公司股权自本案合同的生效之日已完成交付。其理由是“关于本案中中国C资产管理有限公司股权的交付，则应当适用《物权法》，视《股权转让协议》的生效而交付”。申请人通过我国《物权法》主张本案股权交付应采纳合同生效转移说，即股权转让合同生效时股权转移，合同生效意味着双方当事人要受合同约束，全面履行合同是必然义务，那么股权随着合同生效自然转移是应有之义。仲裁庭认为，本案所涉股权转让应依据我国《合同法》《公司法》作为裁判依据。申请人所称合同生效转移说仅系司法界中关于股权交付时点的一种观点，而非法律规定，不能直接作为裁判依据。因此，对于申请人关于股权自本案合同生效之日起完成交付的主张，仲裁庭不予认可。故，申请人关于“裁决被申请人按照其与申请人签订的《有关中国C资产管理有限公司之股权转让协议》的约定，以股权对价10倍的价格，即人民币50万元支付中国C资产管理有限公司5%股权的对价”的仲裁请求，鉴于合同约定的股权对价支付条件未成就,仲裁庭不予支持。

2.关于裁决被申请人承担本案全部仲裁费用的请求

根据《仲裁规则》第52条的规定,结合仲裁庭对申请人仲裁请求的支持情况,仲裁庭认为,本案仲裁费应全部由申请人承担。故,对于申请人"全部仲裁费用由被申请人承担"的请求,仲裁庭不予支持。

(四)关于被申请人的仲裁反请求

1.关于裁决被申请人与申请人签订的本案合同无效的请求

基于仲裁庭在本裁决书"二、仲裁庭意见"之"(一)本案合同的效力"部分中查明的事实以及对本案合同作出的认定,对于被申请人提出的裁决本案合同无效的仲裁请求,仲裁庭不予支持。

2.关于裁决申请人赔偿被申请人律师费的请求

《仲裁规则》第52条规定:"仲裁庭有权根据案件的具体情况在裁决书中裁定败诉方应补偿胜诉方因办理案件而支出的合理费用。仲裁庭裁定败诉方补偿胜诉方因办理案件而支出的费用是否合理时,应具体考虑案件的裁决结果、复杂程度、胜诉方当事人及/或代理人的实际工作量以及案件的争议金额等因素。"

根据上述规定,结合仲裁庭对被申请人仲裁反请求的支持情况,对于被申请人提出的裁决申请人赔偿被申请人律师费的请求,仲裁庭不予支持。

3.关于裁决本案全部仲裁费用由申请人承担的请求

根据《仲裁规则》第52条的规定,结合仲裁庭对被申请人仲裁请求的支持情况,仲裁庭认为,本案被申请人提出仲裁反请求的仲裁费应全部由被申请人承担。对于被申请人提出的裁决本案全部仲裁费用由申请人承担的请求,仲裁庭不予支持。

三、裁　决

综上所述,仲裁庭裁决如下:

1. 驳回申请人的全部仲裁请求；

2. 驳回被申请人的全部仲裁请求；

3. 本案本请求仲裁费全部由申请人承担；

4. 本案反请求仲裁费全部由被申请人承担。

本裁决为终局裁决，自作出之日起生效。

案例评析

【关键词】

优先购买权；股权转让；合同无效

【焦点问题】

侵犯其他股东优先购买权，是否导致股权转让合同无效。

【焦点评析】

该案的基本案情：被申请人为聘请申请人在标的公司任职，与申请人签订了股权转让合同，约定被申请人向申请人转让标的公司5%的股权。与此同时，本案合同约定若申请人在聘用后的5年内离职，被申请人按照申请人支付对价的10倍回购股权。被申请人与申请人签订这一股权转让合同并未经过标的公司另一股东的同意，股权转让合同签订后被申请人亦没有为申请人办理工商登记手续。申请人在标的公司工作不足6个月后离职，后要求被申请人按照合同约定回购股权。双方未能达成一致，申请人提起仲裁。在仲裁过程中，被申请人主张由于股权转让未经过另一股东同意，股权转让合同无效。围绕此项抗辩主张，双方在庭审中进行了针锋相对的辩论。

现结合本案案情，围绕法律适用的焦点问题，评述如下。

一、被申请人的主张——侵犯股东优先购买权合同无效说

为了保护有限责任公司的人合性，我国《公司法》第71条为不同意对外转让股权的股东赋予了优先购买权。对于侵犯股东优先购买权的股权转让合同之效力，学界和司法实务中有无效说、附法定生效条件说、效力待定说、可撤销说、有效说等多种观点。被申请人在该案中的主张属于无效说，即认为我国《公司法》第71条的规定属于效力性强制性规定，转让股权的股东违反此条的规定与第三人签订的股权转让合同无效。无效的合同自成立起即无效，不按照双方约定的内容发生拘束力。如果仲裁庭采信"无效说"，被申请人将自动从股权转让合同中解脱出来，无须再履行转移股权、回购义务。

二、"无效说"之缺陷

仲裁庭经权衡本案证据及实际履行情况，认为法律适用方面采用无效说有一定欠缺。

1.将我国《公司法》第71条视为效力性强制性规定的依据不充分，"无效说"不具备无效之法律基础。法律强制性规定不因当事人的约定而排除适用才称为"强制性"规定。仲裁庭注意到，我国《公司法》第71条第4款允许公司章程就股东对外转让股权之规则另行规定。据此，我国《公司法》第71条系属于公司章程未有相反规定时而推定适用的规定，显然不属于强制性规定。

2.仅完成股权转让合同签订，未办理相关转让手续，侵害结果尚未发生，不构成无效所涉"恶意侵害"。股东与第三人签订股权转让合同，仅为该股东赋予转让股权之义务。公司股东名册、工商登记尚未变更，第三人还未实际取得股权。此时其他股东依然可以向转让股东主张优先购买权，且该股东可以实际履行。因此，转让股东与第三人仅签订股权转让合同时，尚未对其他股东构成任何实际侵害，故也不属于双方恶意串通损害他人利益。

3. 若认定合同无效将导致交易效率低下。“无效说”的实质是禁止转让股东与第三方先行签订股权转让合同。这意味着，即使转让股东可以预知其他股东不会行使或没有能力行使优先购买权，为了尽快达成交易，先行与第三方签订的转让合同也会被认定为无效。只要转让股东没有在签订合同前收到其他股东明确的行权表示，转让股东就不得与第三方签订股权转让合同。显然，这种观点将给高效的商事活动造成没有意义的障碍。同时，若不允许转让股东提前与第三方签订股权转让合同，将导致优先购买权中的“同等条件”始终处于没有约束力状态，也不利于各方之间高效地推进交易。

基于上述各原因，仲裁庭没有采纳被申请人“无效说”之主张。

三、仲裁庭意见——“有效说”

在该案中，仲裁庭最终认定申请人与被申请人签订的股权转让合同合法有效，采纳了“有效说”的观点。我国《公司法》第 71 条之规定，旨在保护股东为了维护公司人合性而取得股权的优先性。股权转让合同的效力与股权转移具有分离性。股权转让合同，自双方通过签字或盖章等达成意识表示一致即开始生效，生效后转让人负有交付股权的义务，受让人负有支付价款的义务，受让人尚未成为股权所有人。股权转移，一般以公司股东名册变更为对内生效节点，以工商变更登记为对外对抗生效节点。由于两者的分离性，为了实现该条款的目的，法律可以在股权转移程序中介入以保护股东优先购买权，没有必要过早介入去否决股权转让合同的效力。

具体而言，公司股东名册变更、工商登记变更等程序，需要公司内部经过表决程序才可完成，股东不同意对外进行股权转让的，可以在此时提出异议。若公司表决程序未通知该股东或未尊重该股东的优先购买权，则股东可以主张公司表决程序的效力瑕疵。如果第三人因其他股东行使权利而无法取得股权，则转让股东因不能实际履行股权转让合同构成违约，第三人可以依照股权转让合同的约定向其主张赔偿损失，包括实际损失和可得利益损失。如果股权转让合同直接被认定无效，则第三人只能向转让股东主张过失缔约责任，所能得到的赔偿仅限于直接的实际损失。

【结语】

合同无效是合同不生效力的形式中最高级的形式,是法律对当事人意思自治较为深度的介入,因此合同无效仅限于我国《合同法》第52条规定的5种情形。其中大部分情形属于对社会公共利益的侵害,对他人的个体利益侵害导致合同无效的,只有恶意串通这一情形。为了尊重当事人的意思自治、保持司法审判权的谦抑性,在面对合同无效的主张时,仲裁庭应当审慎的作出判断,尽可能考虑在合同无效这一选项之外是否还有其他救济措施等。无十分之必要,不宜贸然宣告当事人达成的合同无效,以此充分发挥当事人的自主性和灵活性。

(案例评析人:王　慧)

案例二十七　自然人A与自然人B股份转让争议仲裁案

中国国际经济贸易仲裁委员会(以下简称为贸仲)根据申请人自然人A(以下简称申请人)与被申请人自然人B(以下简称被申请人)签订的《股份转让协议书》(以下简称《协议书》)中仲裁条款的约定,以及申请人向贸仲提交的仲裁申请书,受理了双方当事人因履行上述合同而产生的本争议仲裁案。

一、案　　情

申请人在其《仲裁申请书》中称:

2014年5月申请人与被申请人签订《协议书》一份。《协议书》约定,被申请人将其拥有的在中国D电子科技有限公司(以下简称中国D科技公司)20%的股权转让予申请人,转让对价约45万元(本案所涉金额币种均为人民币,下同,仲裁庭注)。《协议书》签订后,申请人于2014年6月前先后实际汇款近50万元给被申请人。但被申请人在签订协议时未经中国D科技公司另一股东自然人F的同意,侵犯了其在同等条件下的优先购买权,违反了我国《公司法》中关于股权转让的相关条款,显属无效协议;此外,截至2016年7月,被申请人仍未与申请人到工商行政部门办理变更登记手续,存在欺诈行为;再者,《协议书》存在冻结条款;为此,申请人认为,《协议书》应认定为无效协议,被申请人应依法返还申请人投资款并承担违约责任。

申请人的仲裁请求为:

1. 认定申请人与被申请人于2014年5月签订的《协议书》无效,被申请人返还申请人投资款近50万元;

2. 被申请人向申请人支付违约金3万余元;

3. 被申请人承担本案仲裁费。

申请人向仲裁庭提交了以下证据材料:

(略)

被申请人没有提交任何答辩,亦未参加庭审。

经过对案件审理及对申请人提交证据材料的核验,仲裁庭查明以下事实:

本案所涉中国D科技公司成立于2012年9月。公司两名自然人股东为被申请人自然人B与案外人自然人F,持股比例为1:1,各出资50万元,公司注册资本100万元。

2014年5月申请人与被申请人签订关于中国D科技公司部分股权转让的《协议书》。根据《协议书》"鉴于"条款,被申请人(协议甲方)持有中国D科技公司100%的股份,并愿意将其中的20%股份转让申请人(协议乙方)。《协议书》约定,被申请人向申请人转让其在中国D科技公司的20%股权,价格为每股1元,转让对价为约45万元。申请人应于协议签订之日起5个工作日内,向被申请人指定的账户支付股权转让对价。《协议书》约定,如由于被申请人的原因,致使申请人不能如期办理(股权转让)变更登记,或者严重影响申请人实现订立协议目的,被申请人应按照申请人已经支付的转让款每日万分之一向申请人支付违约金。此外,《协议书》约定,协议经双方签字后生效。双方应于协议书生效后依法向工商行政管理机关办理变更登记手续。但双方在该条之后补充增加了"公司在(增)加注册资为1000余万元等手续结束后15个工作日办理股份转让手续"的内容。

《协议书》签订后,申请人先后分4次通过自行支付及由案外人季某代付的方式向被申请人及被申请人指定的案外人宋某共支付近50万元。某区人民法院民事判决书已对上述股权对价款支付的事实予以认定。

但是,《协议书》签订后,被申请人至今未能办理股权向申请人转让的工商登记手续。

2015年7月申请人对中国D科技公司进行工商登记查询,登记材料显示,中国D科技公司和股东持股信息与《协议书》鉴于条款的表述不符。

二、仲裁庭意见

仲裁庭依据以上查明事实,对本案相关法律问题分析如下。

(一)关于本案合同效力

申请人主张《协议书》应认定无效,理由是:

第一,被申请人在签订协议时未经中国D科技公司案外人另一股东自然人F的同意,侵犯了自然人F同等条件下的优先购买权,违反了公司法中关于股权转让的相关规定。

第二,被申请人至今未与申请人到工商行政部门办理变更登记手续,存在欺诈行为;

第三,《协议书》存在关于工商登记的冻结条款。

针对申请人提出的以上关于《协议书》应认定无效的3种理由,仲裁庭分别分析如下。

1.关于优先购买权

我国《合同法》第52条规定:"有下列情形之一的,合同无效:(一)一方以欺诈、胁迫的手段订立合同,损害国家利益;(二)恶意串通,损害国家、集体或者第三人利益;(三)以合法形式掩盖非法目的;(四)损害社会公共利益;(五)违反法律、行政法规的强制性规定。"

本案涉及上述第5款"违反法律、行政法规的强制性规定"的情形,即侵犯其他股东优先购买权的做法是否属于违反强制性法律、法规规定的行为。从《协议书》鉴于条款的表述来看,被申请人并未向申请人披露存在另一股东的事实，而是宣称并保证自己拥有中国D科技公司100%的股权。由此可合理推断，案外人自然人F对股权转让的事实并不知晓。

另外，我国《公司法》第71条第2款规定："（有限责任公司）股东向股东以外的人转让股权，应当经其他股东过半数同意。股东应就其股权转让事项书面通知其他股东征求同意，其他股东自接到书面通知之日起满三十日未答复的，视为同意转让。其他股东半数以上不同意转让的，不同意的股东应当购买该转让的股权；不购买的，视为同意转让。"该条第3款规定：经股东同意转让的股权，在同等条件下，其他股东有优先购买权。两个以上股东主张行使优先购买权的，协商确定各自的购买比例；协商不成的，按照转让时各自的出资比例行使优先购买权。该条第4款同时规定："公司章程对股权转让另有规定的，从其规定。"

根据上述规定，仲裁庭认为，我国《公司法》第71条第2款、第3款虽然规定了公司股东在股权转让中的优先购买权，即其他股东有权被告知并在同等条件下有权优先购买拟被转让的股份。但是，由于该条第4款授权公司股东可在章程中对股权转让事宜另行作出安排，从而使该法第72条第2款、第3款关于股东优先购买权的规定不再具有强制性。最高人民法院《关于适用〈中华人民共和国合同法〉若干问题的解释（二）》第14条明确规定，《合同法》第52条第5项规定的"强制性规定"，是指效力性强制性规定。学理上通说认为，股东优先购买权不属于效力性强制性规定，而属于管理性强制性规定。

据此，仲裁庭认为，我国《公司法》关于股东优先购买权的规定不属于该法第52条第5项下的强制性法律、法律规定，因此，对于申请人提出的以侵犯案外人股东优先购买权为由而认定《协议书》无效的主张，仲裁庭不予支持。

2. 关于未办理变更登记、存在欺诈

关于被申请人至今未为申请人办理股权转让登记的事实，涉及《协议书》中关于办理股权变更登记条件的条款，对于这一问题，本裁决书将在本部分第3节中予以讨论。在此，仲裁庭仅强调，未办理工商变更登记行为的本身，尚不足以构成欺诈成立的理由。

仲裁庭注意到,被申请人在订立《协议书》时,对中国D科技公司的股东及股权持有情况进行了不实披露,未告知申请人存在案外人股东自然人F的事实。仲裁庭认为,这一行为具有明显的误导与欺诈性质。但是,根据我国《合同法》第52条第1款的规定,只有当合同一方以欺诈、胁迫的手段订立合同,损害国家利益的情形,才可以构成合同无效的理由。本案所涉的股权转让交易,显然与国家利益没有直接的关联。因此,仲裁庭认为,申请人提出的以被申请人存在欺诈为由而应认定《协议书》无效的主张,不能成立。

3.关于冻结条款

申请人所称"冻结条款",是指《协议书》为被申请人与申请人向工商行政管理机关办理股权变更登记手续而设定的前提条件,即在中国D科技公司增加注册资本至1000余万元后15个工作日内办理变更登记手续。

仲裁庭认为,这一为股权变更登记设定条件的"冻结条款"极不合理,致使双方合同权利义务与客观利益严重不对等,明显违背公平原则。一方面,中国D科技公司注册资本金的增加与否,与申请人没有任何的直接联系,而且该因素也是申请人无法控制的因素,将其作为变更登记申请人为公司股东的前提条件,不合常理;另一方面,这一条款可能导致对申请人极为不利的情形,即申请人在已支付全部股权对价的情形下,在很长时间内(甚至永远)无法成为公司的登记股东。相反,被申请人在已经取得股权对价的情形下,却可以继续作为(合同约定转让股份的)登记股东,享有股东的权益。此外,"冻结条款"与《协议书》"本协议书经甲乙双方签字后生效。双方应于协议书生效后依法向工商行政管理机关办理变更登记手续"的约定相互矛盾与冲突。综合以上考虑,仲裁庭认为,仲裁庭对该"冻结条款"的效力不予考虑。

然而,我国《合同法》第56条规定:"无效的合同或者被撤销的合同自始没有法律约束力。合同部分无效,不影响其他部分效力的,其他部分仍然有效。"根据这一规定,上述"冻结条款"的无效,并不直接影响《协议书》整体及其他部分的效力。因此，申请人提出的以存在“冻结条款”为由而应认定《协议书》无效的主张，无法成立。

综上所述，仲裁庭认为，《协议书》整体上具有法律效力，对双方均具有约束力。申请人提出认定《协议书》无效的3个理由均不能成立。因此，其提出的认定《协议书》无效并以此为由要求被申请人返还投资款的仲裁请求，仲裁庭决定不予支持。

(二)关于返还投资款(股权转让对价)

仲裁庭注意到，在本案中，被申请人在签订《协议书》时对自己的持股情况进行了不实陈述，且在协议签订并收到申请人支付的股权转让对价后，凭借显失公平的“冻结条款”，拒绝履行其办理股权过户工商登记的合同义务，致使申请人签订《协议书》的合同目的落空。仲裁庭认为，被申请人的上述行为已构成根本性违约。我国《合同法》第94条规定：“有下列情形之一的，当事人可以解除合同……(四)当事人一方迟延履行债务或者有其他违约行为致使不能实现合同目的……”根据上述法律规定，申请人有权解除《协议书》。鉴于申请人已明确提出要求返还投资款(股权转让对价)的仲裁请求，实质表明了其解除合同的意愿，因此，仲裁庭决定对其要求被申请人返还投资款(股权转让对价)的请求予以支持。

(三)关于违约金

《协议书》约定：如由于甲方(被申请人，下同)的原因，致使乙方(申请人，下同)不能如期办理变更登记，或者严重影响乙方实现订立协议目的，甲方应按照乙方已经支付的转让款每日万分之一向乙方支付违约金。另外，《协议书》约定：“本协议经双方签字后生效。双方应于协议书生效后依法向工商行政管理机关办理变更登记手续。”根据以上合同约定，仲裁庭认为，被申请人作为股份转让方，负有为申请人办理股权变更登记的主要合同义务。由于被申请人未能履行这一合同义务，因此，应当根据《协议书》的约定承担违约责任，支付违约金。

关于违约金的计算起始时间,我国《公司登记管理条例》第34条规定:“有限责任公司变更股东的,应当自变更之日起30日内申请变更登记。”据此,仲裁庭认为,被申请人履行办理股权变更登记的义务,应当于中国D科技公司的股东发生变更之日起30日内完成。在本案中,《协议书》并未对股东发生变更之日作出具体约定,仲裁庭认为,根据公平、对等原则,股东发生变更之日应认定为申请人支付完结全部股权对价款之日(2014年6月)最适宜。结合以上条例规定,则被申请人履行变更登记义务的最终期限应为2014年7月。由于申请人提出的违约金计算起始日2014年9月晚于上述日期,因此,仲裁庭决定予以支持。

关于违约金标准,仲裁庭认为,《协议书》约定的每日万分之一的违约金标准,并不违反国家的强制性规定,因此,申请人提出按照上述标准计算违约金的主张应予支持。

综上所述,仲裁庭对申请人提出的要求被申请人支付违约金的仲裁请求决定予以支持。

(四)关于仲裁费用

《仲裁规则》第52条规定,仲裁庭有权在裁决书中裁定当事人最终应向仲裁委员会支付的仲裁费和其他费用。鉴于申请人基本履行了自己的合同义务,本案系被申请人未能履行其主要合同义务而引起,仲裁庭认为,本案的仲裁费全部由被申请人承担是合理的。因此,仲裁庭对申请人的第3项仲裁请求决定予以支持。

三、裁　　决

基于上述事实、理由,仲裁庭裁决如下:

1. 被申请人返还申请人投资款(股权转让对价)近50万元。

2. 被申请人向申请人支付自2014年9月起至2016年6月的违约金3万余元。

3. 本案仲裁费全部由被申请人承担。该笔费用已由申请人向贸仲全额预缴,因此,被申请人应当向申请人支付相应费用以补偿申请人为其垫付的仲裁费。

4. 驳回申请人的其余仲裁请求。

上述裁决被申请人应向申请人支付的款项,被申请人应自本裁决书作出之日起10日内支付完毕。

本裁决为终局裁决,自作出之日起生效。

案例评析

【关键词】

优先购买权;股权转让;欺诈;冻结条款

【焦点问题】

1. 侵害其他股东优先购买权的股权转让合同是否有效;

2. 股权转让合同中"冻结条款"的效力如何认定。

【焦点评析】

该案的基本案情是,申请人与被申请人订立《股权转让协议》,约定被申请人向申请人转让其持有的目标公司20%的股权。申请人如约支付了股权转让价款,但因《股权转让协议》对工商变更登记设定了一项附加条件,即在目标公司增加注册资本至1000余万元后15个工作日内方可办理变更登记手续,被申请人迟迟未办理股权转让工商登记手续。此外,申请人发现目标公司股东持股情况与被申请人陈述不一致,目标公司除被申请人外还存在其他股东。申请人遂提起仲裁,以股权转让合同侵害其他股东优先购买权、被申请人未办理工商变更登记手续为由,要求确认《股权转让协议》无效并要求被申请人返还投资款(股权转让对价)。

现结合本案案情及法律适用焦点问题,评述如下。

一、侵害其他股东优先购买权的股权转让合同是否有效?

优先购买权,是指有限责任公司股东在对外转让股权时,其他股东享有的一种法定权利,该权利使其他股东在同等条件下可优先于股东以外的第三方购买拟转让的公司股权。为了实现这一保障,公司法规定,出让股东应就转让股权事项通知其他股东并获得同意,其他股东可行使或放弃优先购买权。

关于优先购买权的具体规定,参见我国《公司法》第71条、第72条和最高人民法院《关于适用〈中华人民共和国公司法〉若干问题的规定(四)》(以下简称《若干规定》)第17条至第21条。这些规定体现了立法者对其他股东行使优先购买权的保护及规范。但是,我国《公司法》第71条允许公司章程或全体股东另行作出约定。

该案被申请人在《股权转让协议》"鉴于"条款中声称持有目标公司100%股权,事实上却只持有公司50%的股权,其余50%的股权由案外人持有。被申请人的这一虚假陈述行为,虽不致影响申请人实现受让股权的合同目的,却直接侵害了其他股东的优先购买权。仲裁庭认为,侵害其他股东优先购买权的股权转让行为是否有效,应当根据我国《合同法》关于合同无效的具体规定进行判断。

根据我国《合同法》第52条之规定,该案虽然涉及欺诈情形,但欺诈行为却不存在直接损害国家利益或社会公共利益的情况。此外,最高人民法院《若干规定》第14条规定,《合同法》第52条第5款规定的"强制性规定",仅限于"效力性强制性规定"。最高人民法院在(2016)最高法民申1223号一案判决中曾论述:“判断某项规定属于效力性强制性规定还是管理性规定的根本,在于违反该规定的行为是否严重侵害国家、集体和社会公共利益,是否需要国家权力对当事人意思自治行为予以干预。”最高人民法院《全国法院民商事审判工作会议纪要》(《九民纪要》)第30条亦提出要求:“慎重判断‘强制性规定’的性质,特别是要在考量强制性规定所保护的法益类型、违法行为的法律后果以及交易安全保护等因素的基础上认定其性质。”按照以上最高人民法院提出的判断标准,侵害其他股东优先购买权的股权转让合同,由于一般不会产生侵害国家、集体和社会公共利益的法律后果,因此,不能必然导致股权转让合同无效。

此外,其他股东优先购买权受到侵害,并不影响股权交易受让方的合法权益,因此,受让方无权基于我国《合同法》第71条、第72条的规定,主张股权转让合同无效。

二、“冻结条款”的效力及对合同效力的影响

我国《公司法》与《公司登记管理条例》规定,公司股权的转让,需向公司登记机关办理变更登记。案涉《股权转让协议》对股权工商变更登记设定了一项附加条件,即目标公司增资至1000余万元后15个工作日内办理变更登记手续,此条款为申请人所称的“冻结条款”。

仲裁庭认为,“冻结条款”客观上产生了以下效果:一方面,受让人在支付完股权转让对价后长期无法登记为公司股东,而目标公司注册资本的增加与受让人并无直接联系,亦非受让人所能控制。另一方面,出让人取得股权转让对价后,仍可长期作为登记股东享有股东权益。仲裁庭认为,“冻结条款”使受让人承受了超出股权转让对价的经济负担和损失,致使协议双方权利、义务严重不对等,有违公平、正义的法律原则,为此,仲裁庭决定对该“冻结条款”的效力不予认可。

同时,根据我国《合同法》第56条之规定,合同部分无效不影响其他部分效力的,其他部分仍然有效。上述“冻结条款”独立存在,与其他约定之间并未

互相作用，因此，《股权转让协议》其他条款不受“冻结条款”效力的影响，整体上仍然有效。

【结语】

对外转让有限责任公司的股权需经其他股东的同意，我国《公司法》作此规定是为了保护其他股东的优先购买权。侵害到其他股东优先购买权的股东，需要对其他股东承担相应责任，但这并不必然导致股权转让合同的无效。

该案最终裁决被申请人返还股权转让价款，是基于被申请人凭借“冻结条款”迟迟不办理股权变更登记，已使申请人订立股权转让合同的目的落空，被申请人的行为已构成根本违约，因此，申请人有权解除合同并要求返还已支付的股权对价。

（案例评析人：伏　军）

案例二十八　中国 A 公司与自然人 B、自然人 C、自然人 D 股权转让争议仲裁案

中国国际经济贸易仲裁委员会（以下简称贸仲）根据申请人中国 A 公司（以下简称申请人）与第一被申请人自然人 B（以下简称第一被申请人）、第二被申请人自然人 C（以下简称第二被申请人）、第三被申请人自然人 D（以下简称第三被申请人，如无特指，上述三名被申请人以下合称被申请人）于 2016 年 10 月 14 日签订的《中国 A 公司与自然人 B、自然人 C、自然人 D 关于中国 E 公司股份转让协议》（以下简称《转股协议》）中仲裁条款的约定，以及申请人于 2016 年 12 月向贸仲提交的书面仲裁申请，受理了双方当事人之间的本争议仲裁案。

一、案　　情

（一）申请人的仲裁请求及其所依据的事实和理由

申请人在仲裁申请书中称：

申请人是一家专业从事轨道交通、新能源、数控设备、现代物流、办公设备等项业务的企业。中国 E 公司（以下简称 E 公司，或上市公司）是一家提供轨道交通运营维护的供应商。被申请人是 E 公司的合法股东，《转股协议》签订前，被申请人合计持有 E 公司 583,260,360 股的股份，占 E 公司总股本的 21.26%，其中，第三被申请人自然人 D 为 E 公司的控股股东、实际控制人。

基于申请人与 E 公司在各自核心业务上的协同互补关系，以及被申请人

拟转让自身股份的强烈意愿,申请人与被申请人就E公司股份转让事宜进行了深度洽商。经过双方近3个月的沟通商讨后,申请人、被申请人就股份转让事宜达成一致。2016年10月10日E公司发布《关于控股股东筹划重大事项停牌公告》,即因涉及被申请人筹划将案涉标的股份向申请人转让,第三被申请人通知E公司后,E公司申请股票停牌并公告。

2016年10月14日申请人与被申请人签订本案《转股协议》,协议约定主要内容如下:

《转股协议》第2.1条至第2.4条约定:由被申请人将其合法持有的E公司合计3.2亿股无限售流通股股票(以下简称标的股份)转让给申请人,其中,第一被申请人出让135,000,000股,第二被申请人出让135,000,000股,第三被申请人出让50,000,000股;每股转让价款为9.8元,转让总价款为3,136,000,000元整。本次标的股份转让基准日为2016年10月14日,过户交割时间拟定在2016年10月18日至11月18日,以履行完股票过户手续为准。

针对上述标的股份,被申请人作出承诺及保证。《转股协议》第5.2.3条约定:被申请人对标的股份拥有合法完整的权利,标的股份权属清晰,不存在质押等限制转让的任何障碍。第5.2.5条约定:被申请人已向监管机构申领、备案或取得由其授予、备案或签发的一切确保本协议全面执行的许可证、批文、授权书和注册登记等;向第三人交付或取得一切为使本协议全面执行的通知、批准、弃权书、同意函和授权书等。第5.2.7条约定:在转让协议签署后,被申请人不得与转让协议之外的任何第三人就标的股份的处置进行协商、不得与转让协议之外的任何第三人就该等事项签署任何协议、合同或其他任何关于处置标的股份的文件,确保标的股份在过户日前不被冻结、查封、拍卖、变卖、折价或以其他任何形式加以处置。第5.2.9条约定:被申请人的各方,相互对转让协议下各被申请人的义务承担连带担保责任。

同时,《转股协议》第6.1条约定:转让协议自各方签字/有权代表签字并加盖公章之日起生效。第6.3条约定:“本协议生效后,除非本协议另有约定或者依据《中华人民共和国合同法》(以下简称《合同法》)等法律规定进行终止、解除,任何一方不得擅自终止、解除合同;否则,违约方应向守约方支付本协议项下转让总价款10%的违约金;违约金不足以弥补守约方损失的,守约方有权继续追偿。"

《转股协议》第8.1条约定:除非根据本协议约定终止,任何一方终止本次协议或违反本协议约定、承诺,应向另一方承担违约责任。如果任何一方不履行其在本协议项下的任何承诺或义务、在本协议中所作之任何陈述或保证是虚假的或错误的,或该陈述或保证并未得适当、及时地履行,则该方应被视为违反了本协议。守约方有权要求违约方承担违约责任。

2016年10月14日《转股协议》签订并生效后,申请人即依约开始准备尽职调查及相关前期工作。

2016年10月15日E公司发布了《关于控股股东筹划重大事项继续停牌公告》,公告内容称:第三被申请人自然人D反馈,股权转让涉及第三被申请人自然人D及其一致行动人第一被申请人自然人B、第二被申请人自然人C,相关协议正在签署过程中。由此公告可知,第三被申请人已明确就被申请人与申请人之间的股权转让事宜向E公司反馈,但却并未对2016年10月14日已签订生效的《转股协议》予以披露。

《转股协议》签订生效后,申请人在积极筹备自身履约工作的同时,亦在等待被申请人尽快获得股份持有证明文件,以便双方向深圳证券交易所(以下简称深交所)申请进行标的股份转让的合规性确认。然而,就在《转股协议》签订后仅仅一周,申请人突然获悉:2016年10月21日第三被申请人和第一被申请人已将所持相应E公司股票分别转让给中国G投资公司(以下简称G公司)和中国H投资企业(有限合伙,以下简称H企业),并签署了相应股份转让协议。此后,自2016年10月21日开始至申请人提出申请时,被申请人不再与申请人就《转股协议》的依约履行作任何沟通。

2016年10月22日E公司发布了《关于重大事项复牌的公告》,公告内容显示:2016年10月21日E公司收到第三被申请人的通知:(1)第三被申请人及其一致行动人中国I公司(以下简称I公司)与G公司于2016年10月21日签署了《关于中国E公司股份转让协议书》(以下简称《G公司转股协议》),第三被申请人、I公司分别向G公司转让其持有的30,000万股股份、5000万股股份;(2)第三被申请人一致行动人第一被申请人及I公司与H企业于2016年10月21日签署了《关于中国E公司股份转让协议书》(以下简称《关于E公司转股协议》),第一被申请人、I公司分别向H企业转让其持有的13,500万股股份、500万股股份。

依据E公司同日发布的《关于控股股东协议转让公司部分股份的提示性公告》(公告编号:2016114)显示:(1)第三被申请人向G公司转让股份前持有E公司31,330万股,持股比例11.36%。转让股份后持有E公司近1330万股,持股比例0.48%。(2)第一被申请人向H企业转让股份前持有E公司135,000,000股,持股比例4.9%。转让股份后持有E公司0股,持股比例0%。(3)第三被申请人、第一被申请人持有的E公司股票均存有质押融资。

之后,依据E公司发布的公告显示:

2016年11月24日第三被申请人通过大宗交易的方式,减持E公司股份近1330万股;第二被申请人自然人C通过大宗交易的方式,减持E公司股份8070余万股。待第三被申请人向G公司转让股份,以及第一被申请人向H企业转让股份事项完成后,第三被申请人、第一被申请人将不再持有E公司股份。第三被申请人及其一致行动人中仅自然人C持有E公司近5430万股股份(其中被质押股份数为54,000,000股),占公司总股本1.97%。

2016年12月1日第三被申请人将其质押的E公司267,166,132股股份解除质押。同日,第一被申请人向H企业转让其持有的E公司135,000,000股股份已办理完毕过户登记手续,该股份过户完成后,第一被申请人不再持有E公司的股份。由上述可知,被申请人自2016年10月21日开始,便将其所持E公司的股份转让给案外第三人,被申请人对标的股份"一女二嫁"的行为表明,其已经单方擅自终止了《转股协议》。在被申请人向第三人转让标的股份后，被申请人合计持有的股份已远远不能满足《转股协议》约定要求。

申请人最终向贸仲提出如下仲裁请求：

1. 请求裁决被申请人向申请人支付违约金313,600,000元；

2. 请求裁决被申请人向申请人支付申请人因本仲裁案支出的律师费4,800,000元、差旅费近16,000余元、财产保全费5000元及诉讼财产保全责任保险保费近30万元；

3. 请求裁决被申请人承担本案全部仲裁费；

4. 请求裁定第一被申请人、第二被申请人、第三被申请人对于第1项至第3项请求中应由被申请人向申请人承担的债务，承担连带清偿责任。

（二）被申请人的答辩意见

1. 申请人未履行法定义务致使《转股协议》事实上不具备可执行性

按照《转股协议》，申请人拟受让被申请人所持的股份数额占E公司总股本的11.6%。根据《上市公司收购管理办法》（以下简称《管理办法》）、《深圳证券交易所上市公司股份协议转让业务办理指引》等法律、法规、规范性文件的有关规定及《转股协议》第2.3条的约定，申请人通过协议转让方式拥有E公司的权益拟超过E公司已发行股份的5%，应当在《转股协议》签署之日起3日内编制权益变动报告书，向中国证监会、深交所提交书面报告，通知E公司并予公告。在作出报告、公告前，不得再行买卖该上市公司的股票。申请人的法定代表人、负责人或者其合法授权代表应当向深交所提出履行协议的申请。

但自始至终，申请人未编制其权益变动报告，未就权益变动事项通知上市公司，未向上市公司提交任何有关信息披露法定文件，且申请人及其法定代表人、负责人或者其合法授权代表亦未履行上述法定义务。

鉴于申请人未履行法定义务致使《转股协议》事实上不具备可执行性，且申请人无履行协议的意愿和客观行为。在被申请人与申请人沟通无果的情况下，为避免股票价格不正常波动给上市公司造成不良影响，于法定的上市公司停牌期间届满之日，以低于《转股协议》的价格转让了拥有的部分股份，被申请人就差额部分承担了经济损失。

2.《转股协议》存在可撤销的情形

(1)付款条件及回购安排显失公平

第一，付款条款导致被申请人主要合同目的无法实现。

《转股协议》第2.5条约定，"受让方以现金方式支付本次转让价款。但是，在甲方向E公司成功注入资产并取得股份之前，甲方无需向乙方支付股权转让价款。在甲方向上市公司注入资产并取得上市公司股份后，甲方对乙方支付转让价款的付款进度为：1)受让方在通过重组取得上市公司股份2个月内支付1/3的价款；2)受让方在通过重组取得上市公司股份过户后2个月内支付1/3的价款；3)受让方就剩余款项最迟不迟于其通过重组取得上市公司股份后4个月内向转让方支付，以双方确定的日期为准……"。

《转股协议》的签署系以重组为前提，上市公司重组需履行法定程序，申请人与被申请人均不能决定上市公司是否实施重组、何时完成重组。申请人未就上市公司行为在《转股协议》中作出任何限制，申请人也无须为此承担任何责任。因此，被申请人无法基于合同法律关系向上市公司提出请求，事实上形成了申请人只享有权益不承担责任的"单务"情形，造成了各方权利义务的严重不对等，无法保护被申请人的合法权益。

作为股份的出卖方，对被申请人来说，对价的给付应属实现合同目的的核心要素。《转股协议》中约定，向E公司成功注入资产并取得股份之前，申请人无须向第一被申请人支付任何股份转让价款，事实上造成了第一被申请人给付股份后无法预计或决定申请人能否或何时履行对价款支付义务，即被申请人合同目的的实现依赖其对第三方的行为，而这种行为处于不确定状态。同时，《转股协议》未对第二被申请人、第三被申请人的转让价款支付期限进行约定。因此，客观上造成了申请人将在未支付对价款的情形下，在不确定期限内长期无偿占有上市公司股份。

申请人在不付出任何成本的前提下取得并长期占有上市公司11.6%的股份,致使各方民事权利义务严重不对等,有悖正常的交易习惯,不符合上市公司股份协议转让的一般惯例,亦不符合被申请人出售股份换取现金的基本需求,违背公平、等价有偿原则。同时,《转股协议》未约定申请人适当履行的标准,事实上造成被申请人合同目的无法实现,违背公平原则。此外,对第一被申请人与第二被申请人、第三被申请人付款安排的区别约定,事实上造成了平等民事主体在同一法律关系中权利义务的不一致,违背公平原则。

第二,回购安排以挤压被申请人权益的方式扩大申请人利益。

《转股协议》第3条约定如下,"……如果受让方在尽调过程中发现问题而不愿意继续推进重组事宜,或者尽调结束后受让方因任何原因未能以适当形式成功将其名下相关业务和资产注入E公司,则受让方有权提出将本次转让获得的标的股份以本次股份转让相同的价格回售给转让方……无论回购时标的股份的市场价格如何,均不影响回购价格……"。

鉴于上市公司股价的变化难以预期,从现实角度出发,无论股价上涨还是下跌,申请人均可在标的股份所有权和风险转移的情况下,单方面享有股价上涨的利益,而丝毫不承担股价下跌的风险。反之,被申请人却单方承担了极其不公平的义务。上述约定完全是以挤压被申请人权益的方式扩大了申请人的利益,严重违反公平原则。

综上所述,《转股协议》客观上造成了申请人与被申请人之间权利义务的不平等。在对被申请人苛加义务的同时未赋予其相应的权利,致使被申请人承担了经济利益受损的巨大风险。在放大申请人利益转嫁风险的同时未对其附加任何义务,致使申请人以极小代价获得了极大利益,这种权利义务的不平等违反了我国《民法通则》中的等价、公平原则。

(2)被申请人对《转股协议》存在重大误解

第一,对《转股协议》有关内容是否符合证券市场监管原则存在重大误解。

由于转让标的系上市公司股份具有特殊性,经被申请人与证券专业人士、深交所有关人士沟通后认为,《转股协议》约定的回购安排造成上市公司本次股份变动及其实际控制权存在重大不确定性,可能导致上市公司股价波动,存在对上市公司及其中小股东利益造成损害的可能性。不符合"公开、公平、公正的原则""任何人不得利用上市公司的收购损害被收购公司及其股东的合法权益"等规定,违反现行法律、法规、规范性文件的规定,且与现行的证券市场政策导向和监管规则存在重大冲突。同时,根据《深圳证券交易所上市公司股份协议转让业务办理指引》的有关规定,协议转让的价格下限比照大宗交易的规定执行,而《转股协议》关于回购价格的约定存在违反上述规定的情形。

由于申请人与被申请人均对《转股协议》的合法合规性产生了重大误解,被申请人就上述问题积极联系申请人并与之反复沟通,但申请人一再推脱,拒绝沟通。2016年10月19日在以电话、微信等方式多次沟通未果的情况下,第三被申请人委托自然人J、自然人K、自然人L,在O市与自然人M、自然人N及申请人律师进行了会谈,但申请人仍拒绝解决问题并表示无法合作也没办法。

第二,对《转股协议》目的的可实现性存在重大误解。

根据完整交易背景及合同真实目的,《转股协议》的签署系以申请人注入资产并取得上市公司股份为前提。

在本案中,上市公司的行为决定了合同目的能否实现,且申请人始终表示所涉及的资产满足上市公司重组要求,基于对申请人的信任,被申请人单纯依据各方达成的真实合作意图解读合同条款,误认为《转股协议》已达到体现交易背景及约束重组实施的效果,签约后实施重组是顺理成章的。但事实上申请人的资产并不成熟,未就相关重组事项通知上市公司,亦不存在与上市公司达成有关协议的行为。客观上,重组何时实施、何时完成等重要事项处于完全不可控的状态,导致被申请人对合同目的的可实现情况产生了重大误解。

综上所述,根据我国《民法通则》、《合同法》、最高人民法院印发的《关于贯彻执行〈中华人民共和国民法通则〉若干问题的意见(试行)》的有关规定,被申请人对《转股协议》产生重大误解且协议条款显失公平,《转股协议》存在可撤销的情形。

3. 关于违约金条款

(1)违约金具有补偿性

我国《合同法》对违约金的性质的界定主要是补偿性质,在功能上主要是弥补遭受的损失,即补偿因行为而给一方造成的损害,而非用以谋取暴利的手段。因此,被申请人认为,仅就《转股协议》中的违约条款而言,以合同标的金额为计算基数过分高于实际损失,具有明显的不合理性,有悖于法律规定及立法精神。

(2)申请人未适当履约,不是完全的守约方

第一,申请人未履行法定义务。

在本案中,所涉协议在申请人与被申请人之间起到了确立合作意向的作用及固定以重组为背景的股份转让模式,尚未行至股份转让、过户的阶段。被申请人已及时履行通知上市公司、委托E公司证券部编制相应的权益变动报告,而申请人自始未履行法定义务。

第二,申请人未履行约定的给付义务。

根据《转股协议》的有关约定,申请人需向被申请人支付股份转让对价款。除向第一被申请人的付款进度与申请人向上市公司注入资产进度相关外,申请人应当向第二被申请人、第三被申请人支付股份转让价款合计1,813,000,000元。申请人作为给付金钱义务的债务人,自《转股协议》签订之日起至今未向第二被申请人、第三被申请人支付任何转让款,无履行协议的意愿和客观行为。

(3)申请人应举证证明其实际损失情况

无论是法律规定还是相关司法解释,违约金的确定均应以实际损失为依据。根据"谁主张,谁举证"的原则,申请人应提出其实际损失的具体数额,并承担相应的法定举证责任。若举证不能,应推定其不存在实际损失,则申请人

要求被申请人承担赔偿责任无事实依据。

被申请人认为，申请人不存在实际损失或仅遭受极少损失。首先，被申请人与申请人自2016年8月起就重组及股份转让事宜开始接触，于2016年10月14日签署《转股协议》，从商谈合作伊始至《转股协议》的最终签署历时较短；其次，《股权转让协议》签署后申请人既无履行合同的意愿也无客观行为，不存在履行协议产生的损失；最后，申请人明知被申请人拟处置标的股份却未作出阻止其"损害"的发生、扩大的行为，亦不存在由此造成的损失。

综上所述，被申请人认为，本案中《转股协议》事实上不具备可执行性，不存在适用违约条款的情形。申请人未履行法定义务、未支付股份转让价款、未向上市公司注入资产，不是完全的守约方，无权要求被申请人支付违约金。且在不存在实际损失或损失极少的情况下要求3亿余元的违约金无事实及法律依据，请仲裁庭依法驳回申请人的此项请求。

4. 被申请人曾经的股份质押行为不构成股份转让的法律障碍

上市公司股东通过股份质押等手段实现融资目的是证券市场上的通行做法，其行为合法、合规，且已履行相应的信息披露程序。《转股协议》中的有关承诺，是指相关交易标的在过户时应解除质押，保障买受人获得权力不受限的股份。此外，根据上市公司相关公告，被申请人已合法处置所持股份并完成股份过户，由此可见，被申请人曾经对其股份设置质押的行为完全不存在影响股份过户的法律障碍。

5. 被申请人未提供股份查询信息单的行为无过错

根据相关法律、法规，申请人在申请书中所述的股份查询信息单系向深交所申请办理股份转让的法律文件，并非法定或约定应当向申请人提供的资料，申请人单方面强调将该股份查询信息单作为其不能履约的借口无疑是缺乏法律依据的，被申请人对此并无过错。

6.《转股协议》事实上形成了合同权利义务终止的法律后果

2016年10月22日E公司发布《关于控股股东协议转让公司部分股份的

提示性公告》,披露了第一被申请人、第三被申请人已分别与 G 公司及 H 企业就转让上市公司股份事宜签署协议;2016 年 10 月 24 日、25 日 E 公司就上述股份转让事宜公告 4 份《简式权益变动报告书》;2016 年 11 月 24 日 E 公司公告《简式权益变动报告书》,披露了第二被申请人、第三被申请人于当日通过大宗交易减持上市公司股份的具体情况。

在被申请人处置其拥有股份的长期过程中,申请人未向被申请人、上市公司、监管机构等任何相关方提出任何异议,更未向被申请人表示其履行协议的任何意愿。申请人上述行为,足以印证了其已无履行《转股协议》的意愿,事实上形成了合同权利义务已经终止的法律后果。

综上所述,本次股份转让背景系以申请人成功向上市公司注入资产并取得股份为前提。被申请人认为,《转股协议》事实上不具备可执行性,不存在违约情形发生的前提条件。同时,《转股协议》存在显失公平、重大误解等可撤销情形,违约金设置不合理等问题。此外,被申请人对比了申请人的多份审计报告,发现其主要财务数据可信度较低,违反诚实信用原则,有伪造财务数据、偷税漏税之嫌。

(三)申请人的代理意见

1. 本案《转股协议》之协议效力问题

(1)《转股协议》合法成立并生效

根据申请人与被申请人双方实际签订的《转股协议》显示:申请人作为股权受让方,已加盖公司公章并附有授权代表签字确认。被申请人作为股权出让方,均各自亲笔签字署名确认,签署日期为 2016 年 10 月 14 日。据此,本案《转股协议》已依约合法成立并生效,该协议完全系申请人、被申请人双方自愿签订,内容为双方真实的意思表示。

同时,《转股协议》不存在任何违反中华人民共和国法律和行政法规的效力性、强制性规定的情形,根据我国《合同法》第 32 条以及第 44 条的规定,《转股协议》自 2016 年 10 月 14 日双方签署之日起合法有效,对双方具有法律约束力,被申请人应当严格依照《转股协议》履行自身义务。

(2)《转股协议》未被撤销、变更及解除,协议始终有效

《转股协议》合法成立并生效,其约定内容不存在任何可撤销、可变更的情形。同时,申请人、被申请人双方在签订协议后,任何一方均从未提出要求撤销、变更及解除《转股协议》。

被申请人于本案庭审中表示,其认为《转股协议》存在可撤销情形,但被申请人却未提交任何有效证据证明《转股协议》符合我国《合同法》第54条中规定的任意一种可撤销或可变更的情形。同时,在被申请人提出《转股协议》可撤销抗辩的前提下,仲裁庭向被申请人询问其是否请求仲裁撤销该《转股协议》时,被申请人予以明确否认。由此可见,被申请人并未主张撤销《转股协议》,该协议依法成立并生效,被申请人应当依约履行义务、承担责任。

2.《转股协议》的可执行性问题

(1)申请人未及时编制权益变动报告书具有合理原因。

申请人一方未编制权益变动报告书的原因为被申请人单方违约,且未及时编制权益变动报告书并不导致《转股协议》无法执行。

根据《管理办法》第14条的规定,申请人方拟收购上市公司股份超过5%的,确应在3日内编制股份权益变动报告书。《转股协议》于2016年10月14日晚签订完毕,客观上,15日及16日为星期六及星期日,而自17日起被申请人即已通过电话的方式通知申请人,其单方声称协议约定的交易模式不可行,并无理要求将协议予以调整变动。

拟收购上市公司超过5%股份的受让人需及时编制股份权益报告书,实则是要求收购方及时履行信息披露义务,其目的是保护上市公司其他股东,尤其是股民的基本知情权,防止较大份额的股份交易因私下进行而致使上市公司股价的不稳定,导致其他股东发生损失。而股份权益变动报告书的基本内容,则必须体现本次收购的具体交易安排。基于被申请人于17日即明确告知申请人双方之前拟定的交易不可行,虽被申请人为无理单方主张,但申请人再根据此

前约定的交易模式编制权益变动报告书没有任何实际意义,若强行编制并公布,反而会误导上市公司其他股东。

客观上,申请人已准备编制股份权益变动报告书并等待按时提交,但被申请人先是单方声称协议无法执行推进,而后却突然在21日即将股份转卖其他第三方,被申请人的恶意违约行为直接导致其与申请人的股份转让交易不再具有可履行性。至此,申请人再无编制股份权益变动报告的必要,申请人未编制权益变动报告,完全系被申请人的单方恶意违约行为引起的。

(2)未编制股份权益变动报告并非阻却《转股协议》继续履行的条件。

申请人虽因被申请人恶意违约行为无法按照规定及时编制股份权益变动报告进行信息披露,但是未编制报告行为的后果并不直接导致《转股协议》不具有执行性。信息披露只是股份转让过程中的一个环节,未及时进行信息披露引发的是一系列监管措施,并不必然导致《转股协议》无效或不可执行。况且,即使未及时编制权益变动报告,后续亦完全可以进行补充编制。未及时编制股份权益变动报告绝非阻却协议继续履行的条件。

综上所述,因被申请人单方之原因导致申请人客观上无法编制权益变动报告,而未编制权益变动报告并不必然导致协议无法继续执行,被申请人一方的主张完全不能成立。《转股协议》无法继续履行完全系被申请人单方恶意违约、"一股二卖"引起。

(3)被申请人主张系由于上市公司必须及时复牌,导致其迫于无奈在复牌前最后一天,即2016年10月21日将股份转卖至第三方。被申请人该说辞完全不能成立。

当前并无任何法律、法规规定限制,被申请人必须在复牌前完成股份转让交易。而事实上,2016年10月22日E公司发布的《第十二届董事会2016年度第三次临时会议决议公告》及《第十二届监事会2016年度第三次临时会议决议公告》显示,2016年10月18日E公司已经充分知晓G公司拟受让自身股份,并已就此由董事会及监事会进行审议,从而直接证明被申请人一方虽然与申请人签订了《转股协议》，却在协议履行过程中始终在谋求与G公司进行股权转让交易，被申请人系明确的恶意违约方，其“急于复牌无奈转让”的说辞完全不成立。对于涉及数十亿资金的股份交易，被申请人仅仅在1～2天的时间内便与G公司等第三方达成交易，系对于申请人的故意违约。

(4)被申请人主张其曾向专业人员咨询，认为《转股协议》约定的交易结构不可执行，故《转股协议》客观上不具有执行性。被申请人该说辞完全不能成立。

客观上，被申请人一方从未以正式的渠道就《转股协议》所设定交易结构进行过合规性确认。而依据现有法律、法规规定，无任何对于《转股协议》所约定交易的否定性规定。

事实上，《转股协议》中的交易结构为申请人和被申请人双方经过几个月的磋商谈判才确定下来的，在谈判过程中，被申请人一方亦曾明确表示，《转股协议》所设定的交易结构其咨询过专业人士，具备合规性及可执行性。

申请人认为，被申请人一方于本案中未提交任何证据证明《转股协议》所拟定的交易结构不具有可执行性，其该主张同样是为了掩盖自身恶意违约行为而寻找的借口，仲裁庭应不予采信。

根据上市公司流通股协议转让业务办理的相关规定，在案涉《转股协议》签订生效后，被申请人应当向结算公司查询股份持有情况，只有结算公司对被申请人股份持有情况进行审核，并向其出具股份持有证明文件后，后续股份转让的工作方可开展。而事实上被申请人从始至终从未前往结算公司进行过股份查询工作，足可证明其已不愿与申请人继续履约的单方恶意。

3.关于被申请人应承担的违约金

申请人与被申请人签署《转股协议》后，被申请人于2016年10月21日开始即通过实际与第三人签约、进行大宗交易等方式，明确以自身行为表明将不履行《转股协议》自身义务。同时，经被申请人转让、减持E公司股份后，现被申请人所剩持有股份已完全不能实现《转股协议》约定的目的。被申请人的单方恶意违约行为，已直接触发《转股协议》第6.3条约定。被申请人在庭审中认为，申请人主张的违约金过高，申请人对此无法认同。被申请人应当基于诚实信用、公平正义原则之要求，严格依约承担违约金。原因如下。

（1）该违约金条款系双方明确约定的对等条款，体现双方对商事规则精神的认可和遵从

双方在签订《转股协议》时，对因违约而造成的违约成本进行了充分确认及深度考量，该违约条款系同时对双方进行约束和保障的条款，体现双方明确的意思自治，也体现双方对商事规则精神的认可和遵从。该条款的设置对双方非常公平，其约定为"守约方向违约方支付"，意指若申请人一方违约，申请人一方也应如数承担上述违约金数额。该条款约定对等、公平，双方均应严格遵守，违约方应对守约方严格遵此约定承担违约责任。

（2）《转股协议》中约定的违约金数额具有合理性

虽然双方在《转股协议》中约定的违约金数额为313,600,000元，但综合《转股协议》的约定内容及交易架构来看，该违约金数额为整体交易价格的10%，完全符合商事交易中约定的违约金的基本比例，是双方对于违约成本及必然损失的明确认定。

在实践中，上市公司引进有实力的商事主体作为公司股东属于上市公司的重大利好，根据该利好消息，复牌后股票交易市场出现一个涨停板，即股票价格上扬10%属于十分常见的情形。E公司停牌之日前的股票收盘价格为每股9.69元股（2016年9月30日收盘价格），被申请人将股份转让给G公司及H企业后，复盘当日（2016年10月24日）的股票开盘价格为每股10.66元，上扬幅度为10%。基于此及双方签约前充分确认考虑，双方均认可E公司的股票上扬幅度可以作为双方约定违约金之数额是否合理之参考。换言之，若被申请人一方按照《转股协议》之约定履行合同业务，申请人有理由相信，申请人受让之股份亦会增值10%，此为双方充分认可的必然预期。

综上所述，《转股协议》约定的违约金数额具有公平性、合理性，基于商事

交易的诚信原则，仲裁庭对申请人主张的约定违约金应予全额支持。否则，任何上市公司的股份交易均可在签约后随意违约。

(3)被申请人违约过错程度极高，因其单方恶意违约行为已致合同目的无法实现

被申请人在双方签订《转股协议》后，仅以“私下问询专业人员，交易无法实现”为由，从未正式、认真地与申请人商讨协议如何继续履行，或协议应如何进行变更，然后径行在签约仅仅7日之内即将标的股份转让给第三人，此恶劣的违约行为直接导致《转股协议》已不具任何可履行性，直接导致申请人一方为该交易付出的全部心血和努力付之东流。鉴于本案中被申请人的过错程度极为恶劣，申请人主张的违约金数额具有事实合理性。

综上所述，申请人认为自身按照《转股协议》之约定所主张的违约金具有充分的公平合理性，理应获得仲裁庭的支持与认可。

4. 被申请人在签约、履约直至本案争议处理阶段均体现了主观恶性

综合被申请人迅速违约的行为来看，申请人有理由相信，被申请人在与申请人接洽的过程中，即同时与G公司及H企业进行交涉，被申请人与申请人签订《转股协议》之目的，不排除系利用与申请人之协议作为与其他第三方谈判及签约的筹码。在履约过程中，被申请人违约恶意亦极为明显。退一步而言，即使《转股协议》确因为政策之原因无法继续履行，根据《转股协议》第2.3条及商事交易的诚实信用原则，双方也应当协商一致进行协议的变更或者先行解除合同，但是被申请人在签约短短几天内，在没有任何的变更或解除协议的意思表示的情况下，立即与第三方签约转股，致使本合同目的无法实现，足以凸显其恶意违约的主观恶性。事实上，截至目前，被申请人也未能举出任何证据可以直接证明《转股协议》系因合规性确认问题导致无法继续履行。

（四）被申请人的代理意见以及对申请人代理意见的反驳意见

1. 申请人的行为已构成“假借订立合同，恶意进行磋商”，其应承担缔约过失之责任

第一，综观整个谈判、缔约过程，申请人方面中始终有律师等专业人士参与谈判并由其律师起草了《转股协议》；相反，被申请人方面参与谈判人员皆非专业人士。整份协议为申请人方面起草、拟定；整个签约过程由申请人主导、安排，申请人利用被申请人急于出让其股份的心理对其施加了不正当的影响，促使被申请人在极不正常的情况下在协议上签字。申请人的行为完全符合我国《合同法》第42条第1项“假借订立合同，恶意进行磋商”规定的情形。

第二，当被申请人发现协议中存在大量问题时，要求与申请人协商修改，马上遭到申请人拒绝。申请人方面一直有专业人士在侧，完全清楚协议内容中存在诸多“硬伤”，如不符合法律法规，存在重大误解，显失公平的内容，而存在这些内容肯定无法审核通过的。他们拒绝修改协议的行为表明，他们根本就没有诚意履行。这完全符合我国《合同法》第42条第3项规定“有其他违背诚实信用原则的行为”的情形。

第三，被申请人对比了申请人多份审计报告，发现其主要财务数据可信度较低，违反诚实信用原则，有伪造财务数据、偷税漏税之嫌。此点构成我国《合同法》第42条第2项规定“故意隐瞒与订立合同有关的重要事实或者提供虚假情况”的情形。

一方面，该协议内容严重与法律法规不符且无法履行；另一方面，一旦不履行，申请人则向被申请人索要天价“违约金”。对此，申请人必须对缔约过失承担责任。

2.《转股协议》的内容存在严重违法、违规且不可履行，其责任完全在申请人

（1）《转股协议》存在可撤销的情形

第一，付款条件和回购安排显失公平。

首先,付款条款导致被申请人主要合同目的无法实现。

《转股协议》第2.5条约定,在申请人向E公司成功注入资产并取得股份之前,无须向第一被申请人支付股权转让价款。

《转股协议》的签署系以重组为前提,上市公司重组需履行法定程序,申请人与被申请人均不能决定上市公司是否实施重组、何时完成重组。申请人未就上市公司行为在《转股协议》中作出任何限制,申请人也无须为此承担任何责任。因此,被申请人无法基于合同法律关系向上市公司提出请求,事实上形成了申请人只享有权益不承担责任的"单务"情形,造成了各方权利义务的严重不对等,无法保护被申请人的合法权益。

作为股份的出卖方,对被申请人来说,对价的给付应属实现合同目的的核心要素。《转股协议》中约定,向E公司成功注入资产并取得股份之前,申请人无须向第一被申请人支付任何股份转让价款,事实上造成了第一被申请人给付股份后无法预计或决定申请人能否或何时履行对价款支付义务,即被申请人合同目的的实现依赖其对第三方的行为,而这种行为处于不确定状态。同时,《转股协议》未对第二被申请人、第三被申请人的转让价款支付期限进行约定,剥夺了第二被申请人、第三被申请人的作为转让方的收取转入款的利益,在被申请人之间也制造了不公平。因此,客观上造成了申请人将在未支付对价款的情形下,在不确定期限内长期无偿占有上市公司股份。

申请人在不付出任何成本的前提下取得并长期占有上市公司11.6%的股份,致使各方民事权利义务严重不对等,有悖正常的交易习惯,不符合上市公司股份协议转让的一般惯例,亦不符合被申请人出售股份换取现金的基本需求,违背公平、等价有偿原则。同时,《转股协议》未约定申请人适当履行的标准,事实上造成被申请人合同目的无法实现,违背公平原则。此外,对第一被申请人与第二被申请人、第三被申请人付款安排的区别约定,事实上造成了平等民事主体在同一法律关系中权利义务的不一致,违背公平原则。

其次,回购条款违法违规内容无效。

《转股协议》第3条约定，如果申请人不愿意继续推进重组事宜，或因任何原因未能将其名下相关业务和资产注入E公司，则有权将获得的标的股份以本次股份转让相同的价格回售给转让方。“无论回购时标的股份的市场价格如何，均不影响回购价格。”

鉴于上市公司股价的变化难以预期，从现实角度出发，无论股价上涨还是下跌，申请人均可在标的股份所有权和风险转移的情况下，单方面享有股价上涨的利益，而丝毫不承担股价下跌的风险。反之，被申请人却单方承担了极其不公平的义务。上述约定完全是以挤压被申请人权益的方式扩大了申请人的利益，严重违反公平原则。

此外，回购条款明显严重违反了《深圳证券交易所上市公司股份协议转让业务办理指引》第8条的规定，系无效协议。

第二，协议各方对《转股协议》的诸多内容存在重大误解。

首先，对《转股协议》有关内容是否符合证券市场监管原则存在重大误解。

由于转让标的系上市公司股份具有特殊性，经被申请人与证券专业人士、深交所有关人士沟通后认为，《转股协议》约定的回购安排造成上市公司本次股份变动及其实际控制权存在重大不确定性，可能导致上市公司股价波动，存在对上市公司及其中小股东利益造成损害的可能性，不符合“公开、公平、公正的原则”“任何人不得利用上市公司的收购损害被收购公司及其股东的合法权益”等规定，违反现行法律、法规、规范性文件的规定，且与现行的证券市场政策导向和监管规则存在重大冲突。同时，根据《深圳证券交易所上市公司股份协议转让业务办理指引》的有关规定，协议转让的价格下限比照大宗交易的规定执行，而《转股协议》关于回购价格的约定存在违反上述规定的情形。

由于申请人与被申请人均对《转股协议》的合法合规性产生了重大误解，被申请人就上述问题积极联系申请人并与之反复沟通，但申请人一再推脱，拒绝沟通。

其次，对《转股协议》目的的可实现性存在重大误解。

根据完整交易背景及合同真实目的,《转股协议》的签署系以申请人注入资产并取得上市公司股份为前提。

在本案中,上市公司的行为决定了合同目的能否实现,且申请人始终表示所涉及的资产满足上市公司重组要求,基于对申请人的信任,被申请人单纯依据各方达成的真实合作意图解读合同条款,误认为《转股协议》已达到体现交易背景及约束重组实施的效果,签约后实施重组是顺理成章的事。但事实上申请人的资产并不成熟,未就相关重组事项通知上市公司,亦不存在与上市公司达成有关协议的行为。客观上,重组何时实施、何时完成等重要事项处于完全不可控的状态,导致被申请人对合同目的的可实现情况产生了重大误解。

(2)《转股协议》存在违反现行法律法规及监管理念的情形

根据《转股协议》第2.5条的约定,"受让方以现金方式支付本次转让价款。但是,在甲方向E公司成功注入资产并取得股份之前,甲方无须向乙方支付股权转让价款。在甲方向上市公司注入资产并取得上市公司股份后,甲方对乙方支付转让价款的付款进度为:受让方在通过重组取得上市公司股份2个月内支付1/3的价款;受让方在通过重组取得上市公司股份过户后2个月内支付1/3的价款;受让方就剩余款项最迟不迟于其通过重组取得上市公司股份后4个月内向转让方支付,以双方确定的日期为准……"。

《转股协议》第3条约定如下,"……如果受让方在尽调过程中发现问题而不愿意继续推进重组事宜,或者尽调结束后受让方因任何原因未能以适当形式成功将其名下相关业务和资产注入E公司,则受让方有权提出将本次转让获得的标的股份以本次股份转让相同的价格回售给转让方……无论回购时标的股份的市场价格如何,均不影响回购价格……"。

协议签署当日,被申请人将签署过程中的《转股协议》发至上市公司,请求上市公司证券部、法律部从证券法律、法规的角度就协议的相关内容予以审查。同时请求自然人K就《转股协议》咨询证券专业人士。

E公司经与深交所相关监管人员口头沟通后认为,《转股协议》涉及上市公司重大资产重组的相关事项，股份转让实质上也以受让方对公司进行重组成功并取得股份为前提。同时，因《转股协议》约定回购条款，公司股份变动情况的不确定及公司股权结构的不稳定，构成公司实际控制人、控股股东的重大不确定因素。《转股协议》的上述约定与现行的证券市场政策导向和监管理念存在重大冲突。

自然人 K 委托原某证券投资银行部自然人 L 先生审查后认为，《转股协议》涉及资产重组事项，交易所一般会要求上市公司在公告中详细披露重组资产的相关情况，重组的具体方案、重组进度的安排，以及本次股权转让和后续资产重组是否会导致公司实际控制人变更等一系列问题。同时，《转股协议》涉及回购条款的约定不符合当前监管部门的审核要求，可能会被监管部门认为上市公司控股股东有可能利用协议转让事项以及回购条款造成"假转让"让市场产生重组预期并抬高股价而获利，之后再通过回购条款终止交易。

被申请人在发现《转股协议》条款违反现行证券法律、法规相关规定及监管理念的基本精神后，本着对 E 公司及其股东负责的态度积极联系申请人对相关条款进行修订。第三被申请人、自然人 K、自然人 J 于 10 月 15 ~ 21 日，就上述问题与申请人反复沟通要求修改《转股协议》，以便可以顺利履行，实现合同目的。但申请人一再推脱，拒绝沟通。

《转股协议》存在违反法律法规及证券监管理念的情形。关于《转股协议》涉及的上市公司发行股份购买资产事项，受让人应严格遵循我国《证券法》第 67 条的规定，在《转股协议》中明确约定上市公司发行股份购买资产事项的具体资产情况、实施方式等基本法定要素，以便上市公司履行法定义务。但《转股协议》第 2.5 条的约定不符合我国《证券法》的规定，且约定的上市公司发行股份购买资产事项的不确定性可能导致上市公司股价异动的情形，违反我国《证券法》第 3 条、第 4 条、第 5 条的相关规定，与现行法律、法规及证券市场监管理念存在重大冲突。关于《转股协议》涉及的股份回售事项，《转股协议》第 3 条的约定涉及本次上市公司协议转让相关股份的回购事项，赋予了受让方在不实施前述发行股份购买资产事项时回售予出让方的权利影响上市11.6%的大额股份最终归属。《转股协议》第3条的约定存在违反《深圳证券交易所上市公司股份协议转让业务办理指引》第8条规定的情形。同时,本次股份转让涉及的股份较多,且涉及回购条款,致使上市公司实际控制人存在不确定性,导致上市公司股价异动的情形,违反我国《证券法》第3条、第4条、第5条的相关规定,与现行法律、法规及证券市场监管理念存在重大冲突。

(3)申请人未履行法定义务致使《转股协议》事实上不具备可执行性

第一,申请人始终未履行法定的信息披露义务。

根据《转股协议》,申请人拟受让被申请人所持的股份数额占上市公司总股本的11.60%,拥有E公司的权益拟超过E公司已发行股份的5%,应当在《转股协议》签署之日起3日内编制权益变动报告书,向中国证监会、深交所提交书面报告,通知E公司,并予公告。且申请人在作出报告、公告前,不得履行《转股协议》、不得再行买卖该上市公司的股票。但截至上述停牌时间届满之日(2016年10月21日),申请人未编制其权益变动报告,未就权益变动事项通知上市公司,亦未向上市公司提交任何有关信息披露法定文件。

第二,申请人始终未履行其他法定义务。

首先,申请人始终未履行向深交所提出申请的法定义务。根据我国《证券法》第94条的规定,申请人为法定的信息披露义务人。申请人始终未履行上述法定义务。

其次,申请人始终未履行拟获得股份的承诺锁定义务。根据《管理办法》第74条第1款的规定,"在上市公司收购中,收购人持有的被收购公司的股份,在收购完成后12个月内不得转让",但被申请人、上市公司均未收到申请人的上述承诺。

鉴于申请人未履行法定义务致使《转股协议》事实上不具备可执行性,且申请人无履行协议的意愿和客观行为。在被申请人与申请人沟通无果的情况下,为避免股票价格不正常波动给上市公司造成不良影响,于法定的上市公司停牌期间届满之日，以低于《转股协议》的价格转让了拥有的部分股份，被申请人就差额部分蒙受了巨大的经济损失。

上述义务是股份变动的生效要件，也是《转股协议》正式生效的条件，是申请人应当履行的法定义务。申请人在明知其法定义务的情况下未履行法定义务的事实表明其已无履行《转股协议》的意愿，事实上造成了股份无法变动的结果，导致《转股协议》已不具备可执行性，无法实现股份变动这一根本目的。

3. 关于《转股协议》之协议效力问题

(1)《转股协议》只是处于成立阶段，不具备履行条件，尚未生效

第一，申请人引用我国《合同法》第 32 条和第 44 条第 1 款是不当的，《转股协议》应适用我国《合同法》第 44 条第 2 款。

第二，鉴于《转股协议》存在缔约过失问题，合同处于成立而尚未生效的状态，对此，仲裁庭应主要考虑当事人的法定义务而非约定义务(合同中有效条款如仲裁条款除外)。

所谓“约定大于法定”，系合同内容完全合法合规的情况下的一项原则，而《转股协议》内容中存在严重违法违规之情形且不具备履行条件，不可履行且尚未生效，故在本案中已失去了引用此项原则之法理基础。同理，申请人引用《转股协议》第 10 条的约定已毫无意义。

同理，被申请人所称“违约”，亦主要是指申请人未履行法定义务，均证据确凿。反之，凡申请人指责被申请人所谓“违约”均指约定义务，由于《转股协议》尚未生效，故申请人的所有观点均无任何立论基础，均不能成立。

第三，在被申请人通过书面意见和庭审过程中一再强调“本案合同内容中存在严重违法违规之情形且不可履行”并列举了大量显而易见的事实的情况下，申请人仍在其《代理意见》中称“《转股协议》不存在任何违反中华人民共和国法律和行政法规的效力性、强制性规定的情形”，充分暴露了其罔顾事实、无视法律的本质。

第四，由于协议的谈判和签署都是在极不正常的情况下仓促进行的，相关

证据显示,此事系申请人精心设计的圈套和陷阱,故申请人的行为已构成我国《合同法》第42条"假借订立合同,恶意进行磋商"等情形,存在严重缔约过失。故《转股协议》内容不是被申请人的真实意思表示。

第五,被申请人重申,鉴于《转股协议》只是处于合同成立阶段,不具备履行条件且尚未生效,因此,双方的合同义务应仅限于成立之后且生效之前这个阶段应做的相关事务,即如何促成《转股协议》达到生效条件,而非如何履行协议当中具体的条款。当任何一方当事人未能履行此阶段之相关义务时,其法律后果仅限于实际损失的赔偿问题,根本不涉及所谓"违约金"的问题。

(2)《转股协议》的内容完全符合我国《合同法》第54条关于变更和撤销的条件

第一,被申请人强调《转股协议》的内容中存在我国《合同法》第54条关于变更和撤销的内容,是将其作为缔约过失的具体表现来论述,由此说明《转股协议》属于缔约过失,且导致缔约过失之责任在申请人方面。至于是否要作为仲裁请求提出,是被申请人的一项权利,是否行使此项权利,由被申请人选择。

第二,如前所述,鉴于本案《转股协议》处于尚未生效阶段,则无须提起撤销之诉。

作为《转股协议》的收购方,申请人对法定义务均未在法律、法规规定的期限内完成。根据前述相关法律法规,未经证券监管机关和证券交易所审核,转让双方依照证券法规定,"不得履行收购协议"(不得履行《转股协议》),也就是说,《转股协议》如未经监管机关和证券交易所审核后通过,是不能生效的。

此外,《转股协议》第2.3条约定也说明,本案项下《转股协议》已经解除。而当被申请人多次要求申请人协商变更遭到拒绝后,此协议便自动失效。从某种意义上来讲,这份《转股协议》只具有草签的性质,至多是处于合同成立未生效阶段。

因此,本案项下的合同处于合同成立未生效阶段,既然合同尚未生效,当事人之间不存在履行合同义务的问题。

(3)《转股协议》的内容完全符合我国《合同法》第54条关于变更和撤销的条件

第一,被申请人强调《转股协议》的内容中存在我国《合同法》第54条关于变更和撤销的内容,是将其作为缔约过失的具体表现来论述,由此说明本案合同属于缔约过失,且导致缔约过失之责任在申请人方面。至于是否要作为仲裁请求提出,是被申请人的一项权利,是否行使此项权利,由被申请人选择。

第二,如前所述,鉴于本案《转股协议》处于尚未生效阶段,则无须提起撤销之诉。

4. 被申请人为维护自身合法权益签署新的股份转让协议并因此产生重大经济损失

(1)事实概况

鉴于法律规定的停牌时间只有10日,迫于期限将至。2016年10月18日在以电话、微信等方式多次沟通未果的情况下,第三被申请人委托自然人J、自然人K、自然人L连夜专程赶往位于O市的申请人住所地就修改协议条款事宜与申请人当面沟通。2016年10月19日自然人J、自然人K、自然人L代表第三被申请人与自然人M、自然人N及申请人代理律师进行了会谈。沟通中,就《转股协议》相关条款与现行的证券市场政策导向和监管理念存在重大冲突,不符合现行证券法律、法规相关规定的情况进行了详细说明;明确了《转股协议》修订的必要性;强调了E公司复牌期限即将届满。同时,被申请人耐心、真诚地与申请人就协议条款的修订方案进行沟通,申请人拒绝修改协议并表示无法合作也没办法。

鉴于申请人明确拒绝对《转股协议》进行修订,迫于上市公司复牌压力,在E公司停牌期限届满前2日(2016年10月19日)时,经E公司董事长介绍,被申请人与G公司、H企业接触,并于2016年10月21日签署股份转让协议。

2016年10月20~21日被申请人委托自然人L与深交所进行沟通,深交所有关人士表示因《转股协议》存在回购条款,无法通过监管审核。此后,被申请人委托自然人K、自然人J等人不断通过电话、微信等方式与申请人进行沟通，说明了E公司复牌时间的紧迫及协议条款修订的必要，但直至E公司复牌期限届满之际，申请人始终未对协议条款修订事宜予以回复。

(2)不存在假意签署《转股协议》的情形

第一，申请人与G公司、H企业签署股份转让协议的原因。

2016年9月初被申请人已在E公司董事长的介绍下，就转让E公司股份事项进行了接触。由于当时H企业、G公司给出的交易方案仅为股份受让，而与申请人交易方案涉及重组事项，被申请人拒绝了与H企业、G公司的交易，未就上述转让事项进一步接触。由于被申请人在与申请人确定合作意向、签署《转股协议》前曾与G公司、H企业就股份转让事项进行过沟通，且前述转让方案仅涉及股份转让较简单。因此，被申请人在复牌期限即将届满的压力之下，于2017年10月21日与G公司、H企业签署股份转让协议。

第二，董事会回避表决事项与交易事项无关。

E公司于2016年10月22日分别发布《第十二届董事会2016年度第三次临时会议决议公告》《第十二届监事会2016年度第三次临时会议决议公告》，表述内容涉及于2016年10月21日召开的第十二届董事会2016年度第三次临时会议在审议《关于公司参与投资中国P投资中心(有限合伙)的议案》时，G公司因拟受让E公司股份构成关联交易，对该议案回避表决。

被申请人认为，G公司与被申请人于前述董事会召开当日签署了股份转让协议，上市公司在收到拟进行交易的信息后，对董事会决议事项回避表决无可厚非。不能证明上市公司在2016年10月18日的董事会通知中已说明回避事项，不存在假借与申请人签署的协议促成与G公司、H企业交易的情形。

综上所述，被申请人在上市公司复牌期限即将届满的压力之下，与交易内容简单且早期曾接触过的G公司、H企业，在短期内签署股份转让协议实属无奈。不存在假借与申请人签署的协议促成与G公司、H企业交易的情形。

被申请人为维护自身合法权益签署新股份转让协议并产生重大经济损失，

被申请人以低于《转股协议》所约定的价格将相关股份卖出。由此而产生的差价损失,必须由申请人承担。

5. 关于违约金

被申请人认为,就《转股协议》中的违约条款而言,以合同标的金额为计算基数过分高于实际损失,具有明显的不合理性;申请人未适当履约,不是完全的守约方,无权要求违约金;申请人未举证证明其实际损失情况,不存在实际损失或仅遭受极少损失,要求被申请人承担赔偿责任无事实依据。

按照一般的行业惯例,商业合同的标的越大,其违约金比例应逐级递减,这是通常做法。本案的合同标的为30多亿元,约定10%的违约金显然畸高,毫无合理性而言。法律的公平合理还体现在坚决反对因恶意而获利的不劳而获行为。

同时,被申请人坚持《转股协议》处于成立但未生效的状态和性质,当然包括关于违约金条款。故被申请人阐述讨论此违约金问题,不代表否认被申请人关于合同未生效的观点,未生效的协议不能作为裁判参考。

二、仲裁庭意见

(一)本案基本事实及申请人的主要仲裁主张

经过审理,仲裁庭可以确认本案中的以下基本事实:

1. 2016年10月14日申请人与第一、第二、第三被申请人签订了本案争议的基础性协议,即《转股协议》。

经查,申请人及3名被申请人共同签署了《转股协议》。在本案审理中,申请人、被申请人双方分别向仲裁庭提交了《转股协议》文本作为支持己方主张的证据,同时亦均未对各自签署了《转股协议》这一事实提出过任何异议。据此,仲裁庭确认《转股协议》的真实性。

根据《转股协议》的规定,被申请人应向申请人转让其所合法持有E公司的合计3.2亿元无限售流通股股份。具体为：

第一被申请人转让其持有的1.35亿股；

第二被申请人转让其持有的1.35亿股；

第三被申请人转让其持有的5000万股。

上述股份的转让价格为每股9.8元，转股总价合计为3,316,000,000元。《转股协议》规定，该股份转让的基准日为2016年10月14日；股份转让的完成日或过户交割日拟定在2016年10月18日至11月18日。

2.2016年10月21日第一被申请人及案外人I公司作为转让方与H企业签订了《关于E公司转股协议》。根据该协议规定，其中第一被申请人将以每股9元的价格向H企业转让其合法持有上市公司的1.35亿股非限售流通股。

3.2016年10月21日第三被申请人及案外人I公司作为转让方与G公司签订了《G公司转股协议》。根据该协议规定，其中，第三被申请人将以每股8.9元的价格向G公司转让其合法持有上市公司的3亿股无限售流通股。

4.2016年11月24日第二被申请人通过大宗交易方式减持了其持有上市公司的8070余万股非限售流通股。此后，第二被申请人仍持有上市公司股份近5430万股。

5.2016年11月24日第三被申请人通过大宗交易方式减持了其持有上市公司的近1330万股非限售流通股。

6.2016年12月1日第一被申请人完成了其在《关于E公司转股协议》项下向H企业转让1.35亿股的股份过户变更登记手续。

7.2016年12月27日第三被申请人完成了其在《G公司转股协议》项下向G公司转让上市公司3亿股的股份过户变更登记手续。

申请人主张，通过《关于E公司转股协议》《G公司转股协议》的履行及前述大宗交易减持行为，第一被申请人和第三被申请人已经不再持有上市公司股份，只有第二被申请人还持有上市公司近5430万股份。在此情况下，被申请人的上述行为不但违反了《转股协议》第5.2.7条的规定，即“在本协议书签署后，转让方不得与本协议书之外的任何第三人就标的股份的处置进行协商、不得与协议书之外的任何第三人就该等事项签署任何协议、合同或其他任何关于处置标的股份的文件、确保标的股份在过户日前不被冻结、查封、拍卖、变卖、折价或以其他任何方式加以处置”，而且客观上也使自己处于了无法按《转股协议》的规定向申请人转让、过户约定股份的地位，事实上构成了单方擅自终止《转股协议》的行为。依约，被申请人应对其上述违约行为向申请人承担约定的违约赔偿责任。

仲裁庭认为，在前述基本事实已被确认的情况下，申请人的主张能否成立，或者说，被申请人是否可对自己的上述行为享有免责，主要取决于被申请人是否能为自己转售及大宗交易减持上市公司股份的前述行为提供充分的事实、法律或合同依据以及理由。

仲裁庭在审理中注意到，被申请人为了支持自己应予免责的主张，在整个答辩过程中从各个角度、层面陈述、罗列了自己的理由、依据。但是其在陈述及罗列支持自己主张的理由、依据时，对于其各种主张、理由、依据的法律基础、相互间的法律关系及逻辑关系，则缺乏明确性、严谨性及逻辑性。这给仲裁庭顺利理解其各项主张、理由、依据造成了困惑。在此情况下，仲裁庭只能尽力根据自己对被申请人答辩意见的合理理解并结合申请人相关陈述对于被申请人的答辩主张、理由能否成立发表以下意见。

(二)关于《转股协议》效力的问题

1. 关于被申请人是否可以基于我国《合同法》第42条的规定免除自己合同责任的问题

仲裁庭注意到，被申请人在其答辩意见中称申请人在《转股协议》的谈判及缔约过程中的行为实质上是“假借订立合同，恶意进行磋商”，应承担缔约过失责任。被申请人支持其前述主张的主要理由可简要归纳如下。

(1)《转股协议》是在极不正常状态下进行的；是在第三被申请人中午喝了半斤白酒后未认真看《转股协议》就签署，及第一和第二被申请人是在抵达某机场后经申请方人员催促下借手机打出的微弱光亮草签的。

(2)在整个谈判过程中,申请人方始终有律师等专业人员参加并起草了《转股协议》,而被申请人方则皆非专业人士。申请人利用被申请人急于出让股份的心态对被申请人施加了不当影响。

(3)当被申请人发现《转股协议》存在有违法律、存在重大误解及显失公平的大量问题要求申请人修改时,却遭到了申请人的拒绝。这表明申请人是在设圈套和陷阱,实质上并无意履行《转股协议》。申请人的这一行为违反了我国《合同法》第42条第3项规定的"诚信原则"。

(4)被申请人发现申请人的财务数据可信度低,有偷漏税之嫌。构成了我国《合同法》第42条第2项规定的"故意隐瞒与订立合同有关的重要事实或提供虚假情况"的情形。

综上所述,仲裁庭认为有必要直接引述我国《合同法》第42条的规定,即"当事人在订立合同过程中有下列情形之一,给对方造成损失的,应当承担损害赔偿责任:(一)假借订立合同,恶意进行磋商;(二)故意隐瞒与订立合同有关的重要事实或者提供虚假情况;(三)有其他违背诚实信用原则的行为"。

仲裁庭认为,在审判实践中,我国《合同法》第42条通常适用于以下两种情形下赔偿责任的确定,又称为信赖利益损失的赔偿。这两种适用情形为:在订立或磋商合同的过程中,一方当事人因故意或过失及违背诚实信用原则所应尽的义务(仲裁庭注:又称为"先合同义务"),使合同最终未能订立或未能有效成立;及合同虽然已经成立了,但是随后又被依法撤销或者被认定为属于无效合同的情况下,对于无过错及善意的他方当事人因合理信赖对方当事人及信赖合同可以成立而合理发生的实际损失,或者说,对方当事人应当承担民事赔偿责任的场合或情形。显然,适用我国《合同法》第42条规定实现救济权或主张权利的基础是在当事人间并未曾订立有效的合同,或者当事人间虽然订立了合同但最终又被依法撤销或被认定为属无效合同从而使当事人间自始视为并不存在有效合同关系;否则,当事人应依据其之间订立之合同的规定追究违约方的违约责任及寻求相应的违约救济。

在本案审理中，仲裁庭特别注意到，申请人、被申请人双方均对已经签订了《转股协议》的事实不持异议或者说均确认本案《转股协议》的真实性。在庭审中，仲裁庭亦特别询问了被申请人其是否还准备提出撤销《转股协议》的主张或答辩理由。对此，被申请人给予了否定答复。

有鉴前述，仲裁庭认为，且无论被申请人支持自己适用我国《合同法》第42条规定而提出的各项具体理由本身能否成立；也无论被申请人在本案中并未依缔约过失责任向申请人提出反请求，仅从被申请人提出适用我国《合同法》第42条规定这一主张的法律基础上来看，其实质上是主张在申请人、被申请人双方之间已经签订了合同，并且其并不主张依法撤销该合同及其亦未在本案答辩中正式主张《转股协议》应因违法、违规而被视为无效合同的基础上，主张适用我国《合同法》第42条规定。仲裁庭认为被申请人这一适用我国《合同法》第42条规定之主张的目的在法律上是不清晰和存疑的。为此，仲裁庭在庭审时特别要求申请人、被申请人双方均应具体明确自己的主张及自己各项主张的法律依据、法律基础及理由。然而，被申请人作为在此问题上的权利主张方，并未在此问题对自己的这一主张及这一主张的法律基础提交进一步的意见或释明。在此情况下，仲裁庭认为，被申请人未能向仲裁庭说明在申请人、被申请人双方间合同已经签订的情况下其何以有权适用我国《合同法》第42条规定并据此免除自己在《转股协议》下之义务或违约责任的法律依据和理由。为此，在本案具体情况下，仲裁庭在审理被申请人是否可以免除其在《转股协议》项下的义务时，不考虑被申请人基于我国《合同法》第42条提出的理由。

2. 关于《转股协议》的性质和效力

《转股协议》第6.1条规定："本协议自各方签字/有权代表签字并加盖公章之日起生效。"在本案审理中，申请人、被申请人双方均确认双方已经按《转股协议》规定的形式签署了该协议的事实。然而，被申请人主张虽然《转股协议》已经成立，但是却并未生效。也就是说，其认为在《转股协议》效力问题上，应适用我国《合同法》第44条第2款的规定，即"法律、行政法规规定应当办理批准、登记等手续生效的，依照其规定"。

被申请人之所以认为，《转股协议》属于应经报批后才能生效的合同，其主要法律依据是我国《证券法》第94条的规定，即"采取协议收购方式的，收购人可以依照法律、行政法规的规定同被收购公司的股东以协议方式进行股份转让。以协议方式收购上市公司时，达成协议后，收购人必须在三日内将该收购协议向国务院证券监督管理机构及证券交易所作出书面报告，并予公告。在公告前不得履行收购协议"；以及中国证券监督管理委员会颁布的《管理办法》第14条第1款的规定，即"通过协议转让方式，投资者及其一致行动人在一个上市公司中拥有权益的股份拟达到或者超过一个上市公司已发行股份的5%时，应当在该事实发生之日起3日内编制权益变动报告书，向中国证监会、证券交易所提交书面报告，通知该上市公司，并予公告"。

被申请人称，申请人在双方签署了《转股协议》后并没有在上述规定的时间内依法向证监会及证券交易所办理审核，及并未编制《权益变动报告书》。因此，在《转股协议》并未通过监管机构和证券交易所的审核前，即使已经签订也未能生效。

对于被申请人的前述主张，仲裁庭认为，根据我国《合同法》第44条的规定，经过审批后才能生效的合同仅限于"依法律、行政法规规定应当办理批准、登记等手续生效的"合同。然而，我国《证券法》第94条仅规定："达成协议后，收购人必须在三日内将该收购协议向国务院证券监督管理机构及证券交易所作出书面报告，并予公告。"显然，从文字上来看，我国《证券法》第94条规定中没有指出向证券监管机构和证券交易所报告已达成的收购协议是该协议须获得批准才能生效的程序还仅是备案程序；并未规定证券监管机构和证券交易所在收到所报告的收购协议后是否要作出准予或不准予的效力批复及应作出该批复的时间。此外，我国《证券法》第94条明确规定"在公告前"，而不是在收购协议"获得批准前"不得履行收购协议。仲裁庭认为，在涉及特定形式之合同是否属于报批生效性质的问题上,应作严格解释。被申请人作为权利主张方或该主张的提出方应承担举证责任。然而,被申请人仅仅向仲裁庭表示了其单方对我国《证券法》第94条规定的解读或理解,这不能说服仲裁庭支持其《转股协议》需经报批后才能生效的主张。仲裁庭认为,合同本身的效力问题与该合同在生效后必须满足一些条件(包括法律条件)后才能完全履行并不是等同的概念或问题。

此外,关于被申请人引述之《管理办法》的规定,仲裁庭认为从该规定的内容上来看,被申请人未能向仲裁庭解释或说明收购人在签订收购协议后3日内是否编制了权益变动报告书的行为与不行为直接与收购协议的效力有关;而且被申请人也未向仲裁庭说明从该规定的形式上来看,为什么可以将《管理办法》归属于法律、行政法规的范畴。

仲裁庭注意到,在涉及《转股协议》是否属于应报批生效之合同范畴的问题上,被申请人为了支持其主张还引述了上海证券交易所、深圳证券交易所和中国证券登记结算有限公司发布的《上市公司流通股协议转让业务办理暂行规则》(以下简称《暂行规则》)及《深圳证券交易所上市公司流通股协议转让业务办理指南》(以下简称《办理指南》)中的相应规定。仲裁庭认为,仲裁庭未合理发现被申请人引述的上述规定中有涉及《转股协议》须报批后才生效的内容;并且,被申请人亦未向仲裁庭解释或说明为什么这些规定可以归属于法律、行政法规的范畴。

综上所述,仲裁庭认为,被申请人未能以充分的理由、依据和证据说服仲裁庭支持其《转股协议》依法属于经报批后才生效之合同的主张。因此,根据《转股协议》第6.1条的规定及我国《合同法》第32条的规定,《转股协议》于2016年10月14日申请人、被申请人双方签署时成立、生效,并对双方产生约束力。

3. 关于《转股协议》存在可撤销情形的问题

被申请人主张,其不应对申请人指称其的违约行为承担责任的另一个理由是被申请人认为《转股协议》存在可撤销的情形。具体而言,就是被申请人认为《转股协议》中有关付款条件和股份回购的规定显失公平，及《转股协议》各方对协议中的诸多内容存在重大误解。

仲裁庭注意到，我国《合同法》第54条针对可撤销合同的条件作出了专门规定，即"下列合同，当事人一方有权请求人民法院或者仲裁机构变更或者撤销：(一)因重大误解订立的；(二)在订立合同时显失公平的。一方以欺诈、胁迫的手段或者乘人之危，使对方在违背真实意思的情况下订立的合同，受损害方有权请求人民法院或者仲裁机构变更或者撤销。当事人请求变更的，人民法院或者仲裁机构不得撤销"。此外，我国《合同法》第56条亦明确规定："被撤销的合同自始没有法律约束力。"据此，仲裁庭合理的理解是被申请人提出《转股协议》存在可撤销情形的法律依据是我国《合同法》第54条规定。仲裁庭认为，如果被申请人基于我国《合同法》第54条规定的理由提出了撤销合同的请求，且该请求得到了仲裁庭的确认，则根据我国《合同法》第56条规定其有权不再受《转股协议》的约束。为此，仲裁庭在庭审中特别询问了被申请人是否提出撤销合同的请求，而被申请人给予了否定回答。在此种情况下，仲裁庭合理地认为被申请人实质上是在不主张撤销《转股协议》的情况下，或者说，是在合同有效成立的情况下主张以法定可撤销合同的理由作为其可免除《转股协议》项下履约责任的依据。

仲裁庭认为，且无论被申请人前述所称《转股协议》存在显失公平及重大误解的具体理由本身能否成立，被申请人并未向仲裁庭指出或解释其所以能在不请求撤销《转股协议》的前提下有权将可撤销合同的理由作为可以免除其在《转股协议》下履约义务之理由的法律依据。由此，仲裁庭认为，在被申请人没有提出依法撤销《转股协议》的情况下，仲裁庭无须考虑被申请人所提出的撤销《转股协议》的具体理由、依据，进而无须就此作出认定或裁定。

4. 关于《转股协议》中某些条款之效力的问题

仲裁庭注意到，被申请人在本案答辩意见中并没有明确、系统地提出过《转股协议》中的某些具体规定因违法、违规而应被认定为无效规定的主张。

然而,被申请人在其答辩中却不时地表露出《转股协议》中的某些规定应属无效规定的意图。为慎重起见,仲裁庭将针对被申请人有过如此意思表示之《转股协议》中可能涉及的条款或规定的法律效力问题;及这些规定之可能的效力问题是否可以使被申请人主张免除其《转股协议》下履约责任的问题分别发表意见。

(1)《转股协议》付款安排规定的效力问题

在答辩中,被申请人一直在质疑《转股协议》第2.5条有关付款安排规定的效力,认为该规定使申请人在向上市公司注入资产并取得上市公司股份前无须向第一被申请人支付股权转让款,从而事实上形成了申请人享有权利但不承担义务,造成了第一被申请人对何时能收到转股款的不确定性及双方权利义务的不对等。

仲裁庭注意到,《转股协议》第2.5条规定:"'申请人'以现金方式支付本次转让价款。但是,在'申请人'向'上市公司'成功注入资产并取得股份之前,'申请人'无须向'第一被申请人'支付股权转让价款。"第2.5条还规定了当申请人通过重组取得了上市公司股份后应向第一被申请人支付转股款的具体时间;规定了申请人应按照《转股协议》第2.4条规定分别向第一、第二、第三被申请人支付其各自应得转股款的义务。

针对被申请人对《转股协议》第2.5条规定的质疑,仲裁庭认为:从该第2.5条规定的内容上来看,其是对申请人向第一被申请人的付款规定了两个先决条件,即申请人的资产成功地注入了上市公司及申请人取得了上市公司的约定股份。仲裁庭注意到,该两个付款先决条件的规定并不适用于申请人向第二、第三被申请人承担的转股款支付义务。而在《转股协议》中,3名被申请人是一起作为该协议的"转让方"的。

针对《转股协议》第2.5条规定的效力问题,仲裁庭认为:

第一,《转股协议》第2.5条是申请人、被申请人双方在达成的协议中的共同约定,而不是申请人单方强加于被申请人的合同外要求。

第二,《转股协议》并不属于法律给予特定一方或一类当事人特别保护的合同类型。在通常的商业或经济合同中,当事人基于各自的需要、交易的具体情况对合同下的付款或标的支付等义务的发生规定或设置一定的前提条件是十分普遍的做法,这一做法本身并不违反任何强制性的法律、行政法规的规定。此外,虽然该第2.5条并未具体规定申请人应向第二、第三被申请人支付相应股权转让款的具体时间,但这并不能排除申请人在获得第二、第三被申请人股权时的付款义务。《转股协议》在针对第二、第三被申请人付款时间上规定不明确的问题完全可以通过适当的程序、对合同不明确之处的依法解释予以补充和完善,在法律上不存在申请人可以无偿占有第二、第三被申请人股份而不承担相应付款义务的情形,也不存在《转股协议》第2.5条规定的付款条件成就后申请人可以无偿、持续占有第一被申请人股份而无须承担相应付款义务的情形。因此,仲裁庭不认为《转股协议》第2.5条的规定因违法、违规而是无效规定。

此外,仲裁庭认为有必要指出,在申请人、被申请人双方已有效签署了《转股协议》的情况下;在申请人、被申请人双方均不主张撤销《转股协议》的情况下;在《转股协议》该规定不违反法律、行政法规强制性规定的情况下,当事人通过合意产生之合同规定本身产生的交易风险,当事人应自行承担。任何一方当事人均无权视合同成立后的实际情况或已方对所达成之合同条款或交易条件的重新认知而否认或推翻双方已达成之合同的效力或约束力。

仲裁庭认为,被申请人对《转股协议》第2.5条规定的质疑不影响该条规定的效力;被申请人亦无权以对该条规定的质疑作为其有权否认《转股协议》对其约束力的理由。

(2)《转股协议》中股权回购安排的效力问题

被申请人在其答辩意见中称,《转股协议》第3条有关股权回购的规定违法、违规应被认定为无效规定。

《转股协议》第3条规定:"如果'申请人'在尽调过程中发现问题而不愿意

继续推进重组事宜,或者尽调结束后‘申请人’因任何原因未能以适当形式成功将其名下相关业务和资产注入‘上市公司’,则‘申请人’有权提出将本次转让获得的标的股份以本次股份转让相同的价格回售给‘被申请人’。”

仲裁庭注意到,被申请人认为《转股协议》第3条规定违法、违规应为无效规定的理由、依据可以归结为以下几点:

第一,按照该第3条规定,如果被申请人须按原价回购股份,则申请人可以享受股价上涨的利益而不承担股价下跌的风险,这有违公平原则;

第二,该第3条规定违反了《深圳证券交易所上市公司股份协议转让办理指引》(以下简称《办理指引》)第8条规定,即“上市公司股份协议转让价格上市公司股份协议转让价格范围下限比照大宗交易的规定执行,法律法规、部门规章、规范性文件及本所业务规则等另有规定的除外。转让双方应当以协议签署日的前一交易日转让股份二级市场收盘价为定价基准。但转让双方就有限售条件股份签订在限售期届满后办理转让的协议的,应当以协议签署日的前一交易日和向本所提交申请日的前一交易日转让股份二级市场收盘价二者中较高者为定价基准,法律、行政法规、部门规章、规范性文件及本所业务规则等另有规定的,从其规定”。

仲裁庭认为,《转股协议》第3条规定是否符合《办理指引》的规定及在协议的履行中是否能通过深交所的合规性确认是《转股协议》履行中的具体问题;而且《转股协议》第2.3条中亦专门针对一旦《转股协议》未能得到深交所的合规性确认时应如何处理作出了具体规定。

仲裁庭进而认为,被申请人并未能举证证明深交所发布的《办理指引》具有法律、行政法规的效力,进而亦未能证明《转股协议》第3条规定本身因违反法律、行政法规强制性规定而应为无效规定。因此,在《转股协议》未被深交所决定不予合规性之前,被申请人无权以此为由否认《转股协议》的约束力。

(3)关于《转股协议》违反证券市场监管理念的问题

被申请人认为《转股协议》的内容违法、违规的理由中还包括了《转股协议》违反了监管理念。具体而言包括几个方面。

第一,被申请人认为,《转股协议》第2.5条有关付款安排的规定违反了监管理念。其理由是《转股协议》第2.5条的规定涉及上市公司发行股份购买资产的行为。而根据我国《证券法》第67条的规定,“发生可能对上市公司股票交易价格产生较大影响的重大事件,投资者尚未得知时,上市公司应当立即将有关该重大事件的情况向国务院证券监督管理机构和证券交易所报送临时报告,并予公告,说明时间的起因、目前的状态和可能产生的法律后果”。由于《转股协议》第2.5条规定中约定发行股份购买资产的事项的不确定性可能导致上市公司股价的异动,因此该规定违反了我国《证券法》第3条、第4条、第5条规定,并与证券市场监管理念有重大冲突。

仲裁庭合理注意到,《转股协议》规定、调整的是申请人、被申请人双方协议转让上市公司非限售流通股中的相应法律关系,并未规定、调整上市公司资产重组的事宜。《转股协议》第2.5条仅规定申请人向第一被申请人支付转股价款的一个前提条件是其向上市公司成功注入了资产,而并未涉及其资产以何种形式注入上市公司的事宜。被申请人并未向仲裁庭充分说明或解释,为什么说《转股协议》第2.5条的规定违反了证券市场的监管理念及其对该规定本身之效力的影响;并未向仲裁庭充分说明及解释其这一主张与其可以据此享有不受《转股协议》约束之理由间的关系及相应依据。因此,被申请人以《转股协议》第2.5条违反了证券市场监管理念进而其可以不受《转股协议》约束的理由,仲裁庭不能予以支持。

第二,被申请人认为,《转股协议》第3条有关股份回购的规定违反了证券市场监管理念。

仲裁庭注意到,在此主张下,被申请人仅仅是重述了其认为《转股协议》第3条规定违反了深交所《办理指引》第8条规定而发表的意见。对此,仲裁庭已发表过意见,不再赘述。仲裁庭认为,在深交所未以此为由拒绝给予《转股协议》合规性确认之前,被申请人不得以《转股协议》第3条规定违反证券市场监管理念为由否认自己在《转股协议》下的全部合同义务。

综上所述，仲裁庭认为，《转股协议》已于申请人、被申请人双方签署时生效并发生法律效力。在本案审理中，被申请人并未依法申请撤销《转股协议》；并未能证明《转股协议》中的有关条款本身因违反法律、行政法规的强制性规定应为无效规定；未能证明其有权以《转股协议》中的有关规定本身因违法、违规及违反了证券市场监管规则而免除自己在《转股协议》下承担的合同义务。在此情况下，仲裁庭认为《转股协议》对申请人、被申请人双方均有约束力。

（三）关于《转股协议》的可执行性问题

仲裁庭注意到，被申请人在其答辩中主张由于申请人未能履行其法定义务，从而使《转股协议》不具备可执行性，进而可以免除自己在《转股协议》下的履约义务。仲裁庭合理理解被申请人支持自己这一主张的主要理由可以归纳为以下几个方面。

1. 申请人未在达成《转股协议》日起3日内履行编制权益变动报告书义务的法律后果

为了支持自己的主张，被申请人引述了以下相关规定：

（1）我国《证券法》第94条规定："采取协议收购方式的，收购人可以依照法律、行政法规的规定同被收购公司的股东以协议方式进行股份转让。以协议方式收购上市公司时，达成协议后，收购人必须在三日内将该收购协议向国务院证券监督管理机构及证券交易所作出书面报告，并予公告。在公告前不得履行收购协议。"

（2）证监会《管理办法》第14条规定："通过协议转让方式，投资者及其一致行动人在一个上市公司中拥有权益的股份拟达到或者超过一个上市公司已发行股份的5%时，应当在该事实发生之日起3日内编制权益变动报告书，向中国证监会、证券交易所提交书面报告，通知该上市公司，并予公告。投资者及其一致行动人拥有权益的股份达到一个上市公司已发行股份的5%后，其拥有权益的股份占该上市公司已发行股份的比例每增加或者减少达到或者超过

5%的,应当依照前款规定履行报告、公告义务。前两款规定的投资者及其一致行动人在作出报告、公告前,不得再行买卖该上市公司的股票。相关股份转让及过户登记手续按照本办法第四章及证券交易所、证券登记结算机构的规定办理。”

(3)证监会《管理办法》第16条规定:“投资者及其一致行动人不是上市公司的第一大股东或者实际控制人,其拥有权益的股份达到或者超过该公司已发行股份的5%,但未达到20%的,应当编制包括下列内容的简式权益变动报告书:(一)投资者及其一致行动人的姓名、住所;投资者及其一致行动人为法人的,其名称、注册地及法定代表人;(二)持股目的,是否有意在未来12个月内继续增加其在上市公司中拥有的权益;(三)上市公司的名称、股票的种类、数量、比例;(四)在上市公司中拥有权益的股份达到或者超过上市公司已发行股份的5%或者拥有权益的股份增减变化达到5%的时间及方式;(五)权益变动事实发生之日前6个月内通过证券交易所的证券交易买卖该公司股票的简要情况;(六)中国证监会、证券交易所要求披露的其他内容。前述投资者及其一致行动人为上市公司第一大股东或者实际控制人,其拥有权益的股份达到或者超过一个上市公司已发行股份的5%,但未达到20%的,还应当披露本办法第十七条第一款规定的内容。”

(4)证监会《管理办法》第17条规定:“投资者及其一致行动人拥有权益的股份达到或者超过一个上市公司已发行股份的20%但未超过30%的,应当编制详式权益变动报告书,除须披露前条规定的信息外,还应当披露以下内容:(一)投资者及其一致行动人的控股股东、实际控制人及其股权控制关系结构图;(二)取得相关股份的价格、所需资金金额、资金来源,或者其他支付安排;(三)投资者、一致行动人及其控股股东、实际控制人所从事的业务与上市公司的业务是否存在同业竞争或者潜在的同业竞争,是否存在持续关联交易;存在同业竞争或者持续关联交易的,是否已做出相应的安排,确保投资者、一致行动人及其关联方与上市公司之间避免同业竞争以及保持上市公司的独立性;

(四)未来12个月内对上市公司资产、业务、人员、组织结构、公司章程等进行调整的后续计划;(五)前24个月内投资者及其一致行动人与上市公司之间的重大交易;(六)不存在本办法第六条规定的情形;(七)能够按照本办法第五十条的规定提供相关文件。前述投资者及其一致行动人为上市公司第一大股东或者实际控制人的,还应当聘请财务顾问对上述权益变动报告书所披露的内容出具核查意见,但国有股行政划转或者变更、股份转让在同一实际控制人控制的不同主体之间进行、因继承取得股份的除外。投资者及其一致行动人承诺至少3年放弃行使相关股份表决权的,可免于聘请财务顾问和提供前款第(七)项规定的文件。"

据此,被申请人认为,申请人在《转股协议》项下拟受让的股份已超过上市公司股份总额的5%,因此,申请人有义务在签署《转股协议》日起3日内编制权益变动报告书,并向证监会和深交所提交书面报告。然而,截至2016年10月21日上市公司停牌日期届满时,申请人并未履行其应编制权益变动报告书的法律义务。因此,《转股协议》并不具有可执行性。仲裁庭注意到,被申请人并未对"不具备可执行性"的含义加以解释。仲裁庭合理理解被申请人这里所称的"不具备可执行性",是指在此以后即使申请人再编写权益变动报告并按规定上报并公告,《转股协议》亦不可能再执行了。

对于被申请人的上述主张,仲裁庭认为:

我国《证券法》第94条仅规定,"在公告前不得履行收购协议",而并未规定只要收购人未能在收购协议后3日内报告和/或编制权益变动报告,则该收购协议就会根本性地丧失了或不再具备可执行性。

仲裁庭注意到,《管理办法》中仅第14条规定投资者在"作出报告、公告前,不得再行买卖该上市公司的股票";而在被申请人所引述的第14条、第16条和第17条规定中,并没有只要收购人未曾编写权益变动报告书,《转股协议》在此后就丧失或不再具有可执行性了的规定或意思表示。而《管理办法》第55条规定:"收购人未按规定履行报告、公告义务,或者未按规定提出申请的，证券交易所和证券登记结算机构不予办理股份转让和过户登记手续。”

显然，根据前述规定，申请人作为收购人应在签署《转股协议》后及时编制权益变动报告并上报、公告。这是使《转股协议》最终得以履行，或者说是使其所收购之上市公司的股份得以转让、过户的必需条件。然而，对于是否收购人一旦未曾如期编制权益变动报告，则其就根本性地丧失了以后再补编、补报和公告的机会，被申请人作为主张提出方应承担举证责任。但被申请人仅提供了其对相应规定单方的、前述规定外的扩展性解读。

此外，仲裁庭认为，被申请人提出《转股协议》不具有可执行性这一主张的前提应是，确认其与申请人签订有效的《转股协议》。因为在申请人、被申请人双方不存在有效《转股协议》的前提下，申请人须编制权益变动报告的义务无从谈起。仲裁庭认为，被申请人在本案中未采取递进式答辩方式的情况下，其主张被申请人应履行而未履行编制权益变动报告的主张与其同时提出双方间并不存在已生效之《转股协议》的主张是自相矛盾的。

在本案中，申请人并未否认其未在《转股协议》签署后3日内编制权益变动报告书的事实，但称其之所以未编制权益变动报告书系由于被申请人在此期间明确告知申请人其要求申请人修改《转股协议》内容，因为被申请人认为《转股协议》约定的交易模式不可行。仲裁庭认为，且无论申请人的该项陈述是否属实，被申请人在本案中并不是以申请人未编制权益变动报告书作为其有权相应推迟自己履行合同义务的理由，而是以此作为其有权在此后完全不受《转股协议》约束的理由，这两种情况是有实质性区别的。

综上所述，仲裁庭认为被申请人未能提供充分的理由、依据说服仲裁庭支持其因申请人未如期编制权益变动报告书，其就有权以《转股协议》不具备可执行性而不受《转股协议》约束的主张。

2. 关于申请人未履行拟获得股份锁定的义务问题

被申请人称，《管理办法》第74条第1款规定：“在上市公司收购中，收购人持有的被收购公司的股份，在收购完成后十二个月内不得转让。”而申请人作为收购人并未对被申请人和上市公司作出该项承诺。因此,申请人的该行为使《转股协议》不具备可执行性。

仲裁庭认为,无论申请人是否作出该项承诺,在《管理办法》适用于申请人的场合,申请人均应遵守《管理办法》的规定。被申请人称因申请人未作出该项承诺因此《转股协议》便不具备可执行性的主张、理由、依据并不充分,仲裁庭不能支持。

综上所述,仲裁庭认为被申请人未能提供充分的理由、依据支持其关于《转股协议》因不具备可执行性,进而其有权不受《转股协议》约束的主张。

(四)关于申请人的第一项仲裁请求

仲裁庭认为,在本案事实情况下,被申请人未能以充分的理由、依据证明《转股协议》对其不具有约束力。因此,在《转股协议》签署后,在其未能与申请人就《转股协议》的解除、终止达成合意或协议的情况下;在《转股协议》规定的解除或终止条件成就前,被申请人擅自与第三人的股份进行处置、签订《转股协议》并使自己丧失了履行本案《转股协议》能力的做法违反了《转股协议》第5.2.7条的规定,构成事实上单方终止《转股协议》的行为。被申请人依约、依法均应对其的前述违约行为承担相应的违约责任。

申请人的第一项仲裁请求是要求被申请人向其支付相当于《转股协议》转股款总额10%的违约金。申请人提出此违约赔偿金的依据是《转股协议》第6.3条规定,即"本协议生效后,除非本协议另有约定或者依据《合同法》等法律规定进行终止、解除,任何一方不得擅自终止、解除合同;否则,违约方应向守约方支付本协议项下转让总价款10%的违约金;违约金不足以弥补守约方损失的,守约方有权继续追偿"。

仲裁庭认为,《转股协议》第6.3条规定属于我国《合同法》第114条规定之约定违约赔偿的范畴。

对于申请人所主张的违约赔偿金,被申请人要求予以驳回或调整,其主要理由为:

第一，我国《合同法》第114条规定：“约定的违约金过分高于造成的损失的，当事人可以请求人民法院或者仲裁机构予以适当减少。”显然，约定的违约赔偿金应以补偿性为主。在本案中，以合同标的金额作为基数计算违约金过分高于实际损失，明显不合理，亦有违法律精神。

第二，《转股协议》签订后，尚未行至股份转让、过户阶段，而且申请人亦未履行其应编制权益变动报告书的义务；也未向第一、第二被申请人支付任何股份转让款，显然，申请人并不是守约方。

第三，申请人未能证明其实际损失的具体金额，且其实际权益遭受了极少的损失。

对此，申请人则认为：

第一，10%的违约金是双方基于交易的性质协商确定的，具有公平、合理性。

第二，该违约金条款同时适用申请人、被申请人双方，体现了双方明确的意思表示，双方均应遵守。

第三，在本案中，被申请人违约的过错程度相当高。

对于申请人的第1项仲裁请求，仲裁庭在综合考虑本案具体事实情况及申请人、被申请人双方的相应陈述、主张的基础上，意见如下：

仲裁庭认为，约定的违约赔偿金也应遵循以补偿为主的合同赔偿的基本法律法则。在通常情况下，仲裁庭应当尊重当事人就违约赔偿作出约定。然而，当约定的违约赔偿过分高于或背离了违约可能造成的损失时，当不予以调整该约定违约金就会实质上构成了通过该约定违约金对违约行为人予以惩罚时，仲裁庭有权视案件的具体情况对过高的约定违约赔偿金或计算方法予以合理、适当的调整。这是我国《合同法》第114条赋予仲裁庭的权利。本案具体情况下，仲裁庭注意到：《转股协议》第6.3条规定的相当于转股总价款10%的违约金是不加区别地适用于在任一阶段和任一情况下一方当事人单方终止协议的情形的。

本案的具体情况是，在《转股协议》于2016年10月14日签署生效后，被申请人实际上于2016年10月21日便与G公司和H企业签订了相应的股份转让协议。而在当时，《转股协议》尚未开始实质性履行，申请人也未在《转股协议》项下向被申请人支付任何股份转让款。此外，仲裁庭认为，虽然仲裁庭确认了《转股协议》的效力，但《转股协议》中的约定及性质决定了《转股协议》最终的全部履行还需取决于诸多协议外条件的成就及其他条件的满足。例如，根据《转股协议》第2.5条、第3条的规定，《转股协议》最终是否能够或将继续履行取决于申请人名下的相关业务和资产是否能成功注入上市公司这一前提条件。然而，这一前提条件最终能否成就并不是申请人、被申请人双方能够完全决定并控制的，且申请人亦并未向仲裁庭说明此条件得以成就的可能性。另外，虽然仲裁庭认为深交所对转股安排的合规性确认与否并不影响本案《转股协议》的效力，但在深交所对本案转股安排不予合规性确认的情况下，标的股份的过户、登记是无法完成的。《转股协议》第2.3条明确规定："《转股协议》解除或由双方协商变更。"在《转股协议》签订后，被申请人对《转股协议》第3条的回购安排规定提出了质疑，认为该规定因不符《办理指引》第8条规定而很可能不能得到深交所的合规性确认。而对于被申请人对该第3条规定的质疑本身，申请人并未能向仲裁庭提供其有说服力相反的解释、理由和依据。仲裁庭认为，《转股协议》第3条规定是否最终能得到深交所的合规性确认，已超出了本案仲裁庭的审理范围。但在本案情况下，认为该第3条规定能否最终通过深交所的合规性确认确实存在不确定性。而根据《转股协议》第2.3条的规定，一旦《转股协议》或转股安排未能获得深交所的合规性确认，则《转股协议》"解除或由双方协商变更"。由此可见，在被申请人违约的时间节点，即使假设被申请人没有违约，《转股协议》能否最终得到全部履行亦存在很大的不确定性。因此，被申请人的违约行为实质上剥夺了申请人的一次可能交易成功的机会，而不是给申请人造成了可以合理确定的经济损失。

综上所述，仲裁庭认为，申请人未能向仲裁庭说明其所主张的违约赔偿金额在本案具体事实情况下是合理及适当的。仲裁庭经审理后认为,在本案具体事实情况下,申请人所请求之约定违约赔偿金显属过高,应予调整;并认为被申请人按《转股协议》转股总金额1.5%承担违约赔偿责任是合理及适当的。

(五)关于申请人的其他仲裁请求

关于申请人的第2项仲裁请求:经核对证据,仲裁庭支持申请人30%律师费的赔偿请求;关于申请人有关赔偿差旅费的请求,仲裁庭予以支持,但经核算,申请人提交的证据表明申请人支出的差旅费并非申请人请求的近16,000元,因此仲裁庭支持的差旅费金额为经核算后的数额;仲裁庭支持申请人50%关于财产保全费及诉讼财产保全责任保险费的赔偿请求。

关于申请人的第3项仲裁请求,仲裁庭认为本案仲裁费应由被申请人承担70%,申请人承担30%。

关于申请人的第4项仲裁请求,仲裁庭注意到,《转股协议》第5.2.9条明确规定:"'转让方'的各方相互对本协议下各转让方的义务承担连带保证责任。"仲裁庭认为,被申请人在《转股协议》第5.2.7条项下作出的保证和承诺属于该第5.2.9条涵盖的范围。因此,本案第一、第二、第三被申请人应对前述全部支付行为承担连带赔偿责任。

三、裁　　决

基于上述仲裁庭意见,仲裁庭裁决如下:

1. 被申请人向申请人支付违约金人民币4700余万元。

2. 被申请人向申请人支付申请人因本仲裁案支出的70%律师费、差旅费、50%财产保全费、50%诉讼财产保全责任保险保费。

3. 本案仲裁费,由申请人承担30%,被申请人承担70%。该笔仲裁费已由申请人全额预缴,故被申请人还应向申请人支付其所垫付的仲裁费。

4. 第一、第二、第三被申请人对前述全部支付行为承担连带赔偿责任。

以上第1项至第3项共同确定的被申请人应向申请人支付的款项，被申请人应自本裁决生效之日起30日内支付完毕。

本裁决为终局裁决，自作出之日起生效。

案例评析

【关键词】

缔约过失责任；合同的生效条件；合同的执行条件

【焦点问题】

第一，能否以对方的缔约过失责任免除自己的违约责任？

第二，能否以合同属于可撤销合同为由主张免除自己的违约责任？

第三，批准生效的合同与满足特定法律条件才得以执行的合同。

【焦点评析】

基本案情：该案涉及上市公司非限售流通股的协议转让交易。申请人和被申请人签订了《转股协议》。3名被申请人合计应向申请人转让目标公司11.6%的非限售流通股（标的股权）。签订《转股协议》后的第4天，被申请人又与他人签订了标的股权的《转股协议》（后《转股协议》）。随后，被申请人通过履行后《转股协议》及大宗交易方式减持了自己持有目标公司的标的股权，使自己合计仅持有目标公司1.97%的标的股权。申请人认为，被申请人的前述行为违反了《转股协议》中其不得再与任何第三人签署任何协议及以任何方式处置标的股权的规定，使自己在客观上处于无法依《转股协议》向申请人交付、过户约定标的股权的地位，因而被申请人应承担《转股协议》规定的相应违约责任。被申请人则认为其不应在《转股协议》下承担违约责任。

现就在该案情况下,被申请人的主要免责主张所涉及的法律问题予以简要评述。

一、合同的生效条件与合同生效后的执行条件

被申请人主张《转股协议》属于我国《合同法》第44条所规定的应依法办理批准、登记手续生效之合同的范畴。其认为《转股协议》已经成立但尚未生效,其不应受《转股协议》中限制再转让及再处置标的股权规定的约束。其提出前述主张的主要依据是我国《证券法》第94条的规定:"以协议方式收购上市公司时,收购人必须在达成协议后3日内将该收购协议向国务院证券监督管理机构(监管机构)及证券交易所(交易所)作出书面报告,并予公告。在公告前不得履行收购协议。"此外,中国证券监督管理委员会颁布的《上市公司收购管理办法》(以下简称《管理办法》)第14.1条规定:"通过协议转让方式,投资者及其一致行为人在一个上市公司中拥有权益的股份拟达到或者超过一个上市公司已发行股份的5%时,应当在该事实发生之日起3日内编制权益变动报告书,向中国证监会、证券交易所提交书面报告,通知该上市公司,并予以公告。"被申请人称签订《转股协议》后,申请人未向监管机构、交易所办理审核;亦未编制《权益变动报告书》,因此《转股协议》未能生效。

在该案裁决意见中,仲裁庭认为:

1. 在对特定形式之合同是否属于我国《合同法》第44条第2款规定的报批后才生效合同范畴的认定中,应作严格解释,且举证责任应由该主张的提出方承担。该案的被申请人未能提供充分的法律依据,也未能提出支持其主张的合理解释。

2. 仲裁庭认为,被申请人为了支持其前述主张而引述的我国《证券法》和《管理办法》的相关规定中,并未规定收购人须在规定时间内向监管机构及交易所报告收购协议的目的是获得相应的批复使收购协议生效,而仅规定了在公告前不得履行收购协议。仲裁庭认为,《转股协议》生效后在执行中需要满足

一定的法律程序及管理程序要求，这不同于《转股协议》本身的生效条件。《转股协议》有效成立后，协议签订方即应受到协议约定的约束，被申请人无权以《转股协议》未能报批生效为理由而拒绝受《转股协议》中其所承担之合同义务的约束。至于合同法定履行条件未能成就及未能成就的责任问题，则应按合同的约定划分相关责任，这属于当事人一方是否违约的认定问题。

需要注意的是，合同成立后，法律、法规或在行政及行业管理层面经常会要求该特定合同的执行满足一定的法律和/或管理条件，这些条件可被视为合同的执行条件。合同的执行条件不同于我国《合同法》第44条规定的合同生效条件。在金融领域上市公司控股股东股票交易中及其他特定领域，法律、法规、规章及行业部门的限制性要求较多。因此，正确区分这类限制性规定是合同生效要件抑或是合同生效后的执行条件，尤为重要。

3. 仲裁庭认为被申请人为了支持其前述主张而引述的我国《证券法》《管理办法》中的相关规定仅说明了该案《转股协议》的执行需要满足一定的法律程序及管理程序，但这不同于《转股协议》本身的生效条件。《转股协议》有效成立后，协议签订方即应受到协议的约束，由此，仲裁庭没有支持被申请人的前述主张。

由该案需要提示注意的是，合同成立后，法律、法规，或在行政及行业管理层面经常会要求该持定合同的执行须应满足一定的法律和/或管理条件，称为合同的执行条件。合同的执行条件不同于我国《合同法》第44条规定的合同生效条件。

二、在《转股协议》有效成立及其规定持续有效的情况下，被申请人能否依据我国《合同法》第42条之规定主张以存在缔约过失情形为由免除自己履行合同的义务、责任

被申请人称，在《转股协议》的签订过程中主要存在以下情形，即其在签约时曾大量饮酒，且缔约过程无律师参加，因此被申请人未能准确表达其真实意思；申请人提供的财务数据可信度低；申请人在谈判和缔约过程的行为实质上

是“假借订立合同,恶意进行磋商”;是“故意隐瞒与订立合同有关的重要事实或提供虚假情况”。因此,依据我国《合同法》第42条的规定,其不应受《转股协议》约束亦不应对其行为承担违约责任。

仲裁庭认为,我国《合同法》第42条是针对缔约过失及其责任作出的规定,即在合同的订立过程中因存在该法第42条规定的特定情形(又称“先合同义务”)而致合同最终未能成立、未能生效、无效或者其具体规定被变更、认定无效的情况。换一个角度解释,就是在当事人之间已经订立了有效合同且合同持续有效的情况下,当事人在履行该合同期间发生的争议和纠纷应依照合同约定及我国《合同法》中合同订立后的相应规定处理,而不应再适用该法第42条有关缔约过失的规定。

在该案中,被申请人明确表示其并不提出因存在前述缔约过失情形而至《转股协议》未能成立、未能有效成立或其具体约定应据此而被认定为无效的主张。在此情况下,仲裁庭认为被申请人所提出的主张、试图证明的特定事实及所基于的法律依据之间发生了错位。因此,仲裁庭在该案的审理中没有考虑被申请人基于我国《合同法》第42条而试图证明的、申请人的缔约过失情形及主张。

由此可得到的提示是,当事人在主张一项权利时,其所基于的事实、理由、合同及法律依据之间必须保持一致性,并应注意这些要素之间的关联性和逻辑性。

三、被申请人在不撤销合同情况下,能否主张依据我国《合同法》第54条规定之变更或撤销合同的理由免除自己的履约义务及违约责任

我国《合同法》第54条规定,因重大误解订立的合同及在订立时显失公平的合同,当事人一方有权请求人民法院或仲裁机构变更或者撤销。我国《合同法》第56条规定,被撤销的合同自始没有法律约束力。在该案中,被申请人认为《转股协议》中规定的付款条款及股份回购条款显失公平,且对其中诸多内容存在重大误解。因此,其不应承担《转股协议》项下的履约义务及违约责任。

然而,在案件审理中,被申请人又明确表示其并不想基于上述理由提出撤销《转股协议》的主张。

仲裁庭认为,既然被申请人不主张依前述事由撤销《转股协议》,其即要履行《转股协议》项下的合同义务。被申请人在不主张撤销《转股协议》的前提下依据我国《合同法》第 54 条规定的撤销合同理由主张免除自己的履约义务与责任属适用法律规定不当。仲裁庭无须考虑、审理被申请人提出的前述在撤销合同情况下才适用的情形及理由。

由此可得到的提示是,当事人主张一项权利时,其据以提出的事实、理由、合同及法律依据之间应保持一致性、关联性及具有逻辑性。

该案审理中还涉及很多其他问题。本点评仅围绕最主要的法律问题展开,其余问题不予赘述。

(案例评析人:曹欣光)

案例二十九 自然人 A 与中国 B 科技公司、中国 C 集团(原名:中国 C1 集团)股权转让争议仲裁案*

中国国际经济贸易仲裁委员会(以下简称贸仲)第一被申请人中国 B 科技公司(以下简称第一被申请人或者 B 公司)于 2007 年 6 月 29 日修订的《中国 B 科技公司公司章程》中仲裁条款的约定就第一被申请人、第二被申请人中国 C 集团(以下简称第二被申请人或者 C 集团,如无特指,两被申请人合称被申请人)与案外人中国 D 集团(以下简称 D 集团)于 2013 年 12 月 16 日签订的《中国 D 集团与中国 C1 集团中国 B 科技公司之吸收合并协议》项下争议,以及申请人自然人 A(以下简称申请人)于 2015 年 5 月向贸仲提交的书面仲裁申请,受理了申请人和被申请人之间因履行上述合同而产生的本争议仲裁案。

一、案　情

(一)申请人的仲裁请求及理由

申请人最初提交 2015 年 5 月签署的《仲裁申请书》,又提交 2015 年 6 月签署的《增加仲裁请求申请书》,于 2015 年 11 月再次签署《仲裁申请书》,后提交 2015 年 12 月签署的《自然人 A 关于差旅费、公证费主张问题的确认书》。仲裁庭以签字日期为 2015 年 11 月的《仲裁申请书》及 2105 年 12 月签署的《自然人

---

* 本案例与案例三十为关联案例。

A关于差旅费、公证费主张问题的确认书》所列内容为准进行审理。

申请人于《仲裁申请书》中称：

第一被申请人B公司是中国境内依法设立，经国务院证券主管机构批准公开发行境外上市外资股并在香港联交所上市的股份有限公司。第二被申请人C集团是B公司的控股股东。申请人作为B公司的股东持有B公司H股82,000股。

根据案外人D集团吸收合并B公司的《综合文件》记载，2013年6月30日B公司股东应占未经审核综合资产净值每股为4.53港元，2013年12月31日B公司股东应占资产净值为约人民币44.58亿元，根据于最后可行日期已发行1,197,742,000股B公司股份计算，B公司每股净值约为人民币3.72元（相当于约4.77港元）。但D集团本次吸收合并的收购价每股只有3.2港元，折让率分别高达29.4%和32.91%。而且，B公司是一家投资控股公司，主要资产为持有两家在深圳证券交易所上市的A股上市附属公司中国E公司（以下简称E公司）及中国F公司（以下简称F公司）的股权，该两家公司分别由B公司直接持有53.92%及44.51%的股权，B公司亦通过F公司另行持有E公司2.7%的股权。因此，可以根据上市公司的市价计算B公司的估值：根据《综合文件》的相关计算，截至2013年12月31日，每股B公司的"市价相关价值"为7.36港元；截至最后实际可行日期，每股B公司的"市价相关价值"是为7.77港元。但D集团本次吸收合并的收购价为每股仅3.2港元，较上述2013年12月31日及最后可行日期的市价相关价值分别折让56.5%及58.8%，严重损害B公司股东的权益。因此，申请人在B公司H股类别股东大会及临时股东大会上已就合并协议及拟进行之B公司合并事项提出异议并投了反对票。

根据B公司《公司章程》第174条和D集团本次吸收合并的《综合文件》，任何持异议的B公司H股股东有权要求B公司或者同意公司合并分立方案的股东按公平价格收购其持有的股份。根据公平合理的原则，B公司H股的公平价格应不低于每股人民币3.72元（相等于每股4.77港元）。因此，B公司、

C集团应当连带按不低于每股人民币3.72元的公平价格收购申请人所持的B公司H股82,000股。因D集团已按每股3.2港元计付了262,400港元给申请人,B公司、C集团还应连带支付不少于人民币100,268元(每股3.72元×82,000股-262,400元×0.78=305,040元-204,672元)给申请人。

因B公司、C集团未按公平价格收购申请人持有的全部B公司H股,除应连带支付上述收购价差价给申请人外,还应连带计付逾期支付导致申请人产生的经济损失给申请人。申请人主张B公司、C集团连带按中国人民银行同期贷款利率(100,368元×6.15%÷365天=17元/天)的标准,计付自2014年7月22日(被申请人支付收购价款之日)起至付清人民币100,368元之日止的利息给申请人,暂计至申请人申请仲裁之日2015年5月14日为人民币4998元(17元/天×294天=4998元),以弥补申请人的经济损失。

申请人认为,D集团本次吸收合并B公司的收购价过分低于B公司相关价值,严重损害了申请人合法权益,申请人反对本次合并方案,现依照法律及B公司《公司章程》提起本仲裁,请仲裁庭尽快裁决。

申请人最终提出如下仲裁请求:

1. B公司、C集团应按不低于每股人民币3.72元(相当于每股4.77港元)的公平价格收购申请人所持有的82,000股B公司H股,即B公司、C集团应当连带支付不少于人民币100,368元给申请人。

2. B公司、C集团连带向申请人支付人民币10,000元以补偿申请人花费的律师费。

3. B公司、C集团连带承担本案全部仲裁费用。

4. B公司、C集团连带按中国人民银行同期贷款利率标准(17元/天)计付自2014年7月22日起至付清人民币100,368元之日止的利息给申请人,暂计至申请人申请仲裁之日2015年5月14日,应为人民币4998元。

申请人索赔额的计算及各项计算数值的说明和依据:

1. 申请人主张的公平价格应不低于每股人民币3.72元(相等于每股4.77

港元),是依据D集团本次吸收合并B公司的《综合文件》的记载,2013年6月30日B公司股东应占未经审核综合资产净值每股股份为4.53港元,详见《综合文件》第17页第B.2.(i)条款,第18页第B.1.(i)条款。2013年12月31日B公司之股东应占资产净值为约人民币44.58亿元,根据于最后可行日期已发行1,197,742,000股B公司股份计算,每股B公司股份的资产净值为约人民币3.72元(相当于约4.77港元),详见《综合文件》第52页“(g)资产净值”。

2.《综合文件》第6页声明:除非另有所指,以人民币列值的金额已按“人民币0.78元=1.00港元”之汇率换算为港元。

3.本次D集团的收购价为每股3.2港元,依据是《综合文件》第5页“合并价格”条款。

4.申请人持有B公司H股82,000股,依据是股权证明。

5.D集团已按每股3.2港元计付了262,400港元给申请人。

6.根据上述1~5项,B公司、C集团应连带支付给申请人的收购价差价不少于人民币100,368元(3.72元/股×82000股-262,400元×0.78=305,040元-262,400元)。

7.本案与1号(申请人为自然人G)以及3号(申请人为自然人V)同时办理,申请人已共同支付的合理费用包括立案、开庭来回两地至少花费的差旅费人民币2万余元、公证费人民币1万余元,合共近4万元,为便于操作,上述费用已由1号案件申请人G支付,故请求两名被申请人连带偿付给G先生,申请人在本案中不再主张。

(二)被申请人的答辩意见

两名被申请人(B公司和C集团)共同签字提交了《被申请人答辩意见》(以下简称《答辩意见》,签署日期为2015年11月),共19页,要点如下:

申请人要求被申请人按照不低于每股人民币3.58元的“公平价格”收购申请人所持有的B公司H股股票84,000股,没有法律和事实依据,仲裁庭应当驳回申请人全部仲裁请求。

本案要约收购和吸收合并针对的,是当时在香港证券交易所(以下简称香港联交所)上市的B公司。B公司按照相关法定程序进行了投票表决,已通过的相关股东决议对全体股东具约束力。本案要约收购价/合并对价大大高于回顾期内的股市成交价;本案要约收购与吸收合并经过法定股权比例的股东投票通过,每股3.2港元的要约收购价/合并对价最终被超过90%以上的H股股东所接受,即绝大多数股东认可该价格是公平的价格。异议股东除非有充分证据证明吸收合并方案的通过程序存在违反法律规定的情况,否则无权要求合并方以所谓"公平价格"支付比其他绝大多数股东所接受的价格以及比公开市场股价更高的差价。申请人未提出任何证据证明每股3.2港元的价格及其通过程序存在任何违反法律法规的情形,未能对其提出的所谓公平价格提供相应的支持证据,因此,申请人的主张不应得到支持。

1. 申请人在列举本案基本事实后称,D集团、C集团和B公司正在进行吸收合并的后续收尾工作,该工作完成后,D集团将吸收合并C集团和B公司,并注销C集团和B公司的工商登记。

2. 本案要约收购、退市以及吸收合并程序符合法律法规的规定,每股3.2港元的要约收购价/合并对价经过法定股权比例的股东投票通过,并最终被超过90%以上的H股股东所接受,是公平合理的价格。

3. 申请人无正当理由否定每股3.2港元的要约收购价/合并对价,其主张每股人民币3.58元的收购价格,缺乏法律和事实依据,不应得到支持。

(三)申请人的代理意见

申请人提交的《律师代理意见》(签署日期2015年12月)共计10页,要点如下:

1. 申请人关于被申请人应按不低于B公司2013年12月31日资产净值每股人民币3.72元(相等于每股4.77港元,以下简称基准日资产净值)的价格收购申请人的持股的主张,是公平合理并且符合法律规定的。

2. B公司3位独立非执行董事自然人I、自然人J、自然人K任职以来,每年均从收购人D集团处领取10万港元的董事酬金,对涉及D集团收购事项存在利害关系,具有利益冲突。因此,就本次B公司审议涉案合并和收购事项相关方案的董事会决议,实际上根本就未能根据公司法和公司章程的规定获得有效通过。

3. 自然人L既是收购人D集团的总经理兼涉案合并和收购项目的策划人和实施人,又是被收购人B公司的董事长,B公司全部董事成员均与D集团存在利害关系,具有利益冲突。

4. 根据B公司《公司章程》《吸收合并协议》及其项下相关的交易安排,包括每股3.2港元的合并对价,应当依照公司章程的规定予以全部撤销。

5. 在涉案的合并和收购项目中,为公平合理,B公司应当依据法律、法规和资产评估准则,对B公司评估基准日特定目的下企业整体价值和股东全部权益价值进行分析、估算,作为确定收购价的依据。

6. 对B公司的估值,应按中国资产评估协会根据财政部《资产评估准则——基本原则》制定的《资产评估准则——企业价值》的相关规定进行。M公司实际上未曾获得独立董事委员会授权,无权担任独立董事会委员会的财务顾问为独立董事委员会及H股独立股东提供独立专业意见。

申请人代理人在《补充代理意见》(签署日期2016年1月13日)中提出:

1. 根据《综合文件》第85页附录二的提示,申请人在收取每股3.2港元的合并价格之后仍然享有对该合并价格提出异议的权利。

2. 每股3.2港元的要约收购价/合并对价实际上未经过法律规定的程序通过,并非公平价格,应予撤销。

3. D集团、C集团和B公司涉案的全部公告均为违反法律和公司章程的虚假陈述,构成对公众和H股独立股东的误导,相关的投票表决结果根本不能代表H股独立股东真实意思,依法无效。

4. 涉案合并和收购项目每股3.2港元的要约对价对投反对票的H股独立股东而言,不属于法律上的公允价格。

5. 申请人仲裁请求所主张公平合理收购价依据的基础都是公司的资产净值,只是基准日不同而已。每股4.77港元是2013年年终当期最新经审计的B公司资产净值,依据的基础都是公司的资产净值,只是基准日不同而已。

6. B公司应当依法出资以公司的资产净值为基础评估确定B公司股份的收购价格。申请人已提交《关于中国B科技公司应当出资以公司的资产净值为基础评估确定B公司股份收购价格的申请书》,恳请依法接纳。

申请人在《补充代理意见(二)》(签署日期2016年1月27日)中提出:

1. 根据B公司公司章程的规定和D集团、C集团和B公司的公告,申请人作为反对公司合并方案的股东,有权另行主张被申请人以公平价格(或称公允价格)收购其持有的B公司股份。

2. 根据《会计准则》,对申请人来说,每股3.2港元的合并要约价并非公允价格或公平价格。B公司《公司章程》第174条以及D集团、C集团和B公司的公告既然赋予反对合并方案的股东另行主张公平价格的权利,那么这个公平价格当然不是指每股3.2港元的合并要约价。

3. 股份转让权属于股东自益权,对反对公司合并方案的申请人而言,股东大会通过的每股3.2港元的合并要约价或是其他公司股东接纳的每股3.2港元的合并要约价都不能对申请人产生约束力。

4. B公司在2013年年终经审计的净资产是每股4.77港元,申请人的主张当然公平合理。现D集团和被申请人未依法进行资产评估,没有任何依据就按32.9%B公司基准日净资产折让的明显不合理低价进行合并,是对B公司股东权益赤裸裸的侵犯和掠夺。

5. 根据最高人民法院《关于适用〈中华人民共和国公司法〉若干问题的规定(四)》[以下简称《公司法司法解释(四)》]第35条的规定,仲裁庭应根据《仲裁规则》,依法责令B公司出资,委托有资质的独立第三方中介机构,依据法律、法规和资产评估准则,以公司净资产为基础,对B公司评估基准日特定目的下企业整体价值和股东全部权益价值进行分析、估算,作为确定收购价的依据。

6. B公司“独立董事委员会”在任命“独立财务顾问”时，已先行作出“吸收合并协议公平合理”的结论，M公司在近6个月后提交的意见只不过是结论先行、罗织理由的事后论证，根本无独立性、专业性和公正性可言。“独立董事委员会”和“独立财务顾问”都只是收购人D集团的利益代言人而已。

7. D集团动用B公司资金支付巨额的收购价款，证明B公司在私有化前早就已经被D集团私有化和完全控制，因此D集团和被申请人根本就不可能公正、公平地对待H股独立股东和保护其权益，根本不可能有公平的交易和公平合理的对价。

8. 3位独立非执行董事自然人I、自然人J、自然人K任职以来每年均从收购人D集团处领取10万港元的董事酬金，与收购人D集团有关联关系和利益冲突。如果被申请人对此事实予以否认，应提交B公司每年支付上述3位董事酬金的银行原始支付凭证予以证明。

9. D集团吸收合并C集团和B公司的公告只是D集团和被申请人误导公众的虚假陈述而已，D集团和被申请人只是恶意串通，以吸收合并为名进行压价收购，排挤H股独立股东并侵犯他们的合法权益。

10. 在网上搜索百度百科“公允价格”的操作十分简单，并非无法搜索。

申请人在《律师补充代理意见（三）》（签署日期2016年6月20日）中，列示了向仲裁庭提交的相关文件，重申其仲裁请求，并提出：

1. 无论是《吸收合并协议》，还是D集团、C集团和B公司董事会就涉案吸收合并发布的公告，均明确赋予反对合并方案的股东要求被申请人另行以经过“确定”或“釐定”的公平价格（或公允价格）收购申请人持有的B公司股份。D集团合并要约价格每股3.2港元，并非上述公司章程、涉案吸收合并协议和公告文件中所指的公平价格（或公允价格）。

2. 股份转让权属于股东自益权，公司股东可以单独主张，每股3.2港元依法不适用于收购申请人持有的股份。

3. 反对合并方案的股东和其他投赞成票的股东的权利并不一致,不存在“同股同权”的情形。只有反对股东,才有权要求另行以公平价格(或公允价格)收购其股份。

4. 申请人关于应按不低于每股4.77港元的公平价格收购申请人持有的B公司股份,于法有据。仲裁庭应依法责令B公司出资,由仲裁庭委托有资质的独立第三方中介机构,依据法律法规和资产评估准则,以公司净资产为基础,评估确定对申请人所持B公司股份的收购价。

5. 在涉案合并和收购项目中,M公司只是B公司董事会聘请的财务顾问,并非评估B公司公司股份收购价格的独立第三方评估机构。

申请人在《律师补充代理意见(四)》(签署日期2016年6月30日)中提出:

1. 申请人向被申请人主张的是不应低于每股4.77港元的公平价格,不限于每股4.77港元的公平价格。即申请人要求被申请人支付的是公平价格与3.2港元之间的差价,并非只是“4.77港元与3.2港元之间的差价”。

2. 以仲裁方式解决本案的争议和权利主张,适用中华人民共和国的法律。

3. B公司《公司章程》等均明确赋予反对合并方案的股东享有要求被申请人另行以公平价格购买其持有的股份的权利。D集团和被申请人作出的规定意思表示非常清楚,合并要约价格每股3.2港元不属于公平价格。

4. 股份转让权属于股东自益权。D集团和被申请人均无权侵犯申请人的股东自益权,将每股3.2港元强加于申请人并以此价格强行收购申请人所持的公司股份。

5. 根据《企业会计准则第39号——公允价值计量》的规定,对反对公司合并方案的申请人来说,每股3.2港元的合并要约价并非收购申请人股份的公平价格。

6. 根据《吸收合并协议》等,仲裁庭应当依法责令B公司出资,由仲裁庭委托有资质的独立第三方中介机构,依据法律法规和资产评估准则,以公司净资产为基础评估确定收购申请人持有的B公司股份的公平价格。

7.“M公司并非资产评估机构”,《M公司函件》“并没有对上市公司进行‘资产估值’”,《M公司函件》仅是提交给“独立董事委员会”的参考意见,不能作为收购B公司公司股东持有股份定价的客观依据。申请人有权不接受M公司在《M公司函件》中前后矛盾、自我否定和明显错误的误导。

(四)被申请人的代理意见

被申请人在《代理意见》(签署日期2016年1月2日)中提出。

1.关于吸收合并及其适用法律

(1)吸收合并与退市的关系。吸收合并是本案所涉交易的目的。B公司退市是合并协议生效及吸收合并完成的前提,也是其中的一个重要环节。吸收合并的最终完成是B公司与C集团的注销。吸收合并的完成包括一系列环节,整个过程的完成需要时间。

(2)每股3.2港元是要约收购价及合并对价。每股3.2港元是D集团向B公司的外资股股东支付的、收购其外资股的价格,也是吸收合并的对价。

(3)B公司于2014年7月11日在香港联交所退市后,D集团、C集团和B公司继续积极推进吸收合并进程。需要办理工商、税务和其他监管注销手续,需上报至国家有关部门批准。申请人关于被申请人“以吸收合并为幌子,通过私有化获利”的说法,是毫无依据的;D集团、C集团和B公司作为负责任的国有企业和上市公司,不可能也根本不存在这种情况。

(4)适用法律。申请人依据B公司《公司章程》中的仲裁条款提起仲裁,因此,应当根据《公司章程》及本案争议性质来判断本案适用法律。根据《公司章程》第189条第3款规定,有关B公司《公司章程》的争议应当适用中国法律,但B公司作为在香港联交所上市的上市公司,其受相关香港特别行政区法律的管辖。本案当中涉及B公司退市的相关事宜,应当适用香港特别行政区法律。

2.申请人有义务证明其主张的每股4.77港元的价格是“公平价格”

(1)根据“谁主张,谁举证”的原则,申请人有义务证明其主张的每股4.77港元的价格是“公平价格”。申请人要求采用“每股4.77港元的公平价格收购申请人持有的股份”,需要证明其主张的每股4.77港元是“公平价格”,否则申请人应承担举证不能的不利后果。申请人除其主观陈述外,其没有提供任何证据来证明其主张。

(2)根据法律和章程规定,申请人并非可以无条件地得到高价,其必须证明其主张价格为“公平价格”。根据我国《公司法》,在股份有限公司的合并中,仅规定异议股东有权要求公司收购其股份,而未规定股东有权请求公司按照“合理的价格”收购其股份。参考我国《证券法》第97条的规定,仍持有上市公司股票的股东有权“以收购要约的同等条件”向收购人出售其股票,而未规定股东有权要求收购人以“公平价格”或者“合理价格”向收购人出售其股票,因为股票市场价格本身就是“公平价格”或“合理价格”。

B公司《公司章程》第174条规定,异议股东有权要求以公平价格购买其股份。但该规定不是赋予异议股东享受超过法律规定的、比其他接受合并的绝大多数股东更高的实体权利,而仅是公司章程赋予异议股东的一项程序权利,不代表异议股东的要求即可无条件得到支持。B公司在吸收合并中,已向H股股东作出了充分提示。

(3)申请人要求被申请人证明每股3.2港元的计算过程,是试图混淆举证责任,缺乏法律和事实依据,不应得到支持。

3.什么是“公平价格”

(1)我国《公司法》和《证券法》均未规定“公平价格”,未规定异议股东有权要求收购人以“公平价格”购买其所持股份。根据我国《公司法》,股份有限公司股东反对合并时,有权要求公司回购其股份,但并未规定可以适用关于有限责任公司的规定主张“合理的价格”。根据我国《证券法》,股东有权要求收购人以“同等条件”收购其股份。申请人援引的《公司法司法解释(四)》只是一个征求意见稿,不能作为其主张的依据。

(2)会计计量中的“公允价值”就是市场价格。双方当事人均表示,会计计量对于“公允价值”一词有参考意义。按照《企业会计准则第39号——公允价值计算》规定的公允价值,在本案《联合公告》发布前,B 公司股票在公开市场上自由交易,属于“有序交易”;吸收合并涉及全部 H 股股东,吸收合并方与全部 H 股股东之间的交易也是“有序交易”。公布吸收合并方案之前的 B 公司 H 股股价以及接受吸收合并的 H 股股东接受的合并对价应当作为公允价值,其是判断要约收购价/合并对价是否公平的参考基础。

(3)“公平价格”不是指每个股东各自在主观认识上认为的公平价格,而是绝大多数正常合理的人所认识的、客观的公平价格。《吸收合并协议》载明了合并对价为每股 3.2 港元。《吸收合并协议》及其项下吸收合并方案已在 B 公司的 H 股类别股东会议和临时股东大会会议上得到超过法定比例的绝大多数股东投票通过,并最终被超过 90% 以上的 H 股股东所接受。因此,这是客观的、被绝大多数股东认可的价格,是法律上的“公平价格”。

(4)“公平价格”是在程序公平保障下能被绝大部分股东认可的价格。D 集团、C 集团和 B 公司已依法全面披露。B 公司已经依法组成了独立董事委员会,独立董事委员会依法委聘独立财务顾问 M 公司,专门就“H 股收购建议、撤回上市地位、合并协议及 B 公司合并事项之条款向独立董事委员会提供意见”。《吸收合并协议》及其项下吸收合并方案已在 B 公司的 H 股类别股东会议和临时股东大会会议上得到超过法定比例的绝大多数股东投票通过。每股 3.2 港元的事项,已在 B 公司的 H 股类别股东会议和临时股东大会上决议通过。根据《公司法》的规定,依法通过的股东会决议对全体股东具有约束力,申请人应当受依法生效的《吸收合并协议》的约束。

(5)“公平价格”系对买卖双方均公平。每股 3.2 港元的价格是收购合并方愿意支付的对价,参考了相当长时间的 B 公司 H 股股价,大大高于两年回顾期内的 B 公司 H 股股价,并经过独立财务顾问的评估分析,被独立财务顾问和独立董事会委员会认为是公平合理的,《吸收合并协议》及吸收合并方案得到了 B 公司的 H 股类别股东会议和临时股东大会决议的通过,是绝大多数卖方认可的公平价格,申请人理应受其约束。

(6)小股东权利已得到了充分保护,不存在对小股东的“不公平”。

(7)B公司退市和注销的客观结果,不能证明存在“不公平”。上市公司被合并退市必然伴随退市和公司注销的结果,但这不能证明存在不公平,被申请人未强迫申请人交易,而是B公司股东依法决议的结果。申请人和另案两名异议股东自然人G、自然人V持股合计22,584,000股,已达到了B公司H股总数约5%。如果申请人再联合几位股东就有可能达到反对票10%,从而导致股东会决议不能通过,即如果申请人真想阻止退市和吸收合并,完全有权利也有机会实现。

4. 申请人未证明每股4.77港元的价格是“公平价格”

(1)申请人主张“净资产就是公平价格”无法律依据。

(2)净资产并不能反映公司的实际股票价值,尤其是上市公司的股票价值。

(3)B公司的股价长期大大低于每股净资产,说明市场不认可将B公司每股净资产作为其股票的公平合理价格。

(4)从H股市场上合并退市的先例来看,并无直接以每股净资产作为公平合理价格。

(5)从其他私有化公司先例来看,各公司的要约价和每股净资产之间的比率差别较大,是否溢价或折让并非衡量价格公平与否的标准。

(6)净资产并不是股东的资产,而是公司的资产。

(7)申请人之前主张每股4.53港元是公平价格,之后又主张每股4.77港元是公平价格,可见其并无一个稳定的客观的“公平价格”。

5. 申请人无正当理由不能否定每股3.2港元的价格

(1)每股3.2港元的价格是公平合理的价格。“公平”是抽象概念,实体公平具有相对性和不确定性,但程序公平有具体标准。符合法定程序的要约合并价格,应当被视为公平价格,除非受要约合并方有证据证明存在虚假陈述、隐瞒信息等程序瑕疵。

(2)申请人未能证明每股3.2港元的价格是不公平的，其主张不应得到支持。申请人仅提出两个理由试图主张每股3.2港元的价格是不公平的：第一，每股3.2港元低于每股净资产；第二，每股3.2港元低于B公司的两家A股上市子公司的股价计算出的每股“市场相关价值”。被申请人认为，申请人上述理由均不成立。

被申请人在《对申请人代理意见的反驳意见》（签署日期2016年1月15日）中提出：

1. 申请人始终未能就其关于要求被申请人按B公司资产净值的价格收购其股份的主张提供事实或法律依据。

2. B公司的3位独立董事与本吸收合并项目不存在利害关系，B公司董事会就《吸收合并协议》作出的决议以及《吸收合并协议》本身合法有效。

3. 在本案吸收合并前，D集团已指派独立财务顾问对B公司进行估值，不存在违反相关法律法规的情况。

4. M公司作为独立财务顾问，其在《综合文件》中提供的分析客观中立，不存在误导H股股东的情况。《公司收购、合并及股份回购守则》中规定的股价披露观察期为6个月（180天），被申请人主张的长达10年的观察期没有任何依据。

被申请人在《综合代理意见》（签署日期2016年1月15日）中提出：

1. 中国D集团对B公司发起私有化要约的背景以及私有化与吸收合并的关系。私有化退市和吸收合并是两个不同概念，适用法律也存在区别，但在本案中，B公司的退市和吸收合并是同一个交易架构的两个部分，两者存在密切的关系。

2. B公司私有化及吸收合并方案以及《吸收合并协议》已经由B公司临时股东大会以及B公司H股类别股东会议投票通过，对全体股东均具有约束力。异议股东也应受上述股东会决议与《吸收合并协议》的约束。

3. 每股3.2港元的要约收购价/合并对价已经经过独立财务顾问论证，是在程序公平保障下被绝大部分股东认可的价格,系“公平价格”。(1)“公平价格”并无法律规定。(2)“公平价格”是在程序公平保障下被绝大部分股东认可的价格。(3)申请人未能就其每股4.77港元为“公平价格”的主张提供任何法律或事实依据,不应得到支持。

被申请人在《被申请人代理意见》(签署日期2016年1月27日)中提出:

1.2014年4月11日《综合收购建议及回应文件》载明:N公司代表D集团及C集团提出自愿有条件收购建议,以按照香港收购守则收购B公司已发行股本中的全部已发行H股,收购建议价格为3.2港元;上述每股3.2港元的要约收购价是以H股股东在联交所出售其股票时所能得到的对价作为参照,公司资产净值不是私有化中要约收购对价的定价依据。

2.按照我国香港特别行政区《公司收购、合并及股份回购守则》的要求,在D集团向B公司H股股东提出每股3.2港元的要约收购建议之后,为确保H股股东的合法权益受到保护,B公司的独立董事委员会聘请了M公司作为独立财务顾问,要求其对上述要约收购建议是否公平合理,以及H股股东是否应当接纳该要约收购提出独立专业意见。

3.M公司按香港通行的私有化模式对B公司的要约收购建议进行了专业分析,结论为:“吾等认为H股收购建议的条款、撤回上市地位以及合并协议就独立B公司H股股东而言属公平合理。”另两家独立的分析机构O公司以及P公司也认为,每股3.2港元的要约收购价是公平合理的。

4.2014年5月30日B公司股东召开H股类别股东会议,对于私有化(是否批准自愿撤销H股于香港联交所的上市地位)的动议,投票赞成的H股东比例为83.73%,投票反对的比例仅为6.03%。

5.2014年7月10日B公司在香港联交所发布公告,宣布2014年7月11日上午9时B公司H股上市地位正式撤回。

6.2014年7月22日D集团已向B公司H股股东(包括申请人)支付了每股3.2港元的价格,申请人投反对票后,又向D集团主动收取价款,其以实际行动同意了D集团的要约收购,已不再是B公司股东。

7. 截至2015年1月22日,仅有13名无法联系到的B公司H股股东尚未领取每股3.2港元的收购对价。每股3.2港元的价格是绝大多数股东认可的公平价格。

被申请人在《被申请人第二次开庭庭后意见》(签署日期2016年6月21日)中提出:

1. 申请人有无权利主张"公平价格"? 申请人有义务证明每股3.2港元是不公平价格,以及证明每股4.77港元是公平价格。申请人未完成其举证责任。

2. 什么是"公平价格"? "公平价格"是反映资产当时在自由市场上出售能获得的价格,是绝大多数正常合理的人所认识的客观价格,是对买卖双方均公平的价格,是对其他卖方公平的价格,不是某个卖方自认为的高价。

3. 每股3.2港元的价格是不是"公平价格"? 每股3.2港元的价格是公平价格,除符合"公平价格"的判断标准外,还存在如下依据:(1)独立财务顾问M公司为独立董事委员会和H股股东就要约收购建议作出理性决策而提供独立分析和建议。(2)B公司的独立董事委员会的认知。(3)市场上另外两家权威的、独立分析机构O公司以及P公司的认知和建议。(4)最重要的是,经过B公司召开的H股类别股东会议和临时股东大会,H股类别股东和全体股东分别投票表决,分别获得了高达83.73%和96.90%的赞成票,决议符合法定多数比例通过。(5)从市场成交价、其他私有化公司的先例、买卖流通性、每股净资产、与从事相似业务的H股上市公司比较、营运状况、行业前景等各个方面考虑,每股3.2港元的价格是公平合理的。

4. 申请人主张每股4.77港元是不是"公平价格"? 申请人未能就每股4.77港元为"公平价格"的主张提供任何法律或事实依据,仅仅是申请人自认为其应获得高价。申请人的第一个理由"净资产是公平价格",这是毫无事实和法律依据的,B公司股价长期大大低于每股净资产,说明市场并不认可将B公司每股净资产作为其股票的公平价格。申请人主张的第二个理由,即B公司的两家A股上市子公司的股价高于3.2港元。因此,3.2港元不公平,同样毫无事实和法律依据。

5. 被申请人还回应了以下问题:(1)临时股东大会上,如果剔除C集团的股份,H股股东的赞成率是多少?(2)M公司是不是独立的财务顾问?(3)目前C集团持有B公司85%的股份、D集团持有B公司15%的股份,是否符合吸收合并方案?

被申请人在《对申请人〈律师补充代理意见(三)〉的反驳意见》(签署日期2016年6月30日)中提出:

1. 申请人关于3.2港元不属于公平价格的主张,没有任何道理,不应得到支持。

2. 申请人关于被申请人以每股3.2港元强制收购其股权的主张,不符合事实,没有任何道理。

3. 申请人关于"同股同权"的主张与本案争议不相关,混淆重点。

4. 申请人要求由B公司出资、由仲裁庭委托有资质的独立第三方中介机构以公司净资产为基础评估确定要约收购/吸收合并价的申请,不应得到仲裁庭的支持。

5. M公司是符合香港证监会要求的独立财务顾问,是香港金融界权威的财务咨询机构。申请人没有提供任何证据仅凭空质疑M公司的独立性,不应得到支持。

6. 被申请人重申以下主张:

(1)B公司私有化及吸收合并方案以及《吸收合并协议》已经由B公司临时股东大会以及B公司H股类别股东会议法定多数股东投票通过,对D集团、C集团、B公司及其全体股东均具有约束力。

(2)每股3.2港元的要约收购价/合并对价已经经过独立财务顾问论证,包含此价格的吸收合并方案已经经过B公司临时股东大会以及B公司H股类别股东会议法定多数股东投票通过,是在程序公平保障下被绝大部分股东认可的价格,系“公平价格”。

(3)申请人未能就其每股4.77港元为“公平价格”的主张提供任何法律或事实依据,不应得到支持。

二、仲裁庭意见

本仲裁案源于B公司(第一被申请人)实行私有化(或者称“退市”——仲裁庭注)及D集团与两名被申请人之间吸收合并交易案。根据该合并交易案的安排,B公司先要约收购其在香港联交所上市的H股股票,再与C集团(第二被申请人)共同并入D集团,最终办理B公司和C集团的注销登记。

申请人主张,被申请人应按公平价格收购申请人持有的82,000股H股股票并支付股份价款,理由主要是两个方面:一方面,每股3.2港元的要约收购价/合并对价(以下简称“价款”或“价格”——仲裁庭注),未经法定程序通过,依法应予撤销;D集团和两名被申请人涉案的全部公告系违反法律和公司章程的虚假陈述,构成对公众和H股独立股东的误导,相关投票表决结果不能代表H股独立股东的真实意思,依法无效。另一方面,每股3.2港元的价格不属于“公允价格”或“公平价格”,被申请人应按每股人民币3.72元的公平价格,收购申请人持有的82,000股B公司H股股票。被申请人认为,被申请人在实行私有化及与D集团达成吸收合并交易中,已履行法定程序,要约收购价/合并对价是公允价格,不应额外支付要约收购价/合并对价。

本裁决书以下部分,将在认定本仲裁案基本事实的基础上,就适用的法律、私有化和吸收合并的主要程序、要约收购价/合并对价之公平性等问题,逐一发表意见并作出最终裁判。

(一)主要事实

1.在B公司私有化之前,D集团持有C集团100%的股份。C集团和H股公众股东分别持有B公司62.11%和37.89%的股份。C集团作为B公司的股东/投资者,持有 B 公司 21,804,000 股 H 股股票。此外,B 公司主要持有 E 公司和 F 公司两家内地上市公司的股票等资产。

2. 2013 年 9 月 24 日 D 集团召开董事会会议,原则同意 D 集团联合 C 集团通过要约收购方式对 B 公司实施私有化,以及采用协议吸收合并方式吸收合并 C 集团和 B 公司,同时注销 C 集团和 B 公司的法人地位;C 集团亦召开董事会会议,原则同意与 D 集团董事会决议相同的提案。B 公司于同日收到 D 集团提出的吸收合并方案的信件,附吸收合并协议稿。该协议稿载明合并对价为每股不低于 2.92 港元。B 公司遂向香港联交所申请于 2013 年 9 月 25 日上午停牌。

3. 2013 年 10 月 18 日 B 公司召开董事会会议,B 公司董事会 9 名成员中,自然人 L、自然人 L1、自然人 L2、自然人 L3、自然人 L4、自然人 L5 就决议涉及事项有利益冲突,不就决议进行表决,自然人 I、自然人 J 和自然人 K 签署该次董事会决议,决议主要内容是:“(i)董事会认为吸收合并协议条款公平合理……(iv)同意及批准本公司三名独立非执行董事成立独立董事委员会,就本次吸收合并向股东提交建议。并同意任命 M 公司为独立财务顾问为独立董事委员会及独立股东提供独立专业意见。”

4. 2013 年 10 月 29 日国务院国有资产监督管理委员会(以下简称国资委)作出《关于全面要约收购中国 B 科技公司股份有关问题的批复》,表示原则同意 D 集团和 C 集团以每股不超过 3.25 港元的价格,全面要约收购 B 公司,并要求 D 集团正确行使股东权利,维护各类投资者合法权益,确保本次要约收购吸收合并依法合规推进。

5. 2013 年 12 月 16 日 D 集团、C 集团以及 B 公司签订《吸收合并协议》,约定 D 集团吸收合并 C 集团和 B 公司,D 集团向 B 公司外资股股东支付对价为每股 3.2 港元。

6. D 集团、C 集团和 B 公司将草拟的公告及拟要约收购的方案报呈香港证监会,香港证监会于 2013 年 12 月 16 日回复表示对草拟公告无异议。

7.2013年12月16日D集团、C集团和B公司在联交所向H股股东发布《联合公告》，宣布《吸收合并协议》的签署，并宣布D集团及C集团建议以不高于每股3.2港元的价格进行H股全面要约收购，同时宣布此收购建议的生效条件。

8.2014年4月11日D集团、C集团及B公司向B公司H股股东发出H股《综合收购建议及回应文件》（以下简称《综合文件》），该文件载明：自2014年4月11日寄发《综合文件》起，H股股东即可按照每股3.2港元的价格响应收购建议，将所持H股转让给B公司、D集团或C集团。《综合文件》包括：(1)D集团和C集团的财务顾问N公司出具的《N公司函件》；(2)B公司的独立董事委员会出具的《独立董事委员会函件》；(3)M公司向B公司独立董事委员会出具的《M公司函件》。

9.2014年4月11日B公司发出《H股类别股东会议通告》和《临时股东大会通告》，通知将于2014年5月30日召开H股类别股东会议和临时股东大会。

10.2014年5月30日B公司股东召开H股类别股东会议，对两项动议进行投票表决：(1)是否批准自愿撤销H股于香港联交所的上市地位；(2)是否批准、追认及确认《吸收合并协议》、由B公司或其代表执行该协议，以及B公司合并事项及据此进行或将予进行的其他交易。赞成上述两项动议的股票数为近14,080万股（占H股总股数的83.73%），反对上述两项动议的股票数为近2740万股，占H股股票数的6.03%。上述两项动议获得通过并生效。申请人就上述动议投出反对票。

11.2014年5月30日B公司召开临时股东大会会议，对以下动议进行投票：是否批准、追认及确认《吸收合并协议》、由B公司或其代表执行该协议，以及B公司合并事项及据此进行或将予进行的其他交易。赞成上述动议的股票数为91,180余万股，占股票总数的96.90%。反对动议的股票数为2920万余股，占股票总数的3.10%。上述动议通过并生效。申请人就上述动议投出反对票。

12. 2014年6月6日B公司发布《联合公告》,宣布截至当日下午4时整(首个接纳H股收购建议截止日),B公司已收到近29,600万股H股的同意转让股权的H股收购建议有效接纳书,相当于B公司H股股份总数约65.21%;宣布D集团、C集团及其一致行动人士持有B公司已经发行的股本不少于85%,即要约收购的所有条件已达成。

13. 2014年7月4日B公司在香港联交所发布公告,宣布截至当日下午4时整(H股收购建议之最后接纳时限),B公司已收到38,990余万股H股的同意转让股权的有效接纳书,相当于H股股份总数约85.92%、占B公司全部已发行股本的约32.56%。

14. 2014年7月10日B公司通过香港联交所发布公告,宣布2014年7月11日上午9时B公司H股上市地位正式撤回,《吸收合并协议》的生效日期为2014年7月11日。

15. B公司要约收购条件达成后,D集团称其已陆续向H股股东支付了价款,包括申请人在内的异议股东收到了每股3.2港元的价款。根据"香港R公司"的报告书,截至2015年1月22日,尚有13名股东未领取每股3.2港元的要约收购价/合并对价,持股共计70,000股。

16. B公司于2015年11月10日办理完毕《公司章程》的工商登记变更。B公司目前股东持股情况为:D集团持股15%,C集团持股85%。

17. 被申请人称:D集团、C集团和B公司目前在进行吸收合并的后续收尾工作,该工作完成后,D集团将吸收合并C集团和B公司,并注销C集团和B公司的工商登记。

需要指出,"(一)主要事实"仅列举反映本案基本情况的主要事实,其他未列举的重要事实或情况,将视情况和需要,在以下相关部分将予以涉及。

(二)适用的法律

被申请人提出,申请人依据《公司章程》所载仲裁条款提起本仲裁案,应当根据《公司章程》及本案争议性质来判断本案适用法律。根据《公司章程》第

189 条第 3 款规定,有关《公司章程》的争议应当适用中华人民共和国法律(以下简称中国法律),但 B 公司作为在香港联交所上市的上市公司,其受相关香港特别行政区法律的管辖。本仲裁案涉及 B 公司退市的相关事宜,应适用香港特别行政区法律。申请人认为,本仲裁案应适用中国法律,其仲裁申请和代理意见均只援引中国法律。

仲裁庭认为,根据《公司章程》第 1 条关于"本公司系依据《公司法》《国务院关于股份有限公司境外募集股份及上市的特别规定》(以下简称《特别规定》)和中华人民共和国其他有关法律、行政法规成立的股份有限公司"的规定,鉴于 B 公司是依照中国法律成立的公司,基于 B 公司《公司章程》所产生的相关争议,应当适用中国法律。对于被申请人所称"涉及 B 公司退市的相关事宜,应当使用我国香港特别行政区法律"的意见,仲裁庭认为,退市是指上市公司股票不再在交易所交易其发行在外的股票,撤回上市是指上市公司主动申请不再交易所交易其发行在外的股票。退市或撤回上市涉及上市公司与交易所之间的关系,不直接涉及上市公司与股东之间的关系。就本仲裁案而言,申请人要求被申请人额外支付要约收购款/合并价款,不直接涉及 B 公司从香港联交所退市或撤回上市的事宜,仲裁庭认为,被申请人关于"涉及 B 公司退市的相关事宜,应当适用我国香港特别行政区法律"的意见,与本仲裁案无关。

仲裁庭认为,申请人主张的是股份购买请求权(包含通常所称"估价异议请求权"),即要求被申请人增加支付要约收购价款/合并对价,其请求依据是《公司章程》第 174 条关于"反对公司合并、分立方案的股东,有权要求公司或者同意公司合并、分立方案的股东,以公平价格购买其股份"的规定。就本仲裁案而言,申请人在 B 公司 H 股股东会和临时股东大会上投票反对该吸收合并案,属于《公司章程》所称"反对公司合并、分立方案的股东",申请人要求被申请人额外支付要约收购价款/合并对价,并就此与被申请人产生争议,属于《公司章程》第 174 条项下的争议。

申请人依据《公司章程》提出本案仲裁申请,要求被申请人依据《公司章程》增加支付要约收购价款/合并对价。申请人之权利主张或者与被申请人之间产生的争议,属于《公司章程》第189条第1项关于申请人与被申请人之间“基于公司章程、《公司法》及其他有关法律、行政法规所规定的权利义务发生的与公司事务有关的争议或者权利主张”。在申请人将此类争议或者权利主张提交仲裁解决后,根据该条第3项关于以仲裁方式解决因第1项所述争议或权利主张,适用中华人民共和国法律;但法律、行政法规另有规定的除外的规定,鉴于未发现法律、行政法规另有规定的情形,仲裁庭认为,本仲裁案适用中国法律。

申请人提出本仲裁案应当适用最高人民法院《公司法司法解释(四)》。被申请人对此提出异议。仲裁庭注意到,自我国《公司法》颁布实施至今,最高人民法院先后发布了3部适用《公司法》的司法解释,在本裁决书作出时,所称的“《公司法司法解释(四)》”尚未正式颁布实施。对于申请人主张适用《公司法司法解释(四)》的意见,仲裁庭不予理会。

(三)私有化和吸收合并的程序

B公司实施私有化和吸收合并案,经历了以下主要程序:(1)B公司于2013年10月18日形成第28号董事会决议,认为吸收合并协议条款公平合理;(2)国资委于2013年10月29日向D集团发出《关于全面要约收购中国B科技公司股份有关问题的批复》,原则同意D集团和C集团以每股不超过3.25港元的价格,全面要约收购B公司的股份;(3)香港证监会于2013年12月16日发出的无异议函件;(4)M公司于2014年4月11日向B公司发出《M公司函件》;(5)B公司分别召开H股类别股东会议及临时股东大会会议,通过B公司实施私有化和吸收合并交易案;(6)B公司在完成相关程序后,已在深圳办理完毕工商变更登记,D集团和C集团成为B公司的股东。

针对B公司私有化和吸收合并程序,双方当事人主要在B公司董事会决议的效力及M公司是否为独立财务顾问的问题上,存在争议,仲裁庭特别发表如下意见。

1. 关于董事会决议

申请人认为,本次B公司审议涉案合并和收购事项相关方案的董事会决议(第28号)(以下简称第28号董事会决议)因违反公司法和公司章程规定,实际上未能获得有效通过:对该决议进行投票和表决的只剩下3位独立非执行董事自然人I、自然人J、自然人K。根据《综合文件》附录三B公司集团的财务资料的记载:3位独立非执行董事任职以来每年均从收购人D集团处领取10万港元的董事酬金。被申请人认为,B公司3位独立非执行董事与本次吸收合并项目不存在利害关系,他们从未从D集团处领取董事酬金,而B公司独立董事从B公司领取酬金,符合法律规定,不构成利害关系。

经查,B公司于2013年10月18日召开董事会会议并形成第28号董事会决议。该董事会决议在“权益申报”中载明“自然人L及自然人L3作为本公司的最终控股股东中国D集团(以下简称D集团)之董事,而自然人L1、自然人L2、自然人L4及自然人L5为D集团委派之本公司董事,上述董事就本决议涉及事项中具利益冲突,故不会就决议进行投票,亦不列入会议之表决人数内”。该决议最终由3位独立非执行董事自然人I、自然人J和自然人K签署。

仲裁庭注意到,申请人声称该3位独立非执行董事从D集团领取酬金并援引《综合文件》作为支持该说法的证据。经查《综合文件》附录三的内容,该3位独立非执行董事自然人I、自然人J和自然人K,系从B公司领取每年10万元酬金,而非从D集团或者C集团领取酬金。申请人关于3位独立董事从D集团领取酬金的说法,缺少相关证据支持,仲裁庭不予采信。相应地,申请人基于3位独立非执行董事具有利益冲突而否定第28号董事会决议的意见,仲裁庭不予采信。

2. 关于独立财务顾问

第28号董事会决议载明,董事会“同意及批准本公司3位独立非执行董事成立独立董事委员会,就本次吸收合并向股东提交建议。并同意任命M公司为独立财务顾问为独立董事委员会及独立股东提供独立专业意见”。M公司于2014年4月11日发出致独立董事会的意见函件(《M公司函件》),并在“意见及推荐建议”部分中称“吾等认为H股收购建议的条款、撤回上市地位及合并协议就独立B公司H股股东而言属公平合理”。

申请人认为,M公司实际上未曾获得独立董事委员会授权,无权担任独立董事会委员会的财务顾问,当然不能得出B公司合并事项的条款对独立B公司H股股东来说属公平合理的结论。申请人认为,针对B公司而言,无论是“独立董事委员会”还是“独立财务顾问”M公司,都只是收购人D集团的利益代言人而已。被申请人认为,M公司系B公司独立董事委员会聘请的独立财务顾问,职责是为独立董事委员会和H股股东就要约收购建议作出理性决策而提供独立分析和建议。

仲裁庭认为,由于《M公司函件》是B公司独立董事委员会和股东会厘定每股价格的重要依据,有必要就M公司是否是独立财务顾问作出认定。而在认定M公司是否为独立财务顾问时,应当关注M公司与D集团、C集团及B公司之间的关系。

(1)根据第28号董事会决议的记载,M公司系B公司第28号董事会决议同意任命的独立财务顾问。仲裁庭认为,董事会决议的记载内容是清楚的,表述上无歧义。若要否定M公司受聘为B公司之独立财务顾问,至少应当在B公司和M公司之间予以解决,申请人不是B公司与M公司之间关系的当事人,也没有证明第28号董事会决议之不存在,而且未能推翻第28号董事会决议的效力,仲裁庭认为,应当尊重第28号董事会决议记载的事项。

(2)M公司在《M公司函件》中已经申明其独立地位,即“吾等与D集团、C集团或者B公司或彼等各自的主要股东或与此等任何人士一致行动或假定一致行动的任何人士概无关联,因此,吾等被认为符合资格就H顾收购建议、撤回上市、合并协议及B公司客户合并事项提供独立意见。除就本次或类似委聘应付吾等的正常专业费用外,概不存在任何安排,而吾等将据此向D集团、C集团或B公司或彼等各自的主要股东或与彼等任何人士一致行动或假定一致行动的任何人士收取任何费用或利益”。申请人虽然认为M公司不是独立财务顾问，但未举证证明《M公司函件》申明存在错误，仲裁庭无法采信申请人的意见。

仲裁庭认为，在判断M公司是否是独立财务顾问的问题上，还应当关注M公司与B公司股东C集团、最终控股股东D集团之间是否存在利益关系，包括但不限于提供服务或收取报酬，以及有损于其独立性的其他事实。在本仲裁案审理中，申请人未提供M公司与C集团或D集团之间存在利益关系的其他证据，而主要是从B公司3位独立非执行董事无权聘请独立财务顾问的意见出发，进而推导M公司不是独立财务顾问的结论。

仲裁庭注意到，在香港联交所上市的公司从事要约收购或合并等重大重组时，通常都会付费聘请财务顾问，协助董事会提出相关议案。申请人推论M公司不是独立财务顾问的意见是缺少说服力的。与此同时，申请人声称M公司只是D集团利益的代言人，而未就提供相关证据予以证明，这不足以说明M公司与D集团之间存在经济利益关系。仲裁庭认为，仅凭申请人的推论或者声称，不足以否认M公司系B公司独立财务顾问的判断结论。

3. 关于虚假陈述的问题

针对B公司私有化和吸收合并案，申请人提出：D集团、C集团和B公司涉案的全部公告均为违反法律和公司章程的虚假陈述，构成对公众和H股独立股东的误导，相关投票表决结果根本不能代表H股独立股东真实意思，依法无效。仲裁庭认为，上述指称是重大的，若指控成立，可能涉及犯罪或行政违法问题，也可能涉及如何判断案外人行为等复杂问题，仲裁庭在本仲裁案范围内，无法作出判断，申请人可另寻其他法律途径予以解决。

仲裁庭认为，根据现有证据，B公司第28号董事会决议已由3位独立非执行董事签字，系有效决议。该决议授权聘请M公司作为B公司独立财务顾问，B公司予以认可，应当认定为有效授权。申请人未提出第28号董事会决议无效及M公司不是独立财务顾问的证据，申请人未证明、仲裁庭未发现B公司的相关决议程序存在不符合法律法规和《公司章程》的情形,在此认定B公司已履行了规定的程序。

(四)关于"公平价格"的问题

对于被申请人应否按照公平价格向申请人额外支付价款的问题,双方当事人存在尖锐争议,并且是仲裁庭关注的核心。仲裁庭在以下部分,将先展示各方主要观点,再就其中的核心问题,逐项发表意见。

1. 双方当事人的争议

申请人认为,根据《综合文件》所列"1港元=0.78元人民币"的汇率标准,B公司2013年6月30日未经审核综合资产净值为每股4.53港元,公平价格应当为每股人民币3.5334元;B公司2013年12月31日经审核的每股资产净值为每股4.77港元,公平价格应当为每股人民币3.72元。而被申请人支付的价款相当于在净资产基础上折让32.9%,系以明显不合理的低价强行收购H股股票。申请人还提出,根据《综合文件》的相关计算,截至2013年12月31日,B公司每股"市价相关价值"是为每股7.36港元,截至最后实际可行日期,每股股票的"市价相关价值"为7.77港元,申请人主张按照每股人民币3.72元认定公平价格,但否认每股人民币3.72元就是公平价格。

被申请人认为,每股3.2港元是符合"公平价格"判断标准的价格,同时,也符合如下依据:(1)M公司为独立董事委员会和H股股东就要约收购建议作出理性决策而提供独立分析和建议。(2)B公司独立董事委员会的认知。(3)市场上另外两家权威的独立分析机构O公司以及P公司的认知和建议。(4)在B公司于2014年5月30日分别召开的H股类别股东会议和临时股东大会上,H股类别股东和全体股东进行了投票表决,分别获得高达83.73%和96.90%的赞成票,决议符合法定多数比例通过。(5)从市场成交价、其他私有化公司的先例、买卖流通性、每股净资产、与从事相似业务的H股上市公司比较、营运状况、行业前景等各个方面考虑,每股3.2港元的要约收购价/合并对价是公平合理的。

综上所述,双方当事人的核心争议是:申请人认为,D集团吸收合并B公司的收购价低于B公司每股净资产,过分低于B公司相关价值;被申请人认为,本案要约收购价/合并对价大大高于回顾期内的股市成交价。

2. 申请人享有主张"公平价格"的权利

申请人请求被申请人支付"公平价格"的依据,主要是B公司《公司章程》第174条,即B公司"公司合并或分立,应当由公司董事会提出方案,按公司章程规定的程序通过后,依法办理有关审批手续。反对公司合并、分立的股东,有权要求公司或者同意公司合并、分立方案的股东,以公平价格购买其股份"。

仲裁庭认为,上述条款系B公司《公司章程》第20章(公司的合并与分立)项下的一个条款。从该条款所在位置及其文义来看,该条款适用于B公司进行合并或分立的特定场合。即在B公司与其他公司合并或进行分立时,申请人有权请求B公司"以公平价格购买其股份"。就涉案之要约收购和吸收合并案而言,在内容上包含两个相互联结的环节:一是先由B公司要约收购发行在外的H股股票;二是再由D集团吸收合并C集团和B公司。由于本案交易采用了先行要约收购、后为吸收合并的模式,迄今尚未完成B公司和C集团最终并入D集团的全部法律程序,因此,本仲裁案所涉B公司与D集团和C集团之间的交易案,系要约收购与吸收合并的混合交易,是以公司合并为最终目的的要约收购,既不是典型的公司合并,也不是典型的要约收购。

仲裁庭注意到,申请人是依据《公司章程》第174条关于公司合并的特别规定而提起本案仲裁申请。被申请人认可要约收购是整体交易的一个环节,且最终完成的是B公司、C集团和D集团的公司合并;被申请人也认可所称每股3.2港元兼有要约收购价和合并对价的双重性质。上述事实说明,在本仲裁案审理中,无法将要约收购和公司合并截然分开,应将要约收购和吸收合并视为涉案整体交易不可分割的组成部分。

仲裁庭认为,本案要约收购在性质上,系B公司实施公司合并的准备活动,在《公司章程》未作除外或特别规定的情形下,《公司章程》第174条授予

“反对公司合并、分立的股东”(以下简称反对股东或异议股东)要求“以公平价格购买其股份”的权利,应当得到尊重。即使双方争议主要发生在B公司H股的要约收购阶段,申请人仍然享有依照《公司章程》第174条提出仲裁请求的权利。尤其是,如果在解释上排除申请人提出本案仲裁请求的权利,将与本交易案项下《联合公告》和《综合文件》多次提醒“B公司H股股东”有权依照《公司章程》第174条要求“B公司或其他B公司股东以‘公平价格’收购其非上市H股”的内容相冲突,仲裁庭据此认为,申请人有权针对公平价格问题提出仲裁申请。

至于反对股东依照《公司章程》主张“以公平价格购买其股份”的权利,究竟为购买请求权还是估价请求权,《公司章程》未明确规定。购买请求权,乃反对股东要求义务人购买其所持股份的权利;估价请求权,乃反对股东在失去股份乃至获得价款后,再行要求义务人支付额外的价款。根据开庭审理查明,申请人未将实物股票交给B公司,但收取了B公司支付款项的支票,其第一项仲裁请求的实质内容是,要求被申请人支付支票金额与按照“公平价格”所计算价款之间的差额。又鉴于B公司已变更为D集团和C集团共同持股的公司,申请人已非B公司登记在册的股东。由此来看,申请人所主张的实际上是估价请求权而非购买请求权。

针对申请人的主张,被申请人提出:(1)根据我国《公司法》,法律仅针对股份有限公司合并,规定了异议股东有权要求公司收购其股份,未规定异议股东有权请求按照“合理的价格”收购其股份;(2)参考我国《证券法》第97条,仍持有上市公司股票的股东有权“以收购要约的同等条件”向收购人出售其股票,法律未规定股东有权要求收购人以“公平价格”或“合理价格”向收购人出售其股票。

仲裁庭认为,我国《公司法》第143条未规定异议股东有权请求按照“合理价格”收购其股份,但该条款所列“收购”2字通常包含了价格因素,而不应是反对股东无偿让渡或放弃股份;鉴于我国《公司法》第143条未排除反对股东要求支付合理价格的权利,无法得出异议股东无权提出主张的当然结论。就我国《证券法》第97条而言,该条款确有异议股东有权"以收购要约的同等条件"向收购人出售其股票的意思。然而,如前所述,B公司与D集团和C集团之间交易的最终目的在于吸收合并,而非仅是要约收购B公司H股股票,要约收购是吸收合并的准备活动,就此而言,仲裁庭认为本仲裁案不适用、不应参考适用我国《证券法》第97条,而应认定申请人享有要求被申请人按照"公平价格"或"合理价格"支付差额价款的权利。

3."公平价格"不同于"决议价格"和"请求价格"

仲裁庭注意到双方当事人关于公平价格的解释迥然不同,被申请人认为每股3.2港元是公平价格,申请人认为每股3.2港元不是公平价格。申请人认为,公司董事会在提出公司合并方案时当然会提出合并对价,股东会在决议时也将审议董事会提出的合并对价。若将董事会提出且股东会通过的价格视为公平价格,就无须在《公司章程》第174条后段重申反对股东有权要求以"公平价格"购买其股份的内容。

仲裁庭认为,B公司《公司章程》第174条所称"公平价格"可以是B公司董事会提出、股东会通过并且予以实施的价格(本仲裁案中的每股3.2港元)。但申请人请求被申请人支付的其他价格(如每股4.77港元或其他价格),未必不是公平价格。同样,上述两个价格之外的另一价格,也未必不是公平价格。

4.关于"决议价格"的问题

为了便于表述,本裁决书将B公司股东会决议通过的每股3.2港元称为"决议价格",将申请人主张的价格(每股4.77港元或人民币3.72元)称为"请求价格",以区别于《公司章程》第174条规定的"公平价格"。

(1)决议价格的形成

仲裁庭注意到,每股3.2港元是由D集团、C集团和B公司在《吸收合并协议》(2013年12月16日)最先提出的。根据《吸收合并协议》第9条的规定,每股3.2港元需在满足生效条件后生效。在《吸收合并协议》签署前,D集团和C集团最初提出的对价为每股不低于2.92港元(2013年9月24日),国资委在批复中原则同意的价格为每股不超过3.25港元(2013年10月29日)。在《吸收合并协议》签署后,D集团、C集团和B公司在香港联交所向H股股东发布《联合公告》中,宣布D集团和C集团建议以不高于每股3.2港元的价格进行H股全面要约收购。此后,M公司向B公司董事会发出的《M公司函件》(2014年4月11日),提出"H股收购建议仍按下列基准提出:每股H股……现金3.20港元(要约价)"的意见。B公司之H股类别股东会和临时股东会随后于2014年5月30日形成决议并形成"决议价格"。上述事实表明,B公司提出的收购价格,经过了从低到高的变化过程,最终形成了每股3.2港元的"决议价格"。

(2)关于《M公司函件》的考虑因素

仲裁庭注意到,"决议价格"与《M公司函件》所建议的价格一致。《M公司函件》在"所考虑的主要因素及理由"中,详细分析了以下因素:①D集团及C集团建议进行H股收购建议、撤回上市地位及合并的理由;②B公司的背景资料;③B公司集团的行业概览及前景展望;④有关D集团及C集团的资料及其有关B公司的意向;⑤股价与要约价的比较及私有化先例;⑥H股股价及买卖流通性;⑦可比较分析;⑧根据上市公司市值计算B公司集团估值之说明,并且在讨论和分析后认为"基于上述分析[具体而言指上文(讨论及分析)一节所载因素],吾等认为H股收购建议的条款、撤回上市地位及合并协议就独立B公司H股股东而言属于公平合理"。

需要指出的是,仲裁庭在阅读《M公司函件》后,未发现《M公司函件》忽视了与所称要约价有关的重要考虑因素,未发现《M公司函件》存在明显疏忽或者疏漏。仲裁庭同时注意到,申请人主张"请求价格"时所提到的主要考量因素,均已纳入《M公司函件》的考虑因素之中,尤其是申请人所称B公司2013年12月31日每股净资产为人民币3.72元(相当于约4.72港元),及B公司两家附属上市公司的财务资料和经营状况,均已纳入《M公司函件》的考虑因素中。仲裁庭也注意到,《M 公司函件》也考虑了申请人未曾提及的其他重要定价。

在仲裁案审理中,申请人提出应当参考相关公司股价变动情况,认为分析 B 公司股价需要采用超过 H 股于截至最后交易日(包括该日)180 个连续交易日的更长回顾期(以下简称 180 日回顾期——仲裁庭注)。仲裁庭的意见是,应否选择更多公司股价予以对比分析,以及如何分析各公司股价波动的原因,需要借助投资专业机构或人员的专业分析,而非仅仅呈现所称公司的股价变动图,申请人并未提供足以让仲裁庭信服的专业分析意见。就应否采用更长回顾期的问题,仲裁庭认为,应当尊重行业习惯做法。申请人认为,180 日回顾期是不恰当的,则应予以证明,并提出采用更长回顾期的理由。申请人未能回应被申请人的意见,仲裁庭不采信申请人的意见。

申请人未举证证明《M 公司函件》所列考虑因素存在错误,未举证证明《M 公司函件》存在明显或重要疏漏,申请人在提出自己的主张时,甚至也以《M 公司函件》提供的相关数据和资料为主要依据。仲裁庭认为,从专业角度来看,《M 公司函件》建议每股 3.2 港元的价格,不存在不公平问题。

(3)B 公司的决议

经审理查明,2014 年 4 月 11 日 B 公司与 D 集团和 C 集团于向 H 股股东发出《综合文件》并将《M 公司函件》等列为附件,并于同日发出《中国 B 科技公司 H 股类别股东会议通告》和《B 公司有限公司临时股东大会通告》,列明会议时间并分别列明会议动议。

2014 年 5 月 30 日 B 公司 H 股类别股东会议和临时股东大会先后如期召开并通过了动议事项。根据 B 公司当日发出的《联合公告》,H 股类别会议的动议赞成票占比 83.73%,反对票占比 6.03%;临时股东大会会议的动议赞成票占比 96.9%,反对票占比 3.1%。2014 年 6 月 6 日 B 公司在香港联交所发布公告,宣布截至当日下午 4 时整,B 公司已收到近 29,600 万股 H 股的同意转让股权的有效接纳书,相当于 B 公司 H 股股份总数约 65.21%。由于 D 集团和C集团及其一致行动人士持有B公司已发行的股份不少于85%,要约收购的所有条件已经达成。

仲裁庭注意到,申请人在上述H股类别股东会议及临时股东大会会议上投有反对票,却未能阻却B公司形成H股类别股东会议决议和临时股东大会会议决议;申请人未提出该H股类别股东会议或临时股东大会决议被认定无效或已被撤销的证据,仲裁庭未发现有导致上述决议无效的事实,应当推定B公司股东会议决议程序符合《公司章程》及《综合文件》,应当认定B公司已接受了每股3.2港元的收购价格。

5.关于"请求价格"的问题

申请人在提出请求价格时,除提出按照B公司每股净资产计算请求价格外,还提及"市场相关价值"的问题。从申请人所提计算方法来看,所称每股人民币4.72元即为B公司的H股每股净资产,系依据单一因素计算得出的价格。被申请人所称每股3.20港元,系采纳《M公司函件》综合考量诸多因素后形成的价格,是依据综合因素提出的价格。

根据《M公司函件》及申请人引述,自2013年6月30日起至12月31日,B公司每股净资产数值变化不大。其中,2013年6月30日未经审核的每股净资产为每股4.53港元,2013年12月30日经审核的每股净资产为4.52港元。

但在与上述期限接近的时间段内,B公司股价变动很大。《M公司函件》比较了下述两个时间点之间B公司股票价格的变动的:(1)H股于截至最后交易日(包括该日)180个连续交易日根据香港联交所所报每日收市价计算的平均收市价(每股1.6港元);(2)H股于最后可行日期(2014年4月8日)在香港联交所所报的收市价(每股3.05港元),并得出"要约价较联合公告前各期间H股股价溢价的范围介乎42.9%至100%。我们认为,于最后可行日期的H股股价及所减少的溢价受联合公告的影响"的意见,即联合公告的发布与B公司股价变动之间存在某种相关性。

仲裁庭认为,上市公司股价变动的影响因素众多且复杂,单一因素或在短期内影响股价,但股价的持续变动绝非取决于某单一因素。就估价方法而言,相较申请人依据或主要依据B公司每股净资产而得出每股4.72元的价格,《M公司函件》在综合考虑B公司每股净资产及其他多项因素的基础上而建议的每股3.2港元,更具合理性和说服力。

仲裁庭注意到,每股净资产数值与股价之间存在较大偏离,此为B公司股价变动的实际状况;B公司每股净资产系财务计算的效果,与B公司H股股价之间未能一一对应,甚至出现较大乃至高度偏离,这恰恰说明不能仅凭B公司每股净资产数额,来推算B公司每股H股股票的请求价格。申请人采用或主要采用B公司每股净资产作为计算请求价格的标准,却没有证明每股净资产与股价之间的对应关系,其主张缺少说服力。

6.关于"公平价格"的小结

本案的特点在于:B公司H股之决议价格高于回顾期内的股价,却低于B公司每股净资产数值。申请人认为决议价格不是公平价格,被申请人认为决议价格即为公平价格。

仲裁庭认为,当决议价格低于每股净资产时,申请人准备长期持有B公司股票,却因吸收合并而失去该股票,申请人就此提出异议或有所抱怨是在所难免的。但问题是,每股净资产是财务计算的结果,在某个期日,每股净资产总是一个客观的数值;交易价格虽与财务计算结果有一定的相关性,却主要取决于市场交易活动或者主要反映了市场活动的状况。就此而言,《企业会计准则第39号——公允价值计算》关于"公允价值是指市场参与者在计量日发生的有序交易中,出售一项资产所能收到或者转移一项负债所需支付的价格"的解释,更合理。就上市股票而言,股价在同一交易日内会随时波动,而当日每股净资产却无法反映这种波动,反之亦然。因此,公允或公平价格与财务计算结果或每股净资产之间存在差异,反倒是市场运行中的常见现象,是投资者不得不面对的市场风险。

鉴于申请人所称相关市场价值的数个因素,已纳入B公司决议价格的考虑范围,申请人未提出相关公司股价变动的专业分析,未提出推翻决议价格的法律依据,仲裁庭认可B公司H股类别股东会议和临时股东大会通过的决议价格(要约收购价/合并对价)。

(五)关于申请人的两项特别申请

在本仲裁案审理中,申请人先后提交了《关于要求中国B科技公司提交财务资料的申请》(签字日期为2015年12月1日,以下简称提交财务资料申请)以及《关于中国B科技公司应当出资以公司的资产净值为基础评估确定B公司股份收购价格的申请书》(签字日期为2016年1月13日,以下简称评估申请书),并于2016年6月20日再次提交《关于再次要求仲裁庭责令中国B科技公司出资,由仲裁庭委托有资质的独立第三方中介机构,以该公司的资产净值为基础,评估确定B公司股份收购价格的申请书》(以下简称评估再申请书),并在律师代理意见中予以重申。被申请人针对《提交财务资料申请》提出了《回复意见》(签字日期为2016年1月2日),并就评估申请书提出《回复意见》(签字日期为2016年1月27日)。

1. 申请人在《提交财务资料申请》中,要求B公司提交公司2014年年中、2014年度以及2015年年中经审计的财务报表及相关说明。被申请人认为,其并未损害申请人利益,申请事项与本案无关,申请人已非B公司股东,申请人的请求毫无依据。

仲裁庭认为,本案主要问题是,B公司支付的要约收购价/合并价格是否符合公平价格标准,然而,判断公平与否的主要依据是决议价格形成时的事实,而非决议价格形成后的事实;仲裁庭即使接受申请人提出的申请,也仅为本仲裁案处理之目的,不涉及满足其他目的。申请人要求B公司提供的财务资料,并非反映既往事实,不牵涉仲裁庭已认定的事实和已作出的认定,仲裁庭不支持申请人要求B公司在本案中提供财务资料的申请。

2. 对于申请人的评估申请,被申请人认为,该申请没有法律依据和合同依据,申请人对于公司章程和公告存在错误理解,基于M公司的专业意见,评估请求没有意义,请求予以驳回。

仲裁庭注意到,申请人的评估申请,均附有特定的条件或者目的:一是要求被申请人出资承担评估费用;二是以B公司资产净值为基础进行评估;三是评估目的在于确定股份收购价格。

仲裁庭认为,被申请人要求以B公司资产净值为基础进行评估,实为设定了一个新的评估或定价标准。采用这种新的定价标准,不仅改变或者影响D集团、C集团和B公司要约收购及吸收合并交易案中的定价机制,而且有可能影响案外人D集团的利益。申请人要求被申请人出资承担评估费用,该意见不符合申请者付费的习惯,在无法定和约定依据的情形下,仲裁庭无法支持申请人的此项请求。

仲裁庭认为,经过两次开庭审理,基于现有证据资料,已能够就申请人所称收购价格作出判断,没有要求B公司提供财务资料的必要,也没有采用新的定价标准评估B公司资产的必要。

(六)关于申请人的仲裁请求

双方当事人在多轮提交的资料中,包含了许多重复的意见和表述,仲裁庭不予赘述。需要指出的是,申请人最终提出的仲裁请求共4项,其中,后3项仲裁请求的成立与否,系以第一项仲裁请求是否得到支持为前提。仲裁庭已就第一项仲裁请求所涉"公平价格"作出分析,故不予赘述。

申请人要求被申请人承担律师费和仲裁费的仲裁请求仲裁庭不予支持。

三、裁　　决

1.驳回申请人的全部仲裁请求。

2.本案仲裁费全部由申请人承担。该费用已与申请人等额缴纳的仲裁预付金全部冲抵。

本裁决为终局裁决,自作出之日起生效。

案例三十　自然人 V 与中国 B 科技公司、中国 C 集团（原名：中国 C1 集团）股权转让争议仲裁案

中国国际经济贸易仲裁委员会（以下简称贸仲）第一被申请人中国 B 科技公司（以下简称第一被申请人或者 B 公司）于 2007 年 6 月 29 日修订的《中国 B 科技公司公司章程》中仲裁条款的约定就第一被申请人、第二被申请人中国 C 集团（以下简称第二被申请人或者 C 集团，如无特指，两名被申请人合称被申请人）与案外人中国 D 集团（以下简称 D 集团）于 2013 年 12 月 16 日签订的《中国 D 集团与中国 C1 集团中国 B 科技公司之吸收合并协议》项下争议，以及申请人自然人 V（以下简称申请人）于 2015 年 5 月向贸仲提交的书面仲裁申请，受理了申请人和被申请人之间因履行上述合同而产生的本争议仲裁案。

一、案　　情

（一）申请人的仲裁请求及理由

申请人最初提交 2015 年 5 月签署的《仲裁申请书》，又提交 2015 年 6 月签署的《增加仲裁请求申请书》，于 2015 年 11 月再次签署《仲裁申请书》，后提交 2015 年 12 月签署的《自然人 V 关于差旅费、公证费主张问题的确认书》。仲裁庭以签字日期为 2015 年 11 月的《仲裁申请书》及 2105 年 12 月签署的《自然人 V 关于差旅费、公证费主张问题的确认书》所列内容为准进行审理。

申请人于《仲裁申请书》中称：

第一被申请人B公司是中国境内依法设立,经国务院证券主管机构批准公开发行境外上市外资股并在香港联交所上市的股份有限公司。第二被申请人C集团是B公司的控股股东。申请人作为B公司的股东持有B公司H股698,000股。

根据案外人D集团吸收合并B公司的《综合文件》记载,2013年6月30日B公司股东应占未经审核综合资产净值每股为4.53港元,2013年12月31日B公司股东应占资产净值为约人民币44.58亿元,根据于最后可行日期已发行1,197,742,000股B公司股份计算,B公司每股净值约为人民币3.72元(相当于约4.77港元)。但D集团本次吸收合并的收购价每股只有3.2港元,折让率分别高达29.4%和32.91%。而且,B公司是一间投资控股公司,主要资产为持有两家在深圳证券交易所上市的A股上市附属公司中国E公司(以下简称E公司)及中国F公司(以下简称F公司)的股权,该两家公司分别由B公司直接持有53.92%及44.51%的股权,B公司亦通过F公司另行持有E公司2.7%的股权。因此,可以根据上市公司的市价计算B公司的估值:根据《综合文件》的相关计算,截至2013年12月31日,每股B公司的"市价相关价值"为7.36港元;截至最后实际可行日期,每股B公司的"市价相关价值"是为7.77港元。但D集团本次吸收合并的收购价为每股仅3.2港元,较上述2013年12月31日及最后可行日期的市价相关价值分别折让56.5%及58.8%,严重损害B公司股东的权益。因此,申请人在B公司H股类别股东大会及临时股东大会上已就合并协议及拟进行之B公司合并事项提出异议并投了反对票。

根据B公司《公司章程》第174条和D集团本次吸收合并的《综合文件》,任何持异议的B公司H股股东有权要求B公司或者同意公司合并分立方案的股东按公平价格收购其持有的股份。根据公平合理的原则,B公司H股的公平价格应不低于每股人民币3.72元(相等于每股4.77港元)。因此,B公司、C集团应当连带按不低于每股人民币3.72元的公平价格收购申请人所持的B公司H股698,000股。因D集团已按每股3.2港元计付了2,233,600港元给申请人,B公司、C集团还应连带支付不少于人民币854,352元(3.72元/股×698,000股-2,233,000元×0.78=25,965,600元-1,742,208元)给申请人。

因B公司、C集团未按公平价格收购申请人持有的全部B公司H股,除应连带支付上述收购价差价给申请人外,还应连带计付逾期支付导致申请人产生的经济损失给申请人。申请人主张B公司、C集团连带按中国人民银行同期贷款利率(854,352元×6.15%÷365天=144元/天)的标准,计付自2014年7月22日(被申请人支付收购价款之日)起至付清人民币854,352元之日止的利息给申请人,暂计至申请人申请仲裁之日2015年5月14日为人民币43,920元(144元/天×305天=43,920元),以弥补申请人的经济损失。

申请人认为,D集团本次吸收合并B公司的收购价过分低于B公司相关价值,严重损害了申请人合法权益,申请人反对本次合并方案,现依照法律及B公司《公司章程》提起本仲裁,请仲裁庭尽快裁决。

申请人最终提出如下仲裁请求:

1. B公司、C集团应按不低于每股人民币3.72元(相等于每股4.77港元)的公平价格收购申请人所持有的698,000股B公司H股,即B公司、C集团应当连带支付不少于人民币854,352元给申请人。

2. B公司、C集团连带向申请人支付人民币41,000元以补偿申请人花费的律师费。

3. B公司、C集团连带承担本案全部仲裁费用。

4. B公司、C集团连带按中国人民银行同期贷款利率标准(144元/天)计付自2014年7月11日起至付清人民币854,352元之日止的利息给申请人,暂计至申请人申请仲裁之日2015年5月14日,应为人民币43,920元。

申请人索赔额的计算及各项计算数值的说明和依据:

1. 申请人主张的公平价格应不低于每股人民币3.72元(相等于每股4.77港元),是依据D集团本次吸收合并B公司的《综合文件》的记载,2013年6月30日B公司股东应占未经审核综合资产净值每股股份为4.53港元,详见《综合文件》第17页第B.2.(i)条款,第18页第B.1.(i)条款。2013年12月31日B公司之股东应占资产净值为约人民币44.58亿元,根据于最后可行日期已发行1,197,742,000股B公司股份计算,每股B公司股份的资产净值为约人民币3.72元(相当于约4.77港元),详见《综合文件》第52页"(g)资产净值"。

2.《综合文件》第6页声明:除非另有所指,以人民币列值的金额已按"人民币0.78元=1.00港元"之汇率换算为港元。

3.本次D集团的收购价为每股3.2港元,依据是《综合文件》第5页"合并价格"条款。

4.申请人持有B公司H股698,000股,依据是股权证明。

5.D集团已按每股3.2港元计付了2,233,600港元给申请人。

6.根据上述第1~5项,B公司、C集团应连带支付给申请人的收购价差价不少于人民币854,352元(3.72元/股×698,000股-2,233,600元×0.78=2,596,560元-1,742,208元)。

7.本案与1号(申请人为自然人G)以及2号(申请人为自然人A)同时办理,申请人已共同支付的合理费用包括立案、开庭来回两地至少花费的差旅费人民币2万余元、公证费人民币1万余元,合共近4万元,为便于操作,上述费用已由1号案件申请人自然人G支付,故申请人在本案中不再主张。

(二)被申请人的答辩意见

两名被申请人(B公司和C集团)共同签字提交了《被申请人答辩意见》(以下简称《答辩意见》,签署日期为2015年11月25日),共19页,要点如下:

申请人要求被申请人按照不低于每股人民币3.58元的"公平价格"收购申请人所持有的B公司H股股票698,000股,没有法律和事实依据,仲裁庭应当驳回申请人全部仲裁请求。

本案要约收购和吸收合并针对的,是当时在香港证券交易所(以下简称香港联交所)上市的B公司。B公司按照相关法定程序进行了投票表决,已通过的相关股东决议对全体股东具约束力。本案要约收购价/合并对价大大高于回顾期内的股市成交价;本案要约收购与吸收合并经过法定股权比例的股东投票通过,每股3.2港元的要约收购价/合并对价最终被超过90%以上的H股股东所接受,即绝大多数股东认可该价格是公平的价格。异议股东除非有充分证据证明吸收合并方案的通过程序存在违反法律规定的情况,否则无权要求合并方以所谓"公平价格"支付比其他绝大多数股东所接受的价格以及比公开市场股价更高的差价。申请人未提出任何证据证明每股3.2港元的价格及其通过程序存在任何违反法律法规的情形,未能对其提出的所谓公平价格提供相应的支持证据,因此,申请人的主张不应得到支持。

1. 申请人在列举本案基本事实后称,D集团、C集团和B公司正在进行吸收合并的后续收尾工作,该工作完成后,D集团将吸收合并C集团和B公司,并注销C集团和B公司的工商登记。

2. 本案要约收购、退市以及吸收合并程序符合法律法规的规定,每股3.2港元的要约收购价/合并对价经过法定股权比例的股东投票通过,并最终被超过90%以上的H股股东所接受,是公平合理的价格。

3. 申请人无正当理由否定每股3.2港元的要约收购价/合并对价,其主张每股人民币3.58元的收购价格,缺乏法律和事实依据,不应得到支持。

(三)申请人的代理意见

申请人提交的《律师代理意见》(签署日期2015年12月)共计10页,要点如下:

1. 申请人关于被申请人应按不低于B公司2013年12月31日资产净值每股人民币3.72元(相等于每股4.77港元,以下简称基准日资产净值)的价格收购申请人的持股的主张,是公平合理并且符合法律规定的。

2. B公司3位独立非执行董事自然人I、自然人J、自然人K任职以来,每年均从收购人D集团处领取10万港元的董事酬金,对涉及D集团收购事项存在利害关系,具有利益冲突。因此,就本次B公司审议涉案合并和收购事项相关方案的董事会决议,实际上根本就未能根据公司法和公司章程的规定获得有效通过。

3. 自然人 L 既是收购人 D 集团的总经理兼涉案合并和收购项目的策划人和实施人,又是被收购人 B 公司的董事长,B 公司全部董事成员均与 D 集团存在利害关系,具有利益冲突。

4. 根据 B 公司《公司章程》《吸收合并协议》及其项下相关的交易安排,包括每股 3.2 港元的合并对价,应当依照公司章程的规定予以全部撤销。

5. 在涉案的合并和收购项目中,为公平合理,B 公司应当依据法律、法规和资产评估准则,对 B 公司评估基准日特定目的下企业整体价值和股东全部权益价值进行分析、估算,作为确定收购价的依据。

6. 对 B 公司的估值,应按中国资产评估协会根据财政部《资产评估准则——基本原则》制定的《资产评估准则——企业价值》的相关规定进行。M 公司实际上未曾获得独立董事委员会授权,无权担任独立董事会委员会的财务顾问为独立董事委员会及 H 股独立股东提供独立专业意见。

申请人代理人在《补充代理意见》(签署日期 2016 年 1 月 13 日)中提出:

1. 根据《综合文件》第 85 页附录二的提示,申请人在收取每股 3.2 港元的合并价格之后仍然享有对该合并价格提出异议的权利。

2. 每股 3.2 港元的要约收购价/合并对价实际上未经过法律规定的程序通过,并非公平价格,应予撤销。

3. D 集团、C 集团和 B 公司涉案的全部公告均为违反法律和公司章程的虚假陈述,构成对公众和 H 股独立股东的误导,相关的投票表决结果根本不能代表 H 股独立股东真实意思,依法无效。

4. 涉案合并和收购项目每股 3.2 港元的要约对价对投反对票的 H 股独立股东而言,不属于法律上的公允价格。

5. 申请人仲裁请求所主张公平合理收购价依据的基础都是公司的资产净值,只是基准日不同而已。每股 4.77 港元是 2013 年年终当期最新经审计的 B 公司资产净值,依据的基础都是公司的资产净值,只是基准日不同而已。

6. B公司应当依法出资以公司的资产净值为基础评估确定B公司股份的收购价格。申请人已提交《关于中国B科技公司应当出资以公司的资产净值为基础评估确定B公司股份收购价格的申请书》,恳请依法接纳。

申请人在《补充代理意见(二)》(签署日期2016年1月27日)中提出:

1. 根据B公司公司章程的规定和D集团、C集团和B公司的公告,申请人作为反对公司合并方案的股东,有权另行主张被申请人以公平价格(或称公允价格)收购其持有的B公司股份。

2. 根据《会计准则》,对申请人来说,每股3.2港元的合并要约价并非公允价格或公平价格。B公司《公司章程》第174条以及D集团、C集团和B公司的公告既然赋予反对合并方案的股东另行主张公平价格的权利,那么这个公平价格当然不是指每股3.2港元的合并要约价。

3. 股份转让权属于股东自益权,对反对公司合并方案的申请人来说,股东大会通过的每股3.2港元的合并要约价或是其他公司股东接纳的每股3.2港元的合并要约价都不能对申请人产生约束力。

4. B公司在2013年年终经审计的净资产是每股4.77港元,申请人的主张当然公平合理。现D集团和被申请人未依法进行资产评估,没有任何依据就按32.9%B公司基准日净资产折让的明显不合理低价进行合并,是对B公司股东权益的侵犯。

5. 根据最高人民法院《关于适用〈中华人民共和国公司法〉若干问题的规定(四)》[以下简称《公司法司法解释(四)》]第35条的规定,仲裁庭应根据《仲裁规则》,依法责令B公司出资,委托有资质的独立第三方中介机构,依据法律、法规和资产评估准则,以公司净资产为基础,对B公司评估基准日特定目的下企业整体价值和股东全部权益价值进行分析、估算,作为确定收购价的依据。

6. B公司"独立董事委员会"在任命"独立财务顾问"时,已先行作出"吸收合并协议公平合理"的结论,M公司在近6个月后提交的意见只是结论先行、罗织理由的事后论证，根本无独立性、专业性和公正性可言。“独立董事委员会”和“独立财务顾问”都只是收购人D集团的利益代言人而已。

7. D集团动用B公司资金支付巨额的收购价款，证明B公司在私有化前早就已经被D集团私有化和完全控制，因此D集团和被申请人根本就不可能公正、公平地对待H股独立股东和保护其权益，根本不可能有公平的交易和公平合理的对价。

8. 3位独立非执行董事自然人I、自然人J、自然人K任职以来每年均从收购人D集团处领取10万港元的董事酬金，与收购人D集团有关联关系和利益冲突。如果被申请人对此事实予以否认，应提交B公司每年支付上述3位董事酬金的银行原始支付凭证予以证明。

9. D集团吸收合并C集团和B公司的公告只不过是D集团和被申请人误导公众的虚假陈述而已，D集团和被申请人只是恶意串通，以吸收合并为名进行压价收购，排挤H股独立股东并侵犯他们的合法权益。

10. 在网上搜索百度百科“公允价格”的操作十分简单，并非无法搜索。

申请人在《律师补充代理意见（三）》（签署日期2016年6月20日）中，列示了向仲裁庭提交的相关文件，重申其仲裁请求，并提出：

1. 无论《吸收合并协议》，还是D集团、C集团和B公司董事会就涉案吸收合并发布的公告，均明确赋予反对合并方案的股东要求被申请人另行以经过“确定”或“釐定”的公平价格（或公允价格）收购申请人持有的B公司股份。D集团合并要约价格每股3.2港元，并非上述公司章程、涉案吸收合并协议和公告文件中所指的公平价格（或公允价格）。

2. 股份转让权属于股东自益权，公司股东可以单独主张，每股3.2港元依法不适用于收购申请人持有的股份。

3. 反对合并方案的股东和其他投赞成票的股东的权利并不一致，不存在“同股同权”的情形。只有反对股东，才有权要求另行以公平价格（或公允价格）收购其股份。

4. 申请人关于应按不低于每股4.77港元的公平价格收购申请人持有的B公司股份,于法有据。仲裁庭应依法责令B公司出资,由仲裁庭委托有资质的独立第三方中介机构,依据法律法规和资产评估准则,以公司净资产为基础,评估确定对申请人所持B公司股份的收购价。

5. 在涉案合并和收购项目中,M公司只是B公司董事会聘请的财务顾问,并非评估B公司公司股份收购价格的独立第三方评估机构。

申请人在《律师补充代理意见(四)》(签署日期2016年6月30日)中提出:

1. 申请人向被申请人主张的是不应低于每股4.77港元的公平价格,不限于每股4.77港元的公平价格。即申请人要求被申请人支付的是公平价格与3.2港元之间的差价,并非只是"4.77港元与3.2港元之间的差价"。

2. 以仲裁方式解决本案的争议和权利主张,适用中华人民共和国的法律。

3. B公司《公司章程》等均明确赋予反对合并方案的股东享有要求被申请人另行以公平价格购买其持有的股份的权利。D集团和被申请人作出的规定意思表示非常清楚,合并要约价格每股3.2港元不属于公平价格。

4. 股份转让权属于股东自益权。D集团和被申请人均无权侵犯申请人的股东自益权,将每股3.2港元强加于申请人并以此价格强行收购申请人所持的公司股份。

5. 根据《企业会计准则第39号——公允价值计量》的规定,对反对公司合并方案的申请人来说,每股3.2港元的合并要约价并非收购申请人股份的公平价格。

6. 根据《吸收合并协议》等,仲裁庭应当依法责令B公司出资,由仲裁庭委托有资质的独立第三方中介机构,依据法律法规和资产评估准则,以公司净资产为基础评估确定收购申请人持有的B公司股份的公平价格。

7. "M公司并非资产评估机构",《M公司函件》"并没有对上市公司进行'资产估值'",《M公司函件》仅是提交给"独立董事委员会"的参考意见,不能作为收购B公司公司股东持有股份定价的客观依据。申请人有权不接受M公司在《M公司函件》中前后矛盾、自我否定和明显错误的误导。

(四)被申请人的代理意见

被申请人在《代理意见》(签署日期2016年1月2日)中提出:

1.关于吸收合并及其适用法律

(1)吸收合并与退市的关系。吸收合并是本案所涉交易的目的。B公司退市是合并协议生效及吸收合并完成的前提,也是其中的一个重要环节。吸收合并的最终完成是B公司与C集团的注销。吸收合并的完成包括一系列环节,整个过程的完成需要时间。

(2)每股3.2港元是要约收购价及合并对价。每股3.2港元是D集团向B公司的外资股股东支付的、收购其外资股的价格,也是吸收合并的对价。

(3)B公司于2014年7月11日在香港联交所退市后,D集团、C集团和B公司继续积极推进吸收合并进程。需要办理工商、税务和其他监管注销手续,需上报至国家有关部门批准。申请人关于被申请人"以吸收合并为幌子,通过私有化获利"的说法,是毫无依据的;D集团、C集团和B公司作为负责任的国有企业和上市公司,不可能也根本不存在这种情况。

(4)适用法律。申请人依据B公司《公司章程》中的仲裁条款提起仲裁,因此,应当根据《公司章程》及本案争议性质来判断本案适用法律。根据《公司章程》第189条第3款规定,有关B公司《公司章程》的争议应当适用中国法律,但B公司作为在香港联交所上市的上市公司,其受我国香港特别行政区法律的管辖。本案当中涉及B公司退市的相关事宜,应当适用我国香港特别行政区法律。

2.申请人有义务证明其主张的每股4.77港元的价格是"公平价格"

(1)根据"谁主张,谁举证"的原则,申请人有义务证明其主张的每股4.77港元的价格是"公平价格"。申请人要求采用"每股4.77港元的公平价格收购申请人持有的股份",需要证明其主张的每股4.77港元是"公平价格",否则,申请人应承担举证不能的不利后果。申请人除其主观陈述外,其没有提供任何证据来证明其主张。

(2)根据法律和章程规定,申请人并非可以无条件地得到高价,其必须证明其主张价格为"公平价格"。根据我国《公司法》,在股份有限公司的合并中,仅规定异议股东有权要求公司收购其股份,而未规定股东有权请求公司按照"合理的价格"收购其股份。参考我国《证券法》第97条,仍持有上市公司股票的股东有权"以收购要约的同等条件"向收购人出售其股票,而未规定股东有权要求收购人以"公平价格"或者"合理价格"向收购人出售其股票,因为股票市场价格本身就是"公平价格"或"合理价格"。

B公司《公司章程》第174条规定,异议股东有权要求以公平价格购买其股份。但该规定不是赋予异议股东享受超过法律规定的、比其他接受合并的绝大多数股东更高的实体权利,而仅是公司章程赋予异议股东的一项程序权利,不代表异议股东的要求即可无条件得到支持。B公司在吸收合并中,已向H股股东作出了充分提示。

(3)申请人要求被申请人证明每股3.2港元的计算过程,是试图混淆举证责任,缺乏法律和事实依据,不应得到支持。

3. 什么是"公平价格"

(1)我国《公司法》和《证券法》均未规定"公平价格",未规定异议股东有权要求收购人以"公平价格"购买其所持股份。根据我国《公司法》,股份有限公司股东反对合并时,有权要求公司回购其股份,但并未规定可以适用关于有限责任公司的规定主张"合理的价格"。根据我国《证券法》,股东有权要求收购人以"同等条件"收购其股份。申请人援引的《公司法司法解释(四)》在当时只是一个征求意见稿,不能作为其主张的依据。

(2)会计计量中的"公允价值"就是市场价格。双方当事人均表示,会计计量对于"公允价值"一词有参考意义。按照《企业会计准则第39号——公允价值计算》规定的公允价值,在本案《联合公告》发布前,B公司股票在公开市场上自由交易,属于"有序交易";吸收合并涉及全部H股股东,吸收合并方与全部H股股东之间的交易也是"有序交易"。公布吸收合并方案之前的B公司H股股价以及接受吸收合并的H股股东接受的合并对价应当作为公允价值,其是判断要约收购价/合并对价是否公平的参考基础。

(3)"公平价格"不是指每个股东各自在主观认识上认为的公平价格,而是绝大多数正常合理的人所认识的、客观的公平价格。《吸收合并协议》载明了合并对价为每股3.2港元。《吸收合并协议》及其项下吸收合并方案已在B公司的H股类别股东会议和临时股东大会会议上得到超过法定比例的绝大多数股东投票通过,并最终被超过90%以上的H股股东所接受。因此,这是客观的、被绝大多数股东认可的价格,是法律上的"公平价格"。

(4)"公平价格"是在程序公平保障下能被绝大部分股东认可的价格。D集团、C集团和B公司已依法全面披露。B公司已经依法组成了独立董事委员会,独立董事委员会依法委聘独立财务顾问M公司,专门就"H股收购建议、撤回上市地位、合并协议及B公司合并事项之条款向独立董事委员会提供意见"。《吸收合并协议》及其项下吸收合并方案已在B公司的H股类别股东会议和临时股东大会会议上得到超过法定比例的绝大多数股东投票通过。每股3.2港元的事项,已在B公司的H股类别股东会议和临时股东大会上决议通过。根据《公司法》的规定,依法通过的股东会决议对全体股东具有约束力,申请人应当受依法生效的《吸收合并协议》的约束。

(5)"公平价格"系对买卖双方均公平。每股3.2港元的价格是收购合并方愿意支付的对价,参考了相当长时间的B公司H股股价,大大高于2年回顾期内的B公司H股股价,并经过独立财务顾问的评估分析,被独立财务顾问和独立董事会委员会认为是公平合理的,《吸收合并协议》及吸收合并方案得到了B公司的H股类别股东会议和临时股东大会决议的通过,是绝大多数卖方认可的公平价格,申请人理应受其约束约束。

(6)小股东权利已得到了充分保护,不存在对小股东的"不公平"。

(7)B 公司退市和注销的客观结果,不能证明存在“不公平”。上市公司被合并退市必然伴随退市和公司注销的结果,但这不能证明存在不公平,被申请人未强迫申请人交易,而是 B 公司股东依法决议的结果。申请人和另案两名异议股东自然人 G、自然人 A 持股合计 22,584,000 股,已达到了 B 公司 H 股总数约 5%。如果申请人再联合几位股东就有可能达到反对票 10%,从而导致股东会决议不能通过,即如果申请人真想阻止退市和吸收合并,完全有权利也有机会实现。

4. 申请人未证明每股 4.77 港元的价格是“公平价格”

(1)申请人主张“净资产就是公平价格”无法律依据。

(2)净资产并不能反映公司的实际股票价值,尤其是上市公司的股票价值。

(3)B 公司的股价长期大大低于每股净资产,说明市场不认可将 B 公司每股净资产作为其股票的公平合理价格。

(4)从 H 股市场上合并退市的先例来看,并无直接以每股净资产作为公平合理价格。

(5)从其他私有化公司先例来看,各公司的要约价和每股净资产之间的比率差别较大,是否溢价或折让并非衡量价格公平与否的标准。

(6)净资产并不是股东的资产,而是公司的资产。

(7)申请人之前主张每股 4.53 港元是公平价格,之后又主张每股 4.77 港元是公平价格,可见其并无一个稳定的客观的“公平价格”。

5. 申请人无正当理由不能否定每股 3.2 港元的价格

(1)每股 3.2 港元的价格是公平合理的价格。“公平”是抽象概念,实体公平具有相对性和不确定性,但程序公平有具体标准。符合法定程序的要约合并价格,应当被视为公平价格,除非受要约合并方有证据证明存在虚假陈述、隐瞒信息等程序瑕疵。

(2)申请人未能证明每股 3.2 港元的价格是不公平的,其主张不应得到支持。申请人仅提出两个理由试图主张每股3.2港元的价格是不公平的:第一,每股3.2港元低于每股净资产;第二,每股3.2港元低于B公司的两家A股上市子公司的股价计算出的每股"市场相关价值"。被申请人认为,申请人上述理由均不成立。

被申请人在《对申请人代理意见的反驳意见》(签署日期2016年1月15日)中提出:

1. 申请人始终未能就其关于要求被申请人按B公司资产净值的价格收购其股份的主张提供事实或法律依据。

2. B公司的3位独立董事与本吸收合并项目不存在利害关系,B公司董事会就《吸收合并协议》作出的决议以及《吸收合并协议》本身合法有效。

3. 在本案吸收合并前,D集团已指派独立财务顾问对B公司进行估值,不存在违反相关法律法规的情况。

4. M公司作为独立财务顾问,其在《综合文件》中提供的分析客观中立,不存在误导H股股东的情况。《公司收购、合并及股份回购守则》中规定的股价披露观察期为6个月(180天),被申请人主张的长达10年的观察期没有任何依据。

被申请人在《综合代理意见》(签署日期2016年1月15日)中提出:

1. 中国D集团对B公司发起私有化要约的背景以及私有化与吸收合并的关系。私有化退市和吸收合并是两个不同概念,适用的法律也存在区别,但在本案中,B公司的退市和吸收合并是同一个交易架构的两个部分,两者存在密切的关系。

2. B公司私有化及吸收合并方案以及《吸收合并协议》已经由B公司临时股东大会以及B公司H股类别股东会议投票通过,对全体股东均具有约束力。异议股东也应受上述股东会决议与《吸收合并协议》的约束。

3. 每股3.2港元的要约收购价/合并对价已经经过独立财务顾问论证,是在程序公平保障下被绝大部分股东认可的价格,系"公平价格"。(1)"公平价格”并无法律规定。(2)“公平价格”是在程序公平保障下被绝大部分股东认可的价格。(3)申请人未能就其每股4.77港元为“公平价格”的主张提供任何法律或事实依据,不应得到支持。

被申请人在《被申请人代理意见》(签署日期2016年1月27日)中提出:

1. 2014年4月11日《综合收购建议及回应文件》载明:N公司代表D集团及C集团提出自愿有条件收购建议,以按照香港收购守则收购B公司已发行股本中的全部已发行H股,收购建议价格为3.2港元;上述每股3.2港元的要约收购价是以H股股东在香港联交所出售其股票时所能得到的对价作为参照,公司资产净值不是私有化中要约收购对价的定价依据。

2. 按照香港《公司收购、合并及股份回购守则》的要求,在D集团向B公司H股股东提出每股3.2港元的要约收购建议之后,为确保H股股东的合法权益受到保护,B公司的独立董事委员会聘请了M公司作为独立财务顾问,要求其对上述要约收购建议是否公平合理,以及H股股东是否应当接纳该要约收购提出独立专业意见。

3. M公司按香港通行的私有化模式对B公司的要约收购建议进行了专业分析,结论为:“吾等认为H股收购建议的条款、撤回上市地位以及合并协议就独立B公司H股股东而言属公平合理。”另外两家独立的分析机构O公司以及P公司也认为,每股3.2港元的要约收购价是公平合理的。

4. 2014年5月30日B公司股东召开H股类别股东会议,对于私有化(是否批准自愿撤销H股于香港联交所的上市地位)的动议,投票赞成的H股东比例为83.73%,投票反对的比例仅为6.03%。

5. 2014年7月10日B公司在香港联交所发布公告,宣布2014年7月11日上午9时B公司H股上市地位正式撤回。

6. 2014年7月22日D集团已向B公司H股股东(包括申请人)支付了每股3.2港元的价格,申请人投反对票后,又向D集团主动收取价款,其以实际行动同意了D集团的要约收购,已不再是B公司股东。

7. 截至2015年1月22日，仅有13名无法联系到的B公司H股股东尚未领取每股3.2港元的收购对价。每股3.2港元的价格是绝大多数股东认可的公平价格。

被申请人在《被申请人第二次开庭庭后意见》(签署日期2016年6月21日)中提出：

1. 申请人有无权利主张“公平价格”？申请人有义务证明每股3.2港元是不公平价格，以及证明每股4.77港元是公平价格。申请人未完成其举证责任。

2. 什么是“公平价格”？“公平价格”是反映资产当时在自由市场上出售能获得的价格，是绝大多数正常合理的人所认识的客观价格，是对买卖双方均公平的价格，是对其他卖方公平的价格，不是某个卖方自认为的高价。

3. 每股3.2港元的价格是不是“公平价格”？每股3.2港元的价格是公平价格，除符合“公平价格”的判断标准外，还存在如下依据：(1)独立财务顾问M公司为独立董事委员会和H股股东就要约收购建议作出理性决策而提供独立分析和建议。(2)B公司的独立董事委员会的认知。(3)市场上另外两家权威的、独立分析机构O公司以及P公司的认知和建议。(4)最重要的是，经过B公司召开的H股类别股东会议和临时股东大会，H股类别股东和全体股东分别投票表决，分别获得了高达83.73%和96.90%的赞成票，决议符合法定多数比例通过。(5)从市场成交价、其他私有化公司的先例、买卖流通性、每股净资产、与从事相似业务的H股上市公司比较、营运状况、行业前景等各个方面考虑，每股3.2港元的价格是公平合理的。

4. 申请人主张每股4.77港元是不是“公平价格”？申请人未能就每股4.77港元为“公平价格”的主张提供任何法律或事实依据，仅仅是申请人自认为其应获得高价。申请人的第一个理由“净资产是公平价格”，这是毫无事实和法律依据的，B公司股价长期大大低于每股净资产，说明市场并不认可将B公司每股净资产作为其股票的公平价格。申请人主张的第二个理由，即B公司的两家A股上市子公司的股价高于3.2港元。因此，3.2港元不公平，同样毫无事实和法律依据。

5. 被申请人还回应了以下问题:(1)临时股东大会上,如果剔除C集团的股份,H股股东的赞成率是多少?(2)M公司是不是独立的财务顾问?(3)目前C集团持有B公司85%的股份、D集团持有B公司15%的股份,是否符合吸收合并方案?

被申请人在《对申请人〈律师补充代理意见(三)〉的反驳意见》(签署日期2016年6月30日)中提出:

1. 申请人关于每股3.2港元不属于公平价格的主张,没有任何道理,不应得到支持。

2. 申请人关于被申请人以每股3.2港元强制收购其股权的主张,不符合事实,没有任何道理。

3. 申请人关于"同股同权"的主张与本案争议不相关,混淆重点。

4. 申请人要求由B公司出资、由仲裁庭委托有资质的独立第三方中介机构以公司净资产为基础评估确定要约收购/吸收合并价的申请,不应得到仲裁庭的支持。

5. M公司是符合香港证监会要求的独立财务顾问,是香港金融界权威的财务咨询机构。申请人没有提供任何证据仅凭空质疑M公司的独立性,不应得到支持。

6. 被申请人重申以下主张:

(1)B公司私有化及吸收合并方案以及《吸收合并协议》已经由B公司临时股东大会以及B公司H股类别股东会议法定多数股东投票通过,对D集团、C集团、B公司及其全体股东均具有约束力。

(2)每股3.2港元的要约收购价/合并对价已经经过独立财务顾问论证,包含此价格的吸收合并方案已经过B公司临时股东大会以及B公司H股类别股东会议法定多数股东投票通过,是在程序公平保障下被绝大部分股东认可的价格,系"公平价格"。

(3)申请人未能就其每股4.77港元为“公平价格”的主张提供任何法律或事实依据,不应得到支持。

二、仲裁庭意见

本仲裁案源于B公司(第一被申请人)实行私有化(或者称“退市”——仲裁庭注)及D集团与两被申请人之间吸收合并交易案。根据该合并交易案的安排,B公司先要约收购其在香港联交所上市的H股股票,再与C集团(第二被申请人)共同并入D集团,最终办理B公司和C集团的注销登记。

申请人主张,被申请人应按公平价格收购申请人持有的698,000股H股股票并支付股份价款,理由主要是两个方面:一方面,每股3.2港元的要约收购价/合并对价(以下简称价款或价格——仲裁庭注),未经法定程序通过,依法应予撤销;D集团和两被申请人涉案的全部公告系违反法律和公司章程的虚假陈述,构成对公众和H股独立股东的误导,相关投票表决结果不能代表H股独立股东的真实意思,依法无效。另一方面,每股3.2港元的价格不属于“公允价格”或“公平价格”,被申请人应按每股人民币3.72元的公平价格,收购申请人持有的82,000股B公司H股股票。被申请人认为,被申请人在实行私有化及与D集团达成吸收合并交易中,已履行法定程序,要约收购价/合并对价是公允价格,不应额外支付要约收购价/合并对价。

本裁决书以下部分,将在认定本仲裁案基本事实的基础上,就适用的法律、私有化和吸收合并的主要程序、要约收购价/合并对价之公平性等问题,逐一发表意见并作出最终裁判。

(一)主要事实

1. 在B公司私有化之前,D集团持有C集团100%的股份。C集团和H股公众股东分别持有B公司62.11%和37.89%的股份。作为B公司的股东/投资者,C集团持有B公司21,804,000股H股股票。此外,B公司主要持有E

公司和F公司两家上市公司的股票等资产。

2.2013年9月24日D集团召开董事会会议,原则同意D集团联合C集团通过要约收购方式对B公司实施私有化,以及采用协议吸收合并方式吸收合并C集团和B公司,同时注销C集团和B公司的法人地位;C集团亦召开董事会会议,原则同意与D集团董事会决议相同的提案。B公司于同日收到D集团提出的吸收合并方案的信件,附吸收合并协议稿。该协议稿载明合并对价为每股不低于2.92港元。B公司遂向香港联交所申请于2013年9月25日上午停牌。

3.2013年10月18日B公司召开董事会会议,B公司董事会9名成员中,自然人L、自然人L1、自然人L2、自然人L3、自然人L4、自然人L5就决议涉及事项有利益冲突,不就决议进行表决,自然人I、自然人J和自然人K签署该次董事会决议,决议主要内容是:"(i)董事会认为吸收合并协议条款公平合理……(iv)同意及批准本公司3位独立非执行董事成立独立董事委员会,就本次吸收合并向股东提交建议。并同意任命M公司为独立财务顾问为独立董事委员会及独立股东提供独立专业意见。"

4.2013年10月29日国务院国有资产监督管理委员会(以下简称国资委)作出《关于全面要约收购中国B科技公司股份有关问题的批复》,表示原则同意D集团和C集团以每股不超过3.25港元的价格,全面要约收购B公司,并要求D集团正确行使股东权利,维护各类投资者合法权益,确保本次要约收购吸收合并依法合规推进。

5.2013年12月16日D集团、C集团以及B公司签订《吸收合并协议》,约定D集团吸收合并C集团和B公司,D集团向B公司外资股股东支付对价为每股3.2港元。

6.D集团、C集团和B公司将草拟的公告及拟要约收购的方案报呈香港证监会,香港证监会于2013年12月16日回复表示对草拟公告无异议。

7.2013年12月16日D集团、C集团和B公司在联交所向H股股东发布

《联合公告》,宣布《吸收合并协议》的签署,并宣布D集团及C集团建议以不高于每股3.2港元的价格进行H股全面要约收购,同时宣布此收购建议的生效条件。

8.2014年4月11日D集团、C集团及B公司向B公司H股股东发出H股《综合收购建议及回应文件》(以下简称《综合文件》),该文件载明:自2014年4月11日寄发《综合文件》起,H股股东即可按照每股3.2港元的价格响应收购建议,将所持H股转让给B公司、D集团或C集团。《综合文件》包括:(1)D集团和C集团的财务顾问N公司出具的《N公司函件》;(2)B公司的独立董事委员会出具的《独立董事委员会函件》;(3)M公司向B公司独立董事委员会出具的《M公司函件》。

9.2014年4月11日B公司发出《H股类别股东会议通告》和《临时股东大会通告》,通知将于2014年5月30日召开H股类别股东会议和临时股东大会。

10.2014年5月30日B公司股东召开H股类别股东会议,对两项动议进行投票表决:(1)是否批准自愿撤销H股于香港联交所的上市地位;(2)是否批准、追认及确认《吸收合并协议》、由B公司或其代表执行该协议,以及B公司合并事项及据此进行或将予进行的其他交易。赞成上述两项动议的股票数为近14,080万股(占H股总股数的83.73%),反对上述两项动议的股票数为近2740万股,占H股股票数的6.03%。上述两项动议获得通过并生效。申请人就上述动议投出反对票。

11.2014年5月30日B公司召开临时股东大会会议,对以下动议进行投票:是否批准、追认及确认《吸收合并协议》、由B公司或其代表执行该协议,以及B公司合并事项及据此进行或将予进行的其他交易。赞成上述动议的股票数为91,180余万股,占股票总数的96.90%。反对动议的股票数为2920万余股,占股票总数的3.10%。上述动议通过并生效。申请人就上述动议投出反对票。

12.2014年6月6日B公司发布《联合公告》,宣布截至当日下午4时整

(首个接纳H股收购建议截止日),B公司已收到近29,600万股H股的同意转让股权的H股收购建议有效接纳书,相当于B公司H股股份总数约65.21%;宣布D集团、C集团及其一致行动人士持有B公司已经发行的股本不少于85%,即要约收购的所有条件已达成。

13. 2014年7月4日B公司在香港联交所发布公告,宣布截至当日下午4时整(H股收购建议之最后接纳时限),B公司已收到38,990余万股H股的同意转让股权的有效接纳书,相当于H股股份总数约85.92%、占B公司全部已发行股本的约32.56%。

14. 2014年7月10日B公司通过香港联交所发布公告,宣布2014年7月11日上午9时B公司H股上市地位正式撤回,《吸收合并协议》的生效日期为2014年7月11日。

15. B公司要约收购条件达成后,D集团称其已陆续向H股股东支付了价款,包括申请人在内的异议股东收到了每股3.2港元的价款。根据"香港R公司"的报告书,截至2015年1月22日,尚有13名股东未领取每股3.2港元的要约收购价/合并对价,持股共计70,000股。

16. B公司于2015年11月10日办理完毕《公司章程》的工商登记变更。B公司目前股东持股情况为:D集团持股15%,C集团持股85%。

17. 被申请人称:D集团、C集团和B公司目前在进行吸收合并的后续收尾工作,该工作完成后,D集团将吸收合并C集团和B公司,并注销C集团和B公司的工商登记。

需要指出的是,"(一)主要事实"仅列举反映本案基本情况的主要事实,其他未列举的重要事实或情况,将视情况和需要,在以下相关部分将予以涉及。

(二)适用的法律

被申请人提出,申请人依据《公司章程》所载仲裁条款提起本仲裁案,应当根据《公司章程》及本案争议性质来判断本案适用法律。根据《公司章程》第189条第3款规定,有关《公司章程》的争议应当适用中华人民共和国法律(以下简称中国法律),但B公司作为在香港联交所上市的上市公司,其受相关我国香港特别行政区法律的管辖。本仲裁案涉及B公司退市的相关事宜,应适用香港特别行政区法律。申请人认为,本仲裁案应适用中国法律,其仲裁申请和代理意见均只援引中国法律。

仲裁庭认为,根据《公司章程》第1条关于"本公司系依据《公司法》《国务院关于股份有限公司境外募集股份及上市的特别规定》(以下简称《特别规定》)和中华人民共和国其他有关法律、行政法规成立的股份有限公司"的规定,鉴于B公司是依照中国法律成立的公司,基于B公司《公司章程》所产生的相关争议,应当适用中国法律。对于被申请人所称"涉及B公司退市的相关事宜,应当使用香港特别行政区法律"的意见,仲裁庭认为,退市是指上市公司股票不再在交易所交易其发行在外的股票,撤回上市是指上市公司主动申请不再交易所交易其发行在外的股票。退市或撤回上市涉及上市公司与交易所之间的关系,不直接涉及上市公司与股东之间的关系。就本仲裁案而言,申请人要求被申请人额外支付要约收购款/合并价款,不直接涉及B公司从香港联交所退市或撤回上市的事宜,仲裁庭认为,被申请人关于"涉及B公司退市的相关事宜,应当适用我国香港特别行政区法律"的意见,与本仲裁案无关。

仲裁庭认为,申请人主张的是股份购买请求权(包含通常所称"估价异议请求权"),即要求被申请人增加支付要约收购价款/合并对价,其请求依据是《公司章程》第174条关于"反对公司合并、分立方案的股东,有权要求公司或者同意公司合并、分立方案的股东,以公平价格购买其股份"的规定。就本仲裁案而言,申请人在B公司H股股东会和临时股东大会上投票反对该吸收合并案,属于《公司章程》所称"反对公司合并、分立方案的股东",申请人要求被申请人额外支付要约收购价款/合并对价,并就此与被申请人产生争议,属于《公司章程》第174条项下的争议。

申请人依据《公司章程》提出本案仲裁申请,要求被申请人依据《公司章程》增加支付要约收购价款/合并对价。申请人之权利主张或者与被申请人之间产生的争议,属于《公司章程》第189条第1项关于申请人与被申请人之间"基于公司章程、《公司法》及其他有关法律、行政法规所规定的权利义务发生的与公司事务有关的争议或者权利主张"。在申请人将此类争议或者权利主张提交仲裁解决后,根据该条第3项关于以仲裁方式解决因第1项所述争议或权利主张,适用中华人民共和国法律;但法律、行政法规另有规定的除外的规定,鉴于未发现法律、行政法规另有规定的情形,仲裁庭认为,本仲裁案适用中国法律。

申请人提出本仲裁案应当适用最高人民法院《公司法司法解释(四)》。被申请人对此提出异议。仲裁庭注意到,自我国《公司法》颁布实施至今,最高人民法院先后发布了3部适用《公司法》的司法解释,在本裁决书作出时,所称的《公司法司法解释(四)》尚未正式颁布实施。对于申请人主张适用《公司法司法解释(四)》的意见,仲裁庭不予理会。

(三)私有化和吸收合并的程序

B公司实施私有化和吸收合并案,经历了以下主要程序:(1)B公司于2013年10月18日形成第28号董事会决议,认为吸收合并协议条款公平合理;(2)国资委于2013年10月29日向D集团发出《关于全面要约收购中国B科技公司股份有关问题的批复》,原则同意D集团和C集团以每股不超过3.25港元的价格,全面要约收购B公司的股份;(3)香港证监会于2013年12月16日发出的无异议函件;(4)M公司于2014年4月11日向B公司发出《M公司函件》;(5)B公司分别召开H股类别股东会议及临时股东大会会议,通过B公司实施私有化和吸收合并交易案;(6)B公司在完成相关程序后,已在深圳办理完毕工商变更登记,D集团和C集团成为B公司的股东。

针对B公司私有化和吸收合并程序,双方当事人主要在B公司董事会决议的效力及M公司是否为独立财务顾问的问题上,存在争议,仲裁庭特别发表如下意见。

1. 关于董事会决议

申请人认为，本次B公司审议涉案合并和收购事项相关方案的董事会决议(第28号)(以下简称第28号董事会决议)因违反公司法和公司章程规定，实际上未能获得有效通过：对该决议进行投票和表决的只剩下3位独立非执行董事自然人I、自然人J、自然人K。根据《综合文件》附录三B公司集团的财务资料记载：3位独立非执行董事任职以来每年均从收购人D集团处领取10万港元的董事酬金。被申请人认为，B公司3位独立非执行董事与本次吸收合并项目不存在利害关系，他们从未从D集团处领取董事酬金，而B公司独立董事从B公司领取酬金，符合法律规定，不构成利害关系。

经查，B公司于2013年10月18日召开董事会会议并形成第28号董事会决议。该董事会决议在"权益申报"中载明"自然人L及自然人L3作为本公司的最终控股股东中国D集团(以下简称D集团)之董事，而自然人L1、自然人L2、自然人L4及自然人L5为D集团委派之本公司董事，上述董事就本决议涉及事项中具利益冲突，故不会就决议进行投票，亦不列入会议之表决人数内"。该决议最终由3位独立非执行董事自然人I、自然人J和自然人K签署。

仲裁庭注意到，申请人声称该3位独立非执行董事从D集团领取酬金并援引《综合文件》作为支持该说法的证据。经查《综合文件》附录三的内容，该3位独立非执行董事自然人I、自然人J和自然人K，系从B公司领取每年10万元酬金，而非从D集团或者C集团领取酬金。申请人关于3位独立董事从D集团领取酬金的说法，缺少相关证据支持，仲裁庭不予采信。相应地，申请人基于3位独立非执行董事具有利益冲突而否定第28号董事会决议的意见，仲裁庭不予采信。

2. 关于独立财务顾问

第28号董事会决议载明，董事会"同意及批准本公司3位独立非执行董事成立独立董事委员会，就本次吸收合并向股东提交建议。并同意任命M公司为独立财务顾问为独立董事委员会及独立股东提供独立专业意见"。M公司于2014年4月11日发出致独立董事会的意见函件(《M公司函件》),并在“意见及推荐建议”部分中称“吾等认为H股收购建议的条款、撤回上市地位及合并协议就独立B公司H股股东而言属公平合理”。

申请人认为,M公司实际上未曾获得独立董事委员会授权,无权担任独立董事会委员会的财务顾问,当然不能得出B公司合并事项的条款对独立B公司H股股东来说属公平合理的结论。申请人认为,针对B公司而言,无论是“独立董事委员会”还是“独立财务顾问”M公司,都只是收购人D集团的利益代言人。被申请人认为,M公司系B公司独立董事委员会聘请的的独立财务顾问,职责是为独立董事委员会和H股股东就要约收购建议作出理性决策而提供独立分析和建议。

仲裁庭认为,由于《M公司函件》是B公司独立董事委员会和股东会厘定每股价格的重要依据,有必要就M公司是否是独立财务顾问作出认定。而在认定M公司是否为独立财务顾问时,应当关注M公司与D集团、C集团及B公司之间的关系。

(1)根据第28号董事会决议的记载,M公司系B公司第28号董事会决议同意任命的独立财务顾问。仲裁庭认为,董事会决议的记载内容是清楚的,表述上无歧义。若要否定M公司受聘为B公司之独立财务顾问,至少应当在B公司和M公司之间予以解决,申请人不是B公司与M公司之间关系的当事人,也没有证明第28号董事会决议之不存在,而且未能推翻第28号董事会决议的效力,仲裁庭认为,应当尊重第28号董事会决议记载的事项。

(2)M公司在《M公司函件》中已经申明其独立地位,即“吾等与D集团、C集团或者B公司或彼等各自的主要股东或与此等任何人士一致行动或假定一致行动的任何人士概无关联,因此,吾等被认为符合资格就H顾收购建议、撤回上市、合并协议及B公司客户合并事项提供独立意见。除就本次或类似委聘应付吾等的正常专业费用外,概不存在任何安排,而吾等将据此向D集团、C集团或B公司或彼等各自的主要股东或与彼等任何人士一致行动或假定一致行动的任何人士收取任何费用或利益”。申请人虽然认为M公司不是独立财务顾问,但未举证证明《M公司函件》申明存在错误,仲裁庭无法采信申请人的意见。

仲裁庭认为,在判断M公司是否是独立财务顾问的问题上,还应当关注M公司与B公司股东C集团、最终控股股东D集团之间是否存在利益关系,包括但不限于提供服务或收取报酬,以及有损于其独立性的其他事实。在本仲裁案审理中,申请人未提供M公司与C集团或D集团之间存在利益关系的其他证据,而主要是从B公司3位独立非执行董事无权聘请独立财务顾问的意见出发,进而推导M公司不是独立财务顾问的结论。

仲裁庭注意到,在香港联交所上市的公司从事要约收购或合并等重大重组时,通常都会付费聘请财务顾问,协助董事会提出相关议案。申请人推论M公司不是独立财务顾问的意见是缺少说服力的。与此同时,申请人声称M公司只是D集团利益的代言人,而未就提供相关证据予以证明,这不足以说明M公司与D集团之间存在经济利益关系。仲裁庭认为,仅凭申请人的推论或者声称,不足以否认M公司系B公司独立财务顾问的判断结论。

3. 关于虚假陈述的问题

针对B公司私有化和吸收合并案,申请人提出:D集团、C集团和B公司涉案的全部公告均为违反法律和公司章程的虚假陈述,构成对公众和H股独立股东的误导,相关投票表决结果根本不能代表H股独立股东真实意思,依法无效。仲裁庭认为,上述指称是重大的,若指控成立,可能涉及犯罪或行政违法问题,也可能涉及如何判断案外人行为等复杂问题,仲裁庭在本仲裁案范围内,无法作出判断,申请人可另寻其他法律途径予以解决。

仲裁庭认为,根据现有证据,B公司第28号董事会决议已由3位独立非执行董事签字,系有效决议。该决议授权聘请M公司作为B公司独立财务顾问,B公司予以认可,应当认定为有效授权。申请人未提出第28号董事会决议无效及M公司不是独立财务顾问的证据,申请人未证明、仲裁庭未发现B公司的相关决议程序存在不符合法律法规和《公司章程》的情形,在此认定B公司已履行了规定的程序。

(四)关于"公平价格"的问题

对于被申请人应否按照公平价格向申请人额外支付价款的问题,双方当事人存在尖锐争议,并且是仲裁庭关注的核心。仲裁庭在以下部分,将先展示各方主要观点,再就其中的核心问题,逐项发表意见。

1. 双方当事人的争议

申请人认为,根据《综合文件》所列"1港元=人民币0.78元"的汇率标准,B公司2013年6月30日未经审核综合资产净值为每股4.53港元,公平价格应当为每股人民币3.5334元;B公司2013年12月31日经审核的每股资产净值为每股4.77港元,公平价格应当为每股人民币3.72元。而被申请人支付的价款相当于在净资产基础上折让32.9%,系以明显不合理的低价强行收购H股股票。申请人还提出,根据《综合文件》的相关计算,截至2013年12月31日,B公司每股"市价相关价值"是为每股7.36港元,截至最后实际可行日期,每股股票的"市价相关价值"为每股7.77港元,申请人主张按照每股人民币3.72元认定公平价格,但否认每股人民币3.72元就是公平价格。

被申请人认为,每股3.2港元是符合"公平价格"判断标准的价格,同时,也符合如下依据:(1)M公司为独立董事委员会和H股股东就要约收购建议作出理性决策而提供独立分析和建议。(2)B公司独立董事委员会的认知。(3)市场上另外两家权威的独立分析机构O公司以及P公司的认知和建议。(4)在B公司于2014年5月30日分别召开的H股类别股东会议和临时股东大会上,H股类别股东和全体股东进行了投票表决,分别获得高达83.73%和96.90%的赞成票,决议符合法定多数比例通过。(5)从市场成交价、其他私有化公司的先例、买卖流通性、每股净资产、与从事相似业务的H股上市公司比较、营运状况、行业前景等各个方面考虑,每股3.2港元的要约收购价/合并对价是公平合理的。

综上所述,双方当事人的核心争议是:申请人认为,D集团吸收合并B公司的收购价低于B公司每股净资产,过分低于B公司相关价值;被申请人认为,本案要约收购价/合并对价大大高于回顾期内的股市成交价。

2. 申请人享有主张"公平价格"的权利

申请人请求被申请人支付"公平价格"的依据,主要是B公司《公司章程》第174条,即"公司合并或分立,应当由公司董事会提出方案,按公司章程规定的程序通过后,依法办理有关审批手续。反对公司合并、分立的股东,有权要求公司或者同意公司合并、分立方案的股东,以公平价格购买其股份"。

仲裁庭认为,上述条款系B公司《公司章程》第20章(公司的合并与分立)项下的一个条款。从该条款所在位置及其文义来看,该条款适用于B公司进行合并或分立的特定场合。即在B公司与其他公司合并或进行分立时,申请人有权请求B公司"以公平价格购买其股份"。就涉案之要约收购和吸收合并案而言,在内容上包含两个相互联结的环节:一是先由B公司要约收购发行在外的H股股票;二是再由D集团吸收合并C集团和B公司。由于本案交易采用了先行要约收购、后为吸收合并的模式,迄今尚未完成B公司和C集团最终并入D集团的全部法律程序,因此,本仲裁案所涉B公司与D集团和C集团之间的交易案,系要约收购与吸收合并的混合交易,是以公司合并为最终目的的要约收购,既不是典型的公司合并,也不是典型的要约收购。

仲裁庭注意到,申请人是依据《公司章程》第174条关于公司合并的特别规定而提起本案仲裁申请。被申请人认可要约收购是整体交易的一个环节,且最终完成的是B公司、C集团和D集团的公司合并;被申请人也认可所称每股3.2港元兼有要约收购价和合并对价的双重性质。上述事实说明,在本仲裁案审理中,无法将要约收购和公司合并截然分开,应将要约收购和吸收合并视为涉案整体交易的不可分割的组成部分。

仲裁庭认为,本案要约收购在性质上,系B公司实施公司合并的准备活动,在《公司章程》未作除外或特别规定的情形下,《公司章程》第174条授予

"反对公司合并、分立的股东"(以下简称反对股东或异议股东)要求"以公平价格购买其股份"的权利,应当得到尊重。即使双方争议主要发生在B公司H股的要约收购阶段,申请人仍然享有依照《公司章程》第174条提出仲裁请求的权利。尤其是,如果在解释上排除申请人提出本案仲裁请求的权利,将与本交易案项下《联合公告》和《综合文件》多次提醒"B公司H股股东"有权依照《公司章程》第174条要求"B公司或其他B公司股东以'公平价格'收购其非上市H股"的内容相冲突,仲裁庭据此认为,申请人有权针对公平价格问题提出仲裁申请。

至于反对股东依照《公司章程》主张"以公平价格购买其股份"的权利,究竟为购买请求权还是估价请求权,《公司章程》未明确规定。购买请求权,乃反对股东要求义务人购买其所持股份的权利;估价请求权,乃反对股东在失去股份乃至获得价款后,再行要求义务人支付额外的价款。根据开庭审理查明,申请人未将实物股票交给B公司,但收取了B公司支付款项的支票,其第一项仲裁请求的实质内容是,要求被申请人支付支票金额与按照"公平价格"所计算价款之间的差额。又鉴于B公司已变更为D集团和C集团共同持股的公司,申请人已非B公司登记在册的股东。由此来看,申请人所主张的实际上是估价请求权而非购买请求权。

针对申请人的主张,被申请人提出:(1)根据我国《公司法》,法律仅针对股份有限公司合并,规定了异议股东有权要求公司收购其股份,未规定异议股东有权请求按照"合理的价格"收购其股份;(2)参考我国《证券法》第97条,仍持有上市公司股票的股东有权"以收购要约的同等条件"向收购人出售其股票,法律未规定股东有权要求收购人以"公平价格"或"合理价格"向收购人出售其股票。

仲裁庭认为,我国《公司法》第143条未规定异议股东有权请求按照"合理价格"收购其股份,但该条款所列"收购"二字通常包含了价格因素,而不应是反对股东无偿让渡或放弃股份;鉴于我国《公司法》第143条未排除反对股东要求支付合理价格的权利,无法得出异议股东无权提出主张的当然结论。就我国《证券法》第 97 条而言,该条款确有异议股东有权"以收购要约的同等条件"向收购人出售其股票的意思,然而,如前所述,B 公司与 D 集团和 C 集团之间交易的最终目的在于吸收合并,而非仅是要约收购 B 公司 H 股股票,要约收购是吸收合并的准备活动,就此而言,仲裁庭认为本仲裁案不适用、不应参考适用我国《证券法》第 97 条,而应认定申请人享有要求被申请人按照"公平价格"或"合理价格"支付差额价款的权利。

3. "公平价格"不同于"决议价格"和"请求价格"

仲裁庭注意到双方当事人关于公平价格的解释迥然不同,被申请人认为每股 3.2 港元是公平价格,申请人认为每股 3.2 港元不是公平价格。申请人认为,公司董事会在提出公司合并方案时当然会提出合并对价,股东会在决议时也将审议董事会提出的合并对价。若将董事会提出且股东会通过的价格视为公平价格,就无须在《公司章程》第 174 条后段重申反对股东有权要求以"公平价格"购买其股份的内容。

仲裁庭认为,B 公司《公司章程》第 174 条所称"公平价格"可以是 B 公司董事会提出、股东会通过并且予以实施的价格(本仲裁案中的每股 3.2 港元)。但申请人请求被申请人支付的其他价格(如每股 4.77 港元或其他价格),未必不是公平价格。同样,上述两个价格之外的另一价格,也未必不是公平价格。

4. 关于"决议价格"的问题

为了便于表述,本裁决书将 B 公司股东会决议通过的每股 3.2 港元称为"决议价格",将申请人主张的价格(每股 4.77 港元或人民币 3.72 元)称为"请求价格",以区别于《公司章程》第 174 条规定的"公平价格"。

(1)决议价格的形成

仲裁庭注意到,每股 3.2 港元是由 D 集团、C 集团和 B 公司在《吸收合并协议》(2013 年 12 月 16 日)最先提出的。根据《吸收合并协议》第 9 条的规定,每股 3.2 港元需在满足生效条件后生效。在《吸收合并协议》签署前,D 集团和 C 集团最初提出的对价为每股不低于 2.92 港元(2013 年 9 月 24 日),国资委在批复中原则同意的价格为每股不超过3.25港元(2013年10月29日)。在《吸收合并协议》签署后,D集团、C集团和B公司在香港联交所向H股股东发布《联合公告》中,宣布D集团和C集团建议以不高于每股3.2港元的价格进行H股全面要约收购。在此之后,M公司向B公司董事会发出的《M公司函件》(2014年4月11日),提出"H股收购建议仍按下列基准提出:每股H股……现金3.20港元(要约价)"的意见。B公司之H股类别股东会和临时股东会随后于2014年5月30日形成决议并形成"决议价格"。上述事实表明,B公司提出的收购价格,经过了从低到高的变化过程,最终形成了每股3.2港元的"决议价格"。

(2)关于《M公司函件》的考虑因素

仲裁庭注意到,"决议价格"与《M公司函件》所建议的价格一致。《M公司函件》在"所考虑的主要因素及理由"中,详细分析了以下因素:①D集团及C集团建议进行H股收购建议、撤回上市地位及合并的理由;②B公司的背景资料;③B公司集团的行业概览及前景展望;④有关D集团及C集团的资料及其有关B公司的意向;⑤股价与要约价的比较及私有化先例;⑥H股股价及买卖流通性;⑦可比较分析;⑧根据上市公司市值计算B公司集团估值之说明,并且在讨论和分析后认为"基于上述分析[具体而言指上文(讨论及分析)一节所载因素],吾等认为H股收购建议的条款、撤回上市地位及合并协议就独立B公司H股股东而言属于公平合理"。

需要指出的是,仲裁庭在阅读《M公司函件》后,未发现《M公司函件》忽视了与所称要约价有关的重要考虑因素,未发现《M公司函件》存在明显疏忽或者疏漏。仲裁庭同时注意到,申请人主张"请求价格"时所提到的主要考量因素,均已纳入《M公司函件》的考虑因素之中,尤其是申请人所称B公司2013年12月31日每股净资产为人民币3.72元(相等于约4.72港元),以及B公司两家附属上市公司的财务资料和经营状况,均已纳入《M公司函件》的考虑因素中。仲裁庭也注意到,《M公司函件》也考虑了申请人未曾提及的其他重要定价。

在仲裁案审理中，申请人提出应当参考相关公司股价变动情况，认为分析B公司股价需要采用超过H股于截至最后交易日（包括该日）180个连续交易日的更长回顾期（以下简称180日回顾期——仲裁庭注）。仲裁庭的意见是，应否选择更多公司股价予以对比分析，以及如何分析各公司股价波动的原因，需要借助投资专业机构或人员的专业分析，而非仅仅呈现所称公司的股价变动图，申请人并未提供足以让仲裁庭信服的专业分析意见。就应否采用更长回顾期的问题，仲裁庭认为，应当尊重行业习惯做法。申请人认为180日回顾期是不恰当的，则应予以证明，并提出采用更长回顾期的理由。申请人未能回应被申请人的意见，仲裁庭不采信申请人的意见。

申请人未举证证明《M公司函件》所列考虑因素存在错误，未举证证明《M公司函件》存在明显或重要疏漏，申请人在提出自己的主张时，甚至也以《M公司函件》提供的相关数据和资料为主要依据。仲裁庭认为，从专业角度来看，《M公司函件》建议每股3.2港元的价格，不存在不公平问题。

（3）B公司的决议

经审理查明，2014年4月11日B公司与D集团和C集团于向H股股东发出《综合文件》并将《M公司函件》等列为附件，并于同日发出《中国B科技公司H股类别股东会议通告》和《B公司有限公司临时股东大会通告》，列明会议时间并分别列明会议动议。

2014年5月30日B公司H股类别股东会议和临时股东大会先后如期召开并通过了动议事项。根据B公司当日发出的《联合公告》，H股类别会议的动议赞成票占比83.73%，反对票占比6.03%；临时股东大会会议的动议赞成票占比96.9%，反对票占比3.1%。2014年6月6日B公司在香港联交所发布公告，宣布截至当日下午4时整，B公司已收到近29,600万股H股的同意转让股权的有效接纳书，相当于B公司H股股份总数约65.21%。由于D集团和C集团及其一致行动人士持有B公司已发行的股份不少于85%，要约收购的所有条件已经达成。

仲裁庭注意到,申请人在上述H股类别股东会议及临时股东大会会议上投有反对票,却未能阻却B公司形成H股类别股东会议决议和临时股东大会会议决议;申请人未提出该H股类别股东会议或临时股东大会决议被认定无效或已被撤销的证据,仲裁庭未发现有导致上述决议无效的事实,应当推定B公司股东会议决议程序符合《公司章程》及《综合文件》,应当认定B公司已接受了每股3.2港元的收购价格。

5.关于"请求价格"的问题

申请人在提出请求价格时,除提出按照B公司每股净资产计算请求价格外,还提及"市场相关价值"的问题。从申请人所提计算方法来看,所称每股人民币4.72元即为B公司的H股每股净资产,系依据单一因素计算得出的价格。被申请人所称每股3.20港元,系采纳《M公司函件》综合考量诸多因素后形成的价格,是依据综合因素提出的价格。

根据《M公司函件》及申请人引述,自2013年6月30日起至12月31日,B公司每股净资产数值变化不大。其中,2013年6月30日未经审核的每股净资产为每股4.53港元,2013年12月30日经审核的每股净资产为4.52港元。

但在与上述期限接近的时间段内,B公司股价变动很大。《M公司函件》比较了下述两个时间点之间B公司股票价格的变动的:(1)H股于截至最后交易日(包括该日)180个连续交易日根据联交所所报每日收市价计算的平均收市价(每股1.6港元);(2)H股于最后可行日期(2014年4月8日)在香港联交所所报的收市价(每股3.05港元),并得出"要约价较联合公告前各期间H股股价溢价的范围介乎42.9%~100%。吾等认为,于最后可行日期的H股股价及所减少的溢价受联合公告的影响"的意见,即联合公告的发布与B公司股价变动之间存在某种相关性。

仲裁庭认为,上市公司股价变动的影响因素众多且复杂,单一因素或在短期内影响股价,但股价的持续变动绝非取决于某单一因素。就估价方法而言,相较于申请人依据或主要依据B公司每股净资产而得出每股4.72元的价格,《M公司函件》在综合考虑B公司每股净资产及其他多项因素的基础上而建议的每股3.20港元,更具合理性和说服力。

仲裁庭注意到,每股净资产数值与股价之间存在较大偏离,此为B公司股价变动的实际状况;B公司每股净资产系财务计算的效果,与B公司H股股价之间未能一一对应,甚至出现较大乃至高度偏离,这恰恰说明不能仅凭B公司每股净资产数额,来推算B公司每股H股股票的请求价格。申请人采用或主要采用B公司每股净资产作为计算请求价格的标准,却没有证明每股净资产与股价之间的对应关系,其主张缺少说服力。

6. 关于"公平价格"的小结

本案的特点在于:B公司H股之决议价格高于回顾期内的股价,却低于B公司每股净资产数值。申请人认为,决议价格不是公平价格,被申请人认为决议价格即为公平价格。

仲裁庭认为,当决议价格低于每股净资产时,申请人准备长期持有B公司股票,却因吸收合并而失去该股票,申请人就此提出异议或有所抱怨是在所难免的。但问题是,每股净资产是财务计算的结果,在某个期日,每股净资产总是一个客观的数值;交易价格虽与财务计算结果有一定的相关性,却主要取决于市场交易活动或者主要反映了市场活动的状况。就此而言,《企业会计准则第39号——公允价值计算》关于"公允价值是指市场参与者在计量日发生的有序交易中,出售一项资产所能收到或者转移一项负债所需支付的价格"的解释,更合理。就上市股票而言,股价在同一交易日内会随时波动,而当日每股净资产却无法反映这种波动,反之亦然。因此,公允或公平价格与财务计算结果或每股净资产之间存在差异,反倒是市场运行中的常见现象,是投资者不得不面对的市场风险。

鉴于申请人所称相关市场价值的数个因素,已纳入B公司决议价格的考虑范围,申请人未提出相关公司股价变动的专业分析,未提出推翻决议价格的法律依据,仲裁庭认可B公司H股类别股东会议和临时股东大会通过的决议价格(要约收购价/合并对价)。

(五)关于申请人的两项特别申请

在本仲裁案审理中,申请人先后提交了《关于要求中国B科技公司提交财务资料的申请》(签字日期为2015年12月1日,以下简称提交财务资料申请)以及《关于中国B科技公司应当出资以公司的资产净值为基础评估确定B公司股份收购价格的申请书》(签字日期为2016年1月13日,以下简称评估申请书),并于2016年6月20日再次提交《关于再次要求仲裁庭责令中国B科技公司出资,由仲裁庭委托有资质的独立第三方中介机构,以该公司的资产净值为基础,评估确定B公司股份收购价格的申请书》(以下简称评估再申请书),并在律师代理意见中予以重申。被申请人针对《提交财务资料申请》提出了《回复意见》(签字日期为2016年1月2日),并就评估申请书提出《回复意见》(签字日期为2016年1月27日)。

1. 申请人在《提交财务资料申请》中,要求B公司提交公司2014年年中、2014年度以及2015年年中经审计的财务报表及相关说明。被申请人认为其并未损害申请人利益,申请事项与本案无关,申请人已非B公司股东,申请人的请求毫无依据。

仲裁庭认为,本案主要问题是,B公司支付的要约收购价/合并价格是否符合公平价格标准,然而,判断公平与否的主要依据是决议价格形成时的事实,而非决议价格形成后的事实;仲裁庭即使接受申请人提出的申请,也仅为本仲裁案处理之目的,不涉及满足其他目的。申请人要求B公司提供的财务资料,并非反映既往事实,不牵涉仲裁庭已认定的事实和已作出的认定,仲裁庭不支持申请人要求B公司在本案中提供财务资料的申请。

2. 对于申请人的评估申请,被申请人认为,该申请没有法律依据和合同依据,申请人对于公司章程和公告存在错误理解,基于M公司的专业意见,评估请求没有意义,请求予以驳回。

仲裁庭注意到,申请人的评估申请,均附有特定的条件或者目的:一是要求被申请人出资承担评估费用;二是以 B 公司资产净值为基础进行评估;三是评估目的在于确定股份收购价格。

仲裁庭认为,被申请人要求以 B 公司资产净值为基础进行评估,实为设定了一个新的评估或定价标准。采用这种新的定价标准,不仅改变或者影响 D 集团、C 集团和 B 公司要约收购及吸收合并交易案中的定价机制,而且有可能影响案外人 D 集团的利益。申请人要求被申请人出资承担评估费用,该意见不符合申请者付费的习惯,在无法定和约定依据的情形下,仲裁庭无法支持申请人的此项请求。

仲裁庭认为,经过两次开庭审理,基于现有证据资料,已能够就申请人所称收购价格作出判断,没有要求 B 公司提供财务资料的必要,也没有采用新的定价标准评估 B 公司资产的必要。

(六)关于申请人的仲裁请求

双方当事人在多轮提交的资料中,包含了许多重复的意见和表述,仲裁庭不予赘述。需要指出的是,申请人最终提出的仲裁请求共 4 项,其中,后 3 项仲裁请求的成立与否,系以第一项仲裁请求是否得到支持为前提。仲裁庭已就第一项仲裁请求所涉"公平价格"作出分析,故不予赘述。

申请人要求被申请人承担律师费和仲裁费的仲裁请求仲裁庭不予支持。

三、裁　　决

综上所述,仲裁庭裁决如下:

1. 驳回申请人的全部仲裁请求。

2. 本案仲裁费人全部由申请人承担。该费用已与申请人等额缴纳的仲裁预付金全部冲抵。

本裁决为终局裁决,自作出之日起生效。

案例二十九、三十评析

【关键词】

公司退市;吸收合并;上市公司;反对股东;估价请求权

【焦点问题】

针对H股上市公司私有化及随后实施的吸收合并,个别反对股东可否要求上市公司及其控股股东支付超过要约收购价格的价款。

【焦点评析】

该案的基本案情是,第一被申请人系在香港联交所挂牌上市的H股公司,并在中国内地持有两家上市公司的股票。后第一被申请人经由董事会和股东大会决议决定,先以要约收购方式实行私有化(或称“退市”),再与第二被申请人(第一被申请人的控股股东)一道并入案外人公司(第二被申请人的母公司)。根据吸收合并交易安排,第一被申请人先以每股3.2港元的价格要约收购其发行在外的H股股票,再与第二被申请人共同并入案外人,最终办理第一和第二被申请人的注销登记。申请人持有第一被申请人对外发行的H股股票,在第一被申请人股东大会审议合并交易案时投出反对票。第一被申请人在实施吸收合并方案时,以支票形式并按每股3.2港元的价格向申请人支付了收购价款。申请人在仲裁中提出,第一被申请人董事会和财务顾问缺少独立性,每股3.2港元的价格低于第一被申请人每股4.77港元的净资产值,被申请人应当支付4.77港元公允价格与3.2港元拟定价格之间的差价。被申请人提出,董事会和财务顾问是独立的,其拟定的要约收购价/合并对价高于180日回顾期内每股1.6港元的股市成交价。

现结合该案案情及法律适用焦点问题,评述如下。

一、上市公司退市中的利益纷争

公司与证券交易所签订上市协议,证券交易所接受公司股票等证券在证券交易所公开交易,允许投资者通过证券交易所公开买卖该公司股票,即为股票上市或公司上市。相应地,公司经由股东大会审议决定,也可以主动申请从证券交易所退市,即主动退市,证券交易所在上市公司不符合上市条件的情形下,有权决定公司摘牌或者退市,即强制退市。

上市公司主动退市,往往要采用私有化的形式。公司退市前,公司股票可以公开交易,形成了公开交易的股票价格,一旦公司退市,公司股票遂失去公开交易的市场和价格,而只能通过协议形式转让,从而减损投资者的溢价利益,有时甚至难以实施。为了减少主动退市的实施障碍,公司往往协同PE等投资机构,以较高价格购买公众投资者的绝大部分股票,再申请公司退市。然而,即使公司协同PE等投资机构成功收购了绝大多数投资者的股票,甚至成功实现了退市,但仍然难以避免少数投资者不愿意出售手中的股票,从而诱发了少数股东与公司和控股股东之间的利益纷争。

上市公司强制退市,通常是因上市公司存在重大违法行为而由证券交易所依照规定程序予以摘牌。从实践来看,上市公司财务造假、上市公司长期严重亏损、股票交易价格长期低于面值、股票交易量或股东人数过少等,是证券交易所强制公司退市的主要原因。在上市公司财务造假中,往往涉及董事、监事和高级管理人员(合称“董监高”)违法问题;在其他原因引起的强制退市中,主要牵涉市场风险,但也可能与董监高履职不当有关。因此,强制退市常常伴随投资者与公司和董监高之间的纠纷。

公司退市要适用我国《公司法》和《证券法》,主要包括以下纠纷类型:第一,公司主动退市时的董事会和股东会决议的效力纠纷;第二,在私有化中实施要约收购的合法性争议;第三,上市公司私有化中少数股东的保护或救济措施;

第四,在上市公司私有化以及伴随而生的公司合并中,少数股东如何获得救济的问题。

二、估价请求权和收购请求权

在公司关系中,重大事项是由股东(大)会审议决定的。股东大会决议遵循资本多数决定原则,难免出现少数股东对多数股东通过的决议事项存在异议。为了保护持有异议的少数股东(也称反对股东或异议股东)的正当权利,避免多数股东对少数股东的压制,公司法分别设置异议股东的估价请求权和收购请求权。

估价请求权,是指估定股权或股票价格的请求权,既可以包括通过诉讼或仲裁程序予以估定,也包括在诉讼或仲裁程序之外由第三方机构予以估定,但主要是指借助审判或仲裁程序估定价格的请求权。收购请求权是指股东在法律规定情形下享有的、要求公司购买自己持有的公司股份的权利,收购请求权在效果上是股东迫使公司收购股东持有的股份。由于这是股份自由转让和受让原则的例外情形,必须以法律特别规定为适用前提,且只适用于出现法定事由的情形。因为收购请求权实乃股东迫使公司购买股东持有的股份,股东与公司并未商定股份购买价格,所以股东行使收购请求权时,必须要先确定股份价格。因此,估价请求权往往与收购请求权相结合,甚至成为收购请求权的重要组成部分。

1.显性的估价请求权。我国《公司法》第74条第1款规定:“有下列情形之一的,对股东会该项决议投反对票的股东可以请求公司按照合理的价格收购其股权……(二)公司合并、分立、转让主要财产的……”该条第2款还规定:“自股东会会议决议通过之日起六十日内,股东与公司不能达成股权收购协议的,股东可以自股东会会议决议通过之日起九十日内向人民法院提起诉讼。”依照该条款中“按照合理的价格收购其股权”以及股东可以“向人民法院提起诉讼”的规定,有限责任公司股东可以请求法院确定合理的收购价格,并要求公司予以支付,这就确立了有限责公司股东估价请求权。

2. 隐形的估价请求权。根据我国《公司法》第 142 条的规定，股份有限公司在符合法律规定的情形下，也可以收购或持有本公司股份。其中，“股东因对股东大会作出的公司合并、分立决议持异议，要求公司收购其股份的”，公司“用于收购的资金应当从公司的税收利润中支持”。股份有限公司既然有义务收购反对股东所持的股份，自然需要先确定收购价格，唯有通过估价请求权，才能确定公司应付价款的数额。上述规定虽未明确提及股东估价请求权，但实则包含了估价请求权的内容。

估价请求权，可以与收购请求权相结合，但要约收购场合下，原则上没有适用估价请求权的空间。2005 年我国《证券法》第 97 条规定，在收购人提出收购条件后，公司股东可以选择接受或拒绝接受要约条件，如果要约收购引起终止上市交易，“其余仍持有被收购公司股票的股东，有权向收购人以收购要约的同等条件出售其股票，收购人应当收购”。按照该条规定，在其余持有股票的股东要求收购人收购股份时，收购人应当以同等条件予以收购，但在其余股东未要求收购人收购股票时的处理规则，该条未明确提供解决方案，需要在裁决时予以特别斟酌，不排除估价的可能。

三、股权或股份的估价方式

基于估价请求权，股东有权主张按照某种方式计算其股权或股份的价格，并要求公司支付合理的价款。然而，股权或股份与其他商品或服务不同，每一家公司的经营、财务和未来都有差异，公司价值有所不同，不同公司股东所持有的股权或股份难以简单对比，这是股份估价遇到的第一个难题。第二个难题是，当事人立场不同，公司类型有别，也影响股份估价。如在有限责任公司中，股权缺少流动性，也没有市场价格，通常采用评估净资产的方式确定股权价格，此时，股权价格大致相当于股权的净资产值。在上市公司中，由于存在二级市场的交易价格，该交易价格既可能高于每股净资产值，也可能低于每股净资产值。针对上市公司股票，若单纯以净资产值计算价格、忽视二级市场交易价格，必然造成股票价格风险的不合理分配。

股份估价,是一项技术性很强的工作,法院或仲裁机构作出估价请求权的裁判,既要遵守法律,也要考虑技术因素,不能将估价单纯视作一项法律判断。法院或仲裁机构审理估价请求权案件时,必须考虑当事人主张估价的案件类型。

1. 在有限责任公司股东行使购买请求权并同时请求法院或仲裁机构估价时,裁判者要先行确认股东行使购买请求权的适用范围和条件,再在此基础上确定股权的合理价格。例如,当有限责任公司股东依据我国《公司法》第74条主张行使购买请求权时,裁判者既要确认股东行使购买请求权符合法定条件,还要在确定评估机构、评估方法、基准日等基础上,再交由专业机构或人员估定价格。如此,才能形成该法第74条所称的"合理价格"。

2. 在上市公司股东行使估价请求权时,要考虑到公司或已作出估价的事实。在实践中,公司为了形成公司合并总体方案,通常已在合并方案中设定了合并价格。为了确保合并价格的公允性,上市公司通常聘请会计师事务所或财务顾问等专业机构作出第三方评价;再将第三方机构认可的合并价格交由董事会和股东(大)会等公司机关予以审议。因此,当股东向法院或仲裁机构主张估价请求权时,通常有在先作出的估价结果,甚至存在针对该估价作出的公司审议。此时,法院或仲裁机构既要关注第三方估价的适当性,也要关注公司审议程序的合法性。法院或仲裁机构若推翻第三方评估和公司的审议结果,必须具备足够的正当性。事实上,即使法院或仲裁机构决定推翻第三方估价,申请人或原告必须承担较重的举证责任,法院或仲裁机构即使决定推翻第三方评估,也不得不交由其他第三方再予估价,而难以径行作出价格裁判。

四、公司与股东之间纠纷的仲裁条款

我国仲裁法采用协议仲裁原则。我国《仲裁法》规定,当事人采用仲裁方式解决纠纷,应当双方自愿,达成仲裁协议。没有仲裁协议,一方申请仲裁的,仲裁委员会不予受理。当事人达成仲裁协议,一方向人民法院起诉的,人民法院不予受理,但仲裁协议无效的除外。在处理合同纠纷中,识别是否存在仲裁协议/条款较容易。但在处理公司与股东之间的纠纷中，识别仲裁条款却有相当难度，主要原因在于公司与股东很少单独签订仲裁协议/条款，公司章程很少载明仲裁条款。

仲裁是与诉讼并列的民商事纠纷处理方式，公司与股东之间纠纷同样属于民商事纠纷，自有仲裁适用的空间。公司与股东发生纠纷时，可以约定采用仲裁方式处理彼此间的民商事争议。容易存在争议的是，公司章程可否记载仲裁协议/条款，以及章程记载的仲裁协议/条款是否有效？

我国《公司法》第 11 条规定："设立公司必须依法制定公司章程。公司章程对公司、股东、董事、监事、高级管理人员具有约束力。"该条款前句规定的实乃是"公司设立时制定的章程"，后句规定的是"公司章程的效力范围"。前后两句相结合，至少应当确认公司设立时章程载明的仲裁条款对公司、股东、董事、监事和高级管理人员具有约束力。然而，对于公司设立后修改章程而增加的仲裁条款是否有约束力，现行法对此没有作出明确规定，在实务中需要通过法律解释予以确定。

【结语】

该案第一被申请人 H 股上市公司，即按照我国《公司法》设立并在香港联交所挂牌交易的股份有限公司。第一被申请人在香港联交所上市时制定的公司章程，既要符合我国《公司法》等法律规定，也要符合国务院《关于股份有限公司境外募集股份及上市的特别规定》等行政法规的规定。在实践中，境外上市公司的公司章程须经证券监管机关审核，从而基本上消除了公司章程或仲裁条款无效的情形。在当事人未提出充分反驳理由的情形下，应当认定公司章程及其中的仲裁条款有效。

该案混合了私有化和公司合并两项活动。第一被申请人审议和决定的交易，将要约收购与吸收合并捆绑在一起，带有现金挤出合并的属性，申请人可以主张估价请求权。针对原有估价及其审议程序是否有失公允，申请人负有较重的证明责任。

私有化和公司合并涉及复杂的交易结构,也涉及股票定价,裁判者往往习惯于法律裁判,而疏忽其中的交易结构和交易价格。在处理私有化和公司合并纠纷时,裁判者要更多地了解交易结构以及由此对各方利益的影响,才能作出公允的裁判。

(案例评析人:叶　林)

图书在版编目(CIP)数据

股权转让仲裁案例精选：上下卷／中国国际经济贸易仲裁委员会编. -- 北京：法律出版社，2020
ISBN 978-7-5197-4918-7

Ⅰ.①股… Ⅱ.①中… Ⅲ.①股权转让-经济纠纷-国际仲裁-案例 Ⅳ.①D997.4

中国版本图书馆CIP数据核字(2020)第173855号

股权转让仲裁案例精选(上下卷)
GUQUAN ZHUANRANG ZHONGCAI ANLI JINGXUAN (SHANGXIA JUAN)

中国国际经济贸易仲裁委员会 编

策划编辑 沈小英
责任编辑 沈小英 毛镜澄 黄筝
装帧设计 李瞻

出版 法律出版社
总发行 中国法律图书有限公司
经销 新华书店
印刷 北京虎彩文化传播有限公司
责任校对 王丰 郭艳萍
责任印制 吕亚莉

编辑统筹 法治与经济出版分社
开本 710毫米×1000毫米 1/16
印张 68
字数 998千
版本 2020年12月第1版
印次 2020年12月第1次印刷

法律出版社／北京市丰台区莲花池西里7号(100073)
网址／www.lawpress.com.cn
投稿邮箱／info@lawpress.com.cn
举报维权邮箱／jbwq@lawpress.com.cn
销售热线／400-660-8393
咨询电话／010-63939796

中国法律图书有限公司／北京市丰台区莲花池西里7号(100073)
全国各地中法图分、子公司销售电话：
统一销售客服／400-660-8393/6393
第一法律书店／010-83938432/8433　西安分公司／029-85330678　重庆分公司／023-67453036
上海分公司／021-62071639/1636　深圳分公司／0755-83072995

书号：ISBN 978-7-5197-4918-7
定价(上下卷)：298.00元

(如有缺页或倒装，中国法律图书有限公司负责退换)